계몽, 혁명, 낭만주의

계몽, 혁명, 낭만주의

근대 독일 정치사상의 기원, 1790-1800

프레더릭 바이저

심철민 옮김

도서출판 b

| 일러두기 |

1. 이 책은 프레더릭 바이저의 다음 논저를 옮긴 것이다.
   Frederick C. Beiser, *Enlightenment, Revolution, and Romanticism: The Genesis of Modern German Political Thought, 1790–1800*, Harvard University Press, 1992.
2. 원문의 본문에서 '계몽', '계몽주의자', '도야', '질풍노도' 등 특정 낱말이 독일어 원어로 표기되어 있는데, 원문에서 이탤릭체로 되어 있는 이 단어들을 우리말에서는 고딕체로 표시했다.
3. 단행본, 전집, 정기간행물은 겹낫표(『 』)로, 논문, 단편 등은 낫표(「 」)로 표시했다. 한편 본문 중에 독자의 이해를 돕기 위해 옮긴이가 추가한 내용은 대괄호([ ])로 묶어 표시했다.
4. 본문에서 첨자로 붙은 대괄호([ ]) 안의 숫자는 원서 쪽수의 표시이다.

H.에게

[vii]근대 독일 정치사상의 기원을 연구하고자 한다면, 1790년대야말로 우리의 가장 세심한 관심을 받을 만하다. 이 10년 동안 일어난 프랑스혁명에 대한 반응은 독일에서 세 가지 대조적인 정치 전통인 자유주의, 보수주의, 낭만주의의 형성으로 이어졌다. 이러한 각각의 전통은 19세기와 20세기 현대 독일 정치사상의 발전에 중심적인 역할을 해왔다.

이 책의 과제는 이들 전통의 기원과 맥락을 규정하고 또한 그것들의 근본적인 정치적 이상에 대한 분석을 제공하는 것이다. 이러한 작업은 1790년대 주요 정치사상가들과 그 운동들을 주로 개관한다. 각 장章에서는 이 10년 동안의 중심인물 중 한 명 또는 그 이상, 그들의 정치이론의 기원, 프랑스혁명에 대한 반응, 그리고 전반적으로 그들의 사상에 있어 정치의 중요성을 고찰한다.

단일한 형성기인 이 10년에 집중함으로써, 나는 종래 광범하게 개관할 때 가능했던 것보다 이들 정치적 전통에 대한 한층 면밀한 고찰이 얻어지리라고 확신한다. 어떤 중요한 역사적 시기에 대한 연구는 프리츠 발랴베크Fritz Valjavec가 '디테일에 대한 용기Mut zum Detail'라고 일컬었던 것을 요구한다.

오직 개개 사상가들에게 심도 있게 초점을 맞추어야 피상적인 일반화와 상투적인 생각을 피할 수 있다.

1790년대에 대한 이 새로운 연구가 특별히 양해를 구하는 말을 필요로 하지 않기를 바란다. 영어권에서는 지금까지 이 10년에 대한 철저한 연구가 없었다. 프랑스혁명 이후 독일 정치이론의 유일한 주요 연구는 라인홀트 아리스Reinhold Aris의 『독일 정치사상사, 1789-1815』(런던, 1936)인데, 이 저작은 편견으로 치우쳐 있고 철학적으로 매우 피상적이며 시대에 뒤떨어져 있다. 클라우스 엡스타인Klaus Epstein의 『독일 보수주의의 기원』(프린스턴, 1966)은 이 시기를 이해하는 데 중요한 역할을 하지만, 보다 중요한 보수적 사상가들 중 일부만을 다루고 있다. G. P. 구치Gooch의 『독일과 프랑스혁명』(런던, 1920)은 프랑스혁명에 대한 다양한 반응에 대한 유용한 고찰임에도 불구하고 정치이론에 대한 피상적인 설명만 제공한다. 헤겔주의의 기원에 대한 빛나는 연구인 조지 켈리George Kelly의 『이상주의, 정치, 역사』(캠브리지, 1969)는 몇몇 주요 철학자들에게 초점을 맞추고 있되 그 주제에 대해 너무 협소한 접근을 하고 있다. 그는 구름으로 덮인 산봉우리만 보고 [viii]아래 땅의 전체 지형은 무시한다. 그 결과 켈리는 더 영향력 있는 몽테스키외를 간과하면서 루소의 의의를 극단적으로 과장한다.

이 책은 오늘날도 여전히 통용되고 있는 두 가지 견해에 반대한다. 첫 번째는 18세기 내내 그리고 프랑스혁명 중에도 독일의 사상이 정치에 무관심했다는apolitical 여전히 널리 퍼져 있는 견해이다. 이 견해는 마담 드 스탈Madame de Staël이 『독일론』(1806)에서 처음으로 상술한 것으로, 하이네, 맑스, 엥겔스에 의해 전파된 이후 널리 받아들여졌다. 이러한 견해에 반하여 나는 1790년대 대부분의 독일 철학의 정치적 목적을 보여주려고 시도했다. 물론 정치의 영향력이 가장 두드러진 10년간인 1790년대에 초점을 맞추었지만, 나의 관심을 이 시기로만 한정하지는 않았다. 가능한 한에서 나는 이 시기보다 앞선 수십 년 동안의 한 철학재[즉 칸트]의 지적 발전도 검토했다. 그 시기에도 독일 철학은 정치적으로 동기를 부여받고 있었음을 알 수 있다고 나는 주장한다. 그러므로 독일 철학의 정치적 차원은 혁명적인 10년 동안만으로 제한될 수 없다.

두 번째 견해는 분석철학자들 사이에서 흔히 볼 수 있는 믿음으로, 독일 철학 전통의 본질적인 관심사와 가치는 몇 가지 선택된 텍스트를 자세히 읽는 것으로 재구성될 수 있는 그것의 논증 및 일련의 추론에 있다는 것이다. 철학의 역사에 대한 이 편협하게 분석적인 접근은 만약 그것이 극단으로 치닫고 또 유일하게 가치 있는 것으로 간주된다면, 궁극적으로 그 주제의 골자를 빼버리게 된다. 철학의 역사는 일련의 논증들 그 이상이다. 그것은 또한 도덕적, 정치적, 종교적 가치, 목적, 이상 등으로 구성되어 있다. 우리는 우선 한 철학자로 하여금 논점을 구성하도록 이끄는 주장의 의도, 가치, 목적, 이상을 고려해야 비로소 철학의 역사를 이해할 수 있다.

이 두 가지 견해 모두 18세기 말 독일 사상의 근본적인 정치적 가치와 이상을 보지 못하도록 우리의 눈을 멀게 했다. 이 연구의 중심 논제는 이 시기의 독일 철학이 — 인식론, 형이상학, 윤리학, 미학 중 어떤 것에 관한 것이든 — 정치적 목적에 의해 지배되고 동기 부여되었다는 것이다. 여기서 나는 '정치적political'이라는 낱말을 인간의 통치와 관련된 모든 것이라는 통상적인 의미에서 사용한다.

그러므로 이 책의 주제는 어떤 좁은 의미에서의 독일의 정치사상이 아니다. 내가 생각하는 합당한 주제는 1790년대 독일 철학 전반이다. 그러나 1790년대의 독일 철학은 매우 심각하게 정치화되어 있었기 때문에, 그에 대한 어떤 연구도 불가피하게 독일 정치사상의 연구가 된다.

이 책은 1780년대 독일 철학에 대한 나의 연구 『이성의 운명: 칸트에서 피히테까지의 독일 철학』(캠브리지, 매사추세츠, 1987)의 속편이다. 이 두 권의 책은 1781년 『순수이성비판』의 출간에서 19세기 초까지에 이르는 독일 철학의 가장 형성적인 근대 시기를 살펴보기 위한 것이다.

이 책을 집필하면서 나는 개인과 기관 모두에게 많은 감사의 은혜를 입었다. 나는 특히 [ix]이전의 초고를 읽거나 격려해준 크리스티아네 골드만,

폴 가이어, 헨리 해리스, 미셸 모건, 수잔 네이맨, 패니아 오즈－잘츠베르거, 제임스 슈미트, 헤리엇 스트라헨, 미카엘 토이니센, 케네스 웨스트팔 선생들께 감사한다. 또한 런던의 영국 도서관, 베를린 자유대학의 대학 도서관, 괴팅겐대학교의 대학 도서관, 그리고 베를린의 프로이센 주립 도서관의 관계자들에 의해 제공된 후한 도움에 감사드린다. 이 책의 집필은 1988년부터 1990년까지 베를린과 런던에서 이루어졌고, 마지막 초안은 1991년 봄 미국 인디애나 주 블루밍턴에서 준비되었다. 나의 처음 2년간의 연구는 독일 본에 있는 알렉산더 폰 훔볼트 재단으로부터 아낌없는 지원을 받았다.

|차 례|

제2부 헤르더와 초기 독일 낭만주의

제3부 보수주의

서론

서론 1. 1790년대 독일 사상의 정치화

[01]1790년대 독일에서 철학은 프랑스혁명이라는 하나의 극적인 사건에 의해 지배되었다. 그 이전의 다른 사건과는 달리, 라인강 건너편에서 일어난 숨 막히고 획기적인 광경은 독일의 사상을 정치화했다. 프랑스혁명 이전에도 정치적 관심사들이 독일 사상에서 중심을 이루기는 했지만, 1790년대처럼 그렇게 공개적이고 양극화되고 당파적이었던 적은 없었다. 이전에는 정치에 대해 거의 또는 아무것도 쓰지 않았던 철학자들이 사실상 프랑스혁명이 제기한 문제들에 집착하게 되었다. 1790년대 초 칸트, 피히테, 실러, 훔볼트, 포르스터, 야코비, 헤르더, 슐레겔, 노발리스, 빌란트의 거의 모든 글들은 프랑스혁명에 의해 직간접적으로 영감을 받았다.

1790년대 독일 사상의 정치화는 철학자들이 추상 이론의 영역을 버리고 당대의 더 현세적인 문제를 논의한다는 것을 의미하지는 않았다. 이 10년 내내 철학자들은 인식론, 윤리학, 미학의 고전적인 문제들을 계속 다루었으며,

매번 새로운 활력을 가지고 그 일을 수행했다. 그러나 명백히 정치와 거리가 멀고 추상적인 이들 분야조차도 1790년대에는 정치화되었다. 인식론적, 윤리적 또는 미적 이론은 정치적 목적을 정당화하거나 달성하기 위한 무기가 되었다.

1790년대 독일 사상의 정치화는 또한 철학자들이 특정 정당이나 이데올로기에 동조하거나 이를 위해 헌신했다는 것을 의미하지도 않았다. 당시 독일에는 현대적인 정당과 이데올로기에 상당하는 것이 존재하지 않았다. 그것들은 확실히 형성 과정에 있었지만, 전개되거나 조직적이거나 자의식이 있는 것은 아니었다. 그럼에도 불구하고 1790년대 독일 철학자들은 지극히 직설적인 의미에서 정치화되었다. 즉 그들은 적절한 통치형태와 사회의 조직에 대해 명확한 견해를 가지고 있었다. 그리고 그들의 인식론, 윤리적, 미적 이론은 이러한 견해들을 정당화하기 위해 사용되거나 혹은 이러한 견해들을 고려하면서 형성되었다.

1790년대는 독일에서 지적 순수성 시대의 종식을 특징짓고 있다. 프랑스혁명 전에 독일 계몽[주의]the German Enlightenment 또는 아우프클레룽Aufklärung, 계몽의 철학자들은 [02]일정한 합의를 이루었다. 그들은 자신들의 공통된 인간성, 자연법칙, 그리고 공공의 이익에 대해 공평하고 한 목소리로 말할 수 있다고 믿었다. 그러나 프랑스혁명 이후 독일 철학은 파벌화되었다. 철학자들은 경쟁적인 이해관계에 의해 동기 부여된 반대 당파들과 논쟁을 벌이지 않고는 인간성, 자연법칙, 공공의 이익을 대변할 수 없다는 것을 깨달았다. 더 이상 인간성, 자연법칙, 공공의 이익에 대한 단일 개념은 없으며, 각각의 정치적 관점에 따라 많은 상이한 개념들이 존재했다. 따라서 사회생활에서의 분열과 긴장의 주요 원천으로서 정치가 종교를 대체했다.

언뜻 보기에 1790년대 독일 철학의 문제 성격은 과거와의 근본적인 단절이라는 특징을 갖지 않은 것처럼 보인다. 1790년대에 독일 철학자들을 사로잡은 하나의 중심 문제가 있다면, 그것은 1780년대와 그리고 실제로 18세기 대부분의 기간 동안 그들을 괴롭혔던 바로 그 문제, 즉 이성의 권위에 관한 문제였다. 이성의 한계는 무엇인가? 이성은 우리의 기본적인 도덕적, 종교적, 정치적, 상식적 신념을 정당화할 수 있는 힘이 있는가? 아니면 그것은 완전한 회의주의나 허무주의로 끝나는가? 이 물음들은 본래 1720년대에 볼프의 이성주의를 둘러싼 논쟁의 맥락에서 제기되었다. 볼프주의자들은 이성이 신의 현존, 섭리, 불멸성을 증명할 수 있는 힘을 가지고 있다고 주장한 데 반해, 경건주의자들은 이성주의가 스피노자주의의 무신론과 숙명론으로 끝난다고 반박했다. 그 후 1780년대에 칸트 철학을 둘러싼 논쟁의 맥락에서 이 물음들이 새롭게 제기되었다. 그러나 이제 초점은 볼프 형이상학의 가능성이 아니라 순수이성에 대한 비판 그 자체의 가능성에 맞춰져 있었다.[1] 문제의 쟁점은 과연 이성이 인식의 한계와 조건을 결정할 수 있는 힘을 가지고 있는지, 그리고 무엇이 비판의 보편적 규준들을 구성하는가 하는 것이었다.

이 오래된 물음들은 프랑스 급진파의 이성주의 때문에 1790년대에 새로운 긴급성을 부여받았다. 프랑스 급진파가 자유, 평등, 연대liberté, egalité, et fraternité라는 이상을 정당화하고 프랑스의 역사적 전통과 제도를 일소하며 공포 정치를 구상하고 실행한 것은 다름 아닌 이성의 이름으로 이루어졌다. 로베스피에르, 시에예스, 생-쥐스트 같은 급진주의자들에 따르면, 이성은 우리의 근본적인 도덕적 원칙들의 근원이며, 특히 공화국의 자유, 평등, 연대라는 원칙의 근원이다. 그러나 현재 프랑스의 사회적·역사적 제도들은 이러한 원칙들에 따라 행동하는 것을 불가능하게 만들기 때문에, 이 제도들은 일소되어 마땅할 뿐만 아니라 그렇게 되어야 하는 것이다. 실제로 프랑스혁명에 반대하는 자들에게 실력을 행사하는 것을 허용하는 것은 이성이다. 왜냐하면 이성은 우리가 이성의 목적을 달성하기 위해 필요한 모든 수단을 사용할 것을 요구하고 있고, 반혁명 세력에 맞서는 유일하게 효과적인 대책은 더

··
1. 1780년대 칸트 철학을 둘러싼 논쟁에 관한 더 상세한 설명에 대해서는 나의 저서 *The Fate of Reason: German Philosophy from Kant to Fichte*(Cambridge, Massachusetts, 1987), pp. 1–15, 169–172, 193–197 참조

강력한 힘을 갖는 것이기 때문이다. 따라서 공포 정치조차도 이성 자체의 축복을 받는 것 같았다. 그러한 대담하고 [03]극단적인 이성주의는 1790년대 많은 독일 사상가들에게 명백한 도전이었다. 왜냐하면 만약 이성이 정말로 우리에게 공화국을 만들 것을 요구한다면, 독일은 프랑스와 같은 혁명적인 실험에 당장 착수해야 하지 않을까라고 생각했기 때문이다.

이성의 권위 문제는 1790년대 독일 철학에 새로이 나타난 것은 아니었지만, 보다 정치적인 형태를 띠면서 변모한 것이었다. 프랑스혁명 전에 이성의 권위 문제는 이론 이성의 한계들, 즉 초자연적 실체들(신 또는 영혼)이나 전체로서의 우주 혹은 비판철학의 보편적 규준들을 인식하는 이성의 힘에 관한 것이었다. 프랑스혁명 이후에 이 문제는 실천이성의 한계, 즉 우리의 행동을 인도하는 이성의 힘을 더 많이 포함했다. 더 구체적으로 그것은 정치의 영역에서 행동을 이끌어내는 이성의 힘에 관한 것이었다. 여기에는 세 가지 특별한 문제가 떠올랐다. 첫째, 순수이성은 그 자체로 우리 행동의 일반 원칙들을 규정할 힘이 있는가, 아니면 우리는 경험에 의존해야 하는가? 둘째, 이성이 이러한 힘을 가지고 있다고 가정한다면, 그것은 또한 국가의 구체적인 원칙들을 규정할 능력이 있는가? 그리고 셋째, 순수이성은 그 자체로 이성의 이상에 따라 의지를 행동으로 작용하게끔 하는 힘이 있는가?

실천이성의 능력에 초점을 맞추는 가운데, 프랑스혁명에 대한 논쟁은 칸트 철학을 둘러싼 증대하는 논란과 동시에 일어났다. 칸트의 『실천이성비판』 이면의 주된 물음 —"순수이성은 실천적인가?"— 은 프랑스혁명에 대한 논쟁 뒤에 숨겨진 중심 문제를 정확히 정식화한 것으로 볼 수 있다. 이 저작은 바스티유 습격이 일어나기 불과 1년 전인 1788년에 출판되었고, 곧 열띤 논쟁을 불러일으켰다.[2] 칸트의 비판자들은 순수이성이 우리 행동의

••
2. 칸트의 『실천이성비판』에 대해 레베르크, 피스토리우스, 페더가 서평을 쓴 바 있다. A. W. Rehberg, "Kritik der praktischen Vernunft", *Allgemeine Literatur Zeitung* 188/3(August 6, 1788), 345–352; H. A. Pistorius, "Kants Moralreform", *Allgemeine deutsche Bibliothek* 86/1(1789), 153–158; J. G. H. Feder, "Kants *Kritik der praktischen Vernunft*", *Philosophische*

원칙을 규정하는 힘도 또 의지를 행동으로 추동하는 힘도 가지고 있지 못하기 때문에 결코 실천적이지 않다고 주장했다. 그래서 칸트의 윤리학에 관한 논의가 이미 활발히 진행되고 있었던 점을 고려하면, 프랑스혁명에 관한 논의가 칸트적 용어로 표현되는 것은 당연한 일이었다. 많은 사람들, 즉 급진파와 보수파 모두에게, 칸트의 철학은 라인강 건너편에 있는 혁명가들의 이성의 권리 요구를 분명히 밝힌 것처럼 보였다. 그렇다면 프랑스혁명에 관한 가장 유명한 논쟁 중 하나가 칸트의 「이론과 실천」 논문에 의해 시작되었다는 것은 별로 놀라운 일이 아니었다.[3] 이 논문은 곧 『베를린 월보』의 지면에서 칸트, 레베르크, 겐츠, 가르베, 뫼저 사이의 격렬한 논쟁의 대상이 되었다.[4]

1790년대 실천이성의 능력과 한계에 대한 논쟁은 여러 가지 논란이 되는 쟁점들을 포함하는 매우 복잡한 것이었다. 이 쟁점들 중 하나는 윤리학에서 합리론과 경험론 사이의 고전적인 논쟁이었다. 무엇이 우리의 도덕적·정치적 원칙들을 정당화하는가— 이성인가 아니면 경험인가? 이성은 경험과는 무관하게 행동의 목적을 규정하는 능력이 있는가? 아니면 경험을 통해 배워야 하는, 목적의 수단을 확인하기만 하는 능력을 가지고 있는 것일까? 이 둘 중 어느 견해를 취하느냐는 [04]이론과 실천의 관계에 대한 자신의 입장뿐만 아니라 실제로 사회적·정치적 변화에 대한 태도에 있어서도 결정적

· ·
   Bibliothek 1(1788), 182–188 참조. 『도덕형이상학 정초』의 서평은 그보다 일찍 피스토리우스, 티텔, 틸링에 의해 쓰여졌다. H. A. Pistorius, "Grundlegung zur Metaphysik der Sitten", *Allgemeine deutsche Bibliothek* 66/2(1786), 447–462; G. A. Tittel, *Ueber Kants Moralreform*(Frankfurt, 1786); C. G. Tilling, *Gedanken zur Prüfung von Kants Grundlegung zur Metaphysik der Sitten*(Leipzig, 1789).

3. Immanuel Kant, 「이론과 실천. 이론으로는 옳을지 모르지만 실천에는 도움이 되지 않는다는 통념에 대하여」("Ueber den Gemeinspruch: Das mag in der Theorie richtig sein, taugt aber nicht für die Praxis"), in *Gesammelte Schriften*, ed. Prussian Academy of the Sciences(Berlin, 1902–), VIII, 273–314.

4. 12.2절–12.5절 참조.

인 것이다. 도덕적 원리들이 이성만으로 정당화된다면, 그리고 옳고 그름이 이 원리들에 준거해서 판단된다면, 실천은 이론에 그리고 현실은 우리의 이상에 부합해야 한다. 그러나 만약 도덕적 원리들이 경험에 의해 정당화되고 또 우리의 경험이 역사 즉 세대 간에 걸친 지혜에서 나온다면, 이론은 확립된 실천에 그리고 이상은 현실에 부합해야 한다.

이 논쟁은 이성이 우리의 도덕적·정치적 원리들을 정당화할 수 있는지 여부뿐만 아니라 이성이 정념을 제어할 수 있는지 여부와도 관련되어 있었다. 다시 말해서, 이성이 우리의 행위에 원리를 제공할 수 있느냐 하는 인식론적 문제뿐만 아니라, 이성이 우리의 행위에 대한 동기를 제공할 수 있느냐 하는 심리학적 문제도 걸려 있었다. 이성이 우리에게 특정한 도덕적·정치적 원리들을 제공할 수 있다고 가정한다면, 그것은 또한 우리가 그 원리들에 따라 행동하도록 만드는 힘을 가지고 있는가? 원리의 합리성이 과연 우리의 행위에 충분한 동기 내지 유인이 될 수 있을까? 아니면 이기적인 욕구, 그리고 습관이나 전통의 힘이 인간 행위의 압도적인 근원인 까닭에 이성에 호소하는 것은 무의미한 일인가?

이성의 능력과 관련된 더 중요한 문제들 중 하나는 각 개인이 국가의 현안을 저마다 판단할 수 있는 능력을 가지고 있는지 여부였다. 개인이 스스로 생각해야 하며 어떤 신념이 자신의 비판적 이성과 합치할 때에만 그 신념을 받아들여야 한다는 것이 계몽의 근본 원리였다. 그러나 1790년대에 프랑스혁명에 대한 많은 보수적인 비평가들은 이 신성한 원리에 의문을 제기하기 시작했다. 그들은 일반 사람들이 법, 제도, 정책의 옳고 그름, 장단점을 결정할 수 있는 위치에 있는지 의심했다. 그러기 위해서는 전문적인 지식과 통치에 대한 오랜 경험이 있어야 한다고 그들은 주장했다. 예를 들어, 어떤 정책을 채택하기 전에 모든 상황, 모든 선택지와 그 결과, 모든 경쟁적 이해관계들의 주장이 갖는 합법성과 공과, 그리고 국민 자신들의 특성과 전통, 신념을 알고 있어야만 한다. 그러나 그러한 것을 습득할 시간도 여력도 통찰력도 없는 일반 사람들은 도저히 그런 지식을 소유할 수 없다고 보수주의자들은 주장했다. 오히려 정치를 자신의 본업으로 삼고 나라를 다스린 오랜 경험을 가진 정치인들만이 그러한 지식을 얻을 수 있다. 이 비평가들은 또한, 정치 문제에 있어 모든 개인을 주권자로 만들 경우 반드시 무정부주의적 결과를 낳는다는 것을 즐겨 강조하고자 했다. 그리고 만약 어떤 명령이나 정책이 옳은지 그른지를 모든 사람들이 스스로 판단한다면, 개개인의 수만큼 많은 권위들이 있을 것이다. 그러면 사회는 모든 보병들이 그의 장교의 명령에 대해 의문을 제기하고 토론을 벌이는 프랑스 혁명군처럼 되어버릴 것이다.

　　이성의 능력에 대한 이 논쟁에는 실로 적지 않은 문제가 걸려 있었다. [05]극히 불안정한 상태에 놓인 것은 **계몽**의 운명 그 자체였다. 18세기 내내 독일 **철학자**들 즉 **계몽주의자**들은 사회적·정치적 개혁을 정당화하려는 시도에서 이성의 권위에 호소했었다. 그들은 이성이 자신들의 도덕적·정치적 원리들을 정당화할 수 있고, 또한 이성이 제도, 법률, 정책의 가치를 평가하는 규준을 제공할 수 있다고 가정했다. 더 나아가 그들은 이성이 그 자체로 인간의 행동에 대한 충분한 동기를 제공할 수 있다고 생각했다. 원리나 정책이 합리적이라는 것을 보여주기만 하면 누군가가 그것을 받아들이고 그에 따라 행동할 수 있다고 그들은 믿었다. 그러나 바로 이러한 가정들이 프랑스혁명에 대한 논쟁에 의해 문제시되었다. 보수주의자들은 이성 자체가 우리의 도덕적·정치적 의무의 충분한 규준이 될 수 없으며, 이성 그 자체로는 어떤 사회적·정치적 합의와도 양립할 수 있는 공허한 형식적 힘일 뿐이라고 주장했다. 그들은 또한 이성이 인간의 행위에 충분한 동기를 제공할 수 없다고 주장했다. 설령 우리가 원리나 정책이 합리적이라는 것을 증명할 수 있다고 하더라도, 인간은 비합리적인 욕망과 습관에 의해 움직이는 피조물들이기 때문에, 사람들은 이성에 따라 행동할 의향이나 능력이 없을 것이라고 그들은 주장했다. 만약 프랑스혁명에 대한 이들 비평가의 생각이 맞다면, **계몽**은 정말로 파멸의 운명에 처할 것이다. 그렇다면 **계몽주의자**들은 사회를 개혁하기 위한 그들의 근본적인 이상과 프로그램을 포기할 수밖에 없을 것이다. 이성은 그들의 이상을 정당화할 수 없거나 혹은 백성들은 그 이상에 따라 행동할 수 없거나, 이 둘 중 하나이기 때문이다.

그러나 1790년대 계몽에 대한 가장 강력한 위협은 이성의 실천적 능력에 대한 논쟁에서가 아니라 역사주의의 대두에서 비롯되었다. 역사주의는 프랑스혁명에 대한 반응의 산물이 아니었고, 흔히 이야기되는 바와 같이 독일에서의 버크의 영향의 결과도 아니었다.[5] 역사주의는 1770년대와 1780년대에 계몽의 역사서술historiography에 반대하여 뫼저Möser와 헤르더Herder에 의해 맨 처음 전개되었다.[6] 하지만 프랑스혁명에 대한 반응이 역사주의에 엄청난 자극을 주었다는 것은 의심할 여지가 없다. 역사주의는 원래 의도된 대로 진보적 또는 보수적 대의에 기여했지만,[7] 1790년대와 1800년대에는 보수적 사상가들에 의해 급진적 대의를 공격하기 위한 수단으로 사용되었다. 레베르크, 겐츠, 브란데스와 같은 보수적 논자들과 셸링, 슐라이어마허, 뮐러 같은 낭만주의 철학자들은 독일의 역사적 전통과 제도를 승인하기 위해 역사주의의 근본 사상을 채택했다. 1820년대에 사비니에 의해 발전된 역사법학파는 1790년대 역사주의의 최종 계승자였다.

정확히 역사주의가 의미하는 것은 무엇인가? 그 본질적 요소들로 단순화한다면, 역사주의는 세 가지 중심 논지로 구성되어 있다. 첫째, 모든 사회적, 정치적, 문화적인 제도와 활동은 그 환경에 따라 변화하고 적응하기 때문에, 단 하나의 이상적인 헌법, 언어, 종교, 문화라는 것은 존재하지 않는다. 사회적, 정치적, 문화적 세계에 주어져 있어 영원한 것으로 보이는 것들 — 언어든, 종교든, 또는 법체계든 — 은 [06]역사의 산물이며, 특히 특정한 시기에 사람들

----

5. 예를 들어, Leo Strauss, *Natural Right and History*(Chicago, 1950), p. 13 참조. 이 가설에 대해서는 9.4절 및 12.1절에서 더 상세히 검토된다.
6. 물론 나는 독일의 역사주의 발전에 대해서만 말하고 있다. 역사주의의 기원이라는 주제에 대한 고전적인 논의로서는 Friedrich Meinecke, *Die Entstehung des Historismus*(München, 1936)가 있다.
7. 헤르더와 뫼저의 역사주의의 기원에 대해서는 8.5절 및 12.2절에서 고찰한다.

에게 작용하는 경제적, 지리적, 기후적, 인구학적 조건의 산물로 판명된다. 둘째, 문화는 비회귀적인 독특한 전체이자 하나의 유기적인 통일체 내지 개체이며, 그 가치, 신념, 제도, 전통, 언어는 모두 서로 불가분의 관계에 있다. 그러므로 우리는 어떤 일반적인 법칙이나 어떤 외부적인 견지에서 문화를 설명할 수 없다. 오히려 우리는 문화를, 내부로부터 즉 공감의 마음을 가지고 그 실질적 관여자의 관점 속으로 들어가서 검증해야 한다. 셋째, 모든 문화의 발전은 유기적이며, 탄생, 청년기, 성숙기, 쇠퇴, 사멸 등 하나의 생명체의 성장 단계들을 보여준다. 이 세 가지 논지들은 사회에 유기적인 비유를 적용한 결과로 볼 수 있다. 사회가 하나의 유기체와 같다면, 그것은 발전하고 불가분한 전체를 형성하며 성장과 쇠퇴의 단계를 거치게 될 것이다.[8] 따라서 역사주의는 종종 그리고 적절히 유기체론과 연관되어 있는데, 이는 사회가 생명체에 적용되는 법칙에 따라 설명될 수 있다는 관념이다.

　이러한 역사주의 사상은 이성의 권위라는 **계몽**의 근본 신조를 심각하게 훼손했다. 첫째, 역사주의 사상은 **계몽**의 겉보기에 보편적이고 자연적이며 영원한 이성의 기준들이 궁극적으로 그것들 자신의 시대와 문화의 산물일 뿐이라는 것을 암시한다. 따라서 우리는 다른 시대나 문화가 갖는 가치, 믿음, 관습을 비판할 권리가 없다. 만일 우리가 그러한 비판을 한다면, 모든 문화와 시대가 우리의 것과 동일한 법, 가치, 제도를 가져야 한다는 도덕적으로 의심스러운 가설인 자기 민족 중심주의ethnocentrism의 오류를 범하는 셈이 될 것이다. 이러한 사상은 둘째로, 이성의 어떤 일반적인 이상에 따라 사회 전체를 개혁하려는 어떠한 시도도 실패할 수밖에 없다는 것을 암시한다. 왜냐하면 다른 유기적 조직체와 마찬가지로, 사회는 그 독특한 환경에 적응함으로써만 살아남고 번영할 수 있기 때문이다. 그러므로 사회적·정치적 변화는 시대와 장소의 독특한 환경을 고려하여 점진적으로 조금씩 이루어져야

..
8. 따라서 역사주의란 "우선 새로운 생명원리들을 역사적 삶에 적용하는 것에 다름 아니다"라는 마이네케의 지적이 있다(*Entstehung des Historismus*, I, 2).

한다.

그러나 역사주의의 부상은 이성의 권위 그 자체의 쇠퇴를 의미하는 것이 아니라 계몽에 의해 이성에 돌려졌던 권위의 쇠퇴만을 의미한다는 것을 인식하는 것이 중요하다. 1790년대 독일 철학에서 우리가 발견하는 것은 이성의 목적과 의미에 대한 새로운 이해인 '패러다임 전환'이다. 계몽의 시대에서 이성은 주로 사회적·정치적 개혁의 도구로서 비판적인 기능을 가지고 있었지만, 1790년대와 1800년대 초에는 보다 설명적인 기능을 가지고 있었다. 역사 이해라는 과제가 사회적·정치적 비판이라는 과제를 대신했다. 이성의 목적은 사회의 제도, 법, 전통을 비판하기 위한 것이 아니라 그것들이 어떻게 생겨났는지를 이해하고 또한 그것들을 그 독특한 역사적 환경의 산물로서 파악하기 위한 것이다. 어떤 일반적인 규범적 이상에 따라 사회를 비판하는 것은 이제 무의미한 일로 간주되었다. 왜냐하면 그것은 사회를 필연적인 것으로 만드는 요소들을 추상화하기 때문이다. 한 가지 중요한 측면에서 이성에 대한 이 새로운 이해는 [07]18세기 사상의 지배적인 경향 중 하나와 완벽하게 일치했다. 그것은 바로 모든 것을 자연 법칙들에 따라 설명하려는 시도인 자연주의naturalism의 성장이다. 역사주의는 간단히 말해서 이 자연주의가 사회 자체의 영역에까지 확대된 것이었다. 아마도 이러한 패러다임 전환의 궁극적인 표현은 헤겔의 『법철학』의 유명한 서문일 것이다.[9] 헤겔은 철학이 우리에게 사회가 어떻게 되어야 하는지가 아니라 왜 사회가 현재의 모습대로 있어야 하는지를 말해주어야 한다고 주장했다. 그러므로 철학이 "현재의 십자가 속에 있는 장미"를 보도록 우리에게 화해만을 가르칠 수 있다는 사실은 계몽의 전통에 여전히 충실한 철학자들에게 매우 쓰라린 고언이었다. 그러나 그것은 과학적인 자연주의에 대한 계몽 자신의 충성의 필연적인 결과였다.

• •

9. G. W. F. Hegel, *Werke in zwanzig Bänden*, Studien Ausgabe, ed. E. Moldenhauer and K. Michel(Frankfurt, 1971), VII 참조.

서론 2. 정치에 무관심한 독일인이라는 신화

"그들[독일인]은 사상에 있어서의 가장 대담한 면모를 가장 순종적인 성격과 결합시키고 있다."[10] 통찰력 있는 마담 드 스탈은 18세기 말 그녀의 고전적인 저작 『독일론』에서 독일의 지식인들을 이렇게 묘사했다. 그녀는 독일인들의 지성과 성격 사이에는 큰 간극이 있다고 주장했다. 그들의 지성은 어떠한 한계도 겪지 않고 매우 대담하며 진취적인 데 반해, 그들의 성격은 정치적 질서에 복종하고 군주들의 명령에 늘 따르곤 했다. 마담 드 스탈은 이 특수한 상황, 즉 지성적인 것과 정치적인 것 사이의 독특한 분열에 대해 명쾌한 설명을 했다. 즉 그 분열은 "군인 신분의 우세와 계급 차별" 때문이었다.[11] 독일인들은 권위주의적인 군사 국가가 그들에게 다른 선택의 여지를 남겨주지 않았기 때문에 정치의 영역에서는 순종적이었지만, 그러나 사상의 영역에서는 자유로웠다. 왜냐하면 사상의 영역에서 그들은 어떠한 세속적인 지배도 받지 않았기 때문이다. 사상의 영역에서의 그들의 자유는 정치적 예속에 대한 보상이었고, 마음속으로는 경멸했던 정치적 현실로부터의 도피였다.

마담 드 스탈의 견해는 대단히 영향력이 있었다. 그녀의 견해는 18세기 독일의 지적 삶에 대한 우리의 인식을 계속해서 지배하고 있다. 하이네도 맑스와 엥겔스가 그랬듯이[12] 그녀의 말에 동의했다. 18세기 말 독일 정치철학에 관한 가장 중요한 저술 중 두 권인 라인홀트 아리스의 『독일 정치사상사, 1789–1815』와 자케 드로의 『독일과 프랑스혁명』은 본질적으로 그녀의 견해

· ·

10. Madame de Staël, *De l'Allemagne*, ed. 2(Paris, 1814), pp. 31–32.
11. 같은 책.
12. 예를 들어 Karl Marx and Friedrich Engels, *Die deutsche Ideologie*, in *Marx–Engels Gesamtausgabe*(Berlin, 1927), Erste Abteilung, V, 175, 177 참조.

를 재확인시켜 주었다.[13] 아리스와 드로에 따르면, 18세기 말 독일의 지적 삶은 근본적으로 '정치에 무관심apolitical'했다.[14] 아마도 이 시기의 철학자나 저술가들은 정치에 대한 깊은 혐오감을 키웠던 것으로 보이는데, 그것은 그들이 참을 수 없지만 바꿀 수도 없는 정치 세계에 살도록 강요받았기 때문이다. 따라서 그들은 가혹한 정치적 현실에서 형이상학, 신학, 시문학의 이상적인 세계로 탈출했다. 인도주의Humanität나 도야Bildung와 같은 윤리적 이상들에 헌신하기만 한다면, [08]그들은 마치 그 이상들이 어떤 정치적 조건에서도 실현될 수 있기나 한 것처럼 추상적이고 비정치적인 용어로 그것들을 이해했다. 프랑스혁명 이후에도 우리는 이런 정치적 무관심이 계속되었다고 믿게 된다. 비록 독일인들이 이제 정치이론의 근본적인 문제들에 몰두하기 시작했지만, 복종의 오래된 습관과 사변적 기질에 대한 그들의 편향은 그들의 견해를 행동으로 옮기는 것을 불가능하게 만들었다. 독일 사상가들은 자신들을 프랑스 사건들의 관찰자로만 여겼으며, 그 사건들을 본받는다는 것은 꿈에도 생각지 못했다. 따라서 이 시기 독일 정치사상에는 이론과 실천, 사변과 행동 사이에 근본적인 간극이 있었다는 것이다.

아무리 오랜 기간 받아들여지고 또 널리 유포되어 있는 견해라고 할지라도, 이제 마담 드 스탈의 유산에 대해 의문을 제기할 때가 되었다. 그녀의 견해는 일종의 편견이 되었다. 그 견해는 18세기 후반의 학문에 대해 그토록 목을 조여 왔기 때문에 그것은 연구의 결과라기보다는 오히려 예단으로 작용해왔다. 괴테, 슐레겔, 실러로부터의 몇몇 인용문들은 종종 문맥에서 벗어나 독일 전체의 지적 생활을 나타내는 것으로 사용되었다. 그녀의 견해에 약간의 진실이 담겨 있다는 것은 의심의 여지가 없다. 독일 국민의 정치적

••

13. Reinhold Aris, *A History of Political Thought in Germany, 1789–1815*(London, 1936), pp. 21–62; Jacques Droz, *L'Allemagne et la Révolution française*(Paris, 1949), pp. 3–28, 특히 pp. 3–5, 26–28을 참조. 드로의 입장은 R. R. Palmer, *The Age of Democratic Revolution*(Princeton, 1964), II, 425–456, 특히 p. 430, 432, 447에서 재차 확인되고 있다.

14. 드로의 정확한 표현을 보려면, 그의 *L'Allemagne*, pp. 26–27을 참조.

의식이 프랑스혁명 이전에는 크게 발달하지 않았다는 것과, 17세기 중반 절대주의 국가가 부상한 후 독일인들이 통치자에게 복종하는 습관이 배어 있었다는 것은 분명한 사실이다. 이러한 점들은 독일 저술가들 스스로에 의해 자주 지적되었고 마담 드 스탈의 증언을 거의 필요로 하지도 않았다. 이 시기 독일 사상가들의 글에서 정치에 대한 무관심이나 경멸을 표현하는 인용구는 사실 부족하지 않을 정도이다. 그럼에도 불구하고 이 모든 점들은 마담 드 스탈의 견해에서 그렇게 자주 도출된 결론, 즉 18세기 말 독일의 지적 삶은 근본적으로 정치에 무관심했다는 결론으로 곧장 이르지는 않는다.

이러한 견해의 가장 심각한 문제는 18세기 독일 철학과 문학의 정치적 동기들에 대해 학자들의 눈을 멀게 한 데에 있다. 프랑스혁명 이전과 이후에 걸친 이 시기 주요 사상가들의 목적, 기원, 맥락에 대해 자세히 살펴보면, 그들의 사상이 거의 항상 정치적 목적에 의해 동기가 부여되었던 점이 드러난다. 그들의 사상은 플라톤의 이데아 세계에 떠도는 순수한 추상 개념들이 아니라 정치적 투쟁에 관여하는 강력한 무기였다. 이러한 동기는 피히테의 인식론 같은 외관상 추상적인 교설과 낭만주의 미학 같은 겉보기에 비정치적인 이론에도 존재했다. 칸트, 피히테, 실러, 헤르더, 슐레겔 같은 저작가들은 정치적 무관심과 거리가 멀었으며, 오히려 자신들 저술의 전체 목적을 정치적인 것으로 보았다. 그렇다면 이 시기의 사상을 비정치적이라기보다는 오히려 정치은폐적cryptopolitical인 것으로 보는 편이 더 정확할 것이다. 절대주의 국가는 정치적 사고를 파괴하지는 않았지만, 그것을 지하로 내몰았다.

또한 이 시기의 대부분의 사상가들이 그들의 행동이나 일상생활에서 정치에 무관심했다고 가정하는 것은 지극히 오해의 소지가 있다. 조금만 살펴보더라도 [09]정치에 무관심한 사람들은 일반적이 아니라 예외적이었다는 사실이 드러난다. 대부분은 의무에서가 아니라 신념 때문에 이런 저런 형태로 정치에 관여하고 있었다. 그들은 당대의 정치적 질서를 위해 일했거나, 글이나 행동을 통해 기존 정치적 질서에 대항하여 일하려 했다. 일부는 지방정부에서 활동했다. 예컨대 뫼저는 오스나브뤼크 소공국의 중앙 행정관이었다. 레베르크와 브란데스는 하노버에서 중요한 관료였다. 야코비는 윌리히와 베르크 두 공국의 추밀 고문관이었다. 빌란트는 몇 년 동안 비버라흐 공화국의 행정 장관이었다. 그리고 헤르더는 리가와 바이마르에서 시민생활에 적극 관여했다. 한편 다른 이들은 혁명 정치의 음모에 관련되었다. 가령 휠덜린은 아마도 독일 슈바벤에 혁명 정부를 세우려는 시도에 관여했을 것이다. 피히테는 프랑스의 기관들과 긴밀한 연락을 취하고 있었다. 그리고 반동주의자인 괴흐하우젠, 그롤만, 슈타르크는 정부 부처 내에서 활동하면서 자신들의 군주에게 검열을 부활시키도록 종용했다. 그러나 다른 사상가들 중에는 역사적 의의가 있는 정치적 역할을 한 인물도 있었다. 가령 겐츠는 메테르니히의 고문이었고, 훔볼트는 1806년 이후 교육개혁을 담당한 프로이센 장관이었다. 그리고 포르스터는 마인츠의 혁명 정부의 부통령이었다. 칸트와 실러 역시 그들 저술에 중심을 이루는 열렬한 정치적 신념을 가지고 있었지만, 이들은 직접적인 정치적 경험이 가장 적은 사상가들이었다.

마담 드 스탈의 견해의 또 다른 난점은 18세기 후반 독일 대부분 사상가들의 일반적인 지적 맥락을 고려하지 않는다는 것이다. 이 시기 지식인들 대다수에게 이 지적 맥락은 **계몽**에 의해 제공되었다. **계몽**은 비현실적이고 비정치적이기는커녕, 본질적으로 실천적이고 대체로 정치 운동이었다. **계몽**의 근본 목적은 대중을 계몽하거나 교육하고, 시민의 권리와 의무 그리고 도덕, 종교, 국가의 기본 원칙을 인식하도록 하는 것이었다. 다시 말해서 그것의 목적은 대중의 해방, 즉 전통과 미신, 압제의 족쇄로부터 대중을 해방시키는 것이었다. **계몽**은 그 목적이 이성의 제1원리들을 발견하는 것이 아니라 — 대부분의 **계몽주의자들**은 이 과업이 이미 라이프니츠, 볼프, 칸트 같은 사상가들에 의해 이루어졌다고 믿었다 — 그 원리들을 일상생활에 도입하는 것이었기 때문에, 그것은 하나의 실천적 운동이었다. 요컨대, 계몽의 목적은 이성과 삶, 이론과 실천, 사변과 행동 간의 간극을 극복하는 것이었다. **계몽**은 적극적인 의미에서는 아니더라도 소극적인 의미에서 하나의 정치 운동이었다. 다시 말해, 계몽은 특정한 통치형태를 옹호하지는 않았지만,

모든 형태의 자의적 권위에 대해 그리고 법과 합치하지 않는 방식으로 자유를 제한하려는 국가의 시도에 대해 완강히 반대했다.

18세기 말 대부분의 사상가들은 칸트, 헤르더, 빌란트 같은 연로한 인물들 뿐만 아니라 [10]슐레겔, 횔덜린, 노발리스 같은 젊은 세대까지도 자신들을 계몽주의자라고 보았다. 그들은 자신들을 사변 그 자체를 위해 전념하는 철학자들이 아니라 대중의 교육자들로 여겼다. 그들은 철학과 문학이 그 자체 목적인 것이 아니라 대중의 계몽과 교육을 위한 도구라고 믿었다. 이론과 실천 간의 괴리를 만들려고 시도하기보다는 그들은 그 괴리를 메우기 위해 모든 힘을 다했다. 그들은 교수, 가정교사, 성직자, 작가로서 대중을 교육함으로써 이러한 괴리를 가장 잘 해소할 수 있다고 믿었다. 그래서 피히테, 실러, 빌란트, 노발리스, 슐레겔 그리고 뫼저는 신문 잡지업계에 종사했는데, 거기서 그들의 글쓰기의 주된 목적은 대중의 교육이었다. 물론 이 해결책은 혁명의 활동을 통해서만 이론과 실천의 괴리가 종결될 수 있다고 믿었던 하이네, 맑스, 엥겔스가 선호하는 해법은 아니었다. 그러나 이러한 이유로 계몽주의자들을 비판하는 것은 논점을 교묘하게 다른 데로 돌리는 것에 지나지 않는다. 왜냐하면 계몽주의자들은 점진적인 개혁의 필요성을 주장했고 근본적인 헌법적 변화보다 계몽이 선행되어야 한다고 주장했기 때문이다.

그러므로 정치에 무관심한 독일인이라는 신화인 마담 드 스탈의 유산을 이제는 종식시키기로 하자. 18세기 말의 독일 사상을 새로운 눈으로 응시해보자. 그러기 위해 우리는 18세기 말 독일 사상의 기원과 맥락을 면밀히 살펴야 하며, 그 뒤에 숨어 있는 정치적 동기들을 찾으려고 시도해야 한다. 이러한 고찰이 다음 본론 장들의 근본적인 과제가 될 것이다.

제1부

자유주의
Liberalism

제1장

1790년대 독일 자유주의

1.1. 방법론적 문제의식

[13]1790년대의 독일 철학을 이해하려면, 이 10년 전체를 바라보는 일반적인 시각을 갖는 것이 가장 중요하다. 우리가 개별 사상가들에게만 집중한다면, 나무를 보되 숲을 보지 못하는 명백한 위험에 처하게 된다. 그러므로 우리는 1790년대의 여러 사상의 가닥을 어느 정도 분류해야 하며, 그것들이 어떻게 유사하고 서로 다른지를 설명해야 한다.

그러나 이러한 가닥들을 분류하는 것은 간단한 문제가 아니다. 철학의 역사학자가 이 극도로 복잡하고 파란만장하며 운명적인 10년에 대해 일반화를 시도할 경우, 그는 몇 가지 심각한 어려움에 직면하기 마련이다. 첫째, 1790년대의 사상가들을 '사상 학파들'로 분류하는 것은 그들 자신이 별개의 정파에 속한 것으로 지각하는 경우가 거의 없다는 점에서 매우 오해의 소지가 있다. 여기서 다시 한 번 1790년대 독일의 정치 생활은 현대적인 의미의 정당과 이익 집단으로 나뉘지 않았다는 것을 우리 자신에게 상기시킬 필요가 있다. 그렇다면 어떤 일반화를 형성할 때, 우리는 단순한 논리적 유사성을 하나의 조직화된 역사적 결합체와 혼동하지 않도록 주의해야 한다. 둘째, 모든 역사에 대한 저 악명 높지만 고질적인 함정인 시대착오의 오류는 1790년 대의 경우 특히 주의해야 할 위험이다. 이 10년의 사상가들은 너무나 자주 후대의 이론 및 운동의 '아버지들'로 불리기 때문에, 훗날에 와서 그들에게 꼬리표를 붙인 것을 가지고 그들을 규정하려는 경향이 매우 잦은 것이 사실이 다. 그러나 그들과 그들의 후계자들 간의 차이점을 무시한다면 그것은 그릇된 해석에 이르기 쉽다. 셋째, 1790년대의 사상가들은 소속될 당이나 조직이 없었기 때문에 우리가 그들에 대해 내리는 일반화의 예외일 가능성이 많다는 점이다. 여기서 특히 역사학자들은 자신들이 행하는 일반화가 '이념형^{ideal} $^{type, 理念型}$'들에 불과하며 경험적 현실의 모든 사례들이란 그 이념형에 대한 근사치를 이룰 뿐이라는 것을 스스로에게 상기시켜야 한다. 넷째 그리고 마지막으로, 이 10년 동안의 엄청나게 많은 재료들은, 그러나 그 상당 부분은 드문 양상인 만큼, 소수의 '주요^{major}' 사상가들에 근거하여 그릇된 일반화를 행하는 것을 매우 쉽게 한다. 만약 그런 일반화가 이른바 수많은 '이류^{minor}' [14]사상가들을 무시하거나 간과한다면 —그들의 논문, 서한, 저서, 일기들이 이 10년 동안 생산된 문헌의 90퍼센트 이상을 차지한다— 우리의 연구는 전반적으로 그 시기에 대해 무엇을 말해줄 수 있겠는가? 이런 난관에 적어도 타협점을 마련하기 위해, 이 연구에서 나는 더 광범위한 추세를 대표하는 사상가들, 그들의 시대에 영향력이 있거나 잘 알려진 사람들을 고려할 생각이 다. 또한 그들 대부분이 전통적인 철학사에서 완전히 무시되어 왔던 많은 덜 알려진 인물들을 다루는 것을 주저하지 않을 것이다. 그러나 1790년대에 거의 알려지지 않았지만 이후에 유명해진 셸링이나 헤겔 같은 철학자들은 검토의 대상에서 제외할 것이다.[1] 왜냐하면 여기서의 나의 목적은 '위대한

- -
1. 1800년 이전에는 셸링은 주로 피히테의 대변자로 알려졌고, 헤겔은 중요한 저작을 아직 아무것도 출간하지 않았었다. 헤겔의 첫 저작이 간행된 것은 1800년대 초에 와서이며『피히

철학자들'을 해석하는 것이 아니라 한 시대의 정신을 이해하는 것이기 때문이다.

이러한 모든 어려움을 감안할 때, 일반화와 분류 작업 일체를 자제하는 것이 더 신중해 보일 수도 있다. 그러나 그러한 신중한 전략은 가장 단순하고 시대착오적인 일반화에 빠지는 것만큼이나 사태를 호도할 소지가 있다. 1790년대 사상의 가닥들이 완전히 자의식적이거나 조직적이지는 못했다고 할지라도, 사상가들 사이에 깊은 유사점과 차이점이 있었다는 사실은 여전히 남아 있다. 그들 자신도 종종 이런 사실을 알고 있었고, 공공 장소에서 자주 반대하거나 편을 들곤 했다. 그렇다면 동시대인 자신들이 보았던 그런 일반적인 측면들에 우리는 눈을 감아야 하는가? 우리는 또한 이 10년 동안 당파 가입과 조직이 없었다는 것을 과장하지 않도록 주의해야 한다. 조직적이고 자의식이 강한 당파들이 없었던 반면, 우호관계와 공동의 이상을 바탕으로 한 명백한 집단이 여럿 있었다. 예나와 베를린의 '낭만파 서클', 괴저와 하노버 휘그당파, 그리고 괴흐하우젠과 슈타르크와 행복주의자들, F. H. 야코비를 둘러싼 자유주의 작가들의 느슨한 유대 등이 그에 해당한다. 방금 전에 말한 이 신중한 전략의 주된 문제는 궁극적으로 시대착오의 오류나 단순화된 일반화를 피하기는커녕 도리어 그것을 불러온다는 점이다. 1790년대의 특징적인 추세를 알아야만 우리는 이 10년 동안과 혁명 이후 시대에 대한 단순하고 시대착오적인 일반화를 전체적으로 바로잡을 수 있기 때문이다.

그렇다면 1790년대에 대한 일반화의 모든 위험을 유념하는 가운데, 우리는 여전히 이 10년의 기본적인 사상 가닥들을 분별해 볼 수 있다. 이 사상 가닥들 중 일부는 1820년대까지 완전히 자의식을 가지고 조직화되지는 않았고 또한 프랑스혁명 이전에 어느 정도 존재하고 있긴 했지만, 1790년대에는 자유주의, 보수주의, 낭만주의라는 세 가지 뚜렷한 사상 가닥 내지 사상

••
테와 셸링의 철학체계의 차이』, 1801년], 그것에 의해 셸링의 대변자로서 명성을 얻었다.

경향들이 있었다. 이들 각각은 면밀한 검토를 해볼 만한 가치가 있다. 여기서 나는 우선 이 운동들 중 하나의 가장 광범위한 측면만을 검토할 것이며, 이 운동들 각각의 구체적인 특징 서술은 이후의 장들로 넘기기로 한다. 여기서의 주요 초점은 1790년대에 가장 두드러진 가닥인 자유주의이다. 낭만주의와 보수주의는 9.1절과 12.1절에서 더 상세히 논해질 것이다.

1.2. 초기 독일 자유주의의 지형

[15]1790년대 사상의 세 가닥 가운데 가장 강력하고 널리 퍼져 있었던 것은 자유주의liberalism였다. 프랑스혁명과 더불어 승리한 듯 보였던 것은 자유주의적 이상들이었다. 자유, 평등, 인간의 권리와 같은 신조들은 역사적 필연성의 분위기를 띠고 있었다. 머지않아 이 신조들은 독일 자체에서도 확립되고 명문화될 것 같았다. 자유주의자들은 또한 보수주의자나 낭만주의자들보다 훨씬 더 길고 훌륭한 지적 유산을 가지고 있다고 주장할 만했다. 낭만주의는 1790년대 막바지에야 꽃을 피웠고 보수주의는 프랑스혁명이 끝난 후에야 뚜렷한 전통이 되었지만, 자유주의는 영국의 명예혁명으로 거슬러 올라가는 자랑스러운 역사를 지니고 있었다. 자유주의는 그 대변자들로서 로크, 피에르 벨, 스피노자, 볼테르, 루소 같은 굉장히 많은 사상가들을 내세울 수 있었다.

1790년대의 맥락에서 내가 말하는 자유주의란 무엇인가? 그것의 기본 신념과 지도적 이상은 무엇이었는가? 그리고 자유주의는 보수주의와 낭만주의와는 어떻게 달랐는가?

시대착오의 오류에 대한 우리의 맹비난은 특히 1790년대의 자유주의에 적용된다는 것을 명심하는 것이 중요하다. '리버럴liberal'이라는 말은 1790년대에 사상의 유파나 정치적 운동을 가리키기 위해 사용되지 않았고, 또한 1820년대까지도 일반화되지 않았다.[2] 그럼에도 불구하고 우리가 그것을 자의식적인 조직이나 운동과 혼동하지 않는 한, 그리고 그것이 이후의 교설과 갖는 차이점을 명심한다면, 자유주의라는 호칭은 적절하다. 왜냐하면 1790년 대의 많은 지도적인 정치 사상가들은 1840년대의 자유주의의 선조였기 때문 이다. 우리는 후기 독일 자유주의의 많은 기본 원칙들을 18세기의 마지막 10년으로 거슬러 올라가 추적할 수 있다.

1790년대의 가장 중요한 자유주의 사상가는 칸트, 실러, 빌헬름 폰 훔볼 트, F. H. 야코비, 게오르크 포르스터였다. 이들의 글들을 주의 깊게 살펴보면, 우리는 그 글들 사이에서 상당한 유사점을 발견하며 특히 통치의 목적과 국가의 정당성에 대한 공유된 이상과 견해를 발견한다. 실러, 훔볼트, 야코비, 포르스터가 친구였고 그들이 때때로 공동 작업에 협력했다는 것은 참으로 주목할 만하다.[3] 1780년대 말과 1790년대 초에 훔볼트와 포르스터는 펨펠포르 트에 있는 야코비 저택의 손님들이었고, 거기서 정치적 토론은 빈번히 시사문 제ordre du jour를 주제로 한 것이었다.

모든 자유주의자들과 마찬가지로 이 사상가들은 명실상부하게 정치적 자유의 옹호자였다. 그들은 자유를 보장할 수 있는 모든 정치적 이상들, 즉 언론의 자유, 종교적 관용, 기회의 평등, 그리고 임의적인 체포와 구금으로 부터의 자유에 대한 옹호자였다. 그러나 우리는 1790년대의 자유주의를 단순히 이러한 이상들의 옹호와 동일시할 수는 없다. 설령 이러한 일이 필요할지라도, 그것이 자유주의에 대한 충분한 특징 규정은 아니다. 왜냐하면 일부 보수적·낭만적 저술가들도 이러한 이상들을 공유했기 때문이다.

• •
2. 독일에서 '리버럴liberal, 자유주의적'이라는 말의 초기 용법에 대해서는 Fritz Valjavec, *Die Entstehung der politischen Strömungen in Deutschland*(München, 1952), pp. 426–429 참조. 정치적 의미에서의 '자유주의Liberalismus'라는 말의 성립에 관해서는 *Historisches Wörter-buch der Philosophie*, ed. J. Ritter and K. Gründer(Darmstadt, 1980), V, 256–271에서의 항목 "Liberalismus" by U. Dierse, R. K. Hočevar, and H. Dräger 참조.
3. 실러와 훔볼트 간의 공동 작업에 대해서는 5.3절을 참조. 훔볼트와 야코비 간의 관계에 대해서는 5.1절을 참조.

[16]1790년대의 자유주의는 무엇보다도 국가의 목적에 대한 구체적인 견해를 제시한다. 자유주의자에 따르면, 국가의 목표는 시민들의 최대의 행복이 아니라 시민들의 가장 큰 자유를 제공하는 것이어야 한다. 다시 말해서, 국민의 복지를 증진하는 것이 아니라 국민의 권리를 보호하는 것이 주된 목적이어야 한다는 것이다. 그리고 이미 1790년대에 자유주의자들은 국가의 권력을 과감하게 제한해야 한다고 주장했다. 그들은 국가가 종교, 도덕 또는 경제에 관한 어떤 적극적인 역할을 가지고 있다는 것을 인정하지 않았다. 오히려 국가의 유일한 임무는 순전히 소극적인 것이어야 한다고 생각했다. 즉 그 임무란 기관이나 개인이 시민의 자유를 침해하는 것을 막는 일이다. 국가의 목적에 대한 이러한 견해는 칸트, 실러, 훔볼트, 포르스터, 야코비의 글에서 명확하게 변호되고 강조되어 있다.

1790년대 자유주의는 본질적으로 17세기 중반 이후 독일에서 지배적인 정통 교설이었던 가부장주의paternalism, 온정주의에 대한 반발이었다. 가부장주의는 통치자가 자기 국민들의 복지와 종교, 도덕을 증진시킬 책임이 있으며, 국민이 아니라 그가 그 복지와 종교, 도덕의 적절한 형태를 결정한다는 교설이었다. 가부장주의 전통에 따르면, 군주가 통치할 권리는 절대적인 것이 아니라 그를 왕위에 앉히는 데 있어 신의 목적인 자연법the law of nature을 따르는 것에 달려 있다. 자연법은 군주가 지상에 경건하고 정의롭고 행복한 사회를 건설할 것을 요구한다. 이 교설은 V. L. 폰 제켄도르프가 그의 영향력 있는 『독일 군주론』에서 강령화한 것으로, 이 저작은 소국가의 계몽적 통치자에게 이데올로기의 많은 부분을 제공했다.[4] 그 교설은 이후에 볼프학파의 저술들이나 프리드리히 2세의 정치적 논고들, 그리고 요한 유스티와 요제프 존넨펠스 같은 비엔나 관방학파 경제학자들의 저작들 속에 명문화되었다.[5]

---

4. 제켄도르프에 따르면, 통치의 목적은 "정신과 세속적 사안에 대한 공통의 이익과 안녕의 유지"에 있다(V. L. von Seckendorff, *Teutscher Fürstenstaat*[Frankfurt am Main, 1656], p. 18).

5. 예를 들어, Josef Sonnenfels, *Grundsätze der Polizey, Handlung, und Finanz*, ed. 8(Vienna,

이들 사상가에 따르면, 국가의 근본적인 목적은 공공의 이익을 증진시키는 것, 즉 사회의 모든 지위에 있는 모든 국민의 최대의 행복을 보장하는 것이다. 국가는 국민의 물질적 복지는 물론 정신적 행복에 대해 책임이 있다. 국가는 산업과 무역을 규제하고 가격을 통제하며 인구를 증가시킬 권한뿐만 아니라, 공교육을 제공하고 언론을 검열하며 무신론자와 부도덕한 자들을 처벌할 수 있는 권한을 가져야 한다.

1790년대의 자유주의는 올바른 통치형태나 헌법에 대한 이론이기보다는 오히려 통치의 적절한 목적과 한계에 대한 이론이라는 것을 깨닫는 것이 중요하다. 자유주의 국가는 귀족제, 민주제, 혹은 군주제가 될 수 있었다. 칸트, 포르스터, 야코비, 훔볼트, 실러 모두 국가의 권력을 제한하는 것의 중요성을 주장했지만, 그들은 이상적인 헌법에 대해 서로 다른 견해를 가지고 있었다. 따라서 영국의 혼합 정체政體에 모두 탄복했던 야코비, 훔볼트, 실러는 포르스터의 급진적 민주주의 지지에 대해 강력히 비난했다. 그렇다면 1790년대의 자유주의를 나중에 그것과 관련되는 또 다른 견해와 구별할 필요가 있다. 그것은 바로 '공화주의republicanism'로서, 이는 [17]모든 시민에 의해서든 일부 시민에 의해서든 통치에는 어느 정도 대중적인 참여가 있어야 한다는 교설이다.[6] 자유주의는 1840년대에 공화주의와 밀접하게 제휴하게 되었지만, 그러나 이 두 교설이 18세기 말의 대부분의 사고에서 결코 불가분의 관계에 있지는 않았다. 실제로 훔볼트나 야코비 같은 일부 사상가들은 시민의 권리가 공화국보다 군주국에서 더 잘 보호되고 있다고 주장하면서, 이 둘 사이의

1819), I, 12−15; J. H. Justi, *Der Grundriss einer guten Regierung*(Frankfurt and Leipzig, 1759), pp. 5, 109−110; Wolff, *Vernünftige Gedanken von dem gesellschaftlichen Leben des Menschen und insonderheit dem gemeinen Wesen*(Halle, 1756), pp. 2−3, nos. 1−3; Friedrich II, *Examen du Prince de Machiavel*(The Hague, 1741), pp. 3−4 참조.
6. 여기서 나는 '공화주의'라는 말을 18세기에 널리 유통된 의미로 사용한다. 즉 그것은 적어도 일부 시민들에 의해 통제되는 어떤 통치를 가리킨다. J. C. Adelung, *Versuch eines vollständigen grammatisch-kritischen Wörterbuches der Hochdeutschen Mundart* (Leipzig, 1777), Theil 3, 1,408−9 참조.

첨예한 분리를 역설했다.

1790년대의 자유주의는 특정 경제 교설에 해당하지 않는다는 점도 인식해야 한다. 이 10년 동안의 자유주의자들은 특징적이거나 시종일관된 경제 이론을 전개하지 않았다. 그들 중 일부는 중농주의자들의 영향을 받았고, 다른 일부는 스코틀랜드 정치경제학자들의 영향을 받았으며, 또 다른 이들은 여전히 낡은 중상주의 교설을 완전히 포기하지 않았다. 그렇다면 우리는 1790년대의 자유주의를 자유주의와 자주 연계되는 또 다른 관점, 즉 부르주아 계급과 현대 자본주의 경제를 옹호하는 관점과 구별해야 한다. 1790년대의 유력한 자유주의 사상가 중 누구라도 부르주아 계급의 이익을 대변하는 자로 간주하는 것은 잘못된 일일 것이다. 18세기 말 독일에서 근대 경제 질서는 누구든지 자의식적인 특정 자본가 계급의 이익을 대변할 만큼 충분히 발전되지 않았다. 그리고 1790년대 자유주의자들이 제출한 특정 경제 이론들을 고찰해보더라도, 그것들이 '부르주아 이데올로기'라는 정연한 분류 영역에 선뜻 들어맞지 않는다는 것을 알게 된다. 칸트는 선거권 자격을 재산 소유자에 한정하고 있는 1791년 프랑스 헌법을 옹호했지만, 그는 결코 자유방임주의 경제 교설을 명시적으로 옹호한 적은 없고 대신 옛 중상주의 신조에 매달렸다.[7] 포르스터는 자유무역을 주창하고 옛 길드 제도의 폐지를 요구했지만, 모든 사람들이 자신의 독특한 인간 능력을 계발할 기회를 갖도록 재산을 공평하게 분배해야 한다고 주장하기도 했다.[8] 야코비는 근대 경제 교설에 대한 지식의 면에서 1790년대의 가장 진보된 사상가였지만, 그는 부르주아계급의 이익이 아니라 옛 귀족층의 이익을 옹호했다.[9] 1790년대 모든 자유주의자들 중에서 훔볼트는 가장 엄격하고 비타협적인 자유방임주의 교설을 전개했다. 하지만 그는 공리주의적 윤리와 부의 생산에 중점을 둔 근대 경제의 부흥을 한탄했

..
7. 2.2절 참조
8. 7.5절 참조
9. 6.2절 및 6.3절 참조

다.[10] 이처럼 아직 시작 단계이고 다양한 경제 교설들을 감안할 때, 1790년대 자유주의자들을 '부르주아 이데올로기'의 대변자로 보는 것은 극단적으로 단순화하는 것이자 시대착오적인 것이 될 것이다.

1790년대의 자유주의는 국가의 목적에 대한 이론일 뿐만 아니라 사회의 목적에 대한 이론이었다. 칸트, 실러, 야코비, 훔볼트, 포르스터의 정치적 저술들의 또 다른 두드러진 특징은 그들의 개인주의, 즉 사회생활의 목적이 개인의 자기실현이라는 믿음이다. 실로 그들 사이에서는 사회를, 그것을 구성하는 개인들의 총괄에 불과하다고 간주하는 강한 경향이 있었다. 비록 그들 모두는 [18]개인들이 사회적 상호작용을 통해서만, 즉 다른 사람들과의 경쟁이나 협력을 통해서만 자신들의 본성을 실현할 수 있다는 것을 인정하거나 심지어 주장했지만, 그들은 개인이 단지 공동의 목적을 위해 살아야 한다는 것을 부인했다. 그들은 사회적 삶이 개인을 위해 존재해야 하는 것이지 개인이 사회적 삶을 위해 존재해서는 안 된다고 주장했다. 모든 사람들은 그들이 다른 사람들의 유사한 자유를 방해하지 않는 한 그들이 원하는 것은 무엇이든지 할 권리가 있어야 하기 때문에, 공동체에 기여하거나 참여해야 하는 의무는 대체로 개인의 자유에 대한 참을 수 없는 제한이 된다. 초기 자유주의자들의 개인주의는 특히 고대국가들에 대한 그들의 태도에 뚜렷이 나타난다. 실러, 포르스터, 야코비, 훔볼트는 모두 고대 로마와 아테네의 공화제를 찬탄했지만, 그들은 또한 그 공화제에서는 개인의 자유가 위축되지나 않았을까 하는 두려움 때문에 고대 공화제에 대한 깊은 의구심을 가지고 있었다. 그들이 보기에, 근대의 가장 큰 장점은 공동체의 억압적인 요구로부터 개인을 해방시켰다는 것이다.

자유주의와 낭만주의는 기본적인 유사성이 매우 많기 때문에 1790년대에는 거의 구별할 수 없는 것처럼 보인다. 이러한 유사성은 실제로 어디에서든 찾을 수 있어서 몇몇 학자들은 초기의 낭만주의자들을 자유주의자들과 마찬

----

10. 5.5절 참조.

가지라고 여겼다.[11] 자유주의자들처럼, 젊은 낭만주의자들은 오래된 가부장주의의 격렬한 반대자였다. 그들 역시 군주의 권력을 제한하기를 원했고, 또한 개인들이야말로 자신들의 복지, 종교, 도덕의 최고의 판정자라고 주장했다. 젊은 낭만주의자들은 또한 언론의 자유, 인간의 권리, 종교적 관용, 기회의 평등과 같은 몇몇 기본적인 자유주의적 이상들의 든든한 옹호자였다. 더구나 초기 낭만주의에는 개인주의의 뿌리 깊은 경향이 있었는데, 그것은 당시의 고리타분한 관습과 억압적인 법에 구애됨 없이 자신들이 원하는 대로 생각하고 행동하는 개인의 주권적 권리를 강조하였다. 젊은 낭만주의자들이 해방된 개인주의자의 사상과 생활양식을 지칭하기 위해 **자유주의**liberal라는 단어를 때때로 사용했던 것은 실로 놀라운 일이다.[12]

그러나 자유주의자들과 젊은 낭만주의자들 사이에는 몇 가지 중요한 차이점들이 있었다 — 그리고 이 차이점들은 너무나 커서, 이 둘을 각기 서로 뚜렷이 구분되는 사상 유파에 속하는 것으로 간주할 필요가 있다. 첫째, 그 모든 개인주의에도 불구하고 초기 낭만주의는 개인이 공동체의 일부가 되어야 한다는 확신이 강한 공동체주의적 요소를 포함하고 있었다. 젊은 낭만주의자들에 따르면, 사회는 개인들의 총합으로 환원될 것이 아니라, 모든 개인이 기여해야 할 사회 그 자체의 공통 목적과 이상을 가져야 한다. 그들은 자신들의 공동체의 이상을 고전 고대의 도시국가나 중세 그리스도교 사회로부터 이끌어냈다. 자유주의자들과는 달리, 그들은 이러한 사회들에서 개인의 자유가 결여되는 것에 대해 어떠한 염려도 갖지 않았다. 집단에 속한 것의 편안함, 연대의 기쁨, 그리고 공동체의 보호는 언제나 개인의 고립과 외로움, 무력함을 능가했다. 낭만주의의 이러한 공동체주의적 측면은 실로 너무나 강력한 것이어서 결국 낭만주의자들의 [19]초기 개인주의를

--

11. 예를 들어, Walther Linden, "Umwertung der deutschen Romantik", in *Begriffsbestimmung der Romantik*, ed. Helmut Prang(Darmstadt, 1968), pp. 243–275, 특히 pp. 149–250. (이 논문이 처음 발표된 것은 *Zeitschrift für Deutschkunde* 7[1933], pp. 65–91이다).
12. 10.3절 참조.

압도해버렸고 옛 가부장주의 국가와의 화해를 이끌어냈다. 둘째, 초기 낭만주의에는 자유주의에서는 결코 찾아볼 수 없는 무정부주의적 요소가 있다. 젊은 낭만주의자들은 모든 사람이 자발적으로 전체에게 봉사하고 전체는 그 구성원 모두에게 제공되는 완벽한 공동체에서는 국가가 필요하지 않을 것이라고 주장했다. 통치 권력에 대한 반감에도 불구하고 1790년대의 자유주의적 저술가들 중 그런 극단으로 간 사람은 아무도 없었다. 그들은 항상 국가가 자유의 적절한 범위를 유지하기 위해 필요하다고 주장했다.

1790년대에 자유주의와 보수주의를 주로 구별짓게 하는 것은 국가의 목적에 대한 양자의 대립적인 견해이다. 보수주의자들은 그들이 절대주의의 옹호자이든 전통적인 신분제적 자유의 옹호자이든 여전히 낡은 가부장주의의 변호자였다. 혁명적인 10년 내내 그들은 국가가 그 백성들의 복지, 종교, 도덕을 증진시킬 의무가 있다고 계속해서 주장했다. 통치의 지도적 손길의 필요성을 강조하면서, 그들은 국민이 자신의 최선의 이익이나 국가의 이익을 알고 있다는 것을 부인했다. 국가를 위한 최선의 법과 정책을 결정하는 것은 일반인들이 판단할 수 없는 복잡하고 전문적이며 기술적인 업무라고 생각되었다.

1790년대의 자유주의와 보수주의의 차이는 일부 보수주의 저술가들이 자유주의자들의 개인주의적인 사회관을 공격하면서 명백해졌다.[13] 보수주의자들은 자유주의적 정책이 시행되면 전통적인 공동체의 모든 유대를 해체할 것임을 우려했다. 그렇게 되면, 모든 사회적 삶은 더 강하고 부유한 사람들이 약하고 가난한 사람들을 상대로 권력을 얻는 경쟁적인 무질서 상태로 바뀔 것이다. 개인은 공동체에 대한 소속감을 느끼기보다는 고립되고 타인으로부터 소외될 것이다. 프랑스혁명과 근대 경제의 파괴적 추세에 맞서 공동체의 유대를 보존할 수 있는 유일한 수단은 국가나 신분제의 힘을 유지하는 것, 즉 국민의 복지와 도덕, 종교에 관한 법률을 제정할 그들의 권리를 유지하는

13. 12.1절 및 12.3절 참조.

것이었다.

　공동체의 가치를 강조하면서 보수주의자들은 자유주의자들에 반대하는 낭만주의자들 편을 들었다. 둘 다 자유주의적 개인주의에 반대하는 공동 전선을 형성했는데, 그들은 이 개인주의를 근대 시민사회의 모든 이기주의와 물질주의에 대한 근거에 지나지 않는다고 보았다. 그러나 공동체의 본질에 대한 보수주의와 낭만주의 사이에는 중요한 차이가 있었다. 보수주의자들은 자신들의 공동체를 신성로마제국의 전통적인 신분제 사회와 동일시했지만, 젊은 낭만주의자들은 자유, 평등, 연대의 원칙에 기초한 공화국과 동일시했다.[14] 따라서 보수주의의 공동체는 여전히 전통적 엘리트에 의해 지배되는 반면, 낭만주의의 공동체는 국민들 자신이나 그들의 대표자들에 의해 지배되었다. [20]국가가 쇠약해지고 있다는 낭만주의의 믿음은 인간 본성에 대한 매우 비관적인 생각을 고수하던 보수주의자들에게는 돈키호테적인 허튼소리처럼 들렸을 것이다.[15]

　1790년대 자유주의자들은 보수주의자들 및 낭만주의자들과 구분되었을 뿐만 아니라 그들 자신들끼리도 나뉘어져 있었다. 그들 사이의 기본적인 분할선 중 하나는 공화주의에 대한 태도와 관련된 것이었다. 우리는 국가에 대한 대중의 참여에 관한 그들의 견해에 따라 자유주의를 우파, 좌파, 온건파로 구별할 수 있다. 포르스터는 군주제와 귀족정치의 폐지를 요구하고 부르주아 계급만이 아니라 직공과 소작농을 포함한 광범위한 선거권에 기초한 공화국의 형성을 옹호하는 점에서 좌파에 속해 있었다. 칸트, 야코비, 실러는 보다 제한된 선거권을 지닌 입헌군주제와 의회 민주주의를 옹호하는 점에서 온건파였다. 그들은 국가에 대한 일부 대중적 참여를 기꺼이 인정했지만, 그것이 귀족과 상층 부르주아 계급에 한정되어야 한다고 주장했다. 그들의 큰 두려움은 대중 민주주의가 군중의 지배인 우민 정치로 끝날 것이라는 점이었다.

• •
14. 8.3절 참조.
15. 2.1절 참조.

모든 대중적 참여를 배제한 입헌군주제의 가치를 지지했던 훔볼트는 우파에 자리하고 있었다.

1790년대 자유주의자들 사이의 또 다른 중요한 분할선은 그들의 정치적 태도가 아니라 도덕의 기초에 관한 그들의 철학적 입장에 관련된 것이었다. 독일의 자유주의는 1790년대에 이성주의자와 인본주의자라는 두 진영을 가지고 있었다.[16] 이성주의자들은 순수이성에만 따라 도덕 원리들을 정당화해야 한다고 주장한 반면, 인본주의자들은 그 원리들이 경험, 특히 인간 본성의 특징적인 힘에 대한 지식을 바탕으로 해야 한다고 강조했다. 이 두 파는 도덕성의 기초에 대한 견해뿐만 아니라 기본적인 윤리적 이상에서도 서로 의견을 달리했다. 이성주의자들은 의무의 윤리를 옹호하면서 우리의 사명은 도덕적 의무를 이행하는 것이라고 강조한 반면, 인본주의자들은 완성의 윤리를 옹호하면서 삶의 목적은 인간 고유의 능력을 실현하는 것이라고 주장했다. 주요 이성주의자는 칸트와 피히테였고, 주요 인본주의자는 훔볼트, 실러, 포르스터, 야코비였다. 이러한 구별이 중요한 것은 무엇보다도 이러한 차이가 동시대인 자신들에게 중요했기 때문이다. 그들은 이 차이 때문에 때때로 서로 다툼을 벌였다. 따라서 훔볼트, 실러, 포르스터는 칸트학파의 윤리학에 대한 호된 비판자들이었는데, 그들은 칸트학파의 윤리학을 의무에 대한 일방적이고 억압적인 강조라고 혹평했다.[17] 한편 칸트는 자신의 입장에서, 완성의 윤리를 의지의 타율성의 형태로 격하시켰다.[18]

1790년대 독일 자유주의의 보다 눈에 띄는 특징 중 하나는 모든 형태의 공리주의나 행복주의를 거부했던 점이다. 영국의 벤담과 로크, 그리고 프랑스

· ·
16. 나는 여기서 '인본주의자humanist'라는 용어를 기술적 의미에서 사용하는데, 쾌락주의나 의무의 윤리와는 반대로 자기실현의 윤리를 표방하는 사람을 의미한다. 칸트는 이런 정확한 의미에서 볼 때 '인본주의자'로 묘사할 수 없다는 것은 분명히 해야 한다.
17. 4.4절, 5.1절 및 7.5절 참조.
18. 『도덕형이상학 정초』에서 볼프의 완성의 윤리에 대한 칸트의 언급을 참조. I. Kant, *Gesammelte Schriften*, IV, 442.

의 디드로와 콩도르세에 의해 전개된 자유주의와 달리, 초기 독일 자유주의는 행복의 목적과 자유를 분명하게 구별했다. 국가의 목적이 일반적인 행복을 최대화하는 것이라는 주장은 의심스럽게도 [21]전제주의에 대한 합리화로 간주되었다. 칸트, 훔볼트, 야코비 그리고 포르스터가 보기에, 행복주의는 가부장주의와 밀접한 관계가 있었다. 왜냐하면 가부장주의는 국가가 국민을 행복하게 만든다는 이유로 국가의 권위를 정당화하려고 시도했기 때문이다. 그러한 행복의 대가는 자유의 상실이라고 그들은 믿었다. 행복주의에 대한 이러한 불신은 영국 자유주의에는 없었는데, 왜냐하면 영국의 자유주의는 계몽적 전제주의의 이데올로기와 싸울 필요가 없었기 때문이다. 독일 자유주의자들은 정치적 자유에 대한 공리주의적인 변호를 하기보다는 자연법이나 정언 명령에 의거해 정치적 자유를 정당화했다. 정치적 자유는 사람들이 자신들의 독특한 인간의 능력을 실현할 수 있는 유일한 조건이거나 그들이 완전히 책임감 있는 도덕적 행위자가 될 수 있는 조건이다. 그러나 그것은 그들이 행복해질 수 있는 조건은 아니다.

　　1790년대 독일 자유주의의 또 다른 특징은 세계주의cosmopolitanism, 즉 단일 민족국가를 위한 노력인 현대적인 의미의 민족주의가 완전히 결여되어 있는 점이다. 민족주의는 1840년대에 통일을 둘러싼 투쟁에서 독일 자유주의의 두드러진 특성이 되었다. 그러나 현대적인 의미에서의 그것은 1806년 신성로마제국이 붕괴될 때까지는 독일에서 지배적인 정치세력이 되지 못했다. 물론 18세기에 토마스 압트의 『조국을 위한 죽음에 대하여』(1761), 요한 글라임의 『프로이센 전쟁서사시』(1758), 요제프 존넨펠스의 『조국애에 대하여』(1771)와 같이 애국심을 찬양하는 저작들이 실제로 있었다. 그러나 이 저작들은 국가적 애국심보다는 지역적 애국심을 표방하고 있기 때문에 정확히 말하면 '민족주의적'인 것이 아니다. 그것들은 독일인들이 독일인으로서의 자부심이 아니라 작센인, 프로이센인, 오스트리아인, 바이에른인으로서의 자부심을 느끼도록 촉구한다. 18세기에는 또한 정치적 경계를 초월하는 민족적 자부심과 자기의식의 표현들도 등장한다. 우리는 헤르더의 『단편』(1762), 뫼저의 『독일의 언어와 문학』(1781) 그리고 실러의 후기 시 몇 편을 검토해볼 필요가 있다. 그러나 이러한 글들은 그들의 민족주의에 있어 정치적이라기보다는 문화적인 것이다. 그들은 독일인들에게 민족국가가 아닌 그들만의 민족 문학을 만들 것을 권고한다. 1790년대의 가장 민족주의적인 인물인 헤르더가 민족을 절대로 국가와 혼동해서는 안 된다고 단호히 주장했다는 것은 이 점을 확실히 말해주고 있다. 하지만 이렇게 규정함에 있어 몇 가지 중요한 예외가 있었는데, 그중에서도 특히 주목할 만한 것은 K. F. 폰 모저^{von Moser}의 『독일의 민족정신』(1765)이다. 모저의 애국심은 독일인들이 신성로마제국에 소속되어 있는 것에 자부심을 갖도록 장려했기 때문에 정치적이면서도 민족적이었다. 그러나 그런 모저조차도 제국의 느슨하고 무력한 유대를 넘어서는 민족국가를 마음속에 그리지는 않았다는 점을 유념하는 것이 중요하다. 1790년대의 자유주의 저술가들은 이러한 민족주의의 결여를 공통으로 물려받았고, 그들은 일부 보수적인 동시대인들보다 훨씬 적은 민족주의의 흔적을 보여주었다. 대체로 자유주의자들은 [22]민족국가가 거의 300여 개의 주권국으로 나뉘어 있는 점을 감안할 때, 계몽의 세계주의적 특성이야말로 특히 독일의 상황에 적합하다고 생각했으며, 따라서 이러한 특성에 훨씬 더 충실했다. 그들의 관점에서는, 세계에서 독일의 특별한 사명은 정치적이라기보다는 문화적인 것이었다. 단일 민족이 되는 것이 아니라 그 문화적 성취의 우수성을 통해 모든 인류에 기여하는 것이 독일의 운명이었다.

1.3. 초기 독일 자유주의의 도정

1790년대에 와서야 독일에서 자유주의는 독특한 정치적 전통이 되었지만, 그것은 프랑스혁명에 대한 반응으로 시작되지는 않았다. 우리는 그 기원을 16세기 말과 17세기 초의 급진적 개혁으로 거슬러 올라갈 수 있으며, 특히 세바스티안 프랑크, 한스 뎅크, 테오도르 바이겔, 고트프리트 아르놀트, 야콥 뵈메와 같은 종교적 급진주의자들의 사상으로 거슬러 올라갈 수 있다.[19] 이 사상가들은 시대를 훨씬 앞서 종교적 관용, 사상과 표현의 자유, 교회와 국가의 분리와 같은 근대적 이상을 주창했다. 그들은 종교적 자유에 대한 루터의 이상을 확장해야 한다고 주장했고, 그래서 교회뿐만 아니라 사회적·정치적 영역에도 이 이상을 적용했다. 그들의 견해에 따르면, 국가는 교회보다 개인의 양심을 침해할 권리가 더 이상 없었다. 이러한 사상가들이 영국의 분리파 사람들과 독일의 경건주의 서클에 미친 영향은 상당했다. 그들의 경건주의적 유산을 통해 야코비, 실러와 같은 자유주의 사상가들과 노발리스, 슐레겔, 횔덜린, 헤르더 같은 낭만주의 저술가들은 이러한 원류에 익숙해졌다. 이 전통의 중요성을 고려할 때, 흔히 행해지듯이[20] 자유주의 사상이 독일에는 맞지 않으며 그것은 프랑스와 영국으로부터 수입된 것이라고 생각하는 것은 잘못된 것이다.

독일 자유주의의 또 다른 초기 원천은 1672년 『자연법과 만민법에 대하여』로 처음 발표된 사무엘 푸펜도르프의 자연법 이론이었다. 푸펜도르프 자신은 자유주의자가 아니었고 — 그는 언론의 자유나 교회와 국가의 분리를 옹호하지 않았다 — 더욱이 그는 지역 군주의 절대적 주권을 옹호하기는 했지만, 그의 정치이론은 심오한 자유주의적 요소를 가지고 있었다. 후대의 자유주의자들처럼 푸펜도르프는 개인주의적 전제들을 구축한 뒤, 국가가 어떻게 개인의 자기이익에 도움이 되었는가를 물었다. 이 물음에 대한 그의 대답은 또한 후기 자유주의를 선취한 것이었다. 즉 개인들은 다른 사람의

••
19. 이러한 인물들에 대해서는 Rufus Jones, *Spiritual Reformers in the 16th and 17th Centuries*(London, 1914), pp. 46-63, 133-151, 151-207; L. W. Beck, *Early German Philosophy*(Cambridge, Massachusetts, 1969), pp. 148-156; A. Koyre, *Mystiques, spirituels, alchimistes du XVIe siècle allemand*(Saint-Armand, 1971), pp. 39-74, 131-184 참조.
20. 예를 들어, Klaus Epstein, *The Genesis of German Conservatism*(Princeton, 1966), pp. 32-44; Aris, *History*, pp. 21-22 참조.

공격으로부터 그들의 안전과 자유를 지키기 위해 그들끼리 그리고 지배자와 계약을 맺는다는 것이다.[21] 푸펜도르프가 국가의 소극적인 역할을 얼마나 강조했는지는 실로 인상적이다. 가령 그에 따르면, 국가의 주된 목적은 시민들의 행복을 증진시키는 것이 아니라 그들이 서로에게 해를 끼치지 않도록 하는 것이다. 푸펜도르프는 비록 그의 지배자가 경제 영역을 규제하고 언론을 검열하는 것을 허용했지만,[22] 이는 그의 이론의 엄격한 귀결이기보다는 17세기의 정통적 관행에 더 많은 양보를 한 것이었다.

[23]푸펜도르프의 국가이론보다 더 중요한 것은 그의 사회이론이다. 그는 후에 근대 자유주의의 특징 중 하나가 된 사회 모델을 개발했다. 그것은 바로 '비사회적 사회성unsocial sociability'의 개념, 즉 사회적 조화는 자기이익의 추구에서 자연스럽게 이루어진다는 생각이다.[23] 푸펜도르프는 만약 자연 상태에 있는 사람들이 순전히 자기이익에 따라 행동한다고 하더라도, 그들은 홉스가 예언했던 만인에 대한 만인의 전쟁 상태에 빠지기는커녕 다른 사람들과 평화적 관계를 맺을 것이라고 주장했다. 왜냐하면 그들은 오직 이런 방법으로만 삶의 편안함을 누릴 수 있다는 것을 인식할 것이기 때문이다.[24] 자연 상태의 고독한 삶은 정말 매우 비참할 것이다. 그런 삶에서 인간은 단지 "벌거벗고 말 못 하는 궁핍한 동물"에 불과할 것이다. 왜냐하면 사람들은 사회의 산업이나 교섭과 더불어 생기는 모든 이점을 누릴 수 없을 것이기 때문이다.[25] 이 같은 사회 개념 덕분에 푸펜도르프는 사회의 영역과 국가의

· ·

21. Samuel Pufendorf, *De jure naturae et gentium*, trans. C. H. and W. A. Oldfather(New York, 1934), bk. 7, chap. 1, sec. 7, and chap. 2, secs. 1–8.

22. 같은 책, bk. 7, chap. 4, sec. 8, and chap. 9, sec. 11.

23. 이 개념의 발전에 있어 푸펜도르프의 역할에 대해서는, Istvon Hont, "The Language of Sociability and Commerce: Samuel Pufendorf and the Theoretical Foundations of the 'Four Stages Theory'", in *The Languages of Political Theory in Early Modern Europe*, ed. Anthony Pagden(Cambridge, 1984), pp. 253–276 참조.

24. Pufendorf, *De jure naturae et gentium*, bk. 2, chap. 3, secs. 15–18.

25. Pufendorf, *De officio hominis et civis*, trans. H. F. Wright, bk. 2, chap. 1, secs. 4–5, 9.

영역을 구분할 수 있었는데, 이는 후기 자유주의에게 사회적 영역에서 국가를 제거할 것을 요구하는 결정적 동인이 되었다. 푸펜도르프의 정치이론의 이러한 자유주의적 요소들은 18세기에 스코틀랜드와 독일에서의 그의 광범위한 영향력을 감안할 때 역사적으로 상당히 중요한 의의를 지닌다. 의도치 않게 푸펜도르프는 훨씬 후대의 자유주의 사상의 토대를 마련했다. 완전한 자유주의 이론에 도달하기 위해서는 그의 사상의 가부장주의적 외관을 벗겨 내기만 하면 된다.

자유주의의 기원을 16세기나 17세기로 거슬러 올라가 찾을 수는 있지만, 일반적으로 1770년대를 근대 독일 자유주의의 시작으로 보는 것이 관례가 되어 있다.[26] 이 견해에 대해서는 실로 많은 정당성이 있다. 바로 그 10년 동안 F. K. 폰 모저, A. L. 슐뢰저, C. 슈바르트, W. L. 베크를린 같은 독일의 가장 유명한 정치평론가, 저술가들 중 몇 명이 전제정치를 공격하고 언론의 자유와 양심의 자유를 옹호하는 잡지를 간행하기 시작했다. 또한 그 10년 동안 미국의 독립혁명과 중농주의 교설이 독일에 영향을 미치기 시작했다. 1786년 『베를린 월보』에 실린 다음과 같은 한 논문의 구절로 미루어볼 때, 당대인들에게 이 10년의 의의는 결코 상실되지 않았다. "1770년 이후 독일에서 '자유! 자유!'라는 열광적인 외침을 듣는 것이 유행이고 지금도 일부 지역에서 여전히 유행이라는 것은 누구나 알고 있다."[27] 그러나 1780년대 말과 1790년대에 이르러서야 우리는 국가에 대한 특징적인 자유주의적 관점이 명확하고 빈번하게 표명되고 있음을 발견한다. 모저와 슐뢰저 같은 1770년대와 1780년대의 대표적인 자유주의적 평론가들은 확실히 가부장주의적 교설과 함께 자유주의의 이상을 옹호했다.[28] 자유주의를 독일의 지배적인

• •
26. 이러한 시기 규정은 Valjavec, *Entstehung*, pp. 88-135에 의해 지지되고 있다.
27. Ernst Brandes, "Ueber den politischen Geist Englands", *Berlinische Monatsschrift* 7(1786), 115 참조.
28. 예를 들어, C. F. 모저(C. F. Moser, *Beherzigungen*, Frankfurt, 1761, p. 326)의 가부장주의 옹호나 슐뢰저(A. L. Schlözer, *Allgemeines Staatsrecht und Staatsverfassungslehre*, Göttin-

정치 이데올로기로 만드는 데는 프랑스혁명이 필요했다. 1790년대 이후, 가부장주의를 옹호했던 사상가들은 소수가 되었고 승산 없는 싸움을 벌여야 했다. 그러나 왕정복고는 뜻하지 않게 그들의 운명을 되살리게 된다.

독일의 자유주의가 계몽에서 비롯되었다고 가정하는 것도 흔한 일이 되었다.[29] [24]정말로 두 운동 사이에는 깊은 유사성이 있다. 양자는 양심의 자유, 언론과 출판의 자유, 교회와 국가의 분리, 기회의 평등 등 몇 가지 기본적인 정치적 이상을 공유하고 있다. 또한 양자는 몇 가지 공통의 적들을 가지고 있는데, 가령 종교적 박해, 자의적인 권력의 행사, 그리고 전통, 편견, 무지 같은 노예화시키는 힘이 그것이다. 프랑스혁명이 계몽의 승리라는 널리 퍼진 견해는, 혁명의 많은 근본적 이상들이 성격상 자유주의적이라는 점을 감안할 때 계몽과 자유주의 이 두 운동 간의 일치를 확인시켜 주는 듯했다. 하지만 이러한 유사성에도 불구하고, 이 두 운동을 단순히 동일시하는 것은 잘못일 것이다. 양자를 구별해야 할 강력한 이유가 두 가지 있다. 첫째, 18세기 후반 계몽을 가장 날카롭게 비판한 사람들 중 몇몇, 특히 하만, 야코비, 헤르더도 자유주의적 이상을 옹호하는 사람들이었다. 계몽에 대한 모든 비판자들을 사회적·정치적 반동주의자로 간주하는 것은 실로 심각하고 너무나 흔한 실수이다.[30] 하만, 야코비, 헤르더가 중요한 사회적 비평가였고 진보적 대의를 주창했음을 고려할 때 이러한 실수는 명백해진다. 둘째, 많은 자의식적인 계몽주의자들은 국가에 대한 자유주의적 관점을 비판했고 그들 스스로 오랜 가부장주의적 전통을 지지했다. 이것은 프리드리히 2세의 계몽적 절대주의를 이상화한 베를린 계몽주의자들 ─ C. G. 스바레즈, 모제스 멘델스존,

· ·
    gen, 1793, pp. 12-20)의 번호를 참조.
29. 특히 Valjavec, *Entstehung*, pp. 15-17 참조.
30. 예를 들어, Epstein, *Genesis*, p. 12, 13, 66; György Lukács, *Die Zerstörung der Vernunft*, in *Werke*(Darmstadt, 1974), IX, 101-108; I. Berlin, "The Counterenlightenment" 및 "Hume and the Sources of German Anti-rationalism" in *Against the Current: Essays in the History of Ideas*(Oxford, 1981), p. 17, pp. 181-185 참조.

E. F. 클라인, J. A. 에버하르트 그리고 크리스티안 가르베 — 의 경우에서 가장 두드러진다. 프로이센의 프리드리히 빌헬름 2세의 반동적 통치와 오스트리아의 요제프 2세의 개혁 프로그램의 실패로 계몽주의자들과 절대주의 간의 동맹이 약화되긴 했지만, 결코 파기된 것은 아니었다. 1790년대 후반까지 많은 계몽주의자들은 절대주의를 통해 계몽이 가장 잘 이루어진다고 계속 주장했고, 그들은 프랑스혁명을 계몽과 동일시하기를 거부했다. 그러한 견해를 고려할 때, 계몽을 자유주의와 동일시하는 것은 사실이 아닌 것을 자의적으로 단정짓는 셈이 될 것이다.

　1790년대의 거의 모든 자유주의 사상가들은 프랑스혁명을 열렬히 환영했다. 그들 중 몇몇, 특히 실러와 야코비는 프랑스혁명이 평화적인 결과를 가져오거나 실행 가능한 헌법을 만들어낼 수 있을지에 대해 회의적이었다. 그럼에도 불구하고 모든 자유주의자들은 프랑스혁명의 기본적 이상과 대체로 의견이 일치한다는 것을 알게 되었다. 그들은 인간의 권리에 대한 선언에 감탄했고, 폭정과 귀족적 특권의 종식에 기뻐했다. 그러나 이러한 열광은 엄격히 관찰자의 열광이었다는 것을 유념해야 한다. 왜냐하면 모든 자유주의자들, 심지어 급진파인 포르스터까지도[31] 프랑스혁명의 방법을 자신의 나라에 적용하는 것을 경계했기 때문이다. 그들은 점진적인 개혁을 통해 이상을 달성하는 것이 필요하고, 폭력적인 혁명은 기껏해야 반동만을 불러올지도 모르는 무모한 도박이라고 믿었다. 많은 독일 영토에서 행해진 계몽적 통치는 위에서부터의 개혁을 위한 적절한 기반을 제공했다고 그들은 주장했다. 그리고 다행히도 프랑스와 같은 노골적인 폭정에 시달린 독일 영토는 거의 없었다. 거의 모든 자유주의자들은 [25]하룻밤 사이에 독일을 위한 새로운 헌법을 만들 필요가 없다는 것에 동의했다. 왜냐하면 대다수의 사람들이

● ●
31. 7.4절 참조. 주목할 만한 것은 J. F. 라이하르트 같은 급진파조차도 독일에서의 혁명을 찬성하지 않았다는 사실이다. J. F. Reichhardt, *Vertraute Briefe aus Paris*(1792. reprint, Berlin, 1980), pp. 43–44 참조.

그것에 대한 준비가 되어 있지 않았고 그것에 따라 행동할 수 없다는 사실이 엄존했기 때문이다. 수 세기에 걸친 예속에 익숙해진 백성들은 단지 욕구 충족의 기회로서만 간주될 뿐인 자유를 얻으려고 할 만큼 성숙해 있지 않았다. 몽테스키외의 훌륭한 학생들로서,[32] 자유주의자들은 온건한 공화주의적 헌법조차도 시민의 덕성과 일정한 사회적 책임, 그리고 공공 문제에 대한 지식을 필요로 한다고 주장했다. 그들은 더 많은 교육과 계몽의 필요성에 대한 자신들의 주장을 증명해 보이는 듯한 프랑스에서 일어나는 잔학 행위와 폭력에 대한 보고를 듣고는 이러한 관점에 더욱 용기를 얻었다. 따라서 자유주의적 관점에서, 계몽은 근본적인 정치적 변화에 선행해야만 했다. 이에 따라 1790년대의 자유주의적 표어는 '교육' 또는 '인격의 형성'의 독일어 표현인 '도야Bildung'가 되었다.

　　대부분의 자유주의자들은 1793년 초 자코뱅이 권력을 장악하면서 프랑스혁명에 환멸을 느끼게 되었다. 자코뱅에게 조금이라도 공감을 표한 사람은 칸트와 포르스터 뿐이었지만, 그들 역시 자코뱅에 대해 매우 비판적이었다. 대부분의 자유주의자들은 입헌군주제를 옹호하는 사람들이었기 때문에, 그들은 군주제의 장래가 문제시된 1792년 여름 이후 점점 더 프랑스혁명의 급진적인 방향에 대해 못마땅해 했다. 그들은 군주제가 그 나라에 강력한 행정력을 부여하고 화합의 상징으로 작용할 수 있다고 느꼈기 때문에, 프랑스를 위한 군주제의 가치를 믿었다. 그런 까닭에 루이 16세의 처형은 많은 사람들에게 극심한 타격을 주었다. 무엇보다도 프랑스혁명에 대한 자유주의자들의 반응을 결정지은 것은 영국 헌법에 대한 그들의 감탄이었다. 그들의 스승 몽테스키외는 영국 헌법이 갖는 많은 장점을 이미 그들에게 찬미한 바 있었다. 영국식 모델에 충실했던 많은 자유주의자들은, 군주를 정점으로

<hr />

32. 독일에서의 몽테스키외의 영향에 대해서는 Rudolf Vierhaus, "Montesquieu in Deutschland: Zur Geschichte seiner Wirkung als politischer Schriftsteller im 18. Jahrhundert", in *Deutschland im 18. Jahrhundert*(Göttingen, 1988), pp. 9–32 참조.

하고 제3계급 [평민] 의 저명인사들로 이루어진 하원, 그리고 귀족들로 이루어진 상원을 두고 있는 온건한 공화국을 신봉했다. 요컨대 그들이 프랑스에서 보고 싶었던 것은 센 강변에 있는 의회였다. 프랑스가 혁명 초기에 이 방향으로 움직이고 있다고 믿었을 때 그들은 열광했다. 혁명이 진행됨에 따라 이러한 전망들이 점차 사라지는 것을 보고 그들은 환멸을 느끼게 되었다.

1790년대에는 자유주의적 전통의 개화뿐만 아니라 그 쇠퇴의 첫 징후도 목격되었다. 초기 자유주의자들 중 얼마나 많은 사람들이 자기 회의로 가득 차 있었는지, 그리고 그들이 자신의 입장을 생각하는 바로 그때에 그 입장의 약점들을 어떻게 보았는지는 실로 인상적이다. 그들은 국가를 감시자의 역할로 제한하는 것이 모든 사람들, 특히 전통적으로 국가의 지원에 의존하는 사회 빈곤층들에게 이익이 되지 않는다는 것을 인식했다. 통치의 권력을 그렇게 제한하는 것은 더 부유한 사람들이 가난한 사람들을 지배하는 경쟁적인 무질서 상태로 이끌 것이라는 우려가 있었다. [26]만약 자유가 우리 모두에게 삶의 근본적인 목적, 인간의 고유한 능력을 실현할 수 있는 힘을 주지 않는다면 자유의 목적은 대체 무엇인가라고 그들은 자문했다. 이러한 초기의 염려는 거의 모든 자유주의적 저술가들에 의해 표현되었다. 실러는 그토록 많은 사람들이 육체노동에 지쳐 정치를 이해할 여력이 없을 때 과연 계몽의 가치가 무엇이냐고 물었다.[33] 포르스터는 부의 평등만이 사회의 모든 계층의 인간성을 증진시킬 것이기 때문에 국가는 부의 보다 균등한 분배를 보장할 의무가 있다고 주장했다.[34] 그리고 훔볼트는 자신의 국가이론이 모두에게 도야의 기회를 제공하지는 못할 것이라는 치명적인 난관에 봉착해 있다고 믿었기 때문에 그의 국가이론의 발표를 거부했다.[35]

그렇다면 큰 어려움 없이 1790년대에 독일에서 그리고 실제로 자유주의

..
33. 4.4절 참조.
34. 7.5절 참조.
35. 5.3절 및 5.5절 참조.

적 진영의 심장부에서 사회주의가 처음으로 희미하게 빛나는 것을 발견할 수 있다. 그러나 자유주의자들이 자기비판의 결과를 깊이 생각하려 하지 않은 것은 낡은 가부장주의에 대한 혐오감 때문이었다. 그들의 역사적 관점에서 자유주의는 모든 결점에도 불구하고 가부장주의보다 더 나아 보였다. 낡은 가부장주의의 그림자가 완전히 사라져야만 독일인의 마음속에 싹을 틔울 수 있었을 사회주의는 아직 그 시기가 무르익지 않았다.

제2장

칸트 비판철학의 정치사상

2.1. 칸트의 지적 발전에서의 정치적 견해

[27]18세기 후반의 독일 철학이 비정치적이었다는 세간의 생각은 칸트에 게서 그 범례적 사례를 발견한다. 흔히들 칸트의 사상에서 정치는 매우 작은 역할을 했다고 생각되고 있다.[1] 보통 비판철학은 칸트의 인식론적·도덕적 관심의 산물로 여겨진다. 그것의 목적은 두 가지였다. 즉 흄의 회의주의로부터 자연과학을 방어하고, 자연과학의 결정론으로부터 도덕적 자유를 구하는 것이다. 하지만 이 원대한 계획 어디에도 정치가 한몫을 한 곳은 없었다. 한편 칸트가 정치철학, 심지어 중요하고 영향력 있는 철학을 가지고 있었다는 것은 흔쾌히 인정된다. 그러나 그것은 단순히 그의 인식론과 윤리학

----

1. 예를 들어 라인홀트 아리스는 다음과 같이 쓰고 있다. "그[칸트]가 처음 정치적 문제를 논했을 때, 이미 60년이라는 세월이 흘렀고, 그의 서한이나 그의 위대한 철학적 저작들 중 어느 것도 그가 특별히 정치적 문제에 관심이 있었다는 것을 나타내지 않는다." (Aris, *History*, p. 73).

의 결과물이었다는 지적이 곧바로 덧붙여진다. 마치 정치철학이 나중에 프랑스혁명에 대한 칸트의 반작용으로 인한 우연적 부산물이나 결과론인 것처럼 여겨지는 것이다. 따라서 칸트의 철학에 대한 대부분의 주요 주석서들은 그의 정치철학을 설명하는 데 마지막 몇 페이지만을 할애한다.[2]

그러나 칸트의 철학이 정치에 무관심했다는 이러한 이해는 그의 지적 발전에 있어 정치의 중요성을 고려하지 못하고 있다. 칸트의 역사와 문맥으로 돌아가 본다면, 우리는 그의 성숙한 철학이 1765년 가을의 그 결정적인 단계에서 주로 정치적 목적을 위해 고안되었다는 것을 발견한다. 칸트의 지적 경력에 대한 가장 결정적인 발견은 실로 정치적인 것의 우위성이었다.

1746년부터 1764년까지 쓴 칸트의 초기 저술은 모두 형이상학의 기초를 제공하려는 단 하나의 야망에 의해 지배되었다. 1766년 칸트는 후회하듯이 "비록 형이상학으로부터 호의를 받았다고 자랑할 수는 없겠지만 형이상학을 사랑하게 된 것이 나의 운명이었다"고 썼다.[3] 이러한 사랑의 원천은 오직 형이상학만이 도덕과 종교의 이성적인 기초를 제공할 수 있다는 칸트의 믿음이었다. 도덕과 종교는 신의 현존, 섭리, 불멸성을 보여주는 데 지나지 않았다고 칸트는 주장했다. 다른 유일한 대안들, 가령 회의주의(이성을 통한 믿음의 거부)나 독단주의(권위를 통한 믿음의 긍정)의 가능성을 생각해본다는 것은 그야말로 끔찍한 일이었다.

[28]이 시기 동안 형이상학의 적절한 방법에 대한 칸트의 견해는 근본적으로 바뀌었다. 칸트는 전면적인 이성주의에서 확고한 경험주의로 옮겨갔다. 1740년대 후반과 1750년대에 그는 이성주의적 인식론을 발전시켰고 형이상학은 수학적 방법을 모방할 것을 권했다. 따라서 1755년의 『형이상학적 인식의 제1원리들에 관한 새로운 해명Nova dilucidatio』은 라이프니츠·볼프적

..
2. 이러한 주석서들에서 칸트의 정치사상에 할애된 지면에 대해서는 Karl Saner, *Kant's Political Thought: Its Origins and Development*(Chicago, 1973), pp. 3, 315–316 참조.
3. Kant, *Träume eines Geistersehers*, in *Schriften*, II, 367.

이성주의의 근본 원리들의 일부를 옹호하며, 이 시기의 모든 칸트의 글들은 일반적인 공리와 정의들에서 시작하여 구체적인 정리定理들을 도출함으로써 기하학적으로more geometrico 전개된다. 그러나 1760년대 초에 칸트는 그의 초기 이성주의를 거부하기 시작했다. 『신의 현존을 입증하기 위한 유일하게 가능한 증명 근거』(1762)는 신의 존재에 대한 전통적인 증명 방법을 공격하고, 『부정량 개념을 세계지世界知에 도입하려는 시도』(1763)는 라이프니츠·볼프 이성주의의 기본 교설 중 일부를 비판한다. 칸트 사상의 새로운 경험주의는 형이상학의 방법과 수학의 방법을 날카롭게 구별하는 1764년의 『현상 논문』[즉 『자연신학과 도덕의 원칙의 판명성에 관한 고찰』]에서 절정을 이루었다. 이제 칸트는 형이상학의 적절한 방법은 경험과학의 방법이어야 한다고 주장했다. 형이상학자는 수학에서와 같이 보편적인 것에서 특수한 것에로 종합적으로 추론하기보다는 특수한 것에서 보편적인 것에로 분석적으로 진행해야 한다는 것이다. 그러나 이렇게 근본적인 반전이 있었음에도 불구하고 칸트는 자신의 주요 목표에서 결코 흔들리지 않았다. 그는 계속해서 형이상학의 가치와 중요성을 믿었다. 그의 견해의 유일한 변화는 그것의 적절한 방법에 관한 것이었다.

그러나 1765년 가을, 칸트의 사상은 그야말로 혁명을 겪었다.[4] 그는 초기 철학 행보의 전체 프로젝트를 돌연 거부했다. 그는 이제 형이상학은 환상이라고 믿었다. 이 시기에 쓴 『시령자視靈者의 꿈』[형이상학의 꿈에 의해 해명된 시령자의 꿈]에서 칸트는 형이상학에 대한 완전한 회의주의를 드러냈다. 그는 형이상학에 대한 환멸이 너무 깊어서 형이상학을 열광자나 시령자의 꿈에 비유했다. 형이상학자와 시령자 모두 사적인 환상의 세계에 살면서 허황된 추상 작용을 좇을 뿐이다.[5] 칸트는 더 이상 형이상학자가 올바른

• •
4. 이 같은 시기 규정은 아마도 1765년 가을에 쓰였을 법한 『고찰Beobachtungen』에 대한 칸트의 언급에 의거한다. 칸트 저작집의 게르하르트 레만의 설명(Kant, Schriften, XX, 471–472)을 참조. 『시령자의 꿈』도 이 시기에 집필되었다.
5. Kant, Schriften, II, 342, 356.

방법에 따라 논증적 지식을 얻을 수 있을 것이라는 희망을 갖지 않았다. 그는 자신의 초기 저작들의 연역적 방법뿐만 아니라『현상 논문』의 귀납적 방법도 고려할 가치가 없다고 일축했다. 보편적인 전제에서 특수적인 결론으로 나아가려는 시도가 단지 경험적 사실들을 전제들 속으로 몰래 들여옴으로써만 성공한다면, 구체적인 사실들에서 일반 원리들로 나아가려는 시도는 이러한 사실들이 애초에 존재하는 이유를 결코 설명하지 못할 것이다.[6] 칸트의 새로운 회의주의의 주요 무기는 감각 경험의 한계를 넘어서는 모든 사변을 금지하는, 지식에 대한 경험주의적 규준이다. 칸트의 회의주의의 목적은 사변의 무익함을 폭로하는 것이며, 그래서 우리는 인간의 삶에 진정으로 유용한 것을 찾는 데 우리의 노력을 기울이게 되는 것이다.

무슨 일이 일어났는가? 형이상학에 대한 칸트의 태도가 급변한 것은 어떻게 설명할 것인가? 왜 그는 [29]거의 20년 동안 형이상학에 헌신했음에도 불구하고 그 이후 그것을 거부했을까? 경험주의가 그저 칸트에게서 생겨났다는 사실에다 원인을 돌리는 것이 관례가 되어 있는데,[7] 그리하여 이 경험주의가 결국『시령자의 꿈』의 회의주의로 귀착되었다는 것이다. 그러나 1764년에 이르러서야『현상 논문』이 형이상학의 기초로서의 경험주의를 주창했다는 점에서 경험주의만으로는 형이상학에 대한 칸트의 회의주의를 설명할 수 없다. 지식의 한계에 대한 몇몇 새로운 통찰과 같은 인식론적 요인들에 그 원인을 돌리는 것 또한 실로 어려운 일인데, 왜냐하면 칸트가 그의 회의주의에 대해 제시한 유일한 변호는 회의주의가 이성을 탐구의 적절한 목적으로 이르게 한다는 것이기 때문이다.

우리의 물음에 대한 답은 인식론의 영역이 아니라 도덕철학과 정치철학의 영역에 있다. 그것은 특히 1762년 초에 시작되어 1765년 가을에 좀 더

• •
6. 같은 책, II, 358–359.
7. 예를 들어, Friedrich Paulsen, *Versuch einer Entwicklungsgeschichte der kantischen Erkenntnisstheorie*(Leipzig, 1875), pp. 2, 37–100 참조.

긴밀해진 칸트와 루소의 만남에 있다. 이 숙명적인 시기에 루소에 대한 칸트의 성찰들은 그의 1764년 저서 『미와 숭고의 감정에 관한 고찰』의 개인용 사본 여백에 기록되어 있다. 이러한 기록은 루소가 제1담론 [『학문예술론』(1750)]에서 행한 예술과 학문에 대한 비판에 대해 칸트가 깊은 관심을 가지고 있었음을 드러낸다. 루소는 형이상학이 도덕을 뒷받침하기보다는 훼손하는 학문 중 하나임을 칸트에게 확신시켰다. 칸트의 그 여백의 기록에 따르면, 사변적 형이상학의 문제는 그것이 거짓이라는 것이 아니라 무익하다는 데에 있다.[8] 이성은 인간의 삶에 유익한 탐구에 종사하기보다는 초월적 실체들에 대한 헛된 사변에 빠져든다. 칸트는 이제 형이상학의 모든 동기는 오도된 것이라고 생각했다.[9] 도덕과 종교의 토대를 마련하는 데 있어 형이상학은 더 이상 필요하지 않다. 왜냐하면 도덕과 종교는 선한 마음과 의지에 바탕을 두고 있을 뿐, 확실히 신의 현존, 섭리, 불멸성에 대한 어떤 난해한 논증에도 근거하고 있지 않기 때문이다. 도덕을 형이상학 위에 기초짓는 대신에, 우리는 형이상학을 도덕 위에 기초 지어야 한다. 왜냐하면 초감각적인 것을 알고자 하는 우리의 시도를 정당화하는 것은 우리의 도덕적 의무일 뿐이기 때문이다. 칸트는 이제 형이상학의 바로 그 목적을 다시 생각하기 시작했다. 형이상학은 그것이 초월적 실체들에 대한 사변이 아니라 '인간 이성의 한계에 대한 학문'[10]이라면 이치에 닿는 것일 수 있다. 형이상학의 임무는 이성이 경험을 초월하는 것을 방지하는 것이어야 하며, 따라서 형이상학은 삶의 행위에 유용한 탐구에 전념해야 한다.

칸트의 새로운 철학 개념의 정치적 목적은 우리가 "인간에게 유용한 종류의 탐구는 무엇인가?"라고 묻는 순간 명백해진다. 이성이 실천적 목적들에 따라야 한다고 강조하면서 칸트는 매우 구체적인 목적, 즉 인류의 행복이

----

8. Kant, *Schriften*, XX, 38, 42, 43, 105–106, 175. Cf. *Schriften*, II, 368–373.
9. 같은 책, II, 372–373.
10. 같은 책, II, 367–368. Cf. *Schriften*, XX, 38, 175, 181.

아니라 인류의 자유를 염두에 두고 있었다. 칸트는 이제 철학의 근본적인 목표는 인간의 양도할 수 없는 권리를 보호하는 것이어야 한다고 말했다. 칸트가 루소에게 진 빚을 고백한 유명한 구절의 취지는 이러하다.

> 나는 성향으로 보아 진리를 추구하는 사람이다. 나는 인식에 대한 절실한 갈망과 인식에서 앞으로 나아가고 싶은 끊임없는 욕구를 느끼며, 내가 취하는 모든 단계에서 만족감을 느낀다. 나는 한때 이것만으로도 [30]인류의 영예가 될 수 있다고 생각하던 시절이 있었고, 아무것도 모르는 평범한 사람을 경멸했던 때가 있었다. 루소가 나를 바로 잡아 주었다. 이 가식적인 우월감은 사라졌고 나는 인간성을 존중하는 법을 배웠다. 만일 이 한 가지 고려 사항만으로 다른 모든 것, 즉 인간의 권리를 확립하는 일을 가치 있게 한다는 사실을 믿지 않는다면, 나는 일반 노동자보다 내 자신이 훨씬 쓸모없다고 생각해야 마땅하다.[11]

칸트가 인간의 권리를 도덕적 의미뿐만 아니라 정치적 의미에서도 이해했다는 것은 의심의 여지가 없다. 1760년대의 그의 『반성들*Reflexionen*』은 인간의 권리가 특정한 사회적·정치적 조건 하에서만 실현될 수 있다는 것을 분명히 하고 있다. 이러한 권리는 다른 사람들의 상응하는 권리에 간섭하지 않는 한 모두가 자신의 행복을 추구할 권리가 있는 '평등한 사회*societas aequalis*'에서만 번성할 수 있다.[12] 그런 사회를 위한 최상의 통치형태는 공화제라고 칸트는 생각했다.

루소의 자극 아래 칸트는 또한 그의 도덕철학의 기초를 재고하기 시작했다. 1765년 가을에도 그는 여전히 샤프츠베리와 허치슨의 도덕 감정 학파의

11. 같은 책, XX, 44.
12. Kant, *Reflexionen*, no. 7548, in *Schriften*, XIX, 452; no. 7654, XIX, 478; no. 7706, XIX, 496; no. 7665, XIX, 482–483; no. 7854, XIX, 535; no. 1447, XV, 631–632 참조.

영향을 받고 있었지만, 루소는 그의 후기 도덕철학의 상당 부분을 선취하는 사상으로 그에게 영감을 주었다. 루소의 '일반의지volonté générale'라는 관념은 — 이에 따르면, 사람들은 그들 스스로 만든 법만을 따를 의무가 있다 — 칸트에게 특히 중요했다. 그의 새로운 윤리학은 자율autonomy이라는 개념에 최고의 자리를 부여했다. 칸트는 미덕의 첫 번째 원칙은 자유라고 썼다.[13] 더 나아가 그는 모든 도덕적 가치의 근원은 행동의 결과에 있는 것이 아니라 선한 의지에 있다고 지적했다.[14] 칸트는 도덕적 가치의 기준은 의지의 보편적인 법칙이라고까지 말했다.[15]

칸트의 새로운 자율 개념은 형이상학적인 맥락에서가 아니라 주로 정치적인 맥락에서 형성되었다는 것을 인식하는 것이 중요하다. 칸트를 혼란스럽게 한 것은 결정론의 문제가 아니라 억압의 문제였다. 폭정과 불의는 자유에 대한 위협이지, 자연 질서의 인과관계가 아니다. 마치 형이상학적인 문제를 제쳐놓기 위해서인 듯, 칸트는 한 사람이 다른 사람에 의해 예속되는 것은 '필연성의 멍에'보다 훨씬 견디기 힘든 가장 큰 악이라고 직설적으로 말했다. 우리는 운명의 불행에 몸을 맡길 수는 있어도 다른 사람의 의지에 의해 지시를 받을 수는 없다. "한 사람의 행동이 다른 사람의 의지 아래 놓여 있는 것보다 더 견디기 힘든 일은 없을 것이다. 따라서 예속에 대한 반감보다 더 자연스러운 반감은 있을 수 없다."[16] 『미와 숭고의 감정에 관한 고찰』의 사본 여백에 써 둔 칸트의 기록은 불평등, 부패, 불의의 치명적인 결과에 사로잡혀 있다. 이러한 폐해에 대한 유일한 해결책은 루소가 말하는 교육과 공정하고 자유로운 사회를 만드는 것이라고 칸트는 확신했다.[17]

••
13. Kant, *Schriften*, XX, 31.
14. 같은 책, XX, 138, 144–145.
15. 같은 책, XX, 67.
16. 같은 책, XX, 92. Cf. *Schriften*, XX, 176.
17. 같은 책, XX, 175.

칸트의 새로운 윤리학의 참신함은 그것의 넓은 역사적 맥락에서 분명해진다. 비록 칸트는 당시 그것을 완전하게 인식하지는 못했지만,[18] 그의 루소적인 사상은 푸펜도르프와 볼프 학파의 널리 보급된 자연법 전통과의 깊은 결별을 나타낸다. [31]이 자연법 전통은 도덕적 가치의 근원을 인간의 의지가 아니라 신의 섭리에 둔다. 자연의 법은 사물에 적합한 목적, 즉 신이 사물을 위해 의도한 목적이다. 우리의 도덕적 의무를 알기 위해서는 우리는 '인간의 사명' 즉 창조에 있어서의 우리의 위치 또는 신의 계획에 있어서의 우리의 역할을 알 필요가 있다. 푸펜도르프와 볼프는 자연법이 자연적인 이유만으로 정당화될 수 있다고 주장했지만, 그들은 신을 자연법의 창조자이자 집행자로 보는 것을 멈추지 않았다.[19] 이런 전통에 비하면 칸트의 새로운 윤리학은 혁명적이다. 도덕적 가치의 근원은 우리 내부의 이성적 의지이지, 우리 외부의 섭리적 질서가 아니다. 바로 여기에 칸트의 코페르니쿠스적 혁명의 진정한 깊이와 영향이 있다. 이것은 인식론뿐 아니라 윤리학에서도 일어났다. 자연적 세계가 지성의 법칙에 의존하듯이, 도덕적 세계는 의지의 법칙에 의존한다. 윤리학과 인식론은 모두 인간 중심적이 되었다.

우리는 독일 사회의 가장 널리 퍼져 있고 뿌리 깊은 믿음 중 하나인 섭리에 대한 믿음을 고려함으로써만 칸트의 새로운 윤리학의 정치적 의의를 제대로 평가할 수 있다. 섭리에 대한 믿음은 중세시대로 거슬러 올라가지만, 이러한 믿음은 18세기 내내 독일에서 지속되었다.[20] 본질적으로 그것은 사회

18. 그렇지만 칸트는 비판기 이전 및 비판기의 저작들을 통해서 자연법 이론을 계속 응용했다. 그의 후기 비판적 저작들에서는 자연법 이론에 규제적 의미를 부여했다. 예를 들어, *Kritik der Urteilskraft*, in *Schriften*, VI, 416-485 참조. 볼프적 자연법 전통에 대한 칸트의 비판에 대해서는 Werner Busch, *Die Entstehung der kritischen Rechtsphilosophie Kants, 1762-1780*(Berlin, 1979), pp. 4-9 참조.

19. Christian Wolff, *Vernünftige Gedanken von der Menschen Thun und Lassen*(Frankfurt, 1733), no. 5, pp. 6-7, *Grundsätze der Natur und Völkerrechts*(Halle, 1754), no. 41, p. 27. Cf. Pufendorf, *De jure naturae et gentium*, bk. 2, chap. 3, secs. 19-20, pp. 215-217 참조.

제2장 칸트 비판철학의 정치사상 63

적·정치적 위계질서 전체가 신의 계획을 반영하고 있으며, 완벽한 정의는 지상 너머의 천국에만 존재한다는 생각이었다. 섭리는 신분제 사회의 노골적인 불평등을 합리화하기 위해 정부와 교회에 의해 끊임없이 작동되었다. 이 사회가 부당하다는 것은 종종 인정받았지만, 이것은 신의 불가해한 설계의 일부에 불과하다는 점도 지적되었다. 분개하고 억압받는 사람들은 모든 영혼이 동등하고 정당한 보상을 받는 천국이라는 관념으로 위로를 받았다. 그러한 믿음은 당연히 현 상황을 비판하려는 시도를 단념시킨다. 만약 비판을 한다면 신의 지혜 자체를 비난하는 셈이 되기 때문이다.

따라서 칸트의 새로운 윤리학의 정치적 함의는 극단적으로 급진적radical이다. 만일 인간의 의지가 도덕적 가치를 만들어내어 이 의지 자신이 만드는 법만을 따를 의무가 있다면, 그것은 사회적·정치적 세계 전체를 개조할 권리를 갖게 된다. 책임은 이제 개인이 아니라 사회와 국가에 있다. 개인들이 신에 의해 인가된 사회적·정치적 질서에 순응하는 것이 아니라, 사회적·정치적 질서가 개인들의 의지의 요구에 순응해야 한다.

그의 새로운 윤리학 덕분에 칸트는 전통적 형이상학의 문제에 대한 더 깊은 통찰력을 얻었다. 전통적 형이상학은 인간의 자율성을 소외시킨다는 데에 그 근본적인 결함이 있다는 것을 그는 이제 깨달았다. 전통적 형이상학은 인간의 의지를 도덕 법칙들의 근원으로 인식하기보다는 도덕 법칙들이 마치 신이 계획한 섭리적 질서의 일부인 것처럼 이들 법칙을 실체화한다. 그래서 사람들은 그들 자신이 산출한 법칙에 의해 스스로를 노예가 되게 했다. 그러한 실체화는 루소의 유명한 역설인 "인간은 자유롭게 태어났지만 모든 곳에서 사슬에 매여 있다"의 근원이 되었다. 일찍이 1765년 가을, 칸트는 이후에 헤겔, 포이어바흐 그리고 맑스를 괴롭히게 될 소외alienation의 문제를

••
20. 18세기 독일에서의 섭리에 대한 믿음의 지속에 관해서는 Eda Sagarra, *A Social History of Germany, 1648–1914*(London, 1977), p. 35; W. H. Bruford, *Germany in the Eighteenth Century*(Cambridge, 1978), pp. 45–51 참조.

예견했다.

[32]자기예속화의 근원에 대한 칸트의 통찰은 추후 그의 순수이성 비판에 대한 추동력을 제공했다. 그가 형이상학을 비판한 목적은 실체화의 오류를 드러내기 위함이었고 그리하여 사람들은 자신들의 가치의 근원이 신의 질서에 있지 않고 자신들 속에 있다는 것을 알 수 있었다. 이것은 바로 형이상학 비판이 사람들로 하여금 그들의 의지에 따라 사회적·정치적 세계를 재구성할 수 있는 자신들의 자율성과 힘, 권리를 자각하게 만든다는 것을 의미한다.

비판의 과제에 대한 칸트의 정치적 구상은 제1『비판』[즉『순수이성비판』]의「선험론적 변증론」에서 간접적으로나마 다시 나타난다. 변증론의 오류의 원인과 해결에 대한 그의 분석은 1765년 가을에 계획된 그의 정치적 프로그램에서 비롯되었다.「선험론적 변증론」의 이러한 정치적 차원은 다음과 같은 가장 기본적인 세 가지 교설들에서 나타난다. 즉 (1) 모든 관념이 낳기 쉬운 이성의 환상은 실체화이다. (2) 신, 섭리, 불멸성은 이성의 이념들이다. (3) 실체화를 피하기 위해 우리는 명확한 실재 존재자를 기술하는 '구성적' 원리를, 행동의 목표를 규정하는 '규제적' 원리로서 읽어야 한다. 이러한 교설들에서 신, 섭리 그리고 불멸성의 이념은 규제적 원리들로서 읽혀져야 할 실체화들이라는 것이 나타난다. 그것들을 규제적인 것으로서 읽는다는 것은 두 가지를 의미한다. (1) 우리는 [지상에 건설해야 할] 신의 왕국을 우리가 복종해야 하는 신의 섭리적 질서가 아니라 우리가 만들어내야 할 정치적 질서로 간주해야 한다. 그리고 (2) 신의 정의에 따른, 미덕과 행복의 완벽한 일치인 '최고선'은 지상 너머의 천국이라는 믿음의 대상이 아니라 지상의 정의로운 사회에 대한 행동의 목표이다.

칸트의 이성 비판의 급진적인 함의들은 바로 이런 것이다. 그러나 그것들은 칸트의 저작 어디에도 명시되어 있지 않다. 그러면 곧바로 칸트의 이상한 침묵의 이유들을 고찰해보기로 하자.

2.2. 칸트 정치이론의 형성, 1765-1781년

비록 칸트는 1780년대 이전에는 정치적 주제에 대해 아무것도 발표하지 않았고, 또한 그의 정치철학은 『도덕형이상학』과 함께 1796년에야 비로소 최종적인 형태로 나타났지만, 정치에 대한 그의 관심은 훨씬 일찍, 즉 늦어도 1765년 가을 루소와의 만남에서 생겨났다. 필연적으로 인간의 권리에 대한 칸트의 관심은 그를 정치철학의 방향으로 나아가게 했을 것이고, 또한 과연 1760년대와 1770년대의 『반성들』은 칸트가 정치이론의 문제들에 대해 진지하고 지속적인 관심을 가지고 있었다는 충분한 증거를 제시한다. 1760년대 후반부터 칸트는 고트프리트 아헨발의 『자연법론*Ius naturae*』을 교재로 사용하면서 자연법에 대한 강의를 시작했다. 그 후 자연법에 대한 강의는 1770년대와 1780년대에 칸트의 강의과목의 상설적인 부분이 되었다.[21] 1784년 겨울학기의 그의 강의노트 — 이른바 『파이어아벤트 자연법』 — 는 칸트의 강의 스타일과 성숙된 정치이론을 생생하게 보여준다.[22]

[33]칸트의 정치이론의 전개에 있어서 가장 두드러지는 것은 초기와 후기 사이의 연속성이 높다는 점이다. 형이상학에 대한 그의 사고 과정을 특징짓는 커다란 격변은 하나도 없었다. 1770년대의 『반성들』과 『파이어아벤트 자연법』은 칸트의 정치이론의 윤곽이 이미 1780년대 초까지 명확했음을 보여준다. 1796년의 [『도덕형이상학』의 제1부인] 『법론』[즉 『법론의 형이상학적 정초』]에는 비록 어렴풋하게나마 이미 『반성들』 속에 스케치되어 있지 않은 것은 거의 없다시피 하다. 그렇다면 칸트의 정치이론이 프랑스혁명에 대한 대응으로 생겨났다고 시사하는 것은 잘못된 관점일 것이다.[23] 프랑스혁명이 칸트에게 자신의 사상을 체계화하고 발표하도록 강제했지만, 그의

21. 이 강의의 명확한 시기에 관해서는 Emil Arnoldt, *Kritische Exkurse im Gebiete der Kant Forschung*(Königsberg, 1894), pp. 517-651 참조.
22. 『파이어아벤트 자연법*Naturrecht Feyerabend*』 강의는 Kant, *Schriften*, XXVII/ 2, 1,317-94.
23. 이것은 아리스의 시사이다. Aris, *History*, p. 73.

사상 자체의 창출에는 거의 역할을 하지 못했다.

1760년대 후반에 이르러 칸트는 성숙한 정치이론, 즉 사회계약 교설의 기초를 마련했다.[24] 무엇이 그로 하여금 이 교설을 받아들이게 했는지를 간파하는 것은 어렵지 않다. 1765년 가을 루소와 조우한 후, 그는 자유를 도덕의 제1원리로 보기 시작했다.[25] 도덕적 의무의 근원은, 행위의 결과를 고려함 없이 보편적 법칙들을 규정하는 힘을 가진 이성적 의지이다. 따라서 인간에게 무조건적인 가치를 부여하는 것은 자유뿐이다. 루소의 사회계약론은 도덕에 대한 그런 견해와 양립할 수 있는 유일한 정치철학인 것처럼 보였다. 칸트가 나중에 루소를 읽은 것에 따르면, 사회계약의 밑바탕에 깔려 있는 근본사상은 오직 법이 나의 개인적 의지가 속해 있는 공동체의 일반적 의지를 표현하기 때문에 나는 법을 따를 의무가 있다는 것이다.[26] 다시 말해서, 오직 내가 법에 동의하기 때문에 혹은 법을 이성적 존재로 만들 것이기 때문에 나는 법을 따를 의무가 있다. 사회계약론에 대한 이러한 이론적 근거는 1770년대부터 『반성들』에 이미 명확히 제시되어 있다. 동의 외에는 아무도 법을 따를 의무가 없다고 칸트는 썼다.[27] 정의는 오직 그 법이 우리의 의지의 결의에서 유래할 때에만 사회에 널리 퍼질 수 있다고 칸트는 이후에 덧붙였다.[28] 이리하여 루소의 계약론은 도덕의 원천으로서의 의지의 자율성에 대한 칸트의 새로운 발견을 이미 표현하고 있는 것 같았다.

1765년 가을 칸트가 자유에 부여한 두드러진 중요성은 그의 정치이론의 발전에 다른 심대한 결과를 가져왔다. 1760년대 말에 이미 칸트는 그의 후기 법철학[『법론의 형이상학적 정초』]의 중심적이고 특징적인 교설에 도달했다. 즉 법의 목적은 행복의 최대치가 아니라 자유의 최대치를 확립하는

24. Kant, *Reflexionen*, no. 7,548, in *Schriften*, XIX, 452; no. 7,713, XIX, 498 참조.
25. Kant, *Schriften*, XX, 31, 67, 138, 145
26. 같은 책, VIII, 297.
27. Kant, *Reflexionen*, no. 1,500, in *Schriften*, XV, 786-787.
28. *Reflexion*, no. 6,645, XIX, 23.

것이라는 교설이 그것이다.[29] 1769년에 그는 권리의 주요 원리는 모든 사람의 행복보다는 자유와 행동의 양립성이라고 말했다.[30] 이 원리는 누군가가 다른 사람의 자유를 제한하려 할 때에만 우리는 그 누군가의 자유를 박탈할 권리가 있다는 것을 의미한다.[31] 칸트는 자유의 권리는 보편적이며 모든 인간에 내재된 자연스러운 권리라고 주장했다. 사회의 모든 사람들은 그들의 자유에 관해서 평등하며, 나는 다른 사람들이 나와 동등한 권리를 가지는 경우가 아니고서는 그들을 강제할 어떠한 권리도 없다. 따라서 칸트의 초기 강의의 중심 주제 중 하나는 [34]모든 개인이 그 안에서 동일한 권리를 가지고 있으며 일반 의지의 일부를 이루는 그러한 **평등한 사회**[societas aequalis]이다.[32] 칸트는 그런 교설의 실천적인 함의를 회피하지 않았다. 『반성들』은 그가 귀족제와 농노제에 대한 날카로운 비판자였다는 것을 드러내고 있는데, 이 둘 모두를 그는 인간성의 강등 내지 타락이라고 비난했다.[33]

그러한 권리의 이론을 감안할 때, 칸트가 가부장주의 전통을 거부했을 것이라고 기대하는 것은 지극히 당연한 일이다. 그리고 실제로 그러했다. 1760년대 말부터 『반성들』은 국가의 유일한 목적은 국민의 복지를 증진시키기보다는 국민의 권리를 보호하는 것이라고 강조한다. 1769년에 칸트는 통치권자의 권위는 공공의 이익을 추구하기보다는 각 개인의 **사적 목적**[finis privatus]을 보호하는 데 있다고 썼다.[34] 그는 사람들이 그들의 행복을 확고히 하기 위해 시민사회에 참여한다는 것을 인정했지만, 국가는 그들이 어떻게 행복을 추구해야 하는지를 결정하는 것이 아니라 그들이 적합하다고 생각하는 대로 행복을 추구할 권리를 보호해야 할 의무를 가지고 있다고 주장했다.[35]

••
29. *Reflexion,* no. 6,591, XIX, 98.

30. *Reflexion,* no. 6,605, XIX, 106.

31. *Reflexion,* no. 7,640, XIX, 475. Cf. no. 7,658, XIX, 479; no. 7,665, XIX, 475.

32. *Reflexion,* no. 7,548, XIX, 452. Cf. no. 7,522, XIX, 446; no. 7,550, XIX, 452.

33. *Reflexionen,* no. 7,638, XIX, 475; no. 7,895, XIX, 554.

34. *Reflexion,* no. 7,542, XIX, 451.

통치자는 국민의 아버지이기보다 국민의 대표자가 되어야 하는데, 왜냐하면 아버지는 자식들의 이익을 돌봐야 하는 반면 시민들은 자신의 이익을 챙길 수 있는 역량을 전적으로 갖추고 있기 때문이다.[36] 통치자의 지도 없이 개인들이 자신의 삶을 다스릴 수 있다는 것을 뜻하는 이 자율성에 대한 칸트의 강조야말로 그를 가부장주의 전통과 결별하게 만들었다.

칸트는 당연히 그의 자유주의적 견해를 경제 영역으로 확장시켰다. 그는 예를 들어 가난한 사람들을 돌보는 것은 국가의 의무가 아니라고 주장했다.[37] 그것은 사적 시민들의 책임이며, [국가의 입장에서 볼 때] 요청된 것 이상의 과업opera supererogationis이다. 칸트는 자유방임주의의 옹호자, 즉 중농주의자의 노선을 따라 자유 민간산업을 옹호한 사람이었던 것처럼 보이기도 할 것이다. 그러나 칸트는 18세기 독일의 중상주의 전통과 완전히 결별하지는 않았다. 『파이어아벤트 자연법』에서 그는 통치자는 가부장주의자가 되어서는 안 되지만 여전히 시민들의 복지를 증진시켜야 할 '미완의 의무'를 가지고 있다고 말했다.[38] 예를 들어 통치자는 과도한 수입을 억제하거나 국내에서 충분한 통화 공급을 보장할 의무가 있다.

칸트는 때때로 모든 형태의 통치가 합법적이고 각각 그 장단점이 있다는 18세기에 유행한 관점을 표명했지만,[39] 1770년대와 1780년대의 『반성들』은 그가 이상적인 헌법만이 아니라 최상의 통치형태에 대한 자신의 견해를 가지고 있었다는 것을 보여준다. 1770년대 초 그는 이상적인 헌법이 '민주주의Demokratie, 민주제'라고 선언했다.[40] 민주제에 대한 이러한 선호는 확실히 루소의 사회계약론에 대한 그의 심취의 결과였다. 일반 의지는 주권의 원천이기

• •
35. *Reflexion,* no. 7,854, XIX, 535.
36. *Reflexion,* no. 7,749, XIX, 506-507.
37. *Reflexion,* no. 8,000 , XIX, 578.
38. Kant, *Schriften,* XVII/ 2, 1,385 참조.
39. 같은 책, XVII/2, 1,383. Cf. Kant, *Reflexionen,* no. 7,720, in: *Schriften,* XIX, 499.
40. Kant, *Reflexionen,* no. 1,446, in *Schriften,* XV, 631.

때문에, 최고 입법권은 국민에게 있어야 한다. 국민은 '입법의 근원^{originarie} $^{potestas\ legislatoria}$'으로서, 입법 권력은 본래 국민에게 있고 단지 파생적으로만 군주에게 있다고 그는 썼다.[41] 그러나 1770년대에 칸트가 '민주제'에 부여한 의미는 [35]1790년대에 그가 군중의 폭정의 한 형태로 민주제를 거부했을 때와 같지 않았음을 이해하는 것이 중요하다.[42] 비록 칸트의 견해가 바뀐 것처럼 보이지만, 그의 초기 민주제적 헌법은 사실상 그의 후기 공화주의적 헌법과 일치한다. 두 헌법적 개념 모두 혼합된 통치형태를 포함한다. 백성이 모든 주권의 원천이기는 하지만, 그들은 귀족이나 군주에 의해 그들의 권력이 실행되고 관리되게끔 할 수 있다. 몽테스키외의 학생인 칸트는 영국 헌법에 찬사를 보냈고,[43] 혼합된 통치형태가 권력의 균형을 이루고 있기 때문에 이러한 통치형태의 가치를 믿었다.[44] 오직 혼합된 통치형태만이 그가 정치의 주요 문제로 간주한 것 ─ 즉 통치자를 포함한 모든 사람들은 주인을 필요로 한다는 점 ─ 을 해결할 수 있었다. 칸트는 영국식 모델에 따라 이상적인 헌법에는 거부권을 가진 군주, 토지 이익을 대변하는 귀족, 그리고 부르주아 계급의 보다 부유한 부류들로 구성된 의회라는 세 가지 신분 계급이 있어야 한다고 주장했다.[45] 군주의 권력을 견제하고 국민의 권리를 보호하기 위해, 칸트는 국왕의 칙령의 합헌성을 시험할 의회^{parlament}나 이사회^{directorium}를 구상했다.[46] 비록 귀족들의 특권을 신랄하게 비판했지만, 칸트는 몽테스키외와 마찬가지로 귀족정치가 국민과 군주 사이의 완충 작용을 하는 소중한 기능을 가지고 있다고 믿었다.[47] 그러나 귀족들은 직위를 물려받을 수는

· ·
41. *Reflexion* no. 7664, XIX, 482. Cf. no. 7734, XIX, 503; no. 7747, XIX, 506.

42. Kant, "Zum ewigen Frieden", in *Schriften*, VIII, 352.

43. Kant, *Reflexionen*, no. 1453, in *Schriften*, XV, 634.

44. *Reflexionen*, no. 7745, XIX, 509; no. 7673, XIX, 485.

45. *Reflexionen*, no. 7,853, XIX, 535.

46. *Reflexionen*, no. 7,760, XIX, 509; no. 7,855, XIX, 535-536.

47. *Reflexionen*, no. 1,235, XV, 543-545.

없었지만, 공적을 통해 그 직위를 유지할 권리를 증명해야 할 것이다. 따라서 적절한 헌법과 통치에 대한 칸트의 견해는 루소의 급진주의와 몽테스키외의 온건주의의 혼합물이다. 즉 루소는 칸트에게 이상적인 형태의 헌법을 주었고 몽테스키외는 그에게 적절한 통치형태를 제시했다.

한 가지 근본적인 긴장이 칸트의 초기 정치사상 전체에 걸쳐 흐르고 있는데, 그것은 그의 성숙한 이론에서도 지속되며 따라서 반대되는 해석들의 온갖 여지를 제공한다. 이 긴장은 칸트가 정치적 자유를 주장하는 것과 혁명의 권리를 부정하는 것 사이의 갈등이다. 1770년대 초반부터 칸트는, 통치자가 폭군이고 국민의 권리를 침해하더라도 국민은 그들의 통치자에 맞서 반란을 일으킬 권리가 없다고 일관되게 주장했다.[48] 백성의 유일한 권리는, 통치자가 그들에게 부도덕한 행위를 하도록 명령한다면, 소극적인 저항을 하는 것이다. 다시 말해서 그들은 처벌을 감수해야 하지만 복종하는 것을 거부할 수 있다. 칸트는 반란의 권리를 부정하는 몇 가지 이유를 밝혔다. 첫째, 반란은 사회질서의 붕괴, 즉 자연 상태로의 회귀로 이어질 것이다. 둘째, 통치권자가 국민의 심판을 받는 사태에 처하게 되면, 통치권자는 더 이상 통치권자일 수 없다. 셋째, 어떤 헌법도 반란을 허용하는 조항을 포함할 수 없다. 왜냐하면 그러한 조항은 헌법을 파괴하는 권리에 해당되기 때문이다. 칸트가 반란의 권리를 부정하는 이면에는 통치권이 비난받을 만한 대상이 아니라는 그의 거듭된 주장이 있다. 즉 통치권은 법의 원천으로서 법 위에 있으며, 따라서 법에 따라 심판될 수 없다.[49] 그러나 통치권은 비난받을 만한 성격의 것이 아니라는 이러한 주장은 군주제에 대한 헌법적 제약의 필요성을 자주 강조한 그의 주장과 충돌했다.[50] [36]그리고 반란에서 생기는

· ·

48. 예를 들어, *Reflexionen*, no. 7,680, XIX, 486–487; no. 7,811, XIX, 523; no. 7,810, XIX, 523; no. 7,846, XIX, 533; no. 7,847, XIX, 533; no. 7,850, XIX, 534; no. 7,989, XIX, 574; no. 7,922, XIX, 575; no. 8,045, XIX, 591 참조.

49. *Reflexionen*, no. 7,921, XIX, 555; no. 7,781, XIX, 515; no. 7,780, XIX, 515; no. 7,804, XIX, 52–1 참조.

사회적 무질서에 대한 칸트의 두려움은 인간의 권리가 질서보다 더 중요하다는 그의 신념과 현저한 대조를 이루고 있었다. 1770년대에 쓴 흥미로운 한 구절에서 칸트는 "가장 중요한 것은 질서와 평화보다 인간의 권리이다. 거대한 질서는 거대한 억압에 의해 만들어질 수 있지만, 더 큰 권리에 대한 요구에서 생기는 모든 무질서는 결국 사라지게 마련이다"라고 썼다.[51]

1780년대 말, 아마도 프랑스에서 일어난 사건들의 결과로서, 혁명의 권리에 대한 칸트의 견해는 중요한 수정을 거쳤다. 그는 이제 통치권자가 국민과 자신이 명시적으로 합의한 헌법 조항을 위반할 경우 복종이 정당하게 철회될 수 있다고 주장했다.[52] 그런 경우에 통치권자는 법률상의 통치자가 되는 것을 그만두게 되고, 국민과의 관계는 자연 상태의 것이 된다. 칸트의 초기 견해에 대한 이러한 수정은 그의 정치이론의 긴장을 해소하는 데 크게 기여한다. 따라서 1793년 그의 「이론과 실천」 논문에서 칸트가 다시 한 번 모든 혁명에 대한 무조건적인 금지를 주장하면서 원래의 교설로 돌아온 것은 놀라운 일이다.[53] 이 놀라운 변화의 이유를 추후 검토할 기회가 있을 것이다.

2.3. 프랑스혁명에 대한 반응

언뜻 보기에 칸트의 초기 정치철학에는 그를 프랑스혁명의 편에 서게 만드는 것은 아무것도 없는 듯하다. 통치에 대한 그의 온건한 견해는 프랑스혁명을 못마땅하게 여기는 더 많은 보수적 사상가들에 의해 공유되었고, 반란의

50. *Reflexionen*, no. 7,855, XIX, 535–536; no. 7,953, XIX, 563; no. 7,846, XIX, 533.
51. *Reflexionen*, no. 1,404, XV, 612.
52. *Reflexionen*, no. 8,055, XIX, 595–596.
53. Kant, *Schriften*, VIII, 297–303 참조.

권리에 대한 그의 단호한 부정은 그가 라인강 건너의 사건들을 비난할 것이라고 기대하게 만든다. 그러나 칸트가 프랑스혁명을 환희로 맞이했다는 사실이 여전히 남아 있다. 그의 기쁨의 근원은 추측하기 어렵지 않다. 즉 프랑스혁명은 인간의 권리에 대한 그의 오랜 꿈을 실현하는 것처럼 보였던 것이다.

프랑스혁명이 일어났을 때 65세였지만, 혁명에 대한 칸트의 열광은 흡사 젊은이의 그것이었다. 그의 제자 R. B. 야흐만은 최신 뉴스에 대한 칸트의 관심이 너무 강해서 우편물을 받기 위해 몇 마일을 달려 나가곤 했다고 말했다.[54] 제자 L. E. 보로프스키는 칸트가 모든 신문을 읽고자 하는 왕성한 욕구를 가지고 있었고, 프랑스의 사건들이 사실상 그의 뇌리에서 떠나지 않았다고 썼다.[55] 두 제자 모두 프랑스혁명 초기에는 칸트가 항상 토론을 정치 쪽으로 이끌려고 했다고 말했다. 그는 프랑스혁명을 역사에 진보가 있다는 그의 오랜 견해를 확인시켜주는 것으로 보았다. 1784년에 그는 인류가 직면한 가장 큰 문제는 정의의 원칙에 입각한 사회를 만드는 것이라고 썼다.[56] 이 문제는 마치 기적처럼 이제 분명히 해결되었다. 신의 섭리가 그 일을 해냈다. "이제 나는 시므온과 같이 내가 이 구원의 날을 보았으니, 당신의 종이 세상에서 평안히 떠나갈 수 있게 해주셨다고 말할 수 있습니다."[57] 프랑스의 공화정 선언 소식을 접했을 때 칸트가 했던 말이 그러했다.

[37]프랑스혁명은 칸트가 정치에 대한 침묵을 깨도록 고무했다. 1789년 이전에는 아무리 정치에 대해 많은 생각을 했다 할지라도, 그는 거의 발표하지 않았었다. 그러나 1793년부터 1798년까지 그의 거의 모든 중요한 저작들은

· ·
54. R. B. Jachmann, "Immanuel Kant geschildert in Briefen", in *Immanuel Kant: Sein Leben in Darstellungen von Zeitgenossen*, ed. F. Gross(Darmstadt, 1968), pp. 174–175.

55. L. E. Borowski, "Darstellung des Lebens und Charakters Immanuel Kants", in F. Gross, *Immanuel Kant*, pp. 76–77.

56. Kant, *Schriften*, VIII, 22.

57. C. A. Varnhagen von Ense, *Denkwürdigkeiten*(Leipzig, 1843–1859), VII, 427 참조.

정치적 주제에 바쳐졌다. 즉 「이론과 실천」 논문(1793), 『영원한 평화를 위하여』(1795), 『법론의 형이상학적 정초』(1797), 『학부들의 논쟁』(1798)이 그것이다. 이들 저술의 중심에는 인간의 권리를 옹호하고 그 권리의 실현을 위한 정치적 조건을 설명하려는 칸트의 시도가 있다. 칸트의 철학적 야심이 인간의 권리에 대한 토대를 마련하려는 것이었음을 감안할 때 이러한 저술들은 그의 관심의 핵심을 이룬다.

프랑스혁명이 그에게 중요했음에도 불구하고 칸트 자신은 혁명에 대한 자신의 초기 태도에 대해 거의 진술을 남기지 않았다. 그의 서신이나 저술에는 몇 가지 암시가 흩어져 있을 뿐이다. 이 중에서 가장 명확히 전개된 것은 칸트가 1789년 8월 30일 야코비에게 보낸 서한인데, 이 서한에는 국민이 부패한 군주를 퇴위시킬 권리가 있는지에 대한 빈디쉬-그래츠 백작의 책에 대한 반응이 담겨 있다.[58] 빈디쉬-그래츠는 모든 정치적 권력은 계약에 근거하고 있으며 통치자는 국민의 이익을 대변할 의무가 있다고 주장했지만, 그는 또한 모든 적절한 개혁은 위에서부터 나와야 한다고 주장했다. 칸트는 빈디쉬-그래츠의 책에 대해 진심으로 찬성했다. "이 책은 부분적으로 놀랍도록 적중한 예언 때문에, 또 부분적으로는 폭군들에게 현명한 조언을 해주기 때문에 틀림없이 큰 영향을 미칠 것입니다."[59] 프랑스혁명에 대한 칸트의 초기 태도에 관해 발표된 유일한 증거는 1790년 부활절에 출판된 『판단력 비판』의 한 각주이다. 유기체의 개념을 분석하면서 칸트는 정치와의 비유를 언급했다. "최근에 한 위대한 민족을 하나의 국가로 전면적으로 개편하려는 시도가 일어나는 중에, '유기적 조직체'라는 말이 행정기구나 전반적인 시민 조직에 대해서 매우 적절하게 사용되었다. 왜냐하면 각 구성원은 수단일 뿐만 아니라 목적이기도 해야 하며, 또한 각 구성원은 전체를 가능하게 하기 위해 협력함으로써, 전체의 이념에 의해서 다시금 자신의 지위와 기능에

••
58. J. N. Windisch-Graetz, *Discours dans lequel on examine deux questions*(London, 1788).
59. Kant, *Schriften*, XI, 73.

따라 규정되어야 하기 때문이다."[60]

1792년과 1793년의 숱한 시련과 충격적 경험에도 불구하고 프랑스혁명에 대한 칸트의 공감은 확고했다. 성직자 민사기본법, 코뮌의 대두 그리고 9월 대학살은 베를린 계몽주의자들에게 환멸을 주는 사건들이었지만, 이 사건들이 칸트의 마음을 어지럽히지는 않았다. 그러나 한 가지 사건은 칸트의 가장 통렬한 비난을 불러일으켰는데, 바로 루이 16세의 공개처형이었다. 그는 자신의 『법론의 형이상학적 정초』에서 긴 각주를 통해 군주의 공개처형은 "인권의 사상으로 고취된 영혼에 두려움을 안겨준다"[61]고 주장했다. 이 처형은 통치권자와 그의 국민 사이의 관계를 지배해야 하는 원리들을 완전히 뒤집는 것이기 때문에 실로 속죄할 수 없는 범죄이다. 그것은 통치권자의 신하인 백성을 통치권자를 다스리는 통치자로 만들기 때문이다.

루이 16세의 처형에도 불구하고 칸트는 프랑스혁명의 근본 원리에 대한 충성을 굽히지 않았다. 쾨니히스베르크의 친구들과 동년배들 사이에서 그는 확고부동한 자코뱅이라는 평판을 얻기 시작했다. [38]칸트의 과거 제자이자 칸트 저작의 출판인이었던 니콜로비우스는 1794년에 칸트의 태도에 대해 다음과 같이 썼다. "그는 아직도 철저한 민주주의자인데, 프랑스에서 일어나는 온갖 끔찍한 사건들이 이전에 그곳에서 만연했던 폭정의 고질적인 악에 비하면 보잘 것 없는 것이며, 자코뱅들이 하고 있는 모든 일이 필시 정당할 것이라는 의견을 최근에도 표명한 바 있다."[62] 의학부 교수진의 동료인 J. D. 메츠거는 "몇 년 동안 칸트가 모든 사람을 향해, 심지어 국가의 최고 존엄 지위를 지닌 사람들을 향해 프랑스혁명의 원리를 옹호하는 그 솔직함과 대담함"에 대해 썼다. 이어 그는 "쾨니히스베르크에서는 프랑스혁명에 대해 말하기만 해도 누구든 블랙리스트에 자코뱅이라고 기록되던 때가 있었지만,

60. 같은 책, V, 375, sec. 65n.
61. 같은 책, VI, 320–322, sec. 49n.
62. A. Nicolovius, *Denkschrift auf G. H. Nicolovius*(Bonn, 1846), p. 64.

칸트는 결코 겁을 먹지 않았고 귀빈석에서도 프랑스혁명에 대해 한 마디씩 하곤 했다"고 덧붙였다.[63]

프랑스혁명에 관한 칸트의 마지막 태도와 증언은 1797년 가을에 쓰여진 『학부들의 논쟁』의 제2부에 나타난다. 여기서 칸트는 역사의 진보라는 문제에 대해 곰곰이 생각했다.[64] "인간이 스스로 더 나아질 수 있다는 희망을 우리에게 심어주는 사건이 있을까?" 칸트는 긍정적으로 대답했다. 그는 문제의 사건은 다름 아닌 프랑스혁명에 대한 대중의 반응이라고 주장했다. 프랑스혁명에 대한 공감의 공개적인 표현들은 그것들에 수반되는 위험에도 불구하고 인간이 도덕적인 성격을 가지고 있다는 것을 보여준다. 프랑스혁명은 대중들의 마음속에 도덕적 열광의 감정, 그리고 사리사욕에서 벗어난 이상의 가치에 대한 의식을 불러일으켰다. 그러나 1790년대 후반에 이르러서는 이미 그러한 증거가 매우 오래된 것이 되어버렸다. 혁명전쟁들은 프랑스혁명에 대한 대중의 공감을 크게 감소시켰다. 슬프게도 연로해진 칸트는 역사와 점점 더 유리되어 버렸다.

2.4. 이론과 실천

프랑스혁명의 정치적 이상을 옹호하려는 칸트의 주된 시도는 1793년 9월 『베를린 월보』에 발표된 그의 「이론과 실천」 논문, 즉 「이론에서는 옳을지 모르지만 실천에는 쓸모없다고 하는 속설에 관하여」에서 나타났다. 여기서 칸트는 자신의 윤리적 이성주의만으로도 혁명의 이상을 위한 기반을 제공할 수 있다고 주장하면서 자신의 철학을 혁명적 이상과 명시적으로 결합시켰다. 칸트의 주장의 요점은 이성이 우리에게 정의justice의 원리에

••
63. Karl Vörlander, *Kant: Der Mann und das Werk*(Leipzig, 1924), II, 221에서의 인용.
64. Kant, *Schriften*, VI, 79–84, 특히 secs. 6–7.

따라 사회를 바꾸도록 허락할 뿐만 아니라 의무화한다는 것이다. 이성이 도덕적 영역을 지배한다면, 그것은 또한 정치적 영역도 지배한다.

이 논문의 제2절에서 칸트는 혁명의 철학으로서 윤리적 이성주의를 옹호하는 주장을 폈다. 경험주의의 행복의 원리는 전제정치를 용인할 우려가 있다고 그는 주장했다. 왜냐하면 그 원리는 통치자가 국민들을 행복하게 하기 위해 그들의 권리를 박탈하는 것을 허용하기 때문이다.[65] 행복주의와 전제주의를 연결함에 있어서 칸트는 [39]국민의 복지나 행복이 군주의 최고 목적이라는 계몽적 폭군들의 악명 높은 주장을 염두에 두고 있었다. 그의 이론을 옛 계몽적 전제주의와 구별하기 위해 칸트는 '애국적' 헌법과 '가부장주의적' 헌법을 결정적으로 구별했다.[66] 애국적 헌법은 공화주의적이고 자유의 원리에 기초한 반면, 가부장주의적 헌법은 전제주의적이며 행복의 원리에 기초한다. 이러한 구별과 함께 윤리적 이성주의와 경험주의 사이의 철학적인 갈등은 깊은 정치적 성격을 띠게 된다. 윤리적 이성주의는 프랑스 헌법의 토대인 자유의 원리를 의미하며, 경험주의는 구체제ancien régime의 헌법의 기초인 행복의 원리를 나타낸다.

급진주의와 이성주의를 결부시킨 것은 칸트만이 아니었다. 칸트의 논문이 나오기 직전 독일어 번역으로 출간된 『프랑스혁명에 대한 성찰』에서 에드먼드 버크는 비슷한 용어로 급진주의자들과 논쟁을 벌였다.[67] 급진주의자와 보수주의자의 갈등은 버크의 견해로는 윤리적 이성주의와 버크 자신의 유형인 전통주의적 경험주의 사이의 논쟁이다. 그의 독설의 특별한 표적은 수 세기 동안의 경험에서 얻은 지식을 무시한 채 순전히 선험적a priori 추론만으로 국가의 주요 원리들을 규정할 수 있다고 믿었던 '형이상학자들'이었다. 버크에 따르면, 우리는 주어진 방침에 따른 행동의 결과에 대한 지식만으로

65. 같은 책, VIII, 302, 305-306.
66. 같은 책, VIII, 290-291, 305-306.
67. Edmund Burke, *Reflections on the Revolution in France*, ed. A. J. Grieve(London, 1912), pp. 56-59.

즉 경험을 통해서만, 무엇이 좋은지 나쁜지 알고 있다. 그러므로 우리는 마치 추상적 이론이 우리의 행동이 따라야 하는 어떤 절대적인 기준을 포함하고 있거나 한 것처럼, 추상적 이론의 지시에 따라 우리의 실천을 규정해서는 안 된다. 오히려 우리와 우리 조상들이 오랜 세월에 걸쳐 선한 것으로 밝혀낸 것에 의해 우리의 이론을 엄밀하게 우리의 실천에 따라 규정해야 한다.

윤리적 이성주의에 대한 버크의 맹렬한 공격은 명백히 칸트에 대한 도전이었다. 칸트는 버크가 그런 비난의 대상으로 삼은 '형이상학자들' 가운데 자신도 포함시켜야 했는데, 왜냐하면 칸트 역시 국가의 원리를 순수이성 위에 기초짓고자 했기 때문이다. 그래서 「이론과 실천」의 서문에서 칸트는 어떤 '훌륭한 신사'에 대항하여 저 형이상학자들을 변호하겠다고 서약했다.[68] 칸트의 대답의 요점은 버크가 도덕적 의무의 성격과 범위를 오해하고 있었다는 것이다. 우리의 행동을 도덕적으로 만드는 것은 행동의 결과가 아니라 행동이 원리와 이루는 일치이며, 우리는 일상생활에서뿐만 아니라 정치의 영역에서도 도덕적이 되어야 한다. 다시 말해서, 도덕의 영역 못지않게 정치의 영역에서도 이론이 실천에 따라야 하기보다는 실천이 이론에 따라야만 한다.

칸트가 「이론과 실천」 논문에서 자신에게 부과했던 것은 결코 작은 과업이 아니었다. 어떻게든 그는 이성이 정치적 의무의 근원이며, 그것이 도덕적 영역에서뿐만 아니라 정치적 영역에서도 무조건적 명령을 내린다는 것을 보여주어야 했다. 칸트가 제2 『비판』에서 사용한 언어를 쓴다면, 그는 순수이성이 실천적이라는 것을 다시 보여줘야 했다. 이성이 도덕의 영역에서 실천적이라는 것을 보여주는 것이 제2 『비판』의 과제였다면, [40]이성이 정치의 영역에서 실천적이라는 것을 증명하는 것은 「이론과 실천」 논문의

· ·
68. '훌륭한 신사'는 아마 버크를 지칭하는 말일 것이다. 이러한 해석에 대한 사례는 파울 비티헨(Paul Wittichen, "Kant und Burke", *Historische Zeitschrift* 93, 1904, 253–255)에 의해 주장되어 왔다. 칸트가 버크의 이름을 명시적으로 언급하지 않았던 것은 보수적인 논객이나 프로이센 검열 당국을 자극하고 싶지 않았기 때문이다. 그러나 1790년대 초의 주의 깊은 독자들은 그 암시를 놓치지 않았을 것이다.

목적이었다. 보다 구체적으로, 이 증명은 다음 두 가지 점, 즉 (1) 순수이성은 특정한 정치적 원리를 정당화하여 정치적 권리의 규준이 될 수 있고, (2) 사람들은 순수이성의 원리들에 따라 행동할 수 있으므로, 의지는 순수이성의 명령에 따라 행동할 수 있다는 점을 입증하는 것을 포함한다. 이 두 가지 점 모두 1790년대에 심각한 논쟁거리였다. 보수주의자들은 이성만으로는 정치의 어떤 특정한 원리도 정당화할 수 없으며, 국민은 이성에 따라 행동하지 않고 감정과 습관, 사리사욕에 따라 행동한다고 주장했다. 칸트는 이런 일반적인 반대를 잘 알고 있었음에 틀림없다.

칸트는 그의 도덕철학의 관점에서 프랑스혁명의 지도 원리 중 일부를 정당화함으로써 그의 「이론과 실천」 제2절에서 첫 번째 점을 증명하려고 시도했다. 그는 사회계약의 이념, 정당한 헌법의 이념은 세 가지 선험적[a] priori 원리를 전제로 하고 있다고 주장했다.

1. 자유의 원리. 어느 누구도 행복에 대한 자신의 생각에 따라 내가 행복해지도록 강요할 수는 없지만, 다른 사람들의 유사한 행복의 추구를 방해하지 않는다면 모두가 저마다 자신들이 적합하다고 생각하는 대로 행복을 추구할 수 있다.

2. 평등의 원리. 강제의 대상이 되지 않으면서 남을 강제할 수 있는 국가의 수장 한 사람을 제외하고는, 모든 사람은 다른 사람과 관련하여 강제[coercion]의 권리 하나를 가지고 있다. 칸트는 '평등'이라는 것으로 두 가지를 의미한다. 즉 법 앞의 평등과 기회의 평등이 그것이다. 법 앞의 평등은 나의 권리를 침해하는 자를 처벌할 권리이며, 기회의 평등은 재능, 행운, 근면을 통해 어느 정도의 부와 지위를 획득할 수 있는 권리이다. 칸트는 '평등'을 소유의 평등과 구별되도록 주의를 기울였다. 그는 부의 불평등이 법 앞의 평등이나 기회의 평등과 완벽하게 양립할 수 있다고 주장했다.

3. 독립의 원리. 모든 사람이 법 앞에 평등하지만, 모든 사람이 법을 만들 권리, 즉 투표권을 가진 시민이 될 권리에 있어서는 평등하지

않다. 투표권을 가지기 위해서는 사람들은 독립적이어야 한다. 즉 생계를 위해 타인의 의지에 의존해서는 안 된다. 독립이라는 것은 생계를 유지해야 한다는 것과 서로 통하는 말이다. 그러나 사람들은 견습공이나 하인, 노동자처럼 다른 사람의 명령에 복종하는 것에 의해서가 아니라 자신의 노동의 생산물을 팔아서 생계를 이어가야 한다. 따라서 칸트는 숙련공들은 투표권을 가질 자격이 있다고 생각한 반면, 하인이나 견습공, 노동자들은 그렇지 않다고 생각했다.

칸트의 각 원리는 1791년 프랑스 헌법의 일부 측면을 반영하고 있다. 자유의 원리는 이 헌법에 포함된 인간의 권리 선언 제4조를 다른 말로 바꾸어 표현한 것으로 읽힌다. 평등의 원리는 [41][평등이라는] 개념에 그 헌법에서와 같은 중산층의 의미를 부여한다. 즉 그것은 귀족들의 특권을 폐지하고 기회의 평등을 보장하며, 더 이상의 평준화로부터 재산권을 보호한다.[69] 그리고 독립의 원리는 그 헌법에서의 선거권의 제한을 표현한다. 사실 이 원리는 '능동적' 시민권과 '수동적' 시민권 사이의 헌법적 구분을 정당화하는 것이다. 이런 점에서 칸트를 독일의 신흥 부르주아 계급의 사상가로 간주하는 것은 받아들이기 어렵지 않다.[70]

칸트는 아마도 이러한 원리들을 자신의 도덕철학의 명백한 귀결로 간주했기 때문에, 「이론과 실천」 논문에서 이 원리들의 상세한 연역을 시도하지 않았다. 그가 보여주려고 하는 모든 것은 그의 각각의 원리가 정의의 일반적인 원리에 부합한다는 것이다. 예를 들어 자유의 경우, 그는 누구나 자신에게 부여하는 것과 동일한 권리를 타인에게 부여해야 한다고 주장했다. 그리고

..
69. 프랑스 헌법에 대한 이 독해방식에 관해서는 J. M. Thompson, *French Revolution*(Oxford, 1988), p. 89에 따랐다.

70. 칸트에 대한 이러한 견해는 Manfred Buhr and Gerd Irrlitz, *Der Anspruch der Vernunft: Die klassische bürgerliche deutsche Philosophie als theoretische Quelle des Marxismus* (Berlin, 1968), pp. 35–43, 71–77에 의해 제시되었다. 그들은 칸트의 원리들과 프랑스혁명 간의 상관관계를 고려하지는 않는다.

평등의 경우 그는 특권이 부당하다고 주장했는데, 왜냐하면 특권은 자신에게 잘못이 있을 때 강요의 대상이 되지 않고 다른 사람이 잘못을 할 때 강요할 수 있는 권리를 갖게 되기 때문이다. 명백히 칸트는 자신의 원리들 각각이 정의롭다는 것을 보여주는 것만으로도 그 원리들의 합리성에 대한 문제를 잠재울 수 있다고 생각했다.

그럼에도 칸트의 정의의 원리들만이 유일하게 가능한 것인가라는 의문이 자연스럽게 떠오른다. 정의의 일반적인 원리는 우리가 유사한 경우를 유사하게 다루어야 한다는 것만을 요구한다. 칸트가 요구한 대로 그러한 일반적인 원리를 따르는 것이 이성의 필연적 요구라는 것은 물론 주장될 수 있을 것이다. 왜냐하면 우리가 두 사람 A와 B가 유사하며 같은 상황에 있다고 인정한다면, A와 B를 다르게 대우해야 한다고 말하는 것은 모순될 것이기 때문이다. 그러나 이 주장은 과연 무엇을 유사한 경우로 간주해야 할지에 대한 곤란한 문제를 남겨두고 있다. 한 귀족이 칸트에게, 농노와 귀족은 매우 다른 종류의 사람들이기 때문에 다르게 대우해야 한다고 대답할지도 모른다. 그러면서도 그 귀족은 정의의 원리를 지지하며 따라서 전적으로 합리적으로 행동해야 한다고 주장할 것이다.

하지만 칸트가 도덕적으로 유사한 경우로 간주해야 할 것에 대해 그럴듯한 설명을 남겼다는 것을 인식하는 것이 중요하다. 이것은 그의 『도덕형이상학의 정초』의 첫 장에서 그가 한 사람의 결정적인 도덕적 자질은 선한 의지, 즉 보편적인 법칙에 따라 행동하는 힘이라고 주장할 때 제공된다. 그렇다면 사람들을 도덕적으로 유사하게 만드는 것은 그들의 의지뿐이므로, 그들은 국적이나 전통, 종교에 관계없이 동등하게 대우받아야 한다. 그래서 농노가 귀족과 같은 도덕적 의지를 가지고 있는 한, 즉 보편적 법칙에 따라 행동하고 다른 사람들의 권리를 존중할 수 있는 동일한 힘을 가지고 있는 한, 그는 귀족과 같은 권리를 가질 자격이 있다.

그럼에도 불구하고 도덕에 대한 칸트의 설명만이 유일하게 그럴듯한 것인가 하는 의문이 남는다. 그것만이 이성의 요구에 부합하는가? 방금 전에 말한 그 귀족은 그것이 이성에 반한다고까지 대답할 것이다. 칸트의 도덕 이론은 [42]유전과 같은 요인이 도덕적 인격 발달에 어떻게 영향을 미치는지를 무시하기 때문에 지나치게 추상적이라고 그는 주장할 것이다. 한 사람의 도덕적 평가에 있어서 의지가 결정적이라는 것을 인정한다 할지라도, 그 의지의 특성은 유전적 요인들과 완전히 분리될 수 있는 것인가? 자신의 입장을 방어하기 위해서 칸트는 인격 형성에 있어 유전적 역할이라는 까다로운 문제를 고려해야 한다. 어떻게든 그는 유전적 요인들이 의지에 영향을 미치지 않는다는 것을 보여주어야 한다. 다루기 힘든 이 반론의 결정적인 해결이 없다면, 칸트가 이성이 그의 정치적 원리들만을 허용한다는 것을 보여주지 않았던 한에서, 이론과 실천 사이의 간극이 우리에게는 여전히 남아 있는 셈이다.

그러나 이 간극이 칸트의 문제들의 끝은 아니다. 자유, 평등, 독립의 원리가 이성적이라는 것을 인정하더라도, 그것들은 여전히 너무 일반적이어서 그 해석과 적용에 있어서 모든 종류의 차이를 허용한다. 자유의 원리는 나의 자유를 방해하는 것으로 간주되는 것을 정확히 명시하지 않는다. 또한 독립의 원리는 시민권의 조건을 정확히 규정하지 않는다. 그리고 평등의 원리는 우리가 어떤 권리를 가져야 하는지 정확하게 우리에게 말해주지 않으며, 단지 모든 사람이 동일한 권리를 가져야 한다는 것이다. 나의 자유에 대한 엄밀한 한계, 투표권의 구체적인 자격, 그리고 나의 권리의 정확한 종류와 수를 여러 가지 방식으로, 더욱이 그것들 모두를 이성에 부합케 하면서 명시할 수 있을 것처럼 보인다. 이러한 원리들의 적절한 해석을 결정하는 것은 이성의 문제라기보다는 판단의 문제인 것으로 보이는데, 왜냐하면 오직 판단만이 특정한 상황에서 이 원리들을 해석하는 방법을 확인해주기 때문이다. 우리는 이제 이론과 실천 사이에 두 가지 간극, 즉 정의의 일반적 원리와 특정한 정치적 원리들 사이의 간극, 그리고 이 원리들과 그것들의 구체적인 해석 내지 적용 사이의 간극을 두고 있다.

칸트는 앞서 말한 그의 두 번째 점, 사람들은 이성의 원리에 따라 행동할 수 있다는 것을 「이론과 실천」 논문 제1절과 제3절에서 증명하려고 시도했다. 사람들이 전통이나 습관 또는 사리사욕에만 의거하여 행동한다는 일반적인 보수적 반론에 대해 칸트는 이중 전략을 채택했다. 첫째로, 그는 사람들이 사실상 도덕적 존재로서, 원리를 위해서 그리고 이해관계 없는 동기로부터 행동할 수 있다고 주장했다. 둘째로, 심지어 사리사욕만으로 행동하는 비도덕적인 존재일지라도 사람들은 도덕적 원리에 따라— 비록 도덕적 원리를 위해서가 아닐지라도— 필연적으로 행동한다는 것을 그는 보여주려고 했다. 이것은 정치의 목적을 위해서는 충분한데, 왜냐하면 칸트가 나중에 『법론』에서 설명했듯이, 국가는 오직 우리가 법을 위해서가 아니라 법에 따라 행동할 것을 요구하기 때문이다.[71] 칸트의 이중 전략은 본체로서의 인간homo noumenon과 현상으로서의 인간homo phaenomenon, 즉 예지적 존재와 감각적 존재라는 그의 유명한 이원론을 채택하고 있다. 전자는 우리가 본체적 존재로서 도덕적 원리를 위해 자유롭게 행동한다고 말하는 반면, 후자는 우리가 현상적 존재로서 도덕적 원리에 따라 부득불 행동한다고 말한다. 어느 경우든 우리는 이성의 원리에 따라 행동할 수 있으므로 순수이성은 실천적이다.

칸트는 [43]베를린 계몽주의자 크리스티안 가르베의 몇 가지 반론에 답하는 방식으로, 「이론과 실천」 논문 제1절에서 자신의 전략의 첫 번째 부분을 제시했다.[72] 이 제1절은 때때로 정치적 관점에서 무시되기도 하지만, 그것의 역사적 맥락은 정치적 동기를 시사한다. 가르베는 프랑스혁명에 대한 보수적인 비판자 중 한 명이었는데, 특히 그는 이성의 원리에 따라 살아가는 인간의 능력에 대해 회의적이었다. 그는 『도덕과 사회적 삶의 여러 대상에 대한 고찰』에 실린 한 논문의 부록에서, 칸트의 행복과 행복할 만한 가치 있음 사이의 유명한 구별에 의문을 던짐으로써 칸트의 도덕철학에 관한 그의 보수적 회의주의의 일부를 표명했다.[73] 그는 행복에 대한 우리의

..

71. Kant, *Schriften*, VI, 231, "Einleitung", sec. C.
72. 같은 책, VIII, 284–285, sec. 1.

욕구와 행복할 만한 가치 있음을 분리하는 것은 불가능하지는 않더라도 어려운 일이라고 주장했다. 우리 인간은 행복을 위해서 항상 행동하기 때문에 칸트의 것과 같은 구별은 순전히 아카데믹한 것일 뿐이다.

가르베에 대한 응답을 통해 칸트는 기꺼이 그의 반론을 어느 정도 인정하려고 했다. 그는 누구도 순전히 사심 없는 동기에서 자신의 의무를 다했다는 것을 완벽하게 인식할 수 없다는 것을 인정했다. 우리의 의무를 다하도록 만드는 모든 동기를 우리 자신이 결코 인식할 수 없다는 점을 감안할 때 그것은 너무 많은 것을 요구하는 셈일 것이다. 그럼에도 불구하고 칸트는 우리가 우리의 의무를 다해야 한다는 것을 최대한 명확히 인식하고 있다고 주장했다. 만약 우리가 우리의 의무에 반하는 행동을 했다면, 우리의 양심은 우리가 다른 행동을 할 수 있었을 것이라고 우리에게 알려준다. 더구나 우리는 우리의 의무를 다할 수 있다는 것을 알고 있는데, 왜냐하면 우리는 가끔 우리의 의무에 따라 행동하기 위해 사리사욕을 부정하는 것을 의식하기 때문이다. 비록 우리가 순전히 사심 없는 동기에서 우리의 의무를 다하지 않을지라도, 우리는 여전히 이것을 하기 위해 **노력하는** 우리 자신을 인식할 수 있다. 이 노력만으로도 우리가 원리를 위해 행동할 수 있는 도덕적 존재라는 것을 보여주기에 충분하다.

그러나 칸트의 주장이 가르베와 같은 도덕적 회의주의자를 만족시킬지는 의문이다. 가르베는 그것이 불합리한 결론^{non sequitur}이라고 대답할 것이다. 우리가 무언가를 해야 한다는 것을 의식한다는 것은 우리가 그것을 할 수 있다는 것을 의미하지 않는다. 왜냐하면 우리가 다른 방법으로 행동할 수 있었다는 우리의 양심과 믿음이 잘못되었을 수도 있다는 단순한 이유 때문이다. 우리는 우리의 행동의 모든 원인에 대해 무지할지도 모른다. 칸트는

· ·
73. Christian Garve, *Sämtliche Werke*(Breslau, 1801–1803), I, 99–104 참조. *Versuche über verschiedene Gegenstände aus der Moral und dem gesellschaftlichem Leben*에는 가르베의 보수적 신조가 나타나 있다. 가르베의 논문 "Ueber zwey Stellen des Herodots", in *Werke*, II, 108 참조.

우리가 무언가를 해야 한다고 생각하는 것뿐만 아니라 실제로 그것을 해야한다는 것을 보여줄 필요가 있었다. 즉 그는 우리가 무언가를 할 수 있다는것을 먼저 보여줌으로써만 이것을 확립할 수 있었는데, 그것이 바로 문제의요점이다. 마찬가지로, 우리의 의무를 다하려고 노력하는 것이 반드시 성공을뜻하는 것은 아니라는 점을 감안하면, 그러한 노력이 우리가 그것을 할수 있다는 것을 증명하는 것인지는 의심스럽다. 또한 사리사욕을 부정하는우리 자신에 대한 단순한 인식만으로는 우리가 의무를 다할 수 있다는 것을증명하기에 충분하지 않다. 왜냐하면 맨더빌 같은 도덕주의자들이 지적하기를 좋아했듯, 우리는 명예나 자긍심을 위해 많은 이점을 포기하는 것일지도모르기 때문이다.

칸트의 전략의 두 번째 부분은 「이론과 실천」 논문 제3절에 제시되어있다. 여기서 칸트는 세계사에 관한 그의 논문[즉 「세계 시민적 관점에서본 보편사의 이념」]에서 이전에 발전시켰고 또 이후 『영원한 평화를 위하여』에서 확장하게 되는 하나의 생각을 적용했다. 이 생각에 따르면, 공화주의적 [44]헌법의 이상은 자기이익의 자연적 역학을 통해 역사에서 필연적으로실현된다. 순전히 이기적인 개인들은 공화주의적 헌법이 그들의 이해관계사이의 갈등을 해결하고 모두에게 최대한의 이익을 보장하는 최선의 수단이라는 것을 알게 될 것이다. 그러한 헌법은 개인이 타인의 간섭 없이 자신의목적을 추구할 수 있는 최대한의 자유를 제공하므로, 결국 출현하는 것은모든 사람의 이익을 공평하게 하며 이성의 원리에 부합하는 그런 헌법인것이다. 그러므로 우리는, 우리 자신이 완전히 자유로운 도덕적 주체들이라면자유롭게 선택했을 법한 것을 다름 아닌 자연을 통해 깨닫지 않을 수 없다.칸트가 『영원한 평화를 위하여』에서 그 점을 지적했듯이 정치적 문제(공화주의적 헌법을 어떻게 수립할 것인가)는 '악마의 나라'에서도 해결 가능하다.[74]이 점을 지적하면서 칸트는, 사람들이 사리사욕에 따라서만 행동하기 때문에

74. Kant, *Schriften*, VIII, 366.

공화주의적 이상은 실제로 실현 불가능하다는 상습적인 보수적 반론을 무마시키기를 바랐다.

아무리 냉철하고 현실적이라 해도 칸트의 주장은 그것이 해결할 수 있는 것만큼이나 많은 문제를 만들어낸다. 설령 악마의 나라가 공화국으로 탈바꿈하는 것을 선택한다고 하더라도, 악마들은 과연 공화국 안에 남을 것인가? 그들이 끊임없이 사리사욕을 추구할 경우, 처벌을 피할 수 있을 때마다 그들은 법을 어기려고 할 것이다. 칸트 자신이 인정했듯이 인간은 항상 법에서 자신을 제외시키기 때문에 주인을 필요로 하는 동물이다.[75] 칸트의 공화국은 결국 매우 취약한 정치 질서, 즉 기회 있을 때마다 모든 사람이 다른 모든 사람을 이용하는 경쟁적인 무질서 상태가 된다. 따라서 이론과 실천 간의 간극은 남아 있다. 공화국의 이성의 원리들은 그것들이 사람들의 사리사욕과 합치하지 않을 때마다 무시될 것이기 때문이다. 이 간극을 해소할 수 있는 유일한 방법은 과감한 반^공화주의적 조치들에 의존하는 것, 즉 홉스적 리바이어던을 새로이 옹립하는 것이다.

2.5. 프랑스혁명의 권리

칸트는 프랑스혁명의 이론을 옹호했지만 혁명의 실천을 공격했다. 급진파들의 이상을 좋아했음에도 불구하고 그는 그들의 방법에 찬성할 수 없었다. 「이론과 실천」 논문에서 그는 어떤 혁명도 또 기성 정부를 전복시키려는 어떤 시도도 잘못된 것이라고 가장 단호하게 주장했다. 그는 통치권에 대한 모든 저항은 "한 국가에서 가장 심대하고 가장 처벌 가능한 범죄"라고 주장했다.[76] 그런 금지는 절대적이다. 통치권자가 본래의 계약을 위반하거나 전횡적

75. Kant, "Idee zu einer allgemeinen Weltgeschichte in weltbürgerlicher Absicht", in *Schriften*, VIII, 23.

이고 폭압적인 방식으로 행동을 하더라도, 백성에게는 그에게 저항할 권리가 주어져 있지 않다. 반란은 신중함의 문제가 아니라 원칙의 문제로서 잘못된 것이다. 설사 자신들의 반란이 유혈사태를 거의 겪지 않고 성공할 것임을 알고 있다고 할지라도, 또한 새로운 정부 하에서 자신들의 행복이 훨씬 클 것이라고 확신한다 할지라도, 또 설사 현 정권하에서 이루 말할 수 없는 고통을 겪고 있다고 할지라도, 백성들은 여전히 반란을 일으킬 권리가 없다. [45]정언 명령은 결코 보편적 법칙이 될 수 없는 반란이라는 행동 원리를 비난한다. 버크의 공세를 되받아 반박하면서 칸트는 반란을 용인하는 것이 다름 아닌 행복의 원리라고 주장했다. 왜냐하면 행복의 원리는 국민들이 자신들의 이익에 반한다고 생각할 때마다 정부를 전복시킬 수 있도록 하기 때문이다.[77] 이와 같이 이성주의는 프랑스혁명의 이상을 찬성하면서도 혁명의 실천을 비난한다.

『법론』에서 칸트는 혁명에 대한 지금까지의 그의 비판을 밀어붙여서 사실상 신성한 권리divine right라는 낡은 교설을 부활시켰다.[78] 개인들이 스스로 생각해야 한다는 그의 요구와는 정반대로, 그는 이제 국민이 통치권의 기원에 대한 어떤 공론에도 빠져서는 안 되며, 군주가 스스로 의도한 것 이외의 어떤 판단도 국가에 전가해서는 안 된다고 주장했다. 의심하는 것이 죄악일 정도로 신성시되는 법이라는 것은 절대적으로 확실한 근원에서 나온 것이라고 생각할 수 있다. 따라서 신성한 권리라는 교설이 순수이성의 규제적 원리가 된다.

칸트가 혁명을 절대적으로 금지한 것은 그에게 명백한 어려움을 야기하는 것으로 보인다. 폭군의 명령이 정의의 가장 근본적인 원칙들을 위반할 때 우리는 폭군의 명령에 따를 의무를 준수할 수 없다. 폭군의 명령에 따를

• •
76. Kant, *Schriften*, VIII, 299.
77. 같은 책, VIII, 302.
78. 같은 책, VI, 318–319, sec. 49, Anmerkung A.

의무란 우리의 의무를 위반하는 의무가 될 것이기 때문이다. 그러나 칸트가 이런 문제에 대한 해답을 가지고 있다는 것을 인식하는 것이 중요하다. 그는 『법론』에서 바로 그러한 양심의 상황을 해결하기 위해 고안된 수동적 복종의 교설을 부활시켰다.[79] 이 교설에 따르면, 우리는 능동적 저항과 수동적 저항, 통치자에 대한 반란과 단순히 그를 따르지 않는 것을 구별해야 한다. 폭군이 우리에게 부도덕한 짓을 하라고 명령한다면 우리는 저항할 권리가 아니라 불복할 의무가 있다.

그러나 이 교설이 문제를 완전히 해결하는지 여부는 적어도 논쟁의 여지가 있다. 만약 우리가 불의를 일삼는 폭군이 우리를 처벌하도록 허용한다면, 우리는 불의의 방지 의무를 위반하는 것이다. 우리는 불의를 막기 위해 가능한 모든 것을 할 의무가 있지만, 우리는 폭군이 우리를 감옥에 가두는 것을 허용함으로써 우리 자신을 무력하게 만든다. 그러나 칸트가 잘못을 저지르는 것(반란)과 어떤 일이 일어나도록 허용하는 것(폭군에 의한 정의의 위반)을 구별했다면 이 교설의 난관조차도 피할 수 있었을 것이다. 그러한 구별은 확실히 그의 비결과주의적인 윤리와도 이질적이지 않을 것이다.

그렇지만 반란에 대한 칸트의 금지가 그의 도덕철학 전체와 일치한다고 결론짓는 것은 너무 성급한 판단일 것이다. 우리는 우선 혁명의 권리에 반대하는 그의 주장들의 세부사항을 검토하여 그것들이 그의 철학과 전반적으로 일치하는 가정들을 채택하는지를 확인해야 한다.

우리가 칸트의 텍스트를 주의 깊게 살펴보면,[80] 그가 혁명의 권리에 반대하는 두 가지 뚜렷한 주장을 했다는 것을 알게 된다. 각각의 주장은 우리에게 반란의 권리가 있다는 행동 원리를 보편화하려 할 때 발생하는 문제를 지적한다.

· ·
79. 같은 책, VI, 322.
80. 혁명의 권리에 반대하는 칸트의 주장의 기본 텍스트는 "Theorie und Praxis", in *Schriften*, VIII, 297–303; *Zum ewigen Frieden*, in *Schriften*, VIII, 382–383; *Rechtslehre*, in *Schriften*, VI, 318–323, sec. 49, Ammerkung A.

무엇보다도 무정부 상태라는 문제가 있다. 만약 우리가 반란의 권리를 가지고 있다는 행동 원리를 보편화하면 완전한 무정부 상태나 [46]무법 상태를 허용하게 된다. 그러나 칸트가 그러한 행동 원리를 거부하는 것은 이러한 결과 때문이 아니라 그것이 자기 논박이거나 모순이 될 것이라고 생각하기 때문임을 아는 것이 중요하다. 반란의 권리에 대한 보편화된 행동 원리는 "어떤 조건 아래(가령, 백성은 억압당하고 통치자는 자신의 권한을 위반했다 등등)에서는 법이 없다는 것이 법이어야 한다"는 형식을 취할 것이다. 그러나 그런 행동 원리는 분명히 자기 논박적이다. 이 행동 원리의 문제는 법이나 헌법이 없는 조건을 원리적으로 허용하는 점에 있다. 그러나 법의 모든 권리들은 법이나 헌법의 틀이 있을 때에만 가능하다. 따라서 반란의 권리는 그 스스로를 파괴한다.[81]

이 주장은 두 가지 난관에 봉착해 있다. 첫째, 그것은 자연법과 실정법, 법률상의 헌법과 사실상의 헌법을 혼동하고 있다. 비록 반란의 원리는 실정법이나 사실상의 법이 없는 국가는 허용하지만, 자연법이나 법률상의 법이 없는 국가는 허용하지 않는다. 실제로 반란자들은 시민의 무정부 상태에서도 구속력이 있는 자연법적 측면에서 그들의 권리를 정당화한다. 그렇다면 칸트의 주장은 자연법과 같은 것은 없다고 주장하거나 기존의 법적 틀에 의해 모든 권리가 규정된다고 가정하는 경우에만 유효할 것이다. 둘째, 무정부주의의 문제는 백성뿐만 아니라 폭군에게도 발생한다. 우리는 또한 "법이 없다는 것이 법이 되어야 한다"는 격률을 폭군에게 돌릴 수도 있다. 왜냐하면 폭군의 두드러진 특징은 모든 법을 폐지하고 자신의 자의에 따라 엄격히 다스리는 통치자라는 점이기 때문이다.

반란의 권리를 보편화함으로써 야기되는 또 다른 문제는 통치권[주권]의 분할이다. 이 문제는 다음과 같은 방식으로 발생한다. 백성에게 혁명의 권리가

· ·
81. 이 주장에 대해서는 Kant, "Theorie und Praxis", in *Schriften*, VIII, 301, lines 28–30; *Rechtslehre*, in *Schriften*, VI, 320, lines 11–13 참조.

있다면, 그들은 통치권자를 심판하고 강제할 권리가 있다. 그러나 그들에게 그런 권리가 있다면, 그들은 통치권자에 대한 최고 권위를 가지는 셈이다. 따라서 백성이 최고 권위에 대한 최고 권위, 통치권자에 대한 통치권[주권]을 갖는 것인데, 이것은 불합리한 말이다.[82]

칸트의 주장은 우리가 다음과 같은 추가적인 가정을 해야만 유효하다. 즉 백성들이 자신들의 자치권을 통치권자에게 양도하여, 그가 법을 집행하고 강제하는 방법에 대하여 완전한 권한을 갖게 하는 것이다.[83] 백성들이 국가의 많은 기술적인 문제에 관여할 시간이나 관심, 힘을 가지고 있지 않다는 점을 감안할 때 이 가정은 전적으로 타당하다. 만약 이런 추가적인 가정을 한다면, 우리는 혁명의 권리를 요구하는 국민의 의지에 모순이 있음을 탓할 수 있다. 왜냐하면 그들은 두 가지 상반되는 행동 원리들을 가질 것이기 때문이다. 즉 "나는 통치권자가 법을 집행하고 강제하는 방법에 대해 완전한 권한을 갖도록 하겠다"면서 또한 동시에 "나는 그가 내가 적합하다고 생각하는 대로 법을 집행하고 강제하지 않는다면 그를 심판하고 억압할 권리를 갖게 될 것이다"라고 말하는 셈이다. 다시 말해서, 백성은 통치권자가 법을 집행하고 강제하는 방법에 대해 완전한 권한을 갖도록 할 것임과 동시에 또한 완전한 권한을 갖지 못하도록 하는 셈이다.

그러나 이 가정은 또한 두 가지 어려움을 겪는다. 첫째, 통치권[주권]에는 [47]사실상의 통치권과 법률상의 통치권이라는 두 가지 상이한 의미가 있기 때문에 여기에는 모순이 없다는 점이다. 만약 통치권자가 자신의 권리를 남용한다면, 그는 더 이상 법률상의 통치권자가 되지 못한다. 그러면 백성들은 사실상의 통치권자에 대한 법률상의 주권을 가진다. 둘째, 백성들이 통치권자에게 자신들의 자치권을 양도한다는 것은 그럴 듯한 가정이긴 하지만, 그들이

● ●
82. 통치권 분할의 문제에 대해서는 Kant, "Theorie und Praxis", in *Schriften*, VIII, 300, lines 1-7; *Zum ewigen Frieden*, in *Schriften*, VIII, 382, lines 15-30; *Rechtslehre*, in *Schriften*, VI, 320, lines 21-34.

83. Kant, *Schriften*, VIII, 300, lines 1-7 참조.

무엇을 양도하는지에 대해서는 정확하게 해두는 것이 중요하다. 그들이 양도하는 것은 법을 집행하거나 실행할 권리, 법을 어떻게 적용할 것인가를 판단할 권리, 또는 법을 실현하기 위한 적절한 방도 등등이다. 그러나 그들은 어떤 법이 정당한지를 결정할 자신들의 권리를 양도하지는 않는다. 이 권리를 양도하는 것은 도덕적 주체로서의 그들의 자율성을 박탈하는 셈일 것이다. 그렇다면 중요한 의미에서 백성들은 통치권자의 행동의 정의나 합법성을 판단할 권리가 있다. 비록 그들은 통치권자가 정의의 원칙을 어떻게 집행하고 시행할지를 결정할 수는 없지만, 그가 정의의 원칙에 따라 행동하는지 여부를 규정할 수는 있는데, 이것이 혁명의 권리에 필요한 전부인 것이다. 혁명은 보통 법을 어떻게 적용하느냐보다는 법의 정의에 대한 의문에서 발생한다.

이와 같이 칸트의 주장들을 간략히 살펴보는 것으로도, 혁명의 권리에 대한 그의 거부는 전체적으로 그의 정치철학과 완전히 상충되는 가정을 포함하고 있다는 것을 알 수 있다. 이러한 주장들은 칸트가 가장 중요하게 여기는 두 가지 교설을 포기할 때에만 성립될 수 있다. 즉 도덕적 자율에 대한 그의 신념, 그리고 도덕성의 원리들이 정치에 구속력을 가지고 있다는 확신이 그것이다. 다시 말해서, 칸트가 권리를 통치권자의 명령과 동일시했던 홉스 같은 철저한 법 실증주의자일 경우에만, 이들 주장은 유효하다. 그러나 칸트는 홉스의 원리들을 가장 분명한 어조로 비난했다.[84]

칸트의 체계에서 이 모순을 잘 해명해 제거하려는 여러 시도 중에서 크게 성공한 것은 없다. 한 가지 설명은 칸트의 주장이 프랑스에서의 왕정복고의 위협에 맞서 은밀히 제기되었다는 것이다.[85] 그러나 이 설명은 한 가지 중요한 물음, 즉 칸트가 프랑스에서 반혁명만을 금지하기를 바랐다면 왜 모든 혁명에 반대한다고 주장했는가라는 물음에 답을 하지 못한다. 칸트가 1760년대와

• •
84. 같은 책, VIII, 303.
85. D. Henrich, "Ueber den Sinn vernünftigen Handelns im Staat", in *Kant, Gentz, Rehberg: Ueber Theorie und Praxis*(Frankfurt, 1968), p. 32 참조.

1770년대에 걸쳐 혁명의 권리를 부인했다는 사실은 여전히 남아 있다.

또 다른 설명은 프랑스혁명에 대한 칸트의 열광은 역사에 대한 그의 목적론적 사고방식에 바탕을 두고 있었다는 것이다.[86] 이 견해에 따르면, 칸트는 혁명을 개별 주체들의 도덕적 원리로서는 비난했지만, 그는 그것을 신의 섭리가 보다 정의로운 사회를 만드는 메커니즘으로 생각했다. 칸트가 어떻게 혁명의 실천을 칭찬하면서도 혁명의 원리를 폄하할 수 있었는지 이해하려면, 우리는 그가 그의 역사철학에서 자주 하는 구별을 채택하기만 하면 된다. 즉 특정한 행위 주체들의 의도와, 역사 전체의 관점에서 그들의 행동의 일반적인 결과 간의 구별이 그것이다. 개인들의 행동은 도덕적으로 비난받을 수 있지만, 그들의 행동의 일반적인 결과는 도덕적으로 선한 것일 수 있다.

이런 해석에는 언급되어야 할 것이 있다. 칸트는 [48]혁명이란 섭리가 정의로운 사회를 만드는 메커니즘이라고 믿었고, 사회적 진보에 대한 희망의 기초를 개인보다는 섭리에 두었다. 그러나 기본적인 모순은 여전히 남아 있다. 즉 그의 일반적인 원리들 때문에 칸트는 단지 역사적 근거가 아닌 도덕적 근거에서도 혁명을 승인했어야 했다. 인간의 권리에 대한 그의 헌신 때문에, 그는 혁명이 이러한 권리를 보호하는 유일한 수단일 때 혁명을 승인했어야 했다.

우리는 칸트 사상에서의 이 모순을 어떻게 설명할 것인가? 무엇이 그로 하여금 그렇게 근본적으로 상충되는 교설들을 지지하게 만들었는가? 나는 다음 두 절에서 이 질문들에 대한 답변을 시도할 것이다.

----

86. L. W. Beck, "Kant and the Right of Revolution", *Journal of the History of Ideas* 33(1971), 417–422. 베크의 입장은 Sidney Axinn, "Kant, Authority, and the French Revolution", *Journal of the History of Ideas* 32(1971), 423–432에 의해 지지되고 있다.

2.6. 칸트와 프로이센 정치

우리는 1780년대 말에 쓰여진 몇몇 『반성들』에서 칸트가 마침내 혁명의
권리를 인정함으로써 그의 정치철학에 나타난 갈등을 어떻게 해소하기 시작
했는지를 이미 살펴보았다.[87] 그는 통치자가 사회계약을 파기했을 때 그리고
국민이 헌법의 일부 조항에 의해 그들의 행동을 정당화할 수 있을 때, 그들의
통치자에 대해 반란을 일으킬 권리를 인정했다. 이러한 인정은 다음과 같은
흥미로운 의문을 제기한다. 칸트가 1780년대 말에 혁명의 권리를 긍정했다면
1790년대에 와서는 왜 부정했을까? 왜 그는 혁명의 권리를 포기한 직후에
혁명의 권리가 없다는 이전의 견해로 돌아갔을까?

이러한 질문에 답하기 위해서는 1790년대 초 칸트 철학의 역사적 맥락을
고려해야 한다. 특히 칸트가 반란의 권리에 반대하는 주장으로 되돌아간
시점인 1793년의 「이론과 실천」 논문 출간 이전의 맥락을 검토해야 한다.
우리는 당시 프로이센 정부의 정책, 베를린에서 프랑스혁명에 관한 논쟁의
양상, 그리고 독일에서 칸트의 일반적 평판에 대해 알아야 한다.

1790년대 초 프로이센 정부의 정책은 주로 J. C. 뵐너Wöllner의 반동적인
부처에 의해 결정되었다.[88] 1788년 7월 3일, 뵐너는 자유주의자 체들리츠의
뒤를 이어 국무장관 및 종교 문제의 총괄 책임자로 임명되었다. 이것은
모두가 두려워했던 것처럼 프로이센에서 언론의 자유의 종말을 의미했다.
그때까지 언론의 자유는 프리드리히 2세의 통치의 특징이었다. 프리드리히
2세의 치세 때 그토록 만연했던 무종교의 폐해로부터 프로이센을 구해내려는
것이 뵐너의 큰 야망이었다. 뵐너는 종교가 도덕의 유지와 왕국의 평화를
위해 필수적이라고 믿었다.[89] 그의 견해로는, 종교에 대한 큰 위험은 계몽의

87. 2.2절 참조.
88. 뵐너와 그 정책에 대한 설명 중 가장 훌륭한 것은 Epstein, *Genesis*, pp. 142–153, 341–393이
다.
89. 뵐너는 자신의 입장을 개괄적으로 *Abhandlung über die Religion*(Berlin, 1785)에 서술했다.

이성주의였다. 그는 자신의 부처를 맡자 이제 자신이 "계몽 반대 운동에서 총지휘권"을 갖게 됐다며 기뻐했다.[90] 계몽에 대항하여 사용될 무기는 두 가지였다. 즉 교회 목사 임명에 대한 통제 강화와 [49]검열 제도의 강화가 그것이다. 장관으로 취임한 지 불과 1주일 만인 1788년 7월 9일부터 뵐너는 종교와 검열에 관한 일련의 칙령을 내렸다. 그 칙령들은 목사 후보자들의 정통성 여부를 판정하기 위해 그들에 대한 엄격한 심사 규정을 마련하고, "종교, 국가, 도덕적·시민적 질서의 일반 원칙"에 위배되는 어떤 책이든 검열하도록 규정했다.[91]

뵐너의 정책은 격렬한 저항에 부딪혔지만, 주로 프리드리히 빌헬름 2세 자신의 주장에 힘입어 지극히 단호하게 추진되었다. 검열 운동은 정부가 프로이센에서 프랑스혁명의 파장을 심각하게 우려하게 된 후에야 실질적인 결과를 내기 시작했다. 1791년 10월, 국왕은 공공질서에 대한 위험이 증가함에 따라 그의 장관들에게 검열을 엄격하게 관리하라는 명시적인 지시를 내렸다.[92] 1792년 2월 4일, 내각의 명령Kabinettsordre은 정치와 관련된 모든 서적에 대한 극도로 엄격한 검열을 명했다.[93] 프리드리히 빌헬름 2세의 관점에서는, 비록 검열이 서적 거래의 종식을 의미할지라도, 폭동의 악은 어떤 대가를 치르더라도 저지되어야 했다. 그의 두려움은 아마도 베를린에서 유포되고 있는 지하 혁명 인쇄물에 의해 촉발되었을 것이다.[94]

••
90. Epstein, *Genesis*, p. 361에서의 인용.

91. 1788년 12월의 「검열령Zensuredikt」제2조. 이 칙령은 *Novum Corpus Constitutionem Prussico Brandenburgensium*(Berlin, 1971), VIII, 2,339–2,350에 재인쇄되어 있다.

92. "Königliche Kabinettsordre an den Grosskanzler", September 1, 1791, in Friedrich Kapp, ed., "Aktenstücke zur Geschichte der preussischen Censur und Pressverhältnisse unter dem Minister Wöllner", *Archiv für Geschichte der Deutschen Buchhandels* 4(1879), 148–149 참조.

93. "König an das Kammergericht", February 1, 1792 및 "König an den Cabinetsminister Grafen von Finckenstein", February 4, 1792, in Kapp, "Aktenstücke", pp. 150–151, 153–154 참조.

1790년대 초 프랑스혁명에 관한 베를린에서의 논쟁은 보수주의자들이 지배했다. 뵐너 내각이 그토록 반대 세력을 소탕하는 데 열중했던 것을 볼 때 이는 물론 그리 놀라운 일이 아니다. 1793년 초, 레베르크의 『프랑스혁명에 대한 고찰』, 겐츠의 비판적 논문들과 버크의 『성찰』에 대한 그의 독일어 번역 등 몇몇 중요한 보수적 저작들은 여론에 상당한 영향을 끼쳤다.[95] 그들의 비판의 요지는 혁명적 이데올로기는 지나친 이성주의의 소산이며, 선험적 추론만으로 국가의 헌법을 결정하려는 시도라는 것이다. 버크, 레베르크, 겐츠에 따르면, 급진주의자들은 이성이 프랑스의 전통과 제도를 쓸어버리고 인간의 권리에 기초한 헌법으로 대체하도록 허용했을 뿐만 아니라 그러한 의무를 자신들에게 부과했다고 믿었다. 이 보수적인 비평가들은 **계몽**의 이성에 대한 믿음을 심판했으며, 반란과 무정부상태의 혐의에 대해 유죄를 선고했다. 이성주의는 이제 단두대의 피로 얼룩져 있었다.

그런 주장은 귀를 세우고 여론을 살피던 뵐너에게는 듣기 좋은 음악이었을 것이다. 그것은 **계몽**의 이성주의가 무신론과 부도덕뿐만 아니라 무정부주의와 반란으로 이어지고 있다는 뜻이었다. 그렇다면 검열을 강화해야 할 이유가 더 커진 셈이다. 뵐너는 실로 무슨 핑계를 대서라도 기회를 잡고 싶은 마음이 간절했다. 그는 항상 대학과 내각의 반대파 앞에서 자신의 정책을 정당화해야 했다. 그러나 그는 또한 새로운 칙령을 가장 엄격한 방식으로 시행하라는 프로이센 왕의 직접적인 명령을 받았다.

칸트에게 있어 이 모든 상황은 매우 걱정스러운 것이었음에 틀림없다. 보수적 주장에는 칸트의 윤리적 이성주의에 대한 비판도 포함되어 있었다.

<hr />

94. 이 지하 인쇄물에 대한 매력적인 개관을 주고 있는 것으로는, Helmut G. Haasis, *Gebt der Freiheit Flügel: Die Zeit der deutschen Jakobiner, 1789–1805*(Hamburg, 1988), I, 258–263 참조 이 지하 인쇄물이 널리 보급된 상황은 프리드리히 빌헬름 2세의 두려움이 근거 없는 것이 아니었음을 보여준다.

95. J. G. 키제베터는 이들 저작의 영향에 대해 1793년 6월 1일의 서한에서 칸트에게 알리고 있다. Kant, *Schriften*, XI, 422.

그 결과, 칸트의 도덕철학은 자코뱅의 대의명분을 지지함에 틀림없다고 여겨졌다. 실제로 [50]칸트가 프랑스혁명의 편에 섰다는 소문이 베를린에서 나돌았다.[96] 또한 칸트 철학이 국왕의 존재는 증명 불가한 것이므로 백성들이 그의 명령에 복종할 필요가 없다는 것을 가르친다는 중상모략적인 고발도 있었다.[97] 이 모든 주장과 소문 및 암시들이 당시의 분위기를 이루었다는 사실은 곧 그의 철학이 정치적으로 위험하다는 것이었다. 뵐너의 내각은 더 강력한 탄압에 필요한 구실만을 찾고 있었다.

칸트가 이러한 보수적 주장들의 영향으로 방해를 받았다는 좋은 증거가 있다. 「이론과 실천」 논문의 예비적 작업 노트에서 칸트는 "형이상학이 국가에 대항하는 혁명들의 원인이라는 이제까지 들은 바 없는 새로운 혐의"를 고려하는 것으로 시작했다.[98] 이 '혐의'란 분명 버크와 레베르크에 대한 언급이었는데, 그들의 책은 최근에 출간되어 있었다. 칸트 논문의 초기 초안은 그가 버크와 레베르크의 비판에 맞서, 특히 반란을 지지한다는 주장에 맞서 자신의 윤리적 이성주의를 옹호하고자 했음을 분명히 보여준다.

정부가 칸트를 지켜보고 있었고 또한 그의 견해를 프로이센의 철학을 대표하는 것으로 간주하고 있었다는 충분한 증거도 있다. 1790년대 초까지 칸트는 이미 프로이센은 물론이고 실제로 독일 전역에서 가장 유명한 철학자가 되어 있었다. 그가 말하는 것은 무엇이든 경청되었고 또 그것은 영향을 미칠 수밖에 없었다. 철학자들은 그가 프랑스혁명에 어떤 입장을 취할지를 확인하기 위해 그의 도덕 체계인 『도덕형이상학』의 출현을 애타게 기다리고 있었다.[99] 뵐너 역시 이 사안에 깊은 호기심을 가지고 있었고, 만약 빼어난

● ●
96. J. E. 비스터가 1793년 10월 5일 칸트에게 보낸 서한(Kant, *Schriften*, XI, 440) 참조.
97. 이 고발들은 *Briefe eines Staatsministers über Aufklärung*(Strassburg, 1789), p. 41에 보이는 유명한 '바르트Bahrdt 박사'에 의해 이루어졌다. 칸트는 바르트의 저작을 잘 알고 있었다. J. G. 키제베터가 1789년 12월 15일에 칸트에게 보낸 서한(Kant, *Schriften*, XI, 111) 참조.
98. Kant, *Schriften*, XXIII, 127 참조.
99. 예를 들어 J. G. 키제베터가 1793년 6월 15일 칸트에게 보낸 서한, G. W. 바르톨디가

계몽주의자 칸트가 프랑스혁명을 지지한다면 뵐너는 틀림없이 그에게 해를 입히는 결론을 도출해냈을 것이다. 이미 1789년에 칸트의 견해는 종교에 대한 위협으로 간주되었기 때문에 정부의 세심한 감시를 받았다. 그의 제자인 J. G. 키제베터의 강의는 뵐너의 정보원들에 의해 조사되고 있었다. 1791년 6월 키제베터는 칸트에게 편지를 써서, 뵐너 내각에서 칸트 책의 출판을 막기 위한 시도가 이루어지고 있음을 알렸다.[100] 키제베터는 신비적인 환상에 빠지는 경향이 있는 국왕이 예수의 재림을 보았다고 하므로 더 많은 칙령을 공표할 가능성이 있다고 칸트에게 설명했다. 칸트는 너무 불안해져서, 정부가 그의 대답을 그를 침묵시키기 위한 구실로 삼을 것이라는 이유로 자신의 철학에 대한 일부 기술적인 반대에 대답하기를 거부했다.[101] 1792년 6월 정부는 마침내 행동에 나서, 『베를린 월보』의 칸트의 논문 「인간의 지배를 둘러싼 선의 원리와 악의 원리 간의 투쟁에 대하여」의 발표를 금지시켰다.[102] 칸트의 출판인인 J. E. 비스터가 이 결정을 취소하려는 시도도 소용이 없었다. 비스터의 청원은 국왕이 검열 법령의 가장 엄격한 집행 명령을 내린 후 각료 위원회에 제출되었다.[103]

이와 같이 프로이센에서의 칸트의 평판, 그의 입장에 대한 정부의 면밀한 감시, 그리고 뵐너 행정부의 정책을 고려하면, [51]칸트는 실로 엄청난 압력에 시달렸던 셈이다. 만약 그가 공개적으로 프랑스혁명에 찬성한다면, 그것은 정부의 검열 정책을 정당화시킬 뿐이다. 즉 칸트가 그런 표명을 한다면,

• •
　1793년 9월 18일 칸트에게 보낸 서한, J. G. 피히테가 1793년 9월 20일 칸트에게 보낸
　서한(모두 Kant, *Schriften*, XI, 422, 434, 435에 수록) 참조.

100. Kant, in *Schriften*, XI, 253.

101. 칸트가 1792년 2월 24일 C. G. 젤레Selle에게 보낸 서한(*Schriften*, XI, 314) 참조.

102. 이 사건에 대해서는 Wilhelm Dilthey, "Der Streit Kants mit der Censur über das Recht freier Religionsforschung", *Archiv für Geschichte der Philosophie* 3(1890), 418–450, 특히 pp. 420–426 참조.

103. 이 에피소드를 둘러싼 상황에 대해서는 Dilthey, 같은 책, pp. 424–426; Emil Fromm, *Immanuel Kant und die preussische Censur*(Hamburg, 1894), pp. 34–37 참조.

정부가 언론을 더 단속할 만한 좋은 핑계를 갖는 것처럼 보일 것이다. 그러나 칸트가 언론의 자유에 대한 더 이상의 제한을 피하고 싶어 했다는 것은 의심의 여지가 없다. 언론 자유가 더 제한된다면 자신의 글뿐만 아니라 동료 계몽주의자들의 글의 발표에도 영향을 미칠 것이다. 그것은 이미 약화된 프로이센의 계몽에 대한 치명적인 일격이었을 것이다. 더욱 심각한 것으로, 칸트는 언론에 대한 규제가 프로이센의 추가 개혁 전망을 완전히 훼손할 것이라고 우려했다. 그는 그러한 전망은 항상 언론의 자유, 그리고 공공 문제를 제기하고 정부에 건의할 지식인들의 권리에 달려 있다고 주장해왔다. 철학자들이 왕이 될 수 없다면, 적어도 왕들은 철학자들의 말을 경청해야 한다. 그러나 그들이 그렇게 할 수 있는 조건은 물론 언론의 자유였다.

1790년대 초, 칸트는 심각한 위기에 직면했다. 그의 철학은 대중 앞에서 시험대에 섰다. 버크, 레베르크, 겐츠가 윤리적 이성주의에 대한 비난을 한 시점에서 그는 프랑스혁명에 대해 어느 정도 진술을 해야 했다. 그러나 그가 프랑스혁명에 찬성한다면 뵐너의 정책을 정당화해주고 반동의 불길을 조장할 것이다. 그런데 그가 프랑스혁명에 반대한다면 그는 자신의 원리를 위반하는 셈이 될 것이다. 그렇다면 어떻게든 칸트는 프랑스혁명에 충성을 다 하는 한편 뵐너의 내각을 더 억압적인 행동으로 유도하지 않을 수 있는 방법을 찾아야 했다. 이 딜레마에서 벗어나는 길은 프랑스혁명의 방법이 아니라 그 혁명의 이상을 긍정하는 데 있었고, 또한 혁명의 권리가 아니라 인간의 권리를 변호하는 데에 있었다. 만약 칸트가 보수적 주장의 도전에 대응한다면, 자신의 윤리적 이성주의가 반란의 권리를 지지하기는커녕 훼손 시켰다는 것을 보여주어야 했을 것이다. 오직 이러한 반응만이 뵐너로 하여금 계몽이 프랑스혁명 편이 아님을 알게 하고 동시에 반동에 힘을 실어줄 근거를 약화시킬 것이다. 물론 이 전략에 수반된 대가는 칸트가 1780년대 말에 진술했던 견해, 즉 혁명은 허용될 수 있다는 그의 이전 견해를 버려야 하는 것이었다. 이 대가를 그는 기꺼이 치렀다. 하지만 뵐너의 프로이센에서 정작 위태로웠던 것은 다름 아닌 사상의 자유의 마지막 흔적이었다.

칸트가 반란의 권리를 부정한 것에 대한 나의 설명에는 다음과 같은 가정이 포함되어 있다. 즉 사상의 자유가 위협받고 있다고 생각했을 경우 칸트는 자신의 견해를 기꺼이 달리 표현하는 동시에 공개적인 논란의 영역에 들어갈 준비가 되어 있었을 것이라는 점이다. 칸트의 경우 이에 대한 명백한 선례가 있었던 것으로 보아 이는 그럴듯한 가정이다. 1786년, 프리드리히 2세가 사망하기 직전에 칸트는 야코비의 철학 비판으로 인해 미래의 프리드리히 빌헬름 2세 정부에게 언론의 자유를 제한하는 빌미를 줄 것을 우려하여 범신론 논쟁에 뛰어들었다. 야코비는 모든 철학이 스피노자주의로 귀결되는데, 이는 그와 그의 동시대인들에게 무신론과 숙명론과 같다고 주장했다. 그러한 주장은 [52]계몽에 대한 뵐너의 편견을 더욱 굳히게 했고, 향후 언론 검열에 대한 구실을 그에게 제공했다. 범신론 논쟁에 기여한 「사고에서 방향을 정한다는 것은 무엇을 뜻하는가?」라는 짧은 논문에서 칸트는 야코비의 제자들에게 이성에 대한 그들의 비판은 그들의 철학을 가능하게 만든 바로 그 사상의 자유를 훼손하고 있다고 경고했다.[104] 그는 그들에게 그들의 철학이 "모든 시민의 부담 속에서 우리에게 남아 있는 마지막 보물"인 언론의 자유를 위태롭게 하지 않도록 다시 한 번 생각해보라고 했다. 프리드리히 2세의 임박한 죽음과 저 악명 높은 반계몽주의자인 프리드리히 빌헬름 2세의 즉위 가능성을 감안할 때, 칸트의 이 경고는 철학적일 뿐만 아니라 정치적인 것이었다. 그러나 비스터가 야코비의 비판에 대한 당국의 대응 가능성을 칸트에게 조심하라고 알리기 전까지는 칸트는 범신론 논쟁에 자신을 참여시키는 것에 대한 관심이나 동기가 거의 없었다.[105] 사실 그는 자신의 입장을 확신하지 못했고, 그가 야코비를 지지할 것인지 멘델스존을 지지할 것인지 알지 못했다.[106] 1793년 칸트가 정치적 논쟁에 뛰어들기로 한 것은 아마도

• •
104. Kant, *Schriften*, VIII, 144–147 참조.
105. J. E. 비스터가 1786년 6월 11일 칸트에게 보낸 서한(Kant, *Schriften*, X, 429–434) 참조.
106. 칸트의 양면적인 태도는 야코비에 대한 그의 초기 공감에서 분명하다. J. G. 하만이 1786년 9월 28일 및 10월 28일 F. H. 야코비에게 보낸 서한(J. G. Hamann, *Briefwechsel*,

1786년 범신론 논쟁에 가담하기로 한 결심과 유사할 것이다. 버크, 레베르크, 겐츠의 보수적인 주장이 정부에게 언론의 자유에 대한 탄압을 할 수 있는 더 많은 이유를 제공하는 식으로 영향을 미치기 전에는, 칸트는 논쟁에 참여할 마음이 없었다.[107] 그러나 1786년에 그러했듯이, 칸트는 그가 가장 소중히 여기는 정치적 이상인 사상의 자유를 옹호하기 위해 논란에 휘말릴 수밖에 없었다.

1790년대 칸트가 반란의 권리를 부인한 것에 대한 나의 역사적 설명은 완전히 새로운 것은 아니다. 칸트의 입장이 프로이센의 정치 상황, 특히 뵐너의 검열에 대한 대응이었다는 주장이 자주 제기되어 왔다. 그러나 이러한 시사는 칸트 측의 진실성의 결여, 즉 그의 철학에 대한 노골적인 위선과 배신을 암시하는 것으로 생각되기 때문에 충분히 탐구되지 않았다. 마치 칸트가 프로이센의 비굴한 한 신하인 듯이,[108] 혹은 그의 모든 주장이 "검열관에게 환심을 사기 위한 달콤한 말"[109]에 불과하다는 듯이 말이다. 그러나 이러한 암시를 물리칠 만한 합당한 근거가 있다. 우리는 칸트가 당국 앞에서 두려움 없이 자신의 의견을 말할 수 있다는 것을 보아왔기 때문에 그의 진실성에 의문을 제기할 이유가 없다. 그리고 칸트는 1770년대와 1780년대 초에 걸쳐 혁명의 권리를 부인한 바 있으므로, 단지 자신의 검열관을 달래기 위해 그가 이렇게 [비굴하게] 말했다는 의문은 있을 수 없다. 칸트는 실제로 1780년대 말의 관점을 포기했지만, 이 관점이 아마도 잠정적인 것이었고 또 1770년대 이후 끊임없이 자신의 입장을 재고해왔다는 점을 감안할 때, 이것은 그의 입장에서 어떠한 위선도 수반하지 않았다. 그럼에도 불구하고 이러한 암시를 거부하더라도 우리는 칸트의 비일관성에 대한 역사적 또는

  • •

     ed. W. Ziesemer and A. Henkel, Wiesbaden, 1955–1957), VI, 71, 107.

107. 칸트가 1793년 3월 22일 P. J. 스펜서에게 보낸 서한(Kant, *Schriften*, XI, 402–403) 참조.

108. Epstein, *Genesis*, p. 366.

109. Beck, "Kant and the Right of Revolution", p. 411.

맥락적 설명을 거부해야 하는 것은 아니다. 실로 우리는 그 비일관성을 철학적으로 해결할 수 없기 때문에 혁명의 권리에 대한 칸트의 부정을 동시대 정치 상황에 대한 대응으로 계속 보아야 한다. 뵐너의 검열은 칸트로 하여금 반란의 권리에 대한 원래의 [반대] 입장으로 돌아가서 1780년대 말의 잠정적인 관점을 포기하도록 하는 강한 동기를 부여했는데, 이는 자신의 안전에 대한 우려 때문이 아니라 [53]언론에 대한 더 강화된 단속이 있을 경우 프로이센에서의 계몽에 대한 정치적 귀결들을 두려워했기 때문이다. 요컨대 칸트는 더 높은 정치적 이상, 즉 "모든 시민의 부담 속에서 우리에게 남아 있는 마지막 보물"인 언론의 자유를 위해 철학적 일관성을 희생시켰다. 칸트 철학에서 정치의 우위를 감안할 때 그러한 희생은 놀라운 것이 아니다.

2.7. 칸트의 보수주의

『독일의 철학과 종교의 역사』[110]에서 하인리히 하이네는 제2 비판서인 『실천이성비판』을 쓴 칸트의 동기에 관한 유명한 이야기를 들려주었다. 하이네의 추측에 따르면, 제1 비판서에서 신의 존재의 전통적 증명에 대해 했던 칸트의 비판은 자신의 오래된 신앙을 빼앗겼다고 불평하는 그의 하인 람페를 매우 낙담시켰다. 의기소침해 있는 람페를 위로하기 위해 칸트는 실천이성에 근거하여 람페의 신앙을 회복시킬 제2 비판서를 쓰기로 결심했다.

하이네의 이 이야기는 종종 칸트에 대한 오해라는 비판을 받아왔는데,[111] 그것은 칸트의 실천적 관심이 그의 이론적 관심에 비해 부차적인 것이었다는 인상을 주기 때문이다. 비판철학의 발전에 있어서 도덕과 정치의 우위를

110. Heinrich Heine, *Sämtliche Werke*, ed. Fritz Strich(München, 1925), V, 233 참조.
111. 예를 들어 Richard L. Velkley, *Freedom and the End of Reason: On the Moral Foundation of Kant's Critical Philosophy*(Chicago, 1989), pp. 4-6 참조.

감안할 때, 이런 비판에는 어느 정도 일리가 있다. 그럼에도 불구하고 하이네의 이야기에는 심오한 진리의 핵심이 들어 있다. 그것은 칸트가 이성에 대한 자신의 비판 뒤에 숨겨진 급진적인 통찰을 저버리고 현 상황과 타협했다는 것을 옳게 시사하고 있다.

칸트는 원리에 있어서는 급진주의자였다면 실천에 있어서는 보수주의자였다. 그의 도덕적·정치적 이상은 1790년대를 기대하고 있지만, 사회적·정치적 변화에 대한 그의 견해는 1770년대를 그리워한다. 프랑스혁명 이후에도 칸트는 계몽적 절대주의 시대의 좁은 시각에서 합법적인 변화의 방향을 계속 모색했다. 그는 반란뿐만 아니라 어떤 형태의 시민 불복종도 배척했다. 관리, 교사, 목사 그리고 공무원은 아무리 그들의 양심에 어긋나는 일이 있더라도 그 자리에 남아야 할 의무가 있다고 그는 주장했다.[112] 사회적·정치적 변화의 유일한 합법적 형태는 개혁이지만, 실제로는 위에서부터의 개혁이다. 만약 통치권자가 그의 백성들의 권리를 침해한다면, 그들은 오직 한 가지 의지할 것, 즉 언론에 그들의 불만을 표출하는 수단만을 지닐 뿐이다. 칸트가 간명하게 표현했듯이, "펜의 자유는 국민의 권리의 유일한 보호 수단이다."[113] 그러나 불만에 귀를 기울일 것인지 또는 언론의 자유를 허용할 것인지는 여전히 통치권자의 몫이었다. 정치적 변화에 대한 이러한 좁은 사고방식은 기껏 언론의 자유만을 허용하고 군주의 절대적 주권에 대해 감히 의문을 제기하지 못한 계몽적 절대주의 시대로부터 분명히 유래되었다.

정치적 변화에 대한 칸트의 구시대적이고 제한된 생각은 혁명 이후 시대의 보다 자유주의적인 개혁적 교설과 구별되어야 한다. [54]계몽이나 도덕 교육이 헌법적 변화의 선결 조건이라는 교설은 칸트에게는 너무 이상주의적이고 위험했다. 자유, 평등, 연대의 원리로 교육 받은 대중은 아래에서부터 개혁 세력이 될 수도 있다. 따라서 『영원한 평화를 위하여』에서 칸트는

• •

112. Kant, "Was ist Aufklärung?" in *Schriften*, VIII, 36–42.

113. Kant, "Theorie und Praxis", in *Schriften*, VII, 304 참조.

그러한 개혁 프로그램이 본말을 전도한다고 주장했는데, 즉 헌법적 변화가 도덕 개혁의 조건이 되어야 한다는 것이다.[114] 그리고 『학부들의 논쟁』에서 그는 이 개혁 프로그램이 대중의 교육에 어떻게 자금을 대는지 또는 교육자들을 어떻게 교육시킬 것인지와 같은 기본적인 문제들을 무시했다고 주장했다.[115] 언뜻 보기에 칸트가 선행적인 헌법 개혁을 강조한 것은 1790년대의 많은 개혁론자의 사상보다 훨씬 덜 보수적인 것으로 들린다. 그러나 우리는 칸트가 이 개혁이 위에서부터 이루어져야 한다는 그의 견해를 결코 굽히지 않았다는 것을 잊어서는 안 된다.

사회적·정치적 변화에 대한 칸트의 편협한 생각을 더더욱 미심쩍게 만드는 것은 도덕의 원리들이 정치에서 절대적으로 구속력이 있다는 그의 주장이다. 칸트는 이론과 실천의 통일을 요구했지만, 그는 이 양자 사이의 간극을 좁히는 가장 비효과적인 수단만을 허용했다. 만약 군주가 백성들의 불만에 주의를 기울이지 않고 검열 제도를 도입한다면? 이 절박한 상황에서 칸트는 억압받는 이들에게 한 가지 위안거리, 즉 섭리에 대한 믿음을 제공했다. 이론과 실천 사이의 간극은 '자연의 숨겨진 계획' 덕분에 조용히, 점차적으로 그리고 거침없이 메워지고 있다. 칸트는 세계사 논문에서 만인에게 자유와 평등을 보장하는 공화주의적 헌법을 실현하는 것이 역사의 내적 목적이라고 주장했다.[116] 개별 주체들의 결정에 상관없이, 이 계획은 '비사회적 사회성'이라는 메커니즘에 따라 실현되어야 한다. 각 개인은 자기이익의 추구를 통해, 모든 개인에게 자신의 목적을 추구할 수 있는 최대한의 자유를 부여하는 공화주의적 헌법으로 들어가는 것이 최선이라는 것을 깨닫게 될 것이다. 그러면 하나의 조화로운 전체가 자신의 목표를 위해 노력하는 각 개인들의 행동으로부터 생겨날 것이다.

114. Kant, *Schriften*, VIII, 366–367.
115. 같은 책, VII, 92–93.
116. 같은 책, VIII, 22.

칸트가 섭리에 호소하는 것은 일단 그가 통합되거나 조직화된 정치 활동에 대한 개념이 거의 또는 전혀 없었다는 것을 우리가 깨닫는 순간 더욱 잘 이해할 수 있게 된다. 18세기 프로이센에서는 노동조합, 정당, 압력단체가 알려져 있지 않았고, 칸트는 프리메이슨 같은 비밀 결사체들을 승인할 수 없었다. 그런 결사체들의 비밀 활동은 공공성이나 개방성에 대한 그의 요구에 반하는 것이었다.[117] 칸트는 실제로 조직적인 정치 활동의 가능성에 대해 회의적이었다. 모든 인간의 계획은 부분들에서부터 시작해서 그 이상 더 앞으로 나아가지 못한다고 그는 「이론과 실천」 논문에서 주장했다. 왜냐하면 사람들은 그들 사이에 거의 의견의 일치를 보지 못하기 때문이다.[118] 우리가 사회 전체에 영향을 미치는 결과를 원한다면, 우리는 오로지 사회 전체에서 부분들에까지 작용할 수 있는 신의 섭리에 기대를 걸어야 한다.

그러나 섭리에 대한 칸트의 의존은 그의 도덕철학의 핵심인 자율성의 원리에 대한 배반이라고 주장될 수 있다. 이 자율성의 원리는 우리가 우리 자신의 역사를 만들거나 우리 자신의 운명에 대한 책임을 지도록 요구한다. [55]그런데 어떤 더 높은 작용이 우리가 스스로 무엇을 해야 하는지를 우리에게 깨닫게 해줄 수 있다고 가정하는 것은 우리의 능력 배후의 어떤 기체基體, hypostasis를 전제하는 셈이 될 것이다. 그래서 섭리가 우리를 위해 작용할 것이라고 말함으로써, 칸트는 사실상 우리의 자율성을 소외시켰으며 우리의 사회적·정치적 세계를 창조하려는 우리의 능력 배후에 기체적인 것을 상정했다. 칸트가 말한 국민은 공화주의적 헌법을 실현하기 위해 아무것도 할 필요가 없는데, 왜냐하면 개인의 결정과 행동에 관계없이 비사회적 사회성의 메커니즘이 그를 대신하여 그것을 실현할 것이기 때문이다.

물론 칸트는 그런 비판을 결코 인정하지 않았다. 「이론과 실천」 논문

. .

117. Cf. Kant, "Theorie und Praxis", in *Schriften*, VIII, 305 및 *Zum ewigen Frieden*, in *Schriften*, VIII, 381-384.

118. Kant, *Schriften*, VIII, 310.

제3절에서 그는 진보에 대한 믿음은 도덕적 의무의 실행을 대신하는 것이 아니라 장려하는 것이라고 주장했다. 왜냐하면 인류가 끊임없이 쇠퇴하거나 정체되고 있다는 가정은 인류의 지속적인 발전에 기여하려는 모든 동기를 파괴하기 때문이다.[119] 이와 마찬가지로, 『단순한 이성의 한계 내에서의 종교』에서 칸트는 인간의 노력이 결코 윤리적 공동체를 만들 수 없고 그들을 위해 그 공동체를 창조하는 데에는 신의 섭리를 필요로 하지만, 모든 사람들은 마치 신의 계획의 실행이 자신들에게만 의존하는 것처럼 행동해야 한다고 주장했다.[120]

그럼에도 불구하고 칸트가 무저항주의quietism라는 비난을 피하려는 시도가 성공적이었는지는 의문이다. 왜냐하면 다음과 같은 의문이 남아 있기 때문이다. 즉 개인들의 반란이 허용되지 않고 통치권자가 모든 형태의 폐해 시정을 방해한다면, 과연 개인들이 공화주의적 정부를 만들기 위해 무엇을 할 수 있을까? 섭리에 대한 호소의 핵심은 우리에게 그러한 무력함에 대한 위안을 제공하는 것이다.

제2 비판서의 「변증론」에서만큼 칸트가 그의 철학의 급진적 정신을 깊이 배반한 곳은 없었다. 여기서 칸트는 제1 비판서의 「변증론」과는 정반대로 신, 섭리 그리고 불멸성의 관념들을 구성적 원리들로서 다시 도입했다. 우리는 이러한 관념들의 '객관적 실재성'을 최고선에 대한 의무를 실현하는 데 필요한 조건으로 믿는 것이 정당하다고 그는 주장했다.[121] 유한한 인간들은 이 생에서 최고선에 대한 의무를 이행할 수 없기 때문에, 신의 현존, 섭리, 불멸성을 믿지 않을 수 없다. 왜냐하면 이것들은 그들이 사후 세계에서 의무를 다할 수 있는 조건들이기 때문이다. 제2 비판서의 「변증론」을 통해 최고선은 현상계에서 실현되어야 할 정치적 이상이기보다는 예지계 속에

119. 같은 책, VIII, 308-309.
120. 같은 책, VI, 100-101.
121. 같은 책, V, 122-125.

있는 초월적 실재가 된다. 따라서 '실천이성의 이율배반'에 대한 해결책은 비록 현상계에서는 아니지만 예지계에서 미덕이 행복을 산출할 수도 있다는 것이다.[122] 또한 마찬가지로 칸트는 사람들이 이 세계에서 최고선을 만들어내는 데 무력하기 때문에 그 집행자이자 창조자로서 신을 믿어야 한다고 주장했다.[123] 칸트는 이러한 생각들이 행동의 목표가 아니라 믿음의 대상이라는 것을 분명히 했다. 따라서 그는 실천이성으로 인해 이론 이성이 증명할 수 없는 '내재적이고도 구성적인' 원리들의 가치를 우리가 가정할 수 있다고 주장했다.[124] 하지만 이러한 모든 면에서 칸트는 제1 비판서의 「변증론」에서 그토록 가차 없이 폭로했던 바로 그 오류, 즉 기체hypostasis를 상정하는 오류에 다시 빠져들고 있을 뿐이었다.

[56]칸트가 자신의 급진적인 원리들을 배반한 것은 프로이센 국왕에 대한 그의 모순된 충성심에 그 궁극적인 근원을 두고 있었다. 칸트는 자신을 프로이센 국가의 '순종하는 종복'으로 간주해야 할 두 가지 이유가 있었다. 첫째, 쾨니히스베르크대학의 교수로서 그는 국가의 국민인 동시에 그 피고용인이었다. 프로이센 국가의 모든 피고용인들은 오늘날처럼 국가에 대해 그들의 충성을 맹세해야 했다. 둘째, 프로이센의 대부분의 **계몽주의자들**처럼 칸트는 독일에서 가장 계몽된 군주이자 철인 왕인 프리드리히 2세에 대해 특별한 찬사를 보냈다. 프리드리히 2세는 칸트에게 위에서부터의 개혁에 대한 전망을 신뢰할 만한 충분한 이유를 주었다. 그는 그의 백성들에게 언론과 종교의 자유를 주었고 또한 모든 프로이센 령領 지역에 일반 란트법을 도입할 계획을 가지고 있었다. 그런 상황에서 프로이센에 대한 칸트의 충성은 결코 그의 철학적 이상의 위반이 아니었다. 그는 군주가 귀를 기울일 것이라고 확신했기 때문에, "마음껏 논하되, 복종하라"라는 프리드리히 2세의 명령에

. .
122. 같은 책, V, 114–115.
123. 같은 책, V, 124–125.
124. 같은 책, V, 134–136.

찬동할 수 있었다. 바로 여기에 칸트가 1760년대, 1770년대 및 1780년대 초반에 걸쳐 반란의 권리를 부정한 것에 대한 설명이 있다. 즉 프리드리히 2세와 같은 위대한 군주에 대한 반란은 생각할 수 없는 일이었다.

칸트의 입장에 나타난 긴장은 1786년 프리드리히 2세의 죽음과 함께 비로소 명백해졌다. 뒤이어 일어난 프리드리히 빌헬름 2세의 반동적 지배는 위로부터의 개혁의 모든 전망을 파괴하는 것 같았다. 프리드리히 빌헬름 2세는 새로운 검열 법령을 제정했을 뿐만 아니라 새로운 일반 란트법을 도입하려는 모든 계획을 보류했다. 이러한 상황에서 칸트의 정치철학은 그 일관성을 잃었다. 칸트의 정치철학은 그 스스로 정치이론의 으뜸가는 목적이라고 여겼던, 이론과 실천 사이의 간극을 좁힐 수 있는 방도를 더 이상 제시하지 못했다. 이제 프리드리히 빌헬름 2세가 왕위에 오른 이상, 반란의 권리에 대한 칸트의 거부는 반동파의 손에서 작용했고, 언론의 자유에 대한 그의 청원은 좋았던 옛 시절을 향한 한탄으로밖에 들리지 않았다. 따라서 칸트의 정치철학에 나타난 근본적인 긴장은 '연로한 프리츠[프리드리히 2세]'가 영원히 살 것이라는 한 가지 잘못된 믿음에 그 근원을 두고 있었다.

제3장

J. G. 피히테의 1794년 『학문론』에서의
철학과 정치

3.1. 피히테의 역사적 의의

[57]칸트의 정치사상의 긴장을 해소하는 일은 그의 가장 유명한 제자 요한 고틀리프 피히테(1762-1814)에게 돌아갔다. 칸트의 사상 속에 잠재되어 있는 모든 급진주의는 피히테의 초기 정치철학에서 터져 나왔다.[1] 피히테는 칸트의 정치이론의 근본 원리들을 받아들였지만, 결코 현 상황에 굴복하여 그 원리들을 타협적으로 처리하지 않았다. 오히려 그는 그 원리들을 급진적으로 만들어 최종 결론에 이르게 했다. 따라서 그는 칸트의 자율성 개념을 사용하여 혁명의 권리를 정당화했다. 그는 칸트의 사회계약 교설에 호소하여

---

1. 피히테의 정치사상의 시대구분에 대해서는 Aris, *History*, pp. 108-109 참조. [아리스는 피히테의 정치적 발전을 4단계로 구분한다. (1) 반환 요구와 프랑스혁명론으로 특징지어지는 1789-1796년, (2) 자연법론에 의해 대표되는 1796-1799년, (3) 자유주의적 견지를 포기하고 사회주의 이론을 제기한 1799-1800년, (4) 국민주의를 전개하는 1806-1814년]. 이 장에서 나는 1788년부터 1794년까지 피히테의 정치사상의 제1단계의 일부만을 논한다.

국민이 헌법을 바꿀 권리를 옹호했다. 그리고 그는 칸트의 이론과 실천의 통일에 대한 이상을 원용하여 직접적이고 즉각적인 정치적 행동을 요구했다. 칸트처럼 피히테는 도덕의 원리들이 정치에서 절대적으로 구속력이 있다고 주장했지만, 그러나 칸트와는 달리 그는 섭리가 이론과 실천 사이의 간극을 극복하기를 우리가 기대할 수 있다는 것을 부정했다. 오히려 그는 우리가 자신의 운명을 스스로 짊어지고 정치 활동에 가담해야만 그 간극을 극복할 수 있다고 강조했다. 요컨대 피히테는 람페 노인을 위로하는 것이 아니라 그를 자유롭게 해주고 싶었다.

피히테에 의한 칸트 사상의 급진화가 그의 초기 인식론에서보다 더 확연하게 나타나 있는 곳은 없다. 피히테는 기체基體에 대한 칸트의 비판을 급진적인 결론으로 수용했다. 아직도 칸트의 체계에 달라붙어 있는 기체의 마지막 흔적을 제거하는 것이 피히테의 1794년 『학문론』의 주된 목표였다. 따라서 피히테는 우리가 경험의 원인으로서의 사물 자체를 제거해야 한다고 주장했다. 그는 최고선은 지상 너머의 천상의 것이 아니라 오직 지상 위에서 실현되는 이상일 뿐이라고 강조했다. 그리고 그는 본체적 자아는 자기의식 이전에 존재하는 실체가 아니라 자기의식에 도달하는 **활동**일 뿐이라고 주장했다. 칸트 못지않게 피히테에게서 기체에 대한 비판은 인간의 자기노예화의 해방이라는 정치적 목적에 의해 그 동기가 부여되고 있다. 그러나 피히테는 칸트가 그의 철학에 새로운 초월적 실체들을 도입함으로써 이러한 이상을 실현하지 못했다고 주장했다. 피히테는 이러한 실체들을 제거함으로써 비로소 비판철학이 마침내 [58]의도했던 것, 즉 해방의 선봉이 될 수 있다고 믿었다.

그러나 피히테의 초기 정치철학이 칸트 철학의 일관된 버전에 불과했다고 말하는 것은 오해의 소지가 있을 것이다. 청년 피히테는 칸트의 제자임을 공언했지만, 그의 초기 정치적 견해는 두 가지 면에서 그의 스승의 견해에서 명확히 벗어난다. 첫째로, 피히테는 칸트보다 훨씬 낙관적이었다. 그는 인간 본성에 '근원적 악이 있다는 것을 부인했기 때문에, "인간은 주인을 필요로 하는 동물이다'라는 칸트의 어두운 격언을 지지하지 않았다. 진보에 대한 피히테의 믿음은 언젠가 더 이상 국가를 필요로 하지 않는 시대가 올 것이라고 믿었을 정도로 강했다. 인류에 대한 가장 높은 이상은 칸트가 생각했던 것처럼 완전한 국가의 창조가 아니라 모든 법이 사라질 완전한 공동체의 실현이다.[2] 둘째로, 피히테는 이상적인 사회에 대한 칸트의 자유주의적 사고방식을 공유하지 않았다. 피히테의 이상은 모든 사람이 다른 사람의 간섭 없이 자신의 행복을 추구하는 공화국이 아니라 모두가 공동의 이익을 위해 일하는 공동체이다. 인간의 자기실현의 주된 조건은 칸트의 비사회적 사회성의 경쟁이 아니라 공동체의 협력이다.

그러나 피히테의 역사적 의의는 칸트의 철학을 급진적으로 전환시킨 것에 그치지 않는다. 피히테는 또한 그의 시대 가장 급진적인 정치평론가였다. 프랑스혁명에 대한 그의 초기 변호론인 『프랑스혁명에 대한 대중의 판단을 교정하기 위한 논고』(1793년)[이하 『논고』]는 널리 읽히고 또한 논쟁을 불러 왔다. 후에 『학자의 사명에 대한 몇 차례의 강의』[이하 『강의』로 약칭]로 출판된 그의 1794년 예나 강의는 그의 세대에 지속적인 영향을 끼쳤다. 횔덜린, 노발리스, 실러, 프리드리히 슐레겔 모두 이 두 저작에 깊은 감명을 받았다.[3] 많은 젊은 독일인들이 처음으로 급진적인 교설을 알게 된 것은

• •

2. 피히테의 『학자의 사명』 제2강 참조(Werke, VI, 306). 여기에서 피히테는 인류의 최고 목적은 공화주의적 통치형태의 창출이라는 칸트의 주장에 이의를 제기하고 있다. 가능한 한, 피히테의 저작에 대한 모든 언급은 I. 피히테 편집의 저작집(Fichtes Werke, ed. I. Fichte, Berlin, 1845)에 의거한다.

3. 1794년 11월 헤겔에게 보낸 횔덜린의 서한(Friedrich Hölderlin, Sämtliche Werke, ed. Friedrich Beissner, Stuttgart, 1946-1961), VI/ 1, 142); 1795년 8월 17일 아우구스트 빌헬름 슐레겔에게 보낸 프리드리히 슐레겔의 서한(Friedrich Schlegel, Kritische Ausgabe, ed. Ernst Behler, München, 1958-1987), XXIII, 248); 1794년 9월 8일 J. B. 에어하르트에게 보낸 실러의 서한 및 1794년 10월 9일 C. G. 쾨르너에게 보낸 실러의 서한(Friedrich Schiller, Werke, Nationalausgabe, ed. L. Blumenthal and Benno von Wiese, Weimar, 1943-1967, XXVII, 41, 66) 참조 피히테가 노발리스에게 미친 영향에 대해서는 7월 8일 프리드리히 슐레겔에게 보낸 노발리스의 서한(Novalis, Schriften, ed. Richard Samuel and Paul Kluckhohn, Stuttgart,

이러한 강의들을 통해서였다. 강의들의 중심 메시지는 폭발적이었던 것만큼이나 고무적이었다. 즉 일반 백성들은 이성의 요구에 따라 사회를 변화시킬 권리가 있으며, 최고선은 지상 너머의 천상이 아니라 지상 위에 있는 정의로운 사회라는 것이다. 억압에 지쳐 있던 세대에게 피히테는 변화의 필요성을 설파하며, "행동하라! 행동하라!"라는 우렁찬 외침으로 강의를 마감했다.

피히테는 또한 근대 독일 정치사상에 몇 가지 중요한 공헌을 했다. 그중 하나는 그가 『논고』와 『강의』에서 밑그림을 그린 이상적인 공동체의 모델이다.[4] 피히테의 모델은 1790년대에 그처럼 널리 퍼져 있던 자유주의적이고 가부장주의적 사회 개념의 주요 대안이 되었다. 그의 이상적인 사회는 자유주의자들이 주창하는 무한경쟁 사회나 보수주의자들이 옹호하는 신분제적 계급제도가 아니다. 오히려 그것은 각 개인이 만인의 자기실현에 헌신하고 또한 만인이 각 개인의 자기실현에 헌신하는 그런 공동체이다. 사회의 주된 목적은 단순히 한 사람이 다른 사람을 해치는 것을 막는 것이 아니라 모든 사람의 모든 요구를 충족시키는 것이다. [59]그러나 이것은 사회주의적인 사회 모델은 아닌데, 왜냐하면 피히테는 국가에 어떠한 자리도 부여하지 않았기 때문이다. 모든 사람의 요구는 똑같이 존중될 것이기 때문에, 범죄에 대한 동기는 없고 따라서 법이 필요하지 않을 것이다. 피히테는 "모든 정부의 목표는 모든 정부를 불필요하게 만드는 것이다"라고 암시적인 짧은 문구로 썼다.[5] 사회에 대한 이러한 유토피아적 관념은 곧 젊은 낭만주의자들에게 그리고 결국 맑스 자신에게도 영감이 되었다.

피히테가 기여한 또 다른 것은 그가 처음으로 『논고』에서 정식화한 사회 정의에 대한 개념이었다.[6] 피히테의 개념은 소유권에 대한 고전적 노동

• •
1960-1988, IV, 188) 참조. 노발리스에게 영향을 준 피히테의 저작들 중에는 『학자의 사명』이 있다. 한스 요아힘 멜Hans Joachim Mähl의 Novalis, *Fichte-Studien*(*Schriften*, II, 31)에 대한 서문 참조.

4. Fichte, *Werke*, VI, 312-323, 177-189 참조.
5. 같은 책, VI, 306.

이론에 바탕을 두고 있다. 즉 우리는 우리가 만드는 것, 우리의 노동을 통해 변화시키는 것을 소유할 권리가 있다. 이 이론에서 그는 "일하지 않는 자는 먹지도 말라"라는 인상적인 결론을 이끌어냈다. 피히테는 이 격률을 귀족들의 재산에 의문을 제기할 뿐만 아니라 일하는 모든 사람들의 생존권을 정당화하기 위해 사용했다. 일을 하는 사람들은 최소한 기본적인 욕구를 충족시켜 충분한 음식, 의복, 거처를 가질 자격이 있다고 그는 주장했다. 피히테는 경제적 불평등이 시장의 자연법칙에 기원을 두고 있는 것이 아니고 섭리의 법칙에서 유래한 것은 더더욱 아니며, 구체제의 정치 구조에 기원을 두고 있다는 것을 알고 있었다. 피히테가 후에 자신의 초기 무정부주의를 버렸을 때, 사회 정의에 대한 이러한 관념은 그가 근대 사회주의의 선구적 논문 중 하나인 1800년의 『폐쇄적 상업국가론』을 쓰도록 이끌었다.

피히테의 초기 정치사상은 손쉬운 분류법을 배제하며 독자적인 범주를 형성한다. 청년 피히테는 확실히 보수주의자도 아니었고, 자유주의자나 낭만주의자도 아니었다. 그는 언론의 자유와 양심의 자유 같은 일부 표준적인 자유주의적 가치를 옹호했기 때문에 자유주의자로 간주되어 왔다.[7] 그러나 경쟁보다는 협력을 중시하는 피히테의 이상적 사회 모델은 자유주의적 틀에서 분명히 벗어난다. 피히테는 또한 낭만주의자들이 너무나 자주 그에게 경의를 표했기 때문에 낭만주의 정치사상의 아버지로 여겨져 왔다.[8] 그러나 낭만주의자들은 피히테에게 진 빚을 인정하기도 했지만, 그들은 또한 그에게 반발하기도 했다. 청년 셸링, 프리드리히 슐레겔, 횔덜린, 슐라이어마허 그리고 노발리스가 몇 가지 이유로 그를 공격했다. 그런 이유들로서는 가령 인간의 감각적인 측면을 무시하는 지나치게 지적인 자기실현의 관념, 자연을 우리의 노력의 단순한 장애물로 전락시키는 자연에 대한 그의 부정적인

••
6. 같은 책, VI, 177-189.
7. 예를 들어, Reinhard Strecker, *Die Anfänge von Fichtes Staatsphilosophie*(Leipzig, 1917), p. 19 참조.
8. Jakob Baxa, *Einführung in die romantische Staatswissenschaft*(Jena, 1925), pp. 8-20 참조.

견해, 그리고 개성의 중요성을 무시하는, 선한 삶에 대한 그의 배타적인 도덕주의적 관념 등이었다.

만약 우리가 청년 피히테에게 어떤 꼬리표를 붙여야 한다면, 그를 자유주의자로 간주하는 것이 그나마 오해의 소지가 가장 적을 것이다. 그의 공동체 이상은 자유주의 전통에서 뚜렷이 벗어나지만, 사상의 자유, 사회계약 이론 그리고 개인의 불가침적 자율에 대한 피히테의 초기 변호는 그를 자유주의 진영에 확고히 자리 잡게 했다. 그러나 피히테 사상의 이러한 초기 자유주의적 요소들은 1800년대 그의 정치적 저작에서 자취를 감추게 되었다.

3.2. 1794년 『학문론』의 정치사상

1790년대의 사상가 중 한 사람으로서의 피히테를 비정치적이라고 보는 것은 사리에 맞지 않을 것이다. 그는 정치적 참여와 활동을 철학자의 활력의 근원인 동시에 자신의 첫 번째이자 마지막 책임으로 여겼다. 지적 생활의 목적은 무관심적 사변이나 관조가 아니라 사회 진보의 감시이다. 지식인은 '인류의 교육자', '인류의 스승'이다. 예를 들어, 1794년 『강의』에서 피히테는 사회 진보의 철학적 후견인으로서의 지식인에게 사회의 두드러진 역할을 부여했다.[9] 사회의 목적은 모든 사람의 모든 필요를 보살피는 것이고 오직 지식인들만이 이러한 필요와 이것을 충족시키는 방법에 대한 지식을 우리에게 주기 때문에, 사회적 진보는 응당 지식인들에 의해 주도된다. 그들이 없다면 사회는 목표도 없고 또 어떻게 그것을 성취할 것인지에 대한 지식도 없는 방향타를 잃은 사회일 것이다. 그러나 피히테는 지식인들이 사회에서 하나의 중요한 역할을 할 뿐만 아니라 지식인들의 진짜 역할은 사회적 목적을 증진시키는 것이라고 주장했다. "지식인은 특히 사회를 위해 살도록 운명지어

..
9. Fichte, *Werke*, VI, 323-334 참조.

져 있다. 그가 지식인인 한, 다른 어떤 계급보다도 그의 계급은 사회를 통해서나 사회를 위해서만 존재하는 것이 분명하다.'[10] 피히테는 지식인들이 봉사해야 할 사회의 성격에 대해 매우 명확한 견해를 가지고 있었다. 그것은 바로 모든 구성원들의 자유, 평등, 연대를 도모하는 공동체이다.

지식인들의 역할에 대한 이러한 관점을 감안할 때 피히테의 초기 인식론은 정치적 목적에 의해 지배되고 있다는 사실에 우리는 놀라지 말아야 한다. 1794년 『학문론』의 목적은 프랑스혁명의 이상을 명확히 하고 정당화하는 것이다. 피히테는 1795년 봄 옌 바겐센[Jens Baggesen]에게 보낸 유명한 편지에서 자신의 철학의 본래적인 목적과 착상을 이렇게 설명했다.

나는 내 체계가 이 [프랑스] 국민에 속한다고 믿습니다. 그것은 자유에 대한 첫 번째 체계이지요. 저 [프랑스] 국민이 인간의 외적 사슬을 끊어냈듯이, 나의 체계는 여전히 인간을 다른 체계들 속에, 심지어는 칸트적 체계 속에 속박하다시피 하는 사물 자체의 사슬 혹은 외부 원인들의 사슬을 끊어버립니다. 나의 첫 번째 원칙은 인간을 독립된 존재로 확립합니다. 나의 체계는, 나 자신과의 내적 투쟁을 통하여 그리고 프랑스인들이 그들의 정치적 자유를 위해 외부 세력과 투쟁했던 저 시기의 뿌리 깊은 편견에 대항하여 생겨났습니다. 나로 하여금 그 체계를 고안하도록 자극한 것은 바로 그들의 가치였습니다. 내가 프랑스혁명에 대해 글을 쓸 때 내 체계의 첫 번째 힌트와 암시가 떠올랐습니다. 따라서 이 체계는 이 [프랑스] 국민에 속하는 것입니다.[11]

이 구절은 피히테의 철학과 정치 사이의 밀접한 관계를 명료하게 해준다.

••
10. 같은 책, VI, 330.
11. J. G. Fichte, *Gesamtausgabe*, ed. R. Lauth and H. Jacob(Stuttgart–Bad Cannstaat, 1968), III/ 2, 298 참조.

이 관계의 정확한 특질은 무엇인가? 피히테의 매우 추상적인 인식론은 어떻게 그의 매우 구체적인 정치적 목표로부터 생겨나고 또한 그 목표를 어떻게 반영하고 있는가? 피히테 연구자들은 오래 전에 이러한 의문을 제기했고,[12] [61]이에 대한 해답을 해석의 필수적인 과제로 간주해왔다. 그러나 그간의 피히테 연구가 스스로 부과한 과제에서 크게 성공하지 못했다는 점은 반드시 말해두어야 한다. 피히테 연구의 최근 두 가지 동향은 피히테의 사상에서 철학과 정치의 통일을 공정하게 평가하는 데에 실패하고 있다. 일부 학자들은 피히테의 인식론에 대부분의 관심을 쏟았는데, 그들은 전제 없는 제1철학[phi-losophia prima]의 창출을 피히테의 근본적인 목표로 보고 있다.[13] 이러한 동향은 마치 그의 철학이 어떤 정치적 관심사와도 무관하게 그 자체를 위한 순수 이론인 것처럼 그의 정치적 견해에는 그저 말로만 동의를 표시해왔다. 또 다른 학자들은 피히테의 사고에서 정치의 우위를 적절히 강조했는데,[14] 그러나 그들의 해석에서 그의 인식론은 너무 조야하고 소박해서 누군가가 어떻게 그것을 철학적으로 생각할 수 있었는지는 말할 것도 없고, 그것이 그의 정치적 관심에 어떻게 기여했는지를 이해하는 것이 불가능할 정도이다.

..

12. 예를 들어, 이미 1865년에 에두아르트 첼러는 피히테의 정치적 발전을 전체적으로 그의 철학과 관련하여 설명해야 한다는 문제를 제기하였다. Eduard Zeller, "Fichte als Politiker", *Vorträge und Abhandlungen geschichtlichen Inhalts*(Leipzig, 1865), p. 142 참조.

13. 예를 들어, Reinhard Lauth, "Die Bedeutung der Fichteschen Philosophie für die Gegenwart", *Philosophisches Jahrbuch* 70(1962–1963), 252–270 참조. 라우트의 견해는 피히테의 정치적 견해를 좀 더 전문적인 학문 영역으로 이관시킴으로써 『학문론』의 인식론에 집중해온 훨씬 오래된 전통을 보여준다. 이 전통의 주요 저술가들의 저작으로는 다음을 들 수 있다. Fritz Medicus, *J. G. Fichte: Dreizehn Vorlesungen*(Berlin, 1905); Heinz Heim-soeth, *Fichte: Leben und Lehre*(München, 1923); Max Wundt, *Johann Gottlieb Fichte*(Stuttgart, 1927).

14. 예를 들어, Aris, *History*, pp. 106–107; George Kelly, *Idealism, Politics, and History*(Cambridge, 1969), p. 193; Manfred Hinz, *Fichtes System der Freiheit*(Stuttgart, 1981), pp. 7–11, 42–52; 특히 Manfred Buhr, *Revolution und Philosophie: Die ursprüngliche Philosophie Johann Gottlieb Fichte und die französische Revolution*(Berlin, 1965), pp. 27–41 참조.

피히테의 사상에서 철학과 정치의 통일성을 이해하는 데 근본적인 장애물은 그의 관념론을 잘못 해석한 오랜 전통이다. 피히테의 철학은 '절대적' 혹은 '주관적' 관념론의 체계로 해석되어 왔다. 전자의 해석에 따르면,[15] 피히테는 모든 실재성은 각각의 모든 유한적 또는 개별적 자아 속에 어떻게든 깃들어 있는 절대적 자아를 위해서만 존재한다고 주장했다. 이 절대적 자아는 자신을 온전한 실재성으로서 정립하며, 또한 그 다음에 외부 세계나 '비아非我, nonego'의 존재를 만들어낸다. 유한적 자아에 대한 비아의 작용은 절대적 자아로서의 유한적 자아의 잠재의식적 자기결정이다. 한편 후자의 해석에 따르면,[16] 피히테는 모든 실재성은 오직 어떤 개별적이거나 유한적 자아만을 위해 존재한다고 생각했다. 피히테의 관념론은 그 반反경험주의라는 점에서 즉 선험적 형식의 인식의 필요성을 주장하는 점에서 버클리의 관념론과 다르며, 또한 사물 자체를 배제하는 점에서 칸트의 관념론과 다르다.

　　이러한 두 해석 중 어느 하나를 채택하면 피히테의 철학과 정치 사이의 연관성을 설명하기 어렵게 된다. 두 종류의 관념론 모두 피히테의 행동주의와 급진주의를 훼손할 것이다. 만약 피히테가 절대적 관념론자라면 그는 모든 것이 합리적이라고 주장해야 하는데, 왜냐하면 절대적 자아는 온전한 실재성이자 순수하게 합리적인 것이기 때문이다. 그러나 존재하는 모든 것이 이미

··
15. 예를 들어, 피터 히스와 존 라크에 의한 피히테의 1794년 『학문론』의 영역판 서문(*The Science of Knowledge*, Cambridge, 1982, p. x); Frederick Copleston, *The History of Philosophy*(New York, 1965), VII, 72, 79; Josiah Royce, *The Spirit of Modern Philosophy*(New York, 1983), pp. 150–155; Fritz Medicus, *Dreizehn Vorlesungen*, pp. 75–94, 특히 pp. 93–94. 이러한 해석에 대한 견실하고 면밀한 비판에 대해서는 Ernst Cassirer, *Das Erkenntnisproblem in der Philosophie und Wissenschaft der neueren Zeit*, vol. 3, *Die nachkantischen Systeme*(Darmstadt, 1974), pp. 126–216 참조.
16. 이 해석은 맨 처음 헤겔에 의해 제시되었다. Hegel, *Vorlesungen über die Geschichte der Philosophie*, in *Werke*, XX, 388–413 참조. 헤겔의 해석은 특히 맑스주의 학자들과 함께 영향력을 가져왔다. 예컨대 Buhr, *Revolution und Philosophie*, pp. 106, 111, 126; Georg Mende, "Fichte in Jena", in *Jenaer Reden und Schriften*, neue Folge 4(1962), 21–22 참조.

합리적이라면, 보다 더 합리적인 세계를 만들 이유가 없다. 마찬가지로 피히테가 주관적 관념론자라면, 그는 모든 실재성이 오직 나의 개별적 지각을 위해서만 존재한다고 주장해야 한다. 그렇게 되면 실재성을 변화시킬 이유가 없고 그것을 나의 요구에 부합하게 만들 이유도 없는데, 왜냐하면 그것은 이미 내 의식의 반영이기 때문이다. 둘 중 어느 쪽이든 피히테의 관념론은 행동주의보다는 무저항주의에 대한 근거를 더 많이 제공한다. 일부 학자들은 이 두 해석 중 어느 하나를 받아들이면서 피히테의 비일관성을 비난하고 싶어 한다.[17] 그러나 이 비일관성은 해석을 포기하기 위한 하나의 이유일 뿐이다.

이 두 해석을 모두 거부해야 할 다른 설득력 있는 이유들이 있다. 그 두 해석은 피히테 철학의 형식과 내용과는 완전히 반대되는 것이다. 피히테는 절대적 자아가 존재한다고 생각하지 않았다는 단순한 이유로 절대적 관념론자가 아니었다. 그의 1794년『학문론』의 주요 해설인『전체 학문론의 기초』[62]를 면밀히 읽어보면, 피히테는 절대적 자아를 다름 아닌 도덕적 행동의 목표인 하나의 규제적 이념으로 여겼음을 알 수 있다. 우리는 자아가 비아를 정립한다고 말해서는 안 되며 단지 자아가 비아를 정립해야 한다고 말해야만 한다고 피히테는 말했다.[18] 실제로 피히테가 절대적 자아의 실재성을 가정한다면 그는 실체화hypostasis라는 과실을 범하게 될 것인데, 왜냐하면 절대적 자아는 모든 유한한 의식의 한계를 초월하기 때문이다. 피히테는 주관적 관념론자도 아니었는데, 왜냐하면 그는 선험론적transcendental 철학의 주요 과제 중 하나는 외부 세계의 존재를 설명하는 것이라고 생각했기 때문이다.[19]

17. 예를 들어, Hinz, *Fichtes System der Freiheit*, pp. 9–10; Buhr, *Revolution und Philosophie*, pp. 106, 111; Mende, "Fichte in Jena", pp. 21–22 참조.
18. Fichte, *Werke*, I, 252, 254. Cf. *Werke*, I, 91, 274, 277 참조.
19. *Grundlage der gesammten Wissenschaftslehre*, in *Werke*, I, 281 참조. 여기서 피히테는 유한적 자아가 모든 실재성을 산출할 힘을 가지고 있다고 가정하는 것은 불합리하다고 말했다. 한편, *Grundlage des Naturrechts*, in *Werke*, III, 30–40에서 피히테는 우리가

유한적 자아가 모든 실재성을 창출하는 힘을 가지고 있다고 가정하는 것은 그야말로 터무니없다고 그는 생각했다.

피히테의 철학을 절대적 관념론이나 주관적 관념론으로 읽기보다는 '윤리적 관념론'으로 읽는 것이 더 정확하다. 이 '윤리적'이라는 형용사는 모든 실재성이 이상적이어야 한다는 교설을 의미하는 것으로 문자 그대로 엄격하게 받아들여져야 한다. 피히테는 주관적 관념론과 절대적 관념론은 형이상학적 이론이며, 그러한 모든 이론들과 마찬가지로 그 이론들의 구성적 주장은 규제적 용어로 다시 정식화되어야 한다고 주장했다. 즉 우리는 "모든 것이 이상적이다"가 아니라 "모든 것이 이상적이어야 한다"고 말해야 한다. 절대적 자아가 그 이성의 법칙에 따라 모든 실재성을 창출하는 일은 피히테에게는 유한적 자아가 세계에 대한 끊임없는 행동을 통해 다가갈 수는 있되 결코 이룰 수는 없는 하나의 이상이다.

왜 절대적 자아는 도덕적 이상인가? 왜 그것은 모든 실재성이 이상적이라는 하나의 도덕적 명령이 되어야 하는가? 우리가 절대적 독립이나 자율성을 획득하는 것은 도덕의 제1원리인데, 여기서 우리는 우리 자신의 이성의 법칙 외에는 어떠한 법칙에도 따르지 않는다고 피히테는 주장했다.[20] 우리는 완전히 자기 정립적인 존재 혹은 우리 자신에 대해 형성하는 것이 되어야 한다. 이것은 우리가 본체적 자아와 현상적 자아, 또는 이성적 자아와 감성적 자아 사이의 칸트의 분열을 극복하도록 요구한다. 외부 원인에 의한 결정의 대상이 되는 수동적인 현상적 자아가 사라져야만 우리는 완전히 본체적 또는 이성적이 된다. 그러나 현상적 자아가 사라지는 조건은 우리가 자연에 대한 통제력을 획득하여 자연을 이성적 목적에 부합하도록 만드는 것이다. 자연이 우리의 통제에서 벗어나는 한, 현상적 자아는 외부 원인에 의해

..

실재성을 다른 사람들에게 귀속시킬 때에만 그것을 우리 자신에게 귀속시킬 수 있다고 주장했다.

20. Fichte, *Bestimmung des Gelehrten*, in *Werke*, VI, 296–301. Cf. Fichte, *System der Sittenlehre*, in *Werke*, IV, 59–62 참조.

결정되는 수동적인 것일 것이다. 그리고 현상적 자아가 수동적인 한, 우리는 완전히 자율적이고 자기 정립적인 주체가 될 수 없다. 그러므로 우리가 자연에 대한 지배력을 얻는 것은 도덕의 필수적인 요구로서, 그 경우 자연의 주어진 현상적 요소는 감소하는 반면 그것의 정립된 이성적 요소는 증가하는 것이다. 우리가 자연에 대한 완전한 통제에 더 가까이 다가갈수록, 우리는 자연을 더 이상적으로, 즉 우리 자신의 활동의 산물로 만드는 것이다. 이런 이유로 모든 실재성이 이성의 활동에 의해 정립되는 절대적 자아는 우리의 도덕적 노력의 목표가 된다. 따라서 절대적 관념론은 절대적 독립이나 자율성을 성취하는 가장 높은 도덕적 명령의 결과물이다.

[63]피히테에게 있어 절대적 자아가 도덕적 이상일 뿐만 아니라 정치적 이상이라는 것을 아는 것이 가장 중요하다. 그는 우리가 특정한 사회적·정치적 조건, 즉 윤리적 공동체의 자유, 평등, 연대 속에서만 그가 말하는 이상에 접근할 수 있다고 분명히 말했다. 어떤 개인도 다른 사람의 적극적인 협조 없이는 절대적 자율을 달성할 수 없다. 각 개인은 모두의 절대적 독립을 위해 일해야 하며, 모든 개인은 각자의 절대적 독립을 위해 일해야 한다. 그러나 사람들이 상호간의 노력을 통해 자기 규정적이거나 순수이성적이 되면 될수록 그들은 더 많이 닮게 되는데, 왜냐하면 이성은 모든 사람에게 있어 보편적이며, 하나이자 동일한 것이기 때문이다. 오직 그들의 현상적 본성에 의해서만 사람들은 서로 다르게 되기 때문에, 그들의 현상적 본성이 이성적인 통제의 대상이 되면서 그들의 차이는 사라진다. 윤리적 공동체의 협력 활동의 궁극적 결과는 하나의 보편적 주체, 즉 절대적 자아 자체를 창조하는 것이다.[21] 따라서 피히테의 절대적 자아는 개인과 집단이 하나가 되는 이상적인 윤리 공동체인 지상에서의 신의 왕국을 상징한다.

우리는 이제 피히테의 『학문론』과 프랑스혁명의 연관성을 설명할 수 있는 위치에 있다. 피히테의 윤리적 관념론은 자유, 평등, 연대가 지배하고

••
21. Fichte, *Werke*, VI, 310 참조.

있는 공화주의 공동체를 모든 활동의 도덕적 명령으로 만든다. 왜냐하면 이 공동체를 창조하려고 노력하는 가운데서만 우리는 도덕적 법칙의 첫 번째 요건인 절대적 자아의 완전한 자율성과 독립을 성취한다고 피히테는 믿었기 때문이다. 절대적 자아가 실체라기보다는 과제이고 믿음의 대상이 아니라 행동을 위한 목표라고 주장하면서, 피히테의 목표는 사람들을 실체화 hypostasis라는 자기예속으로부터 해방시키는 것이다. 그는 최고선, 즉 그들의 장점에 비례하여 보상을 받는 미덕과 행복의 완벽한 일치가 지상 너머의 어떤 천국에 있는 것이 아니라 지상에 있는 정의로운 사회에 존재한다는 것을 사람들이 깨닫기를 원했다. 최고선은 사람들이 복종해야 하는 섭리적 질서가 아니라 그들이 만들어낼 수 있는 공화국의 이상이다. 이성에 대한 칸트의 비판처럼, 『학문론』은 사람들이 도덕적 자율성을 자각하게 만들어 이성의 요구에 더 부합하는 사회적·정치적 세계를 만들겠다는 목표를 가지고 있다. 『학문론』은 이 목적을 달성하기 위한 그 결의에 있어서만 칸트의 비판과 구별된다.

3.3. 1794년 『학문론』의 문제 제기

피히테의 『학문론』에 나타난 정치와 철학의 통일을 완전하게 설명하기 위해서는, 우리는 그가 해결하려고 했던 문제들에 대해 더 깊고 상세한 설명을 해야 한다. 이러한 문제들에 대해 어느 정도 통찰력을 가질 때 비로소 우리는 피히테의 사고에서 정치의 우위를 알 수 있을 것이다. 왜냐하면 곧 보게 될 것처럼 피히테는 정치적 활동을 선험론적 철학의 미해결 문제들에 대한 유일하게 가능한 해결책으로 보았기 때문이다.

[64]그러나 피히테의 문제들을 확인하는 것은 단순하거나 간단한 문제가 아니다. 피히테 자신은 결코 이 문제들에 대해 그다지 솔직하지 않았으며, 그가 남긴 몇 마디 진술은 매우 애매하고 심지어 오해를 불러일으키기까지

했다. 그러므로 이러한 문제들에 대한 명확한 이해는 피히테의 난해한 텍스트에 대한 면밀한 연구 이상의 것을 요구한다. 그것은 또한 1790년대 초의 일반적인 지적 맥락과 특히 칸트 철학에 대한 당대 초기 비판들에 관한 지식을 어느 정도 필요로 한다. 우리는 1790년대 초 피히테에게 확실한 영향을 끼친 칸트 철학에 대한 그러한 비판들을 살펴보기 위해 철학사로 돌아가야 한다. 1794년 『학문론』의 목적은 몇몇 초기 비평가들에 의해 매우 명백해졌던 칸트 철학의 미해결 문제들을 해결하는 것이다.

피히테의 『학문론』이 형성된 배경의 핵심 문제 중 하나는 다름 아닌 경험적 지식이라는 고전적 문제이다. 어떻게 해서 우리는 '외부 세계'에 대한 지식을 가질 수 있는 것일까? 어떻게 표상과 그 대상 사이에 하나의 대응이 있을 수 있는가? 이 문제는 데카르트, 로크, 칸트에게 있어서와 마찬가지로 피히테에게도 매우 중요하다. 피히테의 초기 저술 중 일부에서는 이 문제가 그의 관심의 선두에 있다. 따라서 『학문론』 제2 서론에서 피히테는 "왜 우리는 객관적 타당성을 우리의 표상들에 귀속시키는가?"와 "왜 우리는 우리의 표상들이 존재에 대한 지식을 준다고 생각하는가?"라는 물음에 답하는 것이 그의 목표라고 말했다.[22] 또 다른 초기 논쟁적인 논문에서 그는 철학의 주요 문제는 "표상들이 우리 외부에 있는 어떤 것에 상응한다는 우리의 믿음의 근거는 무엇인가"라는 물음에 대답하는 것이라고 썼다.[23] 이 문제에 대한 또 다른 주목할 만한 정식화는 피히테의 철학에 대한 청년 셸링의 초기 주해 『학문론의 관념론에 대한 해명』(1796)에서 나온다. 선험론적 철학에 직면한 일반적인 문제를 정식화하려고 시도하면서, 셸링은 "따라서 문제는 객관과 표상, 존재와 지식의 일치를 설명하는 일이다"라는 결론에 도달했다.[24]

••
22. 같은 책, I, 455-456.
23. Fichte, "Vergleichung des vom Herrn Prof. Schmid aufgestellten Systems mit der Wissenshaftslehre," in *Werke* II, 440-441 참조.
24. F. W. J. Schelling, *Werke*, ed. Manfred Schröter(München, 1927), I, 365.

지금까지 나는 경험적 지식의 문제를 그 가장 일반적이고 고전적인 용어로만 정식화 해보았다. 그러나 그것은 칸트 철학에 깊이 영향을 받은 피히테에게 훨씬 더 구체적인 의미를 지니고 있었다. 그것은 의식과 별개로 존재하고 또 의식에 앞서 존재하는 어떤 실체, 즉 사물 자체로 이해되는 외부 대상에 우리의 표상들이 일치하는지를 어떻게 우리가 아는가라는 문제가 아니다. 칸트와 마찬가지로 피히테는 경험적 지식의 문제가 그러한 용어로 제기된다면 해결할 수 없다고 믿었다. 우리는 단지 표상들이 그것들과는 별개로 존재하는 어떤 무엇에 일치하는지 보기 위해 우리의 표상들을 벗어날 수 없다. 만약 경험적 지식이 그러한 일치를 요구한다면 우리는 회의주의에 따를 수밖에 없다.[25] 그러나 다행히도 우리는 이러한 관점에서 문제를 제기할 필요가 없고 또 제기해서도 안 된다. 피히테는 우리가 사물 자체에 대해 아무것도 알 수 없기 때문에 [65]우리는 그것의 존재를 가정할 권리가 없으며 따라서 우리의 표상들이 사물 자체에 일치하는지 고민할 이유가 없다고 주장했다.[26] 칸트에게서처럼 피히테에게 있어서도 경험적 지식의 문제는 의식의 영역 안에서 제기되고 해결되어야 한다. 그 문제는 우리의 표상들이 존재의 명확한 영역과 일치한다는 것을 우리가 어떻게 아는가의 문제가 아니라 우리가 어떠한 권리로 우리의 표상들에 보편적이고 필연적인 타당성을 부여하고 있는가라는 문제이다.

좀 더 정확히 말하면 경험적 지식의 문제가 칸트의 선험론적 연역의 관점에서 피히테에게 제기되고 있다고 우리는 말해야 한다. 선험론적 연역의 주요 문제는 경험에 대한 객관적 판단을 할 수 있는 가능성을 정당화하는 것이다. 지식에 대한 칸트의 분석에 따르면, 객관성에 대한 모든 권리 요구들은 우리의 지각들 사이의 어느 정도 보편적이고 필연적인 연관성을 주장한다. 오직 그러한 연관성들만이 나의 개인적 지각과 모든 사람의 공적 경험을

••
25. Fichte, *Werke*, I, 15 참조.
26. 같은 책, I, 19, 482–491.

구별해준다고 칸트는 주장했다. 그러나 객관성에 대한 이러한 권리 요구들은 문제가 있는데, 왜냐하면 우리의 감각적 지각들은 우연적으로 관련된 사건들에 대해 우리에게 알려주는 듯이 보이기 때문이다. 흄의 주장대로, 우리의 감각의 모든 증거는 끊임없이 다른 것으로 이어지는 하나의 사건만을 드러낼 뿐, 결코 그것들 사이에 어떤 필연적인 연관성을 드러내지는 않는다. 따라서 다음과 같은 물음이 발생한다. 즉 어떤 권리로 우리는 보편적이고 필연적인 연관성을 우리의 경험 속의 사건들에 부여하고 있는가? 우리는 우리의 경험을 통해 그러한 연관성을 정당화할 수 없으며 그러한 연관성이 분석적 진리임을 증명할 수도 없다. 그렇다면 우리는 어떻게 그 연관성을 정당화시킬 것인가?

선험론적 연역의 문제란 그러한 것이고, 피히테에게 경험적 지식의 문제는 그와 같은 것이다. 그는 지식이 표상과 사물 간의 일치에 있는 것이 아니라 우리의 감각 지각들과 보편적이고 필연적인 의식의 법칙들 간의 일치에 있다는 칸트의 명제를 받아들였다. 그러므로 지식의 문제는, 어떻게 지성의 보편적 법칙들이 우리의 감성의 경험적 감각들에 적용되는 것이 가능한가라는 것이 된다. 이러한 관점에서 지식의 문제는 더 이상 서로 다른 유형의 실체들—즉 의식과 사물 자체—간의 일치를 설명할 수 있느냐가 아니라 서로 다른 형태의 의식들이나 서로 다른 종류의 표상들—선험적[a] priori 개념들과 후험적[a posteriori] 직관들—간의 상응 관계를 설명할 수 있느냐 하는 것이다.

피히테는 경험적 지식의 문제에 대한 칸트의 정식화를 받아들였지만, 그 문제에 대한 칸트의 해법에 결코 만족하지 않았다. 이 문제는 칸트가 끝낸 곳에서 피히테에게 시작된 셈인데, 피히테는 칸트가 자신의 철학의 일반적 전제들 위에서 과연 선험론적 연역의 문제를 해결할 수 있을지에 대해 의심했기 때문이다. 피히테는 주로 살로몬 마이몬의 회의주의의 영향을 받아 이러한 결론을 내렸으므로,[27] 우리는 칸트에 대한 마이몬의 주장을

----

27. 마이몬이 피히테에게 미친 영향에 관해서는 1795년 3–4월 피히테가 라인홀트에게 보낸

고려해야 한다.

『선험론 철학에 대한 시론』(1789년)에서 마이몬은 칸트가 그의 [66]철학의 일반적인 원리들과 일치하는 방식으로 선험론적 연역의 문제를 해결하는 것은 불가능하다고 주장했다. 그는 칸트에 맞서 두 가지 뚜렷한 주장을 내놓았다. (1) 칸트는 지성과 감성 간의 너무나 융통성 없는 이원론을 취한 탓에, 전자의 선험적 개념들이 후자의 후험적 직관들에 적용되는 것은 불가능하다. 칸트는 경험적 지식은 지성과 감성 간의 가장 친밀한 상호 교환을 필요로 한다고 주장했는데, 이는 직관이 없는 개념은 공허하고 개념이 없는 직관은 맹목적이라는 그의 유명한 격언으로 요약된 주장이다. 그러나 그는 지성과 감성 간의 구별을 너무 뚜렷하게 해서 이 둘 사이의 어떤 교류도 불가능하다. 지성은 능동적인 본체적 능력으로서, 그것의 활동은 제때 나타나지 않는다. 반면 감성은 수동적인 현상적 능력으로서, 그것의 직관들은 제때에 일어난다. 그렇다면, 어떻게 이런 능력들이 서로 상호작용하는 것이 가능한가? 지성의 초시간적인 활동이 어떻게 시간 내에서 작용하고 또한 감성의 직관들이 그것에 순응하도록 하는 것이 가능한가? 이 문제는 비록 이질적인 실체들 간의 문제라기보다는 이질적인 의식 형태들 간의 문제이긴 하지만 데카르트의 오래된 영혼·육체 문제를 연상시키는 것은 아니라라고 마이몬은 말했다.[28] (2) 우리의 선험적 개념들이 언제 경험에 적용되는지를 결정하는 기준이 없다. 이러한 개념들이나 우리의 경험은 과연 언제 그것들 사이에 어느 정도 일치가 이루어지는지에 대한 충분한 지침을 제공하지 않는다. 선험적 개념들은 매우 일반적이어서 가능한 경험에 적용될 수 있지만, 우리의 실제 경험에는 적용될 수 없다. 예를 들어 인과성의 범주는 단순히 원인과 결과 사이에 보편적이고 필연적인 연관성이 있다고 말하지만, 우리의 실제

• •

　서한(*Briefwechsel*, III/ 2, 282) 참조. 또한 단편 "Wer Hume, Aenesidemus u. Maimon noch nicht verstanden hat …", in Fichte, *Gesamtausgabe*, II/ 3, 389–390 참조.

28. Salomon Maimon, *Versuch über die Transcendental philosophie*, in *Gesammelte Werke*, ed. Valerio Verra(Hildesheim, 1965), II, 62–65, 182–183, 362–364.

경험에서 어떤 사건이 원인이고 어떤 사건이 결과인지 결정하지 못한다. 그것은 불이 연기의 원인이 되는 것과 마찬가지로 연기가 불의 원인이 되는 것과도 양립할 수 있다. 게다가 우리의 경험에는 선험적 개념이 경험에 적용된다는 것을 보여주는 것은 아무것도 없다. 흄이 올바르게 알려준 것처럼 우리의 감각적 지각이 드러내는 모든 것은 사건들 사이의 우연적인 연결이다. 우리는 사건들로부터 불이 연기의 원인이라는 것을 알지 못하지만, 과거에 화재가 발생했을 때마다 연기 또한 있었다는 것을 안다. 그리고 우리는 이 사건들을 결합시키는 우리의 습관을 미래에 투영한다. 그러므로 우리의 지각들의 실제적 순서를 아는 것은 그것들 사이에 필연적인 연결이 있다는 것을 우리에게 말해주지 않으며, 따라서 어떤 범주도 그것들에 적용된다는 것을 말해주지 않는다. 마이몬은 더 나아가 이 문제를 해결하기 위해 범주의 도식론에 호소해도 소용이 없다고 주장했는데, 왜냐하면 도식론은 단지 사건들의 시간적 순서를 결정할 뿐, 그것들에 어떤 필연적인 결합을 확립하지 않기 때문이다.[29] 이러한 개념들이 과연 언제 우리의 경험에 적용되는지를 결정하는 기준이 없는 상황에서, 우리는 그 개념들이 경험에 적용되는지 여부를 의심할 만한 충분한 이유가 있다고 마이몬은 생각했다. 이 두 가지 주장에 근거하여, 마이몬은 우리가 경험에 대한 선험적인 종합적 지식을 가정할 이유가 없다는 회의적인 결론에 이르렀다. 지성과 감성, 선험적인 것과 [67]후험적인 것 사이의 칸트적 이원론이 연역의 문제를 야기한다면, 그것들은 또한 연역의 문제의 해결 가능성을 허락하지 않는다.

마이몬이 선험론적 연역을 비판한 이후, 선험론적 철학이 직면한 문제는 칸트의 숙명적인 이원론을 극복할 수 있는 어떤 방법을 찾는 것이었다. 마이몬이 그 어려움을 요약했듯이, "철학은 그 동안 선험론적인 것과 경험적인 것 사이의 이행을 이루기 위한 다리를 건설할 수 없었다."[30] 이 어려움은

29. 같은 책, V, 191–192.
30. 같은 책, IV, 38.

사실 1790년대 초에 피히테가 직면한 핵심 과제 중 하나였다. 그는 칸트의 이원론을 극복할 수 있는 방법을 어느 정도 찾을 때까지는 선험론적 연역의 문제에 대한 해결책이 있을 수 없다는 마이몬의 주장을 받아들였다. 그러나 그는 어떤 방법도 찾을 수 없다는 마이몬의 회의적인 결론을 기꺼이 인정하지 않았다. 칸트가 그토록 날카롭게 갈라놓았던 능력들을 하나로 모으기 위해서는 어떤 통합하는 원리가 있어야 한다. 피히테는 1794년 그의 『학문론』에서 그 원리에 대한 탐구를 지체 없이 시작했다.

『학문론』의 배후에는 다른 별개의 그러나 밀접하게 관련된 또 하나의 문제가 있다. 그것은 바로 우리의 경험의 기원은 무엇인가라는 문제이다. 우리 외부에 나타나고 우리의 의지와 상상력에 의존하지 않는 객체들의 존재를 어떻게 설명할 수 있을까? 혹은 좀 더 칸트적인 용어로 말하면, 경험적 다양성의 기원은 무엇인가? 『학문론』의 목표에 대한 피히테의 진술 중 일부는 이 문제의 중요성을 강조한다. 예를 들어 『학문론에 대한 제1서론』에서 그는 철학의 과제는 "우리의 표상들에 수반되는 필연성의 감정의 기원은 무엇인가?"라는 물음에 대답하는 것이라고 썼다.[31] 그 후 1798년 『도덕론의 체계』의 서론에서 피히테는 철학의 과업은 어떤 객관이 어떻게 주관에 작용하여 그 주관의 의식에서 표상을 만드는지를 설명하는 것이라고 말했다.[32] 젊은 셸링 역시 이 문제를 정확히 지적해냈고 그것에 대해 똑같이 강조한 바 있다. 자신의 『해명』에서 그는 철학의 최종 목표는 외부 사물에 대한 우리의 표상이 어떻게 우리 내부에서 일어나는지 설명하는 것이라고 주장했다.[33]

이 문제가 경험적 지식의 문제와 밀접하게 연관되어 있는 것은 분명하다. 실제로 피히테와 셸링은 마치 문제가 하나뿐인 것처럼 자주 썼다. 두 문제

• •
31. Fichte, *Werke*, I, 423.
32. 같은 책, IV, 1-2.
33. Schelling, *Werke*, I, 364-365.

모두 경험의 가능성의 조건들은 무엇인가라는 일반적인 물음에 해당된다. 그러므로 두 가지 모두 선험론적 철학의 쟁점인바, 이 철학의 과업은 이러한 조건들을 설명하는 것이다. 그러나 이 두 문제들 사이에는 여전히 중요한 논리적 차이가 있다. 경험적 지식의 문제는 권리 문제[quid juris]이다. 즉 그것은 경험에 대한 우리의 판단이 참일 때의 그 논리적 조건들에 관한 것이다. 경험의 기원에 대한 문제는 사실 문제[quid facti]이다. 즉 그것은 우리의 경험의 원인들을 다룬다. 따라서 경험의 가능성의 조건들은 순전히 논리적 의미이거나 아니면 인과적 의미에서 이해될 수 있다. 피히테 자신은 이 두 가지 의미를 세심하게 구별해야 한다고 주장했지만,[34] 그는 때때로 계속해서 이 둘을 뒤섞어 말하기도 했다.

[68]경험의 기원에 대한 문제는 경험적 지식의 문제처럼 칸트 철학에 대한 비판에서 비롯되었다. 야코비와 슐체로부터 피히테는 비판철학이 사물 자체의 가정을 제거하는 것이 필요하다는 것을 배웠다.[35] 적어도 하나의 표면적인 독해 방식에 따르면,[36] 칸트는 우리가 수동적으로 느끼며 우리 자신 '외부의' 어떤 것으로부터 우리의 감각을 받는다는 사실, 즉 우리의 경험의 기원을 설명하기 위해 사물 자체를 가정했다. 그러나 그러한 설명은 지식의 한계에 관한 그의 엄격한 제한과 명백히 모순된다. 칸트의 주장대로 인과성의 원리가 경험 그 자체 내에서만 적용 가능하다면 사물 자체가 우리의 경험의 원인이라고 가정할 수는 없다. 그렇다면 우리가 사물 자체라는 골치

<hr>

34. Fichte, *Werke*, I, 13; V, 359-362 참조.
35. F. H. Jacobi, *Werke*, ed. F. Roth and F. Köppen(Leipzig, 1812-1825), II, 291-304; G. E. Schulze, *Aenesidemus oder über die Fundamente von dem Herrn Professor Reinhold in Jena gelieferten Elementarphilosophie*, ed. A. Liebert(Berlin, 1912.), pp. 127-129, 133-136, 94-105 참조. 피히테에게서 야코비의 비판의 중요성에 대해서는 Fichte, *Werke*, I, 481 참조; 그리고 슐체의 비판의 중요성에 대해서는 1794년 1월 F. V. 라인하르트에게 보낸 피히테의 서한(*Gesamtausgabe*, III/2, 39) 참조.
36. 칸트 자신의 설명은 이러한 해석 방식을 어느 정도 정당화한다. *Kritik der reinen Vernunft*, A, 358, 및 *Prolegomena*, secs. 13, 32 참조.

아픈 가정을 제거한다고 할 경우, 우리는 경험의 기원을 어떻게 설명할 것인가? 이 물음은 칸트의 관념론의 일반 원리들에 특히 문제를 노정하는 것으로 보인다. 왜냐하면 우리의 경험의 감각들은 우리의 의식적인 통제와 무관하게 수행되기 때문이다. 즉 그것들은 우리의 의지와 상상력과는 무관하게 우리의 의식에 나타난다. 그렇다면 어떻게 우리의 경험 속에 있는 어떤 것이 우리의 의식을 위해서만 존재한다고 말할 수 있겠는가?

경험적 지식의 문제와 경험의 기원에 대한 문제를 함께 고려한다면, 우리는 피히테의 일반적인 문제제기가 역설적이게 됨을 발견할 수밖에 없다. 『학문론』의 과제는 칸트의 이원론을 설명하고 극복하는 것이다. 경험적 지식의 가능성을 설명하기 위해서는 칸트적 이원론을 극복해야 하지만, 경험의 기원을 설명하기 위해서는 칸트적 이원론을 유지해야 한다. 칸트적 이원론이 문제가 있기는 하지만, 그것은 우리의 경험에 관한 근본적이고 불가피한 사실들을 표현하고 있는 것 같다. 이를테면 우리는 유한한 존재이다. 우리는 우리가 몸담고 있는 세계를 창조할 수 없다. 우리의 경험은 주어져 있고 우연적인 것이다. 그리고 우리의 이성은 원형적^{原型的}이라기보다는 논증적이다. 따라서 칸트의 이원론은 필연적임과 동시에 불가능해 보인다. 칸트의 이원론을 설명하고 극복하는 이 역설적인 문제는 후에 헤겔에서 더 유명한 정식 하나를 발견한다. 그것은 동일성과 비동일성의 동일성이라는 문제이다. 헤겔의 슬로건은 이상하게 들리겠지만 『학문론』과 칸트 이후의 철학이 직면하고 있는 곤경을 전반적으로 완벽하게 표현하고 있다. 칸트 이후의 선험론적 철학의 과제는 칸트의 이원론을 유지하면서 동시에 부정하는 것이다. 이 이원론은 경험의 사실들을 설명하기 위해 유지되어야 하며, 또한 경험적 지식의 가능성을 설명하기 위해 부정되어야 한다. 즉 헤겔의 유명한 용어를 사용한다면, 그 이원론은 지양되어야^{aufgehoben} 한다. 그렇다면 헤겔의 이상하고 모호한 언어 뒤에는 가장 중요한 철학적 문제가 숨어 있는 셈이다. 경험적 지식의 가능성을 우리는 어떻게 설명할 것인가? 우리의 경험의 기원, 즉 의식과 외부 세계의 상호작용을 어떻게 설명할 것인가?

3.4. 피히테에서의 이론과 실천

[69]경험적 지식의 문제에 대한 피히테의 해결책은 무엇이었을까? 그는 선험론적 연역의 미해결 문제를 어떻게 해결하자고 제안했는가? 다시 말해, 지식의 조건들에 대한 그의 분석은 무엇이었는가?

피히테의 분석은 이원론에 대한 거부에서 시작된다. 우리가 지식의 주관과 객관 사이의 이원론을 인정한다면 모든 지식은 불가능하다고 그는 믿었다. 이 이원론이 어떤 형태를 취하든지 간에, 분리된 두 용어 사이의 간극을 메우는 것은 불가능할 것이다. 우리는 우리의 표상이 그것의 객관과 일치하는지 알 수 없기 때문에 회의주의자들의 반론에 취약해질 것이다. 이러한 무능력은 뚜렷이 다른 두 종류의 실체인 정신적 표상과 사물 자체 사이의 형이상학적 이원론에서 발생한다. 우리는 결코 우리 자신의 의식의 범위 바깥으로 나갈 수 없기 때문에 표상이 사물 자체에 일치하는지 알 수 없다. 그러나 그 무능력은 또한 의식의 두 형식들—지성의 선험적 개념들과 감성의 후험적 직관들—사이의 칸트의 이원론에서도 발생한다. 우리는 우리의 선험적 개념들이 후험적 직관들에 적용되는지 알 수 없는데, 왜냐하면 선험적 개념들은 가능적 경험과 양립할 수 있는 반면 실제적 경험은 일정한 연결만을 위한 증거를 제공하기 때문이다. 회의주의를 피하려면 우리는 모든 이원론에 등을 돌릴 수밖에 없다.

그러나 만약 우리가 이원론을 거부한다면, 우리는 그 자리에 무엇을 둘 것인가? 피히테는 이 질문에 명확하고도 단호한 답변을 했다. 우리는 모든 지식이 다름 아닌 바로 주관과 객관의 동일성, 표상과 사물의 동일성을 필요로 한다는 원리를 받아들여야 한다. 이 양자는 하나이자 같은 것이어야 하고, 실제로 하나이자 같은 형식의 의식이어야 한다. 인식하는 주관은 인식되는 객관과 하나가 되어야 한다. 그때에서야 우리는 표상이 그것의 대상과 일치한다는 것을 알 수 있는 위치에 있는 것이다. 피히테는 그의 『도덕론의 체계』 서론에서 이러한 지식의 조건을 가장 분명하게 주장했다. 경험에 대한 우리의 지식이 어떻게 발생하는지를 언급하면서 그는 다음과 같이 썼다. "어떻게 객관적인 것이 주관적인 것이 되고, 어떻게 존재 자체가 표상된 것이 되는가 …, 그리고 어떻게 그러한 이상한 변화가 일어나는가 하는 것은 우리가 주관과 객관이 전혀 분리되지 않고 완전히 하나가 되는 지점을 찾을 때까지 결코 설명되지 않을 것이다."[37]

이 주관·객관의 동일성은 어디에서 찾을 수 있는가? 어떤 지식이 이러한 엄격하고 이상적인 조건을 충족시키는가? 그 대답은 추측하기 어렵지 않다. 주관·객관의 동일성은 자기의식 속에서 발견되어야 하는데, 왜냐하면 오직 거기에서만 지식의 주관과 객관은 완전히 하나이기 때문이다. 자기의식에서, 인식하는 주관은 인식되는 객관과 하나이자 동일하다. 따라서 피히테에게 [70]모든 지식의 패러다임은 경험적 지식의 문제에 대한 열쇠인 자기의식이다. 우리는 한 대상에 대한 우리의 지식이 정말로 우리의 자기의식의 한 형태라는 것을 보여줄 수 있어야만 지식의 가능성을 설명할 수 있다. 셸링이 『해명』에서 이 전략을 요약한 것처럼, "정신의 자기직관에서만 표상과 그 대상의 동일성이 존재한다. 따라서 우리의 모든 지식의 실재성이 놓여 있는 표상과 그 대상 사이의 절대적 일치를 설명하기 위해서는, 정신이 대상들을 직관하는 한, 정신은 자기 자신을 직관한다는 것을 보여줘야 한다. 이것이 보여질 수 있다면, 우리 지식의 실재성은 보장될 것이다."[38]

지식에 대한 피히테의 패러다임이 이상하고 엉뚱하게 보일지라도 우리는 그것을 역사적 관점에 두고서 살펴보아야 한다. 그것은 바로 칸트의 지식 패러다임에 대한 귀납적 결과이다. 제1 『비판』[즉 『순수이성비판』] 의 제2판 서문에서 칸트는 그의 '새로운 사고방식'의 '시금석'을 "우리 자신이

..
37. Fichte, *Werke*, IV, 1. Cf. *Werke*, II, 441.
38. Schelling, *Werke*, I, 366.

사물들 안에 집어넣은 것만을 우리는 그것들로부터 선험적으로 인식할 수 있다'라는 원리로 기술했다.[39] 우리 자신의 의식적인 활동은 우리 자신에게 완벽하게 투명하기 때문에, 우리 자신의 정신적 활동의 선험적 법칙들을 통해 산출하는 것을 우리는 완벽하게 인식한다고 칸트는 생각했다.[40] 이러한 이유로 수학은 과학의 지위를 얻을 수 있다. 왜냐하면 우리는 순수한 선험적 직관들을 통해 그 대상들을 구성하는 힘을 가지고 있기 때문이다. 그리고 같은 이유로 형이상학은 분명히 그것의 대상들(신, 영혼, 우주)을 구성할 수 있는 위치에 있지 않기 때문에 과학이 될 수 없다. 피히테는 『학문론』에서 칸트의 이 원리를 일반화했다. 칸트의 새로운 사고방식은 그 궁극적인 결론에 도달한다. 피히테에게 칸트의 선험적 지식은 모든 지식의 패러다임이다. 우리는 어떤 무엇을 선험적으로 알고 또 그것을 우리 자신의 의식적 활동의 법칙에 따르게 하는 정도까지만 그 어떤 것을 알 뿐이다. 이것은 경험의 형식뿐만 아니라 경험의 질료나 내용에도 적용된다. 만약 이 경험의 질료가 주어져 있는 것이고 우리의 지성에 우연적인 것이라고 가정한다면, 우리는 다시 주관과 객관 사이의 이원론에 빠져들어 회의주의의 발판을 허용한다. 이리하여 피히테는 지식에 대한 칸트의 패러다임을 일반화할 수밖에 없다고 믿었다. 만약 이보다 못한 선택을 한다면, 마이몬의 신—흄[Hume]적 회의주의에 다시 빠지게 됨을 의미할 것이다.

피히테는 때때로 보다 형이상학적 용어로 지식의 이상을 정식화했다. 그는 절대적 또는 무한적 자아의 관점에서 주관·객관의 동일성, 즉 완전한 자기인식에 대해 말했다. 절대적 자아는 자신이 인식하는 모든 것을 창출하기 때문에, 사물에 대한 완벽한 지식을 가지고 있다. 그 절대적 자아의 지식의 대상들은 지성적 활동 — 이 활동은 자기 현시적이고 투명하다 — 의 산물들에 지나지 않기 때문에 완벽하게 지성에 의해 알 수 있다. 절대적 자아의

• •
39. Kant, *Kritik der reinen Vernunft*, B, xviii.
40. 같은 책, A, xx, B, xxii.

이 개념은 또한 칸트적 선례도 가지고 있다. 칸트가 『판단력비판』에서 지식의 이상으로 삼은 것은 **원형적 지성**intellectus archetypus이다.[41] 그런데 이것이 피히테의 형이상학적 언어에 의해 오도되어 그가 칸트의 이 원리에 [71]구성적 지위를 부여했다고 가정하는 것은 잘못된 견해일 것이다. 이미 본 바와 같이, 칸트 못지않게 피히테는 이 원리에 엄격한 규제적 의미를 부여해야 한다고 주장했다. 피히테가 칸트와 다른 점은 이 원리를 자연과학의 체계적 통일성의 조건으로 삼은 것뿐만 아니라 경험적 지식의 가능성의 조건으로 삼은 것에 있다.

우리가 지식의 문제에 대한 피히테의 해결책을 내놓자마자 그것은 극복할 수 없는 어려움에 부딪치는 것처럼 보인다. 그의 해결책은 이론상으로는 완벽할지 모르지만, 우리의 일상적인 경험에 비추어볼 때 완전히 잘못된 것으로 보이기 때문이다. 지식의 조건들에 대한 그 분석은 너무 엄격하고 너무 많은 요구를 하고 있어, 우리는 그 조건들을 충족시킬 수 없고 다시 회의주의의 위험에 직면한다. 문제는 우리가 일상적인 경험에서는 저 요청되는 바인 주관·객관의 동일성을 찾을 수 없다는 것이다. 오히려 우리가 알고 있는 모든 것은 명백히 극복할 수 없는 주관·객관의 이원론이다. 우리는 일상적 경험의 객관들을 통해 자의식적이 되는 것이 아니라 그 객관들을 우리 자신에 '외부적'이고 '이질적인' 것으로 의식하고 있다. 우리는 우리의 정신 활동의 법칙들에 따라 객관들을 산출하는 것이 아니라 우리의 지성에 주어져 있고 우연적인 그런 경험적 감각들의 세계를 발견한다. 우리는 완전히 자기 규정적인 존재가 아니라 우리의 의지와 상상력과는 무관하게 오고 가는 객관들에 의해 수동적으로 느끼고 행동한다. 확실히 경험의 그러한 기본적인 사실들은 부정될 수 없다. 경험의 기원, 즉 우리에게 객관들이 외부적이고 주어져 있는 것으로 보인다는 사실을 설명하는 것은 실로 선험론적 철학의 핵심 과제 중의 하나이다. 그러나 이러한 사실들은 지식의 필요조건

· ·
41. Kant, *Kritik der Urteilskraft*, secs. 76–77 참조.

을 왜곡하는 것으로 보인다. 그렇다면, 우리는 어떻게 경험에 대한 지식을 가질 수 있을까? 여기서 우리는 선험론적 철학에 대면해 있는 고통스러운 딜레마와 다시 마주하게 된다. 즉 지식의 가능성과 경험의 기원을 어떻게 설명할 수 있을까? 요컨대 우리는 동일성과 비동일성의 동일성이라는 저 기묘하고 파악하기 어려운 목표를 추구하고 있는 셈이다.

이 어려운 문제와 씨름하기 위한 피히테의 가장 진지한 노력은 1794년 『학문론』의 핵심이기도 한 『전체 학문론의 기초』 제3부 「실천적인 것의 학문의 기초」에 나타난다. 여기서 피히테는 절대적 자아와 이론적 자아 혹은 무한적 자아와 유한적 자아[42] 사이의 갈등이라는 관점에서 이 문제를 정식화했다. 한편으로는 완전히 활동적이고 자기 규정적이며 모든 실재성을 만들어내는 무한적 자아가 있다. 이 자아는 주관·객관 동일성의 이상 또는 경험적 지식의 조건이다. 다른 한편으로는 유한적 자아가 있는데, 이는 수동적이며 자신 외부에 있는 비아非我에 의해 규정된다. 유한적 자아의 모든 경험은 주어져 있고 우연적이며 자신의 의식적인 통제와는 무관한 것으로 보인다. 그렇다면 여기에 우리의 실제적 경험의 주관·객관 이원론이 존재한다. 이제 다음과 같은 의문이 제기되는데, 즉 만약 무한적 자아와 유한적 자아가 서로 대립한다면 어떻게 이 양자는 동일한 하나의 자아가 될 수 있을까? 무한적 자아는 순수하게 활동적이고 자기 규정적인 반면 [72]유한적 자아는 수동적이고 비아에 의해 규정되기 때문에 양자는 서로 대립한다. 그러나 무한적 자아가 유한적 자아와 동일하지 않을 경우 유한적 자아가 그 경험에서 어떤 것을 어떻게 알고 있는지를 설명할 주관·객관 동일성의 지점이 없는 셈이 되기 때문에, 양자는 역시 동일한 하나의 자아여야 한다.

이 문제의 해결책을 위한 피히테의 첫 번째 제안은 비아에 대한 유한적 자아의 의존은 그야말로 절대적 자아로서의 자기 의존성을 드러낸 것이라는 점이다. 무한적 자아가 유한적 자아에 대한 비아의 작용의 원인이라고 말하면

42. Fichte, *Werke*, I, 248-255.

어려움은 사라지는 것으로 보인다.[43] 그러나 피히테는 이 해결책을 제안하자마자 그것을 거부했다. 절대적 자아가 왜 비아를 정립함으로써 스스로를 제한해야 하는지에 대한 의문이 여전히 남아 있다고 그는 주장했다.[44] 무한적 자아가 비아를 정립한다면, 그것은 그 본성과는 달리 자신을 제한하는 것이며 완전히 자기 규정적이 되는 것을 멈추는 셈이다. 그러면 우리는 자아가 자기 규정적이면서 동시에 자기 제한적이라는 모순에 휘말린다. 피히테의 관념론이 때때로 바로 이러한 관점에서 절대적 관념론의 한 형태로 해석되었기 때문이라면, 그가 이 제안을 거부했다는 사실을 주목할 필요가 있다. 피히테의 최종 입장으로 해석되어온 것은 사실 그가 부족함을 발견하여 거부했던 의견이나 제안일 뿐이다.

이 문제에 대한 피히테의 보다 사려 깊은 해결책은 그의 유명한 노력striving(Streben)[45] 개념으로, 이는 동일성과 비동일성, 무한적 자아와 유한적 자아 사이의 동일성의 지점을 제공한다. 이 개념에 따르면, 유한적 자아는 비아에 대한 지배력을 증가시켜, 점점 더 많은 우연적인 경험적 규정들을 자신의 활동의 필연적 법칙들에 따르게 한다. 자아가 비아를 지배하려고 노력함에 따라, 비아의 주어져 있던 내용은 감소하고 비아의 생성된 지성적 내용은 증가한다. 자아는 비록 자기규정의 목표를 완전히 달성하지는 못하지만, 그 자신의 끊임없는 노력으로 순수한 주관·객관의 동일성이라는 목표에 지속적으로 접근한다. 이 개념은 피히테가 자아는 무한하면서도 동시에 유한하다고 말할 수 있게 해준다. 노력하는 자아는 그 활동에 명확하거나 고정된 한계가 없기 때문에 무한하다. 즉 우리가 어떤 한계를 설정하든 자아는 그 한계를 넘어설 수 있다. 그러나 자아에는 항상 어떤 한계, 즉 자아에 대립된 비아의 일부 측면들이 있기 때문에 자아는 또한 유한적이다.

••
43. 같은 책, I, 249–250.
44. 같은 책, I, 252, 257.
45. 같은 책, I, 268–269.

자아가 아무리 많은 것을 해냈더라도, 언제나 자아가 할 수 있는 더 많은 것이 존재한다. 무한적 자아의 동일성과 유한적 자아의 비동일성 사이의 동일성의 지점은 유한적 자아의 무한한 노력이다. 이러한 노력이란 자아가 무한성이나 동일성에 지속적으로 접근함에 따라 자아 자신의 유한성이나 비동일성의 한계를 지속적으로 극복한다는 것을 의미한다. 피히테가 나중에 『학문론의 제2 서론』에서 이 생각을 요약했듯이, "활동의 개념만으로도 두 세계, 즉 감성적 세계와 지성적 세계를 하나로 통합한다." 나의 활동에 대립되는 것 — 나는 유한적 존재이기 때문에 나의 활동에 무언가를 대립시킬 수밖에 없다 — 은 감성적 세계이며 나의 활동으로 인해 생기는 것은 지성적 세계이다."[46]

이제 피히테가 [73]지식의 가능성과 경험의 존재를 모두 설명할 수 있게 하는 것이 바로 이 노력의 개념이다. 이 노력의 개념이 지식의 가능성을 설명한다고 하는 까닭은, 자아가 객관을 자신의 활동의 법칙에 따르게 하여 그것을 통제하는 정도까지만 그 객관을 알 수 있다는 이유에서이다. 자아는 완전한 주관·객관 동일성의 이상을 결코 달성하지 못하지만, 적어도 어느 정도의 지식을 획득하면서 이 목표에 접근한다. 회의주의자들의 잘못은 주관·객관 이원론이 영원하고 변할 수 없는 사실이라는 가정에 있다. 그들은 그것을 바꾸기 위한 우리의 실천적 활동의 힘을 무시한다. 그들은 이 이원론을 마치 그것이 더 정도의 문제일 때 종류의 문제인 것처럼 취급한다. 노력의 개념은 또한 외부 세계의 존재에 대한 믿음을 정당화시키는데, 왜냐하면 장애물로 작용하는 비아 없이는 어떤 노력도 있을 수 없기 때문이다. 장애물이 없으면 어떠한 저항이나 투쟁도 있을 수 없고, 저항이나 투쟁 없이는 어떠한 노력도 있을 수 없다. 그러나 자아의 본질은 그 노력과 끊임없는 활동에 있다. 따라서 자아의 시도와 행동의 장으로 작용할 외부 세계가 있어야 한다. 그러므로 외부 세계는 오로지 도덕적 목적을 위해 존재하며, 유한적

––
46. 같은 책, I, 467.

자아의 도덕적 노력에 대한 대항자이자 돋보이게 하는 상대 역할을 한다. 피히테가 이후 『인간의 사명』에서 이 세계의 그림을 요약했듯이, "나의 세계는 나의 의무의 대상이자 영역이며 그 밖의 다른 것은 전혀 없다."[47]

피히테의 노력 개념은 회의주의와 독단주의의 양극단 사이의 비판적인 중간 경로를 나타낸다. 피히테의 말에 따르면, 독단주의자는 자신이 주관·객관 동일성의 존재를 확신하고 있기 때문에 우리가 사물 자체에 대한 완벽한 지식을 가지고 있다고 주장한다. 회의주의자는 주관·객관 동일성의 존재를 부정하고 영원히 극복할 수 없는 주관·객관 이원론의 존재를 긍정하고 있기 때문에 지식의 가능성을 부정한다.[48] 이러한 입장들 사이의 갈등을 해결하기 위한 피히테의 전략은 제1『비판』에서 수학적 이율배반을 다루는 칸트의 전략을 연상시킨다. 즉 피히테는 두 가지 입장, 즉 주관·객관 동일성이 구성적 원리이며 형이상학적 실체라는 잘못된 공통 전제를 지적했다. 회의주의자와 독단주의자는 그 원리의 구성적 지위에 동의하지만, 회의주의자는 그러한 원리로서의 타당성을 부정하는 반면 독단주의자는 그 타당성을 긍정한다. 그러나 주관·객관 동일성은 구성적 원리가 아니라 규제적 원리이기 때문에 두 입장 모두 잘못되었다. 즉 그것은 실체가 아니라 탐구와 행동의 목표이다. 따라서 독단주의자와 회의주의자는 단순한 이상을 실체화하여 행동의 목표를 마치 현존하는 것처럼 취급하는 과오를 범한 셈이다. 그리고 두 입장 모두 행동의 필요성을 약화시킨다. 왜냐하면 독단주의자는 이 이상이 이미 달성되었다고 생각하는 반면, 회의주의자는 그 이상이 접근될 수 있을지 의심하기 때문이다. 사태의 진실은 그 사이 어딘가에 있다. 즉 만약 우리가 행동한다면, 우리는 주관·객관 동일성에 비록 도달할 수는 없더라도 접근할 수는 있는 것이다.

피히테가 선험론적 철학의 문제들을 설명하는 데 있어 이 노력 개념에

. .
47. 같은 책, II, 261. Cf. *Werke*, V, 185.
48. 회의주의와 독단주의에 대한 피히테의 해석에 관해서는 *Werke*, I, 101, 119–123 참조.

부여한 핵심 역할은 그의 사고에서 실천적인 것의 우위성을 분명히 보여준다. 왜냐하면 우리는 이 노력 개념을, [74]자연을 탐구하는 **이론적** 활동이 아니라 자연을 우리의 목적에 맞게 만드는 **실천적** 활동으로 이해해야 하기 때문이다. 우리가 순수 이론의 영역에 머무르는 한, 회의주의자들의 모든 반론은 여전히 극복할 수 없다. 왜냐하면 순수 이론은 그것의 대상에 대해 숙고하거나 추측할 뿐이지, 결코 그 대상을 바꾸지 않기 때문이다. 따라서 주관·객관의 이원론이 존속되어, 주관·객관의 동일성이라는 지식의 조건에 대한 어떠한 진전도 일어나지 않는다. 그렇다면 회의주의의 절망을 극복할 수 있는 유일한 방법은 사고보다는 행동하는 것이다. 왜냐하면 오직 행동에서만이 우리는 지식의 주요한 장애물인 주관·객관의 이원론을 극복하기 시작하기 때문이다. 그러므로 피히테에게 있어서 지식은 실천적 활동의 **결과**로서만 가능하다. 회의주의자들의 모든 반대에 그대로 노출되어 있었던 이전의 모든 인식론의 주된 오류는 지식이 행동과 별개로 그리고 행동하기 전에 가능하다고 주장하는 그것의 관조적 또는 사변적인 패러다임이다.

그런데 피히테의 노력 개념은 특정한 종류의 실천적 활동, 즉 정치적 활동이라는 것을 인식하는 것이 가장 중요하다. 우리가 보아온 바와 같이, 절대적 자아는 피히테에게 정치적 이상이었고 오직 공화국의 자유, 평등, 연대 속에서만 실현될 수 있었다. 각자는 모두를 위해 그리고 모두는 각자를 위해 살 때, 절대적 자아는 오직 모든 유한적 자아들의 완벽한 사회적 조화와 함께 존재한다고 그는 믿었다. 자연에 대한 완전한 힘은 혼자 행동하는 고립된 개인의 산물이 아니라 공동체의 협력 활동의 산물일 수 있다. 이 공동체는 최대의 자유, 평등, 연대를 보장해야 한다고 피히테는 생각했다. 그래야 비로소 사람들은 완전히 이성적이 되어 자연을 통제하는 데 필요한 힘을 얻게 될 것이기 때문이다.

이 지점에서 나의 고찰은 다소 의외의 결론에 도달하게 된다. 피히테는 오직 노력이라는 개념만이 선험론적 철학의 미해결 문제를 해결하며 또한 지식은 활동의 산물이어야 한다고 생각했다는 것을 우리는 보아왔다. 우리는 또한 노력이라는 개념이 그에게 확실한 정치적 의미를 띠고 있다는 것을 보여왔다. 이 모든 것은 결국 다음과 같은 결론에 이른다. 즉 일반적인 견해와는 달리, 피히테의 1794년 『학문론』은 선험론적 철학을 위한 새로운 이론적 기초를 제공하려고 시도한 것이 아니다. 오히려 그것의 목적은 선험론적 철학의 모든 문제가 실천적 활동을 통해서만 해결될 수 있다는 것을 보여줌으로써 선험론적 철학을 폐지하는 것이다. 맑스 못지않게 피히테에게 있어서 이론의 모든 신비는 실천 속에서 풀려지는 것이다.

3.5. 피히테의 정치사상의 형성, 1788-1793년

피히테는 보잘것없는 환경에서 태어났다.[49] 그는 작센의 람메나우라는 작은 마을에서 가난한 부모의 아들로 자랐다. 그의 조상은 소작농과 장인이었고 그의 아버지는 대가족을 먹여 살리는 데 어려움을 느끼는 장식용 띠 제작자였다. 청년 시절 내내 그리고 [75]1794년 예나대학교에 임명될 때까지 피히테는 끊임없이 가난과 싸워야 했다. 그는 자주 실직했고 너무나 절박해서 살아남기 위해 돈을 빌려야 했다. 그는 한번은 옷을 저당잡혀야 했다.

피히테의 젊은 시절에 대한 이러한 사실들은 그의 후기 정치적 태도를 이해하는 데 중요하다. 피히테는 평생 자신을 민중의 한 사람으로 여겼고, 압제자들로부터 일반 백성의 권리를 지키는 것이 자신의 의무라고 믿었다. 노동하는 사람은 모두 생계 수단을 확보할 자격이 있다고 주장하는 점에서 그가 사회주의의 선구자 중 한 사람이 된 것은 분명 우연이 아니다. 피히테의 초기 정치적 저술들에는 저항과 분노의 분위기가 담겨 있는데, 이는 명백히 상처 입은 자존심에서 비롯된다. 정치철학은 그의 사회적 복수의 형태였다.

- -
49. 피히테의 생애의 초기 배경에 대한 보다 상세한 설명에 관해서는 Fritz Medicus, *Fichtes Leben*, ed. 2.(Leipzig, 1922), pp. 5-14 참조.

피히테의 첫 번째 정치적 글은 1788년 여름 잠 못 이루는 밤에 영감 속에서 쓴 「불면의 밤에 우연히 든 생각」이다.[50] 이 조야한 초고가 중요한 이유는 그의 시대의 사회와 통치에 대한 피히테의 초기 비판적 태도, 즉 그가 결코 바꾸지 않을 태도를 드러내고 있기 때문이다. 피히테의 계획은 동시대 독일의 통치와 도덕에 대한 풍자를 쓰는 것이었다. 그는 도덕과 국가의 부패를 폭로하고, 우화를 통해 도덕과 정치의 진정한 원리를 말하고자 했다. 몽테스키외의 소설 『페르시아인의 편지』의 방식을 본떠 만든 이 풍자는 "마르퀴스 폰 St. … 가 파리의 친구 비콤테 X에게 보낸 편지"라는 제목이 붙여질 예정이었다. 피히테가 말한 이야기 줄거리에 따르면, 마르퀴스는 남극에서 당대 독일과 매우 유사한 사회를 발견하는데, 다만 이 사회는 그 부패나 비참함에 있어 현재의 독일보다 훨씬 그 정도가 심한 형편이었다. 마르퀴스는 남극의 전제 정부와 태만하고 허영심 많고 착취적인 귀족 사회, 그리고 그 부당하고 부패한 법 체제에 대해 불평한다. 종교, 학문, 도덕은 개탄스러운 상태에 있다. 신학자들은 비정통적 집단을 박해하고 공허한 논쟁을 벌이며 종교의 도덕적 내용을 무시한다. 학자들은 쓸모없는 문제에 대해 사변을 일삼고, 그들의 생각을 일상생활에 적용하는 데 실패한다. 그리고 도덕주의자들은 그들의 고귀한 원칙들을 열성과 웅변으로 증명하지만, 아무도 그것들을 실행하려고 애쓰지 않는다. 남극의 악폐와 어리석음을 폭로한 뒤, 마르퀴스는 그와 정반대의 통치 원리를 실천하는 또 다른 땅으로 여행한다. 이곳의 통치는 국민의 복지에 전념하고 있다. 그 정부는 과학, 농업, 산업을 촉진하고 과학이 그 결론을 일상생활에 적용하도록 장려한다. 물려받은 특권은 없고, 사람들은 공과에 따라 엄격히 평가된다. 처벌은 잔인하지 않으며, 구속의 목적은 징벌이라기보다는 사회 복귀이다.

피히테의 초기 계획은 계몽의 전통 속에 있는 개혁가의 이미지를 드러낸다. 대중적인 작품을 통해 대중을 교육하려는 시도, 종교의 도덕적 내용에

50. Fichte, *Gesamtausgabe*, II/ 1, 103–110.

대한 강조, 편협한 독단적 신학에 대한 거부, 학문들이 실천적이 되어야
한다는 요구, [76]정치와 도덕에 있어서 이론과 실천의 괴리에 대한 관심,
그리고 폭정, 특권, 야만적 처벌에 대한 경멸 — 이 모든 것들은 **계몽**이 피히테
의 사고에 미친 영향을 보여준다. 이러한 영향은 또한 피히테가 받은 초기
교육에서도 뚜렷이 나타난다. 슐포르타 시절에 그는 레싱의 열렬한 독자였
고,[51] 라이프치히대학 시절에는 당대 최고의 통속철학자들 중 한 사람인
에른스트 플라트너의 학생이었다.[52] 다른 많은 계몽주의자처럼, 젊은 피히테
는 자신을 교육자 즉 **민중교육자**^{Volkserzieher}로 보았다. 그의 목표는 대중을
교육하고, 그들이 사회적·정치적 개혁의 필요성과 통치에 관한 그들의 권리
와 의무를 인식하도록 하는 것이었다.

민중교육자로서 피히테의 초기 야망은 당연히 이론적이기보다는 더
실천적인 것이었다. 칸트, 실러, 헤르더와 마찬가지로 그는 이론과 실천
간의 간극, 이성의 원리와 사회적·정치적 삶 사이의 차이라는 **계몽**이 직면한
근본적인 도전에 깊은 관심을 가지고 있었다. 이 간극은 더 많은 철학서를
쓰는 것이 아니라 사회적·정치적 세계에서 행동함으로써 극복될 수 있었다.
그래서 청년 피히테는 사상가보다는 활동가가 되기로 결심했다. 학문과
철학에서 이름을 날리려는 시도는 허영에 불과한 것처럼 보였다. 그는 세상에
진정한 영향을 끼치고 싶어 했다. 따라서 그는 1790년 3월 2일 그의 약혼녀인
요한네 란에게 다음과 같이 편지를 썼다. "나는 오로지 하나의 열정과 오로지
하나의 필요, 내 자신에 관한 오직 하나의 절대적인 감정을 가지고 있습니다.
바로 나의 바깥의 세상에 대해 행동하는 일입니다. 행동을 하면 할수록
내 자신이 더 행복해지는 걸 느낍니다."[53]

· ·
51. 레싱이 피히테에게 끼친 영향에 대해서는 Xavier Leon, *Fichte et son Temps*(Paris, 1954),
   I, 38-51 참조.
52. 플라트너가 피히테에게 미친 영향력은 추측의 문제이긴 하지만, 플라트너의 급진적인
   정치적 견해가 피히테의 사상적 발전에 중요한 의미를 지녔을 가능성은 있다. Strecker,
   Fichtes Staatsphilosophie, pp. 30-31 참조.

야심만만한 젊은 **계몽주의자**는 세상에서 어떻게 행동하기로 선택했는 가? 철학자야말로 군주의 조언자나 교육자로서 가장 큰 영향을 미칠 것이라고 피히테는 믿었다. 그가 당대 통치의 근본적인 문제, 즉 폭정과 전횡적인 통치의 근원을 타격하겠다는 것은 이런 수단에 의한 것이었다. 제대로 교육을 받은 군주는 반드시 이성의 원칙에 따라 행동하고 법치에 복종할 것이다. 이러한 믿음에 따라 젊은 피히테는 온갖 계획을 세웠다. 그는 취리히에서 미래의 지도자들에게 그들 정부의 원칙과 대중 앞에서 연설하는 법을 가르칠 연설 학교를 만들려고 시도했다.[54] 그 후 그는 어린 왕세자의 개인 가정교사 자리를 찾으려 했고, 자신의 목적을 설명하기 위해 왕세자들의 교육에 관한 책을 쓸 계획을 세웠다.[55] 마지막으로 그리고 가장 야심차게, 그는 몇몇 유력한 친구들의 중재를 통해 다름 아닌 덴마크 정부의 장관이 되기를 바랐 다.[56] 이러한 모든 노력은 **계몽**의 시기에 널리 퍼져 있는 확신, 즉 철학자들이 왕이 될 수 없다면 적어도 왕들은 철학자들의 말을 들어야 한다는 확신에 의해 고무되었다. 피히테의 모든 계획이 수포로 돌아간 것은 18세기 독일 제후들에 의해 이러한 신념이 얼마나 보잘것없게 여겨졌는지를 보여주는 작은 징표이다.

계몽의 개혁적 전통에 충실한 피히테는 독일 정부들의 군주제 헌법을 기정사실로 받아들였지만, 그의 초기 글들에서 [77]공화주의에 대한 공감을 발견할 수 있다. 취리히의 미래 지도자들을 위한 연설 학교를 계획하면서, 그는 학생들이 "애국적이고 공화주의적인 정신의 각성과 함양"[57]에 기여할

53. Fichte, *Gesamtausgabe*, III/ 1, 73. 1790년 7월 C. G. 폰 부르크도르프에게 보낸 서한, "나는 내 능력 내에서 최대한 행동을 하고 싶습니다"(*Gesamtausgabe*, III/ 1, 148); 1793년 3월 요한네 란에게 보낸 피히테의 서한, "행동을 통해서 인간성에 대한 나의 입장을 증명하는 것이야말로 저의 자랑거리지요"(*Gesamtausgabe*, III/ 1, 375).
54. Fichte, "Plan anzustellender Rede Uebungen", in *Gesamtausgabe*, II/ 1, 129–134 참조.
55. 1789년 12월 27일 K. C. 팔머에게 보낸 피히테의 서한(*Gesamtausgabe*, III/ 1, 43) 참조.
56. 1791년 3월 5일 아버지에게 보낸 피히테의 서한(*Gesamtausgabe*, III/ 11, 222) 참조.
57. Fichte, *Gesamtausgabe*, II/ 1, 132.

주제에 대해 변론하는 법을 배울 것을 요구했다. 취리히에서의 처음 몇 해 동안에(1788-1790), 그는 "고귀하고 용감한 스위스인들"이 그들의 오랜 자유와 헌법을 어떻게 옹호했는지 기념하는 연극의 개요를 썼다.[58] 그리고 말년에 피히테는 자신이 공화주의적 헌법을 가진 두 곳인 스위스와 폴란드에서 살았다는 것이 의미심장하다고 생각했다.[59] 그러나 이 초기 공화주의의 중요성을 과장하는 것은 잘못된 일일 것이다. 피히테는 공화주의적 생각을 가지고 있었지만, 그것을 독일의 군주제에 의문을 제기하는 논리 정연한 정치이론으로 발전시키지 못했다.

불행하게도 우리는 프랑스혁명에 대한 피히테의 초기 반응에 관한 증거를 거의 가지고 있지 않다. 1789년 여름 프랑스에서 혁명이 발발했을 때, 피히테는 가정교사로 취리히에서 고립된 생활을 하고 있었다. 그의 주된 관심사는 정치가 아니라 교육이었다.[60] 1789년 8월과 9월에 그는 자신의 가장 깊은 생각들에 대한 일기를 썼지만, 그것은 그처럼 가까이에서 일어나고 있는 대사건들에 대해서는 아무것도 기록하지 않았다.[61] 피히테가 1793년 —이 해에 그는 프랑스혁명을 옹호하는 논문을 발표했다— 이전에 프랑스혁명을 언급한 것은 작센에서의 최근 농민 반란에 대해 논의한 1790년 9월 5일자 요한네 란에게 보낸 편지이다.[62] 여기에서 피히테는 수 세기 동안 농민들이 억압되어 온 작센의 지속적인 개혁 전망에 대한 비관론을 표명했다.

..
58. 같은 책, II/ 1, 139.
59. Fichte, *Gerichtliche Verantwortung gegen die Anklage des Atheismus*, in *Werke*, V, 288 참조.
60. 이 시기에 피히테는 교육에 관한 몇 가지 단편을 썼다. *Gesamtausgabe*, II/ 1, 141-203 참조.
61. 같은 책, II/ 1, 220-221.
62. 같은 책, III/ 1, 173-174. 또한 1792년 4월 21일 테오도르 폰 쉔에게 보낸 피히테의 서한 참조. 거기에서 피히테는 에두아르트 폰 클라우어의 친혁명적 논고(Eduard von Clauer, *Der Kreuzzug gegen die Franken*)를 칭찬했다(Fichte, *Gesamtausgabe*, III/ 1, 303).

정부가 소작농들을 달래기 위해 취했던 수렵 허가와 같은 몇 가지 조치로는 결국 폭발하고 말 그들의 커져만 가는 원한을 억누를 수 없을 것이라고 그는 생각했다.

피히테의 정치적 발전에서 가장 중요한 에피소드 중 하나—실로 프랑스 혁명 그 자체 이후 가장 중요한 것으로—는 칸트에 대한 그의 발견이다. 1790년 여름에 피히테는 다시 곤궁한 상태였다. 최선을 다했음에도 불구하고 그의 모든 계획은 수포로 돌아갔고, 그는 어쩔 수 없이 약혼자에게 돈을 빌려야 했다. "나는 용기 외에는 아무것도 남아 있지 않습니다"라고 그는 그 암울한 시기에 그녀에게 편지를 썼다.[63] 피히테는 비록 칸트 철학에 대해 잘 알지 못했지만 절박한 심정으로 칸트 철학에 대한 개인 지도를 하기로 동의했다. 칸트에 대한 그의 독서는 문자 그대로 종교적인 경험임이 입증되었다.[64] 칸트는 피히테에게, 그 자신이 자유의지를 갖고 있으며 원인과 결과의 현상적 영역 위의 본체적 영역 속에 존재한다는 것을 확신시켰다. 피히테는 이제 자신이 "새로운 세계"에 살고 있고 "지상의 모든 것들 위로 형언할 수 없이 고양됨"을 느꼈다고 말했다. 그는 인생의 다음 몇 년을 칸트 철학에 바치기로 결심했다. 하지만 그는 칸트 철학의 원리들이 아니라 그것의 귀결들, 즉 사회적·정치적 세계에 대한 그것의 적용에 관심을 기울이고자 했다.[65]

피히테가 칸트 철학으로 전환한 것은 그에게 사회적·정치적 비판에 필요한 이론적 무기를 주었다. 사회와 국가에 대한 그의 초기 글들에서 피히테는 [78]부정이나 불의에 대한 자신의 감정 외에 달리 호소할 것이 없었다. 그러나 이제 칸트 철학은 그에게 이러한 감정에 대한 강력한 이론적

---

63. 1790년 8월 1일 요한네 란에게 보낸 피히테의 서한(*Gesamtausgabe*, III/ 1, 156).
64. 피히테의 전환의 이 종교적 측면은 하인츠 하임죄트에 의해 적절히 강조되어 왔다. Heinz Heimsoeth, *Fichte*, pp. 29-34. 피히테의 칸트 발견에 대해서는 메디쿠스의 설명 (Medicus, *Fichtes Leben*, pp. 30-35) 및 Nico Wallner, *Fichte als politischer Denker*(Halle, 1926), pp. 21-23 참조.
65. 1790년 9월 5일 요한네 란에게 보낸 피히테의 서한(*Gesamtausgabe*, III/ 1, 171) 참조.

근거를 제공했다. 칸트의 자율성 개념은 당연히 피히테의 사회적·정치적 사상의 지배적인 모티프가 되었다. 자율성은 그가 모든 국가, 법, 제도에 적용하고자 하는 척도이자 그가 모든 사회적·정치적 개혁을 위해 제안하려는 목표이다. 계몽주의자이자 민중교육자인 그는 그의 진정한 사명, 즉 사회적·정치적 세계에서 도덕적 자유를 실현해야 하는 임무를 발견했다.

피히테가 칸트의 사상으로 전환한 후 처음으로 쓴 정치적 저술은 아마도 그의 가장 곤혹스러운 글일 것이다. 1791년 말경에 쓰여진 짧은 단편 「프로이센 치하 여러 나라 주민들에 대한 호소」[66]는 한 가지 간단한 이유로 놀라움을 자아내는데, 즉 그것은 뵐너의 칙령을 변호하는 것이었기 때문이다. 계몽주의자이자 칸트주의자인 피히테가 뵐너의 악명 높은 정책을 옹호하고 싶어 했다는 것은, 특히 그가 불과 1년 후에 사상의 자유를 열렬히 옹호하는 글을 썼다는 것을 고려할 때, 놀랍고도 이상한 일로 여겨진다. 그러나 피히테의 텍스트는 그의 의도를 의심할 여지가 거의 없다.[67] 그의 글은 분명 피히테가 칙령을 정당화하기를 원했고 이것이 그를 많은 계몽주의자들과 충돌하게 할 것임을 말하고 있다. 이 미스터리를 어떻게 설명할 것인가? 우선 피히테가 프로이센 법령에 의해 보장되어 있다고 믿었던 양심의 자유나 사상의 자유를 공격하려는 의도가 없었다는 것을 알 필요가 있다.[68] 오히려 그의 목적은

· ·

66. Fichte, Gesamtausgabe, II/ 2, 184–197. 이 원고가 작성된 시기를 추정하면서 나는 레온의 주장에 따른다(Leon, *Fichte et son Temps*, I, 127n.). 한스 야콥의 주장(Fichte, *Gesamtausgabe*, II/ 1, 180–181)에 따르면, 1792년 4월경에 쓰였다고 하는데 이것은 받아들이기 어렵다. 레온이 지적하듯이 피히테가 폰 쉔에게 보낸 4월 21일과 5월 21일자 서한은 이미 프로이센의 검열에 대한 비판적 태도를 드러내고 있다. 우리가 모순된 태도를 피히테에게 돌리지 않는 한, 그 원고는 더 이른 시기에 쓰여진 것이라고 보아야 한다.

67. 이러한 이유로 이 단편이 아이러니하다거나 반대되는 견해에 대한 설명이라는 임마누엘 피히테의 주장을 받아들이기는 어렵다. Immanuel Fichte, *Johann Gottlieb Fichtes Leben* (Salzbach, 1830–1831), I, 147. 그의 주장에 대한 보다 상세한 평가에 대해서는 Leon, *Fichte et son Temps*, I, 125–126 및 Wallner, *Fichte als politischer Denker*, pp. 30–31 참조.

68. Jacob, in Fichte, *Gesamtausgabe*, II/ 2, 181–182 참조.

오로지, 계시에 대한 믿음을 조롱함으로써 일반 사람들의 신앙을 해치는 최악의 형태의 자유사상을 공격하는 것이었다.[69] 피히테는 자유사상의 폐해를 공격하는 것이 그 법령 제정에 임하는 국왕과 장관들의 중심적인 의도라고 믿었다. 따라서 피히테의 견해로는, 뷜너의 칙령을 옹호하는 것은 사상의 자유를 공격하는 것이 아니라 사상의 자유의 남용만을 공격하는 것을 의미했다. 자유사상가들이 사람들의 민감한 양심에 대해 거의 존중하지 않을 때 그들은 사상의 자유를 남용한다고 그는 주장했다. 백성들의 신앙에 대한 이러한 변호는 이 시기 피히테의 전형적인 특징인데, 왜냐하면 그의 첫 번째 철학서인 『모든 계시의 비판의 시도』에서 그는 계시에 대한 신앙이 도덕적인 근거에서 허용될 수 있으며 이론적인 근거에서 — 비록 증명될 수 없다 해도 — 반박될 수 없다고 주장함으로써 자유사상가들에 맞서 이 신앙을 옹호하려고 시도했기 때문이다.[70] 뷜너를 변호하려는 피히테의 계획은 그가 뷜너 정책의 희생자임을 깨닫자마자 수포로 돌아갔다. 할레의 검열관은 피히테가 자유사상의 공격으로부터 신앙을 옹호했던 바로 그 저작인 『모든 계시의 비판의 시도』에 대한 출판 허가를 거부했다. 이 결정은 마침내 뷜너 정책의 완전한 취지를 깨달은 피히테를 놀라게 하고 괴롭혔다. 그는 더 이상 뷜너 정책의 목적이 단지 보통 사람의 신앙을 지키기 위한 것이라고 믿을 수 없었다. 그는 이제 "프로이센의 검열심사"에 대해 큰 불만을 토로했다.[71]

피히테의 그 다음 정치적 저작이 사상의 자유에 대한 열정적인 옹호였다는 것은 놀랄 일이 아니다. 이 저작은 『유럽의 제후들로부터 사상의 자유에 대한 회복 요구』[이하 『회복 요구』]였는데, 그것은 제목 페이지에 '오랜 어둠의 마지막 해'라고 적힌 대로 1793년에 출간되었다. 여기서 피히테는

· ·
69. Fichte, *Gesamtausgabe*, II/ 2, 195.
70. 같은 책, I/ 1, 45–51.
71. 1792년 2월 16일 하인리히 테오도르 폰 쉔에게 보낸 피히테의 서한(*Gesamtausgabe*, III/ 1, 291) 참조.

[79]뵐너의 칙령을 변호하기는커녕 공격할 작정이었다. 사상과 언론의 자유의 권리에 대한 회복 요구는 특히 프리드리히 빌헬름 2세 자신에게로 향해졌다. 피히테가 사상의 자유를 주장하는 근거는 칸트의 자율성 개념이다. 자유롭게 생각할 수 있는 권리는 우리가 자율적인 도덕적 존재로서 스스로를 계발하기 위한 전제조건이라고 그는 주장했다.[72] 오직 이 권리를 행사함으로써 나는 이성적 존재로서의 나 자신을 의식하게 되고, 따라서 내 행동에 대한 책임을 질 준비가 되어 있는 도덕적 행위자로 인식하게 된다.

피히테가 마침내 프랑스혁명에 대한 자신의 태도를 밝힌 것은 바로 『회복 요구』에서이다. 이 저작은 자주 '혁명적인 글'이라고 일컬어지지만, 『회복 요구』가 사회 변화의 수단으로서의 혁명을 배제하고 있는 것은 놀라운 점이다. 피히테는 통치형태를 개선시키는 두 가지 방법이 있다고 말한다.[73] 하나는 느리고 평화로운 진보를 통해, 다른 하나는 갑작스럽고 폭력적인 급변을 통해 이루어진다. 그가 선호하는 것은 분명 전자인 개량reform의 길이다. 혁명은 기껏해야 대담한 도박일 뿐이라고 그는 주장했다. 혁명이 성공하면 사람들 형편이 더 나아질 수 있지만, 실패하면 퇴보하고 전보다 더 나빠진다. 그래서 도덕 법칙의 무조건적인 구속력에 대한 그의 모든 주장에도 불구하고, 피히테는 "세상이 멸망할지라도 정의를 실현시키자!Fiat justitia, pereat mundi!"라고 선언할 의사가 없었다. 실로 그의 정치적 태도에는 냉정한 현실주의의 요소가 있다. 이를테면 "우리와 같은 통치형태를 지닌 나라는 수고와 고난의 땅이요, 기쁨의 땅은 달 아래에 있지 않다"고 그는 말한다.[74] 그러나 피히테가 혁명을 배제한 현실주의자였다고 하더라도, 역시 그는 근본적인 변화를 주장하는 도덕주의자였다. 평화롭고 점진적인 수단만 이 가능하다면 우리는 여전히 상황을 개선하기 위해 노력할 의무가 있다.

● ●
72. Fichte, *Werke*, VI, 14.
73. 같은 책, VI, 5.
74. 같은 곳.

프랑스혁명이 갑자기 발화한 이후 현 상황을 유지하려고 시도하는 것은 헛된 일이다. 우리가 변화의 힘을 억누르려 한다면, 사회의 모든 억압 받는 세력들은 그들을 속박하는 것을 깨뜨리고 그들의 길에 있는 모든 것을 파괴할 것이다. 다시 말해서 백성들은 그들의 압제자들에게 복수할 것이다. 『회복 요구』를 쓸 때 이미 정점에 달했던 공포정치를 언급하면서, 피히테는 독일의 제후들이 적절한 교훈을 이끌어내지 못했다고 말했다. 그들은 무엇을 해야 하는가? 제후들은 백성들의 권리와 자유를 알리고 그것들을 지지할 것을 맹세해야 한다.[75]

피히테는 근본적인 변화의 필요성을 주장했지만, 공화국의 창설을 옹호하거나 군주제의 정당성에 의문을 제기하지도 않았다. 그는 군주제가 헌법을 제정하고 국민의 권리를 보장한다면, 군주제를 기꺼이 받아들일 용의가 있었다. 그에게 중요한 것은 누가 통치하느냐— 군주와 엘리트, 혹은 일반 국민 중— 가 아니라, 어떻게 통치하느냐— 헌법에 따라서인가 혹은 자의적 의지에 따라서인가— 이다. 피히테가 군주제를 암묵적으로 수용한다는 것은 물론 구체제의 이데올로기나 제도 중 하나를 인정한다는 것을 의미하지는 않는다. 그는 신의 권리에 대한 낡은 교설을 완전히 거부했다.[76] 국가는 계약에 의거하여 세워져야 하므로, 군주는 세습에 의해서가 아니라 국민의 동의에 의하여 다스려야 한다고 그는 주장했다. 그는 또한 [80]"모든 악이 그로부터 흘러나오는 최초의 편견, 우리의 모든 불행의 유해한 원천"[77]인 가부장주의를 완전히 부정했다. 칸트처럼 피히테는 가부장주의가 전제주의의 이론적 근거에 지나지 않는다고 생각했다. 하지만 군주가 백성을 위해 무엇이 좋은지 안다고 믿는다면 그는 백성을 이끌 권리가 있다고 피히테는 주장할 것이다.

* *
75. 같은 책, VI, 31–35.
76. 같은 책, VI, 11–12.
77. 같은 책, VI, 9.

프랑스혁명에 관한 피히테의 주요 저술은 『프랑스혁명에 대한 대중의 판단을 교정하기 위한 논고』이다. 이 저작은 프랑스혁명의 원칙과 행동 모두를 옹호하고 있으며, 특히 A. W. 레베르크의 『프랑스혁명에 대한 고찰』에 나타난 혁명 반대론에 대한 응답이다.[78] 피히테의 주장의 요점은 국민은 헌법을 바꿀 권리가 있고 단순히 역사적 전통에 근거한다는 이유로 기존 헌법을 받아들일 필요는 없다는 것이다. 프랑스에서 일어난 혁명을 변호하면서 피히테는 정작 독일에서의 반란을 옹호하고 있었던 것으로 보일지 모른다. 그러나 이것은 사실이 아니다. 이 『논고』의 서문에서 그는 『회복 요구』에서 개진했던 개량주의적 입장을 재차 강조했다.[79] 그는 독자들에게 독일의 현 국가들에 권리의 원칙을 적용하지 말라고 경고했다. 그는 대부분의 독일 국가들의 헌법이 부당하다는 것을 인정했지만, 그 국가들에게 폭력을 행사해서는 안 된다고 주장했다. 우리가 할 수 있는 것은 정의의 원칙에 대한 지식을 우리 집단과 우리 사회 내에 널리 전파하는 것뿐이다. 자유에 대한 가치 형성은 아래로부터 올 수 있지만, 해방은 위로부터만 올 수 있다. "백성들은 자유를 누릴 자격이 있지만 군주들이 자유를 허락하지 않는다면?" 이 난점에 대해 피히테는 새로운 여명이 밝아오고 있다고만 대답했다. 백성들이 옳다면 그들의 군주 역시 부당한 상태로 남아 있지 않을 것이다.[80]

그러나 피히테의 개량주의를 그의 입장의 총합으로 여기지 않는 것이 중요하다. 그가 아무리 진심 어린 태도를 보였다고 해도, 『논고』에서의 그의 주장은 종종 개량주의를 넘어서는 경우가 많다. 피히테는 예를 들어 혁명의 권리, 즉 기본권을 침해하는 통치권자에 대한 적극적인 저항권을 분명히 인정했다.[81] 게다가 그는 혁명의 권리뿐 아니라 혁명의 의무를 인정하기까지

• •

78. 레베르크에 대해서는 12.3절을 참조.
79. Fichte, *Werke*, VI, 44.
80. 같은 책, VI, 45.
81. 같은 책, VI, 101–103.

했다. 만일 국가가 그 참된 목적, 즉 권리의 보호를 위반한다면, 우리는 그 헌법을 바꿀 수 있을 뿐만 아니라 바꿔야 한다. 피히테는 성직자나 귀족들이 그들의 특권을 강화해야 한다고 주장한다면, 그들에 대해 무력을 사용하는 것을 상상하기도 했다.[82] 반동 세력에 대한 무력 사용을 기꺼이 인정하려는 태도에서 볼 때, 피히테는 독일 개량주의 전통보다 자코뱅에 훨씬 더 가까이 서 있었다.[83] 피히테의 최종적 입장은 따라서 자코뱅주의와 개량주의의 혼합이다. 그의 일반적인 태도는 개량이 혁명보다 정말로 더 바람직하다는 듯이 보이지만, 그러나 군주들이 개량을 거부하고 기본권을 침해하는 것을 고집한다면 반란은 권리일 뿐만 아니라 의무이기도 한 것이다.

『논고』의 중심 과제는 프랑스혁명을 판단하기 위한 적절한 관점을 결정하는 일이다. 우리는 프랑스혁명을 옳고 그름에 대한 경험적 기준에 따라 판단해야 하는가 아니면 합리적 기준에 따라 판단해야 하는가? [81]『베를린 월보』에서의 이론과 실천 논쟁이 있기 몇 달 전에 피히테는 정치의 영역에서 이성주의에 찬성하는 확고한 입장을 취했다. 우리는 도덕의 기준에 따라 역사를 판단해야 하지, 도덕의 기준을 역사에서 도출해서는 안 된다고 그는 주장했다.[84] 게다가 우리는 정치에서 우리가 도덕적으로 해야 할 일을 할 수 없는 체해서는 안 된다. 즉 "인간은 마땅히 해야 할 일을 할 수 있다. 그리고 만약 그가 '할 수 없다'고 말한다면, 그는 '나는 하고 싶지 않다'는 뜻이다."[85] 칸트에 앞서 피히테는 버크나 레베르크 같은 프랑스혁명에 대한 경험주의적 비평가들을 공격했다. 그들의 경험주의가 갖는 문제는 그것이 결국 상대주의로 끝난다는 점이라고 그는 주장했다.[86] 우리가 역사에서 옳고

- -
82. 같은 책, VI, 116n, 266-267, 274.
83. 피히테의 입장과 자코뱅의 친연성에 대해서는 Buhr, *Philosophie und Revolution*, pp. 42-48, 63-71 참조.
84. Fichte, *Werke*, VI, 58.
85. 같은 책, VI, 73.
86. 같은 책, VI, 56-57.

그름의 기준을 도출한다면 옳고 그른 것은 시대마다 각기 다를 것이다. 그렇다면 우리가 역사로부터 우리의 기준을 도출할 수 없다고 한다면, 우리는 그 기준을 어떻게 규정해야 하는가? 우리는 그것을 순수이성 그 자체에서, 특히 칸트가 규정한 도덕 법칙에서 도출해야 한다.[87] 피히테는 특히 칸트의 도덕 법칙의 세 번째 정식인 자율성의 원리에 호소한다. 피히테의 해석에서 이 원리는 우리가 스스로 부여한 격률들에 대해서만, 즉 보편적 법칙으로서 우리가 의지할 수 있는 것들에 대해서만 행동할 의무가 있다는 것을 의미한다.

피히테가 국민은 헌법을 바꿀 권리가 있다는 『논고』의 핵심 주장을 정당화하기 위해 사용하는 것은 다름 아닌 칸트의 이 자율성 개념이다. 그는 이 개념이 루소의 사회계약 이론에 새롭고 강력한 기반을 제공한다고 생각했다. 시민사회는 계약에 기초하여 세워져야 하는데, 왜냐하면 그러한 기초만이 인간의 자율성과 일치하고 있기 때문이라고 피히테는 주장했다.[88] 자율성이란 우리가 우리의 주권적 의지 외에는 어떤 것에도 얽매일 수 없으며 우리의 모든 법칙들은 스스로 부여되어야 한다는 것을 의미한다. 그러므로 우리는 헌법의 법들을 우리가 그것들에 이미 동의한 한에서만 따를 의무가 있다. 이 이론으로부터 피히테는 우리가 계약을 체결하는 것만큼이나 쉽게 계약을 해지할 수도 있다고 주장했다.[89] 우리의 주권적 의지만이 우리를 하나의 계약으로 묶는 것이기 때문에, 우리가 우리의 의지를 바꿀 때마다 계약의 약정은 깨지기 마련이다. 계약을 절대 파기하지 않겠다는 약속은 인간의 양도할 수 없는 권리 중 하나인 우리의 이익에 대한 지식이 증가하는 것에 따라 우리의 의지를 바꿀 수 있는 권리를 침해한다.[90]

이러한 급진적인 교설은 국민이 헌법을 바꿀 권리가 있다는 것을 분명히

• •
87. 같은 책, VI, 59.
88. 같은 책, VI, 81–82, 84. Cf. *Werke*, VI, 12, 13.
89. 같은 책, VI, 86, 147, 263.
90. 같은 책, VI, 160.

암시한다. 하지만 문제는 그것이 너무 많은 것을 증명하는 것이 아닌가 하는 것이다. 왜냐하면 계약을 마음대로 파기할 수 있는 권리는 계약 일반의 가능성을 해체하는 것처럼 보이기 때문이다. 계약이 마음대로 깨질 수 있다고 믿는다면 왜 사람들은 계약을 체결하려고 할까? 여기서 피히테의 급진적 개인주의는 무정부주의에 가깝다. 피히테 자신도 자신의 이론의 귀결을 감지하는 듯했고 이를 피하려고 시도했다. 그는 계약이 깨질 수 있는 조건에 대해 모호하고 심지어 모순적이기까지 했다. 비록 그는 계약이 일방적으로 파기될 수 있다는 것을 분명히 했지만,[91] 그는 또한 모든 당사자들이 계약을 파기하는 것에 동의해야 하며 국가는 계약을 파기하는 사람들을 처벌할 권리가 있다고 말했다.[92] 어쨌든 계약은 [82]당사자 한 쪽이 합법적으로 파기할 수 있다는 것이 피히테의 주장이었다. 그리고 이 주장은 무정부주의적 귀결을 못마땅하게 여기는 자유주의와 보수주의 양 진영 모두에게 그의 독특한 가르침으로 받아들여졌다.[93]

그것의 결함이 무엇이든 간에, 피히테의 사회계약론은 보수주의의 적수인 A. W. 레베르크와의 논쟁에서 그의 주된 무기였다.[94] 피히테는 때때로 레베르크가 옳고 그름에 대한 완전히 경험적인 기준을 가지고 있는 것처럼 썼지만, 이것은 사실이 아니었고 피히테는 그것을 알고 있었다.[95] 피히테와 레베르크는 칸트의 정언 명령이야말로 도덕의 근본 원리라는 데 동의했다. 그들은 또한 이 원리가 정치에서 옳고 그름에 대한 필요한 기준이기는 하지만

• •
91. 같은 책, VI, 115, 147, 159.
92. 같은 책, VI, 13, 86.
93. 라인홀트는 피히테에 대한 자유주의적 비판가들 중 한 명이었다. 1794년 1월 31일 옌스 바게슨에게 보낸 라인홀트의 서한(*Fichte in Gespräch*, ed. H. Fuchs, Stuttgart–Bad Cann-statt, 1978, I, 83) 참조 보수주의적 비판가들 중에서는 행복주의자들도 있었다. 그들의 입장에 대해서는 추후 검토할 것이다.
94. 이 점은 피히테와 레베르크의 차이점을 연구한 슈트레커에서는 찾아볼 수 없다(Strecker, *Fichtes Staatsphilosophie*, pp. 35–39, 106, 118, 149).
95. Fichte, *Werke*, VI, 84.

충분한 기준은 아니라는 데 동의했다. 이 원리는 이성에 의해 선험적으로 결정될 수 없는 온갖 종류의 다양한 사회적·정치적 조정들과 양립할 수 있다. 이 조정들이 일치하지 않는 부분은 도덕 법칙의 불충분함에서 비롯된 결과이다. 『프랑스혁명에 대한 고찰』에서 레베르크는 정치에서 도덕 법칙이 침묵하고 있는 곳에서 우리는 경험, 역사, 전통에 의지해야 한다고 주장했다.[96] 그에 따르면, 이 영역에서 우리는 무엇이 최선인지 결정할 충분한 경험이 없기 때문에 우리의 자율성을 멀리해야 한다. 그런 다음 우리는 정치적 권위의 판단에 의존해야 한다는 것이다. 특히 피히테의 분노를 불러일으킨 것은 우리의 자율성을 멀리하라는 이러한 요구였다. 왜냐하면 그것은 정치적 권위를 위해 개인의 자유를 너무 성급하게 박탈하는 것 같았기 때문이다. 레베르크에 맞서 피히테는 도덕 법칙이 침묵하고 있는 곳에서도 우리는 우리의 자율성을 멀리할 필요는 없다고 반박했다. 왜냐하면 우리의 의지만이 구속력을 발휘하고 있는 그런 계약들을 맺는 것이 여전히 우리에게는 가능하기 때문이다. 우리가 계약을 맺느냐 안 맺느냐는 도덕 법칙에 의해 결정되는 것이 아니다. 이때의 도덕 법칙은 우리에게 계약을 맺도록 허용하지만 의무화하지는 않는다. 이러한 자율성은 특히 사회계약 자체에 적용된다고 피히테는 주장했다. 이 계약을 체결할 때 우리는 도덕 법칙에 얽매이지 않으며, 그럼에도 우리의 자율성을 유지한다. 그러므로 계약은 도덕 법칙에 의해 좌우되지 않은 채 정치적 영역에서의 자유를 보장하는 것이다. 계약은 정치적 영역이 자유를 박탈하는 특징을 갖는다는 레베르크의 주장에 맞서는 보루로서 서 있는 셈이다.

피히테가 그의 『학문론』에 대한 '맨 처음 힌트와 암시'를 얻은 것은 프랑스혁명에 대한 글을 쓸 때였다고 그는 후에 말했다. 프랑스혁명에 대한 피히테의 초기 저술들은 그의 철학의 기원에 대해 우리에게 무엇을 말해주는

· ·
96. A. W. Rehberg, *Untersuchungen über die französische Revolution*(Hannover, 1793), I, 15–17 참조.

가? 정확히 어떻게 피히테의『학문론』이 프랑스혁명에 대한 그의 성찰에서 생겨났을까? 철학의 제1원리에 대한 피히테의 탐구가『논고』를 쓴 바로 그 시기인 1793년 봄부터 시작되었기 때문에,[97] 이 작품을 집필하는 과정에서 최초의 어렴풋한 영감이 떠올랐다고 보는 것은 타당하다. 이것은 정말 그러했 던 것으로 보인다.『논고』에서 옳고 그름에 대한 자신의 이성주의적 기준을 정당화하려고 시도하면서, 피히테는 그의 이후의『학문론』의 제1원리와 방법 둘 다를 제안했다. 우리는 [83]사람들이 스스로 다른 행동을 할 수 있는 자유로운 행위자일 경우에만 그들에게 도덕 법칙을 적용하는 것이 정당하다고 피히테는 주장했다.[98] 그러므로 우리는 도덕 법칙을, 외부의 자연적 원인들에 의해 그 행동이 규정되어 있는 우리의 경험적 자아로부터 도출할 수 없다. 오히려 우리는 우리의 내적 자아인 "자아의 순수하고 본원적 인 형식"에서 그것을 이끌어내야 한다. 우리는 우리 외부의 모든 것들로부터 추상화하고 내부에서만 일어날 수 있는 것을 반성함으로써 우리의 내적 자아를 알게 된다. 그러한 반성은 우리의 내적 활동이나 자발성에 대한 인식을 주는데, 이것은 외부적 원인들에 의해 규정되지 않는 행동하는 힘이다. 도덕 법칙의 이러한 도출은『학문론』의 제1원리인 순수 자아나 자기를 선취하 고 있으며,『학문론』의 방법인 추상화와 반성을 예시하는 것이다. 피히테가 프랑스혁명을 판단하기 위한 적절한 기준을 성찰함으로써 이 두 가지 결론에 도달했다는 것은 정말 놀라운 일이다. 이것은 프랑스혁명을 정당화하려는 피히테의 시도에서『학문론』이 어떻게 태동했는지를 완벽하게 보여준다.

그러나 피히테가 초기 정치적 저술들에서 고안한 것은『학문론』의 제1원 리와 방법만이 아니었다.『회복 요구』에서 그는 후에『학문론』에서 근본적인 역할을 하게 될 다음과 같은 또 다른 교설을 정식화했다. 즉 이성의 본질은

• •
97. 피히테의『학문론』성립에 있어 이 몇 개월의 중요성은 빌리 카비츠에 의해 처음 주장되었다. Willy Kabitz, *Studien zur Entwicklungsgeschichte der Fichteschen Wissenschaftslehre aus der kantische Philosophie*(Berlin, 1902), pp. 32-55.
98. Fichte, *Werke*, VI, 47-79, 특히 pp. 58-60.

무한한 활동이며, 진리를 찾는 데 있어 어떤 한계도 넘어서려는 노력이다.[99] 이 교설은 피히테가 일찍이 사상의 자유를 옹호하는 데 있어 중추적인 역할을 한다. 그의 주장에 따르면, 이성은 어떤 한계를 초월하는 특성을 가지고 있으므로 우리는 특정 신념을 신조로 받아들이기로 동의하는 사회계약을 체결할 수 없는데, 왜냐하면 그러한 계약은 우리의 이성을 소외시킬 것을 요구하기 때문이다. 이성의 특성에 대한 이와 동일한 생각을 피히테는 나중에 『학문론』에서 회의주의의 문제에 적용했다. 피히테는 회의주의의 문제에 대한 해결책을 작은 범위 내에서 기술한, 『에네지데무스』에 대한 그의 비평에 서,[100] 이성의 무한한 활동만이 지식의 한계를 극복하고 학문의 이상에— 그 이상을 달성하지는 못하더라도— 접근하도록 허용한다고 주장했다. 여기서 다시 『학문론』의 기술적 개념들 중 하나는 피히테가 정치적 문제에 대해, 특히 이 경우 사상의 자유에 대해 반성하는 데서 비롯되었다.

• •
99. 같은 책, VI, 23–24.
100. 같은 책, I, 3–25 참조. 『학문론』에 있어 「『에네지데무스』에 대한 비평」의 의의에 대해서는 Daniel Breazeale, "Fichte's Aenesidemus Review and the Transformation of German Idealism," *Review of Metaphysics* 34(1981), 544–568 참조.

제4장

프리드리히 실러의 정치사상, 1781–1800년

4.1. 실러의 정치사상의 문제

[84]1790년대의 모든 고전적 인물들 중에서 프리드리히 실러(1759–1805)보다 프랑스혁명의 정신에 더 가까운 사람은 없을 것 같다. 1780년대 그가 '분노하는 젊은이'로서 쓴 희곡들 ─ 『도적 떼』(1781), 『피에스코의 반란』(1784), 『간계와 사랑』(1784), 『돈 카를로스』(1787) ─ 은 프랑스혁명이 일어나기 전에 혁명의 이상과 방법을 선언하는 것으로 보인다. 이 작품들은 자유, 평등, 연대의 복음을 설파하고 구체제의 특권, 억압, 편협함을 비난하며 기존 질서에 대한 반란을 미화한다. 칸트의 도덕철학이 프랑스의 사건들에 철학적 기초를 제공한 것처럼, 실러의 희곡들은 그 사건들의 극적인 기대였다.

그러한 유사점들은 프랑스혁명이 발발한 후 실러가 피히테와 동등한 급진주의자가 되는 것을 불가피하게 만든다. 하지만 이상하게도 사정은 그 정반대이다. 바스티유의 폭풍이 있은 후 실러는 프랑스혁명에 대해 조심스러웠고 심지어 의심을 나타냈다. 그는 사건들의 혼란과 당파 투쟁의 소란 한가운데서 객관성을 유지하기 위해 고군분투했지만 점차 프랑스혁명에 비판적이 되었다.

그렇다면 여기에 하나의 문제가 있다. 1780년대 '혁명적 희곡'의 저자가 어떻게 1790년대 혁명의 현실을 못마땅하게 여길 수 있었을까? 당연하게도 이 의문은 광범위한 논쟁과 논평을 불러일으켰다. 실러의 초기 희곡과 이후의 태도 사이에 거의 설명할 수 없는 불일치에 직면하여, 일부 학자들은 초기 실러와 후기 실러를 구별할 필요가 있다고 믿는다.[1] 이러한 불일치의 근원은 실러의 점증하는 보수주의, 정치에 대한 그의 환멸, 그리고 바이마르 궁정 생활에 대한 그의 수용에 있다고 주장되고 있다. 이에 따라 실러의 1781년부터 1800년까지의 정치적 발전은 "저항적 급진주의에서 철학적 무저항주의로의"[2] 이동으로 묘사되어 왔다.

초기 실러와 후기 실러 간의 불일치는 1790년대 독일 정치사상에서의 이론과 실천 사이의 간극의 주요 사례로 종종 받아들여져 왔다. 실러는 그의 희곡들에서 혁명을 찬양하기를 좋아했지만, 실천에서는 그것을 지지하려 하지 않았다는 것이다. 아마도 그는 [85]그의 시대의 기본적인 사회 문제들에 대해 정치적으로 점점 더 냉담해지고 무관심해졌으리라는 것이다. 그토록 자신을 실망시켰던 정치의 세계에 자신을 연루시키기보다는 그는 예술의 세계로 피신했다. '정치에 무관심한' 실러의 태도는 실제로 바이마르 문화를 대표하는 것으로 받아들여지고 따라서 독일 문화 전반을 대표하는 것으로 받아들여지는 경우가 많다. 그것은 심지어 이후 독일 역사의 대재앙 과정에 대한 책임이 있다고도 여겨져 왔다.[3]

. .

1. 예컨대 G. P. Gooch, *Germany and the French Revolution*(London, 1920), pp. 208–229; Alexander Abusch, *Schiller*(Berlin, 1980), pp. 175–205; Maurice Boucher, *La Revolution de 1789 vue par les ecrivains allemands*, Etudes de Literature Étrangère et Comparée, no. 30(Paris, 1954), pp. 94–113, 특히 pp. 94–95 참조.

2. Gooch, *Revolution*, p. 228 참조.

1790년대 정치사상에 대한 실러의 가장 중요한 공헌은 『인간의 미적 교육에 관한 서한』(이하 『미적 서한』)이다. 이것은 1790년대에 가장 영향력 있는 정치철학 저작 중 하나였다. 훔볼트와 헤겔은 이 책에 감탄했고, 프리드리히 슐레겔, 노발리스 그리고 횔덜린은 이 책에서 영감을 받았다.[4] 우리가 낭만파의 초기 정치적 견해를 이해하려면 이 저작에로 눈을 돌려야만 한다. 하지만 정치철학에 미치는 영향에도 불구하고 이 논고는 실러의 '정치로부터의 도피', 미의 이상적 세계로의 탈출로 읽혀져 왔다.[5] 이 해석에 따르면 실러가 『미적 서한』에서 특히 관심을 두었던 것은 그가 목적 그 자체로서 보았던 도야^{Bildung}였다. 도야를 그 정치적 상황과 분리함으로써, 『미적 서한』은 독일에서 그렇게 널리 퍼져 있는 문화에 대한 비정치적 관념의 기초를 마련했다는 것이다.

프랑스혁명에 대한 실러의 반응을 어떻게 설명해야 할까? 그의 철학적 발전에 어떤 어긋남이 있는가? 실러는 진정으로 정치적으로 무관심해졌는가? 그리고 『미적 서한』은 정말로 현실 도피로의 실행이었을까? 이러한 물음들이 다음 절의 주제를 이룰 것이다. 이 물음들에 대답하기 위해서는 실러의 초기 정치적 견해를 검토할 필요가 있다. 그의 『미적 서한』과 프랑스혁명에 대한 태도를 그의 초기 저술의 맥락 속에서 살펴볼 때, 우리는 전통적인 비정치적 해석에 의문을 제기할 충분한 이유를 찾을 것이고 그의 철학적 발전에서 불일치보다는 더 많은 연속성을 발견할 것이다.

• •
3. Deric Regin, *Freedom and Dignity: The Historical and Philosophical Thought of Schiller* (Hague, 1965), p. 101 참조.
4. 『미적 서한』의 영향에 대해서는 *On the Aesthetic Education of Man*(trans. by E. M. Wilkinson and L. A. Willoughby, Oxford, 1967), pp. cxxxiii–cxcvi의 역자 해설 참조.
5. Abusch, *Schiller*, pp. 192–201; György Lukács, *Goethe und seine Zeit*(Berne, 1947), p. 109 참조.

4.2. 초기 정치사상

실러의 초기 정치적 이상들은 주로 **계몽**의 분위기 속에서 형성되었다. 슈투트가르트의 카를고등학교에서의 초기 학생 시절 실러는 두 명의 저명한 **계몽주의자**인 토마스 압트와 크리스티앙 가르베의 저작들을 열심히 읽었으며 또 다른 유명한 **계몽주의자** 칼 아벨의 헌신적인 제자였다.[6] 그들의 영향력 아래 그는 종교적 관용, 사상의 자유, 법치, 기회의 평등, 인간의 권리 등 **계몽**의 기본적인 정치적 이상들을 공유하게 되었다. 실러는 그의 초기 희곡에서 바로 이러한 가치들에 대해 몇 번이고 호소하고 있는데, 특히 이 가치들을 독일 소 제후들의 폭정을 물리치기 위한 무기로서 사용한다. **계몽**은 실러에게 그의 기본적인 정치적 이상뿐만 아니라 작가로서의 역할에 대한 의식도 주었다. 모든 **계몽주의자들**처럼, 그는 문필가가 사회적·정치적 개혁을 위해 대중을 교육하는 사회적 사명을 가지고 있다고 믿었다. [86]젊은 실러는 그러한 사명을 다름 아닌 자신의 희곡의 목적으로 보았다. 「좋은 상설 극장은 실제로 어떠한 효과를 낼 수 있는가?」라는 초기 논문에서 그는 연극의 목적이 '도덕 교육sittliche Bildung'과 '지성의 계몽Aufklärung des Verstandes'이라고 주장했다.[7] 실러가 나중에 『미적 서한』에서 제시한 미적 교육 프로그램은 **계몽**의 목표와 완벽하게 부합한다. 즉 미적 교육의 목적은 이상 국가의 이성의 원리에 따라 행동하도록 사람들을 고무시키는 것이다.

계몽 정치사상의 넓은 스펙트럼에서 볼 때 실러는 진보적인 온건파로 드러난다. 초기 희곡들의 공화주의적이고 반항적인 정신은 여전히 계몽적 군주제를 고수했던 가르베, 비스터, 에버하르트와 같은 기성세대의 보다

· ·

6. 이 계몽주의자들이 어린 실러에게 미친 영향에 대해서는 Benno von Wiese, *Friedrich Schiller*(Stuttgart, 1959), pp. 84–88 참조.

7. Friedrich Schiller, *Werke, Nationalausgabe*, ed. L. Blumenthal and Benno von Wiese(Weimar, 1943–1967), XX, 87–100 참조. 가능한 한 실러에 대한 언급은, 훌륭하지만 여전히 불완전한 이 판본에 의거할 것이다(이하 *NA*로 줄임).

보수적인 **계몽주의자들**로부터 그를 분명히 구별케 한다. 비록 초기 희곡들 중 일부에서는 계몽적 군주제를 지지하는 듯한 대목들이 있긴 하지만,[8] 실러는 이러한 통치형태에 단지 공화국으로 가는 길의 한 단계로서 잠정적인 타당성만을 부여했을 가능성이 더 높아 보인다. 그러나 실러가 보수주의자가 아니었다면, 또한 그는 급진주의자도 아니었다. 그는 직접민주주의, 즉 변덕스럽고 자의적이며 야만적일 수 있는 백성들의 무절제한 권력을 의심하고 있었다. 국민은 현명하고 자애로운 통치자들에 의해 그리고 국가 전체의 이익을 이해하는 귀족과 상층 부르주아 계급 구성원들에 의해 이끌려갈 필요가 있다.[9]

실러는 자신이 이상적인 통치형태라고 여기는 것에 대해 항상 모호한 태도를 유지했다. 그를 공화주의자라고 표현하는 것은 정당하다. 그러나 그의 초기 희곡과 서한에서 그는 자신이 공화국의 적절한 형태라고 간주하는 것에 대해 명확한 진술을 하지 않았다. 공화국은 민주주의나 귀족정치와 일치할 수 있다는 점을 감안할 때, 18세기 정치이론의 맥락에서 공화국의 적절한 형태는 참으로 매우 모호한 것이 사실이다. 프랑스혁명 직전인 1789년에야 그는 자신의 정치적 선호를 설명하는 데 근접했다. 즉 그것은 바로 영국의 노선을 따르는 제한된 대의민주주의와 입헌군주제였다.[10]

• •
8. 예를 들어 『돈 카를로스』에서의 포자의 유명한 연설(*NA* VI, 177–199), 『피에스코의 반란』에서의 베리나의 이별의 표현(*NA* IV, 121), 『도적 떼』의 상연용 각본에서 모어가 부하들에게 전하는 마지막 조언(*NA* III, 235) 참조. 이러한 대목에 근거하여 실러는 계몽적 군주제와 위로부터의 개혁의 옹호자로 여겨져 왔다. 예컨대 Gooch, *Revolution*, p. 212; Helmut Koopmann, *Schiller*(München, 1988), pp. 29–38 참조.

9. 예를 들어, Schiller, *Geschichte des Abfalls der Vereinigten Niederlande*, *NA* XVII, 44 참조. 이 작품에서의 실러의 정치적 견해에 대해서는 Ernst Engelberg, "Friedrich Schiller als Historiker", *Studien über die deutsche Geschichtswissenschaft*, ed. J. Streisand(Berlin, 1963), I, 11–13, 특히 pp. 13–19 참조.

10. Schiller, "Die Gesetzgebung des Lykurgus und Solon", *NA* XVII, 434–438 참조. 군주제의 가치에 대한 실러의 신뢰는 추후 논의되겠지만 루이 16세의 처형에 대한 그의 반응과 「우미와 존엄에 대하여」(*NA* XX, 281–282)에서 분명히 드러난다. 영국 모델에 대한

실러의 초기 정치사상은 또한 몽테스키외, 루소, 퍼거슨이라는 세 명의 사상가를 연구함으로써 형성되었다. 실러가 몽테스키외를 알게 된 것은 그의 초창기 학창 시절로 거슬러 올라가는데, 당시 그는 몽테스키외를 그의 시대의 위대한 지성들 중 하나라고 찬양했다.[11] 1788년까지 그는 『로마인의 흥망성쇠 원인론』을 읽었고 『법의 정신』을 입수해두고 있었다.[12] 몽테스키외가 실러에게 어떤 영향을 미쳤는지 정확히 판단하기는 어렵지만,[13] 실러의 저술에서 몽테스키외 사상의 몇 가지 주제들이 두드러진 역할을 한다. 가령 법과 국민의 성격의 상호 영향, 법치주의와 중용의 가치, 급진적 민주주의의 약점, 그리고 입헌 군주제와 제한적인 의회 민주주의에 대한 호의 등이 그것이다. 무엇보다도 실러는 미덕이 공화정체의 원칙이라는 몽테스키외의 주장에 영향을 받은 것으로 보이는데, 이 주장은 그에게 공화주의적 헌법은 오직 [87]시민들의 도덕 교육 덕택에 성공할 수 있다고 확신시켰을지도 모른다. 실러가 루소에 대해 알게 된 것도 그가 루소에게 경의를 표하는 시 한 편을 썼던 그의 초기로 거슬러 올라가는데, 이 시는 프랑스의 장 자크 루소에 대한 박해에 분개하는 성난 비가悲歌였다. 실러는 『에밀』과 『신新 엘로이즈』의 사본을 소지하고 있었고 적어도 『학문예술론』이나 『인간 불평등 기원론』에 대한 간접적인 지식을 가지고 있었다. 실러는 루소로부터 인간 마음의 순수함과 무과실성에 대한 믿음, 평등에 대한 신념, 그리고 18세기 궁정사회의 부패와 타락에 대한 경멸을 배웠다.[14] 그러나 그는 루소의 문화적 비관론에는

• •
그의 감탄은 『간계와 사랑』(*NA* V, 32)에 나타나 있다.

11. 실러의 두 번째 「칼스슐레 연설」, "Die Tugend in ihren Folgen betrachtet", *NA* XX, 33 참조.

12. 1778년 12월 4일 샬로테 폰 랑게펠트에게 보낸 실러의 서한(Briefe, *Kritische Gesamtausgabe*, ed. Fritz Jonas, Stuttgart, 1892–1896, II, 170) 참조.

13. 몽테스키외의 영향에 대해서는 Wiese, *Schiller*, pp. 334–338, 또한 Regin, *Freedom and Dignity*, pp. 23–25에 실려 있는 비제의 견해에 대한 비판적 주해를 참조.

14. 루소의 영향이 가장 잘 나타나 있는 것은 『간계와 사랑』이다. Schiller, *NA* V, 13, 20, 25–26 참조. 또한 Schiller, "Erinnerung an das Publikum", in *Die Verschwörung des*

공감하지 않았고, 급진적 민주주의나 국민 주권에 대한 루소의 옹호는 더더욱 받아들이지 않았다.[15] 실러는 또한 어린 학창 시절에 퍼거슨의 열렬한 학생이 었는데, 그는 퍼거슨의 『도덕철학의 원리』를 크리스티안 가르베의 번역으로 거의 외우고 있었다. 퍼거슨으로부터 실러는 근대 시민사회의 문제에 대한 감각은 물론 사회와 도덕의 자연사에 대한 이해를 얻었다.[16]

실러의 초기 정치적 신념을 이해하려면 그의 희곡을 고려할 필요가 있다. 초기의 각본들은 그 문학적 형식뿐만 아니라 그 정치적 의도와 내용 면에서도 종종 '혁명적'이라고 평가되어 왔다. 실러의 초기 정치적 신념과 이후 정치적 신념 사이에서 불일치가 발견되는 것은 사실 주로 이러한 이유 때문이다. 특히 이러한 지적을 뒷받침하는 듯한 두 개의 희곡이 있는데, 그것은 바로 『도적 떼』와 『피에스코의 반란』이다. 그러나 이 희곡들을 주의 깊게 읽어보면 이러한 해석이 심각하게 오해의 소지가 있음을 알 수 있다.

실러의 희곡 중 1781년에 처음 출판된 『도적 떼』만큼 혁명적인 작품은 없는 것 같다. 이 희곡의 줄거리는 18세기 독일 사회의 부정과 불의에 대해 앙갚음을 하기 위해 도적단을 이끄는 칼 모어라는 인물을 중심으로 전개된다. 도적단의 도덕성은 18세기 사회의 부도덕성과 뚜렷하고 날카롭게 대비된다. 도적들은 용감하고 충성스러우며 모두는 한 사람을 또 한 사람은 모두를 위한다는 원칙으로 생활하는 반면, 사회는 지배자들이 가난하고 부도덕한 사람들을 착취하기 위해 그들의 힘을 사용하는 이기적이고 경쟁적인 사회로 묘사된다. 당연히 모어는 자신의 희생자들을 심사숙고하여 선별한다. 그가 가장 먼저 약탈하는 상대는 최고 값을 부르는 자에게 관직을 파는 장관들,

---

• •
Fiesco, NA XXII, 89 참조.

15. 루소의 영향에 대해서는 볼프강 리페의 비판적이고 면밀한 논고(Wolfgang Liepe, "Der junge Schiller und Rousseau", *Zeitschrift für deutsche Philologie* 51, 1926, 299–328) 참조.

16. 퍼거슨의 영향에 대해서는 Wiese, *Schiller*, pp. 77–82; Regin, *Freedom and Dignity*, pp. 11–13 참조.

종교재판의 완화를 유감스럽게 여기는 성직자들, 교활한 법률가를 고용해 자신의 재산을 불리는 백작들이다. 그리고 물론 모어의 돈주머니는 항상 가난한 사람들에게 열려 있다. 그러나 그는 단지 로빈 후드만이 아니라 혁명가이기도 하다. 그는 역사책으로만 영웅을 알고 있는 '먹물로 오염된' 시대의 무저항주의와 무기력성을 경멸한다. 그는 법을 무시하고 자신의 의지로 정의로운 사회를 만들겠다고 작정한다. 그래서 그는 "로마와 스파르타는 수녀원처럼 보이게 할 그런 공화국으로 독일을 바꿔 놓겠다"고 호언장담한다.[17]

그러나 모어의 야망만이 이 희곡을 '혁명적'이라고 평가할 수 있도록 허락할 뿐이다. 희곡이 전개되면서 그의 야심은 비극적인 결함을 가지고 있다는 것이 분명해진다. 비록 그의 행위는 높은 도덕적·정치적 이상에서 영감을 얻지만, [88]모어는 종종 무고한 사람들을 학살하고 가난한 사람들을 강탈해온 부하들의 악행에 대한 책임을 깨닫는다. 사회로의 복귀가 그의 가장 열렬한 소망임에도 불구하고 그는 그들의 범죄 때문에 사회에 다시 합류할 수 없다. 사회 질서 안에 있는 지상의 모든 행복을 포기한 후 모어는 자신의 치명적인 과오를 고백한다. "오, 내가 공포를 통해 세상을 더 아름다운 곳으로 만들고 무법을 통해 정의의 명분을 지킬 수 있다고 생각했던 건 어리석은 일이었네. 나는 그것을 복수와 정의라고 불렀지만, 그러나 ― 오, 이 얼마나 허영심 가득한 유치함인가! ― 여기서 나는 공포스런 삶의 벼랑 끝에 서서 나 같은 사람이 두 명만 있더라도 창조의 질서 전체를 파괴할 수 있다는 것을 치를 떨며 눈물을 흘리면서 지금 깨닫고 있다네."[18] 따라서 모어의 치명적인 결함은 정의의 이름으로 불의를 범한다는 것이다. 그렇다면 실러가 모어의 반란과 같은 그런 반란을 지지할 생각이 없었다는 것은 모어의 마지막 연설과 최후를 통해 분명히 알 수 있다. 실제로 그는 사람들을 목적을

17. Schiller, NA III, 21.
18. 같은 책, III, 134–135.

위한 수단으로 취급하는 그 어떤 혁명도 비난하는 것으로 보인다. 만하임 극장 상연을 위해 창작된 희곡의 최종 버전에서 실러는 모어가 사회를 바꾸려고 시도했어야 하는 방법을 다음과 같이 제안했다. 즉 모어는 당국에 항복하기 전에 그의 부하들에게 "인류의 권리를 위해 싸울 군주에게 가라"고 명령한다.[19]

실러의 『피에스코의 반란』은 『도적 떼』보다 혁명이라는 주제를 더 직접적으로 다룬다. 이 희곡의 주제는 16세기 이탈리아 도시 제노바의 혁명이다. 공화정 시대의 귀족인 피에스코는 한때 번영하던 제노바 공화국을 무너뜨린 자네티노 도리아의 폭정을 타도하기 위해 음모를 꾸민다. 피에스코는 정부를 무너뜨리고 자네티노를 암살하는 데 성공하지만, 개인적인 야망에 굴복해 스스로를 군주로 만들었기 때문에 공화국을 다시 세우는 데 실패한다. 자네티노와 같은 운명을 안고 있는 피에스코는 결국 그의 오랜 친구이자 공화주의자인 베리나에 의해 암살당한다. 이 줄거리로부터 명백해진 것은 아니지만, 실러가 『피에스코의 반란』에서 혁명을 다룬 것은 그가 그것을 매우 문제가 많은 시도로 간주했음을 보여준다. 자유라는 이상에서 영감을 얻은 혁명조차도 너무 많은 위험으로 가득 차 있어서 쉽게 자유를 훼손할 수 있다. 이러한 위험 요소들 중 하나는 사람들 자체의 불안정한 성격으로, 가령 그들의 격정과 무지는 그들을 선동가의 손쉬운 먹잇감으로 만든다. 따라서 한 장면에서 피에스코의 웅변은 반란에 골몰한 군중들에게 응당 주인에게 복종해야 한다고 설득한다. 또 다른 절박한 위험은 혁명 지도자들 자신의 동기와 성격이다. 피에스코의 성격이 드러내듯이, 어떤 사람이든 진정 공화주의적 이상을 위해 권력을 획득하더라도 그것을 개인적인 목적을 위해 이용하고 싶은 유혹을 받기 마련이다. 이 희곡에서 반란의 공모자인 칼카뇨와 사코와 같은 다른 조연 등장인물들은 비열한 동기가 혁명가들을 부추길 수도 있다는 것을 보여준다. 사코는 새로운 정부가 그의 빚을 탕감해줄 것이기 때문에 그리고 칼카뇨는 피에스코의 아내를 빼앗으려고 하기 때문에, 각각 음모에

19. 같은 책, III, 325.

가담한다. 그러나 또 다른 위험은 혁명이 이상주의에 의한 것이 아니라 거래상의 이익에 의해 더 동기 부여될 수 있다는 것이다. 따라서 피에스코는 [89]공모자들 중 일부가 공화국의 자유보다 자신들의 이익에 더 관심이 있다는 암시를 함으로써 그들에게 창피를 주려 한다.[20]

실러가 「대중을 떠올리면서」[21]에서 설명했듯이, 『피에스코의 반란』의 교훈은 나라의 좋은 결과를 위해 우리는 우리가 탈취할 수 있다는 걸 증명할 수 있는 왕권을 포기해야 한다는 것이다. 다시 말해서 우리는 자유를 위해 기꺼이 권력에 도전해야 하지만, 그러나 우리는 결코 자신의 목적을 위해 그 권력을 사용함으로써 자유를 배반해서는 안 된다. 이 주제는 시민의 미덕이라는 실러의 후기 개념, 즉 정치적 이상은 그것을 위해 투쟁하는 사람들이 도덕적 성격의 힘을 가지고 있어야만 실현될 수 있다는 실러의 믿음을 완벽하게 요약하고 있다. 그 희곡의 마지막 장면에서 실러는『도적 떼』에서 그랬던 것처럼 위에서부터의 개혁의 필요성을 다시 암시하는 것 같았다. 베리나는 피에스코를 암살한 후, 공화주의적 헌법을 승인한 제노바의 옛 지도자 안드레아 도리아와 상의할 것이라고 선언한다.

『도적 떼』와『피에스코의 반란』에서 혁명에 대한 실러의 태도는 적극적 이기보다는 소극적인 것으로 보인다. 그러나 그가 위에서부터의 점진적 개혁을 선호한다고 단정하는 것은 성급한 것일 수 있다. 왜냐하면 1788년에 실러는 혁명의 권리를 분명히 지지하는『네덜란드 독립사』를 출판했기 때문이다. 이 논고는 16세기의 스페인 왕권에 맞선 네덜란드의 반란에 대한 미완성 연구의 첫 부분이었다. 그 서론에서 실러는 이 반란을 16세기 역사상 가장 빛나는 사건 중 하나라고 칭찬했다.[22] 군주가 권리를 위해 투쟁하는 국민들에 의해 저항을 받을 수 있다는 바로 그 생각은 그에게 "훌륭하고

••
20. 같은 책, III, 45.
21. 같은 책, XXII, 91.
22. 같은 책, XVII, 10.

기운을 돋우는" 것이었다. 그는 모든 시민이 "좋은 목적을 위해 어떤 위험을 감수하고 단결을 통해 무엇을 성취할 수 있는지" 알 수 있도록 하고자 이 연구를 수행했다. 그러고는 대담하고 극적인 표현으로 실러는 독일에서도 이와 비슷한 반란이 가능할지도 모른다고 암시했다. "(네덜란드 국민이) 실행에 옮긴 힘은 우리들 사이에서도 사라지지 않았다. 그와 같은 일이 때때로 일어나고 이와 유사한 일이 우리를 유사한 행동으로 불러일으킨다면, 그들의 대담한 노력에 결실을 맺게 하는 행운의 성공 또한 우리에게 부정되지 않는다."[23]

확실히 '그와 같은 일'과 '이와 유사한 일'과 같은 구절들은 많은 경우를 포함하고 있으므로, 실러가 반드시 자신의 시대를 혁명으로 불러들이는 것은 아니었다. 그는 어떤 상황을 염두에 두고 있었을까? 16세기에 네덜란드인들이 처한 상황에 대한 실러의 분석을 고려해본다면, 그는 그들이 지독한 폭정 하에서 고통을 받았기 때문에 그들의 반란이 정당하다고 믿었던 것이 분명하다. 실러의 견해로는, 펠리페 2세의 지배는 '전례가 없는 폭정'으로서, 가장 기본적인 생명권과 재산권을 짓밟고 이단자 재판소에 의한 종교 박해로 백성을 위협했다. 네덜란드인들은 협상을 하려는 시도와 아주 오래된 권리나 계약에 대한 그들의 호소가 실패했을 때에만 스페인 왕권에 대해 반란을 일으켰다. 사실 반란을 선포하고 처음으로 무력에 의존한 것은 펠리페 2세였고, 그래서 네덜란드인들은 단순히 [90]그에게 저항하면서 자신들을 방어하고 있었다.[24] 실러도 또한 네덜란드인들의 반란이 "현명하고 온건한 지배자들"인 귀족과 상층 부르주아 계급에 의해 주도되었기 때문에 그들의 반란을 칭찬했다. 그는 민중 혁명, 즉 백성들 자신의 자발적인 봉기를 못마땅하게 여겼던 것으로 보인다. 예를 들어 프로테스탄트 폭도들에 의한 교회 파괴에 대해 논하면서 '하층민'(천민^{Gesindel})의 '광란'을 비난했고, "계급의 모든 차별을

23. 같은 책, XVII, 11.
24. 같은 책, XVII, 12.

파괴하고자 하는" "미쳐 날뛰는 도당들"을 완전히 경멸했다.[25] 그래서 네덜란드인들의 반란에 대한 실러의 태도로부터 일반화 해본다면, 대략 이렇게 말할 수 있다. 즉 그는 국민들이 완전한 억압으로 고통 받고 생명과 재산을 보존하기 위한 다른 방도가 없다면 혁명이 정당화될 수 있다고 믿었다. 더욱이 그는 정당한 혁명은 온건하고 지혜롭게 행동할 수 있는 귀족과 상층 부르주아 계급의 책임 있는 구성원들에 의해 주도될 것이라고 생각했다.

실러의 초기 희곡들은 일정한 정치적 관점을 드러냈지만, 명확히 전개된 정치철학에 해당되지는 않는다. 그러나 1780년대 말엽에 이르러 실러는 보다 철학적인 용어로 자신의 정치적 원리를 정식화하기 시작했다. 그의 정치철학 형성의 첫 신호는 그의 편지들이었다. 1788년 11월 27일 카롤리네 폰 보일비츠에게 보낸 편지에서 그는 자신의 가장 기본적인 원리 중 하나를 분명히 했다.

나는 자신의 능력을 발전시켜나가는 인간의 영혼 하나하나가 하나의 전체로 볼 때의 가장 위대한 사회보다 더 뛰어나다고 믿습니다. 가장 위대한 국가는 인간의 창조물일 뿐이지만, 인간은 무한히 위대한 자연의 창조물입니다. 국가는 우연의 산물이지만 인간은 필연적인 존재입니다. 그리고 개개인의 힘에 의해서가 아니라면 과연 무엇에 의해 국가가 위대하고 명예로운 것이 되겠습니까? 국가는 인간의 능력의 결과, 사고의 산물에 불과하지만 인간은 그 능력 자체의 원천이며 그 사고의 창조자이지요.[26]

프랑스혁명과 구체제 둘 다에 대한 실러의 반응의 근간을 이루는 것은 바로 이 개인주의individualism였다. 그는 개인들을 지배하는 국가의 힘 —

● ●
25. 같은 책, XVII, 44, 198-205.
26. Schiller, *Briefe*, II, 162-163.

혁명적인 독재 정권이든 절대적 군주제든— 을 두려워했다. 그의 친구 빌헬름 폰 훔볼트처럼,[27] 실러는 국가는 하나의 수단일 뿐 결코 목적 자체여서는 안 된다고 주장했다. 국가의 목적은 개인의 자유를 보호하는 것이다. 왜냐하면 오직 자유만이 모든 인간의 힘을 완전히 실현하고 발전시킬 수 있기 때문이다.

1789년 봄, 실러는 예나대학교의 철학 교수직을 맡았다. 그가 자신의 정치철학의 윤곽을 정식화하기 시작한 것은 바로 이 교수직에 있을 때였다. 1789년 5월 26일, 바스티유 폭풍이 몰아치기 불과 7주 전, 실러는 "세계사란 무엇이며 또한 어떤 목적으로 그에 대한 연구를 하는가?"[28]라는 제목의 교수 취임 강연을 했다. 이 강연은 역사와 국가의 목적에 대한 실러의 일반적인 신념을 드러내고 있어서, 그의 일반적인 정치적·역사적 견해를 이해하는 데 매우 중요하다. 실러가 쓴 다른 어떤 글도 그가 **계몽**에 대해 빚을 지고 있는 것을 이 강연만큼 그렇게 분명하게 드러내지는 않는다. 그는 여기서 [91]자신의 계몽화된 시대, '인본주의적 세기'의 평화, 진보, 번영에 대한 선명한 그림을 제시했다. 역사의 모든 이전 단계들은 근대 문명을 향해 나아가는 길에 많은 걸음을 내딛는 것으로 간주된다. 현 시대를 우리 선조의 시대와 비교해본다면, 우리는 오늘 살아 있다는 것에 감사해야 할 이유를 찾을 수 있다고 실러는 주장했다. 우리는 기술을 통해 자연에 대한 지배력을 얻었고, 무역을 늘림으로써 생활의 필수적인 요소와 편안함을 모두 얻었다. 우리가 사회에 참여함으로써 잃었던 평등은 법의 권위를 통해 되찾았다. 그리고 우리는 짐승의 자유를 잃었으되 인간의 자유를 획득했다. 실러의 낙관주의는 유럽의 평화 전망을 설명하는 곳에서 가장 정점에 이른다. 무역의 증가 때문에 현 시대의 국가들은 더욱 긴밀한 관계를 형성했다고 그는 주장했

· ·
27. 실러는 1790년 훔볼트와 친교를 맺기 이전에 이 교설을 정식화했다. 훔볼트가 『국가의 유효성의 범위를 규정하는 하나의 「시론」을 위한 이념』을 완성했을 때 실러는 그것이 "확고한 철학적 토대" 위에 기초한 것이라고 말하면서 높이 평가했다. 1793년 3월 13일 G. J. 괴셴에게 보낸 실러의 서한(*Briefe*, III, 302) 참조.
28. Schiller, *NA* XVII, 359–376.

다. 평화를 지키기 위해 불안정한 동맹에 의존하기보다는 각 나라는 자기이익을 추구하면서 다른 나라의 보호자 구실을 한다. 그는 긴 혁명전쟁의 도래를 불과 3년 앞두고 "유럽 국가들은 이제 하나의 대가족으로 탈바꿈했다"고 선언했다.[29] 실러는 심지어 "사려 깊은 모든 사람들이 전 세계적인 연합에 가담할" 세계시민적 시대의 도래라는 계몽의 꿈을 가지고 있다. 다만 오직 한 가지 점에서 실러의 낙관주의는 신성로마제국에 대한 그의 양면적인 태도를 드러냄으로써 조금 빛이 바래지는 것으로 보인다. 어떤 면에서 우리는 여전히 이전 시대의 야만의 그늘 아래 살고 있으며, 특히 봉건제도 위에 "정치적·종교적 자유의 체계"를 구축한 독일에서는 더욱 그러하다고 그는 말한다. 그러나 실러는 봉건제도를 폐지할 수 없는 이유가 무해하고 심지어 유용할 수 있다고 끊임없는 낙관론으로 주장한다. 로마 제국의 그림자는 그 제국의 원형이 일찍이 고대 로마에서 했던 것보다 알프스 이북 쪽에서 더 좋은 일을 해냈는데, 왜냐하면 로마는 모든 영토를 억압적인 획일성 속으로 밀어 넣었던 데 반해, 신성로마제국은 통일성 내에서 다양성을 허용했기 때문이다. 물론 그런 낙관주의는 1790년대에 오래 지속될 수 없었다. 실러는 프랑스혁명이 유럽을 새로운 야만시대로 내몰았다고 한탄하며 곧 낙관주의를 버렸다.[30]

실러의 초기 논문들 중에서 그의 정치적 견해에 가장 중요한 것은 아마도 프랑스혁명 직전에 썼을 법한 「뤼쿠르고스와 솔론의 입법」이다.[31] 실러는

• •
29. 같은 책, XVII, 367.
30. 1793년 7월 13일 프리드리히 빌헬름 아우구스텐베르크에게 보낸 실러의 서한(Briefe, III, 333) 참조
31. 「뤼쿠르고스와 솔론의 입법」의 집필 시기에 대한 정확한 일자는 확정하기 어렵다. 실러는 이 논문을 1790년까지는 출판하지 않았지만, 1789년 8월 초에 강연으로 이야기했다. 1790년 10월 18일 C. G. 쾨르너에게 보낸 실러의 서한(Briefe, III, 109) 참조. 그러므로 실러가 바스티유의 폭풍 이후에 그것을 썼을 가능성은 극히 낮지만 있을 수는 있는 일이다. 어쨌든 이 논문을 프랑스혁명에 대한 반응으로 읽는 것은 타당하지 않은데, 왜냐하면 혁명은 일어난 지 몇 주밖에 되지 않았고 따라서 많은 논평을 할 만큼 시간이

고대 아테네와 스파르타의 대조적인 헌법의 장단점을 논의하면서, 원시 공산주의와 자유 민주주의 둘 다에 대한 자신의 태도를 명확히 했다. 그렇다면 각 헌법에 대한 실러의 반응을 좀 더 자세하게 고찰해볼 가치가 있다.

실러는 뤼쿠르고스가 고대 스파르타를 위해 고안한 헌법에 칭찬할 것이 많다고 생각한다. 후대의 프랑스 사람들의 상황과 마찬가지로, 뤼쿠르고스는 국민들에게 부과한 합리적인 계획에 따라 완벽한 국가를 건설하려고 시도했다. 사유재산을 폐지하고 상업을 제한하며 강한 군대를 건설하고 어릴 때부터 시민들을 교육함으로써, 뤼쿠르고스는 강력하고 자급자족적인 국가를 만들었다. 역사상 다른 어떤 정치인도 [92]자기 나라에 그런 통합과 공공의 정신을 가져다줄 수 없었다고 실러는 말했다. 모든 스파르타인들은 그들의 조국을 가장 우선적으로 생각했다. 엄격한 법과 철저한 교육 체계 하에서 자라난 스파르타인들은 건강하고 도덕적이며 애국적인 사람들이 되었다. 그러나 그들은 그들의 단결, 미덕, 애국심을 너무 비싼 대가를 치르고서 얻었다. 사생활의 모든 측면을 통제함으로써 스파르타 국가는 모든 자아실현과 개인 발전의 전제조건인 자유를 파괴했다. 실러가 암시적이고 뜻깊은 구절에서 설명했듯이, "모든 것은 국가의 이익을 위해 희생될 수 있지만, 국가가 그 자신의 이익을 위한 수단으로만 작용하는 것은 아니다. 국가는 결코 그 자체로 중요한 것이 아니라 인간성의 목적이 성취될 수 있는 기관일 뿐이다. 그리고 이 목적은 다름 아닌 인간의 모든 힘의 발전 즉 진보이다."[32]

아테네의 헌법은 스파르타의 헌법보다 실러의 정치적 이상에 훨씬 더 가깝다. 솔론의 아테네는 뤼쿠르고스의 스파르타와 정반대였다. 스파르타의 정치적 이상은 국민의 통합과 공공의 미덕이었지만, 아테네의 이상은 개인의 자유였다. 솔론은 위에서부터의 혹독한 권위주의적 조치를 취하기보다는

충분히 무르익지 않았을 것이기 때문이다. 이 논문의 집필 시기와 유래에 대해서는 Friedrich Schiller, *Sekulär-Ausgabe*, ed. V. D. Hellen(Stuttgart, 1905), XIII, 302-305의 리하르트 페스터의 주해를 참조.

32. Schiller, *NA* XVII, 423.

아테네를 국민이 스스로 통치할 수 있는 직접민주주의로 만들었다. 뤼쿠르고스와는 달리, 솔론은 법이 개인의 자아실현을 방해하지 않고 촉진해야 한다는 것을 이해했다. 비록 아테네는 분명 실러의 개인주의적 원칙들 중 일부와 일치했지만, 그는 스파르타만큼 아테네를 자신의 통치 모델로 채택할 준비가 되어 있지 않았다. 솔론은 백성들에게 너무 많은 권력을 줌으로써 길을 잘못 들어섰다고 그는 주장했다. 어떤 악폐들은 너무 많은 민주주의, 즉 성급한 결정이나 파벌의 기질과 불가분의 관계에 있다. 이런 악폐를 피하려면 현명한 대표들에 의해 국민의 이익이 결정되어야 한다. 실러는 직접민주주의를 거부하면서도 원칙적으로는 여전히 민주주의를 지지했다.[33] 그러나 그는 그것이 취해야 할 정확한 형태를 알은체하지 않았다. 실러는 큰 의회는 무질서로 향해 가고 소규모 의회는 귀족적 전제주의로 치우친다는 점을 상기시키면서, 이러한 폐해 사이에서 중용을 찾는 문제는 미래 세대가 직면하는 가장 어려운 과제라고 결론지었다. 이것은 물론 정확히 프랑스인들이 곧 맞닥뜨릴 과제였다. 고대 아테네의 직접민주주의를 비판함으로써 실러는 분명히 프랑스의 국민 주권에 반대했다.

실러는 고대 헌법과 근대 헌법의 차이점에 대한 몇 가지 비판적인 발언으로 논문을 마무리했다. 국가를 위한 교육의 중요성을 인식하고 법으로 사람들을 구성하려고 시도한 것은 고대 헌법의 위대한 장점이었다.[34] 법과 도덕은 밀접하게 연관되어 있어서 국가는 모든 개인의 영혼 안에 있고 사람과 시민 사이에는 거의 차이가 없었다. 실러는 고전적 공화국의 시민적 미덕에 감탄했지만, 고대인들을 모방하는 것을 경계해야 한다고 경고했다. 고대인들의 목적은 훌륭했지만 그들의 수단은 종종 잘못되었다. 그들은 [93]법적 강제력을 통해 도덕적 미덕을 창조하려고 시도했는데, 이것은 자멸적인 성격의 것이다. 모든 미덕은 개인의 마음과 영혼에서 흘러나오는 자발적인 것이어야 한다.

----

33. 같은 책, XVII, 440.
34. 같은 책, XVII, 437.

우리는 국가에 대한 충성심이나 부모에 대한 고마움을 강제에 의해 확보할 수 없다. 그러한 강제는 자발적 감정이어야 하는 것을 비굴한 노예 상태로 바꿔버리기 때문이다. 실러가 고대 그리스 모델을 모방하지 말라고 경고한 것은 주목할 만한데, 이는 특히 그가 그토록 자주 열렬한 그리스 숭배자로 묘사되어 왔기 때문이다. 또 다른 곳에서도 실러는 더욱 단호했다. 그는 한정된 지역에 대한 충성을 요구했던 고대국가의 시민적 이상은 보다 세계화된 시대에 맞지 않는다고 선언했다. 근대의 개인은 더 이상 한 나라의 시민이 아니라 세계의 시민이며, 그들의 출생지가 아니라 인류 일반의 대의에 충성을 해야 한다.[35]

실러의 초기 정치적 견해를 감안할 때, 프랑스혁명에 대한 그의 초기의 침묵과 회의주의는 이상한 것으로 보이지 않는다. 그는 거리낌 없는 열광으로 충만해 있기에는 너무나 많은 의문을 가졌을 것이다. 과연 국민의회는 귀족적인 전제주의와 평민적인 민주주의 사이에서 그 어렵고 미묘한 균형을 찾을 수 있을까? 프랑스 국민들은 제노바의 군중처럼 변하기 쉽고 폭력적이며 선동가들에 의해 조종당하게 되지 않을까? 혁명 지도자들 중 칼 모어 같은 인물이 정의를 위해서 온갖 종류의 잔학한 행위를 저지르려 하지 않을까? 실러의 초기 견해는 초기의 프랑스혁명에 대한 열광의 부족뿐만 아니라 국왕의 처형 이후 혁명에 대한 그의 반응도 설명해준다. 단두대에서 루이 16세가 처형을 당한 사건은 실러가 영국의 노선에 따른 입헌 군주제에 대한 희망을 더 이상 갖지 않게 된 결과를 가져왔기 때문이다. 자코뱅당의 세력이 커짐에 따라 그가 「뤼쿠르고스와 솔론의 입법」에서 거부했던 급진적 민주주의가 출현하게 되었다. 실러가 『네덜란드 독립사』에서 혁명을 찬성했긴 했지만, 네덜란드인들의 반란은 귀족과 상층 부르주아 계급에 의해 주도되었다. 그러나 1793년 지롱드파의 몰락 이후 프랑스혁명은 그러한 엘리트 지도력과 명백히 결별되었다. 이와 같이 실러의 초기 정치적 견해를 고찰한 다음에는,

35. 1789년 10월 13일 C. G. 쾨르너에게 보낸 실러의 서한(*Briefe*, II, 343) 참조.

더 이상 실러의 초기와 후기 사이의 불일치를 발견하는 것은 어려워진다.

4.3. 프랑스혁명에 대한 반응, 1789–1793년

프랑스혁명에 대한 실러의 초기 반응은 다소 양면적이었던 것으로 보인다. 샤를로테 폰 랑게펠트에 따르면, 그는 "진지하고 불길한 예감"으로 프랑스혁명에 대한 소식을 처음 들었다.[36] 그러나 그는 또한 바스티유 습격과 구체제의 붕괴를 둘러싼 몇몇 축하 행사에 동참하는 것처럼 보였다. 따라서 1789년 실러와 약혼한 랑게펠트는 그들의 초기 반응을 다음과 같이 썼다. "우리는 종종 이후에 기억을 떠올렸다. … 어두운 전제정치의 기념비(즉 바스티유 감옥)의 파괴가 얼마나 우리 두 젊은 마음에 폭정에 대한 자유의 전조로서 나타났는지를, 그리고 우리의 멋진 관계의 초기에 이런 일이 일어났다는 사실에 우리가 얼마나 기뻐했는지를."[37] [94]그러나 실러의 열광은 기껏해야 미지근한 것이었다. 그는 프랑스의 폭정의 종식을 환영했다면, 새 통치에 대해 경계했다. 이미 1789년에 그는 국민의회가 프랑스에 건전하고 안정적인 헌법을 마련할 수 있을지에 대해 의문을 가졌다. 실러와 랑게펠트의 친구인 카롤리네 폰 보일비츠는 이렇게 회상했다. "프랑스의 사건들은 자연스럽게 자주 우리 대화의 대상이었다. 그리고 우리가 국민의회의 정신과 멋진 연설에 환호했을 때, 그는 6백 명의 사람들이 모인 집단이 무언가 이성적인 것을 결정한다는 것은 불가능하다고 말했던 것으로 나는 기억한다."[38]

실러는 국민의회뿐 아니라 프랑스 국민들에 대해서도 회의적이었다. 그는 그들이 공화주의적 헌법에 요구되는 시민적 미덕을 가질 수 있는지

- •
36. Schiller, *NA* XVII, 127.
37. 같은 책, XVII, 124.
38. 같은 책, XVII, 128.

의심했다.[39] 실러의 회의적인 태도는 파리에서 나오는 많은 호의적인 보도들을 신뢰하지 않으려 할 정도였다. 반가운 소식을 가지고 파리에서 막 돌아온 독일인 여행가 J. S. 슐츠를 만난 뒤, 실러는 1789년 10월 30일 폰 보일비츠에게 다음과 같이 편지를 썼다. "슐츠는 파리의 반란에 대해 재미있는 세부 사항들을 많이 알고 있더군요. 하늘이 그가 말하는 모든 것이 진실임을 허락해 주시기를! 하지만 그는 자신이 말하는 것을 옳다고 믿을 때까지 계속 거짓말을 하고 또 그것을 출판하지나 않을까 나는 두렵습니다."[40] 실러가 애당초 프랑스혁명이 정당하다는 것조차 믿지 않았다는 증거가 있다. 그의 오랜 학교 친구 프리드리히 폰 호벤은 이렇게 설명했다. "실러는 자유에 대해 떠들어대는 프랑스인들의 친구가 아니었다. 그는 더 행복한 미래에 대한 어떠한 전망도 찾을 수 없었다. 그는 프랑스혁명을 무능한 프랑스 정부, 궁정과 지역 유지들의 퇴폐, 프랑스 국민의 사기 저하의 자연 발생적인 결과로 여겼다. 프랑스혁명은 자신들의 이기적인 목적을 위해 상황을 이용하는, 만족할 줄 모르고 야심에 가득 차 있으며 격정적인 사람들의 소행이었다. 그러나 그것은 지혜의 소산은 아니었다."[41] 명백히 실러는 프랑스인들이 네덜란드인과 같은 압제에 시달렸다고 믿지 않았다. 설사 구체제의 부패가 그들의 혁명의 이유를 말해준다고 하더라도, 그것이 혁명을 정당화하지는 못한다는 것이다.

그러나 실러가 프랑스혁명에 대해 비판적 거리를 둔 것은 정치적 무관심의 결과가 아니었다. 그는 1790년대 초 미학적 문제들에 깊이 관심을 가졌지만, 프랑스의 사건들을 무시하지는 않았다. 프랑스혁명에 대한 그의 관심의 첫 신호는 1790년 4월 15일 그의 친구 쾨르너에게 보낸 다음과 같은 편지이다. "정치적 세계가 지금 나의 관심거리이지요. 우리는 독일의 구석구석까지 전쟁의 기미를 느끼게 될 것이기 때문에, 나는 전쟁이라는 바로 그 생각만

· ·
39. 같은 책, XVII, 127.
40. Schiller, *Briefe*, II, 352.
41. Wilhelm von Hoven, *Biographie des Doctor Friedrich Wilhelm von Hoven: Von ihm selbst geschrieben*(Nürnberg, 1840), p. 133.

해도 두렵기 짝이 없습니다."[42] 프랑스혁명의 첫 몇 해 내내 실러는 프랑스 문제들에 대해 강렬한 관심을 유지했다. 그는 『모니터Moniteur』지를 읽으면서 그것이 온갖 토론과 새로운 입법에 대한 상세한 설명을 싣고 있는 것을 높이 평가했다.[43] 1792년 가을에 그는 미라보의 『공화국의 교육에 관하여』를 읽었는데, 이 책은 그에게 깊은 감명과 함께 프랑스혁명에 대한 반응을 형성하는 데 도움을 주었다.[44]

실러는 이미 1791년에 프랑스의 사건들과 분명한 관련성을 가진 논문 한 편을 쓸 정도로 정치적 무관심과는 거리가 멀었다. 이 글은 [95]「앙리 4세 통치 이전의 프랑스 반란의 역사,」[45]인데, 1792년 초에 『일반역사논총』에 발표되었다. 이 논문에서 실러는 1560년대 프랑스 시민 소요에 대한 길고도 솔직한 설명을 제공했다. 비록 그가 이 역사를 현재의 사건들과 명시적으로 연관시키지는 않았지만, 정치적 관련성을 갖도록 의도했을 것으로 보인다. 실러가 무엇보다도 역사를 쓴 것은 그것이 자신의 시대를 위한 메시지인 도덕적 가치를 지니고 있다고 믿었기 때문이다.[46] 실제로 1792년 11월 실러는 쾨르너에게 크롬웰의 [청교도] 혁명의 역사를 써볼 것을 권했는데, 그 이유는 "특히 현 시점에서 혁명에 관한 소신을 발표하는 것은 매우 흥미로운 일"[47]이기 때문이다. 실러는 프랑스 내란의 역사를 쓰면서 군주제가 약화되거나 폐지될 경우 프랑스 내란의 위험성이 고조된다는 것에 주의를 끌고자 했을 것이다. 그는 1560년대 시민 소요의 주요 원인이 프랑스 왕권의 약세 때문이라고 주장했는데, 당시의 왕권은 이견 차이를 해소하거나 적대적인 귀족 파벌들의

- -
42. Schiller, *Briefe*, III, 71.
43. 1792년 11월 26일 쾨르너에게 보낸 실러의 서한(*Briefe*, III, 231) 참조.
44. Schiller, *Briefe*, III, 221-222.
45. Friedrich Schiller, *Gesamtausgabe*, ed. G. Fricke and H. Göpfert(München, 1965-1966), XV, 141-223 참조(이하 *GA*로 줄임).
46. 세계사에 대한 논문에 관해서는 Schiller, *NA* XVII, 371-372 참조.
47. Schiller, *Briefe*, III, 225.

야심을 억누를 수 없었다.[48] 만약 군주제가 해체된다면 현재의 프랑스에서 무슨 일이 일어날까라고 실러는 묻고 있었다. 어떤 민주제에도 내재되어 있는 파벌의 기질은 1560년대 그런 규모의 내란으로 이어지지 않을까?

실러가 프랑스혁명에 대한 약간의 희망을 키우기 시작한 것은 아마도 1792년 가을 프랑스로부터 명예시민의 자격을 받은 결과였을 것이다.[49] 그는 1792년 11월 26일 쾨르너에게 이렇게 편지를 썼다. "나는 『모니터』지를 읽어왔기 때문에 프랑스인에 대한 기대가 더 큽니다. 이 신문을 읽지 않았다면, 꼭 읽어보시기를 권하고 싶습니다. 이 신문에서 프랑스 국민공회의 모든 의사록을 상세히 읽을 수 있고, 모든 장단점을 지닌 프랑스인들에 대해 알게 될 겁니다."[50] 실러는 퀴스틴 백작이 점령한 직후인 마인츠에서 보조금을 받는 생활을 영위할 것이라는 그의 전망을 언급하며 이렇게 덧붙였다. "마인츠의 전망은 이제 나에게 매우 불안할 것입니다. … 만약 프랑스인들이 나의 희망을 파괴할지라도, 나는 프랑스인들과 함께 더 나은 삶을 창조할 방법을 찾을 수 있을 겁니다."[51]

그러나 실러의 희망은 오래가지 못했다. 분명 그는 독일로 출정한 프랑스군의 행동에 대한 충격적인 뉴스를 읽었음에 틀림없다. 게다가 그는 1792년 12월 초에 있었던, 국왕을 재판하기로 한 결정과 그 후 국왕 심문에 소름이 끼쳤다. 1792년 12월 14일 쾨르너에게 보낸 그의 편지는 다음과 같은 실망감을 담고 있다. "나는 그들의 다툼이 결국 만족스러운 결과를 가져오리라 믿으며 프랑스인들에게서 많은 걸 기대했었습니다. 좋은 결과에 대한 감정은 그들에

••
48. Schiller, *GA* XV, 166, 198.
49. 이 에피소드에 대해서는 Walther Löhde, *Friedrich Schiller im politischen Geschehen seiner Zeit*(München, 1959), pp. 137–148, 263–264; Gerhard Schmid, *Friedrich Schiller: Bürger von Frankreich*(Weimar, 1984), pp. 9–10 참조.
50. Schiller, *Briefe*, III, 231.
51. 같은 곳. 실러가 왜 프랑스의 지배 하에서 새로운 희망을 갖게 되었는지는 불분명하지만, 마인츠에 있는 그의 후원자인 칼 테오도르 폰 달베르크는 프랑스인들과 긴밀한 관계를 유지했다.

게 새로운 도덕적 자극을 줄 수도 있었고, 그러면 나약함과 절망의 결과일 뿐인 공포는 사라질 것이라고 말이지요. 그러나 실로 슬프게도, 이제 오만, 배은망덕, 정복된 자에 대한 비열한 분노, 이기주의 등에 대한 공포가 있습니다. 소수의 위인들도 분별없는 폭도에 의해 혹은 야심찬 악당들의 비열한 계략에 의해 궤멸되어버리는 것입니다."[52] 불과 1주일 후 실러는 프랑스혁명에 대한 더 호된 판결을 내렸다. [96]그는 독일 땅에 최초의 공화국을 건설하기 위해 무력을 사용하는 것에 열중한 포르스터와 마인츠의 공화주의자들에 대해 어떠한 공감도 하지 않았다. 1792년 12월 21일 그는 쾨르너에게 이렇게 편지를 썼다. "포르스터의 행동은 틀림없이 모든 사람들에게 못마땅하게 여겨질 것이며, 나는 그가 이 사건으로 불명예와 후회를 얻게 될 것임을 알 수 있습니다. 나는 더 이상 마인츠인들에게도 관심을 가질 수 없는데, 그들의 모든 행동은 건전한 원칙보다는 자신들을 알리고 싶어 하는 우스꽝스러운 욕망을 나타내기 때문입니다. 건전한 원칙이 있다고 해도 그것은 다른 사람들에 대한 그들의 행동과는 거의 일치하지 않을 것입니다."[53]

그러나 포르스터에 대한 실러의 질책을 모든 정치적 행위에 대한 비난으로 해석하고 또한 무저항주의로 나아가는 발걸음으로 해석하는 것은 성급한 판단일 것이다. 왜냐하면 방금 인용한 바로 그 편지에서 실러는 정계에 진출하기로 극적인 결정을 내렸기 때문이다. 그는 국왕에 대한 소송 절차에 몹시 심란해져 그의 변호를 위한 글을 쓰기로 결심했다. 그런 상황에서 정치로부터 멀리 떨어져 있는 것은 경멸할 만한 일이라고 그는 믿었다. 그는 자신의 결정을 쾨르너에게 이렇게 설명했다. "아마도 당신은 나에게 침묵을 지키라고 충고할 테지만, 나는 그러한 경우 어느 누구도 게으르고 비활동적으로 있지는 않을 것이라고 믿습니다. 만약 모든 자유로운 정신이 침묵한다면, 우리의 개선을 위해 어떠한 조치도 취해지지 않을 것입니다.

••
52. Friedrich Schiller, *Briefwechsel mit Körner*, ed. Karl Goedeke(Berlin, 1847), II, 352.
53. Schiller, *Briefe*, III, 233.

그것에 대한 수용적 능력이 있으므로 우리는 공공연히 발언해야 할 때가 있으며, 그런 때가 바로 현재인 것 같습니다."[54]

실러는 당연히 그의 글을 쓰기 시작했다. 하지만 너무 늦은 상태였다. 그가 글을 끝내기도 전에 왕은 처형되었다. 루이 16세의 머리가 떨어졌을 때 실러의 모든 희망은 사라졌다. 그는 이제 완전한 혐오감에 사로잡혀 프랑스의 일체의 사건들을 외면했다. 그는 1793년 2월 8일 쾨르너에게 자신의 감정을 다음과 같이 적었다. "프랑스 문제에 대해 당신은 무슨 할 말이 있겠습니까? 나는 사실 국왕을 위해 글을 쓰기 시작했지만 만족하지 못했고, 이제 그것은 내 앞에 놓여 있을 뿐입니다. 이 파렴치한 악당들이 나를 너무나 구역질나게 하기 때문에 나는 14일 동안 프랑스 신문을 읽을 수가 없었습니다."[55]

루이 16세의 처형에 대한 실러의 반응은 종종 그가 정치에서 물러나는 신호의 시작으로 여겨져 왔다.[56] 그러나 진실은 그 정반대이다. 실러는 이제 프랑스의 사건들에 대한 자신의 태도를 분명히 밝혀야 한다고 느꼈다. 비록 그는 독일의 반동파당이나 프랑스의 자코뱅당의 대의에 헌신하기 위해 기꺼이 편을 들지 않았지만, 그의 객관성과 초연한 태도는 무관심이나 환멸에 이르지 않았다. 1793년 여름에 쓴 프리드리히 빌헬름 아우구스텐베르크 공작에게 보낸 일련의 편지에서 실러는 자신의 입장을 명확히 하기 시작했다. 『미적 서한』의 근간을 이루는 이 편지들은 실러의 정치적 전망의 중심이며 면밀한 검토를 받을 만하다.

7월 13일에 쓰여진 첫 번째 편지에서 실러는 현 사건들에 대한 입장을 취할 필요성을 강조했다.

• •

54. 같은 책, III, 233–234.
55. 같은 책, III, 246.
56. Regin, *Freedom and Dignity*, p. 100; Boucher, *Revolution*, p. 103; Abusch, *Schiller*, pp. 176, 183. 구치는 이 사건을 실러의 "정통파 교회로의 복귀"의 시작으로 간주한다. G. P. Gooch, *Revolution*, p. 218 참조.

18세기의 마지막 10년간의 사건들은 실무가에게만이 아니라 철학자에게도 적잖이 도전적이고 중요한 사안입니다. … 현명한 솔론의 법은 [97]반란의 시기 동안 태도를 결정하지 않은 시민을 비난했습니다. 만약이 법이 적용되는 경우가 있다면 그것은 인류의 위대한 운명이 문제시되고 있는 현재인 것이며, 따라서 이 현재의 시기라는 것은 인류가 가장 신성시 여기는 것에 대한 가장 비난할 만한 무관심적 태도를 스스로 범하지 않고는 중립을 지킬 수 없는 것처럼 보이는 것입니다.[57]

실러는 그런 다음 공작에게 아무리 긴급하고 중요한 일이더라도 정치적 문제를 직접 논하지 않고 현 사회에서 예술의 역할에 대해 논의하겠다고 말했다. 이것은 그가 정치를 무시할 수 있다고 느꼈기 때문이 아니고, 예술에 대한 관심이 그것보다 더 컸기 때문도 아니었다. 오히려 예술을 사회적·정치적 세계가 직면한 근본적인 문제의 열쇠라고 보았기 때문이었다. 이 문제가 무엇이었는가? 그것은 다름 아닌 언제나 **계몽**의 정신을 선취하고 있었고 이제는 프랑스혁명의 여파로 더욱 긴급하게 된 바로 그 문제, 즉 이론과 실천, 이성과 행동 사이의 간극을 어떻게 극복할 수 있을까라는 문제이다. 비록 프랑스인들이 이성의 원리에 근거하여 그들의 헌법을 기초하려 했지만, 일련의 사건들은 국민이 여전히 그 원리에 따라 행동할 능력이 없다는 것을 보여주었다. 만일 우리가 국가에서 이성의 원리를 실현하려면 우선 국민을 교육시켜야 한다고 실러는 주장했다. 공화국의 기반, 즉 국민이 높은 이상에 따라 행동하는 조건은 도덕적 미덕이다. 실러는 이 점을 가장 명백하고 단호한 어조로 표현했다.

도덕적 존재로서 행동할 수 있는 능력만이 인간에게 자유에 대한

••
57. Schiller, *Briefe*, III, 330–331.

권리를 부여합니다. 그러나 감각적인 동기에 따라서만 행동할 수 있는 마음은 자유를 수용하는 만큼 그 자유를 감당할 자격이 없습니다. 영속성을 갖추기 위한 모든 개혁은 우리의 전체 사고방식으로부터 시작되어야 합니다. … 오직 시민의 품성만이 국가를 만들고 유지하며 자유를 가능하게 합니다. 만약 신의 지혜 자체가 올림포스에서 내려와 완벽한 헌법을 도입했다고 하더라도, 그것을 실행하기 위해서는 여전히 인간에 의존해야 할 것입니다.[58]

실러는 이렇게 말하는 데 있어 자신이 결코 관념주의자도 몽상가도 아니라고 주장했다. 정작 관념주의자이자 몽상가인 것은, 이성의 원리에 따라 헌법을 설계하되 그 헌법에 맞게 국민들을 준비시켜두지 않은 채 그것을 국가에 적용하는 그런 정치가들인 것이다.

교육이 이론과 실천 사이의 간극을 극복하고 공화주의적 헌법을 위한 건전한 기초를 구축하는 유일한 수단이라면, 그것은 어떤 형태를 취해야 하는가? 어떻게 그것이 인간성의 잠들어 있는 능력을 계발시킬 수 있을까? 실러는 7월 13일과 11월 11일 아우구스텐베르크에게 보낸 편지에서 이러한 물음에 대한 자신의 답을 개략적으로 진술했다. 그는 두 가지 교육 방법이 있다고 설명한다. 하나는 지식을 전달하고 생각을 바로잡는 것이고, 다른 하나는 우리의 욕망과 감정을 교화하고 다듬는 것이다. 지성이나 이성에 호소하는 첫 번째 방법은 철학적 교양의 방법이고, 우리의 감성에 호소하는 두 번째 방법은 [98]미적 교양의 방법이다. 이 두 가지 방법 중 실러는 후자를 선택했다. 그는 우리 시대의 근본적인 필요성은 보다 미적인 교양을 위한 것이라고 주장했다. 계몽은 철학적 교양을 아주 높은 수준으로 끌어올렸다. 즉 그것은 도덕의 제1원리, 운동의 기본 법칙, 그리고 통치의 가장 효율적인 방법을 발견했고 편견, 미신, 광신을 타파했다. 하지만 그러한 지적 진보에도

58. 같은 곳, III, 335.

불구하고 현 시대는 야만적인 상태로 남아 있었다. 문제는 사람들이 이성의 원리를 알면서도 그 원리에 따라 행동하지 못한다는 것이다. 그들은 의지의 박약, 결단의 실패에 시달린다. 이성 그 자체는 우리에게 행동의 동기를 제공할 수 없으며, 행동하도록 도와주는 감성을 항상 불러들여야 한다. 그래서 교육 방법의 목적이 사람들로 하여금 이성의 원리에 따라 행동하도록 하는 것이라면, 그것은 우선 그들의 욕망과 감정에 호소해야 한다. 어떤 형태의 교육이 그런 일을 수행할 수 있을까? 예술을 위한, 아니 예술만을 위한 미적 교육만이 감정을 일으키고 다듬고 고상하게 하는 힘을 가지고 있으며, 예술만이 물질적인 것들에 대한 쾌락으로부터 감성을 자유롭게 할 수 있다고 실러는 대답했다. 일단 우리가 우리의 감성을 계발하여 그것이 사물의 형태에 즐거움을 느끼게 되면, 우리는 이성의 원리에 따라 행동할 준비가 될 것이다.

1793년 7월과 11월 아우구스텐베르크에게 보낸 편지에 담긴 미적 교육 프로그램은 실러가 정치의 세계에서 예술의 세계로 후퇴하고 있지 않았다는 사실을 이후의 『미적 서한』보다 훨씬 더 분명히 하고 있다. 왜냐하면 그는 자신의 프로그램을 무엇보다도 프랑스혁명의 명백한 실패에 의해 야기된 사회적·정치적 문제에 대한 대응책으로서 전개시켰기 때문이다. 그의 미적 교육 프로젝트는 아주 솔직한 의미에서 정치적이었다. 즉 그것은 공화주의적 헌법을 위한 토대로서 고안되었다. 오직 미적 교육만이 국민들이 공화국의 높은 도덕적 원리들에 의해 동기부여를 받는다는 것을 보장한다고 실러는 믿었다. 그렇다면, 마치 미적 교육이 정치적으로 중립적이며 어떤 형태의 정치 조직에도 기여할 수 있다는 듯이 여기는 가운데 실러의 프로그램은 예술과 정치를 분리시킨다고 주장하는 것은 그의 프로그램의 정신과 완전히 반대될 것이다.[59] 실러의 주장의 맥락과 정치적 원리에 대한 그의 명확한 진술은 실러가 미적 교육을 공화주의의 매개 수단으로 간주했던 사실을 명백하게 한다. 실러는 1793년까지 프랑스혁명의 과정에 크게 실망했지만,

----

59. 이 주장은 Regin, *Freedom and Dignity*, p. 101에서 이루어졌다.

그는 자유, 평등, 연대라는 그 원리들에 충실했다.[60] 그와 자코뱅파 사이의 쟁점은 정치 생활의 이상들에 관계된 것이라기보다는 그 이상들을 성취하는 수단에 관계된 것이었다. 실러에게 있어서 신속하지만 위험한 혁명의 경로가 아닌, 미적 교육의 더딘 진화의 경로는 공화국으로 가는 유일한 길이었다.

4.4. 『미적 서한』의 정치적 목적과 맥락

실러의 『미적 서한』은 사회에서의 예술의 역할에 대한 하나의 고전이다. 우리는 그것을 플라톤의 『국가』에 대한 시인의 답변으로 보아야 한다. 플라톤은 예술가들을 추방했지만 실러는 그들을 찬양했다. 그가 예술가들을 높이 받들고 싶었던 것은 아니었으며, [99]더욱이 그들을 시민의 봉사자로 만들고자 했던 것도 아니었다. 그는 그들의 첫 번째 임무는 국가가 아니라 진리와 아름다움에 있다고 생각했다. 그러나 실러가 믿었던 예술가는 시민의 도덕 교육에 중요한 역할을 한다. 철학자는 도덕의 제1원리를 설파할 수 있지만, 오직 예술가만이 사람들을 그 원리에 따라 행동하도록 할 수 있다. 실러로 하여금 플라톤의 교설을 뒤집게 만든 것은 플라톤이 항상 부정하기 위해 최선을 다했던 난해한 문제, 즉 '아크라시아akrasia' — 의지의 나약함 — 라는 문제에 대한 그의 인식이었다. 플라톤은 예술가들이 가져다주는 유쾌한 이미지가 사람들로 하여금 이데아의 인식으로부터 주의를 돌리게 하기 때문에 그의 공화국에서 예술가들을 추방했다. 시민들이 선의 이데아를 안다면 그들은 선에 따라 행동하는 고결한 사람이 될 것이라고 플라톤은 생각했다. 그러나 실러의 출발점은 사람들이 선의 이데아를 안다고 해도 그 이데아에 따라 행동하지 않을 수도 있다는 인식이었다. 따라서 그는 공화국의 예술가에

••
60. 실러가 이 원리들에 대한 충실함을 유지했던 것은 1798년 3월 2일 J. H. 캄페에게 보낸 서한으로부터 분명하다. *Briefe*, V, 354.

게 중요한 역할을 맡겼다. 예술가의 임무는 아크라시아를 극복하고 시민의 욕망과 감정을 교육하여 그들이 선의 이데아에 따라 행동하도록 고무되게끔 하는 것이다.

『미적 서한』은 플라톤에 대한 반응일 뿐만 아니라 실러 자신의 정치철학에서의 명백한 모순에 대한 반응이었다. 『피에스코의 반란』 이후 줄곧 실러는 공화국이 도덕적이고 시민적인 미덕에 근거해야 한다고 가르쳤다. 당연히 그의 정치철학은 교육에 가장 큰 역점을 둔다. 칸트와 달리 실러는 공화국이 단순히 정념의 자연스러운 작용을 통해 성립할 수 있다는 희망을 갖지 못했다. 인간의 자연스러운 성향은 사회의 창조보다는 파괴에 더 기울어져 있다고 그는 썼다.[61] 그러나 실러가 교육에 그러한 중요성을 부여하기는 했지만, 그는 또한 그것을 성취하기 매우 어려운 것으로 만들었다. 그의 자유주의적 원칙은 국가가 시민적 또는 도덕적 미덕을 창출하는 데 적극적인 역할을 하는 것을 허용하지 않기 때문이다. 예를 들어, 스파르타의 고대 헌법에 대한 연구에서 실러는 엄격한 입법을 통해 시민적 미덕을 창조하려는 뤼쿠르고스의 시도를 비판했다. 그러한 정책은 모든 개성과 미덕의 전제조건인 자유를 제한했다. 따라서 실러가 교육에 중점을 두는 것은 그의 자유주의에 매우 불편하게 작용하는 셈이다. 공화국은 그 존재의 수단인 도덕적·시민적 미덕을 만들 권리가 없는 것처럼 보인다. 이러한 긴장은, 국가를 통해서가 아니라면 어떻게 도덕적·시민적 미덕을 창출할 수 있겠는가라는 의문을 불러일으킨다. 이 질문에 답하는 것이 『미적 서한』의 핵심 과제이다.

만약 우리가 『미적 서한』을 그 직접적인 역사적 맥락 속에서 고려한다면, 그것의 근원적인 정치적 목적이 분명해진다. 『미적 서한』은 **계몽**과 프랑스혁명의 이상에 대항하는 일반적인 보수적 반론에 대한 응답이었다. 그 반론이란 이러하다. 즉 국민의 모든 행위의 주된 동기는 사리사욕이기 때문에 그들은 이성의 원리에 따라 행동할 능력이 없다는 것이다. 보수주의자들과는 달리

••
61. Schiller, *Aesthetische Briefe*, third letter, *NA* XX, 315 참조.

실러는 도덕의 원리들이 정치에서도 구속력이 있고 순수이성은 정치 세계에서 실천적이어야 한다는 칸트의 교설을 지지했다. 그의 미적 교육 프로그램의 목적은 [100]인간의 욕망과 감정을 이성의 원리들에 따라 도야하고 정제하며 고상하게 함으로써 이론과 실천 간의 간극을 극복하는 것이었다. 실러는 욕망과 감정이 인간 행위의 주요 동기라는 보수주의자들의 전제에 동의했지만, 이성이 정치적 영역에서 효과적이지 못하다는 그들의 결론을 받아들일 수 없었다. 그는 욕망과 감정이 교육될 수 있다고 주장함으로써 그들의 결론을 피했다. 감정과 욕망이라는 것은 억압을 통해서만 통제될 수 있는 원죄의 뿌리 깊은 잔재라기보다는 오히려 이성의 도구로 계발되고 다듬어질 수 있다. 그렇다면 1790년대의 정치적 논쟁의 맥락에서 볼 때, 실러의 논문은 그 시사하는 측면에 있어 우파보다 더 좌파적이다. 그러나 어떤 면에서는 개혁적이라고 할지라도 그 논문의 주된 목적은, 필요하지만 제멋대로인 정념의 역할에 호소함으로써 이성의 요구를 강등시켰던 보수적 견해의 핵심과 대결하는 것이다.

비록 『미적 서한』은 아우구스텐베르크에게 보낸 이전의 편지들에서 발견된 정치적인 견해를 거의 모두 생략하고 있지만, 그러나 기본적으로 동일한 정치적 목적을 가지고 있다. 이 목적은 두 번째 서한을 면밀히 읽어봄으로써 명백해진다. 여기서 실러는 자신에게 그렇게 자주 반대해왔던 바로 그 반론을 예견했다. 그 반론이란 바로, 그가 미학을 논하면서 그의 시대의 근본적인 문제들을 다루지 않고 미의 이상적인 세계로 도피했다는 것이다. 그는 아우구스텐베르크에게 보낸 편지들에서 그랬듯이, 자신이 미학을 논하고 있는 것은 정확히 그것이 이러한 사회적·정치적인 문제에 대한 유일한 해결책이기 때문이라고 응답했다. 그는 "경험에 나타난 정치적인 문제를 해결하기 위해서는 미학의 문제를 헤쳐 나가야 한다. 왜냐하면 인간이 자유를 얻는 것은 아름다움을 통해서이기 때문이다"라고 썼다.[62] 그러므로 미학에

••
62. 같은 책, XX, 312.

대한 실러의 관심은 정치적 문제에서 벗어나는 것이 아니라 그것을 타개하기 위한 시도였다. 비록 정치적 차원이 논고 후반부에서는 암묵적이 되고 있지만, 정치적 문제를 타개하기 위한 이 전략은 논고 전체를 지배한다.[63]

실러가 『미적 서한』에서 다루려고 했던 기본적인 정치적 문제는 무엇인가? 그는 본문 자체에서 명시적으로 언급하지는 않았지만, 안정된 공화주의적 헌법을 제정하는 문제를 염두에 두고 있었다. 이 문제는 프랑스에서 일어난 사건들에 의해 제기되었고, 실러는 아우구스텐베르크에게 보낸 편지에서 이미 그것을 고려했었다. 두 번째 서한에서 이 문제를 언급하면서 실러는 "현시대 상황에서" 인류의 주된 관심사는 "인간의 예술에 의해 달성되어야 할 모든 작품들 중 가장 완전한 것, 즉 참된 정치적 자유의 창출"을 확립하는 일이라고 썼다.[64] 실러가 이 작품이 취해야 할 형태를 구체적으로 밝히지 않았다는 것은 그가 정치적 진공상태 속에서 자유를 얻는 문제를 생각해냈다는 것을 의미하지 않는다. 우리는 그의 초기 글들을 통해 그가 자유는 오로지 공화국에서만 가능하다고 믿었다는 것을 알고 있다. 그렇다면 실러의 초기 사상의 맥락에서 『미적 서한』의 맨 앞의 서한들을 읽는다면, 그의 미적 교육의 목적은 안정된 공화국을 만드는 것이라는 점이 분명해진다.

• •

63. 헤르만 헤트너는 『18세기 독일문학사』에서, 『미적 서한』의 전반부와 후반부 사이에는 모순이 있다고 주장한다(Hermann Hettner, *Geschichte der deutschen Literatur im achtzehnten Jahrhundert*, ed. 4, Berlin, 1979, II, 444-445). 전반부는 미적 교육을 국가를 위한 수단으로서 취급하고 후반부는 미적 교육을 목적 그 자체로서 고찰한다는 것이다. 헤트너는 이 불일치를 훔볼트의 영향 때문이라고 설명한다. 훔볼트의 자유주의적 이념을 실러가 알게 된 것은 『미적 서한』의 전반부가 쓰여진 직후이다. 헤트너의 견해는 계속해서 지지를 얻고 있다. 예컨대 Regin, *Freedom and Dignity*, p. 100 참조.
    그러나 헤트너가 실러의 텍스트를 두 개의 반쪽으로 구분하는 것은 다소 인위적이다. 그는 실러에게 있어서 도야Bildung 개념이 항상 이상적 국가의 수단이자 목적이라는 것을 알지 못한다. 그리고 훔볼트에 대한 그의 가설은 요점을 벗어났는데, 왜냐하면 실러는 1792년 훔볼트와 교우 관계를 맺기 이전에 자신의 자유주의적 원리들을 발전시켰기 때문이다. 위의 각주 27 참조.
64. Schiller, *NA* XX, 311.

자신의 기본적인 문제를 언급한 후에 실러는 그것이 어떻게 해결되어야 하는지 자문했다. 세 번째 서한에서 그는 [101]갑작스런 변화를 위해 모든 것, 심지어 자신들의 이상까지도 위태롭게 한 혐의를 받고 있는 급진파들을 문제 삼았다. 만약 우리가 도덕에 의해 요구되는 이상적인 국가를 즉시 확립하기 위해 현재의 국가를 폐지한다면, 우리는 아직 의문의 여지가 있는 것을 위해서 현재 존재하는 것을 파괴하는 셈이다. 우리는 순전히 가설적인 도덕적 이상을 위해 물리적 존재로서의 인간 존재를 위태롭게 하는 것이다. 실러는 그 모든 문제와 부당성에도 불구하고, 현재의 국가는 최소한 인간이라 는 물리적 존재, 그들의 물질적 필요의 충족, 공격으로부터의 안전을 보장한다 고 주장했다. 이러한 보장은 우리가 도덕적 이상을 향해 어떤 진전을 이루기 위한 전제조건이기 때문에 갑자기 파괴될 수는 없다고 그는 주장했다. 그래서 현재의 국가를 전복하려고 시도하는 가운데 급진파들은 그들 자신의 도덕적 ·정치적 이상 아래에 있는 사다리를 치워버리는 셈이나 다름없다. 그러므로 실러는 아무리 결함이 있더라도 국가 기구가 여전히 작동하고 있는 동안 우리는 그것을 개혁해야 한다고 결론지었다.

그렇다면 점진적인 개혁은 어떻게 가능한가? 어떻게 하면 현재의 부패한 국가에서 이상적인 도덕 국가로의 순조로운 전환을 이룰 수 있을까? 실러가 네 번째 서한에서 내세운 사회적·정치적 개혁의 핵심은 인간의 도덕적 측면과 자연적 측면 간의 '성격의 총체성wholeness of character', '제3의 성격a third character'을 창출하는 것이다. 이 제3의 성격은 우리의 이성적 본성과 감각적 본성을 종합한 것이다. 이 제3의 성격의 감각적 본성은 이성의 원칙에 따라 기꺼이 행동하려고 하는가 하면, 이 제3의 성격의 이성적 본성은 바로 그 제3의 성격의 욕망과 감정을 교육하거나 승화시킬 준비가 되어 있다. 실러는 우리가 먼저 감각적 본성을 교육해야만 그런 제3의 성격을 창출할 수 있다고 믿었다. 우리가 욕망과 감정을 단련하고 계발하고 다듬는 법을 배운다면 우리는 도덕적 이상을 실행할 수 있는 강력한 도구를 만들어낸 셈이 될 것이다. 그 경우 이 욕망과 감정은 우리로 하여금 [우리 자신의 자연적] 성향에 대항하게 하기보다는 성향으로부터 우리의 의무를 다하게 만들 것이다. 사람들은 도덕의 원리를 억압적인 명령으로 보기보다는 그것을 고무적인 이상으로 여길 것이다. 그런 욕망과 감정으로 무장한 제3의 성격은 현재의 국가에서 이상적인 도덕 국가로의 순조로운 전환을 이룰 수 있을 것이다.

실러는 제3의 성격의 창출을 단순히 개혁의 도구, 공화주의적 헌법의 형성을 위한 수단이라고 표현했지만, 그는 또한 그것을 목적 그 자체라고 여겼다. 우리의 이성적 본성과 감각적 본성을 하나로 통합한 제3의 성격에 대한 그의 생각은 그에게 가장 높은 도덕적 이상과 실제로 그의 정치철학의 근본원리를 제공했다. 실러의 정치철학이 칸트적 외관을 띠고 있음에도 불구하고 궁극적으로는 비–칸트적인 것임을 인식하는 것이 중요하다. 왜냐하면 실러는 칸트의 정언 명령을 사회적·정치적 제도의 평가의 근거로 채택하지 않았기 때문이다. 오히려 그는 인본주의적 전통에 충실하여 완성의 윤리를 적용했는데, 이 윤리에 따라서 볼 때 국가의 목적은 소극적인 의미에서만 인간의 윤리적 완성, 조화로운 총체성 속에서 인간의 모든 능력의 실현을 촉진하는 것이다. 실러가 칸트와 다른 차이점들은 『미적 서한』에서는 단지 암시적일 뿐이지만, [102]그가 『미적 서한』의 제1판을 시작하기 직전에 완성한 1793년 논문 「우미와 존엄에 대하여」에서 그 차이점들은 이미 명백해져 있었다.[65] 1793년의 이 논문에서 실러는 칸트의 일방적인 도덕주의가 인격의 완전한 발전을 저해하기 때문에 그것을 비판했다.[66] 칸트는 하나의 행동의 도덕적 가치는 전적으로 원리에 따라 행동하려는 의지에 달려 있다고 주장하면서 도덕적 의지와 감성이 서로 타협의 여지가 없는 투쟁 속에 갇혀 있다고 보았다. 우리가 의무를 위해 끊임없이 욕망과 감정을 억누른다면, 우리는

••
65. 실러가 「우미와 존엄에 대하여」를 탈고한 것은 1793년 6월 20일경이다. 1793년 6월 20일 쾨르너에게 보낸 실러의 서한(Briefe, III, 317) 참조. 1793년 7월에 그는 아우구스텐베르크에게 보내는 편지를 쓰기 시작했다.

66. Schiller, NA XX, 282–289.

설령 본성의 감각적 측면에 아무리 큰 피해를 입히더라도 도덕적으로 선한 것이다. 실러는 감성의 동기가 행동의 도덕적 가치를 평가하는 데 어떤 역할도 해서는 안 된다는 칸트의 지적에 이의를 제기하지 않았다. 그럼에도 불구하고 그는 감성의 동기가 우리의 총체적인 도덕적 완성에 중요한 역할을 한다고 주장했는데, 왜냐하면 이 도덕적 완성이란 우리의 감성이 우리의 도덕적 의도를 실행하는 데 있어서 얼마나 적극적인 역할을 하느냐에 따라 결정되기 때문이다. 칸트의 도덕주의의 근본적인 난점은 그 제한된 관점에 있다. 즉 그것은 거의 전적으로 **행동**의 도덕성을 정의하는 것에만 관심을 가지며, 인간의 도덕성을 무시한다. 그래서 실러가 어떤 결정적인 구절에서 밝혔듯이, 인간의 목적은 이러저러한 행동을 하는 것이 아니라 어떤 종류의 인격이 되는 것이다.[67] 우리는 이 인격이 자신의 본성의 모든 면을 얼마나 잘 깨닫는가라는 측면에서 이 인격의 고매함이나 완성을 측정한다. 이 고매함은 미적 목표일 뿐만 아니라 윤리적 목표라고 실러는 주장했다. 우리는 우리 본성의 두 측면을 조화롭게 결합시킬 수 있을 뿐만 아니라 응당 함께 결합해야 한다. 「우미와 존엄에 대하여」에서 실러는 이 윤리적 이상을 '아름다운 영혼'이라고 불렀다. 이는 성향에 대항하기보다는 성향으로부터 본연의 의무를 다함으로써 자신의 본성의 이성적 측면과 감각적 측면을 통합시키는 그러한 사람이었다. 「우미와 존엄에 대하여」의 아름다운 영혼이 『미적 서한』에서는 하나의 윤리적 이상일 뿐만 아니라 정치적 이상도 되고 있다.

아름다운 영혼의 창조가 바람직한 이상이라면 그것은 실현 가능한 것인가? 실러는 성격의 총체성을 사회 개혁의 열쇠로 삼았지만, 그 총체성은 성취하기 매우 어려운 것으로 보인다. 실러는 다섯 번째 서한에서 이 문제로 눈을 돌린다. 그는 자신의 시대가 인간 재생에 대한 희망의 근거를 거의 제공하지 않는다고 인정했다. 그의 시대는 성격의 총체성을 드러내기보다는 인간의 타락의 두 가지 극단 — 야만과 퇴폐 — 을 보여준다. 더 많은 하층

• •
67. 같은 책, XX, 283.

계급들 사이에는 너무 적은 문화의 산물인 거친 무법 본능이 있는 반면, 더 특권적인 계급들 사이에는 너무 많은 문화의 결과인 무기력함과 자기 방종이 있다. 근대적 부패의 계급 구조에 대한 실러의 발언은 그가 근대 사회에서 도덕의 쇠퇴에 대한 책임을 계급에게 지우고 있음을 시사한다. 실러는 「최초의 인간사회에 대한 약간의 고찰」에서 정치적 지배와 도덕적 부패의 기원을 부의 불일치에서 추적했다.[68] 실러는 이러한 부의 불일치를 힘, 재능, 지성의 차이들의 자연적 산물로 간주해온 것 같지만, 이 불일치가 교정할 수 없을 정도라고는 생각하지 않았다. [103]1790년대의 많은 자유주의 사상가들과는 달리, 그는 재산을 절대 불가침의 권리인 신성한 것으로 간주하는 것과는 거리가 멀었다. 예를 들어, 「뤼쿠르고스와 솔론의 입법」에서 그는 솔론이 아테네의 부채를 청산하고 부와 빈곤이라는 불공평한 양 극단을 제거한 것에 대해 칭찬했다.[69] 비록 솔론이 재산권을 침해했지만 그의 정책은 정당했다고 실러는 주장했다. 왜냐하면 오직 이 방법에 의해서만 그는 국가를 유지할 수 있었기 때문이다. 하지만 실러는 그의 낭만주의 후계자들과 같은 소박한 공산주의자가 아니었다. 그는 솔론을 칭찬할 의향이 있었던 만큼이나 뤼쿠르고스가 스파르타에서 행한 재산 분배라는 급진적인 조치에 대해 못마땅해 했다. 솔론은 부유층도 권리가 있다는 것을 올바르게 인식했다고 그는 말했다. 따라서 실러의 초기 글들은 그가 근대의 도덕적 부패에 대한 책임을 계급에게 지웠을 뿐만 아니라 첨예한 계급 차이를 완화하기 위해 약간의 온건한 조치나마 취하고자 하였음을 보여준다.

『미적 서한』은 계급의 문제를 직접적으로 논의하지는 않지만, 아우구스텐베르크에게 보낸 이전의 편지들은 실러가 노동계급의 조건이 그들에게서 도야의 기회를 박탈한다는 것을 명확히 알고 있었다는 것을 나타낸다.[70]

----

68. 같은 책, XVII, 406-410.

69. 같은 책, XVII, 430-432

70. 1793년 11월 11일 아우구스텐베르크에게 보낸 실러의 서한(*Briefe*, III, 371-372) 참조.

그는 당대 사회에서 계몽의 가장 큰 장애물 중 하나는 노동자와 농민의 빈곤에 있다고 주장했다. 국민 대다수는 그들의 생계수단을 위한 단순한 투쟁에 너무 지쳐 있어서 편견, 미신, 광신과 싸우기 위한 시간도 활력도 남아 있지 않다. 일단 그들이 노동을 마치면, 그들의 첫 번째 요구는 평화나 휴식을 위한 것이지 지적인 노력을 위한 것이 아니다. 따라서 그들은 지적인 노력을 기꺼이 성직자나 관리에게 맡길 것이다. 실러는 계몽의 주된 목표인 지적 자율과 도덕적 자율은 국민의 상황을 개선해야만 달성할 수 있다는 급진적인 결론에 도달했다. "먼저 그 정신이 궁핍이라는 멍에로부터 해방되어야만 비로소 정신을 이성의 자유로 인도할 수 있습니다."[71] 그는 심지어 이 개선의 책임을 국가에 전가했다. 물질적 복지는 지적 자율성 달성을 위한 전제조건이기 때문에, 계몽된 국가는 국민의 물질적 복지를 보장하기 위한 조치를 취하기 마련이다.[72] 유감스럽게도 실러는 국가가 노동계급의 상황을 어떻게 도울 것인가에 대해 이곳이나 다른 곳 어디에서도 논의를 확장하지 않았다. 그렇지만 그의 자유주의적 원칙에도 불구하고, 그가 경제 영역에 대한 국가 개입을 기꺼이 받아들이려 했다는 것은 놀라운 일이다. 실러가 계몽의 경제 상황에 대한 통찰을 보다 깊이 탐구하지 못한 것은 그의 정치철학의 주요 약점 중 하나로 남아 있다.

실러는 계급 분열이 인류의 도덕적 타락에 책임이 있다고 믿었지만, 그는 『미적 서한』의 다른 곳에서도 이를 비난하며 지적했다. 여섯 번째 서한에서 그는 문명의 과정 자체를 문제의 주요 원천으로 보았다. 문명의 성장이 학문과 직업을 여러 갈래로 분할했다고 그는 주장했다. 이렇게 증가하는 노동 분업은 차례로 각 개인을 분열시켰다. 그것은 다른 모든 능력을 희생시키면서 단 하나의 능력만의 함양을 촉진시켰다. 어떤 사람은 [104]좋은 기억력으로, 또 다른 사람은 계산 능력으로, 그리고 또 다른 사람은 기계를

..
71. 같은 책, III, 372.
72. 같은 곳.

다루는 능력으로 평가된다. 사람들이 긴장과 집중 속에서 얻은 것은 확장성이나 외연의 면에서는 잃은 것이다. 실러가 인상적인 한 구절에서 탄식했듯이, "전체의 개별적이고 작은 부품들에 영원히 얽매인 채 인간은 스스로 부품으로 키워질 뿐입니다. 자기가 돌리는 바퀴의 단조로운 소음만을 영원히 들으면서 그는 결코 자기 본질의 조화로움을 계발하지 못하고, 자신의 본성에 인간성을 새겨 넣기는커녕 그저 자신의 직무나 과학의 복제품에 불과한 존재가 되는 것입니다"[73] 이러한 구절들은 맑스주의의 원형처럼 들리고 또한 그런 시각에서 자주 읽혀져 왔다.[74] 그러나 실러와 맑스의 기본적 차이점에 주목하는 것이 중요하다. 실러가 보기에 분업의 근원은 자본주의적 생산이 아니라 문명 자체의 과정이다.

개인들의 분열의 근원에 대한 실러의 분석은 그를 근대국가에 대한 날카로운 공격으로 이끌었다.[75] 문명의 과정에 의해 시작된 인간 조화의 파괴는 근대적 통치에 의해 완전하고 보편적으로 만들어졌다고 그는 말한다. 광대한 관료주의를 통해 근대국가는 분업을 강요하고 조장하며 착취한다. 모든 개인이 수행하는 활동은 지극히 엄격하고 엄밀한 규칙에 의해 규정되어 있으므로, 심지어 제한된 전문 직업 내에서도 자발성과 자기표현의 여지가 거의 없다. 자신에게 주어진 임무를 잘 수행하는 고분고분한 개인들만이 보상을 받는다. 반면 재능과 에너지가 규정된 일상을 넘어선 보다 창의적인 개인들은 처벌을 받는다. 후에 낭만주의자들이 사용했던 것과 동일한 은유로, 실러는 근대국가를 가리켜 개별 시민들을 숫자로만 아는 거대한 계산 기계에 비유했다. 그러한 형태의 지배는 개인과 국가 사이에 매우 불건전한 관계를 만들어낸다. 개인들은 그러한 지배를 사회 전체와 동일시하기보다는 무관심한 추상적 실체로 본다. 그들은 자신들을 착취하는 효율적인 기계일 뿐인

• •
73. Schiller, *NA* XX, 323–325.
74. 예를 들어, Abusch, *Schiller*, p. 198; Lukács, *Goethe und seine Zeit*, pp. 108–109 참조.
75. Schiller, *NA* XX, 323–325.

국가에 대해 깊이 의심하고 있다. 그러면 통치자와 피통치자 사이에 간극이 커져서, 국가는 공동선의 도구가 아니라 서로 다른 무리들 사이의 하나의 당파가 된다.

근대 사회에서 **도야**의 전망에 대한 실러의 비관론에도 불구하고, 그는 성격의 총체성에 대한 그의 이상이 달성될 수 없다고 생각하지 않았다. 여섯 번째 서한의 앞부분에서 그는 놀랄 만큼 자기실현을 성취한 나라인 고대 그리스인들의 예를 들고 있다. 실러에 따르면 고대 그리스인들은 선진적인 문화를 가지고 있었지만 그것 때문에 타락하지는 않았다고 한다. 철학, 수학, 문학의 가장 위대한 업적들 중 일부를 창조하면서 그들은 젊은 에너지와 상상력을 보존하는 데 성공했다. 근대인과는 뚜렷한 대조를 이루며 그들은 성격의 총체성을 획득했다. 그들은 예리한 지성과 따뜻한 마음, 미적 감수성과 육체적 에너지, 사회적 우아함과 자연스러움을 결합시켰다. 근대인들도 인간성의 이 모든 측면들을 드러내지만 그들은 [105]그것들을 서로 다른 개인들에게 흩어지게 하는 반면, 그리스인들은 그것들을 한 인격 안에 결합시켰다.

『미적 서한』에서 그리스인들이 수행하는 정확한 역할을 인식하는 것은 중요하다. 그들은 성격의 총체성이 하나의 실현 가능한 사회적·정치적 이상임을 입증해주는 역할을 하지만, 그들 자신이 모방을 위한 본보기로 여겨지지는 않는다. 실러는 그리스인들의 태평성대로 돌아갈 수 없다는 것을 알고 있었는데, 그들의 문화는 문명의 성장과 분업으로 영원히 사라져버렸기 때문이다. 근대인들은 그리스인들을 본받으려 하기보다는 자신의 이상을 위해 노력해야 한다. 그리스인들은 그들 자신의 지역성과 도시국가에만 헌신했지만, 근대인은 모든 국가의 시민인 세계시민이다.[76] 그리스인들이 무엇보다도 공동체에 대한 충성심을 소중히 여겼다면, 근대인들은 자유와 개성에 대한 더 큰 의식을 가지고 있다. 실로 우리는 실러가 「뤼쿠르고스와 솔론의 입법」에서 고대 그리스 헌법을 모방하지 말라고 경고했다는 것을

----

76. 1789년 10월 13일 쾨르너에게 보낸 실러의 서한(*Briefe*, II, 343) 참조.

기억해야 한다. 우리가 이러한 구별을 염두에 둔다면, 불과 몇 년 후 실러가 프리드리히 슐레겔의 '그리스에의 심취grecomania'에 대해 날카롭게 질책하는 이유를 이해하기는 어렵지 않다.[77]

만약 성격의 총체성이 실현 가능한 이상이라면, 근대 사회에서 그것이 어떻게 — 비록 달성되지는 않는다 해도 — 접근될 수 있을까? 일곱 번째 서한에서 이 문제를 다루면서 실러는 즉각 국가가 도야에서 적극적인 역할을 할 가능성을 배제했다. 근대국가는 분업을 강요함으로써 근대적 인간성의 분열의 근원을 막기보다는 영속화하기 때문에, 국가의 적극적인 역할은 기대할 수 없고 심지어 바람직하지도 않다.[78] 실러가 국가의 역할을 거부한 것은 성급해 보이며, 실제로 그는 국가가 부의 불균형 같은 도야에 대한 근본적인 장애물을 제거할 수 있다는 그의 이전의 통찰을 무시했다. 그러나 일곱 번째 서한에서는 실러가 자신의 자유주의적 원리들을 부정하거나 심지어 그 원리들에 제한을 붙일 수 없었다. 국가의 개입이 자유를 훼손한다는 그의 두려움은 여전히 압도적이었다. 그렇다면 군주나 정치가가 도야를 책임지지 않는다면 누가 책임져야 하는가? 철학자들이 이 역할을 수행할 수는 없는데, 왜냐하면 그들의 추상적인 원리들은 사람들의 마음에 호소할 수 없기 때문이다. 성직자들의 교리가 그것에 속아 넘어가는 대중을 찾기 어렵다는 점을 감안하면, 성직자들 역시 도움이 되지 않는다. 그렇다면 유일한 다른 대안은 예술가이다. 철학자와 달리 예술가는 사람들의 마음에 호소할 수 있다. 그리고 성직자들과는 달리 예술가는 시대에 뒤떨어지고 미리 규정되어 있는 교리에 얽매이지 않는다. 그러나 근대의 온갖 문제들과 함께, 어떻게 예술가가 부패로부터 자유로워질 수 있을까? 그런 의견을 경멸하면서 실러는

••
77. Schiller, *Xenien*, nos. 321, 324, 325–326, NA I, 348–349 참조. 그리스인을 모방하는 것에 반대하는 이 경고는 나중의 태도가 아니라 『미적 서한』 이후의 발전이다. 이미 1790년에 실러는 포르스터가 그리스인에 대해 일방적인 열광을 보이는 것을 비난하고자 했다. 1790년 1월 13일 L.W.후버에게 보낸 실러의 서한(*Briefe*, III, 18) 참조.
78. Schiller, *NA* XX, 328–329.

단호하게 말했다. 예술가는 현 시대의 비루한 현실을 무시하고 영원하고 보편적인 것의 영역을 바라보아야 한다. 순전히 이상적인 것의 영역에 머무름으로써 예술가는 순수한 인간성의 이미지를 더럽혀지지 않은 채 보존할 수 있다.[79]

특히 근대 사회의 도덕적 부패의 모든 근원을 감안할 때 예술이 정말로 도덕 교육의 강력한 힘이 될 수 있을까? [106]열 번째 서한에서 바로 이 문제를 제기하면서 실러는 아름다움이 도덕에 이로웠는지 해로웠는지에 대한 오래된 논쟁에 들어가기를 거부했다. 그는 우리가 경험의 증언만을 고려한다면 예술의 융성이 건전한 도덕과 밀접히 관련되어 있다는 증거는 없다고 인정했다. 예술의 영향에 대한 전체적인 논쟁은 경험의 수준에서만 이루어질 수 없다고 그는 주장했다. 우리가 경험에서 말하고 있는 아름다움이 과연 아름다움의 순수한 개념과 같은지 누가 알겠는가라고 그는 묻는다. 그래서 실러는 다른 전략을 취하기로 결정했다. 그가 이미 「훌륭한 상설극장은 실제 어떠한 작용을 할 수 있는가?」에서 검토했던 과제인 경험에서의 아름다움의 영향에 대해 논하기보다는 그는 아름다움의 개념을 인간 본성의 본질에서 연역하고자 시도했다. 그는 좀 더 칸트 식으로 아름다움의 개념에 대한 '선험론적 연역'을 시도하여, 그것이 인간의 자아실현의 필요조건임을 보여주고자 했다. 만약 그가 아름다움이 인간성의 바로 그 이상에 내재되어 있고, 한 개인의 모든 잠재력의 발달이 아름다움으로 귀결된다는 것을 보여줄 수 있었다면, 그는 아름다움의 경험적 효과에 대한 어떤 세부적인 논의를 훨씬 뛰어넘어 아름다움의 주장을 입증했을 것이다.

실러가 아름다움의 개념을 연역한 것의 핵심은 그가 열네 번째 서한과 열다섯 번째 서한에서 설명한 '유희충동Spieltrieb'의 개념이다. 이 충동은 실러가 라인홀트를 따라,[80] 인간 본성으로 가정했던 두 개의 다른 충동인

••
79. 같은 책, XX, 325.
80. K. L. Reinhold, *Versuch einer neuen Theorie des menschlichen Vorstellungsvermögens*

물질충동Stofftrieb과 형식충동Formtrieb을 종합한 것이다. 형식충동은 사물들에 형식을 부여하고 그것들에 법칙을 주려고 시도하는 반면, 물질충동은 형식에 형체를 부여하고 그것의 보편성과 추상성을 결정짓고 구체화하기 위해 노력한다. 각 충동은 자아에서의 더 깊은 경향에 대응한다. 즉 형식충동은 자아 바깥에 있는 것을 내면화하고 사물들을 자아의 내적 법칙에 따르게 하는 경향에 대응하며, 물질충동은 자아 내부에 있는 것을 외면화하고 자아 자신을 감각적 세계에 구현하려는 경향에 대응한다. 물질충동이 우리를 물리적 법칙의 외적 강제에 종속시키는 수동적인 것이라면, 형식충동은 우리를 도덕적 법칙의 내적 강제에 종속시키는 능동적인 것이다. 이제 유희충동은 감각적이면서 동시에 이성적인 존재로서의 우리의 전체 본성에 따라 작용함으로써 형식충동과 물질충동을 결합시킨다. 유희충동은 우리의 의무를 성향에 반해서가 아니라 성향으로부터 수행함으로써, 이성과 감성, 의무와 성향 간의 갈등을 해소한다. 우리의 지성적 본성과 감성적 본성의 그러한 종합은 두 본성 각각을 상대방의 강제로부터 자유롭게 한다. 감성은 도덕적 강제로부터 해방되고 이성성은 물리적 강제로부터 해방되는데, 왜냐하면 우리는 도덕적 법칙에 따라 행동하는 것을 즐기기 때문이다. 실러는 이 결합을 자유와 법칙의 종합이라고 여겼다. 즉 우리가 도덕과 자연의 강제로부터 해방되는 한에서의 자유와, 우리가 우리의 전체 본성의 필연성에 따라 행동하는 한에서의 법칙 간의 종합인 것이다. 실러는 유희라는 것이 도덕적 강제와 물리적 강제로부터 자유롭지만 동시에 규칙들에 얽매여 있기 때문에 우리는 그러한 종합을 '유희충동'이라고 부를 수 있다고 말했다.

[107]하지만 왜 우리는 물질충동과 형식충동의 종합을 아름다움이라고 불러야 하는가? 실러의 대답은 『미적 서한』에서 응축되어 있고 모호하다. 그것을 이해하기 위해서 우리는 그의 초기 미학 저술들을 다시 읽어야 한다. 『칼리아스 서한』(1793)에서 실러는 미를 "현상에 있어서의 자유"로 규정했다.

• •
    (Prague, 1789), pp. 561–562 참조.

그는 우리가 외부의 제약이 아닌 완전히 자기규정적인 것으로 보이는 것들에 아름다움을 부여한다고 주장함으로써 이 정의에 도달했다. 다시 말해서, 어떤 것이 그 자신의 본성의 법칙만을 따르는 것처럼 보인다면 그것은 아름답다. 이러한 정의는 실러가 미를 유희충동에 귀속시키는 것을 설명해준다. 유희충동이 우리를 자기규정적이도록 하기 때문이다. 즉 그것은 우리를 도덕과 감성 양쪽의 제약으로부터 해방시킨다. 그리고 그것은 우리가 우리의 전체 본성의 법칙에 따라 행동할 수 있게 해준다. 따라서 유희충동은 현상에 있어서의 자유를 창출한다.

『미적 서한』에는 예술의 역할에 관한 두드러진 역설이 있다. 실러는 위대한 도덕적, 사회적, 정치적 의의를 개혁의 도구로서의 예술에 돌렸지만, 그는 또한 예술의 자율성, 예술이 도덕과 효용성으로부터 독립해 있다는 칸트의 교설을 옹호하기도 했다. 예술은 선전으로서 가장 큰 사회적·정치적 영향을 미치는 것처럼 보이지만, 실러는 예술가가 정치가의 명령이나 시대의 요구에 복종하는 것을 분명히 금지했다. 이 교설들은 어떻게 조화되어야 하는가? 이 문제는 중요한데, 특히 실러가 칸트의 교설을 따른 탓에 예술의 도덕적 가치에 대한 신념을 상실했다는 비난을 받아왔기 때문이다.[81]

물론 실러는 이러한 긴장 관계를 알고 있었고, 『미적 서한』의 스물두 번째 서한과 스물세 번째 서한에서 이 문제의 해결을 시도했다. 예술이 어떻게 지성과 의지에 영향을 미치는가를 논하는 맥락에서 실러는 예술이 그 내용을 통해서가 아니라 전적으로 그 형식을 통해 우리를 움직이게 한다고 주장했다.[82] 미적 경험은 감각적인 개인에게 순수한 형식의 영역을 드러냄으로써 교육적인 기능을 수행한다. 예술은 우리가 순수한 형식 속에서 즐거움을 느끼고 인식하게 함으로써 우리를 직접적인 필요에 대한 굴종에서 벗어나게 하고 우리의 초보적인 사고력과 결정력을 보다 단련하도록 자극한다. 간단히

81. 예를 들어, Abusch, *Schiller*, pp. 184-192 참조.
82. Schiller, *NA* XX, 381-382.

말해서 예술은 우리가 우리의 자율성을 실현하도록 도와준다. 그러나 실러는 예술이 단지 사고하고 결정하는 능력을 부여할 뿐이지, 이 능력을 구체적으로 사용하는 것은 아니라고 강조했다.[83] 예술은 지성과 의지에 대한 어떤 확실한 결과도 낳지 않으며, 사고와 결정의 일에 간섭하지도 않는다. 우리가 사고하고 결정하는 것은 예술에 의해서가 아니라 순전히 우리의 지성과 의지에 의해 결정된다. 즉, 미적 경험의 효과는 지성과 의지를 낳는 것일 뿐 그것들을 설득하거나 지시하는 것이 아니다. 그러한 구별은 실러가 예술의 자율성과 그것의 교육적 기능을 결합할 수 있도록 허용하면서, 그의 입장 속에서 엿보이는 명백한 긴장을 해소하는 데 어느 정도 도움이 된다. 실러는 예술이 단지 그 형식에 의해서만 우리에게 영향을 미친다고 주장함으로써 예술가를 정치적 목적에서 해방시켰다. 그러면서도 또한, 예술이 사고하고 결정하는 우리의 능력을 어떻게 자극하는지를 강조함으로써, 그는 예술가가 강력한 사회적·도덕적 영향력을 가질 수 있도록 했다.

　[108]우리는 이러한 교설들이 실러의 초기 미학 저술들에서 어떻게 결합되는지를 고찰함으로써 『미적 서한』에서의 미적 교육과 미적 자율성 사이의 긴장을 좀 더 해소할 수 있다. 이 긴장은 『칼리아스 서한』에서 가장 뚜렷이 나타난다. 그러나 이 텍스트를 자세히 살펴보면 이 두 교설은 상호보완적이라는 것을 알 수 있다. 실러는 우선 우리가 한 대상의 미적 가치를 판단하기 위해서는 그 대상의 실천적 가치를 떼어내야 한다는 칸트의 교설을 옹호했다.[84] 우리는 한 대상의 유용성이나 도덕적 가치가 아니라 그것이 과연 만족스러운 모습을 보이는지 물어보아야 한다. 동시에 실러는 아름다움이 실천이성의 영역에 속한다고 주장했는데, 그는 이 실천이성을 칸트를 따라서 도덕적 의지와 동일시했다. 실천이성은 자유의 이상을 자연적 대상에 적용하며, 자기 규정적으로 보이는 대상에서 자신의 유사성을 발견한다. 어떤 대상이

* *
83. 같은 책, XX, 384.
84. 1793년 2월 18일 C. G. 쾨르너에게 보낸 실러의 서한(*Briefe*, III, 257).

어떤 외적 강제와는 무관하게 마치 그 자신의 본성의 법칙에 의해서만 규정되는 것처럼 보인다면, 그것은 우리에게 아름다운 것으로 보인다. 따라서 아름다움에 대한 실러의 정의는 "현상에 있어서의 자유"이다. 이러한 정의는 아름다움을, 그것의 접근조차 외관상으로는 금지되어 왔던 도덕의 영역 안으로 다시 불러들인다. 그러나 여기서 보이는 외관상의 긴장은 우리가 정확히 미의 자율성에 의해 미적 대상이 자유를 나타내는 도덕적 가치를 갖는다고 생각할 때 사라진다. 만약 미가 어떤 도덕적 목적을 위해 사용된다면, 그것은 외적인 강제를 받게 될 것이고 따라서 자기 규정적인 것처럼 보이지 않을 것이다. 즉 미는 그 경우 자유를 상징하는 힘을 잃었을 것이다. 그렇다면 예술의 도덕적 자율성을 강조하면서 실러는 예술의 모든 도덕적 의의를 박탈하려는 의도는 아니었다. 오히려 그는 예술의 주요한 도덕적 특질인 자유의 상징화를 보존하고 싶었기 때문에 예술을 특정한 도덕적 목적에 이용되는 것에서 해방시키고 있을 뿐이었다.

실러가 인간의 본성에서 아름다움을 연역하고 자유의 상징으로서의 예술에 도덕적 의의를 돌리는 것이 옳았다고 하더라도, 실러가 예술가에게 너무 많은 것을 요구하고 있었던 것은 아닌가 하는 의문은 여전히 남아 있다. 실러가 『미적 서한』 후반부에 그렇게 길게 주장했듯이, 아름다움이 우리 본성에 내재되어 있다는 것을 감안할 때 예술가는 여전히 우리가 미적 본성을 실현하도록 도와야 하는 도전에 직면해 있다. 예술가는 단순히 무대와 캔버스, 소설과 시에서 자유를 상징하는 것으로 우리의 아름다운 영혼을 성취하게 할 수 있는 힘을 가지고 있는 것일까? 유감스럽게도 실러는 우리에게 희망을 줄 만한 근거에 대해 거의 말하지 않았다. 만약 우리가 근대 사회에 대한 그의 깊은 비관적인 분석을 고려한다면, 우리는 예술가가 극복할 수 없는 장애물과 싸우고 있다고 결론지어야 한다. 실러는 노동의 분업이 증가하는 것을 인간 불화의 주요 원천 중 하나로 보았지만, 또한 그는 노동의 분업이 문명의 바로 그 과정에 내재된 필연적인 것이라고 생각했다. 그는 근대 사회의 계급 구조가 대다수 국민에게 도야에 대한 전망을 거의 남기지 않는다는 것을 인정했지만, 그러나 그의 자유주의는 국가가 상황을 완화하기 위한 어떠한 적극적인 조치도 취하지 못하게 했다. 그는 국가를 노동 분업의 집행자이자 착취자로 보았지만, 국가의 전복을 옹호하지 않았다. [109]이러한 모든 부담 속에서 예술은 어떻게 대부분의 사람들의 삶에 중대한 영향을 미칠 수 있을까? 단순한 붓과 펜으로 무장한 예술가가 어떻게 분업과 억압적인 국가, 계급 갈등을 이겨낼 수 있겠는가? 『미적 서한』의 말미 가까이에서 실러는 미의 국가란 순수한 교회와 순수한 공화국의 경우처럼 몇몇 정선된 모임들에서만 존재한다는 것을 인정했다. 그는 그들이 사회 전반에 걸쳐 서서히 자신들의 영향력을 확산시킬 수 있기를 바랐다. 그러나 이것은 사회에 대한 그 나름의 분석에도 불구하고 '돈키호테적인 이상주의'가 아니었을까?

하지만 더 깊은 차원에서 볼 때, 이상주의라는 이러한 반론이 실러를 괴롭히지는 않았음에 틀림없다. 『미적 서한』에서 예술의 역할에 관한 테제는 두 가지가 있는데, 이 반론은 그중 한 가지에만 영향을 미친다. 만약 실러가 예술이 그 자체로 모든 장애물을 극복하기나 하는 듯이 미적 교육이 인간의 자아실현과 공화국의 창출을 위한 **충분한** 조건을 제공한다고 생각했다면, 그는 실로 지나치게 이상주의적이었다고 할 수 있다. 그러나 실러가 열 번째에서 열여섯 번째 서한까지에서 미를 연역한 것은 그런 돈키호테적인 테제로 그를 말려들게 하지 않았다. 왜냐하면 이 연역은 단지 미적 교육이 인간의 자아실현과 공화국의 창출에 하나의 **필요**조건이라는 것을 보여주기 때문이다. 거기서 실러의 주장은 "만약 우리가 예술의 영향을 받게 되면 그때 우리는 자기를 실현하고 공화국을 창출할 것이다"가 아니라 "만약 우리가 자기를 실현하고 공화국을 창출한다면 오로지 미적 성격을 발전시켜야만 그렇게 할 것"이라는 것이다. 실러는 예술이 공화국을 만들 수 있다는 것이 아니라 그것을 실현하기 위해 필요한 것임을 보여주었다.

실러가 실로 이 두 번째 더 약한 테제를 의도했다고 생각하는 데는 이유가 있다. 즉 그런 식으로 열 번째 서한에서 그는 예술의 영향에 관한 모든 질문을 피했고, 스물두 번째 서한과 스물세 번째 서한에서 그는 예술이 우리의 사고력과 결정력에 어떤 명확한 방향을 줄 수 없다는 것을 인정했다. 그러나 실러는 또한 더 강한 테제를 포기할 수 없었다. 그는 혁명을 안정시킬 뿐만 아니라 그것을 대체하기 위해 자신의 미적 교육을 의도했기 때문이다. 하지만 더 약한 테제는 어떤 형태의 사회적 변화와도 양립할 수 있는 혁명을 배제하지 않는다. 따라서 실러는 급진파를 비판하기 위해 더 강한 테제를 주장했지만 예술의 무력함을 인정할 때는 더 약한 테제 쪽으로 물러남으로써, 이 두 테제 사이에서 동요했다. 그러나 결국 실러는『미적 서한』의 중심적 주장을 뒷받침할 더 강력한 테제가 필요치 않았다. 논고 전반에 걸친 그의 주된 논점은 예술이 자기실현의 필수 요소라는 것이다. 그는 예술이 이상적인 사회를 창출할 수 있다는 것을 보여주지 못했지만, 적어도 예술이 그 안에서 어떤 필요한 역할을 해야 한다는 것을 보여주었다.

아무리『미적 서한』이 이상주의적으로 보일지라도, 이제 지금쯤은 이 이상주의가 이 저술을 '비정치적 인본주의'의 저작으로 해석하는 것을 정당화하지 못한다는 것은 분명해져야 한다. 지금까지 이 작품의 목적과 맥락에 대해 살펴본 모든 점은 이러한 해석이 거짓임을 보여준다. 실러가 예술을 사회적·정치적 문제에서 도피하는 수단으로 권고했다는 것은 사실이 아니다. 오히려 그는 예술이 [110]그 문제들을 해결하는 하나의 방도라고 주장했다. 이 해석이 암시하듯이 실러가 도야를 유일하게 중요한 사회적 가치인 요체로 간주했다는 것 또한 사실이 아니다. 도야는 그에게 있어 목적과 수단, 즉 자유주의 국가의 목적과 그것을 실현시키는 수단 모두를 위한 것이다. 이러한 해석이 또한 시사하듯이 실러는 도야를 정치적 조건과 무관하게 비정치적이라고 믿었다는 것은 더더욱 사실이 아니다. 우리는 실러가 도야라는 것이 자유주의 국가에서만 번성한다고 생각했고 그러한 국가를 지지하기 위해 그것을 의도했다는 것을 보았다. 그렇다면 본질적으로『미적 서한』은 지극히 정치적인 저작인 셈이다. 그것은 실러가 "진정한 정치적 자유의 창조인 인간의 예술에 의해 달성되어야 할 모든 작업 중 가장 완벽한 작업"이라고 여겼던 것에 대한 공헌이다.

제5장

빌헬름 폰 훔볼트의 초기 정치이론

5.1. 훔볼트와 자유주의 전통

[111]1790년대 자유주의적 국가 개념의 가장 대표적인 인물 중 한 사람은 빌헬름 폰 훔볼트(1767-1835)이다. 1793년에 그는 아직 초안 단계였지만 18세기 자유주의 교설의 주요 해설 중 하나인 『국가 활동의 한계를 규정하기 위한 시도의 이념』[이하 『국가 활동의 한계』로 약칭] 을 완성했다.[1] 1790년대의 다른 자유주의 저술들에 비해 훔볼트 논저의 큰 강점은 엄격한 체계적 형식에 있었다. 실러, 야코비, 칸트, 포르스터가 일반적인 원리들을 스케치하

..

1. 훔볼트는 결코 그 책을 출판하지 않았고 초기의 원고를 수정하지도 않았다. 또한 현존하는 원고에는 무시할 수 없는 간극이 있다. 훔볼트의 원고의 운명과 상태에 관해서는 에두아르트 카우어가 편집한 저작집(Breslau, 1851) 서문 pp. i-xvi 참조. 훔볼트는 저작의 일부를 여러 학술지에 발표했지만, 저작 전체는 1851년에 카우어에 의해 처음으로 출판되었다. 영어로는 1854년 존 케일타드에 의해 *The Sphere and Duties of Government*(London, 1854)로 처음 번역되었다.

는 데 만족한 반면, 훔볼트는 그의 자유주의적 견해를 아주 상세하게 정리하여, 그것이 교육이든 결혼이든 종교든 국제 관계든 민법과 형법이든 시민 생활의 모든 면에 적용했다.

비록 그것이 결코 완성되거나 그의 생전에 출판되지 않았지만, 훔볼트의 『국가 활동의 한계』는 결국 고전적인 것이 되었다. 이 책은 1851년 처음 출판된 이후 큰 성공을 거두었다. 1848년의 패배 이후 수세에 다시 내몰린 자신을 발견한 독일 자유주의자들은 훔볼트의 저작을 사실상의 선언서로 이용했다. 이 책은 권위주의적 독일 국가가 붕괴된 후인 1918년과 1945년에 가장 두드러지고 적절하게 여러 번 재인쇄되었다. 훔볼트의 논저는 또한 독일 외부의 자유주의 발전에도 중요한 역할을 했다. 프랑스에서는 에두아르 라블레가 이 책에 고무되어 그의 『국가와 그 한계』에서 훔볼트를 칭찬하는 한 절을 썼다.[2] 그리고 영국에서 훔볼트의 이 책은 J. S. 밀의 『자유론』의 권두 모토를 제공했다. 밀은 그의 저작에서 여러 차례 호의적인 찬사와 함께 훔볼트를 인용했다.[3] 그리고 그는 그의 『자서전』에서 훔볼트에게 아낌없는 찬사를 보냈다. 밀은 자신의 『자유론』에 미친 영향에 대해 글을 쓰면서 "무엇이든 말하는 것이 적절하다고 생각한 유일한 저술가는 훔볼트였다"라고 밝혔다.[4]

훔볼트의 『국가 활동의 한계』의 역사적 의의가 후기 자유주의에 미치는 영향에 주로 놓여 있다고 하더라도, 후기 자유주의 교설에 비추어 이 저작을 읽지 않는 것이 중요하다. 왜냐하면 1848년에는 훔볼트가 바리케이드를 치는 쪽에 가담하지 않았을 것이기 때문이다. 후대의 자유주의자들과 달리 그는 민주주의의 옹호자가 아니었다. 그의 견해에 따르면, [112]군주제나 귀족 정치는 쉽게 군중의 폭정이 될 수 있는 민주제보다 자유를 더 잘 보호할

• •

2. Edouard Laboulaye, *L'État et ses limites*, ed. 2(Paris, 1863), pp. 48–53 참조.

3. J. S. Mill, *Collected Works*, ed. J. M. Robson and J. Stillinger(Toronto, 1981 N), XVIII, 215, 261, 300, 304 참조.

4. 같은 책, I, 261.

수 있다. 더욱이 훔볼트는 자유방임주의 원칙에 기초한 경제인 자유 무역이라는 후기 자유주의의 또 다른 이상에 조금도 마음을 빼앗기지 않았다. 그러한 경제가 그의 이론의 결과이기는 했지만, 그것은 그의 이론의 지도적 동기가 아니었다. 그는 국가의 번영보다는 개인의 발전에 더 관심을 기울였다.

하지만 이러한 차이들에도 불구하고 훔볼트를 근대 유럽 자유주의의 선구자로 간주하는 것은 부적절하지 않다. 왜냐하면 그는 한 가지 근본적인 측면에서 후기 자유주의 교설을 앞서 내다보았기 때문이다. 즉 그는 최소한의 국가와 최대한의 자유를 주장했는데, 특히 이 자유는 모든 개인이 다른 사람들의 유사한 권리를 방해하지 않는다면 그가 원하는 대로 할 수 있는 권리를 뜻하는 것이었다.

1790년대 인본주의적 자유주의와 이성주의적 자유주의 간의 커다란 구분 속에서 훔볼트는 인본주의적 진영에 확고히 서 있었다. 실러, 포르스터, 야코비처럼 그는 자신의 정치철학의 기초를 정언 명령의 순수이성보다는 완성의 윤리에 두고 있었다. 인간의 삶의 목적은 도덕적 의무의 실행이 아니며, 행복의 추구는 더더욱 아니다. 오히려 그것은 "인간의 모든 능력들이 하나의 전체로 가장 높고 가장 조화롭게 발전하는 것"이다. 인본주의적 전통에 충실했던 훔볼트는 칸트와 피히테의 도덕철학이 너무 이성주의적이어서 감성을 함양하기보다는 억압하는 윤리라고 비판했다.[5] 그는 이론이성에 대한 칸트의 비판을 흔쾌히 받아들였으나, 칸트가 더 큰 힘을 실천이성에 맡기는 것은 잘못이라고 굳게 믿었다.[6] 훔볼트에 따르면, 윤리학은 순수이성의 형이상학보다는 경험적 인간학에 기초해야 한다. 칸트에 대한 이러한 비판적

••
5. 칸트 윤리학에 대한 훔볼트의 비판에 대해서는 그의 초기 논문 「종교에 대하여」와 야코비의 『볼데마르』에 대한 그의 서평(Wilhelm von Humboldt, *Gesammelte Schriften*, ed. Prussian Academy of Sciences under Albert Leitzmann, Berlin, 1906–1936, I, 55–63, 303–304) 참조. 훔볼트의 저작들에 대한 언급은 가능한 한 이 표준판에 의거한다.
6. 1789년 3월 12일 야코비에게 보낸 훔볼트의 서한, *Briefe von Wilhelm von Humboldt an Friedrich Heinrich Jacobi*, ed. Albert Leitzmann(Halle, 1892.), p. 14 참조.

입장은 훔볼트의 이후 정치적 견해에 중요한 영향을 미치는 것이었는데, 왜냐하면 그러한 입장은 그를 정치에서 이성의 힘에 대해 회의적으로 만들었기 때문이다. 정치가는 이성 자체가 도덕적 원리에 대한 충분한 규준도 또 인간 행동에 대한 충분한 동기도 제공할 수 없다는 점을 유념해야 한다.

초기의 많은 독일 자유주의자들과 마찬가지로 훔볼트는 계몽의 분위기에서 자랐다. 그는 계몽의 시대를 상징하게 된 철인 왕 프리드리히 2세 치하의 베를린에서 성장했다. 그의 베를린 시절 초창기에 훔볼트는 동시대의 가장 뛰어난 계몽주의자들 몇몇을 개인 교사로 삼을 수 있는 행운을 가졌는데, 그들은 바로 J. J. 엥겔^{Engel}, C. W. 돔^{Dohm}, E. F. 클라인^{Klein}, J. H. 캄페^{Campe} 같은 철학자들이었다.[7] 젊은 시절 그는 멘델스존, 셀레, 가르베, 스바레즈의 논문 발표를 들을 수 있는 계몽주의자들의 회원제 문예 클럽인 수요회 모임에 자주 참석했다. 계몽의 시대의 이러한 초기 교육은 훔볼트에게 사상의 자유, 종교적 관용, 법치와 같은 계몽의 기본적 이상에 대한 평생의 충실한 마음을 심어주었다. 무엇보다도 중요한 것은 이 교육이 그에게 인간사에 없어서는 안 될 지침으로서 이성에 대한 지속적인 믿음을 주었다는 점이다. 훔볼트는 그의 초기 논문들 중 하나에서 "사고하는 사람의 참된 완성과 행복은 이성에 의거한다. 왜냐하면 이성은 명령하고 수단과 목적을 선택하기 때문이다. 다른 모든 능력의 임무는 단지 그것들을 실행하는 것뿐이다"라고 썼다.[8] 훔볼트는 [113]이성 자체가 충분한 길잡이라는 점은 부정했지만 이성이 꼭 필요한 것이라는 주장은 끊임없이 견지했다. 이성을 부정하는 것은 수문^{水門}을 미신, 편협, 광신^{Schwärmerei}에 개방하는 것이다. 따라서 그는 야코비의 신앙의 도약을 단호히 거부했는데, 그것은 이성의 한계에 위배되기 때문이다.[9]

7. 훔볼트의 초기 교육에 대해서는 Rudolf Haym, *Wilhelm von Humboldt: Lebensbild und Charakteristik*(Berlin, 1856), pp. 1–31; Robert Leroux, *Guillaume de Humboldt: La formation de sa pensée jusqu'en 1794*, Publications de la Faculté des Lettres de l'Université de Strasbourg, no. 59(Paris, 1932), pp. 107–150 참조.
8. Humboldt, "Ueber Religion", in *Schriften*, I, 60 참조.

계몽이 그에게 미친 모든 영향에도 불구하고 젊은 훔볼트는 곧 계몽의 좁고 편협한 측면에 반기를 들었다. 실러, 포르스터, 헤르더와 마찬가지로 그는 계몽의 무미건조한 지성주의, 진부한 행복주의, 조잡한 공리주의를 받아들일 수 없었다. 이 모든 너무나 평범한 견해들은 더 높은 이상주의, 그리고 참되고 아름답고 선한 것에 대한 탐구를 위한 장소를 남겨두지 않는 것 같았다.[10] 베를린 시절 초창기에도 훔볼트는 계몽의 경계에서 벗어나 자신의 정신적 지평을 넓히고 있었다. 그는 헨리에테 헤르츠의 문예 살롱에 자주 드나들었는데, 그곳에서 몇몇 젊은 낭만주의자들, 특히 프리드리히 슐레겔, 슐라이어마허, 티크를 만날 수 있었다. 훔볼트의 이상과 베를린의 젊은 낭만주의 서클의 이상 사이에는 몇 가지 주목할 만한 유사성이 있다. 즉 개인이 다른 사람들과의 자유롭고 개방적인 교류를 통해서만 자신을 실현한다고 주장하는 공동체 윤리, 인격의 전인적 발전인 도야에 대한 강조, 개성의 가치에 대한 강조 및 사회적 순응주의의 압력에 저항할 개인의 권리에 대한 주장, 전체 인격의 교육에서 예술의 역할에 대한 인식, 근대문화의 공리주의와 물질주의에 대한 신랄한 경멸, 미와 진리에 대한 열렬한 헌신 등이 그것이다. 훔볼트를 계몽의 영역에서 해방시키는 데 있어 또 다른 중요한 영향은 그의 절친한 친구인 F. H. 야코비였다. 훔볼트는 1788년 가을 펨펠포르트에 있는 야코비의 사유지에 머물면서 그를 만났다. 비스터의 젊은 친구이자 멘델스존의 숭배자인 훔볼트가 그들의 가장 큰 경쟁 상대인 야코비의 집에서 불편함을 느끼긴 했지만, 그는 스스로 자신의 스승임을 인정한 야코비에게서 많은 것을 배웠다.[11] 그를 볼프 형이상학의 스콜라주의에서 해방시키고 이성의 한계에 대해 많은 것을 가르쳐준 사람은 야코비였다.

. .

9. 1789년 6월 3일 및 1790년 6월 20일 야코비에게 보낸 훔볼트의 서한, *Briefe an Jacobi*, pp. 17–18, 30–33 참조.

10. 이러한 말로 젊은 훔볼트는 계몽주의자 캄페의 공리주의에 대한 그의 반대를 표현했다. Humboldt, *Tagebuch*, in *Schriften*, XIV, 86 참조.

11. 1788년 11월 17일 야코비에게 보낸 훔볼트의 서한, *Briefe an Jacobi*, p. 14.

이런 점들은 훔볼트의 후기 정치이론에 중요한 교훈이었다. 정치에서 이성주의를 비판한 그의 초기 논문 「헌법에 대한 이념」에서 우리는 펨펠포르트의 스승의 명백한 영향력을 발견할 수 있다.[12]

다른 자유주의자들과 함께 훔볼트는 종종 바이마르 문화의 비정치적 도덕주의의 대표적인 사례로 여겨진다.[13] 보통 이 견해를 뒷받침하기 위해 두 가지 사실이 인용된다. 첫째, 훔볼트는 문화와 국가를 날카롭게 분리시켰고, 둘째, 그는 때때로 자신의 영혼을 함양하기 위해 활동적인 정치 생활에서 후퇴했다. 그러나 좀 더 자세히 살펴보면 이 두 가지 사실 모두 이러한 견해의 증거를 제시하지 못한다. 훔볼트는 문화와 국가를 분리시켰지만 정치적 무관심보다는 정치적 신념에서 그렇게 했다. 이러한 분리는 국가가 시민의 사적 생활에 가능한 한 간섭을 적게 해야 한다는 그의 의견의 결과였다. 그리고 설령 훔볼트가 어떤 경우에는 정치 생활에서 후퇴했다고 할지라도, [114]그는 다른 경우들에 있어서는 정치 생활로 돌아갈 수밖에 없다고 느꼈다. 그가 여러 해 동안 관직에 몸담았다는 사실은 정치적으로 무관심했다고 그를 비난하는 것이 얼마나 터무니없는지를 말해준다. 1809년에 그는 프로이센의 문화 및 교육부 장관이 되었고, 1814년에는 파리에서 열린 평화 협상에서 프로이센 대표로서 참여했다. 그리고 1815년과 1818년에 그는 프로이센의 신분 대표회의 담당 장관이었다.[14] 어릴 때부터 시민 생활에서 경력을 쌓도록 훈련받은 귀족으로서, 훔볼트는 불가피하게 정치를 시종일관 자신의 관심사로 여겼다. 설사 그가 정치에서 벗어나 다른 주제의 연구에 자주 몰두했다고 할지라도, 그것은 그의 천직으로부터 자신을 잠시 쉬게 하기 위한 것이었다. 그는 의무와 경향성 양자로부터 정치가 그의 삶을 완전히 지배할 수 있으며

• •
12. Humboldt, *Schriften*, I, 77–85, 특히 p. 80 참조.
13. 예를 들어 Haym, *Humboldt*, pp. 35, 39; Aris, *History*, pp. 145, 154, 163; Peter Berglar, *Wilhelm von Humboldt*(Hamburg, 1970), pp. 88–89, 96–97 참조.
14. 훔볼트의 정치활동에 대해서는 Friedrich Meinecke, "Wilhelm Humboldt und der deutsche Staat", in *Staat und Persönlichkeit*(Berlin, 1933), pp. 81–97 참조.

그 결과 그가 그렇게 혐오하는 편향적인 전문가가 될 수도 있다는 것을 너무나 잘 알고 있었다.

초기와 후기의 자유주의 전통에서 훔볼트의 중심적 위치를 고려할 때, 그의 초기 저작인 『국가 활동의 한계』의 기원과 맥락, 주장을 살펴볼 가치가 있다. 이 텍스트를 어느 정도 상세히 살펴보면 아마도 독일 자유주의의 초기 발전에 대해 새로운 빛을 밝히게 될 것이다. 훔볼트의 지적 역사는 일부 일류 학자들에 의해 자주 검토되어 왔지만,[15] 새로운 자료들의 발견으로 인해 재검토가 요구되고 있기도 하다.

5.2. 프랑스혁명에 대한 반응

프랑스혁명에 대한 훔볼트의 태도는 1790년대 독일 개혁주의reformism, 개량주의의 전형이었다. 그는 프리드리히 빌헬름 2세의 반동적 정책을 자코뱅의 혁명적 방법만큼이나 혐오했다. 그는 프랑스혁명의 이상을 지지하면서도 천천히 점진적인 개혁을 통해 그 이상을 실현해야 한다고 주장했다. 모든 개혁가들처럼 훔볼트는 교육의 중요성을 강조했다. 그는 국민들이 이에 대한 대비가 되어 있지 않는 한, 근본적인 사회적·정치적 변화를 수반하는 어떤 프로그램도 성공할 수 없다고 믿었다. 따라서 **계몽**의 근본 목적은 국민을 교육하고 그들의 기본 권리와 의무를 알려 자유를 준비시키는 것이다. 그러나 훔볼트의 개혁주의는 대단히 보수적이었다. 그는 자유와 평등의

---

15. 훔볼트의 지적 발전에 대한 주요 연구로는 Leroux, *Humboldt*; Haym, *Humboldt*; Siegfried Kaehler, *Wilhelm von Humboldt und der Staat*, ed. 2(Göttingen, 1963); Eduard Spranger, *Wilhelm von Humboldt und die Humanitätsidee*(Berlin, 1909)가 있다. 이 모든 연구서들은 중요한 일차 자료가 발견되기 전에 쓰여졌다. 일차 자료로서 특히 겐츠에게 보낸 훔볼트의 초기 서한(1935)과 브링크만에게 보낸 훔볼트의 초기 서한(1939)이 라이츠만에 의해 출판된 것이 가장 주목할 만하다. 이 자료들은 1793년 이전 훔볼트의 철학적 발전에 대해 많은 점을 알려주고 있다.

원리를 받아들였지만, 이를 보수적으로 해석했다. 이러한 원리는 사람들이 법 앞에 동등한 권리를 가져야 한다는 것을 의미한다. 즉 그 원리는 사람들이 동등한 통치권을 가져야 한다거나 더욱이 동등한 재산권을 가져야 한다는 것을 의미하지 않는다. 그리고 우리가 본 바와 같이 훔볼트는 국민 주권이나 민주주의의 옹호자가 아니었다. 그는 통치를 귀족 출신은 아니더라도 최고의 교육을 받은 사람들과 같은 엘리트의 영역으로 보았다. 그는 프로이센 국가의 가부장주의에 대한 가장 확고한 반대자 중 하나였지만, 결코 프로이센의 군주제 통치에 의문을 제기하지 않았다. 그는 국가의 권력을 축소하고 국민에게 권리를 부여하는 계몽적 통치자 — 환생한 프리드리히 2세 — 에 대한 믿음을 결코 잃지 않았다. 훔볼트는 프랑스에서도 [115]최선의 통치는 입헌군주제가 될 것이라고 믿었다. 따라서 국왕의 처형은 그의 마음속에 프랑스혁명의 대의에 대한 '제거할 수 없는 오점'이었다.[16]

프랑스혁명 초기에 프랑스에 있었다고 주장할 수 있는 1790년대의 정치사상가는 거의 없었다. 하지만 훔볼트는 그러한 드문 예외 중 하나였다. 바스티유가 함락된 직후, 그는 이 놀랍고 획기적인 사건들을 목격하기 위해 파리를 방문하기로 결심했다. 1789년 7월, 그는 그의 옛 가정교사 J. H. 캄페와 함께, 파리로 출발했다. 훔볼트와 캄페는 1789년 8월 4일부터 26일까지 3주 동안만 파리에 머물렀다. 그러나 이것은 다사다난한 체류였다. 그들은 바스티유 감옥의 파괴를 목격했고, 국민의회에서 토론하는 것을 들었다. 그리고 8월 14일에는 루이 16세를 프랑스 자유의 회복자로 환영하는 의원들의 연설을 들었다. 그들은 역시 예상대로 에름농빌 마을로 감상적 여행을 가서 루소의 무덤에 눈물을 흘렸다. 훔볼트와 캄페는 둘 다 그들의 여행에 대한 기록을 남겼다. 캄페는 그의 기록들을 편지 형식으로 작성하여 1789년 독일 작가가 쓴 프랑스혁명에 대한 최초이자 가장 열광적인 서술 중 하나인 『파리로

16. 1793년 2월 6일 F. A. 볼프에게 보낸 훔볼트의 서한, *Gesammelte Werke*, ed. Alexander von Humboldt(Berlin, 1843), V, 34 참조.

부터의 서한』[17]으로 그것을 출판했다. 훔볼트는 자신의 경험을 일기에 기록했는데, 이 일기를 그는 결코 출판하지 않았고 또한 거기에는 빈틈이나 탈문이 적지 않다.

훔볼트의 일기에는 정치적 사건에 관한 내용이 거의 들어 있지 않으며, 그의 정치적 신념에 대해서도 별로 드러나지 않는다. 이것은 훔볼트의 정치적 무관심이나 미숙함의 증거로 받아들여져 왔다.[18] 그러나 이 같은 추론은 일기의 일반적인 불완전성으로 볼 때 정당하지 않다. 훔볼트의 정치에 대한 관심은 그가 파리에 체류하기 전후에 국가와 프랑스혁명에 대한 그의 열성적인 토론에 의해 충분히 증명되었다. 실제로 야코비에게 썼듯이, 정치에 대한 관심이 없었다면 그는 파리 여행을 완전히 지루하게 느꼈을 것이다.[19]

훔볼트의 일기를 자세히 살펴보면, 그가 프랑스혁명의 대의에 대해 대체로 공감하고 있었다는 것이 곧 분명해진다. 그의 공감은 바스티유 감옥의 파괴에 대한 설명에 잘 나타나 있다. 그는 8월 9일 "바스티유는 현재 폐허가 되어 그 자리에는 이제 승리한 자유의 기념비가 서 있다"고 썼다. 바스티유는 중세 요새의 완벽한 표본이었기 때문에 훔볼트는 그것의 파괴를 애석하게 여겼지만, 그러나 그는 그것이 필연적이라고 강조했다. "그것은 단지 가혹한 감옥일 뿐만 아니라 파리 전체를 지배해온 요새인 폭정과 압제의 방벽이었다." 그리고 나서 훔볼트는 바스티유에 수감되어 있는 동안 끊임없이 성경을 연구했던 마샬 바솜피에르의 이야기를 들려주었다. 왜 그렇게 열심히 성경을 읽었느냐는 간수장의 질문에, 바솜피에르는 "여기서 빠져나가기 위한 길을 찾고 있는 겁니다"라고 답했다. 이 감동적인 이야기에 대한 훔볼트의 다음과 같은 논평은 혁명에 대한 그의 공감을 무심코 드러낸다. "그러나 성경은 지금 시민들에 의해 발견되고 있는 빛나는 출구, 즉 절망 속에서 시작되었으나

• •

17. Joachim Heinrich Campe, *Briefe aus Paris zur Zeit der Revolution geschrieben*(Braunschweig, 1790).

18. Haym, *Humboldt*, p. 28; Berglar, *Humboldt*, p. 42; Gooch, *Revolution*, p. 104.

19. 1789년 8월 17일 야코비에게 보낸 훔볼트의 서한, *Briefe an Jacobi*, p. 24.

그 후 그들의 자유 의식에서 영감을 얻은 저 탐색을 그에게 거의 보여주지 못했을 것이다. 그리스도교의 특징인 고통을 인내로써 마땅히 감내한다는 관념, [116]초자연적인 보상을 영원히 기다리는 사상은 인간의 저항의 힘, 따라서 그의 자유 의식을 억압한다."[20]

　　그러나 훔볼트의 초기 반응이 전적으로 동조적인 것은 아니었다. 그는 이미 프랑스혁명의 진로, 특히 재산권 문제에 대해 의심을 품고 있었다. 훔볼트는 빈부 격차가 모든 악덕의 근원임을 인정하면서도 국가가 재산권을 침해할 권리가 없다고 여전히 주장했다.[21] 귀족으로서 훔볼트는 자신의 사회적·경제적 지위에 위협을 느꼈다. 이 같은 두려움은 11월 1일 스위스 법대 교수와 잠깐 스위스 여행을 하던 중 나눈 대화에 나타나 있다.[22] 그들은 국민의회 대의원들이 농노제, 봉건적 권리, 면세 특권, 기타 사회적 특권을 폐지한 8월 4일 밤에 일어난 일들에 대해 논의했다. 훔볼트는 그 교수에게 자신들의 권리와 특권을 넘겨준 귀족 대의원들을 칭찬할 수 없다고 솔직하게 말했는데, 왜냐하면 그러한 조치는 대부분의 경우 더 가난한 귀족들이 더 부유한 자들의 소유물만을 나누어준 셈이기 때문이다. 대의원들은 그러한 권리를 포기할 권한이 없었으며, 그런 권리를 포기한다는 것은 재산의 평등이라는 '정체불명의 평등 관념'을 부추길 것이기 때문에 나쁜 결과를 초래할 것이다. 훔볼트는 많은 경우에 있어 귀족들의 전통적인 권리라는 것은 이미 찬탈된 상태이고 따라서 전혀 권리가 아니라는 것을 인정했다. 그러나 귀족의 권리가 수 세기 동안 그들의 권리로 간주되어 왔으며 또한 그것이 국가의 승인과 보호 아래 획득된 것이라 할 때, 그것을 일거에 완전히 폐지하는 것이 정당했느냐고 그는 물었다. 많은 경우에 성직자와 귀족들은 그들 자신의 비용으로 토지를 개량했다. 그런데 이제 아무런 보상도 없이 그것을 박탈당해

• •
20. Humboldt, *Schriften*, XIV, 120–121.
21. 같은 책, XIV, 129.
22. 같은 책, XIV, 221.

야 했는가? 그들의 취지가 아무리 훌륭하더라도 대의원들은 그렇게 민감한 시기에 오랜 권리와 특권을 폐지하는 데 훨씬 더 신중했어야 했는데, 왜냐하면 그토록 많은 사람들이 더 이상 재산을 존중하는 경향이 없어졌기 때문이다. 훔볼트의 대화 내내 이와 같이 명백한 근원적인 긴장이 감돌고 있었다. 그는 재산권이 신성하다고 말하고 싶었지만, 그는 또한 그것이 이미 찬탈된 상태이고 전혀 권리가 아니라는 것을 인정했다. 그는 나중에 전통과 역사적 연속성의 주장에 더 큰 강조점을 둠으로써 이러한 긴장을 해소하려고 시도했다.

프랑스혁명이 제기한 문제들에 대한 훔볼트의 첫 번째 사려 깊은 일반적인 응답은 1792년 1월 『베를린 월보』에 게재된 짧은 논문 「새로운 프랑스 헌법에 의해 시사를 얻은 제반 헌법에 대한 이념」이다.[23] 이 논문은 그 명료성과 간결함 때문에 1790년대 독일의 개혁적 입장의 가장 훌륭한 서술 중 하나로 꼽히고 있다. 훔볼트의 주요 주제는 안정적이고 지속적인 정치적 헌법을 만드는 데 있어 순수이성은 취약하다는 점이다. 버크를 읽지 않고서도, 훔볼트는 이성의 원리들에 따라서만 국가를 건설하려는 프랑스 대의원들의 시도를 거부했다. 전적으로 이성에 기초하는 어떤 헌법도 성공할 수 없다고 그는 주장했다. 왜냐하면 헌법은 또한 [117]한 국민의 신념과 전통, 그들의 사회적·경제적 조건, 이전의 법적 제도와 관습 등과 같은 경험의 특정한 사실들을 고려해야 하기 때문이다. 이성은 그 자체로는 무언가를 만들어낼 수 없고 자신에게 주어진 자료를 단순히 받아들여야만 한다고 훔볼트는 야코비를 연상시키는 몇 줄의 말로 단언했다. 이성은 자신의 계획을 경험에 강요하기보다는 경험에 순응해야 한다. 요컨대 "헌법은 나무에 접붙이기를 하는 식으로 사람들에게 이식될 수 없다. 시간과 자연이 준비 작업을 하지 않은 곳에서 그것은 마치 실로 꽃을 묶어두는 것과 같다. 한낮의 태양빛을 받으면 그것은

• •
23. *Berlinische Monatsschrift* 19(1792), 84–98. Reprinted in Humboldt, *Schriften*, I, 77–85 참조.

금세 시들어 죽어버린다."[24] 훔볼트는 정치에는 두 가지 진행 방식이 있다고 덧붙여서 설명했다. 우리는 합리적인 계획으로 시작하여 그것을 경험에 적용할 수도 있고, 아니면 경험의 특정 사실들로 시작하여 그것들에 의해 우리의 이성을 인도하도록 시도할 수도 있다. 인간의 지식의 한계와 일치하며 생산적이고 지속적인 결과를 가져오는 것은 오직 후자의 경험적 방법일 뿐이라고 그는 믿었다. 전자의 방법은 사실상 불가능한 것임에도 경험의 모든 사실을 계산할 수 있다고 가정하는 반면, 후자의 방법은 단순히 주어진 대로 그것들을 받아들이고 거기서부터 진행한다.

훔볼트의 국민의회 비판은 여기서 그치지 않았다. 그는 자신의 의심이 추상적인 계획을 실행하는 어려움에만 국한된 것은 아니라고 주장했다. 설령 국민의회가 그 계획을 실행할 수 있다고 가정해도, 그리고 국민의회가 경험의 특정 사실들에 대한 모든 것을 어떻게든 계산해 낼 수 있다고 하더라도, 그 계획이 성공할 것 같지는 않다. 문제는 국민의회의 새 헌법이 발효되더라도 완전히 반대되는 두 헌법이 서로 뒤따를 것이라는 점이다. 구 헌법은 전적으로 절대 군주의 야망에 바쳐지며, 새 헌법은 시민의 자유에 바쳐진다. 무엇이 그와 같이 대립되는 두 헌법을 하나로 묶을 수 있을까? 무엇이 하나의 헌법에서 다른 헌법으로 평화롭고 점진적인 전환을 보장할 수 있을까?

훔볼트의 논문은 편지 형식으로 쓰여졌고 "1791년 8월 한 친구에게 보낸 편지에서"라는 부제가 달려 있었다. 그 친구는 다름 아닌 당대 최고의 보수적 사상가 중 한 사람인 프리드리히 겐츠였다. 훔볼트와 겐츠는 1790년 여름에 만났고, 곧 친한 친구로 자주 교류하게 되었다. 그들은 끊임없이 철학, 예술, 종교에 대해 토론하고 논쟁을 벌였다. 하지만 그들이 가장 좋아하는 토론 주제는 정치, 특히 프랑스혁명이었던 것으로 보인다. 훔볼트는 정치를 논하는 일에 있어 자신이 '진짜 마니아'임을 고백한 후, 겐츠에게 보낸 몇몇 서한으로 자신의 정치적 견해를 밝히기 시작했다.[25] 그들의 교우관계가 아무

24. Humboldt, *Schriften*, I, 80.

리 친밀했어도 그들의 의견은 자주 대립했다. 훔볼트는 1791년 8월에 편지를 썼는데, 당시 겐츠는 아마도 여전히 프랑스혁명의 대의에 충실했을 것이다. 1791년 4월 말, 겐츠는 『베를린 월보』에 인간의 권리를 옹호하고 이론과 실천의 관계에 대한 칸트의 관점을 발전시키는 논문 한 편을 발표했다.[26] 따라서 [118]프랑스혁명의 과정을 처음 비판하기 시작한 사람은 보다 보수적인 겐츠가 아니라 훔볼트였다. 그럼에도 불구하고 1792년 가을에 겐츠가 프랑스혁명에 대한 견해를 바꾸었을 때, 훔볼트는 친구의 새로운 보수주의에 회의적인 태도를 견지하고 있었다는 점을 무엇보다 주목할 필요가 있다. 그는 버크에게 치우쳐 있는 겐츠의 편파적 관점을 받아들일 수 없었는데, 당시 겐츠는 버크의 『프랑스혁명에 대한 성찰』을 독일어로 번역하고 있었다. 훔볼트는 1792년 가을에 그들의 상호 친구인 브링크만에게 이렇게 썼다. "나는 겐츠가 매우 안됐다고 생각합니다. … 버크의 책은 대가다운 데가 있을지 모르지만 일방적이고 성급합니다. … 나는 결코 이 책을 읽지 않습니다. 옛 영국 교회라든가 영국의 법 제도, 역대 프랑스 국왕에 대한 찬사 등등 겐츠가 제게 읽어준 몇몇 대목밖에 생각나질 않지만, 그것으로 충분합니다. 나도 확실히 그런 책에 감탄할 수는 있지만, 그것을 번역한다는 것은 나의 도덕 감정에 어긋나는 일이지요. … 프랑스혁명의 진실은 설령 1천2백 명의 바보들에게 모독당하더라도 진리로 남아 있기 때문입니다."[27] 그렇다면, 프랑스혁명에 대한 그의 모든 비판에도 불구하고 훔볼트는 혁명의 기본 원리들에 충실했던 셈이다. 그는 버크의 반동적인 요소는커녕 겐츠의 보수적인 정서를 받아들이려 하지 않았다.

비록 훔볼트가 겐츠와 주고받은 대부분의 서신들이 남아 있지 않지만,

..

25. 이 서신 왕래의 현존하는 편지들은 알베르트 라이츠만에 의해 출판되었다. "Politische Jugendbriefe Wilhelm von Humboldts an Gentz", *Historisches Zeitschrift* 152(1935), 48–89.
26. 이 논문에 대해서는 12.5절 참조.
27. *Wilhelm von Humboldts Briefe an Karl Gustav von Brinkmann*, ed. Albert Leitzmann, Bibliothek des historischen Vereins in Stuttgart, no. 288(Leipzig, 1939), p. 41.

몇 안 되는 현존하는 편지들 중 하나인 1792년 1월 9일자의 편지는 프랑스혁명에 관한 훔볼트의 견해를 파악할 수 있도록 우리에게 약간의 통찰을 준다. 훔볼트는 몽테스키외의 원리principes의 교설을 언급하며 "프랑스 국민은 어떤 기초 위에서 법을 준수할 것인가"라고 물었다. 공화국의 올바른 원리는 몽테스키외가 가르친 대로 시민의 미덕이다. 국민들은 그들의 헌법에 대한 애정이 있으면 그 법을 따를 것이다. 그러나 훔볼트는 프랑스인들이 시민의 미덕을 함양할 수 있을지 매우 의심했다. 그런 미덕은 고대 공화국에서나 찾아볼 수 있고, 그 후로는 백성들이 공동의 대의에 있어 어느 정도 단합할 필요가 있다고 느꼈던 때에나 찾아볼 수 있다고 그는 주장했다. 그러나 대규모의 근대국가에서는 그런 단합을 할 만한 대의명분이 거의 없다. 우리가 근대국가에서 발견하는 것은 인간과 시민의 명백한 분리이다. 그리고 이 분리가 커질수록 공화국의 기틀은 더욱 흔들린다. 또한 프랑스인들은 단순히 명령이나 선험적 입법에 의해 시민의 미덕을 창조할 수 없는데, 왜냐하면 헌법에 대한 사랑은 국민의 성격에서 자연스럽게 자라나야 하고, 프랑스인의 성격은 수 세기 동안 절대주의적 억압에 익숙해져 있었기 때문이다. 국민의회가 새 헌법의 안정을 보장할 수 있는 또 다른 방법은 권력들 간의 균형을 만드는 일일 것이다. 그러나 새 헌법의 어떤 요소도 입법부의 권력에 대항하는 것이 없다. 국왕과 그의 대신들은 거부권을 상실했다. 입법부와 군주제가 그들 사이의 갈등을 해결하려면 국민의 힘에 호소해야 하지만, 국민의 개입은 항상 법치주의와 입헌정치의 종말을 의미한다. 훔볼트는 새 헌법을 안정시킬 수 있는 방법을 찾지 못한 국민의회의 실패를 고찰한 후, 그 의회의 생존 전망에 대해 다음과 같이 파멸적인 결론을 내렸다. "프랑스 헌법은 행동을 위한 모든 동기 부여를 빠뜨리고 있는데, 가령 국왕은 [119]모든 권력을, 입법부는 모든 억제력을, 국민은 모든 열광의 불꽃을 발휘하는 데 실패하고 있습니다."[28]

· ·
28. Humboldt, "Jugendbriefe an Gentz", p. 58.

1790년대 초 프랑스혁명에 대한 훔볼트의 태도는 마인츠 공화국에 대한 그의 반응에서 가장 잘 드러난다. 1792년 10월 퀴스틴 장군이 지휘하는 프랑스·라인 군이 마인츠를 점령하여 독일 땅에 최초의 공화국을 세웠다. 이러한 사건의 한가운데에 연루된 것은 훔볼트의 절친한 친구 게오르크 포르스터였는데, 그는 곧 새 공화국을 대표하여 활동하게 되었다. 훔볼트는 라인강 변의 사건들에 매료되었고 새로운 공화국의 실험이 성공할 수 있을지 궁금했다. 1792년 11월 11일 그는 포르스터에게 이렇게 썼다. "자유라는 대의 혹은 인간 자신의 활력이라는 대의가 모든 교양 있는 사람의 대의가 되어야 합니다. 그리고 이러한 이유로 나는 새로 만들어진 공화국이 앞으로 나아갈 때마다 깊은 관심을 갖습니다."[29] 그러나 12월 7일 훔볼트는 실러에게 편지를 써서 마인츠 공화국에 대해 훨씬 더 양면적인 태도를 표현했다. 그는 실러에게 자신이 과연 공화국이 성공하길 원하는지 실패하길 원하는지 알지 못했다고 고백했다. 한편으로 그는 프랑스인들이 지고 있는 것을 참을 수 없었다. 하지만 다른 한편으로 그는 마인츠 사람들이 공화국을 받아들일 준비가 되어 있지 않다고 생각했고 마인츠의 보좌 주교였던 그의 친구 달베르크의 안부가 염려되었기 때문에, 마인츠가 다시 탈환되기를 바랐다. 그러나 그는 새로운 열정이 프랑스 국민의 마음을 사로잡은 것을 보고 기뻐했으며, 이것이 프랑스 국민의 행동에 좋은 영향을 미칠 것이라고 확신했다. 훔볼트는 마인츠 공화국에 대해 양면적 입장이었지만, 그는 그의 친구 포르스터가 프랑스인 편을 들고 있는 것을 비난하는 데 있어서는 분명했다. 그가 내린 판단의 이유는 다음과 같다. "프랑스혁명에 대한 나의 지지에도 불구하고, 나는 포르스터가 공개적으로 프랑스 편에 서서 그 나라의 이익을 위해 관직을 얻은 것을 용납할 수 없습니다. 나는 이것이 경솔하다고 말하는 것이 아닙니다. 포르스터의 불안정한 재정 상황이 아마도 그러한 행보를 필요하게 만들었겠

..
29. *Georg und Therese Forster und die Brüder Humboldt: Urkunden und Umrisse*, ed. Albert Leitzmann(Bonn, 1936), p. 99.

지요. 다만 그저 관용을 베풀기만 하고 지금은 명백히 약한 위치에 있는 마인츠 군주에게 불충을 하는 것은 비도덕적이고 비열한 일인 것 같습니다."[30] 여기에는 실로 군주에 대한 봉사의 이상인 옛 귀족 윤리가 있었다. 이 윤리는 훔볼트가 포르스터와 같은 혁명가가 되는 것은 불가능하다는 것을 의미했다. 개혁주의가 그가 취할 수 있는 유일한 정치적 입장이었다.

훔볼트의 개혁주의에 대한 가장 훌륭하고 최종적인 서술은 아마도 1792년 초에 쓰여졌을 『국가 활동의 한계』의 첫 장과 마지막 장에 나타난다. 첫 장에서 훔볼트는 점진적인 개혁은 자연의 법칙과 다름없다고 선언했다. 인간의 최선의 작업은 자연을 따르며, 물론 자연은 천천히 그리고 점진적으로 작용한다. 생명체들이 서서히 환경에 적응하는 유기적 성장의 법칙은 자연적 세계에 못지않게 사회적 세계에도 해당된다. 훔볼트는 물론 점진적인 변화가 아래보다는 위에서 올 것이라고 가정했다. 계몽의 시대에 통치권자는 [120]이성의 원리에 따라 행동하기 위해 권력 안에 있는 모든 일을 할 것이며, 백성의 권리와 자유를 지켜야 할 의무를 인식할 것이라고 그는 확신했다. 훔볼트는 국민이 폭군으로부터 권리를 빼앗는 것을 보는 것은 고귀하고 고무적인 광경이라는 실러의 유명한 시행을 언급하면서,[31] 계몽적 통치자가 백성에게 권리를 부여하는 것을 보는 것은 훨씬 더 고무적인 광경이라고 대답했다. 그는 위에서부터의 그러한 개혁만이 지속적인 사회 변화를 성취할 수 있다고 확신했다. 혁명을 통해 얻을 수 있는 자유는 우리가 향유할 수 있는 희망이자 현실에 대한 잠재력인 개혁을 통해 얻을 수 있는 자유와 관련이 있다고 그는 말했다. 그러나 위에서부터의 개혁에 대한 훔볼트의 믿음은 모든 것을 지배자의 의지에 맡기고 있다는 점이 지적되어야 한다. 만약 군주가 개혁을 원하지 않고 자신의 절대적 특권을 고집한다면 백성은

30. *Briefwechsel zwischen Schiller und Wilhelm von Humboldt*, ed. 3, ed. Albert Leitzmann (Stuttgart, 1900), p. 49.
31. 실러의 이 시행에 대해서는 4.2절 참조.

어떻게 해야 하는가? 여기서 훔볼트는 반란의 권리와 조건에 대한 이론이 없었기 때문에, 이 물음에 대해 의견을 내놓을 것이 거의 없었다.

이런 보수적인 정서가 있음에도 불구하고 훔볼트의 개혁주의는 단순히 반동적 사고방식을 위장한 것이 아니다. 『국가 활동의 한계』의 마지막 장에서보다 그의 확고한 이상주의가 분명히 나타나 있는 곳은 어디에도 없다. 여기서 훔볼트는 실질적인 사회적·정치적 변화의 필요성에 대해 타협하지 않았다. 비록 프로이센의 군주제적 헌법을 바꾸는 것을 주장하지는 않았지만, 그는 국가가 가부장주의적 정책을 포기하고 권력을 대폭 축소해야 한다고 주장했다. 지체함 없이 진지하고 지속적인 노력을 통해 프로이센 국가는 시민들에게 점점 더 많은 자유를 주어야 한다. 즉 프로이센 국가는 시민들이 타인의 유사한 권리를 침해하지 않는 어떤 것이든 할 수 있는 권리인 최대한의 자유를 가질 때까지 계속 그렇게 해야 한다. 훔볼트는 아무런 책임도 느끼지 않는 사람들에게 자유를 주어서는 안 된다고 경고한 반면, 국민의 권리를 계몽하는 것도 필요하다고 주장했다. 그들이 이러한 권리를 의식하고 요구할 때 그것을 부여하는 것은 통치권자의 엄숙한 의무이다. 개혁가들이 이상을 실현하도록 하기 위해 훔볼트는 다음과 같은 두 가지 지침을 마련했다. 첫째, 개혁가들은 성공할 수 있다는 것을 알고 있을 때만 그들의 원리를 적용하고, 둘째, 국민의 인성이 그들의 환경에 앞서 변화되어야 한다. 비록 이 지침들이 직접적이고 즉각적인 변화를 금지하고 있기는 하지만, 그것들은 개혁가들의 이상을 지속적으로 실현하는 것을 목표로 하기 때문에 정신적으로 보수적이지는 않다.

프랑스혁명에 대한 그의 집요한 관심과 낙관론보다 훔볼트의 확고한 이상주의에 대한 더 좋은 증거는 없다. 프랑스혁명의 과정에 불만을 품게 된 많은 동시대 사람들과는 달리, 훔볼트는 그것이 긍정적인 힘이라고 계속해서 믿고 있었다. 비록 국왕의 처형을 못마땅하게 여기고 공포정치의 유혈사태를 유감스럽게 생각했지만, 그는 프랑스혁명의 가치를 거듭 확신하고 있었다. 공포정치가 만들어낸 온갖 비극적인 장면들을 곰곰이 생각한 끝에, 그는

1793년 12월 19일 브링크만에게 "이 대혼란에서 무언가 훌륭하고 위대한 것이 나올 것으로 확신합니다"라고 썼다.[32] 그의 계속되는 낙관론은 [121]자신의 시대를 대국적인 시각에서 보고자 한 시도인 1796년에 쓰여진 저작『18세기』에서 뚜렷하게 나타난다. 18세기 전체와 프랑스혁명의 극적인 결말을 개괄하는 가운데, 훔볼트는 분쟁에서 벗어나 질서가 나타나면서 지속적인 진전이 있다고 결론지었다. 그는 자신이 살아온 세기가 개인의 자유와 탐구의 자유를 증진시키기 위해 그처럼 많은 일을 했기 때문에 그의 세기를 지지했다.[33] 완전히 무법적인 자유의 위험성에 대한 경고를 뿌리칠 수는 없었지만, 그는 자신의 세기에 나타난 전통과 미신, 폭정으로부터의 해방이 개인의 자아실현을 촉진시켰다고 주장했다. 1790년대가 끝나갈 무렵에도 프랑스혁명에 대한 훔볼트의 관심은 사그라지지 않았다. 1797년부터 1799년까지 그는 프랑스혁명의 중심지인 파리에 살았다.[34] 여기서 그는 정치적 사건들을 면밀히 추적하며『모니터』지를 읽고 의회에서의 토론을 들었다. 그는 또한 당대의 주요 인물 중 일부를 만났는데, 그중에는 나폴레옹, 시에예스, 네케르, 메테르니히 등이 있었다. 그의 독일 동료들 중 프랑스혁명에 대해 그보다 더 정통한 지식을 주장할 수 있는 사람은 거의 없었다.

5.3. 훔볼트의 정치이론의 기원

훔볼트의『국가 활동의 한계』의 기원은 그리 단순하지 않다. 이 저작은 오랜 투쟁의 산물이었고 여러 해 동안의 사상의 정점이었다. 훔볼트는 1786년

32. Humboldt, *Briefe an Brinkmann*, p. 72.
33. Humboldt, *Schriften*, II, 9–10, 21–23.
34. 프랑스혁명에 대한 훔볼트의 이후 태도의 상세한 면에 관해서는 Ulrich Muhlack, *Das zeitgenössische Frankreich in der Politik Humboldts*, Historische Studien, no. 400(Lübeck, 1967), pp. 68–100 참조.

부터 국가 활동의 한계에 대해 생각하기 시작했고, 1792년 초까지 국가 활동이 제기하는 문제들을 해결하지 못했다.『국가 활동의 한계』의 기원을 이처럼 복잡하고 심지어 극적인 이야기로 만드는 것은 그 기원 자체가 훔볼트의 사고방식이 완전히 뒤바뀐 데서 비롯되었다는 점 때문이다. 1786년에 그는 1792년에 공격한 바로 그 견해를 가지고 있었다. 무엇이 이 같은 완전한 반전을 초래했는가? 훔볼트는 왜 그렇게 과감하게 자신의 생각을 바꾸었을까? 우리는 이런 질문에 답하기 전에는 훔볼트의 저작을 완전히 이해할 수 없다.

베를린 시절 초기에 훔볼트는 베를린 계몽주의자들 사이에 널리 퍼져 있는 가부장주의적 국가이론을 채택했다. 1785년 3월부터 1786년 2월까지 프로이센 관료직을 준비하기 위한 교육의 일환으로, 그는 계몽주의자 E. F. 클라인의 일련의 강의를 들었다.[35] 이 강의는 인기 있는 교과서인 L. J. 회프너의『개인, 사회, 국민들의 자연법』[이하『자연법』]에 따라 진행되었다.[36] 연습의 의미에서 클라인은 그의 재능 있는 제자에게 회프너 글의 논점에 대해 논평을 해보도록 요청했다. 회프너의 국가관에 대한 훔볼트의 단평이 가장 뜻깊고 흥미로운 것이었다.[37] 그는 특히 국가가 자국민의 안전이나 외적인 복지에만 관심을 가져야 한다는 회프너의 테제에 대해 비판적이었다. 훔볼트는 내면의 행복이 외적 행복과 마찬가지로 중요하다는 것을 단호히 밝히면서, 국가는 시민의 평안과 안녕의 중요한 원천인 시민의 미덕을 등한시해서는 안 된다고 주장했다. 강제성을 통해 직접 미덕이나 내면의 행복이 창출될 수 없다는 것을 인정하면서 [122]훔볼트는 여전히 그것이 좀 더 간접적

· ·
35. E. F. 클라인에 대해서는, *Bildnisse jetzt lebender Berliner Gelehrten*, ed. M. S. Lowe(Berlin, 1806), pp. 3–92 참조.
36. 훔볼트는 회프너의『자연법』의 초판을 사용했다. L. J. Höpfner, *Naturrecht des einzelnen Menschen, der Gesellschaften, und der Völker*(Giessen, 1780).
37. Humboldt, "Aus Kleins Vorträge über Naturrecht", in *Schriften*, VII/ 2, 478–481 참조. 이러한 초기 견해의 중요성은 켈러에 의해 처음 지적되었다. Kaehler, *Humboldt*, pp. 135–136.

인 방법을 통해 장려될 수 있다고 주장했다. 국가는 교회와 학교와 같은 단체를 지원함으로써 시민들의 도덕적 성격을 증진시킬 수 있다. 훔볼트는 안전에 대한 문제를 적극적 복지와 분리하려는 모든 시도에 회의적이었다. 만약 우리가 범죄자들을 처벌한다면, 우리는 안전을 유지할 뿐만 아니라 복지를 증진시킬 것이라고 그는 주장했다. 그리고 만약 우리가 복지를 증진시켜 한 나라가 번영하고 부유해지도록 한다면, 우리는 그 나라의 시민들의 안전을 더 잘 제공할 수 있을 것이다. 불가능한 일이지만 설사 안전과 복지를 분리할 수 있다 하더라도 안전을 국가의 유일한 목적이라고 여겨서는 안 된다. 국가의 목적을 안전으로 제한하는 사람들은 자유를 유지하기를 희망한다. 그러나 국가의 복지를 증진시키는 것은 또한 시민들의 자유의 버팀목인 그들의 도덕적 완성을 발전시키는 일이다. 본질적으로 이러한 것들이 훔볼트의 초기 단편의 주장이며, 그가 곧『국가 활동의 한계』속에서 싸워야 할 주장이었다.

훔볼트를 이러한 초기 가부장주의에서 멀어지게 한 가장 중요한 인물 중 하나는 게오르크 포르스터였다. 훔볼트는 1788년 괴팅겐에서 포르스터를 만났고 그들은 금세 친한 친구가 되었다. 그 후 그는 1788년 가을에 마인츠에 있는 포르스터를 방문했으며 그 뒤부터 그와 서신을 교환했다. 훔볼트는 포르스터와의 대화와 서신 교환을 통해 18세기 말의 독일에서 가장 급진적이고 진보적인 생각을 알게 되었다. 1780년대 말에 이르러 포르스터는 이미 구체제의 가부장주의와 정반대되는 자신의 정치철학의 개요를 발전시켰다. 비록 훔볼트와 포르스터의 서신 중 많은 부분이 유실되었지만, 우리는 포르스터의 생각이 훔볼트에게 상당한 영향을 미쳤다는 것을 알고 있다. 훔볼트가 『국가 활동의 한계』를 끝낸 후 1792년 초에 포르스터에게 편지를 썼을 때, 그는 그의 친구에게 『국가 활동의 한계』의 아이디어들 중 많은 것들이 그에게 친숙할 것이라고 말했기 때문이다. "우리가 괴팅겐 때부터 이런 문제들에 대해 서신을 주고받을 때 그대는 나의 생각과 일치했지요"라고 그는 썼다.[38]

우리는 훔볼트가 1788년 말이나 1789년 초에 쓴 초기 논문「종교에 대하여」에서 그의 새로운 사고가 처음으로 번뜩이는 것을 추적할 수 있다. 이 논문은 1786년의 종교에 관한 뵐너의 칙령에 맞서 종교적 자유를 옹호한다. 여기서 훔볼트는 포르스터에게서 배운 양심의 자유를 위한 주장을 내세웠다. 모든 참된 신앙은 신자의 마음에서 비롯되고 내면의 신념은 법으로 다스릴 수 없기 때문에, 국가는 종교적 양심에 대한 사법권을 가져서는 안 된다. 훔볼트는 곧 이 주장을 일반화하기 시작했고, 미덕 역시 자유에 그 근원을 두고 있으며 법에 의해 강제될 수 없다고 주장했다. 『국가 활동의 한계』는 나중에 이 주장을 국가 활동의 모든 영역으로 확대한다. 훔볼트는 또한 국가의 목적에 대한 그의 나중의 견해를 선취했다. 그는 국가의 목적은 시민들의 도야를 증진하는 것이라고 주장한다. 즉 국가는 단지 이 목적을 위한 수단일 뿐, 결코 목적 그 자체로 보여서는 안 된다. 하지만 이러한 선취적 견해에도 불구하고 훔볼트는 그의 이전의 가부장주의적 신념을 아직 버리지 않았다. [123]그는 국가가 도야와 행복의 발전에 적극적인 역할을 하는 것을 마음속에 그렸다.[39] 입법자는 법이 지켜지고 행복이 증진되는 국가뿐만 아니라 사람들이 그들의 자연스러운 목적인 도덕적 완성의 성취를 이룰 수 있는 국가를 형성해야 한다. 입법자는 국가의 교육자가 되려고 해서는 안 되지만, 그는 도야의 수단을 증진하기 위해 모든 힘을 다해야 한다.

훔볼트의 일기 덕분에, 우리는 그가 사고의 전환을 이룬 정확한 시기를 가늠할 수 있다. 그것은 1789년 7월 24일, 아헨에서 몇 마일 떨어진 벨 외예Bel Oeil라는 작은 여관에서였다.[40] 캄페와 함께 파리로 여행하는 중에, 훔볼트는

..
38. *Forster und die Brüder Humboldt*, p. 88. 이 서한에 근거하여, 켈러는 훔볼트의 견해의 결정적인 변화는 1788년에 일어났다고 가정한다(Kaehler, *Humboldt*, p. 135). 그러나 이러한 가정은 「종교에 대하여」와 훔볼트와 돔Dohm 간의 대화에서의 가부장주의의 잔재를 무시하고 있다.

39. Humboldt, *Schriften*, I, 54, 69-70.

40. 같은 책, XIV, 90-91. 이 중요한 사건을 켈러와 르루Leroux는 무시하고 있다.

그의 옛 스승인 크리스티안 빌헬름 돔Christian Wilhelm Dohm을 만나기 위해 아헨에 들렀다. 그는 주요한 베를린 계몽주의자 중 한 사람이자 『독일 박물관』의 편집자였다. 이 운명적인 날 오후에 훔볼트는 국가의 적절한 한계에 대해 돔과 대화를 시작했다. 국가는 오로지 자국민의 안전에만 관심을 가져야 한다는 논제를 제기한 것은 돔이었다. 훔볼트는 이 견해에 대해 일반적인 반대 의견을 내놓았다. 그러나 그는 자신이 돔을 오해했다는 것을 깨닫고 재빨리 자신의 의견을 취소했다. 돔의 논제의 힘이 이제 그에게서 싹트기 시작했다. "그러나 나는 곧 그의 생각을 처음엔 완전히 이해하지 못했으며, 그의 생각은 상투적인 것이 아니라 완전히 새로운 것이었고 정말로 훌륭하다는 것을 알게 되었다. … 그의 주요 아이디어는 이런 것이었다. 즉 물질적, 지적, 도덕적 복지를 증진하기 위해서는 국가가 개입하기보다는 개입하지 않는 편이 더 성공적이라는 사실이다. 이것은 농업, 공업, 계몽 그리고 도덕 모두에 해당되었다."[41] 훔볼트가 이제 이해한 것은 국가의 개입이 불필요하다는 것이다. 사람들은 국가가 그들을 위해 시도하는 모든 것을 스스로 할 수 있다. 그는 돔의 논제를 받아들이는 것이 더할 나위 없이 기뻤는데, 왜냐하면 그것은 단순히 「종교에 대하여」에서 그가 제출했던 주장의 연장선상에 불과했기 때문이다. 그래서 훔볼트의 견해에 결정적인 변화를 가져온 사람은 주로 돔이었다. 그 7월 오후부터 훔볼트는 국가의 목적은 자국민들의 안전만을 증진시키는 것이라는 돔의 논제를 진전시키게 된다.

훔볼트는 우선 1791년 8월부터 1792년 1월까지 쓴 프리드리히 겐츠에게 보내는 서한들에서 자신의 새로운 생각을 상세히 설명했다. 이 서한들의 대부분이 사라졌음에도 불구하고, 남아 있는 세 통의 편지는 훔볼트의 견해의 발전에 대한 약간의 통찰을 우리에게 준다. 훔볼트는 『베를린 월보』에 실린 1791년 8월의 편지에서 주로 프랑스 국민의회에 대한 비판에 관심을 가졌으며, 국가 활동의 한계에 대한 자신의 견해를 설명하지 않았다. 그러나 그가

41. 같은 책, XIV, 91.

이전의 가부장주의를 완전히 포기했다는 매우 강력한 징후가 있다. 그는 국가가 자국민의 복지를 보살펴야 한다는 원칙이 "가장 파렴치하고 억압적인 전제주의"라고 선언했다.[42] 아마 1791년 가을에 썼을 법한 그의 다음 편지에서 훔볼트는 국가의 목적은 [124]인간의 완성을 증진시키는 것이라는 생각을 자신의 정치철학의 주요 원리로서 약술했다. 그는 인간 본성의 주요 요소들인 이성과 감성을 설명하고, 감성을 인간의 완전한 발전에로 통합하는 것의 중요성을 강조했다. 훔볼트의 마지막 편지인 1792년 1월 9일자 서한은 그의 성숙한 교설의 탄생을 나타낸다. 이 편지의 첫 부분은 프랑스 국민의회에 대한 그의 비판을 담고 있다. 훨씬 긴 두 번째 부분은 그야말로 『국가 활동의 한계』의 원형이라 할 만하다. 그것은 『국가 활동의 한계』의 처음 여섯 개의 장과 8장, 15장 중에서 가장 중요한 부분을 담고 있다. 그렇다면 1792년 초까지 훔볼트는 국가 활동의 한계에 대한 그의 이론을 어느 정도 상세하게 발전시켰던 셈이다.

비록 훔볼트는 이미 자신의 새로운 정치이론의 세부 사항을 일부 제기했지만, 새로운 친구의 자극이 아니었다면 아마 『국가 활동의 한계』를 결코 쓰지 못했을 것이다. 1792년 1월 훔볼트는 베를린에서 에어푸르트로 이사했으며, 거기서 마인츠의 총독 겸 수석주교인 칼 테오도르 폰 달베르크를 만났다. 이 주목할 만한 인물은 가톨릭 성직자이자 급진적인 **계몽주의자**였고 독일 통일의 열렬한 옹호자였으며 나폴레옹의 겸허한 추종자였다. 가부장주의적 통치의 확고한 신봉자인 달베르크는 자신의 원칙을 마인츠에서 실천하기를 바랐다. 그는 국민의 물질적, 지적, 도덕적 복지를 적극적으로 촉진함으로써 자신의 공국을 번영하는 지역으로 만들기를 희망했다. 휴면 상태에 있는 인간의 모든 힘은 국가에 의해 각성되고 인도되지 않으면 실현될 수 없다고 그는 믿었다. 당시 달베르크는 『베를린 월보』에서 국가가 자국민의 도덕적이고 물리적인 행복을 발전시키려는 시도는 가장 파렴치하고 억압적인 전제주

· ·
42. 같은 책, I, 83.

의라고 말한 훔볼트의 도발적인 주장을 읽었을 때 갑작스러운 충격을 받게 되었다. 훔볼트는 진정으로 마인츠에 대한 달베르크의 모든 계획이 그저 전제정치로 끝날 수 있다고 말하려는 의도였을까? 그래서 달베르크는 훔볼트를 만났을 때, 즉시 그에게 본인의 견해를 설명하고 답변해달라고 요청했다.[43] 그는 다름 아닌 국가 활동의 한계에 대한 상세한 이론을 원했다. 실질적인 정치력을 가진 누군가에게 영향을 줄 수 있을지도 모른다는 예상에 놀란 훔볼트는 달베르크의 요청에 응했다. 그는 지체 없이 모든 초안과 노트를 모아서 하나의 논리 정연한 논문으로 쓰기 시작했다. 훔볼트는 1792년 5월 중순까지 초안을 완성하여, 모든 점에 이의를 제기하는 달베르크에게 원고를 장별로 읽어주었다. 달베르크는 훔볼트의 논문에 너무나 위협을 느껴 곧바로 「국가 활동의 참된 한계에 대하여」라는 반론을 썼다.[44] 이것은 훔볼트의 책이 결코 출간되지 않았다는 점을 감안할 때 의미 없는 자기변호로 판명되었다.

훔볼트는 아직 잘 다듬어지지 않은 형태로나마 『국가 활동의 한계』를 완성했지만, 그의 투쟁은 끝나지 않았다. 이제 그가 직면한 주된 문제는 출판사를 찾는 일이었다. 베를린에서 그의 저작을 출판하려는 시도는 실패했다. 종교에 관한 장(章)은 너무 논란의 여지가 있어서 뵐너의 엄한 검열을 통과할 수 없었다.[45] 그래서 훔볼트는 이 저작을 프로이센 바깥에서 출판하기로 결정했다. 그는 [125]이 문제에 대한 실러의 도움을 청하면서 그가 서문이나 발문을 써주기를 바랐다.[46] 그러나 실러가 마침내 훔볼트의 요구 조건에

• •
43. 1792년 6월 1일 훔볼트가 포르스터에게 보낸 서한 속에 달베르크와의 모든 에피스트가 언급되어 있다. *Forster und die Brüder Humboldt*, pp. 87–93 참조.

44. 이 희귀한 논고는 1793년에 라이프니츠에서 출판되었다. 그것은 Robert Leroux, *La Théorie du despotisme éclairé chez Karl Theodor Dalberg*, Publications de la Faculté des Lettres de l'Université de Strasbourg, no. 60(Paris, 1932), pp. 45–54에 부록으로 재수록 되어 있다.

45. 1793년 10월 12일 실러에게 보낸 훔볼트의 서한, *Briefwechsel zwischen Schiller und Humboldt*, pp. 44–45.

맞는 출판사를 주선했을 때, 훔볼트는 겁을 먹고서 출판의 무기한 연기를 주장했다.[47] 원고를 다시 읽고 나서 그는 많은 변경을 해야 할 필요가 있다고 확신했다. 그의 동생[알렉산더 폰 훔볼트], 실러, 비스터, 브링크만의 모든 비판은 그에게 수정의 필요성을 납득시켰다. 그러나 훔볼트는 글의 스타일이나 설명 방식의 문제들에 대해서만 걱정한 것이 아니었다는 점을 유념해야 한다. 그는 자신의 중심 사상과 계속 씨름했다. 의심이 그를 괴롭히기 시작했다. 그는 자신이 말하는 최소국가가 생존할 수 있는 충분한 힘을 갖고 있는지, 그것이 도야의 필요조건을 훼손하는 것인지에 대해 의문을 제기했다.[48] 이러한 의심으로 모든 일이 중단되었다. 다른 긴급한 용건들에 쫓겨 훔볼트는 조금도 원고를 수정하지 않았다. 그는 결코 자신을 괴롭히는 문제들을 해결하지 못했다. 많은 양심적인 작가들처럼, 그는 어떤 책도 단지 진행 중인 작업일 뿐이라고 자신을 납득시킬 수 없었다.

5.4. 프로이센의 상황에서의 훔볼트

훔볼트의 정치철학을 이해하려면, 우리는 그보다 넓은 맥락인 18세기 후반 프로이센에 비추어 그것을 검토해야 한다. 훔볼트의 사상은 포르스터, 돔, 달베르크와 같은 몇몇 친구들에 의해 자극을 받았을 뿐만 아니라 그의 시대, 특히 그의 고향 베를린의 더 넓은 정치적 쟁점과 진전에 의해서도

* *

46. 훔볼트의 원고 출판에 있어 실러의 역할에 관해서는 1792년 12월 7일, 1793년 1월 14일 및 1월 18일 실러에게 보낸 훔볼트의 서한, *Briefwechsel zwischen Schiller und Humboldt*, pp. 48, 50, 51–52 참조.
47. 1793년 1월 18일 실러에게 보낸 훔볼트의 서한, *Briefwechsel zwischen Schiller und Humboldt*, pp. 51–52 참조.
48. 1793년 2월 8일 브링크만에게 보낸 훔볼트의 서한, *Briefe an Brinkmann*, pp. 53–54 참조.

자극을 받았다.

훔볼트의 『국가 활동의 한계』의 주요 물음 — 통치의 적절한 한계는 무엇인가? — 은 18세기 후반 독일의 훨씬 더 오래되고 광범위한 논쟁의 맥락에서 보아야 한다. 훔볼트 자신도 회프너의 『자연법』에 대한 초기 메모에서 국가의 목적이 단순히 안전이 되어야 하는지 아니면 자국민들의 복지가 되어야 하는지에 대한 '유명한 논쟁'을 언급했을 때 이것을 분명히 했다. 이 논쟁은 무엇이었고, 18세기 후반 베를린에서 그것은 왜 일어났는가?

18세기 후반 베를린에서 통치의 한계에 관한 논쟁은 아마도 새로운 중농주의 교설에 대한 논의의 맥락에서 일어났을 것이다.[49] 1760년대에 프랑스에서 공식화된 이 교설에 대해 독일에서는 1770년대 중반까지 상당한 관심이 있었다. 이 교설에 대한 논의의 주요 중심지 중 하나는 베를린이었다. 독일 대학에서는 결코 중농주의 교설이 번성하지 않았지만, 그것은 살롱과 커피숍에서 인기가 있었다. 그리고 이런 점에서 베를린은 이상적인 환경을 제공했다. 독일의 대표적인 중농주의 교설의 옹호자는 다름 아닌 1789년 격동의 시기에 프랑스 국민의회의 유명한 지도자인 미라보 백작이었다. 미라보는 베를린에 전혀 낯선 사람이 아니었다. 1786년과 1787년에 그는 두 번 프로이센 궁정을 방문했다. 그리고 그의 경험에 기초한 『프로이센 왕국에 대하여』와 [126]『베를린 궁정비화』같은 책들은 널리 알려져 있었다.[50] 자연적 경제 질서는 스스로를 규제하면서 그 고유의 메커니즘에 의해 부를 창출한다는 것이 미라보의 중농주의 교설의 핵심 뼈대였다. 그는 자신의 『농업 철학』에 "잘 정돈된 사회의 모든 마법은 각자가 자기 자신만을 위해 일한다고 믿으면서 다른 사람을 위해 일한다는 사실에 있다"고 썼다.[51] "내버

<hr />

49. 독일에서의 중농주의 교설의 수용에 대해서는 Keith Tribe, *Governing Economy: The Reformation of German Economic Discourse, 1750–1840*(Cambridge, 1988), pp. 119–131 참조

50. 베를린에서의 미라보의 경험에 대해서는 Henry Welschinger, *Mirabeau als geheimes Agent der französischen Regierung*(Leipzig, 1900), pp. 1–78 참조

려 두어라^{laissez-faire[무간섭주의]}'와 "자유롭게 통과시켜라^{laissez-passer[자유방}
임주의]"는 중농주의의 좌우명이었고 "과도하게 다스리지 마라^{pas trop gou-}
verner"는 미라보가 애용하는 슬로건이었다. 그는 『대중의 교육에 대하여』에
서 "주요한 어려움은 오직 필요한 법만을 제정하고 어떤 사회를 진정으로
구성하는 그 원칙에 영원히 충실함을 유지하는 일이다. 그리고 근대 정부의
가장 치명적인 병폐인 통치의 열성에 대해 경계하는 일이다'라고 썼다.[52]

미라보의 입장과 같은 중농주의 사상은 본질적으로 관방학파 [중상주의]
경제학자들이었던 독일의 전통적인 경제 지식에 도전했다. 가부장주의적
통치라는 테제는 정부가 경제를 규제해야 한다는 견해에 의해 확실히 지지를
받고 있었다. 그렇다면 1770년대에 중농주의 교설에 관한 활발한 논쟁이
시작된 것은 놀랄 일이 아니다.[53] 불가피하게, 이 논쟁에서 제기된 쟁점들
중 하나는 경제에 대한 정부의 개입의 필요성과, 따라서 일반적으로 통치의
한계에 관한 것이었다.

훔볼트가 중농주의 교설에 관한 논쟁을 알고 있었다는 것은 의심할
여지가 없다. 왜냐하면 돔은 독일에서 중농주의 교설에 대한 최고의 비평가였
기 때문이다.[54] 1785년 가을부터 1786년 여름까지 훔볼트는 중농주의 교설의
장단점을 상세히 논한 돔의 정치경제학 강의를 들었다. 훔볼트는 이 강의를
들으면서 많은 메모를 했고 그중 일부는 지금도 남아 있다.[55] 이들 강의에서
돔이 평소보다 중농주의 체제에 더 동조적이었다는 사실은 흥미롭다. 그는
이 체제가 무역의 자유라는 가치를 인정하기 때문에 칭찬했다. 돔은 "무역

• •
51. Mirabeau, *Philosophie rurale*(Amsterdam, 1763), I, 138.
52. Mirabeau, *Sur l'education publique*(Paris, 1791), p. 69.
53. 중농주의를 둘러싼 논쟁에 대해서는 Tribe, *Governing Economy*, pp. 124-130 참조.
54. Christian Dohm, "Ueber das physiokratische System", *Deutsches Museum* 2(1778), 289-324 참조.
55. Humboldt, "Aus Dohms national-ökonomischen Vortragen", in *Schriften*, VII/2, 507-539 참조.

장벽과 규제가 시민들의 지갑과 평화뿐만 아니라 그들의 마음과 도덕에도 미치는 나쁜 영향'[56]에 대해 말했다. 그러한 견해는 1789년 여름 훔볼트로 하여금 돔의 입장으로 전환하도록 준비케 했을지도 모른다. 어쨌든 훔볼트가 통치의 한계에 대해 돔과 논의를 시작했을 때, 그는 아마도 그의 전 스승이 제기했던 물음으로 돌아가고 있었을 것이다. 애석하게도, 중농주의 교설에 대한 훔볼트의 반응에 관한 직접적인 증거는 거의 없다. 그럼에도 불구하고 그의 생각이 그것으로부터 어떤 자극을 받았다는 매우 놀라운 징후가 있다. 즉 조금 전 인용한 미라보의 슬로건은 다름 아닌 『국가 활동의 한계』의 모토인 것이다.[57]

1790년대 초 베를린에서 있었던 또 다른 주요 정치 논쟁은 1791년 가을에 공포된, 프로이센 전역의 법률들을 성문화하고 체계화한 일반 란트법 Allgemeine Landsrecht과 관련된 것이었다.[58] 이 법전은 프로이센 국가의 중앙집권화 및 합리화에 결정적으로 중요했다. [127]그 이전의 프로이센의 오래된 법률 구조는 혼란스러웠는데, 각 지방은 관습적인 게르만법과 봉건화된 로마법이 독특하게 뒤섞인 서로 다른 법을 가지고 있었다. 성문화의 작업은 대법관 H. C. 폰 카르머가 "사법 개혁과 프로이센 법의 쇄신"에 대한 전적인 책임을 부여받으면서 1780년에 시작되었다. 성문화 작업에 있어 카르머의 주요 보조자이자 실제로 그의 수석 이론가는 C. G. 스바레즈였다. 스바레즈의 협력자는 훔볼트의 초기 가정교사 E. F. 클라인이었다. 법전은 1784년에 초안 형태로 처음 완성되었으며, 1791년에 개정판이 공표되었다. 그리고 더 많은 실질적인 개정 후에야 그것은 1794년 6월에 란트법이 되었다.[59]

• •
56. 같은 책, p. 538.
57. Cf. *Schriften*, I, 98, 244.
58. 일반 란트법을 둘러싼 논쟁에 대해서는 Epstein, *Genesis*, pp. 372–387 참조.
59. 이 일반 란트법의 다양한 개정판에 대해서는 Hermann Conrad, *Die geistigen Grundlagen des Allgemeinen Landrechts für die preussischen Staaten von 1794*(Köln, 1958), pp. 44–49 참조.

일반 란트법은 그 집필자들에 의해 부분적으로 왕권의 한계를 규정하는 헌법으로 의도되었다.[60] 국가는 사회 전체의 복지에 의해 요구되는 경우에만 시민들의 자연적 자유를 제한할 수 있도록 허용되었다. 모든 새로운 법률은 특별 법률위원회의 승인을 받아야 했다. 그리고 자의적 명령은 법의 공급원으로서의 지위가 박탈되었다. 하지만 그러한 자유주의적 의도에도 불구하고, 일반 란트법은 본질적으로 보수적인 문서였다. 그것은 프로이센 사회가 준수해야 할 법적 규범을 수립하기보다는 현상 유지를 승인하는 쪽이었다. 가령 그것은 법 앞의 평등을 도입하지 않았고, 농노제를 폐지하지 않았으며, 시민들의 자유를 규정하지도 않았다. 당연하게도 이 새로운 법전은 급진파와 보수파 양쪽의 공격을 받았다. 급진주의자들은 이 법전이 단순히 현상 유지만을 인정하고 시민들의 자연권을 짓밟는다고 일축했지만, 보수주의자들은 이것을 자유주의적 헌법의 위험한 선례로 보았다. 보수주의자들은 새 법전을 낳게 한 계몽의 원칙들이 프랑스혁명을 일으킨 바로 그 원칙들이라고 주장함으로써 이 법전에 대한 공격을 바짝 밀어붙였다. 그런 주장은 1792년 봄 프랑스혁명의 진로를 둘러싼 히스테리적인 분위기에 어느 정도 영향력을 가지고 있었다. 1792년 5월 5일 프리드리히 빌헬름 2세는 새 법전의 무기한 발효 중지를 공포했다.

비록 훔볼트가 『국가 활동의 한계』에서 새로운 란트법을 한 번 언급했지만,[61] 그는 원칙적으로 그것에 완강히 반대했다. 그를 당혹케 한 것은 이런저런 개별 조항이 아니라 법전 배후에 있는 철학 전체였다. 왜냐하면 일반 란트법은 훔볼트가 미리 앞서 불만을 표시했던 바로 그 가부장주의적 국가관을 법률로 제정하려고 시도했기 때문이다. 법전의 집필자들은 국가의 목적을 시민들의

<hr />

60. 일반 란트법의 집필자들의 자유주의적인 의도에 대해서는 Hermann Conrad, *Rechtss-taatliche Bestrebungen im Absolutismus Preussens und Österreichs am Ende des 18. Jahrhunderts*(Köln, 1961), pp. 11–26 참조.
61. *Schiften*, I, 210. 훔볼트는 일반 란트법이 반역자의 아이들까지 처벌하는 것을 국가가 허용하고 있다고 비판했다.

안전뿐만 아니라 시민들의 복지에 두고 있었다. 새 법전은 통치권자에게 국민의 복지를 위해 필요하다고 생각되는 어떤 일이라도 할 권리뿐만 아니라 의무도 부여한다. 1791년 초의 초안에는 국가의 행복주의적 관점이 다음과 같이 명백하게 나타나 있었다. "일반적으로는 국가와 그 주민의 복지는 특히 시민사회의 목적이자 법의 일반적 목적이다." 그리고 더 간단히 말하면 "보편적 복지는 법의 기초이다."[62] 이러한 구절들은 [128]법으로 통과된 1794년 최종판에서는 삭제되었지만, 행복주의적인 국가관은 여전히 남아 있었다. 일반적으로 국가의 권리와 의무에 관한 조항은 "주민들에게 능력과 힘을 계발할 수 있는 수단과 기회를 제공하는 모든 기관들을 보살피고 또한 그 기관들을 복지 증진에 적용하는 것이 통치권자의 임무이다"라고 규정했다.[63] 새 법전에 대한 철학적 근거를 제시한 『법과 국가에 대하여』에서 스바레즈가 계몽적 절대주의의 교설을 옹호했다는 것은 실로 놀라운 일이다. 스바레즈에 따르면, 사회계약은 세습 군주에게 절대 권력을 부여하는데, 이는 그의 이해관계가 사회 전체의 이해관계와 동일하기 때문이다.[64]

따라서 가부장주의는 결코 1790년대 "연로한 프리츠"[프리드리히 대왕]와 함께 소멸된 낡고 실패한 교설이 아니었다. 오히려 그것은 살아남아 건재해 있었고 실로 그 나라의 공식적인 법이 될 지경에 이르렀다. 그래서 훔볼트는 1792년 봄에 자신의 『국가 활동의 한계』를 써야 할 충분한 이유가 있었다. 왜냐하면 새 법전이 그 이전 해 가을에 공포되어 있었고 란트법으로 발효되기 직전인 것처럼 보였기 때문이다.

1790년대 초 베를린에서 일어난 단연코 가장 격렬한 정치적 논란은 뵐너의 종교 정책에 관한 것이었다.[65] 뵐너의 정책의 주된 목적은 프리드리히

· ·
62. Conrad, *Grundlagen*, p. 49.
63. *Allgemeines Landrecht für die preussischen Staaten*(Berlin, 1832), part 2, vol. 2, "Von den Rechten und Pflichten des Staats überhaupt", no. 3, p. 208 참조.
64. C. G. Svarez, *Vorträge über Recht und Staat*, ed. H. Conrad and G. Kleinheyer(Köln, 1960), pp. 433–477 참조.

2세의 무신론적 통치 기간 동안 프로이센에서 그토록 훼손되어 있던 종교를 되살리는 것이었다. 1788년부터 뵐너는 프로이센에 검열을 도입하는 일련의 칙령을 내렸다.[66] 뵐너의 칙령을 둘러싼 논쟁은 1788년에 시작되어 1790년대 초에 최고조에 달했다. 계몽주의자들은 즉시 법령의 영향으로부터 스스로를 방어하기 위한 대열에 합류했는데, 왜냐하면 그 법령은 그들 중 많은 사람들이 자유롭게 말하고 출판하는 것을 막을 것이기 때문이었다. 그들은 그 칙령을 그들의 가장 기본적인 권리, 특히 언론과 출판의 자유에 대한 명백한 침해라고 공격했다. 그러나 많은 보수적인 저작가들은 뵐너 주위에 모여들었다. 그들은 백성들의 신앙을 지키기 위해 그 법령이 필요하다고 주장했다. 그리고 그들은 그 법령이 이미 교단에 들어와 있는 무신론자나 설교자들만을 상대로 지침을 내린 것이므로 그 법령이 양심의 자유를 위협한다는 것을 부인했다.

뵐너의 정책은 행정 권력 자체, 특히 프리드리히 2세 때 임명된 관료들 사이에서 상당한 저항을 불러일으켰다. 내부에서부터 뵐너의 정책을 훼손하려고 시도한 사람들 중에는 [베를린] 고등법원 내에서 빌헬름 폰 훔볼트라는 이름으로 일하는 젊은 서기가 있었다. 1790년대에 이 고등법원은 뵐너의 정책에 반대하는 주요 근거지 중 하나였다. 젊은 훔볼트는 곧 베를린의 한 서적상이 검열관을 상대로 손해배상을 청구한 사건을 맡고 있는 자신을 발견했다.[67] 판결은 뵐너에게 불리하게 작용했고, 훔볼트는 어둠의 세력과 싸우는 데 자신의 몫을 다했다는 것을 만족스럽게 편지에 적을 수 있었다.[68]

뵐너의 칙령을 둘러싼 논쟁은 [129]가장 논란의 여지가 많고 도발적인 『국가 활동의 한계』의 7장 「국가와 종교」를 서술하는 계기가 되었다.[69] 이

• •

65. 뵐너의 종교정책을 둘러싼 논쟁의 상세한 측면에 대해서는 Epstein, *Genesis*, pp. 142–153 참조.

66. 뵐너의 칙령의 특징에 대해서는 Epstein, *Genesis*, pp. 142–153, 360–369 참조.

67. 이 사건의 상세한 사항에 대해서는 Haym, *Humboldt*, pp. 33–34 참조.

68. 1792년(날짜가 기재되어 있지 않은) 어느 날 포르스터에게 보낸 훔볼트의 서한, Humboldt, *Werke*, I, 291.

장은 훔볼트가 뵐너에게 행한 대답이다. 훔볼트는 이 논의에서 교회와 국가의 완전한 분리, 그리고 종교와 도덕의 완전한 분리를 주장함에 있어서 대부분의 계몽주의자들을 훨씬 능가하는 매우 대담하고 급진적인 입장을 취했다. 이 논의에 비추어 훔볼트의 저 7장을 살펴본다면, 그것은 뵐너와 보수주의자들의 주장에 대한 거의 하나하나 논점별 반박이라는 것이 명백해진다.

뵐너의 핵심 주장의 하나는 국가가 종교를 지지하고 또한 양심의 자유를 유지하는 것이 가능하다는 것이다. 국가가 어떤 특정한 형태의 종교가 아닌 일반적인 의미의 종교를 보호한다면, 국가는 이 둘 다를 할 수 있다고 그는 주장했다. 그러나 훔볼트는 종교 일반과 특정 종교의 구별이 실제로 의미가 없다고 주장하면서, 종교를 장려하려는 국가의 어떤 시도도 단호히 거부했다. 일단 국가가 종교를 도덕을 위해 필요한 버팀목이라고 생각하면, 국가는 필연적으로 도덕의 가장 좋은 근거로 간주하는 종교를 선호할 것이다. 즉 결국 특정 종교를 조장하여 양심의 자유를 침해하게 될 것이다. 훔볼트는 국가가 종교와 관련하여 해야 할 일은 종교적 교육의 장애물을 제거하고 종교에 대한 연구를 촉진하는 것이라고 주장했다. 그러나 국가가 그 이상으로 더 나아간다면, 그것은 오로지 권위에 근거한 거짓된 신앙만을 조장할 뿐이다.

뵐너와 보수주의자들이 좋아하는 또 하나의 주장은 국가가 종교를 장려해야 한다는 것이다. 왜냐하면 종교는 도덕을 위해 필요한 버팀목이고, 궁극적으로는 국가 그 자체이기 때문이다. 그들은 비록 소수의 철학자, 정치가, 귀족들이 종교의 도그마 없이 살 수 있다는 것을 인정했지만, 영혼의 불멸과 영원한 보상과 처벌과 같은 교리를 믿어야만 도덕적이고 법적인 규범을 따르게 되어 있는 대다수 국민들에게는 이것이 가능하지 않다고 주장했다. 훔볼트는 종교와 도덕을 날카롭게 분리함으로써 이 주장을 반박했다. 그의

..
69. 훔볼트는 1788년 「종교에 대하여」에서 처음 이 논의에 참여했다. 이 논문의 많은 부분이 『국가 활동의 한계』의 7장에서 반복되었다. *Schriften*, I, 149-152, 156-162의 구절은 이전의 논문과 거의 일치한다.

견해에 따르면, 도덕은 그것의 정당화나 제재를 위해 종교를 필요로 하지 않는다. 진정 도덕적인 사람은 보상과 처벌의 예상과는 무관하게 원칙에 따라 행동할 수 있는 힘의 능력, 자율성의 의식을 가지고 있다. 도덕적인 사람은 미덕을 그 자체의 보상으로 보며, 제재에 시달릴 필요가 없다. 훔볼트는 개인의 도덕적 자율성을 강조하면서 자신이 엘리트, 소수의 철학자, 정치가 또는 귀족을 지칭하고 있다는 것을 부인했다. 그는 국민 대다수가 자율성의 의식을 가질 수 있다고 주장했다. 그들은 미덕의 의식을 가슴속에 지니고 있으며, 그들 자신의 지성을 통해 도덕의 단순한 진리를 분별할 수 있다. 어쨌든 영원한 보상과 처벌에 대한 교리는 대부분의 사람들에게 더 이상 신뢰감을 주지 못하게 되었다.

뵐너와 보수주의자들의 마지막 주장은 계몽이 확고한 경계 안에서 유지되어야 한다는 것이다. 그 이유는 자유로운 연구의 결과를 공표하는 것은 국민의 신앙과 궁극적으로는 도덕성을 훼손하기 때문이라는 것이다. [130]이에 대해 훔볼트는 그 정반대가 맞는 말이라고 대답했다. 계몽은 종교와 도덕에 위협을 가하기보다는 오히려 오직 계몽만이 진정한 도덕과 종교를 보장한다. 계몽만이 도덕과 종교의 진정한 원천인 사람들의 내면적 사고와 감정에 작용하기 때문이다. 반면 국가의 강압은 사람들의 외적인 행동에 작용하며, 기껏해야 범죄 행위를 막지만 내적 동기에는 결코 영향을 미치지 못한다. 이러한 이유로 훔볼트는 계몽이 소수의 엘리트에게만 국한되지 말고 일반 대중에게 널리 전파되어야 한다고 주장했다. 우리 중 누구도 우리 스스로를 향상시키지 못하거나 더 높은 수준을 획득하지 못할 정도로 낮은 수준의 문화를 지지하지 않는다고 그는 단언했다. 우리 모두는 종교의 도그마를 추궁하고 이성의 빛에 따라 이를 받아들이거나 거부할 권리를 가져야 한다.

뵐너의 주장에 대한 훔볼트의 답변을 검토해보면, 그의 원고가 베를린 검열관에 의해 거부된 이유를 쉽게 이해할 수 있게 된다. 이해하기 어려운 것은 왜 훔볼트가 애당초 그것의 제출을 귀찮아 했는지이다.

5.5. 국가이론

『국가 활동의 한계』에 나타난 훔볼트의 고찰을 이해하려면 우리는 "국가의 적절한 한계는 무엇인가?"라는 그의 중심 물음의 정확한 의도를 분명히 해야 한다. 훔볼트는 적절한 통치형태에 관심을 기울일 생각은 없었다. 그는 통치형태 — "한 나라의 통치 활동과 통치되는 부분들 간의 관계" — 와 그 활동의 한계 — "기존 정부가 그 활동을 확장하거나 제한할 수 있는 대상들" — 를 조심스럽게 구별했다.[70] 통치형태의 문제는 종류의 문제인 반면, 통치의 한계의 문제는 정도의 문제이다. 우리는 동일한 통치형태가 개인의 사생활에 대한 완전한 개입에서부터 완전한 무간섭에 이르기까지 실로 다양한 수준의 활동과 양립할 수 있기 때문에 이러한 문제들을 각기 따로 다룰 수 있다고 훔볼트는 생각했다. 『국가 활동의 한계』에서 시종일관 훔볼트는 적절한 통치형태에 대한 엄격한 중립을 유지하고자 했다. 국가 활동의 한계에 대한 그의 이론은 일반적인 타당성을 가지기 위한 것으로서, 군주제, 귀족제 또는 민주제에 공히 적용될 수 있다. 이러한 중립성은 훔볼트의 개혁적 전략과 완벽하게 부합한다. 그는 어떤 기존 국가의 헌법에도 의문을 제기하고 싶지 않았고 더욱이 그것의 전복을 바라지 않았지만, 국가 활동의 방식이나 정도를 바꾸고 싶어 했다.

언뜻 보기에는 『국가 활동의 한계』에 나타난 훔볼트의 문제가 『자유론』에서의 밀의 문제와 같은 것처럼 보일지도 모른다. 밀과 훔볼트 둘 다 국가 활동을 제한하고, 국가의 권력에 맞서 개인의 권리를 보호하는 것에 관심이 있다. 그러나 이 문제는 그들에게 각기 다른 맥락과 다른 이유에서 발생했다는 것을 아는 것이 중요하다. 밀과 훔볼트는 [131]그들 각각의 시대에

70. Humboldt, *Schriften*, I, 99–100.

고유한 서로 다른 위험에 대응하고 있었다. 훔볼트는 국민들에게 무엇이 좋을지를 결정하려는 절대 군주의 주장인 가부장주의의 위협에 맞서고 있었던 데 반해, 밀은 개인의 권리에 대한 다수파의 독재인 대중적 폭압의 전망에 반대하고 있었다. 물론 훔볼트의 주된 관심사는 가부장주의와 싸우는 것이었지만, 그럼에도 그는 나중에 밀을 괴롭히게 될 문제에 대해 어느 정도 알아차리고 있었다. 왜냐하면 훔볼트는 민주제가 군주제보다 권력을 확장하고 개인의 자유를 침해할 가능성이 더 클 것이라고 우려했기 때문이다. 그는 1792년 12월 7일에 실러에게 이렇게 털어놓았다. "솔직히 말해서, 자유로운 헌법은 나에게는 그다지 중요하고 유익한 것 같지 않습니다. 온건한 군주 쪽이 개인의 교육에 훨씬 덜 구속을 가합니다."[71]

국가 활동의 한계는 우리가 우선 국가의 목적에 대한 물음을 검토했을 때만 적절하게 결정할 수 있다고 훔볼트는 믿었다. 훔볼트는 이 물음에 대해 두 가지 가능한 대답을 제시했다. 국가는 미덕이나 행복, 다시 말해 시민들의 도야나 시민의 복지 중 하나를 추구할 수 있다. 이 선택은 고대국가와 근대국가의 차이를 반영한다. 고전 고대의 국가는 주로 시민들의 미덕이나 도야에 관심을 가졌지만, 근대국가는 본질적으로 그들의 복지나 재산에 관심을 기울인다. 그렇다면 근대국가와 고대국가 중 어느 것이 우월할까? 훔볼트는 고대의 우월성에 대해 아무런 의심도 하지 않았다. 그는 고대인들이 그들 시민의 인격을 발전시키려 할 때 국가의 적절한 목표를 따랐다고 믿었다. 통치 권력에 대한 그의 모든 비난에도 불구하고 훔볼트는 국가가 특정한 권한을 추구할 책임이 있다고 주장했다. 국가의 목적은 사람들이 목적이 달성하도록 도와주고 인간으로서의 본성을 깨닫도록 돕는 데에 있다. 그런데 인간의 목적은 행복이 아니며 재산의 축적은 더더욱 아니다. 오히려 인간의 목적은 그들의 특유한 능력을 실현하고 모든 지적, 도덕적, 육체적 힘을 조화로운 전체로 발전시키는 것이다. 따라서 국가의 목적은 사람들이 이러한

71. Humboldt, *Briefwechsel mit Schiller*, pp. 48–49.

힘을 발휘하는 제반 조건을 제공하는 것이다. 국가는 인간성 발전의 기관인 교육시설 내지 도야기관Bildungsanstalt이어야 한다. 훔볼트가 자신의 논저의 가장 새롭고 독창적인 특징으로 본 것은 바로 이 타협하지 않는 고전주의, 즉 국가가 국민들의 본성을 완성하도록 도와야 한다는 믿음이었다.[72] 그는 근대 정치이론가들이 국가의 목적을 자국민의 복지로 봄으로써 정치이론의 적절한 인간학적이고 윤리적인 토대를 무시한다고 믿었다.

국가의 목적이 행복보다는 인간의 완성에 있어야 한다면, 국가 활동의 한계는 어떠해야 하는가? 이 물음에 대한 훔볼트의 답변은 도야나 인간의 자아실현을 위한 조건들에 대한 그의 분석을 중심으로 행해진다. 그의 견해로는 도야의 근본적인 조건은 자유이다. 훔볼트가 자유를 [132]강제성의 결여, 선택의 자유와 같이 순전히 소극적인 의미로 생각했다는 것은 놀라운 일이다. 우리는 그의 완성의 윤리에 따라 볼 때 그가 자유를 적극적인 의미에서, 즉 인간으로서 훌륭하거나 완벽해질 수 있는 힘으로서 정의했다고 가정할지 모른다. 그러나 이것은 확실히 사실이 아니다. 훔볼트의 견해로는 개인의 자유가 클수록, 선택의 폭이 넓어질수록, 더 많은 선택지들이 가능해진다.[73] 그가 통치 권력과 개인의 자유 사이에서 끊임없는 갈등을 보았던 것은 바로 이런 이유 때문이다.

왜 도야는 소극적인 의미에서의 자유를 필요로 하는가? 국가의 지도를 통해 시민의 미덕과 지적·육체적 성취가 이루어진 고대 스파르타의 도야를 왜 모방하지 않는가? 고대국가들이 시민의 사생활에 개입함으로써 높은 수준의 도야를 달성했다는 것을 훔볼트 자신이 인정하고 있는 점에서 볼 때, 이것은 그에게 어려운 물음이다. 이 물음에 대한 답은 훔볼트의 도야 개념에 대한 보다 면밀한 검토를 필요로 한다. 훔볼트에게 있어 도야는 단순히 시민의 미덕이나 지적·육체적 탁월성에 있지 않다는 것을 이해하는

--

72. 1793년 2월 8일 브링크만에게 보낸 훔볼트의 서한, *Briefe an Brinkmann*, pp. 53-54.
73. 예컨대 Humboldt, *Schriften*, I, 106, 118, 255 참조.

것이 중요하다. 도야가 만약 그런 것들에 있다면, 그것은 고대 스파르타에서와 같이 국가를 통해 성취될 수 있을 것이다. 그러나 훔볼트는 도야가 훨씬 더 많은 것에 있다고 믿었다. 거기에는 두 가지 관련된 요소가 더 있는데, 바로 도덕적 자율성 즉 우리 자신을 다스리는 우리의 힘, 그리고 각 개인의 고유한 인격의 발전인 개성^{Eigentümlichkeit}이 그것이다. 이 두 요소 모두 소극적인 의미에서의 자유, 즉 선택의 자유에 달려 있다. 우리는 우리의 행동이 우리 스스로에 의해 선택되고 우리의 결정의 산물일 때에만 자율적이다. 그리고 우리는 우리의 모든 욕망에 따라 행동할 권리, 많은 선택지들을 탐사할 자유가 있어야만 우리의 개성을 실현할 수 있다. 그러므로 훔볼트의 도야의 이상은 단순히 명확한 종류의 활동들을 나열함으로써 정의될 수 있는 그런 적극적인 개념이 아니다. 오히려 그것은 개인이 선택할 수 있는 모든 종류의 활동들을 포괄하는 소극적인 개념 내지 개방적인 개념이다. 훔볼트는 도야에 있어 중심을 이루는 것은, 선택에 의한 것이든 강요에 의한 것이든 그리고 순응의 산물이든 개성의 산물이든 간에, 우리가 무엇을 하느냐가 아니라 우리가 그것을 어떻게 하느냐 하는 것이라고 믿었다. 오직 도야에 대한 이러한 소극적 개념만이 개성과 인간의 다양성의 가치에 대한 훔볼트의 주장과 양립할 수 있다.

소극적인 자유가 도야의 전제조건이라고 주장해온 훔볼트는 국가 활동의 한계를 규정할 수 있는 위치에 있었다. 국가가 시민들의 도야를 증진해야 하고 도야의 전제조건이 선택의 자유라면, 국가는 시민들의 사생활에 최대한 간섭하지 않고 그 활동을 최소화해야 한다는 것이다. 다시 말해서, 국가는 소극적인 방식으로만 도야를 증진할 수 있다는 것이다. 국가가 할 수 있는 모든 것은 우리 스스로 도야를 추구할 자유를 보장해주는 것이다. 그러나 그것은 우리가 어떻게 우리 자신을 실현해야 하는지를 지시하는 어떤 적극적인 입법에도 관여할 수 없다. 그러므로 국가는 시민들에게 최대한의 자유를 보장하고, 그들이 다른 사람들에게 간섭하지 않은 한 모든 사람들이 자신의 목적을 추구할 수 있도록 해야 할 책임이 있다. [133]따라서 훔볼트는 국가의 단 하나의 적절한 기능은 시민들의 '안전^{Sicherheit}'을 제공하는 것, 즉 다른 사람들의 간섭 없이 그들의 능력을 행사하고 그들의 재산을 누릴 권리를 제공하는 것이라는 결론에 도달한다.

왜 국가가 시민의 안전에까지 책임이 있는가라는 의문이 제기될 만하다. 훔볼트는 왜 정부를 완전히 폐지함으로써 자유의 절대적인 최대치를 요구하지 않았는가? 통치의 권력에 대한 반감과 인간 본성의 선함에 대한 믿음에도 불구하고, 훔볼트는 국가의 소멸이나 약화에 대한 어떠한 교설도 진전시키지 않았다는 것은 주목할 만하다. 그는 헤르더나 피히테의 공동체적 무정부주의를 받아들이려 하지 않고, 국가에 대한 필요성은 항상 어느 정도 있을 것이라고 단언했다.[74] 비록 국가는 우리가 스스로 할 수 있는 일은 아무것도 하지 말아야 하지만, 우리가 혼자서는 할 수 없는 한 가지는 우리 자신의 안전을 제공하는 일이다. 인간의 본성 그 자체 때문에 항상 안전의 필요성이 있을 것이라고 훔볼트는 주장했다. 사람들이 자신의 몫보다 더 많은 것을 차지하려 하고 자신의 이익이 된다면 다른 사람들의 권리를 침해하려는 유혹을 느끼는 것은 정확히 인간 본성에 관한 사실이다. 그리고 사람들이 그들의 권리에 대해 서로 논쟁하는 것 역시 바로 인간 본성에 대한 사실이다. 따라서 사람들의 권리를 보호하고 그들 사이의 분쟁을 중재할 수 있는 더 높은 힘이 필요하다. 어느 정도의 안전이 없다면, 사람들은 그들의 능력을 발전시키거나 노동의 결실을 누릴 수 없을 것이다. 그러므로 훔볼트는 안전 없이는 자유가 있을 수 없다고 결론지었다. 통치가 자유를 보호하기 위해 그 힘을 사용한다면, 자유와 정부는 결국 양립하지 않는 것이 아니다. 이리하여 훔볼트는 사회에서 최대한의 자유에 대한 그의 요구를 어기지 않고서 국가의 존재를 정당화할 수 있었다. 국가에 대한 그의 변호는 국가가 사람들로 하여금 서로의 자유를 제한하지 못하게끔 함으로써 최대의 자유를 보장한다는 점이다.

국가 활동의 한계에 대한 훔볼트의 이론은 이러한 한계가 안전 개념의

74. 같은 책, I, 133-135.

의미에 따라 확장되거나 제한될 수 있다는 점에서 분명히 '안전'에 대한 그의 정의에 달려 있다. 훔볼트는 이 문제를 잘 알고 있었고, 지체 없이 그 단어의 정확한 정의를 내리려고 했다.[75] 그는 일반적으로 '안전'을 "법적 자유의 확실성"이라고 정의했다. 다른 사람의 간섭 없이 자신의 권리를 누릴 수 있을 때 사람들은 안전하다. 훔볼트의 '안전'에 대한 정의가 공리주의 적이지 않고 법률 존중주의적이라는 점은 주목할 만하다. 그의 관점에 따르면, 누군가의 안전이 위태로워지는 것은 그들의 이익이 피해를 입을 때가 아니라 그들 간의 동의 없이 그들의 자유나 재산이 제한될 때이다. 자유와 재산이 제한되지 않으면 아무리 개인의 이익이 피해를 입더라도 권리의 침해는 없는 것이다. 훔볼트는 피해나 상해에 대한 주장들이 모두 자유의 한계를 너무 쉽게 정당화할 수 있다고 우려했기 때문에 이러한 법률 존중주의적인 정의를 주장했다. 예를 들어, 예절의식이 엄격한 사람들은 다른 사람들의 관습적이지 않거나 비정통적인 신념에 기분이 상할 때 피해를 입는다. 훔볼트 는 [134]이러한 경우들의 피해는 어떠한 권리도 침해되고 있지 않기 때문에 자유를 제한하는 것을 정당화하지 못한다고 주장했다. 비록 그 고상한 체 하는 사람들은 피해를 입지만, 사실상 그들의 자유나 재산이 제한받는 것은 아니기 때문에 그들은 다른 사람들의 자유를 제한할 권리는 없는 것이다.

훔볼트의 안전에 대한 정의는 공리주의적 정의의 일부 문제를 피할 수 있지만, 그것 자체로 몇 가지 문제를 일으킨다고 보아야 한다. 이러한 어려움 중 하나는 권리 침해의 정의에 관한 것이다. 본인의 동의 없이 어떤 사람의 자유와 재산을 제한하는 것은 어떤 경우에도 잘못이라는 것은 옳지 않다. 왜냐하면 본인이 동의하지 않을 때에도 범죄자의 자유를 박탈하는 것은 허용되기 때문이다. 그렇다면 문제는 개인의 자유와 재산을 제한하는 것이 허용될 수 있는 때를 규정하는 것이다. 우리는 그 사람이 다른 사람들의 권리를 침해할 때, 그가 그들의 재산과 자유를 제한할 때, 그것이 허용될

75. 같은 책, I, 177–183.

수 있다고 무턱대고 대답할 수 없다. 왜냐하면 그렇게 하는 것은 정의되어야 할 바로 그 용어를 다시 도입하는 것일 뿐이기 때문이다. 또 다른 어려움은 동의의 개념에 관한 것이다. 분명히 모든 종류의 동의나 반대가 재산과 자유의 제한이 허용되거나 허용되지 않는 시점을 결정하기에 충분한 것은 아니다. 왜냐하면 어린이는 변변치 않은 보상을 받기 위해 착취적인 일에 기꺼이 동의하고, 범죄자는 자신의 권리를 박탈하는 것에 반대할 것이기 때문이다. 그렇다면 문제되는 이 같은 종류의 동의는 실제적actual 동의라기보다는 이상적ideal 동의일 수밖에 없다. 즉 어떤 사람이 합리적이라면, 모든 사실을 알고 있다면, 모든 선택지와 그 결과를 알고 있다면, 그 사람이 어떤 것에 동의할 것이라는 식이다. 그러나 이상적 동의에 대한 완전히 도덕적으로 중립적인 근거가 있는지는 심히 의심스럽다. 어떤 사람이 이상적 동의로 간주하는 것은 실은 그들의 윤리와 일반적인 인생관에 달려 있을 것이다. 예를 들어 종교 재판소장은 희생자들을 그들의 동의하에 화형에 처하는데, 그때 그 근거는 그의 희생자들이 모든 사실과 그 귀결을 알고 있다면 그들은 자신들의 영혼을 구하기 위해 그의 형벌에 복종할 터이기 때문이라는 것이다.

안전에 대한 그의 정의의 어려움이 무엇이든, 훔볼트는 국가의 권력을 이 기능으로 제한하는 데 있어서 확실히 엄격했다. 그는 경제적, 사회적, 종교적 영역에서 국가의 모든 전통적인 역할을 부정했다. 국가는 농업, 산업, 무역을 촉진해서는 안 되며, 청소년 교육에 책임을 지지 말아야 하며, 어떤 교회의 교리도 지지해서는 안 된다. 어떤 면에서 훔볼트는 그의 자유방임주의 원칙을 냉혹한 극단으로 몰고 갔다. 그는 국가가 가난과 편견과 같이 범죄로 이어지는 상황을 변화시켜야 한다는 견해를 부정했다. 그는 자연재해가 발생했을 때 국가가 시민들을 도와서는 안 된다고 주장했다. 그리고 그는 국가가 병들고 가난한 사람들을 위해 구빈원이나 병원을 세우는 것도 금지했다. 훔볼트는 국가 활동의 이러한 모든 측면을 불신했는데, 그 이유는 국가 활동이 개인의 자율성과 자립성을 해칠 것을 우려했기 때문이다. 만약 우려한 대로 그렇게 된다면, 개인들은 생존을 위한 투쟁에서 자신의 힘을 행사하기보

다는 수동적이고 국가에 의존하게 될 것이다.[76]

만약 우리가 홈볼트의 자유방임주의 신념과 그의 자립주의 교설을 강조한다면, [135]그의 『국가 활동의 한계』는 독일의 신흥 부르주아 경제에 대한 변호처럼 읽히기 시작한다. 『국가 활동의 한계』를 맨더빌의 『꿀벌의 우화』나 스미스의 『국부론』과 나란히 자유 기업 및 근대 상업 사회를 변호하는 저작으로 놓는 것은 실로 유혹적인 관점이다. 그러나 이것은 우리가 단호히 물리쳐야 할 유혹이다. 홈볼트의 자유주의적 견해는 본래 중농주의적 사상에 자극받았지만, 그는 본질적으로 경제 문제에 관심을 갖지 않았다. 사실 『국가 활동의 한계』의 두드러진 특징은 무역과 산업의 자유에 대한 단 하나의 주장도 담고 있지 않다는 점이다. 홈볼트는 그러한 주장을 제시하기보다는 정치경제의 원칙들에 대한 충분한 지식을 그저 부인했다.[77] 따라서 무역의 자유는 그의 원칙들에 대한 동기라기보다는 그의 원칙들의 결과이다. 더 중요한 것은 홈볼트와 근대 부르주아 전통의 사상가들 사이에는 몇 가지 근본적인 가치 차이가 있다는 점이다. 스미스와 맨더빌은 시장경제를 번영과 전반적인 행복을 증진시키는 최선의 수단이라고 옹호했지만, 홈볼트는 행복이 국가의 목적이 되어야 한다고 생각하지 않았다. 그는 부유하고 행복한 나라보다 가난하고 교육받은 나라를 더 선호했다. 실제로 『국가 활동의 한계』에서 여러 차례에 걸쳐 그는 성장하는 상업 사회가 도야의 전망을 해칠 것이라는 우려를 표명했다. 그래서 그는 때때로 번영이 점점 더 위험과 도덕적 해이를 초래한다고 주장했고,[78] 또한 그는 재산과 물질적 행복에 대한 욕망을 활동과 자아실현에 대한 욕망과 자주 대비시켰다.[79] 게다가 그는 상업 사회의 공리주의적 윤리에 대해 거의 동조하지 않았다.[80] 만약 우리가 그의 논저의 근본적인

. .
76. 같은 책, I, 114, 116.
77. 같은 책, I, 130, 132.
78. 같은 책, I, 136-137, 109-110, 116.
79. 같은 책, I, 103-105, 131, 176.
80. 예를 들어 홈볼트의 일기에서 캄페의 공리주의에 대한 그의 비판(*Schriften*, XIV, 86)

동기를 찾고자 한다면, 우리는 근대 경제를 변호하는 측면을 찾기보다는 고대 그리스 문화를 되살리고자 하는 그의 소망에 주목하는 편이 더 나을 것이다.

훔볼트의 이론은 인간의 본성에 대한 순진한 낙관적인 가정에 근거한다는 것이 그의 이론에 대한 일반적인 반대 이유이다. 그러한 반대 입장에 따르면, 훔볼트는 단지 사람들이 자연적으로 그리고 자발적으로 그들 자신을 완성하기를 원할 것이라고 가정했기 때문에 국가의 권력을 뒷전으로 밀어낼 수 있었다고 주장된다.[81] 확실히 훔볼트는 사람들이 이기주의보다는 미덕으로, 나태와 여가보다는 활동과 성취로 자연스럽게 기우는 경향이 있다고 말했지만,[82] 그러나 그러한 낙관주의가 그의 주장에 중심이 되지 않는다는 것을 인식하는 것이 중요하다. 왜냐하면 개인이 나태하고 쾌락적인 삶을 살려는 경향이 있다고 하더라도 훔볼트는 여전히 그들의 삶에 국가가 개입하는 것을 반대할 것이기 때문이다. 그에게 중요한 것은 미덕이나 문화적 성취가 아니라 개성과 자율성이었기 때문이다. 다시 말해서 그는 사람들이 무엇을 하는지가 아니라 어떻게 하는지를 중시했다. 만약 그가 성취도가 높은 사람들의 나라와 개개인의 게으름뱅이가 있는 나라 중 하나를 선택해야 한다면, 그는 후자를 선택할 것이다. 그의 견해에 따르면, 자유와 개성은 그 자체의 목적들로서, 사람들이 그것들에 의해 무엇을 선택하든 그 나름의 가치를 유지한다.

[136]훔볼트의 이론에 대한 보다 심각한 반대는 사회주의 전통에서 비롯된

●●
참조. 또한 1792년 6월 1일 포르스터에게 보낸 훔볼트의 서한(*Forster und die Brüder Humboldt*, p. 90) 참조. 이곳에서 훔볼트는 경제의 의의를 도야에 완전히 종속하는 것으로 위치짓고 있다.

81. 예를 들어 Gooch, *Revolution*, p. 112 참조. 아마도 이런 반대를 제일 먼저 한 것은 달베르크였을 것이다. 『국가의 실효성의 참된 한계에 대하여』에서 그는 국가가 인간성의 더 높은 능력을 완성시키기 위해 행동해야 한다고 주장했다. 왜냐하면 사람들은 너무 게으르고 타락해서 그들 스스로 그 능력을 발전시키지 못하기 때문이라는 것이다.

82. Humboldt, *Schriften*, I, 131, 156, 159-160, 176 참조.

다. 사회주의자의 주장에 따르면, 훔볼트는 경제적 영역에서 국가를 제거함으로써 자신의 도야의 이상을 저버렸다. 왜냐하면 그는 인간의 자아실현에 필요한 물질적 조건들을 훼손했기 때문이다.[83] 경제생활에 있어서 국가의 적극적인 개입만이 모든 사람이 도야에 필요한 최소한의 물질적 조건들(적절한 식량, 의복, 거처)을 받을 수 있음을 보장한다. 훔볼트가 말하는 국가에서는 부유한 소수의 사람들만이 그들의 개성을 실현할 시간과 에너지를 가지고 있다는 것이다.[84]

그러나 훔볼트가 이런 반대를 의식하지 못했다고 가정하는 것은 부당할 것이다. 고대 그리스의 노예제도의 관행을 논하는 맥락에서 그는 도야의 경제적 전제조건의 문제를 고려했다. 그는 고대 그리스인들은 어떤 형태의 교역이나 육체노동도 불명예스럽게 여겼으며, 그들은 노예제도를 승인하여 더 높은 일에 전념할 여가를 갖게 되었다고 지적했다. 이는 근대국가에서는 노예제도가 용납될 수 없고 대부분의 사람들이 생계를 위해 무역에 종사하거나 노동을 해야 한다는 점을 감안할 때, 과연 근대국가에서 도야가 가능한가라는 문제를 분명히 제기하고 있다. 이 문제에 대한 훔볼트의 반응은 19세기의 후기 예술과 공예 운동을 예측하게 하는 면에서 흥미롭다. 그는 우리가 농민과 수공예 장인으로 예술가를 만들 수 있다고 주장했다. 만약 노동자들이 적절한 기술과 에너지를 그것들에 적용한다면, 그들의 직업은 예술만큼 창조적일 수 있다. 그리고 그들의 직업의 활동을 향상시킴으로써, 그들은 예술가만큼 그들의 능력을 발전시킬 수 있다. 고대 그리스인들이 간과했던 것은 어떤 활동이든 인간의 잠재적 능력을 발전시킬 수 있다는 것이라고 훔볼트는 주장했다.[85] 따라서 훔볼트는 그의 도야의 이상과 근대 경제 질서

83. 예컨대 Aris, *History*, p. 150 참조.
84. 따라서 하임은 훔볼트의 도덕법칙을 "너 자신을 도야하라"라고 일컬으며, "매우 귀족주의적인 법칙, 또는 좀 더 구체적으로 말하면 매우 금권정치적인 법칙"이라고 평가한다. Haym, *Humboldt*, p. 39.
85. 브링크만에게 보낸 훔볼트의 서한, Humboldt, *Schriften*, I, 118–119.

사이에 어떠한 충돌도 보지 못했다. 그는 사회의 불평등한 분업에도 불구하고 누구나 어떤 형태로든 도야를 성취할 수 있다고 믿었다. 그는 자신의 국가이론이 도야를 엘리트의 특권으로 만든다는 것을 어떤 이유로도 인정하지 않았다.

그러나 훔볼트의 답변이 과연 18세기 말까지 이미 사용되고 있던 근대적 생산양식을 훔볼트가 고려하지 못했다고 반박할 이 사회주의자를 만족시킬지는 의문이다. 신흥 자본주의에서 기계 사용의 증가와 분업의 발전은 개인이 생계를 유지하기 위해서는 따분하고 일상적인 일을 수행해야 한다는 것을 의미했다. 따라서 경제적 영역에서는 자발성과 자기표현의 기회가 더 적다. 훔볼트가 바랐던 것처럼 노동자와 장인의 작업이 더 예술적이 되기보다는 점점 더 기계적으로 되어가고 있다. 그렇다면, 이 문제에 대한 유일한 해결책은 경제 영역에 대한 더 많은 국가 개입, 기계의 사용이나 근무 시간, 노동 조건을 규제하는 것임에 틀림없다.

훔볼트가 이러한 어려움을 알고 있었던 것은 믿을 만한 일이다. 1793년 2월 8일 브링크만에게 보낸 서한에서, 그는 자신이 생각하는 최소국가가 시민들에게 [137]그들의 도야에 필요한 수단을 제공할 수 없기 때문에 자신의 중심 테제에 대해 의구심을 품었다고 고백했다.[86] 그런 의구심 때문에 훔볼트는 자신의 논저를 수정하고 출판을 연기하기로 결정했다. 우리가 살펴보았듯이, 이것은 그가 결코 다시 착수하지 못한 과제였다. 우리는 훔볼트의 수정안이 무엇이었을지 추측만 할 수 있을 뿐이다. 그러나 후세 사람들이 하듯이 그가 자신의 저작을 평가한 것은 아이러니한 일이다. 저자의 양심보다 더 높은 비판적 고원에 서 있다고 생각하는 것은 때때로 후세 사람들의 주제넘은 태도인 것이다.

• •
86. *Briefe an Brinkmann*, p. 54.

제6장

F. H. 야코비의 정치사상

6.1. 정치철학자로서의 야코비

[138]1790년대 독일 정치철학의 어떤 역사도 프리드리히 하인리히 야코비 (1743–1819)를 무시할 수 없다. 야코비는 그의 철학소설인 『알빌*Allwill*』과 『볼데마르*Woldemar*』, 그리고 칸트 철학에 대한 영향력 있는 비판으로 가장 잘 알려져 있다. 그의 정치철학은 거의 전적으로 무시당했지만 그렇게 쉽게 일축될 수는 없다. 왜냐하면 야코비는 1790년대 새로운 자유주의에 대한 가장 이른 시기의 가장 거침없는 옹호자 중 한 명이었기 때문이다. 실러, 훔볼트, 포르스터 이전에 그는 국가가 복지를 증진해서는 안 되고 오직 시민의 권리만을 보호해야 한다는 교설을 옹호했다. 1780년대 초, 요제프 2세의 개혁이 시작되고 프리드리히 2세의 치세가 절정에 이르렀을 때인 절대주의의 전성기에 그는 국민의 종교나 복지, 도덕을 증진시키려는 국가의 어떤 시도에도 맹렬한 공격을 퍼부었다. 새로운 중농주의 사상의 초기 주창자였던 야코비는 또한 독일 국가들의 만연한 중상주의에 의문을 제기한 첫 번째 인물

중 한 명이었다.[1] 그가 보기에 무역의 자유는 시민의 자유의 토대였다.

그러나 야코비가 중요한 것은 자유주의에 대한 그의 초기 옹호 때문만이 아니다. 그는 또한 프랑스혁명에 대한 보다 통찰력 있는 비평가들 중 한 명이었다. 그의 동시대인 가운데 그만큼 정확하고 예리하며 도전적인 비판을 한 사람은 거의 없었다. 그는 메스트르^{Maistre}의 반계몽주의에 빠져들지 않으면서도 계몽적 절대주의와 혁명적 이데올로기 배후에 있는 이성에 대한 믿음에 의문을 제기했다. 야코비에게 있어 요제프 2세의 폭정과 로베스피에르의 폭정 사이에는 거의 차이가 없었다. 즉 둘 다 '이성의 횡포'의 사례였다.

야코비는 또한 영향력이 없는 것이 아니었다. 비록 그는 초기 낭만주의자들로부터 호되게 비판을 받았지만,[2] 이후에 그들의 정치사상의 가장 중요한 원조 중의 하나가 되었다. 그의 글들은 초기 낭만주의자들의 이후 많은 주제들을 선취했다. 예컨대 행동의 원천으로서의 감정에 대한 강조, 시민생활에서 실정 종교의 역할에 대한 주장, 시민사회의 이기주의에 대한 비판, 그리고 충성, 경건, 명예라는 오래된 윤리에 대한 믿음 등이 그것이다. 낭만파의 형성에 있어 야코비의 역할은, [139]비록 그 성격은 많이 달랐지만, 뫼저와 헤르더의 역할만큼 대단했다. 낭만파에 대한 뫼저와 헤르더의 중심적 공헌은 그들의 민족주의, 역사주의, 유기체론에 있었던 반면, 야코비의 공헌은 무엇보다도 그의 이성 비판에 있었다. 뫼저와 헤르더가 했던 것 이상으로, 그는 후기 낭만파의 상당 부분을 특징짓는 이성주의에 맞서 그 반대 입장의 토대를 마련했다. 1780년대 **계몽**의 독단적 이성주의에 반대하는 그의 선풍적인

••
1. 야코비는 독일에서 아담 스미스의 가장 초기의 옹호자 중 한 명으로 자주 언급된다. 예를 들어, *Allgemeine deutsche Biographie*, XIII에서의 프란틀^{Prantl}의 논문(p. 580); Eberhard Zirngiebel, *Friedrich Heinrich Jacobis Leben, Dichten, und Denken*(Vienna, 1867), pp. 31–32 참조. 그러나 이런 견해에 대한 증거는 거의 없다. 확실히 야코비는 자유방임주의 원리의 주창자였지만, 그의 주장은 오히려 중농주의적 교설에 대한 그의 충성에서 더 많이 유래하는 것이었다.
2. 9.2절 참조.

캠페인이 없었다면, 그리고 1790년대 자코뱅파의 급진적 이성주의에 대한 그의 집요한 논전이 없었다면, 1800년대의 신앙과 감정의 낭만적인 숭배를 상상하기란 어려울 것이다.[3]

1790년대의 사상가 중에 야코비보다 더 절실한 재검토가 필요한 사람은 거의 없다. 그는 너무나 자주 이성의 권위를 손상시키기로 작정한 계몽의 반대자로, '신앙의 철학자'로 분류된다.[4] 그는 심지어 그와 셸링에서 시작되어 히틀러로 끝난 전통인 근대 '비이성주의'의 창시자 중 한 사람으로 보여지기도 했다.[5] 그러나 야코비에 대한 이런 독해는 기껏해야 하나의 캐리커처일 뿐이다. 그는 실로 종교적 신비주의자였고 계몽의 지나친 이성주의에 대한 예리한 비판자였지만, 이성의 권위 자체를 손상시킬 생각은 전혀 없었다. 이성에 대한 그의 비판의 목적은 이성의 권위를 공격하는 것이 아니라 이성의 오용, 즉 자연과 경험의 한계를 넘어선 이성의 부당한 확장을 비판하기 위함이었다. 그는 이성이 자연의 영역 안에서 가치 있고 실로 불가결한 역할을 한다고 주장하는 데 결코 지치지 않았다. 그의 견해에 따르면, 이성은 인간의 가장 높은 능력이며,[6] 국가와 우리의 모든 시민적 의무의 기반이다. 야코비를 무조건적으로 반계몽주의자로 보는 것보다는 그의 이중적 본성을 강조하는 것이 더 정확하다. 그는 계몽주의자인 동시에 종교적 신비주의자였으며,

3. H. S. 라이스는 『독일 낭만주의의 정치사상, 1793–1815』(H. S. Reiss, *The Political Thought of the German Romantics, 1793–1815*, Oxford, 1955)에서 헤르더를 낭만파의 반이성주의의 창시자로 여긴다(pp. 2–3). 이러한 꼬리표는 헤르더를 잘못 해석한 것이다. 중요한 것은 범신론 논쟁 중에 헤르더가 야코비에 반대하여 멘델스존의 편을 들었다는 점이다.
4. 이 해석의 전형적인 예는 헤트너에서 찾을 수 있다(Hettner, *Geschichte*, II, 244–250). 이 해석을 맨 처음 제시한 것은 다름 아닌 헤겔이었다. Hegel, "Vorbegriff", *Enzyklopädie*, in *Werke*, VIII, 146–168, §61–§78 참조.
5. 특히 루카치의 『이성의 파괴』(Lukács, *Die Zerstörung der Vernunft*, IX, 101–108) 참조. 또한 I. Berlin, "The Counterenlightenment" and "Hume and the Sources of German Anti-rationalism", pp. 17, 181–185 참조.
6. 6.2절 참조. 야코비는 나중에 이성을 직관적 능력이라고 생각하기 전부터 이런 견해를 가지고 있었다.

이성의 옹호자이자 신앙의 수호자였다. 야코비는 양심의 자유, 종교적 관용, 법 앞의 평등 등 **계몽**의 근본적 이상에 대한 확고한 옹호자였고, 모든 형태의 교조주의, 폭정, 미신에 대한 단호한 반대자였다. 계몽주의자들에 대한 그의 많은 비판의 요지는 단순히 그들이 그들 자신의 이상을 위반했다는 것이다. 의미심장하게도 야코비는 **계몽**에 저항하는 종교적 정통주의에 대해 전혀 공감을 갖지 않았다. 특히 레싱과 정통파 목사 괴체 사이의 유명한 논쟁에서 그는 레싱의 편을 확고히 들었다.

좀 더 넓은 역사적 관점에서 볼 때, 계몽의 전파에 끼친 야코비의 역할은 계몽에 대한 그의 비판만큼이나 중요하다. 그는 독일 최초의 자유주의 옹호자 중 한 명이었을 뿐만 아니라 스코틀랜드 계몽사상의 가장 초창기 전파자 중 한 명으로서, 흄, 리드, 퍼거슨을 보다 넓은 대중에게 소개하는 데 도움을 주었다. 실제로 『메르퀴르 드 프랑스』의 노선을 따라 만들어진 『독일 메르쿠어』의 기획을 처음 구상했던 사람은 빌란트가 아니라 야코비였다.[7] 야코비의 친구들 중에는 돔, 빌란트, 레싱, 포르스터와 같은 계몽주의자들이 있었다. 그의 친구들 가운데서 [140]훗날의 역사학자들만큼 그에게 **열광주의자**라는 낙인을 찍을 준비가 되어 있는 사람은 거의 없었다는 것은 확실히 놀라운 일이다. 야코비는 자신이 어둠의 세력에 대항하는 공동 투쟁에서 이 친구들과 하나로 결속되어 있다는 것을 인식하고 있었다.

6.2. 야코비의 정치사상의 전개, 1778-1788년

세속에 물들지 않은 신비주의자라는 평판에도 불구하고, 야코비는 정치

---

7. 1772년 8월 10일 C. M. 빌란트에게 보낸 서한, *Friedrich Heinrich Jacobis Briefwechsel: Gesamtausgabe*, ed. M. Brüggen, et al.(Stuttgart-Bad Cannstadt, 1981N), I/ 1, 159. 야코비의 서한에 대한 언급은 가능한 한 이 훌륭하지만 여전히 불완전한 판본에 의거한다.

세계에 대해 결코 문외한이 아니었다. 그는 수년 동안(1772-1779) 정부에서 활동했으며, 경제학에 대한 그의 지식은 당시 독일에서 가장 해박한 것으로 널리 평가되고 있었다. 1772년 그는 라인 강변의 윌리히 공국과 베르크 공국의 재무부 일원이 되었다. 그의 임무는 두 공국의 자산을 평가하고 이웃 영토와의 교역 전망을 산정하는 것이었다.[8] 이 역할에 성공함으로써 1779년 그는 바이에른 관세통상부의 장관 겸 민사위원으로 임명되었다. 여기서 그는 농노제를 폐지하고 관세와 세금을 합리화하는 것을 목표로 삼았다. 그러나 야코비는 겨우 몇 달 동안만 이 직책을 유지했다. 그는 바이에른의 관세를 윌리히 공국과 베르크 공국으로까지 확장하는 계획에 반대했을 때, 상급 관리들과 약간의 첨예한 의견 차이를 보였다. 그는 또한 바이에른 궁정에 강력한 적들을 두고 있었는데, 그들은 야코비의 정책을 좌절시키기 위해 할 수 있는 모든 것을 다했다. 자신의 계획이 이미 눈 밖에 나서 하나도 실행에 옮길 수 없게 된 야코비는 1779년 봄에 그 자리를 사임했다.

야코비가 정치에 관심을 가지게 된 첫 흔적이 발견되는 것은 그가 윌리히 공국과 베르크 공국에서 관직에 부임하기 직전이었다. 1771년 여름과 가을에 그는 뮌스터와 쾰른의 주교 관할지역 목사이자 그의 유력한 친구인 프란츠 프리드리히 퓌르스텐베르크에게 흥미로운 사실을 드러내는 두 통의 편지를 썼다.[9] 이 편지들은 그의 초기 정치적 견해 중 일부를 진술할 뿐만 아니라 그의 후기 정치적 견해 중 일부도 선취하고 있다. 이 편지들의 중심적인 정치적 주제는 고대국가와 근대국가에 대한 야코비의 대조에 있다. 초기 그리스와 로마 공화국은 근대 세계에서 돌이킬 수 없이 상실된 것처럼 보이는 공동체의 이상과 문화적 성취의 단계를 나타낸다. 고대국가가 시민의 교육과 인격의 발달이라는 가장 고귀한 목표를 가지고 있는 반면, 근대국가는 부와

••
8. 야코비는 1772년 12월 29일 소피 폰 라 로체에게 보낸 서한에서 자신의 임무를 설명했다. *Gesamtausgabe*, I/ 1, 178.
9. 1771년 7월 17일 및 1771년 10월 16일 프란츠 프리드리히 퓌르스텐베르크에게 보낸 서한, *Gesamtausgabe*, I/ 1, 119-121, 143-144.

명예의 추구라는 가장 비속한 목표를 가지고 있다. 사사로운 이익을 끈질기게 추구하면서 근대의 개인들은 사교성의 모든 관념을 잃어버렸고, 그들의 지고한 능력은 모두 멈춰버린 상태가 되었다. 야코비가 고대국가에 대해 가장 감탄한 것은 그들의 애국심, 공익을 위한 시민들의 헌신이다. 그리스인들과 로마인들은 그들의 조국을 위해 자신들을 희생하는 데 있어 그들의 가장 큰 명예와 행복을 발견했기 때문에, 근대 세계인들의 특징을 이루는 사익과 공익 사이의 어떤 갈등도 알지 못했다. 비록 그들이 인류 전체보다 먼저 조국을 사랑했지만, 이러한 선호는 적어도 근대의 대안, 즉 사랑이 전혀 없는 것보다는 더 나았다. "그런 애국심을 근대인들은 무엇으로 대체해야 할 것인가?"라고 야코비는 물었다. 그는 근대의 부패한 조건 하에서 [고대 코린토스의 장군인] 티몰레온이나 [고대 그리스 아테네의 정치가이자 장군인] 아리스티데스가 새로 태어난다는 희망을 가질 수 없었다. [141]당대 생활의 이기주의와 물질주의에 대한 이 한탄은 후에 야코비의 도덕적·정치적 글들의 중심 사상 중 하나가 되었다. 그가 퓌르스텐베르크에게 보낸 초기의 편지들이 흥미로운 것은 이 한탄이 그리스도교적 원천뿐만 아니라 이교도적 원천을 가지고 있다는 것을 보여주기 때문이다. 야코비의 정치철학은 또 하나의 "헬라스[그리스]에 대한 비가elegy"이다.

야코비의 초기 편지들은 또한 그가 좋아하는 또 다른 주제를 암시하고 있다. 그 주제란 바로 정치에서의 순수 이론과 일반 원칙들의 무효용성이다. 우리는 일반적 규율을 주입함으로써 사람들을 도덕적으로 만들 수 없듯이, 올바른 법을 제정함으로써 훌륭한 시민을 만들어낼 수 없다고 그는 말했다. 도덕가들과 정치가들이 상상하는 인간 완성의 이상이 언젠가 실현된다고 하더라도, 그렇게 될 경우 그들은 인간을 지구상에 걸어 다니는 가장 비참한 존재로 만들 것이다. 미덕과 경건함은 사람들의 내적 마음, 즉 자발적이고 개인적인 감정에서 비롯되어야 하기 때문에, 사람들은 결코 강요를 통해 선해질 수 있는 존재가 아니라고 야코비는 생각했다. 이미 1771년에 야코비는 법의 힘을 통해 유토피아를 만들려는 시도는 결국 전제정치로 끝날 수 있다고 믿었다. 그는 프랑스혁명에 대한 비판에서 이 점을 거듭 강조하곤 했다.

야코비가 정부에 재직하던 시기의 결과는 1779년 뮌헨에 머무르는 동안에 쓴 정치이론에 관한 첫 두 편의 논문, 「정치적 랩소디」와 「속續 정치적 랩소디」[10]였다. 이 두 논문은 모두 자유무역에 대한 변호와 바이에른 정부의 중상주의 정책에 대한 날카로운 공격이다. 한 나라의 부는 그 나라의 통상과 무역에 달려 있으므로, 관세 제도와 관세 장벽은 국가의 번영을 수호하지 않고 훼손한다고 야코비는 주장했다. 자유무역을 위한 야코비의 주장은 그가 간명하고 직설적인 말로 설명한 그의 중농주의 경제학에 바탕을 두고 있다. 부는 주로 땅의 경작에서 오는 생필품 생산과 생활의 위안으로 이루어지기 때문에, 사회의 근본적인 부의 원천은 농업인 것이다. 다른 모든 형태의 경제활동은 농업에서 비롯된다. 장인이나 직공들은 단지 그 땅의 생산물을 개조할 뿐이며, 무역업자들은 단지 생산지에서 소비지로 화물을 운송할 뿐이다. 그러므로 다른 모든 계층들은 사회에서 가장 생산적인 계층인 토지 소유자들의 희생으로 생활하는 셈이다. 모든 부는 궁극적으로 토지 소유자들로부터 비롯되기 때문에, 그들은 국가의 진정한 이익을 대표한다.[11] 물론 이러한 추론은 단지 중농주의적 통설에 불과하다. 그러나 그것은 나중에 프랑스혁명에 대한 그의 반응을 지배했던 태도이기도 한 귀족 사회의 대변자로서의 야코비의 단면을 드러내기 때문에 흥미롭다. 그는 토지 소유 계급의 오래된 특권 중 일부를 못마땅하게 여겼지만, 그들의 재산권은 침해할 수 없다고 믿었다.

야코비의 논문들의 가장 두드러진 특징은 경제에 중요성을 두고 있는 점에 있다. 재산의 보호와 상업의 진흥은 실로 [142]"우리의 모든 권리와 의무의 기반"으로서 사회의 근본적 요구로 간주된다. 사회의 첫 번째 요구는 재산, 특히 토지 소유자의 재산을 보호하는 법을 위한 것이라고 야코비는

• •
10. Jacobi, *Werke*, VI, 345–362, 363–418.
11. 같은 책, VI, 353.

주장했다. 토지 소유자는 모든 부의 원천이고 국가는 국민의 번영을 보장할 책임이 있기 때문에, 국가의 첫 번째 의무는 토지 소유자의 재산을 보호하는 것이다. 사회의 두 번째 요구는 상거래, 즉 상품의 구매와 판매이다. 시민사회의 일원이 되는 것은 상업에 종사하는 것이다. 상거래에서 손을 떼려 하고 단순한 생활필수품으로 만족하는 사람은 동물이나 다를 바 없다. 경제의 중요성에 대한 그러한 인식은 1780년대 독일 정치이론의 전면에 야코비를 내세웠다. 아이러니한 것은 그가 또한 사회의 상업화가 증가하는 현상을 도덕과 종교에 대한 가장 심각한 위협으로 공격하려고 했다는 사실이다.

야코비가 그의 철학소설 『볼데마르』와 『알빌』의 첫 완성본을 끝낸 것은 관직에서 물러난 직후였다.[12] 이 두 작품 중 어느 것도 정치철학의 문제를 직접적으로 다루지는 않지만, 이 소설들은 야코비의 도덕철학의 핵심과 당대 사회 문제에 대한 그의 태도의 상당 부분을 담고 있다. 이 두 작품이 그의 철학의 핵심으로 여겨져 온 것은 어느 정도 정당하다.[13] 이 소설들의 주된 철학적 주제는 미덕의 본질인데, 특히 미덕이 사회적 법에 복종하여 존재하는지 아니면 개인의 양심의 목소리를 따르는지에 관한 것이다. 그 소설들은 개인과 사회 사이의 고전적인 긴장을 연구한다. 가령, 개인의 자율성

12. 이 두 작품의 초기 버전들은 다양하다. 『알빌』이 처음 발표되었던 것은 1775년으로, 『이리스』 잡지에 일부분이 실렸다. 그 속편은 1776년에 『독일 메르쿠어』지에 게재되었다. 첫 완성판은 1781년에 출판되었고 최종판은 1792년에 출판되었다. 『볼데마르』의 첫 출판은 부분적으로나마 1777년에 "우정과 사랑"이라는 제목으로 『독일 메르쿠어』지에 실렸으며, 개정판은 "볼데마르: 자연사에서의 하나의 드문 일. 제1부"라는 제목으로 1779년에 출판되었다. 같은 해 야코비는 『독일 박물관』지에 "생명과 인류에 대한 철학 제1편: 볼데마르 제2부"라는 제목으로 한 편을 발표했다. 이 제2편은 1781년에 야코비의 『집성문집*Vermischte Schriften*』 제1권의 일부로서 "예술의 정원"이라는 제목 하에 수정된 형태로 다시 출판되었다. 1779년의 『볼데마르』와 1781년의 『예술의 정원』은 그 후 1794년에 『볼데마르』로 합본되어 간행되었다. 1796년에는 그 개정판이 출판되었다. 야코비의 소설 출판에 관한 세부 사항들에 대해 나는 맥길대학의 조지 디 조반니 교수에게 신세를 지고 있다.

13. Zirngiebl, *Jacobi's Leben*, pp. 25, 27–28.

에 대한 요구는 사회적 책임에 대한 요청과 어떻게 조화될 수 있을까? 야코비는 1770년대 독일에서 슈투름 운트 드랑Sturm und Drang, 질풍노도의 등장으로 인기를 끌었던 '아름다운 영혼die schöne Seele'의 교설을 평가함으로써 이 문제를 고찰했다. 아름다운 영혼은 자신의 양심의 명령에 따라 행동하고, 자신의 자아실현을 위해 사는 사람, 즉 인격의 발전만을 위해 사는 사람이다. 따라서 그러한 사람은 개인의 자율성의 극치를 나타낸다. 아름다운 영혼은 사회의 관습을 따르기보다 자신만의 도덕적 원칙을 만들어낸다. 그리고 다른 사람들이 어떻게 생각하는지 염려하는 것이 아니라, 결과에 상관없이 자신의 양심이 시키는 대로 행동한다. 이 질풍노도의 교설은 18세기 독일 사회의 봉건적 관습, 귀족적 관습, 전제적인 법으로부터 자유를 요구하는 점증하는 독일 부르주아계급의 자기의식의 표현으로 자주 여겨져 왔다. 이 현상에 대한 야코비의 태도는 그러므로 상당한 사회적·정치적 관심의 대상이다.

아름다운 영혼에 대한 야코비의 태도는 양면적이다. 그것은 그의 마음을 끌어당기는 동시에 물리치고, 그를 매혹시킴과 동시에 괴롭힌다. 아름다운 영혼의 많은 미덕과 악덕, 장점과 약점은 소설로만 묘사될 수 있다고 야코비는 생각했다. 허구적 이야기만이 평범한 삶에서 모든 영혼의 도덕적 뉘앙스를 드러낼 수 있기 때문이다. 『알빌』에서 야코비는 아름다운 영혼에 대한 부정적인 사례를 개진했다.[14] [143]이 서한체 소설에는 미리 짜인 줄거리가 없는데, 소설의 등장인물들은 단순히 그들의 영혼의 상태를 묘사하고 평가하는 편지를 주고받는다. 중심인물은 질풍노도의 이상을 대변하는 에두아르트 알빌이다. 알빌은 당대의 도덕적 관습에 개의치 않으면서 인생을 마음껏 즐기고 모든 경험을 쌓고 모든 욕구를 충족시키고 모든 능력을 펼치기로 결심한다. 그는 쾌락주의자라기보다는 자신의 개성을 계발하고자 하는 개인주의자이

••
14. 1781년 11월 5일 포르스터에게 보낸 서한에서 야코비는 "천재 숭배에 반대하여 무슨 말을 더 강하게 할 수 있을지 모르겠습니다"고 말하며 자신의 소설의 부정적인 면을 강조했다(Gesamtausgabe, I/ 2, 370).

다. 비록 그것이 그에게 고통을 가져다주더라도 말이다. 기쁨을 느끼든 슬픔을 느끼든, 그는 각각의 경험을 최대한 맛봐야 한다. 알빌은 다른 사람의 고통과 걱정에 냉담할 정도로 도덕관념이 없는 것이 아니라, 다만 추상적 원칙을 따르기를 거부하며 오직 그의 마음에 촉발되는 것에만 주의를 기울인다. 야코비가 알빌의 성격에 대해 어느 정도 공감을 느꼈고 알빌의 철학에 이끌렸던 것은 분명하다.[15] 야코비의 이후 많은 글에서 그는 정서와 감정의 가치를 강조하는 도덕철학을 표명했다. 그러나 야코비가 알빌의 철학이 매우 문제가 많고 실제로 도덕적으로 잘못되었다고 생각한 것은 분명하다. 결국 알빌의 도덕성에 대한 날카로운 질책과 함께 소설에서 마지막 말을 하고 있는 사람은 루지라는 인물이다. 그녀는 단호한 말로 알빌에게, 당신의 철학의 문제점은 다름 아닌 인간의 성격으로부터 모든 형식이나 원리를 배제하고 싶어 한다는 점이라고 말한다. 우리는 사람들을 그들의 충동에 따라서가 아니라 그들의 이상에 따라 귀하게 여긴다. 자발적인 감정으로부터 어떤 선행을 하는 것은 매우 쉽지만, 그러나 악을 피하는 것은 극도로 어려운 일인데 왜냐하면 이것은 자제력을 필요로 하기 때문이다. 알빌에 대한 루지의 비판은 사실상 사회적 책임의 필요성에 대한 설교이다. 그녀는 알빌의 이기주의와 단지 더 큰 경험을 쌓기 위해 연애에 뛰어들려는 그의 열망을 비난한다. 이 이기적인 사랑은 사람들을 이용할 뿐만 아니라 진정한 사랑에 요구되는 지조와 정절을 무시한다. 진정 아름다운 영혼은 자신의 인격의 발전을 추구하는 것이 아니라 선행을 행하는 것이라고 그녀는 주장한다. 그녀는 절약과 근면과 재능을 통해 하나의 번영하는 공동체를 만들어낸 이웃마을 출신의 고결한 노(老)시민을 칭찬한다. 아무리 평범하더라도 그런 인물은 그저 감정에만 빠져들면서 눈물 흘리는 천 명의 베르테르보다 더 큰 작용을 한다. 요컨대 사회와 대립하여 자기실현을 추구하기보다는 사회에 기여하는 것이 낫다고 루지는

· ·
15. 야코비의 공감은 1781년 10월 23일 라이마루스에게 보낸 편지로 볼 때 분명하다. *Gesamtausgabe*, I/ 2, 359.

생각한다.

『알빌』이 아름다운 영혼에 대한 야코비의 비판이라면, 『볼데마르』는 아름다운 영혼에 대한 그의 복권復權이다. 『볼데마르』의 줄거리도 지극히 빈약하여, 단순히 야코비의 도덕관을 표현하는 매개체 역할을 할 뿐이다. 볼데마르는 알비나와 결혼하지만 그 결과는 그가 그의 여자친구 헨리에테를 더 사랑하고 있다는 것을 알게 되었을 뿐이었다. 그러나 헨리에테와의 그의 우정은 그녀가 위독한 아버지에게 볼데마르와는 절대 결혼하지 않겠다고 약속했다는 사실을 제3자를 통해 전해 듣게 되면서 곧 위기를 겪게 된다. 헨리에테와 볼데마르는 상호 신뢰를 회복하기 위해 노력하는 중에 많은 자기 탐색과 많은 철학적 탐구를 해나간다. 이 과정에서 볼데마르의 성격과 철학이 면밀히 검토되고 평가된다. 알빌처럼 볼데마르는 아름다운 영혼이다. [144]그의 도덕철학은 사람들이 다른 사람의 의견과는 상관없이 자신에게 충실하고 자신의 행복의 길을 모색해야 한다는 것이다. 진정한 도덕적 행위자는 자신만의 원칙을 만들고 자신의 의지와 취향 이외의 어떤 권위도 인정하지 않는다. 볼데마르의 철학적 논적은 사회적 책임의 윤리를 내세우는 그의 형 비더탈이다. 비더탈은 무엇이 좋고 나쁜지는 우리의 의지에 의해서가 아니라 공동체의 일반적인 합의에 의해서 결정되어야 한다고 생각한다. 볼데마르에 대한 최종 판결은 모든 등장인물들이 헨리에테와 볼데마르 사이의 긴장 상태를 논의하기 위해 모이게 되는 두 번째 책의 말미에서 이루어진다. 볼데마르는 자신의 욕망과 감정에 너무 많이 의존하고 있는데 그러한 욕망과 감정에는 도덕적 원칙의 일관성과 확고함이 결여되어 있다는 데에 모두가 동의한다. 그들은 볼데마르가 자신의 감정과 욕망을 사회보다 우선시하는 오만함을 보이고 있다는 것에 동의한다. 그러나 그의 성격과 철학은 마침내 헨리에테와 도렌부르크에 의해 구제되었다. 헨리에테는 미덕이라는 것이 반드시 올바른 감정을 가지고 행동하는 데에만 있을 수는 없지만, 그 자체로 억압적일 수 있는 규칙을 따르는 것만이 능사가 될 수는 없다고 주장한다. 도렌부르크는 볼데마르의 도덕철학이 도덕적 자율성에 정당한 장소를 제공한다는 이유로 그를 변호하는데, 즉 그것은 우리 모두가 스스로 생각하고 자신의 양심의 명령에 따라 행동할 수 있는 권리라는 것이다. 도렌부르크는 비더탈의 것과 같은 도덕철학은 우리로 하여금 우리의 자율성을 포기하도록 강요할 것이며 그것은 바로 우리의 인간성을 부정하는 것이 될 거라고 주장한다. "자기결정, 자유는 자연의 영혼이며 또한 모든 법과 제도, 도덕, 관습의 첫 번째 원천입니다."[16] 바로 이 같은 구절로 도렌부르크는 마지막 말을 맺는다. 헨리에테는 그가 그런 의견을 말하는 것을 듣고서 환희로 가득차 기뻐한다. 그녀는 격앙된 말투로, "그래요, 자유는 미덕의 뿌리이자 미덕의 열매이지요. 그것은 선에 대한 순수한 사랑이며 이 사랑의 전지전능함입니다"[17]라며 대화를 맺는다.

『볼데마르』나 『알빌』 둘 다에서 야코비는 개인과 사회 사이의 긴장을 어떻게 해결할 것인가에 대한 용이한 해결책에 도달하지 못했다. 그는 도렌부르크를 통해 그 긴장은 비록 창조적이기는 하지만 영구적이며 해결될 수 없다고 말했다.[18] 우리는 개인의 욕망과 감정을 완전히 신뢰할 수는 없지만, 또한 자율성에 대한 요구를 포기할 수도 없다. 그리고 우리의 행동에 안정과 신뢰성을 주기 위해 도덕적 규칙에 따라 살아야 하지만, 우리는 우리의 에너지를 억누르고 자유를 부정하지 않고는 도덕적 규칙에 맹목적으로 따를 수 없다. 이렇듯 해소되지 않는 긴장은 **질풍노도** 전체에 대한 야코비의 궁극적인 양면적 태도를 반영하고 있다. 도덕적 자유의 가치에 대한 그의 주장은 이 운동의 진보적 측면에 대한 그의 공감을 의심치 않게 만든다. 그러나 더 큰 사회적 책임에 대한 그의 요구는 자유가 개인의 목적보다는 사회적 목적의 방향으로 향해야 한다는 그의 믿음을 보여준다. 헤겔 못지않게,[19] 야코비는 아름다운 영혼의 자기방종적인 영감을 인정할 수 없었다.

16. Jacobi, *Werke*, V, 426.
17. 같은 책, V, 447.
18. 같은 책, V, 429-430.

『알빌』과 『볼데마르』를 완성한 후, 야코비는 [145]1780년대에 몇 편의 주목할 만한 논문을 쓰면서 정치적 문제로 돌아왔다. 가장 흥미로운 논문 중 하나는 1781년에 『독일 박물관』지에 실린 「권리와 권력에 대하여」이다.[20] 이 논문은 본질적으로 신적 권리의 교설을 되살리려는 빌란트의 시도에 대한 논박이다. 빌란트는 「공권력의 신적 권리에 대하여」에서 강자가 약자를 이끄는 것이 필연적인 한에 있어서는 가장 강력한 사람은 통치할 수 있는 자연적인 권리가 있다고 주장했다.[21] 야코비는 빌란트의 주장을 필연성에 대한 권리상의de jure 개념과 사실상의de facto 개념 사이의 단순한 혼란이라고 일축했다. 자연에서 필연적으로 일어나는 일은 도덕의 법칙에 따라 일어나야 할 일과 같지 않은데, 왜냐하면 우리는 돌이 떨어지거나 나무가 자라는 것과 같은 자연적인 사건들이 스스로 그렇게 행할 권리를 가지고 있다고 말할 수 없기 때문이다. 우리는 합리적 행위자의 자발적인 행동에만 권리 개념을 적용할 수 있다. 야코비는 빌란트의 주장이 가장 철면피한 폭정에 대한 정당화가 될 수 있다고 믿었기 때문에 이러한 혼란을 폭로할 수밖에 없다고 느꼈다. 야코비를 불쾌하게 하고 논문을 쓰게 한 것은 실로 빌란트의 정치적 입장이었다. 야코비는 자신의 보다 자유주의적인 입장과 충돌하는 절대주의를 정당화하려는 빌란트의 명백한 시도를 참을 수 없었다. 야코비의 보다 자유주의적인 태도는 그의 논문에 거듭 되풀이하여 나타났다. 빌란트는 사회가 약한 다수에게서 권력을 얻은 강한 개인으로부터 생겨났다고 주장했지만, 야코비는 사회가 국민 자신들의 집단적 행동에서 발전했다고 반박했다.

• •
19. 『정신현상학』에서 헤겔은 아름다운 영혼이, 과장된 주정주의主情主義와 개인주의라고 날카롭게 비판했다(*Werke*, VIII, 464–494, 580). 그의 비판은 야코비를 향한 것이기는 하지만, 아이러니한 것은 그 비판이 야코비와 상당한 의견 일치를 보이고 있다는 사실이다.
20. F. H. Jacobi, "Ueber Recht und Gewalt, oder philosophische Erwägung eines Aufsatzes von dem Herrn Hofrath Wieland über das göttliche Recht der Obrigkeit", *Deutsches Museum* 1(1781), 522–554. Cf. Jacobi, *Werke*, VI, 419–464.
21. 「공권력의 신적 권리에 대하여Ueber das göttliche Recht der Obrigkeit」에 관해서는 13.3절 참조.

사회는 빌란트가 생각했던 것처럼 지배자와 피지배자의 관계에 기반을 두고 있는 것이 아니라 동등한 사람들의 계약에 기초하여 설립되었다. 최초의 지배자들은 정복을 통해서가 아니라 선거를 통해 권력을 얻었다. 야코비는 또한 국민들이 항상 통치자를 필요로 하고 그들 스스로를 다스릴 능력이 없다는 빌란트의 주장을 단호히 일축했다. 이른바 미개인들Wilden은 모두 평등과 자립의 상태에서 살고 있고 통치자에 대한 관념을 가지고 있지 않다. 백성들은 실로 때때로 그들의 열정에 의해 지배당하지만, 그들은 또한 자신들을 통제하고 자신들의 진정한 이익을 알 수 있을 만큼 충분히 합리적이다. 야코비는 빌란트보다 더 공화주의적인 입장을 가지고 있긴 했지만 그 역시 민주주의를 변호할 의사가 없었다는 점을 우리는 유념해야 한다.[22] 빌란트처럼 야코비도 영국 헌법을 찬미하는 사람이었다. 그가 빌란트와 싸운 유일한 지점은 빌란트가 정부를 통제할 권리를 사람들에게서 박탈함으로써 절대주의라는 극단적 방향으로까지 가버린 점이었다. 야코비에게 있어 그러한 통제의 결여는 그가 그토록 깊이 경멸하고 있는 전제정치를 허용할 수 있을 뿐이었다.

야코비의 초기 정치적 신념에 대한 가장 중요한 진술은 1792년에 『독일 박물관』에 처음 게재된 「레싱이 말한 것」이다.[23] 여기서 그는 국가의 목적에 대한 그의 일반적인 자유주의적 신조를 내세웠다. 그의 주장의 출발점은 국가 권력의 한계에 대한 그의 성찰이다. 사회에는 물리력의 사용에 관한 명백한 역설이 존재한다.[24] 한편으로, [146]인간의 정념은 파괴적이며 억제될 필요가 있기 때문에 사회가 조금이라도 존재하려면 약간의 물리력의 사용이 필요하다. 그러나 다른 한편으로, 물리력은 행복, 미덕, 경건과 같은 사회의

• •
22. 야코비는 『레싱이 말한 것』의 「부록」에서 그가 민주주의를 변호하고 있다는 주장에 항의했다. *Werke*, II, 404–407. 그리고 1782년 12월 3일 돔에게 보낸 서한도 참조. *Gesamtausgabe*, I/ 3, 100.

23. Jacobi, *Werke*, II, 325–388.

24. 같은 책, II, 351, 373.

근본적인 가치들을 창조할 수 없는데, 왜냐하면 이 가치들은 응당 개인의 자발성과 자유로운 선택에서 나와야 하기 때문이다. 그러므로 우리는 무정부 상태와 전제정치의 양극단 사이에서, 물리력을 전혀 사용하지 않는 것과 항상 사용하는 것 사이에서 어떤 중간 경로를 찾아야 한다. 이 중간 길은 무엇일 수 있을까? 이 역설의 유일한 해결책은 물리력이 사회에서 소극적인 목적만을 가지고 있다는 것을 인식하는 것이라고 야코비는 주장했다. 우리는 악을 막기 위해 그것을 사용해야 하지만 선을 조장해서는 안 된다. 다시 말해서, 우리는 개인들이 서로 강요하는 것을 막기 위해서 물리력을 사용하되, 그들을 도덕적이거나 경건하거나 행복하게 만드는 데 그것을 사용해서는 안 된다. 물리력을 사용할 수 있는 유일한 정당성은 무력을 막는 것이기 때문에, 모든 사람은 다른 사람들의 유사한 자유를 방해하지 않는다면 응당 최대한의 자유를 가져야 한다. 그래서 야코비는 국가의 유일한 목적은 개인의 권리를 보호하는 것이라고 결론짓는다.[25] 국가는 모든 사람들에게 '그 사람의 불가침한 재산, 그의 모든 능력의 자유로운 사용 그리고 그의 노동의 결실의 향유를 보장해야 한다. 이렇게 사회에서 최대한의 자유를 주장하면서 야코비는 물론 도덕적·종교적 자유를 보호하려는 의도를 가지고 있었다. 그러나 그는 또한 개인의 이익, 특히 부의 축적을 추구할 권리를 보장하기를 원했다.[26] 그의 자유주의적 국가관은 적지 않게 그의 자유 방임주의적인 중농주의 원칙들에서 비롯된 것이다.

야코비의 「레싱이 말한 것」은 당시의 가장 뜨거운 이슈인 오스트리아의 요제프 2세의 최근 개혁에 대한 하나의 반응, 즉 특별한 상황에 따른 작품Pièce d'occasion이었다. 1781년부터 요제프 2세는 계몽의 이상에 따라 오스트리아에 있는 로마 가톨릭교회의 개혁을 시도했다. 그는 교회가 오래된 미신과 예배의 식을 없애고 사회에서 더 유용한 역할을 하도록 만들어야 한다고 믿었다.

• •
25. 같은 책, II, 347, 364.
26. 같은 곳.

신자들의 영원한 구원에 마음을 쓰기보다는 행복하고 순종적이며 생산적인 시민들을 만들어 국가를 지원하는 것이 교회의 주된 목표여야 한다. 이에 따라 교육과 자선에 종사하지 않는 수도원들은 문을 닫았고, 새로운 직책은 이성주의 신학의 교리 문답으로 교육받은 후보자들로 채워졌으며, 교회의 많은 예배의식과 휴일은 축소되고 간소화되었다. 요제프 2세의 개혁은 **계몽주의자들** 사이에서 널리 지지를 받았는데, 이들은 개혁을 어둠의 세력과의 전투에서 승리하는 것으로 보았다. 그러나 반대하는 목소리도 어느 정도 있었다. 이들 중 한 사람은 스위스 역사학자 요하네스 폰 뮐러였는데, 그는 최근 저서 『교황들의 여행』에서 요제프 2세의 독재적인 개혁 방식을 날카롭게 비판했다. 1792년 5월 뮐러는 그의 책을 야코비에게 보냈고, 야코비는 그 책의 몇 가지 비판에 전적으로 동의했다. 야코비는 가톨릭교에 대해서는 거의 공감을 하지 않았지만, 요제프 2세의 개혁이 양심의 자유에 대한 참을 수 없는 침해라고 믿었다. 더욱이 그 개혁은 교회를 국가의 단순한 부서로 만들어버림으로써 종교를 완전히 근절하는 데 열중하고 있는 것 같았다. 야코비는 이제 군주들의 폭정이 교황들의 횡포보다 훨씬 더 심하다고 생각했는데, 왜냐하면 교황들은 적어도 한 가지 형태의 종교를 보호한 데 비해 [147]군주들은 그것을 완전히 폐지할 준비가 되어 있었기 때문이다.[27] 세속적인 전제주의의 위험이 커져가는 것에 놀란 야코비는 국가 권력의 모든 적절한 한계를 최종적으로 규정하는 논문을 쓰기로 결심했다. 따라서 그의 「레싱이 말한 것」은 무엇보다도 계몽적 절대주의에 대한 논박의 글이었다.

야코비의 이 논문은 계몽에 반대하는 그의 캠페인의 시작, 즉 계몽의 지나친 이성주의에 대한 공격의 시작을 나타내는데, 이러한 공격은 결국 1785년 그의 『스피노자의 학설에 대한 서한』에서 정점에 이르렀다.[28] 이

..
27. 1783년 1월 26일 포르스터에게 보낸 야코비의 서한, *Gesamtausgabe*, I/3, 118.
28. 모제스 멘델스존은 야코비의 논문에 대해 몇 가지 비판적인 논평을 했는데, 야코비는 이에 대해 짤막한 답변을 했다. "Gedanken Verschiedener bey Gelegenheit einer merkwürdigen Schrift", in Jacobi, *Werke*, II, 396–400, 및 "Erinnerungen gegen die Gedanken

캠페인에 대한 초기의 자극은 실로 정치적인 것으로, 요제프 2세의 개혁에 대한 야코비의 반발에 있었다. '이성의 횡포', 이성의 이름으로 자유의 자의적인 제한을 정당화하려는 시도로 야코비에게 먼저 위험을 경고한 것은 요제프 2세의 계몽적 전제주의였다. 야코비의 생각에 따르면, **계몽주의자들**은 요제프 2세의 개혁이 이성의 명령이라고 주장하는 가운데 가장 노골적인 전제주의를 승인해준 셈인데, 왜냐하면 그들은 시민적·종교적 자유를 제왕이 억압하는 것을 정당화했기 때문이다. 이후 1786년에 야코비가 베를린 계몽주의자들에게 행한 공격은 본질적으로 1782년 요제프 2세의 개혁에 대한 비판의 연장선이었다. 야코비는 베를린 학자들 — 멘델스존, 게디케, 엥겔, 니콜라이, 비스터 — 을 의심하고 있었는데, 그 이유는 그들이 또 한 사람의 위대한 계몽적 전제 군주인 프리드리히 2세와 결탁하고 있다고 확고하게 믿었기 때문이다. 베를린 사람들은 '연로한 프리츠'[프리드리히 2세]와 그의 가부장주의적 통치 방식에 대한 존경의 마음을 숨기지 않았다. 그러나 특히 야코비를 걱정하게 한 것은 베를린 사람들이 너무나 희희낙락해 하면서 박해에 가담하고 또 반대자들을 발포하고 칼을 들이대는 것 같다는 점이었다. 이것이 비스터와 니콜라이가 가톨릭에 공감을 갖고 있다고 의심되는 사람에 대하여 음모를 꾸민 사실에 의해 그에게 명백해졌다. 그들은 『베를린 월보』에서 무고한 가톨릭 사제 한 사람을 웃음거리로 만들었다. 나아가 그들은 라바터가 그 가톨릭교도와 서신을 주고받았다는 이유로 그를 비방했다. 그리고 그들은 J. A. 슈타르크가 가톨릭 사제라는 것을 증명하기 위해 법적 소송 절차에 휘말려 있었다. 요컨대 그들은 도처에서 암약하는 '교황주의'와 예수회주의의 냄새를 맡았고 국가가 그들을 근절하는 것을 돕는 데 열심이었다. 야코비에게 이러한 행동은 관용과 양심의 자유라는 **계몽**의 이상에 대한 배신이었다.

　계몽에 반대하는 야코비의 캠페인의 목적은 이성의 권위 자체를 훼손하

· ·

　　Verschiedener über eine merkwürdige Schrift", in *Werke*, II, 400–411 참조. 멘델스존과 야코비 사이의 이 짧은 교전은 1786년 그들의 논쟁을 예고한 것이었다.

는 것이 아니라 그 권위의 불법적인 확장만을 약화시키는 것이었음을 이해하는 것이 중요하다. 이성이 그 적절한 한계를 넘어 침해하는 것을 막는 것이야말로 합리적인 일이기 때문에 이 캠페인은 '비이성주의'로 간주될 수 없다고 야코비는 주장했다.[29] 계몽주의자들은 첫째 그들의 신념만이 합리적이라고 주장함으로써, 그리고 둘째 그들의 신념에 법의 승인을 가하려고 시도함으로써 이성의 권위를 오용했다.[30] 이성은 순전히 형식적인 힘, 추론을 할 수 있는 능력에 불과하기 때문에 계몽주의자들의 이러한 시도는 이성의 오용이다. 우리는 이성이라는 것을 어떤 특정한 신념이나 행동과 동일시할 수 없다. 왜냐하면 이성은 탐구의 단순한 도구로서, 신념이나 행동들과 모두 양립할 수 있기 때문이다. 그렇다면 계몽주의자들의 주된 오류는 순전히 형식적인 [148]능력을 어떻게든 실체적이라고 가정하는 데에 있다. 계몽주의자들에게 이 점을 지적하면서 야코비는 계몽 자체의 이상을 훼손할 생각은 없었다. 오히려 그는 자신만이 그 이상에 충실하다고 믿었다. 왜냐하면 그 혼자만이 그들 중 가장 위대한 계몽주의자인 레싱의 뒤를 따르고 있었기 때문인데, 레싱은 어떤 명제라도 절대적 진리와 동일시하는 것을 항상 거부했고 탐구를 자극하기 위해서라면 어떤 신념도 옹호하려고 했던 사람이었다.

우리는 야코비가 멘델스존과 벌인 유명한 논쟁을 비슷한 시각으로 보아야 한다. 여기서도 이성의 오용만을 공격하는 것이 그의 목표였다. 야코비는 멘델스존과 볼프학파와의 논쟁에서 어떤 일관된 형이상학도 결국 스피노자주의의 무신론과 숙명론으로 끝날 수밖에 없다고 주장했다. 그가 보기에 볼프학파의 이신론理神論과 결정론은 스피노자의 체계로 가는 길에 있는 중간 거주지에 불과했다. 그러나 그의 논점은 이성적 탐구 자체의 위험성을 경고하

---

29. 야코비는 「선의의 거짓말에 대하여」의 말미에서 이 점을 강조했다. *Werke*, II, 493. 그는 "Vorrede zugleich Einleitung"(*Werke*, II, 3–29)에서 비이성주의라는 혐의에 대해 상세하게 반론을 펼쳤다.
30. 야코비는 「멘델스존의 비난에 맞서서」(*Werke*, IV/2, 269–270)와 「선의의 거짓말에 대하여」(*Werke*, II, 488–489)에서 첫 번째 비판을 했다.

는 것이 아니다. 오히려 그것은 경험의 경계를 넘어서 이성을 확장하려는 어떤 시도도 당혹스러운 결과에 봉착한다는 것을 드러내는 것이다. 다시 말해서 야코비의 비판 대상은 이성 자체가 아니라 형이상학이다. 칸트처럼 그는 이성이 경험의 한계를 초월할 권리가 없다고 믿었다.[31] 추론을 하는 순수하게 형식적인 힘으로서, 이성은 명제들 사이의 논리적 관계만을 결정할 수 있을 뿐 명제들의 진실이나 거짓을 결정할 수 없다. 이성은 사실들을 창조할 수 없으며 단지 경험 속에서 그것들을 찾아야 한다.

이성 자체의 권위를 훼손하는 것이 야코비의 목표가 아니라는 것은 그의 「레싱이 말한 것」의 주장에서 명백하다. 여기서 야코비는 사회의 모든 권위는 반드시 이성으로부터 나와야 한다고 가장 명료하게 주장했다.[32] 그는 성경이나 계시의 주장을 통해 정치적 권위를 정당화하려는 시도인 신권정치에 전혀 동조하지 않았다. 그의 자유주의는 실로 이성에 대한 믿음과 분석에서 비롯된 것이다. 이성은 사회의 모든 권위의 원천이며, 그것이 우리에게 어떤 구체적인 행동을 하거나 어떤 특정한 명제를 믿으라고 명령하지 않기 때문에, 우리는 사람들에게 특정한 일을 하거나 믿으라고 명령할 권한이 없다. 그러므로 유일하게 합법적인 권위는, 사람들이 특정한 행동을 하도록 강요당하거나 특정한 명제를 믿도록 강제당하는 것을 막아주는 그런 소극적인 것이다. 야코비가 계몽주의자들 중 일부가 특정한 행동과 신념만이 합리적이라는 것을 신봉함에 있어서 훼손될 위험에 처해 있다고 우려한 것은 바로 이러한 자유주의적 원칙이었다. 이성에 대한 야코비의 믿음은 실로 너무나 확고하여,

· ·
31. Jacobi, "Beylage an den Herrn Moses Mendelssohn", *Werke*, IV/1, 223, 210–211 및 "Beylage VII", in *Briefe über die Lehre von Spinoza*, in *Werke*, IV/2, 159 참조. 야코비는 후년에 지성의 순전히 논증적인 힘과 이성의 직관적인 힘을 구별함으로써 자신의 입장을 수정했다. "Vorrede zugleich Einleitung", in *Werke*, II, 3–29 참조. 그러나 야코비는, 자신이 일찍이 이성과 동일시하고 있었던 지성의 논증적인 힘은 경험의 한계를 넘어설 수 없다는 점에 있어 여전히 칸트의 의견에 동의했다. *Werke*, II, 29–45 참조.
32. Jacobi, *Werke*, II, 340–341, 346.

그는 이성이 그의 자유주의적 원칙을 정당화할 수 있을 뿐만 아니라 사람들이 그 원칙에 따라 행동하도록 보장할 수 있다고 믿었다. 이성에 따라 행동하는 사람들은 절대로 남에게 해를 끼치거나 강요하지 않는다고 그는 주장했다.[33] 그들이 다른 사람들의 권리를 이용하도록 유혹을 받는 것은 단지 그들이 정념에 의해 지배되는 경우일 뿐이다. 야코비는 이성을 폄하하기보다는 오히려 이성을 극구 찬양했다.

> 명백히 이성은 우리 본성의 적절하고 참된 생명이며, 정신의 영혼이며, 우리의 모든 능력의 결속이며, [149]모든 진리의 영원하고 불변하는 근거의 이미지, 자신을 지각하고 향유하는 모든 존재의 이미지이다. 이성이 없이는 우리는 아무것도 할 수 없으며 자기 자신에 어긋나게 행동할 뿐이다. … 이성과 더불어 우리는 확고하게 우리 자신과 하나가 된다. … 행복에 대한 욕망은 이성의 길을 따라서만 찾을 수 있다는 확신에 바탕을 두고 있는데, 왜냐하면 이성은 전체 사람에게 좋은 것, 즉 그 모든 부분 중에서 진정한 최고의 것을 확실하게 명령하기 때문이다.[34]

6.3. 프랑스혁명 비판

야코비는 곧 프랑스혁명에 집착하게 된 것이나 다름없었다. 이 중대한 사건으로 야기된 긴급한 문제들에 맞서기 위해 그의 다른 모든 일은 뒤로 제쳐졌다. 이미 1789년 가을에 그는 포르스터에게 자신이 정치 문제에 완전히

--

33. 같은 책, II, 345. 여기서 야코비는 이성의 무효용성에 대한 자신의 과거의 소신을 잊은 듯 보인다.
34. 같은 책, II, 343-344.

몰두하고 있다고 썼다.[35] 1790년 여름까지 그는 급진적 이데올로기를 비판하는 첫 논문을 썼다.[36] 그러고 나서 그는 국가의 원칙에 대한 체계적인 논문을 계획했다.[37] 1790년대 초 그의 거의 모든 글들은 어떤 형태로든 프랑스혁명의 영향을 보여준다.[38]

프랑스혁명은 곧 야코비에게 철학적인 문제일 뿐만 아니라 실질적인 문제가 되었다. 프랑스 국경에서 멀지 않은 뒤셀도르프 근처에 살고 있던 그는 전쟁이 시작되었을 때 자신이 사건의 소용돌이 속으로 던져진 것을 알았다. 그는 프랑스군이 아헨을 정복하는 것을 목격했고 프랑스인들이 이 지역을 점령했을 때 그의 집을 떠날 수밖에 없었다. 야코비는 프랑스혁명 배후의 몇몇 지도적인 인물들과 연락을 취하고 있었다. 특히 그는 네커와 포르스터와 편지를 주고받았고 뒤무리에Dumouriez와 친밀한 대화를 나누었다.[39]

야코비가 프랑스혁명에 몰두한 데서 얻어진 가장 중요한 결과는 혁명적 이데올로기의 이성주의에 대한 비판이다. 그는 프랑스혁명이 **계몽**의 이성주의에 반대하는 운동을 계속할 수 있는 더 많은 정당성을 자신에게 부여했다고 느꼈다. 지나친 이성주의의 온갖 위험은 이제 그 어느 때보다도 분명하게 드러나 있었다. 과거에 이성은 계몽적 절대주의의 전제정치를 정당화했지만,

..

35. 1789년 11월 12일 포르스터에게 보낸 야코비의 서한, *Jacobis auserlesener Briefwechsel*, ed. F. Roth(Leipzig, 1825), II, 7, 11.

36. Jacobi, "Bruckstück eines Briefes an Johann Franz Laharpe", in *Werke*, II, 513-544.

37. 1790년 성 토마스 날에 J. L. 에발트에게 보낸 야코비의 서한, *Briefwechsel*, II, 46 참조.

38. 예를 들어, 야코비의 『알빌』 부록의 *Zugabe an Erhard O-*(*Werke*, I, 227-253) 참조. 또한 Jacobi, "Zufällige Ergiessungen eines einsamen Denkers", in *Werke*, I, 254-305 및 "Fliegende Blätter", in *Werke*, VI, 210-231 참조.

39. 1793년 5월 2일 네커에게 보낸 야코비의 서한 및 1793년 5월 26일 야코비에게 보낸 네커의 서한, *Briefwechsel*, II, 129-134, 134-135 참조. 야코비와 뒤무리에의 만남에 대해서는 1796년 6월 25일 하인리히 셴츠에게 보낸 야코비의 서한, *Briefwechsel*, II, 228-231 참조.

지금은 대중적 민주주의의 횡포를 지지하는 것이 되었다. 야코비는 1789년 초부터 프랑스혁명에 대해 매우 회의적이었는데, 왜냐하면 그는 이성에 근거한 통치에 대한 믿음을 공유할 수 없었기 때문이다. 그래서 1789년 11월 7일, 그는 그의 친구 K. L. 라인홀트에게 다음과 같이 편지를 썼다. "현재 프랑스에서 일어난 사건들은 나를 괴롭히고 있고, 아마도 프랑스인들보다 지적인 측면에서 더 많은 일을 나에게 부여하는 것 같습니다. 미라보 백작의 정의에 따르면 '이성에 의해 통치되는 확고한 방식'이라는 저 헌법을 제정하기 위한 1천2백 명의 리쿠르구스Lycurgus들의 터무니없는 주장 때문에 나의 모든 활력 넘치는 정신 역시 하나의 소용돌이 속에 있습니다. … 나는 이 철학적 청교도들의 노력의 결과를 몹시 보고 싶습니다."[40]

야코비는 혁명적 이데올로기의 이성주의에 반대하여 어떤 주장을 제기했는가? 그는 미라보의 이성적 통치의 이상에 대해 어떤 이의를 제기했는가? 야코비의 텍스트를 주의 깊게 분석해보면,[41] 우리는 그의 비판을 다음 세 가지 점으로 요약할 수 있다.

1. [150]이성은 실체적 힘이 아니라 형식적 힘, 판단과 추론의 능력만이 듯이, 그것은 목적의 능력이 아니라 목적에 대해 수단을 확인하는 능력일 뿐이다. 미라보의 이상과 관련된 문제는 마치 특정한 원리나

40. K. L. Reinhold, *Karl Leonhard Reinholds Leben und litterärisches Wirken, nebst einer Auswahl von Briefen Kants, Fichtes, Jacobis, und andrer Zeitgenossen an ihn*, ed. Ernst Reinhold(Jena, 1825), p. 226 참조. 1789년 10월 14일 포르스터에게 보낸 야코비의 서한 및 1790년 4월 19일 C. G. 하이네Heyne에게 보낸 야코비의 서한, *Briefwechsel*, II, 7–10, 23–25 참조.

41. 첫째로 1790년 5월 5일 J. F. 라아르프Laharpe에게 보낸 야코비의 서한, *Werke*, II, 516–519, 529–530 참조. 이러한 주장은 야코비가 베를린 계몽주의자와 논쟁을 벌인 맥락에서 읽혀져야 한다. "Ueber den frommen Betrug", in *Werke*, II, 485, 486, 488–490, 491–493 참조. 둘째로 "Zugabe an Erhard O–", in *Werke*, I, 236 및 1790년 5월 4일 돔Dohm에게 보낸 야코비의 서한, *Briefwechsel*, II, 29–30 참조. 셋째로 1790년 5월 5일 라아르프에게 보낸 야코비의 서한, *Werke*, II, 516–518 및 "Fliegende Blätter", in *Werke*, VI, 150, 167, 177, 205, 207, 214 참조.

법칙만이 이성적일 수 있는 것처럼 순전히 형식적인 이성의 힘을 실체적이라고 가정하는 데에 있다. 그러나 순전히 형식적인 힘으로서의 이성은 어떤 원리나 법칙과도 양립할 수 있으므로 어느 누구도 특정한 명제가 이성의 원리나 법칙이라고 주장할 수는 없는 것이다.

2. 모든 진정한 행복, 미덕, 신앙은 본질적으로 개인적이며, 행위 주체나 신자의 마음과 자발적인 활동에서 비롯된다. 그러므로 우리는 공동의 선, 도덕, 종교에 관한 보편적 법칙을 만들려고 시도해서는 안 된다. 그러한 시도는 인간의 다양성에 인위적인 획일성이나 억압적인 동질성을 강요하게 될 것이다.

3. 인간 행동의 주요 동기는 추상적인 이상과 원리가 아니라 자연적인 욕구와 감정이다. 이성이 의지를 지배한다고 가정하기보다는 의지가 이성을 지배한다고 보아야 한다. 왜냐하면 우리가 이성적이라고 여기는 것은 우리의 이익에 따라 결정되기 때문이다.

그러나 이러한 비판들은 거꾸로 야코비의 입장에 대해 심각한 의문을 제기한다. 우리가 이러한 비판들을 마치 모든 이성적인 권위가 폭정으로 끝나는 것인 양 이성에 의한 모든 통치에 대한 공격이라고 해석한다면, 야코비는 그 자신의 자유주의를 훼손한 셈이 된다. 왜냐하면 야코비는 전제정치에 대한 근본적 안전장치인 자신의 자유주의적 원리가 이성에 바탕을 두고 있다고 생각하기 때문이다. 그렇다면 왜 야코비가 애초에 혁명적 이데올로기를 공격했을까 하는 의문이 생긴다. 결국 그의 자유주의적 원리들은 국민의회가 선포한 인간의 권리와 흡사하다. 아마도 그가 혁명적 이데올로기에 대해 비판한 이면에는 철학적이라고는 말하기 어려운 약간의 동기들이 있었던 것 같다.

야코비의 초기 경제 저술들은 프랑스혁명에 대한 그의 반응 배후에 정말로 물질적인 동기가 있었음을 암시한다. 「정치적 랩소디」와 「속續 정치적 랩소디」에서 야코비는 부富의 일차적 원천이 토지에 있다는 옛 중농주의 교설로 귀족들의 이익을 옹호했다. 오직 토지만이 부를 창출하고 국가의 목적은 부를 보호하고 증진하는 것이므로, 토지 소유자의 이익은 국가의 진정한 이익이다.[42] 그러한 경제적 관점을 고려할 때, 야코비가 프랑스의 제3신분tiers état의 주장에 동조하지 않을 것이라는 점은 놀라운 일이 아니다. 프랑스혁명에 대한 그의 반응은 재산에 대한 그의 우려에 의해 결정되었다는 것을 확실히 보여주는 징후들이 있다. 따라서 1789년 11월 7일 라인홀트에게 보낸 편지에서 야코비는 국민의회의 귀족 대표 중 한 사람의 '멋진' 말을 다음과 같이 인용했다. "자유란 정말 멋진 것이라 우리는 자신의 자유와 동시에 타인의 자유도 가졌으면들 합니다."[43] 1790년 2월 11일 라인홀트에게 보낸 편지에서 그는 법적 평등에 대한 요구가 경제적 평등의 요구로 변질되어 '재산의 신성한 권리'를 침해할 것이라는 우려를 표명했다.[44] 그는 [151]특히 토지 재산의 운명에 대해 걱정했는데, 미발표 노트에서는 사유지들이 수천 년 동안 동일한 가문의 재산으로 방치된 이후 황폐화되고 있다고 불평했다.[45]

경제적 이해관계뿐만 아니라 도덕적·종교적 동기도 프랑스혁명에 대한 야코비의 반대 이면에 놓여 있었다. 낭만주의적 주제를 선취하고 있는 논문인 「에어하르트 O에게 부쳐」에서 야코비는 프랑스혁명의 배후에 있는 모든 도덕철학을 문제 삼았다. "프랑스혁명의 이면에 있는 도덕적 이상은 무엇인가?"라고 그는 물었다. 그의 답변에 따르면, 그것은 지극히 조야한 이기주의와 물질주의에 지나지 않는다. 프랑스인들은 인간들의 목적이 다른 사람의 이해관계와 상관없이 그들의 물질적 이익을 충족시키는 것이라고 생각한다. 과연 인간의 권리는 단순히 이기주의를 비호하기 위한 법적 틀일까? 만약 자코뱅들이 자기들 마음대로 한다면, 그들은 사회 전체를 경쟁적인 무법

42. Cf. "Ueber Recht und Gewalt", in *Werke*, VI, 456. 여기서 야코비는 최초의 통치형태는 귀족제였다고 주장했다.

43. Reinhold, *Reinholds Leben*, p. 226.

44. 같은 책, p. 232.

45. Jacobi, *Werke*, VI, 214. 이 노트가 작성된 때를 확정하는 것은 어렵지만, 그것은 프랑스혁명을 전후하여 쓰여진 다른 것들 속에 섞여 있다.

상태로 바꿀 것이다. 오래된 도덕적 가치는 모두 사라져버릴 것이다. 관용, 명예, 사랑, 경건함을 위한 자리는 없을 것이다. 야코비가 급진파의 도덕철학에 무엇보다도 결여되어 있다고 생각한 것은 그들의 종교적 지향성이 부족하다는 점이다. 그들의 도덕철학에는 '내면성', 자기반성, 삶의 신비에 대한 사유를 위한 자리가 없다. 그러나 모든 개인에게는 어떤 물질로도 만족할 수 없고 죽음 속에서 오직 자연 너머에 있는 그 궁극적인 만족을 발견하는, 자유와 완벽에 대한 영적인 갈망이 있다.

야코비가 재산과 종교, 낡은 도덕을 옹호하는 태도는 흡사 그가 드 메스트르나 노년의 겐츠의 노선을 따르는 반동주의자인 것처럼 보이게 한다. 그러나 우리가 그런 관점에서 야코비를 본다면 그것은 그를 매우 부당하게 다루는 셈이다. 드 메스트르나 겐츠와는 달리, 야코비는 시계를 1789년 이전으로 되돌리고 싶은 생각이 없었다. 그는 프랑스가 더 큰 시민적 자유와 입헌 정부를 필요로 한다고 믿었기 때문에 프랑스혁명을 환영했다. 하지만 그는 프랑스혁명이 영국에서처럼 입헌군주제로 이어지지 않을 것이 분명해졌을 때에 비로소 그것에 반대했다.[46] 돔, 라인홀트, 라아르프에게 보낸 편지에서 그는 혁명에 대한 자신의 비판이 제대로 이해되어야 한다고 주장했다. 즉 그는 자유의 진정한 친구였고, 이런 이유로 그는 프랑스를 위협하는 무정부 상태를 두려워했다.[47] 그리고 사실 야코비는 결코 구체제에 대한 티끌만큼의 애정도 없었고, 구체제의 종언을 불가피한 것으로 여겼다. 그는 모든 형태의 전제정치를 날카롭게 비판했고,[48] 귀족들의 특권을 인정할 수 없었다. 지극히

. .
46. 야코비의 입헌군주제 선호에 대해서는 1790년 5월 5일 라아르프에게 보낸 서한(*Werke*, II, 524–525), 1789년 10월 1일 A. W. 레베르크에게 보낸 서한(*Briefwechsel*, II, 5–6), 그리고 루이 16세의 처형을 애도하고 있는 "Zufällige Ergiessungen eines einsamen Denkers", in *Werke*, I, 254–266 참조.
47. 1790년 5월 4일 돔에게 보낸 야코비의 서한(*Briefwechsel*, II, 28–30), 1790년 2월 11일 라인홀트에게 보낸 야코비의 서한(Reinhold, *Reinholds Leben*, pp. 231–232), 그리고 1790년 5월 5일 라아르프에게 보낸 야코비의 서한(*Werke*, II, 527–528) 참조.
48. 1782년 5월 31일 J. W. 글라임Gleim에게 보낸 야코비의 서한(*Gesamtausgabe*, I/ 3, 36)

신랄한 표현으로 그는 "더 많은 어둠을 위해 손을 뻗은"[49] 망명 귀족들의 반동적 사고방식을 비난했다. 야코비의 자유주의적 태도에 대한 가장 중요한 증언은 자유 무역, 양심의 자유, 시민의 자유에 대한 입장에서 타협하지 않고 있는 그의 초기 정치적 논문들이다. 그가 나중에 프랑스혁명을 받아들인 것도 어느 정도 그의 자유주의 원칙에 의해 결정되었는데, 다만 그는 프랑스 급진주의자들이 이성의 이름으로 자유를 파괴할 것을 우려했을 뿐이다.[50]

프랑스혁명이 야코비의 정치사상에 심대한 위기를 조성했다는 것은 의심할 여지가 없다. 만약 그가 그의 초기 저술에서 국가가 이성에만 근거하여 세워져야 한다고 주장했다면, 혁명적 이데올로기에 대한 그의 적대감은 [152]틀림없이 그런 주장을 포기하도록 강요했을 것이다. 그러나 이성이 국가의 기초가 아니라는 점을 감안하면, 이제 국가의 기초는 무엇인가? 야코비는 대답을 찾기 위해 안간힘을 썼다. 그는 후기 낭만주의자들의 해결책, 즉 전통과 역사를 받아들이려 하지 않았다. 그는 뫼저, 헤르더 또는 레베르크의 역사주의에 거의 동조하지 않았다. 이 점은 1791년 11월 28일 레베르크에게 보낸 그의 흥미로운 편지에서 드러난다.

> 나는 당신이 현 사태에 대해 형이상학적 체계보다 역사적 체계가 더 잘 유지될 수 있다고 생각한다는 게 상상조차 되지 않습니다. 과거보다 현재가 더 이성적인 근거를 가지고 있지는 않습니다. 물론 와인을 내다 버리는 것보다 썩은 항아리에라도 담아두는 것이 더 낫겠지요. 그러나 그 항아리가 제 구실을 못 하고 더 이상 아무것도 담을 수 없게 되면, 어떻게 해야 할까요? — 그래요, 내 친구여, 보존은 역사만을 위한

••
참조
49. 1793년 1월 20일 J. G. 슐로써Schlosser에게 보낸 서한(*Aus Jacobis Nachlass, Ungedruckte Briefe von und an Jacobi*, ed. Rudolf Zoeppritz, Leipzig, 1869, I, 168-169) 참조.
50. 이 우려는 특히 1790년 5월 4일 C. 돔에게 보낸 야코비의 서한(*Briefwechsel*, II, 29-30)에서 분명하다.

겁니다. 하지만 옛 역사는 분명히 끝이 났고, 당신이 계속되길 바라는 동화 같은 이야기는 우리의 이성이 향유하기엔 너무나 실체가 없는 것입니다. 문제는 어떻게 새로운 역사와 함께 출발할 것인가 하는 점입니다.[51]

게다가 또한 낭만주의자들과는 달리, 야코비는 국가와의 정서적 유대감인 애국심에 대해 어떤 가치도 찾을 수 없었다. 진정한 계몽주의자처럼 그는 세계주의Weltbürgertum의 가치를 믿는 세계주의자였다. 그는 애국심에 회의적이었는데 특히 소 전제군주의 손에 놀아날까 두려워했다.[52] 과연 중세의 저 불안정한 유물인 신성로마제국에 충성을 불어넣기 위해 무슨 일이 있었던가? 1790년 7월 16일 요하네스 폰 뮐러에게 보낸 편지에서 애국심에 대한 그의 염려는 다음과 같이 표면화되었다. "내가 진정으로 당신과 공유할 수 없는 것은 당신이 말하는 독일인으로서의 애국심입니다. 우리는 가난한 나라이고, 나는 상황이 우리에게 더 나아질 거라고 보지 않습니다. 인류를 위한 감각은 우리의 헌법에서 점차 사라지고 있습니다. 헌법을 위한 온갖 준비들이 너무나 어리석고 우스꽝스러워서 우리는 '주님, 우리가 구원의 땅으로 갈 수 있도록 허락하여 주소서!'라는 말로 그것들로부터 벗어날 수 있을 뿐입니다."[53]

야코비는 비록 완전히 만족스럽지는 않다는 것을 인정하긴 했지만 그가 직면해 있는 어려운 문제에 대한 답을 가지고 있었다. 그는 국가의 진정한 토대는 종교에 있으며, 특히 성경에서 발견되는 역사적 계시에 대한 믿음인 실정 종교에 있다고 주장했다.[54] 모든 시민사회는 사람들이 약속을 지키도록

51. Jacobi, *Briefwechsel*, II, 72–73.
52. Jacobi, *Werke*, II, 348–349.
53. Jacobi, *Briefwechsel*, II, 33.
54. Jacobi, *Zufällige Ergiessungen eines einsamen Denkers*, in *Werke*, I, 268–269, 및 1794년 3월 24일 J. H. 페스탈로치에게 보낸 야코비의 서한, *Aus Jacobis Nachlass*, I, 178 참조.

요구하지만, 그들은 섭리와 인격적 신에 대한 믿음을 가지고 있어야만 그렇게 할 의욕을 부여받는다. 그러나 그러한 신앙은 이성에 의해 제공될 수 없고 오직 성서에서 발견되는 기적의 보고reports인 계시에 의해서만 제공될 수 있다. 하지만 야코비는 자신의 해결책이 더 이상 실현 가능하지 않다는 것을 너무나 잘 알고 있었다. 그는 그의 시대에 이성주의의 영향력이 커지고 있어 낡은 신앙이 죽어가고 있음을 똑똑히 보았다. 종교는 우리의 시민적 · 개인적 행복을 위해 필요하지만, 지금은 동화처럼 보였다. 이런 곤경이 야코비를 침울하게 만들었다. 그는 1794년 3월 24일에 페스탈로치에게 이렇게 설명했다. "성경은 지금까지 우리의 신앙을 유지하는 데 있어 우리에게 도움이 되어왔지요. … 그러나 성경이 신성한 책으로서의 권위를 잃은 지금, 그것을 대체할 수 있는 것이 무엇인지 나는 모르겠습니다. [153]이런 생각은 나를 극도로 우울하게 만들었고 내 삶을 한층 더 비참하게 만들었습니다. 나는 심판의 날에 한 표를 던집니다."[55]

야코비의 입장의 약점은 그가 양심의 자유에 대한 열정적인 신봉자로서 종교적 신념에 어떠한 시민적 제약도 가하지 않으려 했다는 것을 우리가 깨닫게 되었을 때 더욱 명백해진다. 모든 진실한 신앙은 성령의 선물을 필요로 하지만 성령은 어떤 법적 형태로든 성문화될 수 없다. 그렇다면 어떻게 종교적인 신앙이 국가의 근간이 될 수 있을까? 사회적·정치적 안정은 종교적인 신앙에 달려 있지만, 그런 신앙의 존재를 보장할 수 있는 법적 수단이 있어서는 안 된다. 바로 신권정치의 사상이 야코비에게 혐오감을 주었다. 결국 그는 일대 결심salto mortale을 내려 그의 모든 신앙을 기계장치의 신deus ex machina에 의탁했다. 어떻게든 종교적인 신앙은 모든 신자의 마음에서 자연스럽고 자발적으로 생겨날 것이다. 이 교설은 실로 유토피아적이었고 심지어 무정부주의적이었다. 그러나 야코비는 그런 결론을 도출하는 데

55. Jacobi, *Aus Jacobis Nachlass*, I, 178. 1792년 8월 6일 엘리제 라이마루스에게 보낸 야코비의 서한, *Briefwechsel*, II, 95 참조.

주저하지 않았다. 1781년 3월 15일 엘리제 라이마루스에게 보낸 편지에서 야코비는 레싱의 정치적 신념에 대해 다음과 같이 썼다. "그[레싱]는 도덕성 (도덕적 기제)을 보장하기 위한 모든 법이 얼마나 어리석고 잘못된 것인가를 가장 명확하게 보았습니다. 내가 그와 나눈 대화에서 그는 매우 열성적이 되어 모든 시민사회가 해체되어야만 한다고 주장했습니다. 미친 소리처럼 들릴지 모르지만 그럼에도 그것은 진실입니다. 사람들은 더 이상 정부가 필요하지 않을 때만 잘 다스려집니다. 이 점은 왜곡될 수 없습니다."[56]

연로한 야코비는 나중에 낭만파를 괴롭히게 될 몇 가지 난해한 문제들을 분명히 보았다. 이성이 공허하고 카리스마가 합법화되지 못한다면 국가의 근간이 되어야 할 것은 무엇인가? 우리는 전제주의의 위험을 감수하면서도 이성을 국가의 기초로 삼으며, 또 무정부주의의 위험을 감수하면서도 카리스 마를 국가의 기초로 삼는다. 바로 이것이 야코비의 정치철학이 마침내 좌초하 게 된 딜레마였다. 그는 이 점을 심사숙고할 때마다 우울한 기분에 빠져들곤 했다. 하지만 문제의 중대성을 고려할 때, 우리는 그가 제멋대로 행동했다고 비난할 수 없다.

..
56. Jacobi, *Briefwechsel*, I, 320.

제7장

게오르크 포르스터, 독일 자코뱅

7.1. 포르스터와 자유주의 전통

1790년대 독일 정치철학의 가장 급진적인 인물 중 하나는 게오르크 포르스터(1754–1794)였다. 그는 그 10년 사이에 프랑스 자코뱅과 제휴한 몇 안 되는 정치이론가 중 한 명이었다. 1790년대의 모든 주요 정치 사상가들 중에서 오직 젊은 피히테만이 그만큼 급진적이었다. 더욱이 포르스터는 그의 급진적인 원칙을 공언했을 뿐만 아니라 그 원칙에 따라 행동했다. 1792년 가을에 프랑스군이 라인란트[독일의 라인강 서쪽 지방]를 침공했을 때, 포르스터는 마인츠에 공화국을 세우려는 노력에 동참했다. 그는 신생 공화국에서 두드러진 역할을 하여 1792년 3월에 마인츠 공화국의 부통령이 되었다. 그의 동시대인들에게 포르스터는 마인츠 공화국을 체현하는 인물인 독일 자코뱅주의의 상징이 되었다.

그러한 급진주의는 또한 포르스터를 1790년대 가장 논란이 많은 인물 중 한 명으로 만들었다. 1770년대 후반에 그는 이미 당대 최고의 여행가,

박물학자, 그리고 작가 중 한 사람으로 명성을 떨쳤다. 그러나 마인츠에서의 활동 때문에, 그의 이름에는 나중에 그림자가 드리워졌다. 포르스터는 자코뱅주의라는 이유로 비난을 받았고 마인츠를 프랑스 공화국에 합병하려는 시도로 반역자라는 낙인이 찍혔다.[1] 1790년대에 포르스터를 위해 목소리를 높인 인물은 프리드리히 슐레겔뿐이었는데, 그는 포르스터를 독일 문필계의 고전적인 인물 중 하나로 여겼다.[2] 그러나 슐레겔의 이러한 평가는 황야에서 부르짖는 목소리에 불과했다.

　　세상 사람들에게 잊혀진 상태에서 포르스터를 구해내기 위한 첫 시도는 1840년대와 1850년대에 자유주의적 작가들에 의해 이루어졌다. C. G. 게르비누스는 포르스터의 저작집을 편집하면서 그를 높이 평가하는 논문을 썼고,[3] 헤르만 헤트너는 『18세기 독일문학사』에서 그에게 꽤 많은 한 장을 할애했다.[4] 그러나 포르스터를 되살리려는 이러한 초기 노력은 일반적인 수용에 미치지 못했다. 게다가 그러한 노력들은 마인츠의 지역 역사학자 칼 클라인으로부터 호되게 공격을 받았는데, 그는 마인츠에서 포르스터의 '배신적인' 활동을 증빙할 만한 기록물을 적발해냈다.[5] 포르스터는 19세기 말과 20세기 초에 독일 민족주의가 부활하는 동안, 비록 평판이 더 나빠진 것은 아니지만 다시 무시당하게 되었다. 오직 두 명의 학자, 즉 알베르트 라이츠만과 파울 징케[6]만이 독일 문필계에 대한 포르스터의 중요성을 인식하고 [155]그의 서신

• •

1. 포르스터의 급진주의에 대한 초기의 반응과 그의 저작에 대한 일반적 평가에 대해서는 Thomas Saine, *Georg Forster*(New York, 1972), pp. 9–17 참조.
2. 슐레겔의 논문에 대해서는 10.2절 참조.
3. C. G. Gervinus, "Johann Georg Forster", in *Georg Forsters Sämtliche Schriften*, ed. Gervinus(Leipzig, 1843), VII, 3–78.
4. Hettner, *Geschichte*, II, 579–594.
5. Karl Klein, *Georg Forster in Mainz, 1788 bis 1793*(Gotha, 1863), pp. 215–334.
6. Albert Leitzmann, *Georg Forster: Ein Bild aus dem Geistesleben des achtzehnten Jahrhunderts*(Halle, 1893), and *Forster und die Brüder Humboldt*; Paul Zincke, *Georg Forster nach seinen Originalbriefen*(Dortmund, 1915); Zincke and Leitzmann, *Georg*

왕래에 대한 중요한 판을 제작했다. 그러나 2차 세계대전 이후 포르스터는 독일의 맑스주의 학자들 사이에서 부활의 대상이 되었다. 포르스터는 사실상 성자가 되어 몇 안 되는 독일 혁명가 중 한 사람으로 인정받았으며 변증법적 유물론의 선구자로 주장되었다.[7] 루카치는 1949년 집필한 글에서 "포르스터의 활동과 저작에 대한 맑스주의자의 영향력 있는 연구"를 요구했다.[8] 이 요청은 맑스주의적 연구논문, 평론, 논문집,[9] 그리고 가장 중요한 것으로는 포르스터 저작들의 기념비적이고 정통적인 아카데미 판 출간으로 적절하게 이행되었다.[10] 일부 주목할 만한 예외가 있긴 하지만,[11] 맑스주의적 해석은 여전히 지배적인 것으로 남아 있다.

포르스터의 맑스주의적 부활의 장점이 무엇이든 간에, 자유주의적 전통 쪽으로 그를 되찾아야 할 강력한 논거가 있을 수 있다. 칸트, 실러, 훔볼트, 야코비처럼 포르스터는 가부장주의에 대한 날카로운 비판자였고 자유주의적

• •

　Forsters Tagebücher(Berlin, 1914) 참조.

7. 예를 들어 Gerhard Steiner, *Forsters Werke in zwei Bänden*(Berlin, 1968)의 서문(pp. v–lvi, 특히 pp. lv–lvi); "Naturerkenntnis und praktische Humanität: Georg Forsters kleine Schriften zur Naturgeschichte, Länder–und Völkerkunde, und die Ansichten vom Niederrhein", in Georg Forster, *Werke in Vier Bänden*(Frankfurt, 1967–1970), II의 발문(pp. 907–952, 특히 pp. 911–912, 925, 944) 참조. 슈타이너가 보급판에 붙인 서문과 발문은 맑스주의적 해석을 널리 유포시켰다.

8. György Lukács, *Der junge Hegel und die Probleme der kapitalistischen Gesellschaft*(Berlin, 1954), p. 21.

9. 맑스주의적 해석의 논문들 가운데서 Heinrich Reintjes, *Weltreise nach Deutschland: Georg Forsters Leben und Bedeutung*(Düsseldorf, 1953); Friedrich Thoma, *Georg Forster: Weltreisender, Forscher, Revolutionär*(Berlin, 1954) 참조. 또한 *Georg Forster in seiner Epoche*, ed. Gerhardt Pickerodt, *Argument Sonderband* 87, Literatur im historischer Prozess, neue Folge, 4에 수록된 논문들도 참조.

10. *Georg Forsters Werke: Sämtliche Schriften, Tagebücher, Briefe*, ed. Akademie der Wissen-schaften der DDR(Berlin, 1958–1982). 이 판은 AA.로 줄인다.

11. Ralph Wuthenow, *Vernunft und Republik: Studien zu Georg Forsters Schriften*(Bad Hamburg, 1970)과 루드비히 울리히Ludwig Uhlig의 탁월한 연구 *Georg Forster: Einheit und Mannig-faltigkeit in seiner geistigen Welt*(Tübingen, 1965)는 주목할 만한 예외이다.

국가관을 확고히 옹호하는 사람이었다. 그는 국가가 시민들의 권리를 보호하는 데에만 그 권한을 한정시켜야 한다고 주장했고, 그들의 경건함이나 도덕성, 행복을 증진시키려는 어떠한 시도도 전제주의의 구실로 간주했다. 포르스터는 또한 독일에서 자유방임주의 원칙을 찬성하는 최고의 대변자 중 한 명이었다. 그는 옛 중상주의를 전제정치의 한 형태라고 공격했다. 아울러 무역에 대한 규제를 없애는 것이 게으름과 빈곤의 문제에 대한 유일한 해결책이라고 보았다. 그리고 유럽 전체의 모델로서 영국의 상업주의를 내세웠다.[12] 확실히 그의 말년에 포르스터는 규제받지 않는 부의 추구와 사유재산의 무제한적인 권리에 대해 의심을 품기 시작했다. 그러나 이러한 의심은 그의 자유주의 원칙의 포기라기보다는 수정을 뜻하는 것이었다.[13] 자유주의 전통에 대한 포르스터의 충성은 또한 개혁과 온건함의 가치를 고집하는 데서도 명백하다.[14] 마인츠에서 프랑스혁명에 대한 헌신을 하기 이전이나 이후에도 어느 정도 그는 위로부터의 개혁을 주장하고 온건함의 미덕을 찬양했으며 민주주의와 전제주의 사이의 중간 길을 촉구했다.

맑스주의적 해석이 포르스터 사상의 이러한 자유주의적 측면을 의도적으로 과소평가 했다면, 그것은 또한 다른 측면을 지나치게 과장했다. 그것은 포르스터가 자코뱅주의에 헌신한 것을 마치 그의 원칙만으로 이루어진 결과인 것처럼 강조해왔다.[15] 하지만 포르스터는 선택만큼이나 상황에 따라 급진주

- -
12. 포르스터의 자유방임주의 옹호론에 대해서는 그의 "Vorläufige Schilderung des Nordens von Amerika", *AA* V, 512-584, 특히 pp. 512-515 및 *Ansichten vom Niederrhein, in Werke in vier Bänden*(이하 *Werke*로 줄임), II, 470, 485-487, 489-490 참조. 가능한 한, 포르스터에 대한 언급은 이용하기 쉬운 이 판에 의거한다. 이 판은 아카데미 판[*AA*]에 기초하고 있다.
13. 7.5절 참조.
14. 포르스터의 초기 개혁주의에 관해서는 그의 *Ansichten vom Niederrhein*(*Werke*, II, 474-477, 542, 573-574) 및 7.4절 참조.
15. 예를 들어, Hans Geerdts, "Ironie und revolutionärer Enthusiasmus: Zu Georg Forsters Erinnerungen aus dem Jahr 1790", *Weimarer Beiträge* 1(1955), Heft 3, 296-312. 게에르츠는

의자가 되었다. 그가 마인츠에서 프랑스혁명에 동참한 것은 그것이 동료 시민들의 재산을 보호할 수 있는 유일한 수단이라고 느꼈기 때문이다. 자코뱅에 대한 그의 동조는 결코 무비판적이 아니었고 결국 흔들리기 시작했으며, 그는 그것이 더 이상 선택이 아니라고 느꼈을 때 그것을 버리고 개혁의 중간 길을 선호했다.[16] 맑스주의적 해석은 또한 포르스터를 변증법적 유물론의 선구자로 만드는 데에 있어 너무 편향적이었다. 포르스터는 의도적으로 유물론적 형이상학에 전념하는 것을 자제했고, 한 문화를 그 물질적 환경으로만 설명하고자 하는 유물론자들에게 비판적이었다.[17]

포르스터가 1790년대에 중요한 인물이었던 것은 마인츠 공화국에서의 [156]그의 역할 때문만이 아니라 그의 사회적·정치적 사상 때문이기도 하다. 헤르더, 실러, 괴테와 함께 그는 바이마르 인본주의의 중심인물 중 한 사람이었다. 그도 역시 인간의 모든 능력을 실현해야 할 필요성을 강조하면서 완성의 윤리를 옹호했다. 그리고 그는 또한 칸트의 의무의 윤리에 대한 날카로운 비판자였는데, 인간 전체의 발전을 기하기에는 칸트의 윤리가 너무 좁다고 그는 느꼈다. 1790년대 이성주의적 자유주의와 인본주의적 자유주의의 분열 속에서 포르스터는 확고하게 인본주의적 진영에 속하게 된다.

포르스터가 1790년대 사회적·정치적 사상에 가장 중요하고 뚜렷한 공헌을 한 것은 그의 철학적 인류학이다. 어느 정도 정당한 이유에서 그는 근대 인류학의 창시자로 여겨져 왔다.[18] 포르스터는 토착 문화에 대한 과학적 연구의 토대를 마련하려고 시도했다. 따라서 그는 신중하고 공정한 관찰의

●●

　포르스터가 마인츠 이전에도 '혁명가'였다고 주장한다.

16. 7.4절 참조.

17. 7.3절 참조.

18. 근대 인류학에 대한 포르스터의 의의에 대해서는 Wilhelm Mühlmann, *Methodik der Völkerkunde*(Stuttgart, 1938), pp. 42-52 및 Wolf Lepenies, "Eine vergessene Tradition der deutschen Anthropologie: Wissenschaft vom Menschen und Politik bei Georg Forster", *Saeculum* 24(1973), 50-78 참조.

필요성을 주장하면서 자연주의적인 해명의 가치를 강조했다. 그럼에도 불구하고 과학적인 해명에 대한 그의 요구는 결코 유물론을 받아들이게 하지는 않았다. 포르스터는 18세기의 많은 유물론자들처럼 문화의 모든 측면을 환경의 관점에서 설명하기보다는, 문화의 모든 측면을 검토하고 그것을 통합된 전체로 보는 것이 중요하다고 역설했다. 포르스터는 또한 문화적 다양성의 가치를 인식하고 토착 문화의 권리를 옹호하는 데 있어 근대 인류학을 선취했다. 그는 유럽문화의 우월성을 믿고 있는 점에서 여전히 시대의 아들이었지만, 인종차별과 제국주의에 대한 그의 비판은 명백히 근대적인 특징을 나타낸다.

포르스터의 인류학은 18세기의 사회적·정치적 사상의 전환점을 보여주는데, 왜냐하면 그것은 이 학문 분야에 논증과 논의에 대한 훨씬 더 정교한 규준을 도입했기 때문이다. 포르스터는 가장 광범위하고 가장 근래의 경험적 증거에 비추어 모든 낡은 논쟁과 이론들을 검토하자고 주장했다. 더 이상 과거의 모호한 추상성과 진부한 관찰에 호소하는 것은 충분하지 않게 되었다. 정치이론은 이제 과학적 인류학의 규범들을 충족시켜야 할 것이다.[19] 칸트와 피히테에 의식적으로 반대하여 포르스터는 보다 엄격한 경험적 방향으로 정치이론을 추진하려고 시도했다. 이것이 바로 그 자신과 칸트 사이에 유명한 논쟁이 일어난 계기가 되었는데, 우리는 이 논쟁을 추후 검토할 것이다.[20]

7.2. 쿡 선장과의 세계 항해

1772년 7월 13일, 영국 해군 군함HMS '결의Resolution'호와 '모험Adventure'

••
19. 예를 들어, Forster, "Rezension zu C. Meiners anthropologischen Abhandlungen im Göttingischen Historischen Magazin", in *Werke*, III, 255–271 및 포르스터의 칸트 비판 "Noch etwas über die Menschenrassen", in *Werke*, II, 71–102 참조.
20. 7.3절 참조.

호가 [영국 남서부의 군항] 플리머스^{Plymouth}에서 남태평양을 향해 출항했다. 그들은 두 번째 탐험 항해에 나선 제임스 쿡^{James Cook} 선장의 지휘를 받고 있었다. 이번 항해의 임무는 그간 선원들이 자주 보고해온 온대지역 경계 내의 남반구 대륙의 존재를 파악하는 것이었다. 쿡의 두 번째 항해는 1772년 6월부터 [157]1775년 7월까지 3년간 지속되었다. 배는 [아프리카 남단의] 희망봉에서 [남미 최남단의 곶인] 케이프 혼까지에 이르는 태평양 최남단 항해 가능한 구역을 탐사했고, 지구 둘레의 세 배의 거리를 항해했다. 항해가 이룬 업적은 실로 적지 않은 것이었다. 그것은 이전의 어떤 탐험보다 더 먼 거리를 여행했으며 남쪽으로 더 깊이 탐사했다. 소시에테 제도^{諸島}, 뉴칼레 도니아 그리고 남극의 거대한 얼음 덩어리 등이 이 항해를 통해 발견되었다. 또한 이 항해는 많은 새로운 종류의 식물과 동물을 발견했고, 그때까지 알려지지 않은 많은 사람들과 접촉했다.

이 주목할 만한 항해 동안 '결의'호의 선상에는 두 명의 독일 박물학자 요한 라인홀트 포르스터와 그의 아들 게오르크 아담이 있었다. 그들의 임무는 원정 중에 발견한 자연사의 대상들을 수집하고 기술하며 묘사하는 일이었다. 쿡의 두 번째 항해는 청년 포르스터에게 도야의 여행^{Bildungsreise}이었다. 그가 이 원정 중에 보고 생각하고 느낀 것은 훗날 그의 도덕적·정치적 견해의 토대가 되었다.

영국으로 돌아오자, 청년 포르스터는 두 권의 저작 『세계 항해^{A Voyage around the World}』에 자신의 경험을 썼다. 이 책은 1777년에 런던에서 출판되었다. 이 저작은 "불후의 명작",[21] "언어나 시대를 막론하고 가장 위대한 여행기 중 하나",[22] 그리고 "과학 여행의 새로운 시대의 시작"[23]으로 묘사되어 왔다. 이 책은 영국에서 호평을 받았고 그 독일어 번역본인 『세계 항해^{Reise um}

••
21. Hettner, *Geschichte*, II, 580.
22. Robert L. Kahn, "The History of the Work", in the appendix, Forster, *AA* I, 677.
23. Alexander von Humboldt, *Kosmos: Entwurf einer physischen Weltbeschreibung*(Stuttgart, 1847), II, 72.

die Welt』(베를린, 1778–1780)는 결국 독일에서 인기를 얻게 되었다.[24] 젊은 포르스터는 곧 자신이 유럽 전역에 걸쳐 영예와 환대를 받는 유명인이라는 것을 알게 되었다.

언뜻 보기에 기후, 지리, 식물, 동물에 대한 온갖 상세한 묘사로 채워져 있는『세계 항해』는 순전히 자연사에 관한 저작이며, 도덕철학과 정치철학과는 거의 관계가 없는 것처럼 보인다. 그러나 이런 피상적인 인상은 우리가 포르스터의 서문을 읽자마자 사라진다. 여기서 그는, 자연사를 사실들의 단순한 수집으로 간주하고 인간의 어떤 요구와도 무관한 목적 그 자체로 여기는 사람들을 비판했다. 그는 사실들을 해석하고 그것들로부터 일반적인 결론을 내릴 필요성을 주장했다. 그리고 그는 자연사는 도덕적인 목적을 가져야 한다고 강조한다. 그는 자신의 저작에 고루 스며들어 있는 도덕적인 관점을 다음과 같은 몇 마디 흥미로운 구절로 설명했다. "나의 선의의 동등한 몫을 받을 자격이 있는 다양한 인간 부족들을 바라보는 것에 익숙해지고 또한 동시에 그들 중 모든 개인과 내가 공통적으로 가지고 있는 권리에 대해 의식하게 되면서, 나는 우리의 전반적인 개선과 복지를 되돌아보며 나의 발언을 했다. 그리고 특정 종족에 대한 애착이나 혐오가 나의 칭찬이나 비난에 영향을 미치지 않았다."[25] 포르스터는 그의 연구가 미래의 항해자들과 박물학자들에게 도움이 될 뿐만 아니라 유럽인들과 원주민 문화들 사이의 이해와 교역을 증진시킬 수 있기를 바랐다. 그는 원주민들이 유럽인들에게서 배울 수 있는 것처럼 유럽인들이 원주민들에게서 많은 것을 배울 수 있다고 열렬히 믿었다. 본질적으로『세계 항해』는 [158]인종이나 신조에 관계없이 모든 민족에 대한 보다 인간적인 대우를 위해, 문화적 차이들에 대한 보다 관용적이고 편견 없는 태도를 호소하는 하나의 청원이다. 유럽인들이 모든

• •
24. 『세계 항해』의 초기 수용에 대해서는 Khan, "History", in Forster, *AA* I, 700–708 및 Gerhard Steiner, "Georg Forsters Reise um die Welt", in Forster, *Werke*, I, 1032–33 참조.
25. Forster, *AA* I, 105.

사람들을 그들의 형제처럼 여길 때 비로소 그들은 진정한 세계주의 정신을 소유할 것이라고 그는 생각했다.

『세계 항해』는 도덕적 관점뿐만이 아니라 정치적 관점에서도 쓰여졌다. 포르스터가 인간의 진보를 목적으로 글을 썼다면, 그로선 응당 정치를 소홀히 할 수 없었다. 왜냐하면 인간의 진보는 계몽되고 자애로운 통치에 달려 있다고 그가 믿었던 점이 『세계 항해』의 많은 구절을 통해서도 명백해지기 때문이다. 만약 한 국민이 그들의 전체 능력을 계발하지 못한다면, 그것은 그들의 기후나 인종 때문이 아니라 그들의 통치의 무능함이나 부당함 때문이라고 그는 주장했다.[26] 『세계 항해』를 통해 포르스터는 타이티 섬의 기생적인 지배자든, 카보베르데 제도諸島의 포르투갈 식민지 개척자든, 아니면 제국주의 유럽의 군주든 간에 사람들을 억압하는 통치를 비난하는 데 주저하지 않았다. "자연의 충동은 모든 종류의 억압에 대해 큰 소리로 말한다"고 포르스터는 썼다.[27] 한 국민이 너무 억압받게 되면 결국 그 불행의 근원을 보게 되고 "인류의 일반적 권리에 대한 올바른 의식"을 획득하여 혁명을 일으킬 것이다.[28]

박물학자로서 포르스터의 주된 관심사는 한 지역의 동식물이 아니라 인간의 본성이었다. 그의 이야기의 목적은 "인간의 마음에 더 많은 빛을 던지기 위함"[29]이라고 그는 말했다. 그리고 "여행가의 첫 번째 목적은 인간과 그 풍습에 대한 관찰"[30]이어야 한다고 그는 믿었다. 그러나 포르스터는 단순한 민족학적 서술에 만족하지 않았다. 그는 항해 중에 얻은 경험을 이용하여 18세기 정치이론의 근본적인 물음 몇 가지를 성찰했다. 인간의 본성은 모든 문화와 기후에서 균등하고 동일한가, 아니면 교육과 환경의 산물로서 무한히

26. 예를 들어 포르스터가 카보베르데 제도 사람들의 상황에 대해 말한 것(*AA* I, 38–39)을 참조.
27. Forster, *AA* I, 105.
28. 같은 책, I, 217.
29. 같은 책, I, 14.
30. 같은 책, I, 451.

빚어질 수 있는가? 인간은 그로티우스와 샤프츠베리가 생각했듯이 본래 선하고 선천적으로 사교적이며 교감 능력이 있는가, 아니면 홉스와 맨더빌의 말대로 본래 악하고 선천적으로 경쟁적이며 이기적인가? 그리고 마지막으로, 문명은 도덕을 향상시키는가 아니면 타락시키는가? 사람들이 타이티 원주민들처럼 산다면 더 행복하고 도덕적인 삶을 살게 될까, 아니면 선진 문화에서만 자신의 본성을 충분히 실현할 것인가? 포르스터가 『세계 항해』에서 곰곰이 생각하는 물음들이 바로 그런 것이었다.

물론 여행가가 이러한 물음들에 답하려고 하는 것에 특별히 새로운 것은 없었다. 그리고 그러한 물음들은 16세기와 17세기에 탐험의 항해가 시작된 이래로 많은 여행가들에 의해 검토되어 왔다. 그러나 포르스터는 자신이 그 물음들을 다시 새롭게 고찰해야 할 충분한 이유가 있다고 믿었다. 비단 그의 탐험이 많은 새로운 땅과 민족을 발견했을 뿐만 아니라, 대부분의 이전 여행가들은 매우 아마추어 같은 박물학자였다. 그들은 관찰에 있어서 무분별한 태도를 취했고 종종 그들이 대답하고 싶은 질문에 대해 명확한 생각을 하지 못했다. 포르스터의 『세계 항해』의 새로운 점은 보다 체계적이고 조직적인 방법으로 이러한 물음에 대한 답변을 시도했다는 것이다.

이러한 문제들에 대한 지속적인 성찰에도 불구하고 포르스터는 [159]『세계 항해』에서 어떤 명확한 해명에 도달하지 못했다. 그의 책에는 사실 그의 초기 신념과 이후 관찰 사이에 깊은 긴장이 감돌고 있다. 포르스터는 **계몽**의 몇 가지 주요 교설을 신봉하면서 여행을 시작했다. 즉 인간의 본성은 항상적이고, 인간의 마음은 선천적으로 선하며, 문명은 선을 위한 힘이라는 것을 그는 신봉했다. 그러나 이러한 믿음은 아주 이질적 문화들에 대한 그의 경험에 의해 곧 흔들렸다. 『세계 항해』에서의 포르스터의 철학적 성찰은 이러한 믿음을 그의 경험과 일치시키려는 시도에서 항상 성공적인 것은 아니다. 이 책의 가장 흥미로운 구절은 포르스터가 자신의 믿음을 버리고 단순히 그의 관찰로부터 결론을 이끌어냈을 때이다.

『세계 항해』에서 이론과 관찰 사이의 이러한 불일치는 특히 인간 본성의 선함에 대한 포르스터의 믿음의 경우에서 두드러진다. 샤프츠베리, 허치슨, 흄처럼, 포르스터는 인간의 마음속에는 선천적인 공감 능력이 있고 사람들은 자연스럽게 다른 사람을 돕는 데 즐거움을 느끼며 다른 사람의 불행에 동정심을 갖는다고 여겼다. 그는 자신의 많은 경험들이 이러한 자연스러운 감정의 존재에 대한 증거를 제공한다고 생각했다. 타이티인들의 환대, 잔인한 광경을 목격할 때의 그들의 고통, 그리고 영국 친구들과 재회했을 때 그들의 진심 어린 기쁨의 표현은 그에게 "인류에게는 인간애가 자연스러운 것 같다"고 확신시켰다.[31] 불신, 악의, 복수와 같은 야만적인 관념은 사회적 퇴폐와 부패의 결과일 뿐이다. 자기 보존과 더불어 박애 내지 인간애는 인간 본성의 근본적 충동이고 사회의 참된 기초이며 모든 사회적 유대의 결속체이다.[32] 그러나 이처럼 위안이 되는 성찰들은 때때로 포르스터 자신이 설명할 수 없는 다른 경험들에 의해 뒤집혀 버렸다. 예를 들어 뉴질랜드인들과 보라보라 섬 원주민들의 공격성을 그가 이해하기란 어려웠다.[33] 그들은 자신들의 환경에서 생활의 모든 필수품을 제공받았지만, 여전히 전쟁과 정복에서 만족을 얻고 있었다. 이보다 더 설명하기 어려운 것은 타이티 여성들의 성 습속이었다. 그들은 핀이나 붉은 깃털 같은 극히 하찮은 것을 얻는 대신에 기꺼이 자신의 품위를 손상시켰고, 밤마다 쿡의 선원들과 장난치며 선상에서 밤을 지새웠다. 세상 경험이 없고 종교적으로 교육 받은 포르스터는 그들의 방탕에 "매우 당황했다"고 인정했다. 그는 정말로 너무 괴로워서, 다른 면에서는 그가 그렇게 훌륭하다고 여겼던 인간 본성에 대한 우울한 반성에 빠져들었다. "비록 평소에는 그 천성이 순박하고 또한 탐내는 것도 적은 가운데서 행복을 누리고는 있지만 그럼에도 한 종족에 그처럼 큰 정도의 부도덕이 존재해야 한다는 것은 인간 본성 일반에 대한 매우 수치스러운 반영이며, 그것이 이곳에서

· ·
31. 같은 책, I, 192. Cf. *AA* I, 199, 410.
32. 같은 책, I, 515.
33. 같은 책, I, 112, 230.

가장 큰 이점으로 간주된다고 해도 그러한 모습은 역시 불완전한 것이다. 자비로운 창조주의 가장 훌륭한 선물이 가장 빈번하게 남용되기 쉬운 것으로 보이며 또한 인류에게 과오만큼 쉬운 것은 없다는 것이야말로 한탄할 일이 아니겠는가?"[34]

포르스터의 경험은 그로 하여금 사람들이 선천적으로 선한가 하는 것뿐만 아니라 인간 본성 자체와 같은 것이 과연 있는가를 의심하게 만들었다. [160]18세기의 많은 **계몽주의자들**과 마찬가지로 포르스터도 처음에는 고정된 인간의 본성이라는 것을 믿었다. 그는 다른 문화권이나 다른 사회적 지위를 가진 사람들의 행동의 유사성을 지적함으로써 항해 중에 이 이론을 입증하려고 시도했다. 타이티 공주의 성적 욕구에 대해 들은 후, 그는 이렇게 썼다. "인간의 정념은 어디에서나 비슷하다. 노예나 왕자에게도 동일한 본능이 작용한다. 따라서 본능의 작용의 역사는 모든 나라에서 동일함에 틀림없다."[35] 동일한 인간 본성에 대한 이러한 믿음은 18세기 일반적인 자연법의 교설에 대한 포르스터의 충성을 지속시켰다. 이 교설에 따르면 우리가 모든 문화를 판단하기 위해 사용할 수 있는 보편적 가치들이 존재한다는 것이다. 예를 들어, 자연법은 타이티인들에 의해서든 아니면 런던 그럽 스트리트의 낙태주의자들에 의해 저질러지든 모든 아동 살인을 비난하는 것을 가능하게 한다.[36]

그러나 단일한 인간 본성에 대한 이 믿음, 그리고 그것에 근거한 자연법에 대한 이 믿음은 곧바로 매우 다루기 어려운 몇몇 사실들과 마주하게 되었다. 이 사실들 중 하나는 18세기 여행 작가들이 특히 선호하는 저 섬뜩한 식인 풍습cannibalism이었다. 뉴질랜드에 상륙한 한 팀은 한 어린 소년의 사체가 토막 나서 분명히 요리되어 있는 것을 발견했다. 뉴질랜드인들이 진짜 식인종인지 여부를 알아보기 위해 쿡의 승무원들은 기괴한 실험을 하나 했다.

• •
34. 같은 책, I, 201.
35. 같은 책, I, 397. Cf. *AA* I, 402.
36. 같은 책, I, 417n.

즉 그들은 몇몇 방문 전사들에게 인육의 일부를 권해보았다. 그러자 아니나 다를까 그들은 즉시 아주 맛있게 그것을 먹어치웠다. 포르스터는 이 실험과 쿡의 승무원들 중 몇몇의 공포를 목격한 후, "우리의 교육이 우리에게 정반대로 가르쳐줄지라도, 인육을 먹는 행위 자체는 부자연스럽지도 않고 범죄적이지도 않다"고 결론지었다.[37] 군주의 기분을 만족시키기 위해 수천 명의 사람들이 서로를 죽이는 것을 아무렇지도 않게 생각하는 유럽인들이 죽은 사람을 먹는다는 생각에 혐오감을 느꼈던 것은 단순한 편견에서 비롯된 것이다. 따라서 포르스터는 인육을 먹는 것에 대한 혐오감과 같은 강력한 도덕적 감정조차도 단순한 관습의 산물이 될 수 있다는 것을 인정했다. 타이티의 아리오이족과 관련해서도 이와 비슷한 문제가 생겼는데, 아리오이족은 어쩔 수 없이 자식들을 죽여야만 하는 엘리트 전사들의 집단이었다. 포르스터는 인간 본성의 충동에 반하는 이 관습에 경악했다. 그러나 그는 그것에 대한 그럴듯한 설명을 발견했다. 즉 타이티 사람들은 자신들을 보호하기 위해 아리오이족이 필요했고, 그래서 그들에게 큰 특권을 주었다. 그러나 그들은 보통 사람들의 부담을 늘리지 않고서는 이 집단이 증식하는 것을 허락할 수 없었다.[38] 이리하여 다시 한 번, 포르스터는 행동을 결정하는 데 있어서 사회적 필요와 교육의 힘을 인정할 수밖에 없었다. 항해가 계속되면서, 고정된 인간 본성에 대한 포르스터의 믿음은 약해졌고 마침내 몇몇 비판적 결론에까지 도달했다. 마일리콜라 섬 원주민들이 나체로 다니는 것을 관찰한 후, 그는 겸손과 정절에 대해 이렇게 말했다. "우리는 교육으로 인해 일찍이 우리 마음속에 주입된 원칙들을 타고난 것으로 간주하기 쉽고, 도덕적 감정을 육체적 본능으로 오인하는 경우가 많다. 미개인에 대한 숙고를 통해, 우리는 [161]인간의 마음속에 오래 전부터 내재되어 있다고 여겨져 온 겸손과 정절이라는 것이 자연의 상태에서는 알려져 있지 않으며 또한 문명의 다양한 정도에

37. 같은 책, I, 297.
38. 같은 책, I, 415.

따라 변형되는 특정 지역의 관념임을 발견하게 된다.'[39] 자연법의 전통 전체를
논파하기 위해서는 포르스터는 이 결론을 일반화하기만 하면 되었다. 확실히
『세계 항해』에는 그가 완전한 상대주의로 나아가는 것처럼 보이는 계기들이
있다. 그리하여 1774년 5월 타이티를 떠날 때, 그는 "행복에 대한 생각은
각 나라의 관습과 원칙, 문명의 정도에 따라 저마다 무한히 다양하다"라고
썼다.[40]

그렇지만 『세계 항해』 도처에서 포르스터는 문명의 가치에 대한 믿음을
유지했다. 다른 문화에 대한 그의 모든 경험에도 불구하고 그리고 민족적
차이의 가치에 대한 믿음에도 불구하고, 그는 유럽문화의 우월성을 여전히
확신하고 있었다. 이러한 우월성은 유럽인들의 더 큰 도덕성에 있는 것이
아니라 — 포르스터는 줄기차게 그들의 부도덕함을 비난했다 — 지식을 얻고
그들의 삶을 향상시키기 위해 기술을 사용하는 능력에 있었다. 어떤 원주민
문화도 유럽인들의 자연에 대한 지식이나 농업, 항해, 제조 기술을 가지고
있지 않았다. 그들의 종교는 미신적이고, 예술은 원시적이며, 풍습은 야만적이
었다. 실제로 쿡의 항해의 주요 목적 중 하나는 유럽의 지식과 기술을 남태평양
에 전파시키는 것이었다. 그래서 쿡과 포르스터는 타이티와 뉴질랜드 원주민
들에게 유럽의 식물과 가축을 키우도록 시도했다. 그리고 그들은 그들의
설교와 교훈을 통해 원주민들이 성적 문란과 같은 '부도덕한 관습'을 없앨
수 있기를 바랐다.[41] 비록 『세계 항해』가 남태평양 낙원의 신화에 많은 추동력
을 주었지만,[42] 포르스터 자신은 원시주의자들에 대해 비판적이었다. 그는
타이티인의 삶의 순수함과 순박함에 감탄하면서도 그것의 낭만화를 거부했
다. 그는 타이티인들의 성적 풍습을 못마땅하게 여겼다. 또한 그들의 나태하고

· ·
39. 같은 책, I, 468-469.
40. 같은 책, I, 405.
41. 같은 책, I, 133.
42. 이와 관련하여 포르스터의 영향에 대해서는 Steiner, "Forsters Reise", in Forster, *Werke*,
    I, 1032-33 참조.

기생적이며 무책임한 통치자들을 비판했으며, 사제들이 자신의 이익을 위해 미신적인 제사를 영속시키고 있는 것을 비난했다.[43] 그는 타이티를 유토피아로 보기보다는 타이티의 통치와 사회구조를 중세 유럽의 그것과 비교했다. 포르스터는 한 선원이 타이티에서 두 번째로 체류한 후 탈출을 시도했을 때, "그는 끝없는 평온과 계속되는 단조로움에 곧 싫증이 났을 것이며, 그런 생활은 천성이 단순하고 제한된 사람들에게만 적합하다"고 말했다.[44] 문명의 가치에 대한 포르스터의 믿음이 [남아메리카 대륙 남쪽 끝에 있는 제도諸島인] 티에라 델 푸에고 사람들과의 만남에서보다 더 뚜렷하게 나타나는 곳은 없다. 그곳의 사람들은 당당한 미개인이라기보다는 동물에 가까웠다. 그들은 일말의 호기심도 없었고 우둔했으며, 거의 말을 하지 못했다. 그리고 혹독한 기후 속에 살았지만, 그들은 거의 옷을 걸치고 있지 않았다. 사람들이 자연상태에서는 비참함을 면할 수 없다는 것을 알기 위해서는 그들을 바라보기만 하면 될 터였다. 그들의 상태를 곰곰이 생각한 후에 포르스터는 이렇게 결론지었다.

> 문명화된 삶이 야만인의 삶보다 훨씬 뛰어난 것이라는 주장이 합리적으로 논박될 수 있다고 하더라도, [162]우리는 이 비참한 사람들에 대한 고찰을 통해 우리의 우월한 행복에 도움이 되도록 가장 두드러진 결론을 도출해낼 수 있을 것이다. 혹독한 기후로부터 끊임없는 고통 속에 있는 사람이 행복하다는 것이 증명될 수 있을 때까지, 나는 그 모든 변화 속에서 인간의 본성을 생각할 기회가 없었거나 그들이 본 것을 느끼지 못한 그런 철학자들의 변설을 믿지 않을 것이다.[45]

---

43. Forster, *AA* I, 215–216.
44. 같은 책, I, 405.
45. 같은 책, I, 618.

문명의 가치에 대한 포르스터의 믿음조차 항해 중에 문제시되었다. 그는 남태평양 사람들에게 유럽의 가치와 기술을 이입함으로써 초래되는 해로운 결과들을 보기 시작했다. 그들의 단순하고 순진한 생활방식은 사멸 위기에 처해 있었다. 포르스터는 쿡의 선원들이 뉴질랜드의 여성들을 몇 푼어치 안 되는 물건으로 유혹할 수 있는 것을 보고, 유럽인들이 원주민 문화와 접촉하는 것에 근원적으로 절망했다. "나는 지금까지 우리의 교류가 남태평양의 종족들에게 전적으로 불리하게 작용해온 사실을 우려한다. 그리고 우리와 항상 거리를 두고 있었던 그런 공동체들이 그나마 가장 피해를 덜 입었다는 사실, 더 나아가 그들의 질투심 많은 성향이 그나마 우리 선원들이 그들과 너무 친숙해지는 걸 그대로 내버려두지 않았다는 사실을 또한 우려한다."[46] 그는 탐험의 항해조차 가치가 있는지 의문을 제기했다. "소수 개인들이 얻는 지식이라는 것이 한 종족의 행복과 같은 대가를 치르고서야 얻어질 수 있다면, 남태평양은 유럽과 그 침착하지 못한 주민들에게 여전히 알려지지 않은 채로 남아 있는 편이 발견된 자와 발견자 모두에게 더 좋았을 것이다."[47]

　　이리하여 쿡의 항해는 포르스터에게 해결하기 어려운 철학적 유산을 남겼다. 그는 자연법과 보편적인 인간 가치에 대한 믿음을 어떻게 문화적 다양성에 대한 경험과 조화시킬 수 있었을까? 그는 원주민 문화들의 퇴폐에 직면하여 어떻게 문명의 가치에 대한 믿음을 유지할 수 있었을까? 과연 어떻게 그는 유럽의 지식과 기술을 다른 문화들에, 그것도 그들의 독특한 특성을 파괴하지 않으면서 처음으로 전래시킬 수 있었을까? 분명 이 어려운 물음들은 지극히 면밀한 고찰을 필요로 한다. 『세계 항해』의 가치는 그러한 물음들에 대답하는 것이 아니라 새로운 증거에 비추어 그런 물음들을 제기하는 데에 있었다. 우리는 포르스터가 어떻게 1780년대의 그의 좀 더 성숙한 글들에서 그 물음들을 해결하려 했는지 곧 알게 될 것이다.

• •
46. 같은 책, I, 133.
47. 같은 책, I, 217.

7.3. 정치사상과 인류학

포르스터는 정치적 목적을 가지고 『세계 항해』를 썼지만, 그의 정치적 신념은 아직 대부분 형성되지 않았다. 그는 계몽적이고 자애로운 통치를 증진시키고 외국 문화에 대한 좀 더 자선적인 정책을 장려하고 싶었다. 그러나 그는 계몽적 통치가 어떤 형태를 취해야 하는지에 대해 명확한 견해를 갖고 있지 않았다. 그는 조지 3세의 자애롭고 현명한 통치를 자주 칭찬했고, 영국 헌법을 현명한 통치의 모범으로 기꺼이 받아들이는 것 같았다.[48] 자신을 받아들인 나라에서 편안함을 느끼고 싶어 했던 외국인인 포르스터는 충직한 영국 국민이라는 것을 자랑스러워했다.

[163]영국으로 돌아온 후, 영국 정부에 대한 포르스터의 충성심은 혹독한 테스트를 받았다. 정부는 포르스터의 아버지에게 항해 보고서를 쓰는 것을 금지시켜 쿡의 보고서와 경쟁하지 않도록 했다. 이 결정은 돈이 절실히 필요한 아버지 포르스터에게는 파멸적인 것이었다. 젊은 포르스터는 직접 항해 보고서를 써서 그의 아버지와 가족을 구해야만 했다.[49] 평생 동안 그는 영국 정부가 악의적으로 행동해왔고 과학에 대한 아버지의 공헌을 인정하지 않았다고 믿었다. 젊은 포르스터의 충성심을 향한 노력이 더 이상 이루어지지 않게 된 요인은 미국의 독립혁명이었다. 처음에 포르스터는 미국의 반란에 대해 비판적이었고 또한 분쟁에 대해 무관심했지만,[50] 남태평양에서의 영국

48. 영국 헌법에 대한 포르스터의 초기 견해에 관해서는 1780년 1월 30일 J. K. P. 슈페너에게 보낸 그의 서한(*AA* XIII, 280) 참조.

49. 포르스터의 삶에서 이 슬프고 복잡한 에피소드에 관해서는 『세계 항해』에 대한 로버트 L. 칸Khan의 결론적인 언급(*AA* I, 677–687) 참조.

50. 1776년 10월 22일 J. K. P. 슈페너에게 보낸 포르스터의 서한(*Werke*, IV, 38) 및 1776년 12월 31일 F. A. 폴프라흐트Vollpracht에게 보낸 포르스터의 서한(*Werke*, IV, 45) 참조.

제국주의에 대한 그의 경험은 조지 3세가 미국 식민지 주민들을 고압적으로 대하는 것에 대해 그를 동조하지 않게 만들었다. 1777년 초에 그는 자신을 '자유의 벗'이라고 간주하며 미국인들의 편을 들었다.[51]

포르스터의 새로운 정치적 동조는 1777년 가을에 파리로 8주간의 다사다난한 여행을 하면서 더욱 강화되었다. 그곳에서 그는 당시 프랑스 주재 미국 대사였던 벤자민 프랭클린의 주선으로 [프리메이슨의 집회소인] 메소닉 지부 '9명의 뮤즈'에 안내되었다.[52] 시에이에스Sieyès, 브리소Brissot, 콩도르세Condorcet, 라랑드Lalande, 디드로Diderot를 회원으로 둔 것을 자랑하는 이 지부는 자유와 평등의 원리와 미국 혁명의 대의에 몰두했다. 그런 유명한 동료들로부터 포르스터는 프랑스혁명 10년 전에 1789년의 지도 원리를 배웠다. 프랑스혁명에 대한 그의 이후의 동조는 1777년 파리의 지부인 '9명의 뮤즈'에서 배운 원리들의 결과였다.[53]

포르스터는 1778년 10월부터 1779년 3월까지 5개월간 유럽 각지의 수도를 여행한 후 카셀의 콜레기움 카롤리눔에서 자연철학 교수 자리를 얻었다. 그는 이 도시에 정착하자마자 지역 프리메이슨 지부인 '왕관을 쓴 사자를 위하여'에 들어갔다. 포르스터가 자신의 자유주의적 이상에 대한 지지를 발견한 것은 이 지부의 분위기에서였다. '9명의 뮤즈'처럼 그의 새 지부는 자유와 평등의 원리에 헌신했다. 그러나 이 지부는 급진적인 정치적 변화가 아니라 군주에 대한 복종을 주장했다. 이 지부는 군주들도 이 지부의 동료이자 계몽적 통치자로서 그들 스스로 이러한 이상을 향해 일할 것이라고 가정했다. 1783년 1월 포르스터는 그의 지부에서 연설을 했는데, 이것은 1780년대 초 그의 정치사상의 가장 좋은 증거를 제공한다.[54] 그의 주제는

51. 1777년 2월 28일 F. A. 폴프라흐트에게 보낸 포르스터의 서한(*Werke*, IV, 48).
52. 포르스터가 프랭클린을 절찬했던 점에 대해서는 *Erinnerungen aus dem Jahr 1790*, in *Werke*, III, 450–452 참조.
53. 포르스터가 '9명의 뮤즈'에 입회한 것에 대해서는 Gerhard Steiner, *Freimaurer und Rosenkreuzer: Georg Forsters Weg durch Geheimbünde*(Berlin, 1985), pp. 11–20 참조.

프리메이슨과 국가의 관계였다. 포르스터는 이 지부의 목적은 구성원들을 도덕적 미덕과 그리스도교적 경건함으로 교육시켜 그들이 전반적으로 사회의 본보기가 될 수 있도록 하는 것이라고 선언했다. 그래서 지부는 사회적·도덕적 개혁의 선봉장이 될 수 있고, 또한 이를 통해 국가가 모든 시민들에게 인간성의 발전이라는 그 최종 목적을 실현하도록 도울 수 있다. 이 연설에서 포르스터의 자유주의가 이미 분명하게 보이고 있는 점이 주목할 만한데, 그는 여기서 국가가 소극적인 수단을 통해서만 그 목적을 달성할 수 있다고 주장했기 때문이다. [164]국가는 새로운 법을 제정하는 것이 아니라 모든 시민들에게 최대한의 자유를 줌으로써 미덕과 경건함을 뒷받침할 수 있다고 그는 주장했다.

1780년대 초 포르스터의 정치적 신념에 대한 또 다른 흥미로운 문서는 그가 카셀의 고대학회에서 행한 강연 「자연적 존재의 행복에 대하여」이다. 이 연설은 본질적으로 뷔퐁과 샤프츠베리의 우주론의 개요를 밝힌 것이다. 이 연설에서 포르스터는 또한 『세계 항해』에서 고려했던 문명의 가치라는 문제로 되돌아갔다. 그는 이제 루소의 추종자들의 뻔한 오류를 비난하면서 그들에 대해 훨씬 더 비판적이었다. 그들은 행복과 무감각함insensibility을 혼동한다고 그는 주장했다. 왜냐하면 그들은 우리가 문명으로부터 획득한 모든 필요와 욕구를 뿌리 뽑고 싶어 하기 때문이다.[55] 그들의 설명에 의하면 가장 행복한 생물은 가장 적은 필요와 욕구를 가진 굴(조개류)일 것이다! 포르스터는 또한 루소주의자들이 원주민 문화에 대한 실제 지식이 거의 없다고 주장했다. 그들은 미개인들에 대한 가장 기본적인 사실들조차 알지 못한다. 가령 미개인들이 이웃들과 끊임없이 전쟁을 하고 있고, 그들의 주거는 흔히 노후한 상태에 있으며, 가혹한 기상조건에 노출되어 있고, 가난으로

..
54. 이 연설 「프리메이슨과 국가의 관계에 대하여」는 슈타이너에 의해 *Freimauerer und Rosenkreuzer*(pp. 129–144)에 게재되었다.

55. Forster, *AA* VIII, 100.

고통 받는다는 사실들 말이다. 사람들은 자신의 삶을 비참하게 만드는 장애물을 극복하는 방법을 배우기 때문에, 시민사회는 응당 자연 상태보다 더 선호되기 마련이다. 통속적 루소주의에 대한 이처럼 다소 조야한 논박은 포르스터가 그의 주장에 중요한 수정을 가할 수밖에 없었을 때 흥미로운 전환점을 맞이했다.[56] 그는 사회에서 노동의 부담이 균등하게 분배되지 않기 때문에 시민사회가 자연 상태보다 항상 선호되는 것은 아님을 인정했다. 시민사회에는 소수의 사람들만이 재능을 계발할 수 있게끔 하고 일반 대중들은 단조롭고 고된 삶을 살도록 운명지우는 실로 커다란 부당함과 불평등이 있다. 만약 이것이 흔히 있는 일이라면 적어도 생계를 위해 일해야 하는 대다수의 사람들에게 우리는 어떻게 시민사회가 자연 상태보다 더 낫다고 주장할 수 있을까라고 포르스터는 묻는다.[57] 포르스터는 이러한 부당함과 불평등이 자연스럽거나 불가피한 것이 아니라 정치 조직의 산물이며 특히 '무절제하고 무책임한 통치'의 산물임을 냉정하게 간파했다. 따라서 그는 문명의 가치에 대한 전반적인 문제는 통치의 형태와 관행에 달려 있다는 것을 인식했다. 그렇다면 다음과 같은 의문이 남는다. 시민사회 안에서 어떻게 자유와 평등을 유지하는 통치형태를 확립할 수 있을까? 18세기의 한 소국가 Kleinstaat의 억압적인 분위기에 살고 있던 포르스터는 감히 구체적인 단계를 제안하지는 못하고 다만 섭리에만 호소할 수 있었다. 10년 후, 그는 혁명적인 행동을 촉구하게 된다.

1780년대 초, 포르스터는 정치철학의 고전적인 문제들에 직접 몰두하지 않았다. 그는 이 분야에 대한 전문지식이 부족했던 것을 정말로 유감으로 생각했다. 야코비가 한 정치 논문에 대한 그의 의견을 물었을 때, 포르스터는 이런 상황을 스위프트가 그의 요리사 앞에서 자신의 시를 읽는 것에 비유했다. 그럼에도 불구하고 1780년대는 [165]포르스터의 정치사상의 발전에 있어

• •
56. 같은 책, VIII, 104.
57. 같은 책, VIII, 106.

결정적으로 중요한 시기였다. 왜냐하면 그의 이후 모든 사회적·정치적 견해의 기초를 마련해준 철학적 인류학의 개요가 구상된 것이 이 10년 동안이었기 때문이다. 이 인류학은 1780년대의 여러 논문들, 특히 「자연 전체에 대한 조망」(1780), 「인종에 대한 또 다른 입장」(1786), 「쿡, 발견자」(1787), 「인류의 장래 역사에 대한 이정표」(1789), 「오, 타이티」(1780), 「피그미족에 대하여」(1785), 그리고 얼마 후의 「지역적 도야와 보편적 도야에 관하여」(1791)에 산재되어 있다.

포르스터의 인류학의 중심 전제는 그의 자연주의, 즉 모든 창조물은 자연법칙의 적용을 받는다는 그의 원칙이다. 먼지 입자의 이동이든 가장 대담한 사상의 창조든, 필연성에 의해 즉 원인과 결과의 법칙에 의해 엄격하게 결정되지 않는 것은 없다고 그는 주장했다.[58] 이에 따라 포르스터는 인간은 다른 어떤 창조물과 마찬가지로 자연법칙의 적용을 받는다고 주장했다. 그는 마음과 물질, 인간과 자연을 명확하게 구별하기를 거부했다. 자연에는 물리적 창조물에서 인간 이성 자체에 이르는 연속성의 법칙lex continui이 있다. 우리의 사고력의 발달은 우리의 신체와 생물학적 기능들의 형성에 달려 있다.[59] 이러한 자연주의적 견해는 또한 포르스터가 시민사회와 자연 상태 사이의 경직된 구별을 비판했다는 것을 의미한다.[60] 시민사회의 발전은 자의적인 협약과 계약의 결과가 아니라 자연 상태로부터의 필연적인 유기적 성장이다. 이러한 이유로 포르스터는 자연 상태의 단순함과 조화로의 복귀를 주장하는 루소주의자들을 조롱했다. 그들은 자연 상태로 돌아갈 수 없다는 것, 시민사회의 발전이 전적으로 필연적인 것임을 인식하지 못했다.

포르스터의 인류학은 자연주의적이지만, 그러나 그것을 변증법적 유물론의 전신인 것처럼 '유물론적'이라고 표현하는 것은 오해의 소지가 있을

· ·
58. Forster, *Werke*, II, 107.
59. 같은 책, II, 85.
60. 같은 책, II, 107-108.

것이다.[61] 포르스터는 모든 것이 자연법칙을 따른다고 주장함과 동시에, 이 법칙을 따르는 것이 물질만이라고 주장하지는 않았다. 그는 자연의 궁극적인 구성요소들에 대해 알 수 없다는 이유로 그것들에 대한 명확한 형이상학적인 견해를 밝히기를 거부했다. 예를 들어, 「자연 전체에 대한 조망」에서 그는 자연 내의 모든 것은 우리에게 알려지지 않은 어떤 생명력이나 힘의 영향이라고 말했다.[62] 그러고 나서 포르스터는 이 힘을 유물론적인 원리들로 설명하기는 어렵다고 덧붙였다. 한 생명체를 그 구성요소들로 분석하는 화학자는 생명의 기원을 설명할 수 없으며, 그는 다만 각 종류의 사물에 '어떤 내적 본질적 힘'을 부여할 수밖에 없다.[63] 포르스터는 확실히 정신과 육체의 근본적인 구분이 없다고 주장하긴 했지만, 그는 정신적인 것을 단순히 물질적인 것으로 환원시키지 않았고 양자를 그 본질적 성질이 아직 알려지지 않은 단일 생명력의 두 측면으로 여겼다. 형이상학적 문제에 대한 그의 불가지론은 특히 1786년 11월 5일에 리히텐베르크에게 보낸 편지에서 뚜렷하다. [166]"마음과 물질의 속성에 대해 그렇게 많은 논쟁을 할 수 있다는 것이, 내가 이런 문제들에 대해 순진하게 생각하기 시작한 이후로 줄곧 내게는 이상하게 여겨졌습니다. 왜냐하면 그것들은 둘 다 근본적으로는 하나의 것이되, 우리는 이 중 어느 쪽에 대해서도 잘 알지 못하기 때문입니다."[64] 전반적으로 포르스터를 프랑스와 영국 자유사상가들의 유물론적 전통 속에 두는 것은 옳지 않다. 그는 유물론적 전통이 종교를 경시하고 있다는 이유에서 이 전통에 대해 거의 공감하지 않았다.[65] 1780년대에 포르스터는 점차 신앙심이 약해지기는 했지만, 그는 결코 무신론자가 되지는 않았고 다만 경험의 영역을 넘어선 모든 것에 대해 불가지론을 주장했다. 이성은 감각의 범위를 넘어서는 판결을

• •
61. Steiner, "Forsters Reise", in Forster, *Werke*, I, 1,035–36.
62. Forster, *Werke*, II, 15.
63. 같은 책, II, 19.
64. 같은 책, IV, 435.
65. 1781년 2월 10일 야코비에게 보낸 포르스터의 서한(*Werke*, IV, 150–151) 참조.

할 권리가 없으며, 그리고 여기에서는 종교적 믿음이 완벽하게 적절하다는 것이다.[66]

인류학을 위한 과학적 기초를 제공하려는 시도에서 포르스터는 확고한 경험주의의 필요성을 강조했다. 인류학자는 모든 형이상학적 원리와 선험적인 분류 도식을 배척해야 하며 단순히 사실들을 수집하고 그것들로부터 결론을 이끌어내야 한다. 그러한 비타협적인 경험주의 때문에 포르스터는 곧 당대의 가장 위대한 철학자, 즉 칸트와 충돌하게 되었다.[67] 1785년 「인종 개념의 규정」과 「인간 역사의 억측적 시원」이라는 논문에서 칸트는 『인류의 역사철학에 대한 이념』에 나타난 인류학에 대한 헤르더의 경험주의적이고 자연주의적인 접근방식을 비판했다. 포르스터는 자신의 접근방식과 너무나 유사한 헤르더를 변호하고 싶다는 생각이 들었다.[68] 「인종에 대한 또 다른 입장」이라는 논문으로 포르스터는 칸트와의 논쟁의 대열에 들어섰다. 그들의 논쟁의 직접적인 주제는 18세기 인류학의 가장 시의적이고 골치 아픈 주제들 중 하나인 인종의 개념이었다. 그러나 그 논쟁은 또한 보다 근본적인 방법론적 문제들에도 관계되었다. 칸트는 세계 항해에 의해 밝혀진 인종에 관한 모든 새로운 사실들을 조사하기 전에, 인종 자체의 개념을 정의하는 것이 필요하다고 주장했다.[69] 우리는 우리가 설명하고자 하는 개념을 이미 정의한 경우에만 경험에서 무엇을 찾아야 하는지 알 수 있다고 그는 주장했다. 물론 이 주장은 칸트의 일반 원리들을 분명히 적용한 것인데, 즉 자연에 대한 탐구는 이 원리들에 따라 개념들에 의해 인도되어야 한다. 포르스터는 칸트의 논점을

66. 1791년 12월 10일 C. G. 하이네에게 보낸 포르스터의 서한(*Werke*, IV, 680-684) 참조.
67. 포르스터의 칸트와의 논쟁의 상세한 측면에 대해서는 M. Riedel, "Historizismus und Kritizismus: Kants Streit mit G. Forster und J. G. Herder", *Kant-Studien* 72(1981), 41-57 및 E. Lange, "Georg Forsters Kontroverse mit Immanuel Kant", *Deutsche Zeitschrift für Philosophie* 12(1964), 965-980 참조.
68. 이 무렵 포르스터와 헤르더의 관계에 대해서는 Haym, *Herder*, II, 455-456 참조.
69. Kant, "Bestimmung des Begriffs einer Menschenrasse", in *Schriften*, VIII, 91.

알 수 있었지만, 그는 칸트가 그러한 방법을 적용할 때의 위험성, 즉 경험을 선입견적인 틀 속에 억지로 밀어 넣는 것의 위험성 중 하나를 과소평가했다고 대답했다.[70] 만약 우리가 선험적 개념들을 가지고 경험을 수행한다면, 우리는 확실히 우리가 찾고 있는 것을 발견할 것이다. 하지만 그것은 단지 그 개념들의 관점에서 사실들을 읽었을 뿐이다. 칸트는 순전히 논리적 구분에 따라 자연을 틀지으려 했다는 점에서 모든 철학자들의 통상적인 악습을 면치 못했다고 포르스터는 썼다.[71] 칸트의 선험적 접근방식의 약점은 그의 인종 개념에서 너무나 확연했다. 칸트는 자연의 종種들은 고정되어 있거나 일정하며 종들 사이의 차이는 한 세대에서 다음 세대로 끊임없이 유전되는 어떤 미리 형성된 종자種子나 원래의 싹 때문이라고 주장했다.[72] 그의 관점에서는, 만약 자연의 종들이 고정되어 있지 않다면, 변화가 일어나는 데 아무런 한계가 없고 [167]모든 것이 혼돈 상태로 바뀔 것이다. 더욱이 그 경우 우리는 어떤 생명체가 어떤 부모로부터 내려왔는지 알 수 없기 때문에 그 어떤 자연적 종의 개념도 가질 수 없다. 그러나 포르스터는 고정된 종이나 인종에 대한 전체 개념이 매우 의심스럽다고 생각했다. 우리가 사실들을 면밀히 검토할수록 그리고 우리가 고려하는 사실들의 범위가 넓어질수록, 자연에는 고정된 특징들이 거의 없다는 것을 알 수 있다고 그는 주장했다. 정도나 뉘앙스의 차이만이 있을 뿐 종에 있어서의 차이는 없다. 우리는 또한 유전된 싹이나 종자로 인해 자연에서 항상성이 존재한다고 가정할 수 없다. 왜냐하면 오랜 시간을 거치면서, 심지어 유전된 특성조차도 그 환경에 반응하여 변화한다는 것을 우리는 알고 있기 때문이다. 만일 우리가 인종이라는 개념을 조금이라도 사용한다면, 우리는 그것이 자연에 대해 이야기할 수 있는 하나의 고안물이나 허구일 뿐임을 깨달으면서 잠정적으로 규정해야 한다고 포르스터는 말했다.

• •
70. Forster, *Werke*, III, 75–76.
71. 1786년 6월 8일 S. T. 죔머링에게 보낸 포르스터의 서한(*Werke*, IV, 413).
72. Kant, *Schriften*, VIII, 97.

인종이라는 개념이 적절하게 정의될 때, 그것은 단지 "인접하는 유類로부터 즉시 파생되지 않을 만큼 충분히 독특한 특성을 지니면서 공통의 발전을 보이는 사람들의 한 부류"를 의미할 뿐이다.[73] 이와 같이 포르스터와 칸트의 논쟁은 인종이라는 좁은 주제를 중심으로 전개되지만, 그것은 이성주의적 과학철학과 경험주의적 과학철학 사이의 보다 넓은 방법론적 차이를 분명히 보여준다.

포르스터의 인류학의 중심 과제는 문화나 민족의 발전 이면에 있는 근본적인 힘을 확인하는 것이다. 이미 그의 시대에 매우 격렬해져 있었던, '유전의 역할이냐 아니면 환경의 역할이냐'에 관한 유명한 논쟁에서 포르스터는 환경을 보다 중시하는 입장을 취했다. 『세계 항해』에서 그는 이 곤란한 문제를 다루기 시작했지만 명확한 결론을 내리지 못했다. 그는 같은 물질적인 상황에서 사는 사람들 사이에 커다란 차이를 발견했기 때문에 기후의 측면에서 모든 것을 설명하는 사람들에 대해 비판적이었다.[74] 그러나 포르스터는 그의 이후 글들에서 환경의 역할에 좀 더 강조점을 두었다. 그는 환경이 유일한 요인이라고 믿지는 않았지만, 그것이 지배적이고 결정적인 요인이라고 주장했다. 그는 결국 "사람이 어떻게 되는가는 어디에서나 지역 사정에 따라 달라지는 것이다"라고 결론지었다.[75] 혹은 좀 더 간단히, "니그로[흑인]는 그의 조국에서만 올바른 의미에서의 니그로이다"라고 말했다.[76] 근대 생물학과는 달리, 포르스터는 획득 형질들이 여러 세대에 걸쳐 유전될 수 있다는 라마르크 이론을 받아들였다. 유럽의 흑인들은 같은 형질을 가진 아이들을 낳지만, 이것은 기후의 영향으로 여러 세대가 지난 후에 더 이상 그렇지 않게 된다. 사람들이 궁극적으로 어떤 존재가 되는가는 그들이 스스로 적응해

· ·
73. Forster, *Werke*, III, 96.
74. Forster, *AA* I, 577. Cf. *AA* I, 467: "나는 기후의 일반적이고 강력한 영향을 확신할 수 없다."
75. Forster, *Werke*, III, 275.
76. 같은 책, II, 82.

야 하는 환경에 달려 있다. "자연의 모든 생물은 자연이 그것을 발생시키는 장소에 있어야만 하는 그 무엇이다."[77] 비록 포르스터는 인종 간에 분명한 차이가 있다는 것을 결코 부인하지 않았고, 심지어 그의 말년에는 인종들이 창세기 신화에서처럼 뚜렷한 기원을 가지고 있고 한 쌍의 짝에서 파생되지 않는다고 주장하기도 했지만, 그는 그들 사이의 유사성을 강조했다.[78] 모든 사람들은 거의 같은 능력을 가지고 태어난다. 그리하여 충분히 오랜 시간 동안 같은 환경에 놓이게 되면 그들은 결국 같은 정도로 그들의 능력을 발전시킬 것이다.

[168]물질적 환경의 다양한 요소들 중에서 포르스터는 생계수단에 가장 많은 강조점을 두었다. 『세계 항해』에서 그는 한 문화의 전체적인 삶의 방식이 그 자연 자원의 부족이나 풍부함에 달려 있다고 언급했다. 예를 들어, 타이티인들은 그들의 섬들이 그들에게 생존과 안락함에 필요한 모든 것을 제공했기 때문에 그처럼 단순하고 조화로운 삶을 살았다. 토양의 비옥함 그리고 동식물의 완전한 다양성은 일을 할 필요가 없게 만들었고 사회적 갈등의 모든 근원을 감소시켰다. 포르스터는 빵 나무에 대한 연구인 1784년의 논문 「빵 나무」에서 "지구의 생산물의 역사는 인간의 운명, 그의 감각, 사고, 행위 전반과 깊고 밀접하게 얽혀 있다"[79]는 점을 명쾌하고 간결한 말로 표현했다. 그렇다면 포르스터 또한 교역의 중요성을 강조하는 것은 놀랄 일이 아니다. 한 국민의 더 높은 모든 힘을 발전시키고 그 문화를 생존 수단에 대한 공동의 추구 이상으로 끌어올리는 것은 다름 아닌 무역이다.

> 자연과 기술의 다양한 생산물을 끊임없이 교환하는 이 현상은 의심할
> 여지없이 중요한데, 왜냐하면 정신의 발달은 그것과 밀접하게 연관되어

..
77. 같은 책, II, 82.
78. 같은 책, II, 85–86.
79. 같은 책, II, 57.

있기 때문이다. 교역은 우리의 과학과 정치의 현 상태의 주요 원동력이
다. 교역이 없었더라면, 우리는 아프리카 주위를 항해하거나 아메리카
를 발견하거나 다른 동물들보다 우리 스스로를 더 향상시키지 못했을
것이다. 만약 직접적인 환경이 제공하는 것 이상을 달성하려는 욕구가
인간 본성에서 배제되었다면, 우리는 우리만큼 사회생활을 영위하고
상호 보호를 위해 단결하는 원숭이들보다 더 멀리 나아가지 못했을
것이다.[80]

　　포르스터의 인류학은 중요한 정치적 함의를 가지고 있는데, 그는 이것을
그의 후기 정치적 저술 중 일부에서 전개시키는 것을 주저하지 않았다.
가장 중요한 결론은, 사람들이 무엇이 되느냐 하는 것은 사회 그리고 궁극적으
로 국가가 그들에게 제공하는 기회와 자원에 달려 있다는 고전적인 자유주의
교설이다. 그들이 인간으로서의 특유한 능력을 발전시키지 못한다면, 그것은
인종이나 혈통 때문이 아니라 국가가 그들이 필요로 하고 받아들일 만한
기회와 자원을 무능하게 관리하거나 부당하게 다루었기 때문이다. 포르스터
는 이 교설을 사용하여 자신이 특히 혐오하는 두 가지 정치적 이데올로기,
즉 제국주의와 유전적 불평등에 대한 믿음을 비판했다.[81] 제국주의자와 귀족은
사람들 사이에 자연적이고 선천적인 차이가 있다는 이유로 그들의 압제를
정당화한다. 그들의 말에 따르면, 흑인과 농노는 그들의 혈통이나 인종 때문에
단순한 노동 이외에는 아무것도 할 수 없다고 한다. 그러한 가정은 잘못된
것이라고 포르스터는 주장했는데, 왜냐하면 기회와 자원이 주어진다면 노예
와 농노들은 그들의 주인과 같은 능력을 발휘할 것이기 때문이다.

· ·
80. Forster, *Ansichten vom Niederrhein*, in *Werke*, II, 487–488.
81. 1792년의 논문 「프랑스인에 대한 마인츠인의 관계에 대하여」에서 포르스터는 노예무역상
　　의 신념과 귀족의 신념 간의 밀접한 유사성을 그리고 있다. 양쪽 모두 어떤 사람은 복종하기
　　위해 태어났고 다른 사람은 명령하기 위해 태어났다고 생각한다고 그는 적었다(*Werke*,
　　III, 590).

그의 후기 인류학 논문들에서 포르스터는 『세계 항해』에서 그를 사로잡은 문제들을 거듭 성찰했다. [169]환경의 역할을 더욱 강조하게 되고 타고난 것으로 보이는 것이 종종 [후천적으로] 획득된 것이라는 인식이 점점 커져가면서, 불가피하게 그는 보다 상대주의적인 방향으로 나아갔다. 예를 들어 1780년의 논문 「오, 타이티」에서 그는 모든 문화를 그 나름대로 검토할 필요가 있다고 주장했고 자기 민족 중심주의의 위험성에 대해 설명했다. 그는 이제 "미덕과 악덕은 상대적인 개념이며 다른 나라와 관계되어야만 한 나라의 특성에 적용될 수 있다"고 주장했다. "우리는 우리의 생각을 외국 사람들의 경우에 전가시키지 말며, 따라서 우리 자신의 불공정한 전제하에 그들을 판단하고 배척할 권리를 상정하지 않도록" 주의해야 한다고 그는 경고했다.[82] 10여 년 후인 1791년에 쓴 논문 「지역적 도야와 보편적 도야에 대하여」에서 포르스터는 이 주제로 돌아와서 다른 문화들에 명백히 보편적인 도덕 규준들을 적용하는 것의 위험성을 거듭 강조했다.[83] 도덕적 판단은 문화를 이해하려는 시도에서 아무런 가치가 없다고 그는 설명했다. 왜냐하면 그러한 판단은 각 문화의 특유한 상황을 제거해버리기 때문이다. 한 민족이 지금 어떠한가 하는 것은 그것의 환경 때문에 필연적으로 되어버렸기 때문에, 그 민족이 어떻게 되어야 하는가를 규정하는 것은 의미가 없다. 이에 따라 포르스터는 '보편적 획일성의 꿈'을 일축하고 문화적 다양성의 가치를 강조했다.

이러한 발언들로 포르스터는 자연법의 전통 전체를 폐기하기 직전에 처했던 것처럼 보인다. 그러나 이것은 그가 기꺼이 받아들이려 하지 않았던 조치였다. 점점 커져가는 상대주의와 그리고 추상적 도덕화에 대한 혐오감에도 불구하고 그는 자연법이나 보편적 인간의 가치에 대한 믿음을 저버릴 수 없었다. 그는 계속해서 문화들에는 하나의 위계가 있고 유럽인들이 그

82. Forster, *AA* V, 64–65.
83. Forster, *Werke*, III, 275–276.

정점에 있다고 주장했다. 「지역적 도야와 보편적 도야에 대하여」에서 그는 심지어 유럽인들이 바로 인류의 모델이라고 주장했다.[84] 다른 모든 문화들은 특정한 지역적 조건의 적용을 받지만, 유럽인들은 자연을 통제하는 방법에 대한 지식을 통해 그러한 조건을 능가할 수 있는 힘을 가지고 있다. 마침내 새로운 보편적 인간이 등장할 유럽에서는 민족적인 차이가 빠르게 사라지고 있다.

그렇다면 어떻게 포르스터는 원을 정사각형으로 만들었을까? 그는 보편적 도덕적 가치에 대한 믿음과 문화적 상대성에 대한 주장을 어떻게 조화시켰을까? 이 문제에 대한 그의 해결책은 헤르더의 것과 비슷했다. 즉 서로 다른 문화들은 각기 다른 방식으로 하나의 인간 본성을 실현한다는 것이다. 비록 인간의 완성 — 모든 인간의 힘을 하나의 전체로 발전시키는 것 — 에 대한 하나의 목표나 이상은 있지만, 서로 다른 문화들은 각기 다른 물질적 환경에 따라 다양하고 상호 비교할 수 없는 방법으로 그것을 달성한다.[85] 다시 말해서, 목표는 같지만 그것을 성취하는 방법은 다르다. 그러나 유럽 문화의 우월성에 대한 포르스터의 믿음은 이 해결책으로는 매우 불편한 상태로 남아 있었다. 모든 문화들이 각기 적절하고 상호 비교할 수 없는 방법으로 그들의 인간성을 실현한다면, 왜 유럽인들이 다른 모든 문화보다 더 인간성의 모범이 되어야 하는가? 왜 그들이 바로 그 보편적 인간일까? 유럽인들이 지닌 과학과 기술은 결정적인 것이어서 다른 어떤 문화도 가지고 있지 않은 힘을 그들에게 주고 있다고 포르스터는 대답할 것이다. [170]다른 모든 문화들은 그들로서는 통제하기 어려운 환경에 적응하도록 강요받지만, 유럽인들은 그들의 환경이 그들에게 순응하도록 만드는 힘을 가지고 있다. 이러한 이유로 포르스터는 다른 문화들이 유럽인들에게서 배울 것이 많다고

· ·
84. 같은 책, III, 278.
85. Forster, "Ein Blick in das Ganze der Natur", in *Werke*, II, 22–23 및 "Ueber die Beziehung der Staatskunst auf das Glück der Menschheit", in *Werke*, III, 713 참조.

확신하고 있었고, 그는 문명을 다른 나라로 가져다주려는 그의 사명적인 목표를 결코 의심하지 않았다. 그럼에도 불구하고 그는 이 목표가 문화적 다양성과 완벽하게 조화를 이룬다고 주장했다.[86] 유럽의 기술과 과학을 수입하는 것은 원주민 문화를 훼손하는 것이 아니라 강화시킬 것이다. 유럽의 농업, 축산, 제조의 방법을 배우면 다른 민족의 생활방식이 더욱 자율적이고 번창하며 유럽과의 교역에 덜 의존하게 될 수 있다. 예를 들어, 뉴질랜드 사람들이 철제 도구 만드는 방법을 배운다면, 그들은 더 이상 그들의 딸들을 유럽산 손도끼나 못과 물물교환하고 싶어 하지 않을 것이다. 우리는 포르스터가 원주민 문화를 문명화하려는 동기를 의심할 이유가 없다. 그는 진정으로 유럽과의 교역을 촉진하는 것보다 원주민들의 생활방식을 보호하는 것에 더 관심을 기울였다. 그러나 그는 여전히 지나치게 낙관주의자라고 우리는 주장할 수도 있다. 왜냐하면 원시 문화의 정체성이 과연 새로운 기예, 기술, 기능의 도입에 견딜 수 있을지 의문이기 때문이다. 유럽의 과학은 토착민의 종교를 쉽게 파괴할 수 있고, 유럽의 기술은 오래된 삶의 방식이 의존하는 환경을 바꿔버릴 수 있다. 포르스터는 원주민 문화의 삶의 방식이 그 환경에 적응하는 데 달려 있다는 자신의 논점을 실제로 잊고 있었다. 그렇다면 결국 유럽의 문화적 우월성에 대한 포르스터의 지속적인 신념은 문화적 다양성의 중요성에 대한 그의 인식과 조화를 이루지 못할 것이다.

7.4. 혁명적 입장의 형성

프랑스혁명에 대한 포르스터의 공감은 바스티유 습격의 첫 소식을 접한 때부터 분명했다. 1789년 7월 30일, 그는 그의 장인 C. G. 하이네[Heyne]에게 다음과 같이 편지를 썼다.

• •
86. Forster, "Ueber lokale und allgemeine Bildung", in *Werke*, III, 278–279 참조.

프랑스혁명에 대해 어떻게 생각하시는지요? 영국이 그것을 인정했다는 것은 많은 신뢰를 보여주지만, 거기에 정치는 거의 보이지 않습니다. 2천만 시민을 가진 공화국은 영국으로 하여금 많은 백성을 둔 폭군보다 더 많은 것을 고려하게 할 것입니다. 그러나 머릿속에서 성숙된 철학이 국가에서 어떤 성과를 거두었는지를 보는 것은 훌륭한 일입니다. 유혈 사태와 파괴가 거의 없이 이루어진 그런 큰 변화는 유례가 없는 것이지요. 사람들에게 그들의 이익과 권리에 대해 깨우치도록 하는 것은 가장 확실한 방법입니다. 다른 모든 것은 거기서부터 뒤따르는 것입니다.[87]

8월 초 국민의회의 활동 소식을 듣고 나서 포르스터의 공감은 열광으로 바뀌었다. 1789년 8월 4일과 5일 봉건제 폐지에 고무된 그는 1789년 8월 15일 하이네에게 이렇게 편지를 썼다. "8월 5일 프랑스 국민의회의 회의는 참으로 대단한 것이었습니다! [171]저는 그것이 세계에서 유례가 없는 일이라고 믿습니다. 물론 저는 더 이상 인간의 일에 완벽함을 믿지 않습니다만, 그러나 완벽함의 정도와 단계에 더함과 덜함의 차이는 있겠지요. 그리고 더 나은 것만 성취했다면, 인간다움에 요구될 수 있는 모든 것이 이루어진 셈입니다. 우리는 이상을 생각하고 그것을 목표로 삼습니다. 그러나 우리는 우리가 할 수 있는 한 더 나아가며 이상이 없는 때보다 더 멀리 도달합니다."[88]

프랑스혁명에 대한 포르스터의 공감은, 독일에서 점점 더 커져가는 반발에도 불구하고 그리고 프랑스에서 폭동이 점점 더 격렬해지고 있음에도 불구하고 그 다음 몇 년 동안 더 높아질 뿐이었다. 1790년 7월 프랑스를 통과하는 짧은 여행 중에 그는 프랑스혁명 기념 축제의 준비 모습을 보았는데, 이를 통해 혁명의 기초가 견고해졌고 반혁명이 일어날 위험이 거의 없다는

• •
87. Forster, *Werke*, IV, 569-570.
88. 같은 책, IV, 571.

것을 확신했다.[89] 국민들은 프랑스혁명의 대의를 마음으로부터 지지하고 있었고 혁명을 위해 가장 큰 희생조차 치를 준비가 되어 있었다고 그는 믿었다. 비록 그는 혁명의 이름으로 저질러진 커다란 과오와 잔학행위들이 있었다는 것을 인정했지만, 이런 행위들은 수 세기 동안 정치적 탄압을 받으며 살아온 당연한 결과라고 주장했다.[90] 그토록 오랫동안 폭정의 희생자가 되어왔던 점을 감안할 때, 프랑스 사람들이 그렇게 온건함과 선량함을 유지하고 있다는 사실이 참으로 그를 놀라게 했다. 그의 견해로 볼 때, 프랑스혁명의 위대한 가치는 그것이 프랑스 국민들에게 그들의 도덕적 존엄성에 대한 감각, 그들의 권리에 대한 의식을 주었다는 점이다. 설령 혁명이 물질적 행복이라는 측면에서 그들에게 큰 희생을 요구한다고 해도, 이러한 손실은 자유를 얻는 것에 비하면 작은 것이었다.

포르스터는 프랑스혁명에 동조했지만 급진주의자는 아니었다. 실제로 초기에 그는 온건주의자이자 계몽의 전통에 서 있는 개혁론자였다. 1789년, 1790년, 1791년 초에 그가 쓴 편지들을 보면, 그는 훔볼트, 야코비, 빌란트와 같은 입헌 군주론자들의 무리에 속해 있었음이 명백하다. 따라서 그는 귀족제의 폐지에 대해 의구심을 품었다.[91] 그는 국민의회가 권력의 한계를 넘어서는 것에 대해 비판적이었다.[92] 그리고 군주제의 옹호자인 미라보를 지지했다.[93] 그는 모든 온건파와 마찬가지로 정치적 변화에 앞서 도덕 교육이 필요하다고 주장했으며, 독일은 새로운 헌법을 제정할 준비가 되어 있지 않다고 강조했다.[94] 무엇보다도 놀라운 것은 1791년 1월 말에 그는 버크의 스타일에 대해서는

..
89. 1790년 7월 13일 C. G. 하이네에게 보낸 포르스터의 서한(*Werke*, IV, 609–610) 및 1790년 여름 돔에게 보낸 포르스터의 서한(*Werke*, IV, 616).
90. 1791년 7월 12일 C. G. 하이네에게 보낸 포르스터의 서한(*Werke*, IV, 573).
91. 1789년 8월 28일 C. G. 하이네에게 보낸 포르스터의 서한(*Werke*, IV, 573).
92. 1789년 12월 8일 C. G. 하이네에게 보낸 포르스터의 서한(*Werke*, IV, 589).
93. 1789년 10월 17일 야코비에게 보낸 포르스터의 서한(*Werke*, IV, 578). 1789년 12월 8일 C. G. 하이네에게 보낸 포르스터의 서한(*Werke*, IV, 589) 참조.

찬성할 수 없었지만 그의 주장에 동의한다고 썼다는 사실이다.[95]

1790년 여름 네덜란드, 벨기에, 라인란트를 여행한 것을 묘사한 그의 『니더라인 견문록』보다 포르스터의 초기 개혁주의가 더 뚜렷이 드러난 곳은 없다. 포르스터가 이 저작에서 표명하는 정치적 견해는 확신을 가진 온건주의자, 위로부터의 점진적 개혁을 믿는 사람의 견해이다. 사실 갑작스러운 변화에 대한 그의 경고와 정치에 대한 그의 실용주의적인 접근은 그를 버크처럼 보이게 한다. 예를 들어 포르스터는 최근 아헨의 사회 불안에 대해 언급하면서, "우리 시대가 다른 어떤 시대보다도 결여하고 있는 미덕"인 정치상의 온건함의 가치를 강조했다.[96] [172]아헨과 같은 도시가 필요로 하는 것은 통치자와 시민들 사이를 중재할 제3의 기관이라고 그는 주장했다. 행정부와 국민 사이에 시민 위원회가 있어야 하는데, 이는 국민을 억압으로부터 보호하고 혁명을 막아줄 것이다.[97] 포르스터는 아헨의 구식 헌법의 근본적인 개혁의 필요성을 인정했지만, 프랑스혁명에 대한 이후의 모든 비평가들처럼 일반 계획의 강압적이고 갑작스러운 시행에 대해 경고했다.[98] 추상적인 견지에서 가장 잘 만들어진 계획은 구체적인 상황의 복잡성과 세부사항을 고려하는 것이 어렵기 때문에 구체적인 단계에서 재앙으로 판명될 수 있다고 그는 주장했다. 이 때문에 새로운 제도를 만드는 것보다 결함이 있는 제도를 고치는 것이 더 나은 일인데, 새로운 제도의 조급한 실행은 해결은커녕 더 많은 문제를 야기할 뿐이다. 만약 사람들이 "정의를 행하되 세상을 멸망시키자Fiat iustitia, et pereat mundus!"라고 외친다면, 그들은 매우 엄청난 타락의 길로 빠졌을 게 틀림없다고 그는 생각했다. 왜냐하면 그런 비타협적이고 무절제한 태도는 곧 우리를 자연 상태로 되돌릴 것이기 때문이다.[99]

• •
94. 1791년 4월 5일 돔에게 보낸 포르스터의 서한(*Werke*, IV, 589).
95. 1791년 1월 1일 C. G. 하이네에게 보낸 포르스터의 서한(*Werke*, IV, 642).
96. Forster, *Werke*, II, 475.
97. 같은 책, II, 481.
98. 같은 책, II, 475.

포르스터의 여행은 그를 브뤼셀도 거쳐 가도록 했는데, 그곳에서 그는 요제프 2세의 개혁에 대한 반란의 여파를 목격했다. 요제프 2세의 재앙에 가까운 정책에 대한 그의 비판적인 평가는 다시금 그의 온건한 입장을 드러낸다. 비록 그는 후진적인 벨기에에 계몽적 개혁을 도입하려는 요제프 2세의 의도를 인정했지만, 그의 방법이 완전히 잘못되었다고 믿었다. 요제프는 너무 성급하게 일을 추진했고, 부드러운 설득과 교육에 의지했어야 할 곳에 강제력을 가했다.[100] 좋은 것을 아는 것과 그 좋은 것을 적용하는 것은 별개의 일이라고 포르스터는 강조했다. 이성의 원리들이 실제에 있어서는 보편적이고 절대적인 타당성을 갖는 경우가 거의 없음에도 불구하고, 이성은 우리의 원리들에게 그러한 보편적이고 절대적인 타당성을 부여한다. 우리의 개혁이 성공하려면 우리는 그것을 점진적으로 적용하고 지역 환경에 적합하게 해야 한다.[101] 요제프의 개혁이 실패한 것은 그가 지극히 다양한 상황에 인위적인 획일성을 부여하려고 시도했고 최고의 입법과 행정은 한 장소의 특수한 성격을 고려한다는 점을 인식하지 못했기 때문이다. 『니더라인 견문록』 전체에 걸쳐서, 포르스터가 나중에 그가 취하게 될 입장인 대중 민주주의의 옹호자가 아니었다는 것은 놀라운 일이다. 자신의 입장을 구체적으로 설명하지는 않았지만, 그는 민주주의와 전제주의 사이의 중간의 길, 즉 '프랑스 민주주의'와 옛 신분회의체의 '소수 독재적 횡포'를 모두 피하는 '우월한 형태의 대의제 또는 국민 대표제'를 주창했다.[102]

포르스터의 정치적 견해는 독일에서 점점 커지는 보수적 반동에 대응하여 더욱 급진적이 되었다. 그는 보수주의자들을 매우 비판했는데, 그들은 구체제를 뻔뻔스럽게 옹호하는 사람들에 지나지 않는다고 그는 믿었다.[103]

••

99. 같은 책, II, 476.

100. 같은 책, II, 542, 573–574, 578.

101. 같은 책, II, 542, 574.

102. 같은 책, II, 606.

103. 예를 들어, 1790년 5월 28일 C. G. 하이네에게 보낸 포르스터의 서한(*Werke*, IV, 605)에

그들은 어떤 이유로도 국민의 권리와 이익을 염두에 두지 않았다. 1790년부터 1792년까지의 그의 편지에서 우리는 그가 고조되고 있는 보수적 문헌의 편견에 대해 날카로운 항의의 목소리를 내고 있는 것을 발견한다.[104] 그는 특히 보수적인 저술가들이 폭도들이 저지른 몇 안 되는 잔학행위를 과장하여 프랑스혁명을 불신하게 하려는 시도를 못마땅하게 여겼다. 그의 표현에 따르면, 국왕이 재미삼아 그의 성에서 신하들을 쏠 때, 아무도 [173]항의를 제기하지 않는다. 하지만 국가 근위병의 머리가 창끝에 꿰여 옮겨질 때, 이것은 반혁명적인 이유로 보여진다. 포르스터는 프랑스혁명의 이름으로 잔학행위들이 자행되었다는 것을 부인하지는 않았지만, 그 행위들이 어떻게 해서 구체제의 정당성에 대한 근거를 제공할 수 있는지 물었다. 그를 가장 분개하게 한 것은 프랑스혁명을 그저 지나가는 구경거리, '하나의 자유희극 eine Freiheitskomödie'이라고 치부하는 사람들의 깔보는 듯한 태도였다. 그는 이 희극이 너무나 잘 상연될 경우 프랑스 전역의 농민들이 그 고생의 절반을 덜어내고 이전보다 훨씬 더 잘 먹고 입을 수 있다고 반박했다.

보수적인 문헌에 대한 포르스터의 점점 더 적대적인 태도는 버크에 대한 그의 태도 변화에서 특히 두드러진다. 그는 1791년 1월 버크에 대한 동의를 표명했지만, 불과 6개월 뒤에는 토머스 페인의 『인간의 권리』를 칭찬했다.[105] 보수적인 문헌을 공격하면서 포르스터는 프랑스혁명에 대한 더 많은 정보를 얻고 균형 잡힌 평가가 필요하다고 주장했다. 필연적으로 이것은 불균형을 바로잡는 것을 의미했는데, 즉 그때까지는 우파의 입장에서

• •
  있는 에른스트 브란데스의 『혁명에 대한 고찰』에 관한 포르스터의 판단, 그리고 1791년 7월 12일 C. G. 하이네에게 보낸 포르스터의 서한(*Werke*, IV, 665-666)에 있는 크리스토프 기르타너의 『혁명에 대한 고찰』에 대한 포르스터의 비판을 참조.

104. 특히 1791년 7월 12일 C. G. 하이네에게 보낸 포르스터의 서한(*Werke*, IV, 663-667), 1791년 7월 25일 C. G. 하이네에게 보낸 포르스터의 서한(*Werke*, IV, 667-668) 참조.
105. 1791년 6월 4일 C. F. 포스에게 보낸 포르스터의 서한(*Werke*, IV, 661), 1792년 2월 21일 C. G. 하이네에게 보낸 포르스터의 서한(*Werke*, IV, 695) 참조.

많은 점들이 언급되었다면 이제는 좌파를 대신하여 말하는 게 되었다.

보수적 주장에 대한 포르스터의 적개심은 프랑스에 개입하려는 독일 제후들과 망명 귀족들의 계획을 알았을 때 더욱 커졌다.[106] 그는 반프랑스 캠페인은 급진파의 손에 놀아나게 될 뿐만 아니라 헌법을 바꿀 준비가 되어 있지 않은 독일에도 프랑스혁명을 확산시킬 것이라고 경고했다. 포르스터는 여전히 독일 군주들, 특히 프로이센의 새로운 황제 레오폴트 2세와 프리드리히 빌헬름 2세를 신뢰하고 있었지만, 그들은 반동적인 귀족들과 내각 장관들에 의해 분별이 없어졌다고 믿었다. 그는 군주들을 설득하여 이 불길한 정책을 단념시킬 수 있도록 그들에게 직접 말해보겠다는 환상을 가지기도 했다. 무엇보다도 포르스터를 급진 진영으로 밀어 넣은 것은 독일 군주들의 군사정책이었는데, 왜냐하면 이 정책은 독일에서 점진적이고 평화적인 개혁에 대한 그의 모든 희망을 깨뜨렸기 때문이다. 『니더라인 견문록』에서 스케치된 온건한 입장은 이제 실행 불가능했다. 이제는 혁명의 대의와 반동의 대의 중 하나를 선택할 필요가 있었다.

포르스터는 비록 급진적인 방향으로 움직이고 있었지만, 자코뱅의 편을 드는 것에는 주저하고 있었다. 그는 자신이 독일 정부를 전복하려는 급진주의자라는 괴팅겐 보수주의자들의 암시에 거세게 항의했다. 1792년 2월 21일 하이네에게 보낸 편지에서 그는 자신이 어느 당파의 **과격분자**에도 속하지 않는다고 주장했다.[107] 그는 프랑스의 사건들에 대한 객관적인 태도를 주장했고 독일의 **당파정신**Parteigeist 확산에 대해 경고했다. 그는 독일 정부를 전복시킬 계획을 세우기보다는 독일 정부의 보전을 진심으로 바랐다. 그는 독일 국민이 근본적인 정치적 변화를 위한 충분한 계몽의 단계에 이르지 못했다고 주장했다. 5월 26일 하이네에게 보낸 편지에서 포르스터는 자코뱅에 동조하기

• •

106. 1791년 7월 9일, 7월 25일, 8월 9일, 1792년 1월 21일 C. G. 하이네에게 보낸 포르스터의 서한(*Werke*, IV, 663, 667, 670-671, 688-689) 참조. 또한 1792년 11월 21일, 12월 21일 포스에게 보낸 포르스터의 서한(*Werke*, IV, 792-795, 808-810) 참조.
107. Forster, *Werke*, IV, 694.

는커녕 [174]그들에게 뚜렷한 냉정함을 보여주었다.[108] 그는 오스트리아와 프로이센의 개입을 비판했는데, 그 이유는 이러한 개입이 입헌 정치를 거의 존중하지 않는 자코뱅의 손에 놀아날 것이기 때문이었다.

그러나 중립을 지키려는 이러한 시도는 오래가지 못했다. 불과 열흘 후, 포르스터는 6월 5일 하이네에게 보낸 편지에서 자코뱅의 대의에 대한 그의 공감을 솔직하게 말했다.[109] 프랑스의 어느 당파도 실수가 없는 것은 아닌데 왜냐하면 그들은 모두 도덕적 망설임의 여지를 거의 남기지 않는 생존 투쟁에 휘말리기 때문이라고 그는 썼다. 이런 상황에서 한쪽을 다른 쪽보다 더 비난하는 것은 이미 편을 드는 것이다. 그런 다음 포르스터는 결정적인 몇 마디 말로, "만일 그것이 사실이고 그렇지 않을 수 없다면, 나는 최종적으로는 자코뱅에 반대하기보다는 지지하는 쪽이라는 것을 기꺼이 고백합니다. 아무리 자코뱅에 반대하는 기세가 거세게 몰아치는 것이 우려된다고 하더라도 말입니다"라고 밝혔다. 그는 자코뱅이 때로는 극단으로 흐를 때가 있다는 것을 인정하면서도 그들이 무력을 사용하는 것이 옳다고도 주장했는데, 왜냐하면 그래야만 적에게 진압당하지 않을 것이기 때문이다. 프랑스혁명의 회생에 대한 유일한 희망은 이제 자코뱅에게 있다. 그들이 없다면 반혁명이 일어날 것이고 모든 것이 1789년 이전 상태로 돌아갈 것이다. 그러고 나서 포르스터는 다음과 같은 극적인 말로 편지를 끝맺었다. "주사위는 던져졌습니다Jacta est alea! 우리는 이제 원칙에 대해 말하는 것을 그만둘 것입니다. 가장 강한 자의 권리에 대한 호소는 이미 이루어졌습니다. 우리는 이제 그것이 누구일지 보게 될 것입니다."[110] 이리하여 포르스터의 편지는 그가 반혁명의 임박한 위험과 싸우기 위해 자코뱅이 되었다는 것을 분명히 하고 있다. 그는 모든 구세력들— 오스트리아인, 프로이센인, 망명 귀족,

· ·
108. 같은 책, IV, 717.
109. 같은 책, IV, 718–721.
110. 같은 책, IV, 721.

왕실 내각 그리고 국왕 — 이 구체제를 되찾기 위해 음모를 꾸미고 있다고 확신했다. 그런 상황에서 자유라는 대의명분을 지킬 수 있는 유일한 당파는 자코뱅밖에 없었다.

물론 자코뱅에게 동조하는 것과 자코뱅 편에서 활동하는 것은 별개의 일이었다. 만약 프랑스혁명이 그를 그 소용돌이 속으로 삼켜버리지 않았다면, 포르스터는 아마 자코뱅 동조자로 남아 있었을 것이다. 1792년 10월 21일, 쿠스틴 장군의 지휘를 받은 프랑스 북부군이 마인츠를 점령했는데, 이곳에서 포르스터는 이미 지난 4년 동안 한 대학의 도서관 사서로 근무하고 있었다. 이제 마인츠가 투쟁의 한복판에 휘말렸기 때문에 포르스터는 구경꾼으로 남는 것이 어렵다는 것을 알았다. 그는 점령 초기 친구들에게 보낸 편지에서 자코뱅의 대의를 위해 일하기로 한 자신의 결정을 설명하려 했다.[111] 그는 대부분의 동시대 사람들이 예상했던 대로 마인츠의 구 정부에 충성을 다할 수 없었다. 왜냐하면 그것은 구체제의 온갖 부패와 억압의 완벽한 표본이었기 때문이다. 어쨌든 이 정부는 프랑스군이 진군하고 있다는 첫 번째 소문이 돌자 도시를 빠져나갔고 마인츠 시민들을 그들 자력으로 꾸려나가도록 방치했던 것을 볼 때, 정당성에 대한 권리를 거의 갖지 못했다. 그가 품은 원칙이 그로 하여금 구 정부를 섬기는 것을 금하도록 했지만, 그는 또한 여러 가지 사정으로 새로운 일에 전념할 수밖에 없었다. 포르스터는 마인츠를 떠날 수 없다고 주장했는데, 왜냐하면 만약 떠날 경우 전쟁의 한가운데에서 자신과 그의 가족이 [175]매우 불확실한 운명에 노출될 것이기 때문이었다. 그러나 그대로 남아 있으려면, 그는 뭔가를 하지 않으면 안 되었다. 그는 마인츠 사람들에 대해 책임을 느꼈는데, 특히 그들이 쿠스틴 장군과 협상하기 위해서는 그의 유창한 프랑스어에 의지해야 했기 때문이다. 그 당시 문제는, 군사 점령과 같은 어렵고 힘든 상황에서 어떻게 마인츠의 최선의 이익을 위해

<hr />

111. 포르스터는 1792년 10월 27일 포스에게 보낸 서한과 1792년 11월 10일 C. G. 하이네에게 보낸 서한에서 자신의 결정을 설명했다(*Werke*, IV, 772–776, 779–782).

일할 수 있는가 하는 것이었다. 쿠스틴의 점령이 마인츠를 가장 어려운 곤경에 빠뜨렸다는 것은 의심할 여지가 없다. 만약 마인츠가 구 정부에 대한 충성을 선언한다면, 프랑스 정복자들 앞에서 스스로 명예를 더럽히게 될 것이고, 그러면 정복자들은 곤란한 조건을 부과할 것임에 틀림없다. 그러나 만약 마인츠가 프랑스의 대의에 충성을 맹세한다면, [프로이센] 제국 내에서는 매우 취약한 위치에 놓이게 되는데, 특히 제국에 대한 불충 때문에 쉽게 재정복 당하고 응징을 받게 될 것이다. 그런 상황에서 포르스터는 마인츠를 위한 최선의 방책은 쿠스틴의 보호 제의를 받아들여 프랑스 공화국에 편입시키는 것이라고 주장했다.[112] 대불 동맹군이 도시를 재탈환한다면, 마인츠인들은 구체제에 대한 충성을 선언했을 때보다 더 온건한 정부를 위해 재협상할 수 있는 더 강력한 입장에 놓이게 될 것이다.[113] 따라서 포르스터는 자코뱅을 위해 일하기로 한 자신의 결정을 마인츠의 이익을 위한 최선의 수단이라고 설명했다. 그는 물론 프랑스인들을 위해 일하는 것이 많은 동시대 사람들의 비난을 불러일으킬 것이라는 점을 깨달았다. 그리고 만약 프로이센인들이 그 도시를 탈환한다면 자신은 프랑스로 피신해야 할 것이라는 점 또한 알고 있었다.[114] 그러나 이러한 결과들은 마인츠 사람들에 대한 자신의 의무를 감안할 때 그가 기꺼이 받아들이고자 하는 결과였다.

자코뱅의 대의에 봉사하기로 결정한 후, 포르스터는 곧 마인츠 공화국의 주요 인물 중 하나가 되었다. 1792년 11월 5일, 그는 마인츠에 새로 결성된 자코뱅 클럽 '자유와 평등 연합'에 가입하였고, 연말에 그 회장이 되었다. 11월 9일, 그는 빙겐에서 마인츠에 이르는 지역의 임시 행정부, 즉 혁명

· ·

112. 「프랑스인에 대한 마인츠인의 관계에 대하여」에서의 포르스터의 상황 평가를 참조(*Werke*, IV, 587–608).

113. 1792년 11월 10일 C. F. 포스에게 보낸 포르스터의 서한(*Werke*, IV, 786) 참조. 그러나 「프랑스인에 대한 마인츠인의 관계에 대하여」에서 포르스터는 온건한 계획을 거부하는 데 있어서는 훨씬 더 비타협적이었다.

114. 같은 책, IV, 786.

정부의 부주석에 임명되었다. 이 행정부의 과제는 주민들을 프랑스혁명의 이상으로 전향시키고 선거를 위한 기구를 설치하는 것이었다. 포르스터는 특히 선동과 선전 활동에 적극적이었으며, 잦은 연설을 하고 많은 논설을 썼다. 1793년 1월 그는 새로운 혁명 신문인 『신 마인츠신문 또는 인민의 벗』의 편집자가 되었다. 그의 정치 경력은 1793년 3월 파리에서 열린 국민공회에서 새로운 라인the Rhine 영토를 대표하는 의회인 라인 국민공회 부의장이 되면서 최고조에 달했다. 이러한 자격으로 포르스터는 란다우에서 빙겐에 이르는 지역에 대해 국민을 유일한 주권자로 하는 자유롭고 독립적인 국가로 선포하는 법령을 담당했다.[115]

자코뱅의 대의에 대한 포르스터의 헌신이 그의 정치적 신념을 급진화한 것은 당연한 일이었다. 그는 이제 자신이 『니더라인 견문록』에서 취했던 보다 온건한 입장을 거부했다. 계몽적 개혁가는 이제 혁명적 운동가가 되었다. [176]1792년 11월 15일, 자코뱅 클럽에서 행한 연설인 「프랑스인에 대한 마인츠인의 관계에 대하여」에서 포르스터는 그의 동료 시민들에게 명확하고 극적인 선택을 제시했다. 즉 프랑스의 자유와 평등인가 아니면 구질서의 억압과 특권인가. 포르스터는 민주주의와 전제주의 사이의 온건한 통치형태에 대한 그의 이전 생각을 버렸다. 그래서 그는 그의 동료 시민들에게 선출적 군주제, 토지 재산권, 영국 노선에 따른 이원제 입법부 등을 구상하고 있는 푀양당원의 계획을 조심하라고 촉구했다.[116] 그의 견해로는 이것은 '새로운 이름으로 된 낡은 전제주의'였다. 그것은 국민 주권의 어떤 요소도 제공하지 않았고, 자유와 평등의 원칙과도 양립할 수 없었다. 이제 프랑스와 반프랑스 동맹이 서로 생사를 건 투쟁에 매여 있으므로, 군주들은 결코 그런 계획에 따르지 않을 것이며 그들의 옛 특권을 회복하기 위해 모든 힘을 다 할 것이다.

· ·

115. "Dekret des zu Mainz versammelten Rheinisch-deutschen Nationalkonvents vom 18 März, 1793", in *Mainz zwischen Rot und Schwarz: Die Mainzer Revolution 1792-1793 in Schriften, Reden, und Briefen*, ed. Claus Träger(Berlin, 1963), pp. 448-449.

116. Forster, *Werke*, III, 601-603.

포르스터는 이제 『니더라인 견문록』의 입장에서 너무 멀리 떨어져 있었기 때문에 정치에서의 온건함의 **위험**을 강조했다. 즉 온건함은 어떤 당파도 만족시키지 못한다. 그리고 그것은 기본 원칙들을 위반하고 기본적인 문제들을 해결하지 못한다.[117] 그의 입장은 이제 너무 급진적이 되어 당시 독일 권력자들과의 어떤 협상에도 반대했다. 신성로마제국의 정신은 '봉건적 예속의 악령'이었고, 이 유령을 내쫓을 수 있는 유일한 수단은 '단검을 손에 쥐고 있는 것'뿐이었다.[118]

포르스터의 새로운 급진주의는 그의 일반적인 정치적 입장에 대해 심각한 의문을 제기한다. 왜냐하면 그는 이 무렵 친구들에게 쓴 편지에서 독일의 점진적 개혁의 필요성을 계속 주장했기 때문이다. 포르스터는 독자들의 시각으로 보자면, 급진파와 온건파의 두 얼굴을 지닌 인물이었던 듯 보인다. 그는 자코뱅 클럽 앞에서는 급진파였다면, 좀 더 보수적인 친구들 앞에서는 여전히 온건파였다. 예를 들어, 1792년 12월 21일 베를린 계몽주의자 C. F. 포스Voss에게 보낸 편지에서 그는 이렇게 썼다.

독일은 아직 혁명을 위한 조건이 무르익지 않았고, 그리고 모든 전쟁 중에서 가장 비참한 이 전쟁을 계속 지속하도록 완강하게 주장함으로써 섣불리 혁명을 일으키는 것은 끔찍하고 잔인한 일이라고 나는 굳게 믿고 있습니다. … 우리의 투박하고 가난하며 교육받지 못한 사람들은 분노만 할 수 있을 뿐 헌법을 만들 수 없습니다. … 위로부터의 개선이 독일에서 평화롭고 온화하게 준비되고 실행될 수 있습니다. 프랑스가 겪은 그 어떤 폐해에도 시달리지 않고서 사람들은 프랑스의 사례로부터 아주 쉽고 행복하게 배울 수 있을 겁니다.[119]

· ·
117. 같은 책, III, 601.
118. 같은 책, III, 602.
119. 같은 책, IV, 809. 1792년 11월 21일 포스에게 보낸 포르스터의 서한, 1793년 6월 26일

일단 이 진술을 문맥 속에 놓고 볼 경우, 우리는 이 진술의 진실성에 의문을 제기할 필요는 없다. 위로부터의 개혁은 사회적·정치적 변화에 대한 포르스터의 이상으로 그대로 남아 있었지만, 그렇게 많은 군주들이 부패하고 사리사욕적인 귀족 조언자들의 영향을 받고 있는 1790년대의 반동적 분위기에서 그런 개혁은 점점 현실성이 떨어진다고 그는 믿었다. 이런 상황에서 혁명은 사회 변화의 유일한 수단이었고, 위로부터의 비타협적인 태도 앞에서 하나의 차선책이었다.

[177]마인츠에서 포르스터의 정치 경력은 4개월밖에 지속되지 않았다. 1792년 3월 25일, 포르스터는 라인 국민공회의 다른 두 대의원과 함께 파리행 여정에 올랐다. 그들의 임무는 마인츠를 프랑스 공화국에 편입시키기 위해 국민공회에 청원하는 것이었다. 3월 30일, 포르스터는 공회에서 자신의 요구 사항을 제시하는 연설을 했다. 그의 연설은 호평을 받았고, 그의 제안은 만장일치로 통과되었다. 포르스터는 이제 자신이 마인츠 공화국의 안전을 확보했다고 믿었다. 그러나 헛된 희망이었다! 그가 연설을 한 바로 그 날, 프로이센 군대가 마인츠를 재정복했다. 포르스터는 이제 100더커츠 현상금이 걸린 채 프랑스로 망명하는 신세가 되었다.

마인츠를 방어하려는 시도를 거의 하지 않은 프랑스인들에 의해 배신당하고 프랑스로 망명을 가게 되었지만, 포르스터는 프랑스혁명에 전념했다. 파리에서의 첫 몇 주 동안 그는 프랑스혁명의 대의를 계속 인정했다. 마인츠에서의 그의 경험과 파리에서 일어난 사건들을 관찰한 결과, 그는 프랑스혁명의 높은 이상에 따라 행동하는 사람은 거의 없다는 것을 알게 되었다. 그러나 그는 여전히 그 이상들이 타당하고 가장 큰 희생을 치를 가치가 있다고 믿었다. 그는 1793년 3월 31일 그의 아내에게 "설령 프랑스혁명이 대부분의 사람들이 생각하는 것과 다른 것일지라도 나는 여전히 혁명에 만족하고

••
테레제 포르스터에게 보낸 포르스터의 서한(*Werke*, IV, 794, 876) 참조.

있습니다'라고 썼다.[120] 며칠 후 그는 그녀에게 어떤 결과가 나오든 자신의 헌신을 확고히 지킬 필요성에 대해 이렇게 썼다. "누구든 간에 어느 한 편을 들고 있다면, 그는 모든 위험을 무릅쓴 셈이지요. 이기든 지든 정정당당하게 행동해야 합니다! 자신의 행동이 아니라 그저 말로써만 원칙을 위해 목숨을 바칠 수야 있겠습니까?"[121] 우리는 프랑스혁명을 지지해야 하는데, 왜냐하면 혁명이 좌절된다면 그것은 구체제의 억압과 부정으로 되돌아가는 것을 의미하기 때문이라고 그는 설명했다.[122] 포르스터는 또한 자코뱅에 대한 충성심을 재확인했다. 비록 그들이 결점을 가지고 있었지만, 그들은 적들보다 덜 부패하고 더 단호하고 강력했다.[123]

그러나 시간이 지남에 따라 포르스터는 프랑스혁명에 대해 점점 더 비판적이 되었다. 자코뱅파와 지롱드파의 갈등이 커지고 1793년 4월 공안위원회가 결성되는 것을 목격한 후, 그는 환멸을 느끼게 되었다. 동시대의 역사를 써야 한다는 아내의 제안에 대해 그는 이렇게 대꾸했다. "나보고 이 끔찍한 시대의 역사를 쓰라고요? 그런 일은 할 수 없다오. 프랑스혁명에 아무런 가치도 없다는 것을 알고 나니 나는 속이 메스꺼워졌소. 모든 이상주의적인 꿈을 제쳐둔다면야, 불완전한 인간들과 함께 나의 목표를 추구할 수도 있겠지요. … 그러나 여기에 있는 것이라곤 모두 악마들이고 그것도 냉혹한 악마들뿐이니, 그들과 함께 한다는 것은 인류에 대한 죄악이지요."[124] 포르스터는 이제 모든 당파 정치를 피하는 가운데, 커져가는 폭풍으로부터 거리를 두었다. 그는 4월 말경에 "박해와 비난, 그리고 단두대의 사용을 하지 않으면 여기서는 정말 아무것도 아닌 사람입니다"[125]라고 썼다. 이제 파리에서는 모든 외국인들

• •
120. Forster, *Werke*, IV, 839–840.
121. 1793년 4월 5일 테레제 포르스터에게 보낸 포르스터의 서한(*Werke*, IV, 842).
122. 1793년 4월 8일 테레제 포르스터에게 보낸 포르스터의 서한(*Werke*, IV, 843).
123. 1793년 4월 13일 테레제 포르스터에게 보낸 포르스터의 서한(*Werke*, IV, 846).
124. 1793년 4월 16일 테레제 포르스터에게 보낸 포르스터의 서한(*Werke*, IV, 847).
125. 1793년 4월 27일 테레제 포르스터에게 보낸 포르스터의 서한(*Werke*, IV, 851).

이 의심스러운 인물로 취급되고 있었고 포르스터의 절친한 친구 아담 룩스는 [장폴] 마라^{Marat}의 암살자인 샤를로트 코르데에 대한 찬사를 쓴 것만으로 단두대에서 처형되었기 때문에, 단순한 생존을 위해서도 저자세를 유지하고 있지 않으면 안 되었다. 포르스터의 환멸은 1793년 여름이 끝날 무렵 그가 정치에 관여하게 된 것을 후회하는 정도였다.[126] [178]그는 이제 국민이 절대적 자유를 누리는 민주주의를 만드는 것은 불가능하다는 냉철한 결론에 이르렀고, 점점 더 자유로운 헌법의 전제조건은 미덕이라고 주장했다.[127]

그러나 프랑스혁명에 대한 포르스터의 환멸은 혁명에 대한 그의 지속적인 믿음을 결코 흔들지 않았다. 그는 결단코 혁명의 지도 원리를 의심하지 않았고, 그 지도 원리에 대한 헌신을 결코 포기하지 않았다. 1793년 11월 말 공포정치가 시작될 때 그는 아내에게 이렇게 썼다. "이 시대의 위대함은 당신이 주목한 것처럼 엄청난 것이지요. 하지만 이런 이유 때문에라도 가장 큰 희생을 감수해야 합니다. 결국 나는 나의 인간성이 그것[혁명]으로 구원된다면 그것이 요구하는 모든 것을 희생할 수 있다고 믿습니다."[128] 자코뱅파의 승리, 방데 반란의 진압, 그리고 대프랑스 동맹에 대한 승리는 프랑스혁명에 대한 그의 신뢰를 높일 뿐이었다. 사람들의 동기에 대한 환멸에도 불구하고 그는 계속해서 프랑스혁명을 도덕적 재생의 원천으로 보았다. 상퀼로트^{sansculotte, 과격 공화당원}의 도덕은 그에게 영감을 주었다. 그는 아내에게 이렇게 설명했다. "국민의 정신으로 상퀼로트주의[과격 공화주의]가 승리하리라는 걸 모르겠소? 돈, 재산, 소유에 대한 경멸은 더 이상 질투나 위선이 아닙니다. 부자들 스스로가 지금 이 정신에 감염되어 있어요. … 나는 응당 상퀼로트처럼 먹고 입고 살아야 하며, 남은 것은 무엇이든 쓸모없는 것입니다. … 이 사상의 혁명 속에 바로 공화국의 힘이 있습니다."[129] 프랑스혁명에 대한 포르스터의

· ·
126. 1793년 8월 21일 테레제 포르스터에게 보낸 포르스터의 서한(*Werke*, IV, 886).
127. 같은 책, IV, 886–887.
128. Forster, *Werke*, IV, 934.

믿음을 지속시킨 것은 프랑스의 일반 백성들이 영원히 그 뒤에 있다는 그의 확신이었다. 1793년에 파리에 온 사람이라면 누구나, 백성들이 자유를 위해 싸울 준비가 되어 있고 옛 군주국으로 돌아갈 의사가 없음을 알게 될 것이라고 그는 「파리 소묘」에 썼다.[130] 자유 아니면 죽음을 달라Liberté ou la mort는 1789년과 마찬가지로 1793년에도 진실이었다. 포르스터가 보았던 것처럼, 백성들의 의지는 프랑스혁명의 바로 그 심장과 영혼이었다. 그것은 프랑스혁명에 모든 힘과 안정과 정의를 부여했고, 그것은 모든 적들을 이겨낼 것을 보장했다.

다행이든 불행이든 간에 포르스터는 자코뱅의 패배를 보지 않은 채 사망했다. 1793년 12월에 그는 폐렴으로 병이 났다. 그의 병은 우울증, 고립, 환멸, 가족과의 이별 등으로 악화되었다. 그러나 임종 시에도 신념의 전환은 없었다. "프랑스혁명은 하나의 폭풍이라오, 누가 막을 수 있겠소?"라고 그는 죽기 며칠 전에 아내에게 편지를 썼다.[131] 그는 침대에서 숨을 거두었는데, 그의 앞에는 그가 그토록 보고 싶어 하던 나라인 인도의 지도가 펼쳐져 있었다.

7.5. 성숙한 정치이론

포르스터의 후기 정치철학은 대체로 프랑스혁명의 소산이었지만, 혁명의 대의에 헌신하기 전에 그는 정치적 주제에 관한 글을 쓰기 시작했다. 1780년대 말 그는 뵐너 정권의 반동정책에 맞서 사상의 자유를 옹호하는 두 편의 논쟁적인 글을 썼는데, 그것은 바로 [179]1789년 5월 『신문학과 민족학』지에 실린 「실러의 '신들의 그리스'에 대해 한 독일 작가에게 보내는 편지

• •
129. 같은 책, IV, 934-935.
130. 같은 책, III, 734, 739-740. 포르스터는 「파리 소묘」를 1793년 말에 썼다.
131. 같은 책, IV, 959.

단편」[이하 「편지 단편」]과 1789년 12월에 『베를린 월보』에 발표된 「개종 활동에 관하여」이다.[132] 이 논문들은 그의 후기 자유주의적 국가관의 기본 원칙을 진술하고 또한 기본 주장을 개괄하고 있기 때문에 중요하다.

포르스터의 「편지 단편」은 1788년에 『독일 메르쿠어』지에 실린 실러의 시 「신들의 그리스」의 출판을 옹호하는 것이었다. 이교도 종교에 대한 실러의 찬미는 많은 정통 그리스도교인들에게 충격을 주었는데, 그들 중 보수적인 저작가 프리드리히 레오폴트 그라프도 있었다. 『독일 박물관』에 실린 한 논문에서 그라프는 실러가 신성 모독과 시의 목적의 왜곡을 범하고 있다고 비난했다.[133] 그런 태도는 포르스터를 분개시켰는데, 포르스터는 그것을 뵐너의 프로이센에 만연해 있는 종교적 편협함의 또 하나의 개탄스러운 실례로 보았다. 그래서 그는 그라프의 편협한 시각의 위험성을 폭로하기로 결심했다. 설사 실러의 시의 정서가 이단적이라 하더라도 그것을 출판하는 것은 여전히 허용되어야 한다고 포르스터는 주장했다.[134] 모든 사람은 자신의 의견을 공개적으로 표명할 권리가 있어야 하는데, 왜냐하면 모든 사람은 스스로 생각할 권리가 있고 어느 누구도 진실을 홀로 전유한다고 주장할 수 없기 때문이다. 우리가 진정으로 진실을 알고자 한다면, 그것을 배우는 최선의 방법은 모든 사람이 자신의 견해를 표현할 수 있도록 하는 것인데, 진실은 논의와 논쟁을 거쳐야만 나타날 수 있기 때문이다. 포르스터는 검열제도에 대한 소신이 가부장주의적 국가관에 연원하고 있음을 추적했다. 검열을 정당화하려는 사람들은 국가의 목적에 대해 잘못된 생각을 갖고 있다고 그는 말했다.[135] 그들은 국가가 시민들의 신앙심, 행복, 도덕성을 증진시킬 수 있다고 가정한다. 그러나 포르스터는 그러한 가정은 완전히 터무니없는

• •
132. 같은 책, III, 31–48, 91–120 참조.
133. Friedrich Leopold Graf, "Gedanken über Herrn Schillers Gedicht: Die Götter Griechenlands", *Deutsches Museum* 2(August 1788), 97–105.
134. Forster, *Werke*, III, 33.
135. 같은 책, III, 34.

것이라고 주장했다. 왜냐하면 법은 사람들의 내적 신념을 통제할 수 있는 힘이나 또는 그들을 행복하게 하거나 도덕적으로 만들 수 있는 힘이 없기 때문이다. 이것은 모든 참된 신앙심, 미덕, 행복이 개인의 자발성과 선택에서 비롯되어야 한다는 단순한 이유 때문이다. 이런 주장으로부터 포르스터는 국가의 목적과 한계에 대한 일반적 결론을 내리는 것을 주저하지 않았다. 즉 국가의 목적은 시민들의 이익을 증진시키기 위한 것이 아니라 그들이 서로에게 해를 끼치지 않도록 하는 것이어야 한다.[136]

　　포르스터가 「개종 활동에 관하여」를 쓰게 된 계기가 된 것은 『베를린 월보』의 편집자 J. E. 비스터와의 다툼이었다. 비스터는 그의 고향인 프로이센에서 예수회 음모의 명백한 위험을 폭로하려고 시도하면서 자신의 잡지에 한 가톨릭 사제의 편지를 실었는데, 그 편지는 한 과부가 그녀의 아들을 로마 가톨릭 교회에서 키우도록 격려하는 내용이었다. 포르스터는 자신의 신앙에 따라 행동하고 있을 뿐인 순박한 시골 사제를 웃음거리로 만들려는 비스터의 시도에 격분했다. 이것은 그에게 『베를린 월보』가 옹호하고자 했던 바로 그 가치, 즉 양심의 자유와 종교적 관용에 대한 심한 배신인 것처럼 보였다. 더 나쁜 것은, 프로테스탄트 지역에서 가톨릭 신자를 박해함으로써 비스터는 가톨릭 지역에서 프로테스탄트 신자들에게 관용을 베풀기를 원하는 가톨릭 신자들의 노력을 좌절시켰다는 점이었다. [180]가톨릭 지역인 마인츠에 살면서 일하는 프로테스탄트로서 포르스터는 이를 개탄하는 개인적인 이유가 있었다. 따라서 그는 자신의 원칙을 어떻게 위반했는지를 알아야 하는 비스터를 바로잡는 것이 자기의 의무라고 느꼈다. 프로테스탄트 신자는 가톨릭 신자가 개종을 삼가도록 요구할 권리가 없다고 그는 주장했는데, 왜냐하면 모든 사람은 자신의 의견의 진실을 다른 사람들에게 납득시킬 권리가 있어야 하기 때문이다.[137] 누군가를 개종시키려는 시도가 무력을

136. 같은 책, III, 34–35.
137. 같은 책, III, 97–98.

가하지 않고 설득에 국한되어 있는 한, 그것은 사상의 자유라는 일반적인 권리와 일치한다. 포르스터는 사상의 자유의 근거를 도덕적 자율성의 원리에 두었는데, 이 원리에 따라 우리 모두는 우리 자신의 이성에 의해 우리의 삶을 지배할 권리를 가지고 있는 것이다. 우리는 스스로 보고 느낄 수 있는 힘을 포기할 수 없듯이 우리 스스로 생각할 권리를 멀리할 수 없다고 그는 주장했다.[138] 그래서 설령 군주가 그 나라에서 가장 현명하고 가장 훌륭한 사람이라고 할지라도, 그의 지혜와 선함은 그에게 다른 사람들을 지배할 권리를 주지 않는다. 우리가 다른 사람의 의견에 동의하지 않더라도 다른 사람의 의견에 관대해야 한다는 것은 이 양도할 수 없는 권리의 귀결이라고 포르스터는 주장했다.[139] 모든 형태의 검열은 다른 사람들에 대해 판단할 권리를 가진 어떤 형태의 권위가 있다고 가정한다.

포르스터의 초기 논문들은 그의 자유주의가 개인의 도덕적 자율성에 대한 믿음에 바탕을 두고 있음을 보여준다. 그는 이러한 믿음을 양심의 자유를 정당화하기 위해서뿐만 아니라 국가를 소극적인 역할로 제한하기 위해서 사용하였다. 그러나 이 믿음이 그의 자유주의를 지탱했다면, 그것은 또한 그의 자유주의를 훼손시킬 우려가 있음을 보여주었다. 왜냐하면 포르스터는 때때로 그것을 무정부주의로 이끌 정도의 극단적인 방식으로 정식화했기 때문이다. 그는 예를 들어 「개종 활동에 관하여」에서 이성적인 사람은 어떤 권위도 인정할 수 없다고 주장했는데, 왜냐하면 그러한 인정을 할 경우 그는 자신의 이성을 멀리하는 것이 될 터이기 때문이다. 권위에 대한 어떠한 주장도 심각한 딜레마를 벗어날 수 없다. 권위는 인정을 요구하지만, 인정은 동등한 합리성을 가진 사람들 사이에서만 가능하다. 즉, 권위는 동등한 자들 사이에서만 인정될 수 있으므로, 이때의 권위는 사실 전혀 권위가 아닌 셈이 된다.[140] 포르스터는 권위가 정의에 의거하는 것이 아니라 권력에

138. 같은 책, III, 102.
139. 같은 책, III, 113-114.

의거한다는 급진적인 결론을 내렸다. 그렇다면 이것은 어떤 합법적인 권위가 어떻게 있을 수 있는가라는 난문을 남긴 셈이다.

포르스터는 그의 새로운 주요 정치적 저작인 『니더라인 견문록』에서 이 문제로 눈을 돌렸다. 포르스터가 그의 국가이론의 기초를 마련한 것은 이 저작의 11장이었다. 그는 자신의 초기 논문들에서 제기된 물음, 즉 권위는 어떻게 개인의 자율성과 조화될 수 있는가라는 물음을 고려하면서 논의를 시작했다. 그는 이전의 급진주의를 버리고 이제 합법적인 권력이나 권위와 같은 것이 있을 수 있다는 것을 인정했다. 유일한 문제는 권위의 조건들을 규정하는 것이다. 권위가 가능하려면 그것은 권력만으로 이루어질 수는 없고 이성에 의해 인정되어야 한다고 그는 주장했다.[141] 그러나 어려운 점은 이성만으로는 권위를 정당화하기에 결코 충분하지 않다는 것이다. 왜냐하면 보편적으로 타당한 이성이라는 것이 모든 사람에게 인정되지 않기 때문이다. 한 사람에게 이성적으로 보이는 것은 다른 사람에게 비이성적으로 보인다. 그렇다면, [181]둘 다 이성이 자기편이라고 주장할 때 상충하는 당사자들 사이에서 우리는 어떻게 결정을 내려야 하는가? 이성적인 것에 대한 보편적인 합의가 없는 세상에서 권위는 어떻게 가능한가? 우리는 지금 포르스터가 말하는 '정치의 이율배반'에 사로잡혀 있다. 모든 합법적인 권력은 동의를 요구한다. 그러나 사람들이 어떤 정책에 대해서도 결코 동의하지 않는다는 것을 고려하면, 동의에 의한 통치란 불가능하다. 이 이율배반의 유일한 해결책은 하나의 가설에 의지하는 것이라고 포르스터는 주장했다. 이 가설이란 한 사람의 판단을 모두의 판단으로 간주하도록 하는 것이다. 그래야 공동의 결정이 내려질 수 있기 때문에 오직 이 방법에 의해서만 통치가 가능할 것이다.[142]

· ·
140. 같은 책, III, 103.
141. 같은 책, II, 507-508.
142. 같은 책, II, 513-514.

그러나 이 해결책은 포르스터가 그토록 지키려 했던 바로 그 자율성을 포기하는 것처럼 보인다. 그것은 마치 군주의 일시적인 생각이 대중의 목소리 역할을 할 수 있는 것처럼 보이는 것이다. 그러나 포르스터는 어떤 하나의 판단이 모두의 그 판단으로 간주할 수 있다고 생각하지 않았음을 확인하는 것이 중요하다. 그는 합법적인 권력의 행사를 위한 엄밀한 조건을 규정하기 위해 주의를 기울였다. 그는 국가의 정통성은 도덕률에 대한 준거 여부에 달려 있다고 강조했다.[143] 도덕법칙은 우리 모두가 모든 능력의 발전을 통해 도덕적 완성을 성취할 것을 요구한다. 국가의 목적은 그때 도덕적 완성을 실현할 수 있는 조건을 제공하는 것이다. 도덕적 완성의 발전을 위한 주요 조건은 자유이기 때문에, 정통성을 갖는 국가라 함은 모든 사람의 최대의 자유, 즉 다른 사람의 동등한 권리와 양립하면서 자신이 원하는 것은 무엇이든 할 수 있는 권리를 제공하는 국가이다.

이리하여 『니더라인 견문록』에서 포르스터는 그의 초기 논문들의 무정부주의적 함의를 피하려고 시도했다. 그는 사회계약의 고전적 장치에 의존하는 가운데 모든 이성적인 사람은 시민사회로 진출하면서 어떤 공통의 권위를 인정하기로 결정한다고 주장했다.[144] 우리가 이러한 선택을 하는 까닭은 국가가 생명과 재산의 안전뿐만이 아니라 도덕적 완성의 실현을 위한 조건을 제공하기 때문이다. 국가에 소속된다는 것은 우리가 우리의 자율성을 어느 정도 상실해야 한다는 것을, 그리고 한 사람이 모두를 대변하도록 허용해야 한다는 것을 의미한다. 그러나 우리는 또한 통치권자가 도덕법칙에 따라 행동할 경우 잃는 것보다 더 많은 자율성을 얻는데, 이는 자기실현에 필요한 최대한의 자유를 모든 사람에게 보장하기 때문이다.

1792년 가을 자코뱅의 대의에 대한 그의 헌신이 있은 후, 포르스터의 정치적 저술들은 전적으로 프랑스혁명을 중심으로 전개되며 본질적으로

· ·
143. 같은 책, II, 505–506, 512.
144. 같은 책, II, 505–506.

그것을 정당화하려는 시도이다. 이 저술들 중 가장 중요한 것은 「지역적 도야와 보편적 도야에 관하여」(1791), 「프랑스인에 대한 마인츠인의 관계에 대하여」(1792), 「인류의 행복에 대한 정치의 관계에 관하여」(1794), 그리고 사후에 출판된 「파리 소묘」(1794)이다.

포르스터는 어떻게 프랑스혁명에 대한 그의 헌신을 정당화하려고 했는 가? 그는 어떤 철학적 또는 도덕적 원칙으로 그것을 변호했는가? 포르스터의 성숙한 정치철학의 기초는 인간성에 대한 이상, 즉 그가 주로 헤르더의 영향을 받아 발전시킨 인간의 완성에 대한 신념이다.[145] [182]헤르더와 마찬가 지로 포르스터도 프랑스 철학자들의 쾌락주의와 칸트나 피히테의 도덕적 엄격주의 사이의 중간 경로인 윤리적 입장을 채택했다. 그의 도덕적 판단 기준은 완성이나 자기실현의 윤리에서 비롯되었다. 인간성의 목적은 쾌락의 추구가 아니고 더구나 도덕적 의무의 수행도 아니며, 우리의 독자적 능력을 실현하는 것이다. 모든 사람 안에는 어떤 내재된 능력이 있는데, 그것은 우리에게 자연적으로 갖추어지고 태어날 때 부여되지만 그러나 사회에서만 충분히 실현된다. 모든 사회의 목표는 이러한 능력을 가능한 한 최대로 실현하고 발전시키는 것이어야 한다. 따라서 인간성은 포르스터에게 모든 사회들을 판단하는 시금석을 제공한다. 각각의 사회는 우리의 인간성을 증진시키는 정도에 따라 좋은 헌법 또는 나쁜 헌법을 가지고 있다. 프랑스혁명

---

145. 포르스터는 인간성에 대한 자신의 개념을 "Ueber lokale und allgemeine Bildung", in *Werke*, III, 273–286; "Ueber den gelehrten Zunftzwang"(1791), in *Werke*, III, 369–374; "Fragment eines Briefes an einen deutschen Schriftsteller über Schillers 'Götter Griechen-lands'," in *Werke*, III, 33–47에서 전개했다. 헤르더의 영향은 1784년 12월 7일 야코비에게 보낸 포르스터의 서한(*Werke*, IV, 322), 1784년 7월 25일 테레제 하이네에게 보낸 포르스터의 서한(*Werke*, IV, 175)으로부터 명백하다. 그러나 포르스터가 헤르더의 제자가 아니었음을 강조하는 것은 중요하다. 헤르더는 포르스터가 이미 스스로 정식화한 관념들을 체계화하고 일반화하도록 도왔을 뿐이다. 실제로 포르스터는 헤르더에게 다소 비판적이었다. 예를 들어 1781년 7월 21일 야코비에게 보낸 서한에서 그는 "헤르더는 나에게 꼭 필요한 사람은 아닙니다"라고 썼다(*Werke*, IV, 157).

에 대한 포르스터의 헌신은 적지 않게 이러한 이상에 바탕을 두고 있었다. 그가 프랑스혁명의 대의를 믿은 것은 그 혁명이 내건 자유와 평등이 인간성 발전의 최고의 보증이었기 때문이다. 프랑스혁명은 사람들을 더 행복하게 하지 않을지 모르지만, 그것은 그들을 더 나은 인간으로 만들 것이다. 1793년 8월 1일 포르스터는 그의 아내에게 이렇게 설명했다.

> 나는 여전히 공화주의적 헌법이 지지받고 유지되어야 마땅하다는 의견을 가지고 있는데, 그것은 다른 어떤 헌법보다 더 많은 행복을 가져다주기 때문이 아니라 그것이 우리의 정신력에 새로운 전환과 발전과 방향을 주기 때문이지요. 경험과 행동은 인간성의 위대한 학교입니다. 누군가가 더 많은 것을 수행하고 경험할수록, 그는 자신의 능력과 지식을 사용하는 데 있어 더 완벽해집니다. … 내가 보기에 현재의 군주제적 헌법에서는 국민 대다수의 일반 교육의 기회가 거의 사라진 것 같습니다. … 그러나 공화국에서는 광범위한 분야가 모두에게 개방되어 있습니다.[146]

인간성의 목표는 무엇인가? 완성이나 탁월함은 무엇으로 이루어져 있는가? 이 질문에 대한 포르스터의 대답은 실러, 헤르더, 괴테의 바이마르 전통에 있다. 인간성의 목표는 모든 능력의 통일 또는 종합이어야 한다. 좀 더 구체적으로 말하면, 인간성에 대한 그의 정식은 "이성의 가능한 최대의 지배가 감정의 가장 덜 위축된 감성과 결합하는 것"이다.[147] 인간성이 직면하고 있는 가장 시급한 문제는 우리의 감정과 이성, 우리의 감성적 본성과 이성적 본성을 어떻게 하나로 묶느냐 하는 것이다. 우리의 본성의 이 두 측면은 끊임없는

· ·
146. Forster, *Werke*, IV, 883–884. 1793년 4월 5일, 6월 26일, 9월 30일 테레제 포르스터에게 보낸 포르스터의 서한(*Werke*, IV, 841, 875, 913) 참조
147. Forster, "Ueber lokale und allgemeine Bildung", in *Werke*, II, 280.

갈등 속에 있지만, 우리가 자기실현을 이루려면 양자는 반드시 하나가 되어야 한다. 모든 계몽주의자들과 마찬가지로, 포르스터는 우리의 도덕 교육의 일차적인 목표는 인간의 가장 큰 능력이자 전체 인간 유기체의 조직력과 지도력인 우리의 이성의 발전이어야 한다고 강조했다. 그러나 실러나 헤르더처럼, 그는 감정과 상상력을 희생하여 지성에 집중하는 **계몽**의 일방적인 교육에 대해 경고했다.[148] 삶에는 단지 감지되거나 느껴지기만 할 뿐인 많은 가치들이 있기 때문에 우리의 감성이 이성만큼 교육 받고 다듬어져야 한다고 포르스터는 주장했다. [183]이미『세계 항해』에서도 포르스터는 지성을 위해 감정을 억누르는 경향이 있는 근대 유럽 교육에 대해 경고했다. 타히티인들이 우는 것을 보고 그는 이렇게 말했다. "우리의 문명화된 교육은 일반적으로 우리 마음의 감정을 억누르는 경향이 있는데, 왜냐하면 우리는 너무나 자주 감정을 드러내는 걸 부끄럽게 여기도록 배우는 터라, 관습에 의해 불행하게도 감정을 억제하고 있기 때문이다. 이와는 반대로 이들 섬에 사는 자연의 아이는 자신의 감정에 자유롭게 길을 열어주고, 동료에 대한 자신의 애정에 매우 충실하다."[149] 우리의 감성을 교육해야 할 필요성을 강조하면서 포르스터는 예술의 두드러진 중요성과 관련해 실러의 편을 들었다. 그는 사고하고 느끼는 사람들로서의 인간들의 조화와 화합을 회복시킬 수 있는 것은 예술이며 오직 예술뿐이라고 주장했다.[150]

포르스터는 인간성이 감정이나 이성 같은 어떤 공통적이거나 보편적인 특성으로 이루어져 있다고 주장했지만, 그는 또한 인간의 완성은 일체의 동질성과 균일성을 물리친다고 강조했다. 그는 개성과 다양성의 가치를 가장 중시했다. 우리는 우리의 인간성을 실현해야 하며, 우리의 감성과 이성성을 독특하고 개성적인 방식으로 종합해야 한다. 포르스터는 그의 친구 훔볼트

..
148. 같은 책, III, 282–285.
149. Forster, *AA* I, 243.
150. Forster, *Werke*, III, 285.

와 함께 인간성을 우리의 개성과 독특함의 발전, 우리의 독특한 고유성 Eigentümlichkeit의 발전으로 보았다.[151]

포르스터가 인간성의 본질적인 구성 요소로서 개성을 강조한 것은 곧 그를 그의 동료 자유주의자인 칸트와 피히테와 충돌하게 했다. 얼핏 보기에는 포르스터의 정치철학과 칸트와 피히테의 정치철학 사이에 지극히 큰 유사성이 있는 것처럼 보인다. 그들처럼 포르스터도 그의 자유주의적 국가관을 도덕적 자율성의 원리에 바탕을 두었다. 그는 또한 종교와 도덕은 오직 개인에 의해서만 승인되어야 한다고 강조했다. 그러나 궁극적으로 이 유사성은 매우 기만적인 것이다. 포르스터는 자율성의 원리를 칸트와 피히테와 같은 용도에 둔 반면, 그는 그 원리에 훨씬 더 개인주의적인 해석을 내렸다. 칸트와 피히테에게 자율성은 **모든 사람**이 해야 한다고 내가 생각하는 것, 즉 보편적 법칙의 산출과 그것에 대한 순종인 데 반해, 포르스터에게 자율성은 특히 **내가** 해야 한다고 생각하는 것, 즉 나의 개성의 발전과 표현이다. 「지역적 도야와 보편적 도야에 관하여」에서 포르스터는 자신의 자율성에 대한 해석을 칸트와 피히테의 도덕철학과 맞붙게 했다.[152] 그는 그들의 도덕적 엄격주의가 삶의 모든 측면을 비인격적인 도덕적 명령의 영향 하에 두고 개성의 자발적인 발전을 위한 여지를 남기지 않기 때문에 자율성에 대한 위협으로 간주했다. 만약 사람들이 칸트와 피히테가 되기를 원했던 그런 순수 도덕적인 존재가 된다면, 그들은 자발성과 개성의 모든 흔적을 결여한 순전히 지성적이고 합리적인 기계로 변하게 될 것이다. 따라서 이성성에 대한 그들의 과장된 강조는 자율성을 훼손시킨다. 자율성에 대한 포르스터의 보다 총체적이고 개인주의적인 관념은 그와 그의 동료 급진주의자들 사이의 기본적인 구별점 중 하나로 남아 있었다.

• •

151. Cf. Forster, "Ueber lokale und allgemeine Bildung", in *Werke*, III, 281–283; *Ansichten vom Niederrhein*, in *Werke*, II, 521–522.

152. Forster, *Werke*, III, 281–283. Cf. "Ueber den gelehrten Zunftzwang", in *Werke*, III, 371–372.

포르스터의 개성에 대한 관심은 때로는 [184]그의 공화주의보다 우위에 서기까지 할 정도였다. 순수이성의 도덕성이 그 비인격적이고 추상적인 모든 규범을 내세우면서 개인을 지배할 수 있다는 그의 두려움은 완전한 공화주의적 헌법 자체로 확대되었다. 야코비처럼 포르스터는 통치형태가 무엇이든 '이성의 전제주의'를 혐오했다. 만약 이성의 원칙이 모든 사람과 모든 것에 획일적으로 적용되는 완벽한 공화국을 건설할 수 있다면 어떻게 될까라고 그는 물었다.[153] 그런 유토피아는 사람들 사이에 의외의 균질성과 평범함을 만들어낼 것이라고 그는 대답했다. 그들의 자발성은 억압되고 개성은 말살될 것이다. 개성과 자발성의 발전에는 수많은 상황, 다양한 지역적 조건과 선택의 여지가 필요하다. 그러나 국가가 삶의 모든 측면에 보편적인 규칙을 적용했을 때 바로 이러한 것들이 사라지게 될 것이다. 따라서 포르스터는 공화국이 군주제처럼 중앙집권적이고 관료적이며 지나치게 통제적일 수 있다는 것을 깨달았다. "군주제적 전제주의뿐만 아니라 민주제적 전제주의도 있다."[154] 완벽한 공화국은 우리의 도덕적 힘을 실현하는 데 필요한 자유를 제공할 수 있지만, 필요한 자극과 동기를 우리에게서 박탈할 수도 있다. 그것은 도덕적 완성을 위한 필요조건이지만 충분조건은 아니다. 그렇다면 어떻게 완전한 인간의 완성을 이룰 수 있을까? 포르스터는 이 문제에 대한 어떤 직접적인 정치적 해결책도 찾지 못했다. "모든 사람들을 행복하고 도덕적으로 만들 수 있는 보편적인 규범은 없다"고 그는 썼다.[155] 그의 견해에 따르면, 인격의 위대함을 낳고 새로운 에너지를 발산하며 새로운 힘을 창출하는 특별한 상황은 질서보다는 사회적 격변에서 더 많이 일어난다. 그렇다면 그의 모든 이상주의에도 불구하고 포르스터는 공상적 이상주의자utopian는

..

153. Forster, *Ansichten vom Niederrhein*, in *Werke*, II, 521-523. 미간행 단편 "Kann die Welt je ganz vernünftig und durch Vernunft glücklich werden?" in Forster, *AA* VIII, 358-361 참조.

154. Forster, *AA* VIII, 360. Cf. Forster, *Werke*, II, 522-523.

155. 같은 책, VIII, 359.

아니었다.

포르스터가 말한 인간성이 도덕적으로 바람직한 이상이라고 가정하더라도, 어떻게 그것이 달성되어야 하는지에 대한 문제가 남는다. 부의 불공평한 분배를 고려할 때, 그리고 대부분의 사람들이 생계 수단을 얻기 위해 고군분투하면서 시간과 에너지의 대부분을 소비한다는 것을 감안할 때, 어떻게 근대사회에서 사람들은 자신의 인간성을 성취할 수 있을까? 후기 저술들에서 포르스터는 이 문제를 절실히 의식하고 있었다. 그는 한 국민의 도덕적 발전이 그들의 물질적 조건, 특히 그들의 경제 및 부의 분배에 달려 있다는 것을 항상 인식했었다. 그러나 그는 이제 이 점을 더욱 강조하고 구체적인 정치적 상황에 적용시켰다. 만약 농민, 수공업자, 노동자가 그들의 인간성을 계발하지 못한다면, 그것은 그들의 타고난 부적응 때문이 아니라 정치적 억압 때문이다. 그는 「인간의 행복에 대한 정치의 관계에 대하여」에서 대다수의 사람들은 탐욕스러운 부유 계급에 의해 노동의 결실을 빼앗기기 때문에 생계를 위해 땀을 흘려야 하고 더 높은 능력을 발전시킬 시간이 없다고 썼다.[156] 그 후 그는 「파리 소묘」에서 국가의 문제는 모든 사람들이 그들의 인간성을 발전시킬 수 있는 보다 평등한 자원 분배를 보장하는 것이라고 주장했다.[157] 그렇다면 어떻게 국가가 그런 책임을 다하는 것이 가능한가? 초기 저술들에서는 이 문제에 대한 포르스터의 해결책이 [185]그의 일반적인 자유방임주의 원칙들과 일치한다. 즉 국가가 구시대적인 경제 규제를 없애기만 한다면, 일반 노동자와 농민은 그들의 노동에 대한 더 나은 보상을 누릴 것이라고 그는 말한 바 있다.[158] 그러나 그의 마지막 편지들에서는 이러한 신조가 약해지는 것을 발견할 수 있다. 그는 예전의 자유방임주의 원칙에서 벗어나기 시작했고, 경제를 규제하는 데 있어 국가가 더 적극적인 역할을 해야 한다고 보았다.

··
156. Forster, *Werke*, III, 708-709, 711-712.

157. 같은 책, III, 755.

158. 예를 들어, Forster, *Ansichten vom Niederrhein*, in *Werke*, II, 415, 488-489, 493 참조.

예를 들어 1793년 11월 15일 L. F. 후버에게 보낸 편지에서 그는 재산권을 제한하고 국가를 모든 부의 보관소로 만들려는 로베스피에르의 계획에 찬성했다.[159] 그러나 포르스터의 자유주의가 약화되기 시작했다고 하더라도, 그 신조가 완전히 무너졌는지는 의심스럽다. 1793년 7월 19일 아내에게 보낸 편지에서 그는 C. W. 프뢸리히가 쓴 원시 사회주의 소책자 『인간과 그 관계에 대하여』를 칭찬했지만, 공동 재산에 대한 프뢸리히의 생각을 받아들일 수 없었다.[160] 자유주의적 이상에 대한 포르스터의 충성을 볼 때, 이것은 우리가 충분히 예상할 수 있는 점이다.

159. Forster, *Werke*, IV, 935.
160. 같은 책, IV, 881.

제2부

헤르더와 초기 독일 낭만주의

Herder and Early German Romanticism

J. G. 헤르더의 정치이론

8.1. 정치사상가로서의 헤르더

[189]1790년대의 가장 중요하고 영향력 있는 정치철학자 중 한 사람은
J. G. 헤르더(1744-1803)였다. 헤르더는 일반적으로 근대 정치사상의 가장
중요한 두 가지 교설, 즉 민족주의와 역사주의의 아버지로 인식되고 있다.[1]
그가 이러한 교설을 가장 먼저 옹호한 것은 아니었지만,[2] 그는 이 교설의
발전과 전달에 두드러진 역할을 했다. 그러나 헤르더의 민족주의와 역사주의
를 이러한 교설의 후기 버전과 구별하는 것이 필요하다. 후대의 민족주의와는
달리 헤르더는 민족nation을 국가state와 동일시하는 것을 거부했고 모든 형태의

---

1. 헤르더의 민족주의에 관해서는 R. R. Ergang, *Herder and the Foundations of German
   Nationalism*(New York, 1931), 그의 역사주의에 관해서는 Meinecke, *Entstehung des
   Historismus*, II, 383-479을 참조.
2. 이런 점에서 헤르더의 독창성에 대한 평가는 I. Berlin, *Vico and Herder*(London, 1976),
   pp. 145-152을 참조.

문화적·정치적 쇼비니즘chauvinism, 맹목적 애국주의을 혐오했다.[3] 그리고 후대의 역사주의와는 달리 그는 결코 문화적 상대주의를 포용하거나 자연법의 개념을 거부하지 않았다.[4]

정치사상가로서의 헤르더의 의의도 1790년대 그의 명성과 영향력에 있다. 비록 그는 낭만파의 일원은 아니었지만, 낭만파 정치사상의 발전에 결정적인 역할을 했다.[5] 그의 정치이론은 많은 점에서 젊은 낭만주의자들의 정치이론을 선취한 것이었다. 가령 공동체의 가치에 대한 강조, 공동체와 국가의 명확한 분리, 국가를 역사의 산물로 이해해야 한다는 주장, 그리고 모든 문화의 독특한 가치에 대한 긍정 등이 그것이다. 낭만주의 정치사상의 아버지라고 주장할 수 있는 인물이 단 한 사람 있다면, 그것은 두말할 여지없이 헤르더이다. 실러가 낭만파에 미친 영향은 상당한 것이기는 하지만 미학 분야에 더 큰 영향을 미치는 것이었다. 피히테의 영향력도 동시에 비중 있는 것이었지만, 그에 대한 낭만주의자들의 강한 반발에 의해 상쇄되는 측면이 없지 않다.

1790년대 정치사상의 범위에서 헤르더는 사실 초기 낭만파와 가장 친밀한 관계를 이루고 있다. 그는 젊은 낭만주의자들의 인본주의적, 민주주의적, 공동체주의적 이상, 그리고 구체제의 특권과 부패에 대한 경멸을 공유했다. 헤르더는 언론의 자유와 양심의 자유 같은 많은 자유주의적 이상을 옹호했지만 학술적인 의미에서 그를 자유주의자로 간주하는 것은 오해의 소지가 있을 것이다. 헤르더는 [190]국가의 목적은 단지 시민들이 서로 해치는 것을 막기 위한 것이라는 독특한 자유주의 교설을 결코 받아들이지 않았기 때문이다. 그는 오히려 국가가 모든 시민의 복지와 자기실현을 촉진하는 데 적극적인

••
3. 8.6절 참조.
4. 8.5절 및 8.7절 참조.
5. 낭만파에 대한 헤르더의 영향에 관해서는 F. M. Barnard, *Herder's Social and Political Though*(Oxford, 1965), pp. 153-167; G. Brandt, *Herder und Görres, 1798-1807*(Würzburg, 19 39), pp. 11-26 참조.

역할을 해야 한다고 주장했다.[6] 그리고 헤르더는 자주 보수적인 사상가로 분류되어 왔지만,[7] 가부장주의적 국가관에 대해서는 경멸할 따름이었다. 헤르더는 실제로 1790년대 가장 급진적인 정치철학자들 중 한 명이었다. 그는 모든 일반인들에게 선거권을 부여하기를 원했고, 중앙집권적이고 관료적인 통치의 종말을 고대했다. 그리고 그는 정치적 통일체 안의 모든 사람들이 그들의 독특한 인간의 능력을 발전시킬 권리를 가져야 한다고 주장했다. 1790년대의 저명한 정치사상가들 중에서 헤르더만큼 급진적이었던 것은 오직 피히테와 포르스터뿐이었다.

헤르더는 민족주의, 역사주의, 낭만주의의 창시자로서의 중요성에도 불구하고 정치사상가로서 과소평가되고 심지어 무시되어 왔다.[8] 정치는 그의 주된 관심사가 아니었고 정치에 대한 그의 태도는 바이마르 문화의 중립주의를 잘 보여주고 있다고 자주 이야기되어 왔다. 이러한 견해를 뒷받침하기 위해 헤르더는 칸트나 홉스 또는 루소의 방식으로 상세한 국가이론을 전개하지 않았다는 사실이 보통 지적되고 있다.

헤르더를 이처럼 정치에 무관심한 인물로 읽는 것은 두 가지 어려움을 겪고 있다. 첫째로, 그것은 사실이 아닐지도 모르는 것을 미리 단정짓고 있다. 헤르더는 사실 [정치에 무관심해서가 아니라] 이상적인 국가가 존재할 수 있다는 것을 부인했기 때문에 국가이론을 개발하지 않았던 것이다. 만약

----

6. 8.6절 참조.

7. Aris, *History*, pp. 234–239 및 Droz, *Allemagne*, pp. 337–340 참조. 양자는 헤르더와 뫼저를 '보수주의적' 낭만파의 창시자로 취급한다.

8. 예를 들어 아리스는 헤르더가 "정치사상가의 마음을 차지하고 있는 큰 문제의 해결에는 아무런 기여도 하지 않았다"(Aris, *History*, p. 235)고 적고 있다. Wilhelm Dobbek, "Johann Gottfried Herders Haltung im politischen Leben seiner Zeit", *Zeitschrift für Ostforschung*, Jahrgang 8(1959), 321–387에서 도베크는 정치가 단지 "헤르더에 있어서는 부차적인 역할" 밖에 하지 못했다고 말한다(p. 321). 바너드는 *J. G. Herder on Social and Political Culture* (Cambridge, 1969)에서 헤르더가 "다른 무엇보다도 정치사상가"는 아니었다고 말한다(p. 3). 그리고 에어강은 "헤르더는 정치이론가도 아니었고 무엇보다도 실제 정치에는 관심이 없었다"(Ergang, *Herder and Nationalism*, p. 239)고 주장한다.

인간이 완전한 계몽과 자율성을 얻는다면 그들은 국가를 폐지할 것이라고 그는 주장했다. 그러나 현재의 무지몽매한 상태에서 그들에게 적절한 국가란 그들의 경제적, 지리적, 기후적 상황에 달려 있을 따름이다. 따라서 정치적 무관심이 아닌 무정부주의나 역사주의가 헤르더에게 국가이론이 없었던 이유이다. 그러나 우리는 곧 헤르더가, 어떻게 사람들은 국가를 형성하지 않고 스스로를 다스려야 하는지에 대한 상세한 이론을 가지고 있다는 것을 알게 될 것이다.[9] 둘째로, 헤르더가 정치에 무관심했다는 견해는 다름 아닌 그의 거의 모든 글 뒤에 숨겨진 지도적 야망인 계몽, 국민의 교육을 무시하고 있다. 헤르더는 철학이 무관심적인 사변이 아니라 모든 인간 행동의 이면에 있는 지도력이 되어야 한다고 주장했다. 철학의 주된 목적은 대중이 가부장주의적 국가의 억압적인 통제 없이 그들 스스로를 다스릴 수 있도록 대중을 교육하고 계몽하는 것이다.

헤르더의 정치적 사고를 이해하는 데 있어 몇 가지 난해한 문제가 발생하는데, 이 모든 것이 많은 논란의 근원이 되어왔다. 첫째, 자연법과 보편적인 인간 가치에 대한 헤르더의 신념을 어떻게 그의 역사주의, 즉 문화의 가치들은 서로 비교할 수조차 없고 그 독특한 환경과 역사의 결과물이라는 그의 교설과 조화시킬 수 있을까? 이러한 관점들은 명백히 양립할 수 없는 것처럼 보이지만, 그럼에도 헤르더는 급진적 상대주의자와 인본주의자 둘 다로 해석되어 왔다.[10] 둘째, [191]동등한 확신과 열정으로 포용하기도 하고 또 비난하기도 했던 운동인 계몽에 대한 헤르더의 태도는 무엇일까? 이러한 명백한 양면성 때문에 헤르더는 레싱과 칸트의 틀에서는 계몽주의자로, 그리고 하만과 야코비의 노선에 따라서는 질풍노도파로 묘사되어 왔다.[11] 이것은 단순히 헤르더의

· ·
9. 8.6절 참조.

10. 헤르더를 상대주의자로 보는 견해에 대해서는 예를 들어 Berlin, *Vico and Herder*, pp. 153, 173-174; Meinecke, *Entstehung des Historismus*, II, 428; Barnard, *Herder on Social and Political Culture*, pp. 27, 35를 참조.

11. 최근의 연구에서는 계몽에 대한 헤르더의 충성을 강조하는 경향이 있다. 예를 들어 Berlin,

사상에 붙일 적절한 꼬리표에 대한 용어상의 논쟁이 아니다. 왜냐하면 그의 가장 기본적인 지적 가치와 충성심, 특히 이성 자체의 권위에 대한 그의 태도에 관한 문제가 걸려 있기 때문이다. 셋째, 헤르더의 정치적 사고의 급진적 요소들이 겉보기에 보수적인 가치들에 대한 그의 지지와 어떻게 조화를 이루는가? 헤르더는 민주주의와 보편적 참정권을 위해 싸우고 중앙집권적 권력의 폐지를 옹호하면서도 전통과 선입견, 점진적 사회 변화의 가치를 강조했다. 그는 실로 18세기 급진주의의 상투적 요소인 사회계약과 자연권의 교설에 대해서는 별 관심이 없었다.

다음 절에서 우리는 헤르더의 철학적 발전에 대한 상세한 검토를 통해 이러한 물음에 대한 답변을 시도하고자 한다.

8.2. 헤르더와 계몽

1762년 8월, 18세의 요한 고트프리트 헤르더는 쾨니히스베르크대학 신학부인 쾨니히스베르크 콜레기움 프리데리키아눔의 입학 등록부에 서명을 했다. 이리하여 1762년 여름부터 1764년 가을까지만 지속된 헤르더의 대학시절이 시작되었다. 비록 짧은 기간이었지만 이 몇 년은 그의 삶에서 가장 중요한 형성기의 일부였다. 그가 18세기 말 독일의 지적 생활의 두 가지 주요 조류인 **계몽**과 **질풍노도**에 접하게 된 것은 바로 이 시기였다. 이 두 운동은 어떤 면에서는 매우 가까웠지만, 다른 면에서는 심히 대립되어 있었다.

..
Vico and Herder, pp. 156–165; Robert T. Clark, *Herder: His Life and Thought*(Berkeley, 1955), pp. 3, 47, 49; Emil Adler, *Herder und die deutsche Aufklärung*(Vienna, 1968). 아들러의 이 책은 가장 철저하게 헤르더를 계몽주의자로서 해석한다. 이전의 연구는 질풍노도파의 전개에 있어서 헤르더의 역할을 강조하는 경향이 있었다. 예를 들어 Hettner, *Geschichte*, II, 11, 26–29를 참조. 이 계보에 따른 보다 최근의 해석으로는 A. Gillies, *Herder*(Oxford, 1945), pp. 3, 21; Roy Pascal, *The German Sturm und Drang*(Manchester, 1953), pp. 12–19 참조.

계몽은 신앙에 대한 이성의 주권, 예술과 도덕에서의 이성의 역할, 국가적 정체성보다는 세계주의적 정체성의 중요성을 선언한 데 비해, **질풍노도**는 이성으로부터 신앙의 독립, 예술이나 도덕에서의 감정의 역할, 그리고 세계주의적 정체성에 반하는 국가적 정체성의 중요성을 옹호했다.[12] 이러한 갈등은 헤르더가 쾨니히스베르크에 있던 바로 그 시기인 1760년대 초에 점점 뚜렷해졌다. 감수성이 예민하고 재능 있는 이 어린 학생은 이 갈등을 매우 잘 알고 있었고, 결국 이 갈등은 그에게 내적 투쟁으로 자리 잡았다. 일찍이 그것을 해결하려는 그의 시도는 그의 이후 지적 충실함, 그리고 궁극적으로는 정치 자체에 대한 태도를 결정지었다.

헤르더의 쾨니히스베르크 학생시절은 그가 칸트와 하만의 제자였다는 주목할 만한 사실 하나만으로도 중요한 일면이 있다. 계몽의 최고 사상가인 **칸트**와 **질풍노도**의 아버지인 **하만**[13]은 헤르더의 철학적 발전에 있어 결정적인 두 인물이었다. [192]이 양자가 끼친 영향력은 헤르더 자신이 허심탄회하게 인정했기 때문에 결코 추측의 문제가 아니다. 그는 칸트를 '최고의 스승'이라고 여겼고,[14] 하만을 자신의 '은사'라고 불렀다.[15] 그는 자신을, 매우 다른 두 명의 소크라테스적 인물인 "신비적 소크라테스와 변증법적 소크라테스"와 관련되어 있는 알키비아데스로 보았다. 이러한 영향은 간접적이거나 원격적인 것이 아니었으며 단순한 독서의 결과도 아니었다. 오히려 그것은 거의 매일 이루어진 개인적인 접촉의 직접적인 결과였다. 헤르더는 하만 집에 자주 드나드는 손님으로, 거기서 철학과 문학에 대해 밤늦게까지 논하곤

••
12. 계몽과 질풍노도의 이러한 차이점들은 명백히 단순화한 것들이지만, 여기에서 상세하게 부연 설명할 수는 없다. 이 두 운동 간의 대립에 대한 보다 상세한 설명은 Hettner, *Geschichte*, II, 7–22; Norman Hampson, *The Enlightenment*(Harmondsworth, 1968), pp. 186–217 참조.
13. 질풍노도의 형성에 있어 하만의 역할에 대해서는 Pascal, *Sturm und Drang*, pp. 7–11, 88–95, 231–240 참조.
14. 1769년 6월 2일 하만에게 보낸 헤르더의 서한(J. G. Herder, *Briefe*, ed. W. Dobbek and G. Arnold, Weimar, 1977, 1, 148).
15. 1764년 8월 10일 및 1764년 6월 8일 하만에게 보낸 헤르더의 서한(*Briefe*, I, 28, 25).

했다. 그와 동시에 그는 칸트의 모든 강의에 열성적으로 참석하여 그 강의에 대해 매우 많은 노트를 했다.[16] 칸트는 이 재능 있는 어린 제자에게 매우 감명을 받아 무료 청강을 허락했다. 그는 옛 로스게르트 교회 공원에서 헤르더를 자주 만났는데, 그곳에서 그들은 철학과 시에 대해 이야기를 나누곤 했다. 헤르더가 18세기 독일의 두 위대한 지적 운동을 알게 된 것은 바로 이런 직접적이고 개인적인 방식을 통해서였다. 계몽과 질풍노도 양쪽이 직접 그 원천에서부터 감수성 예민한 젊은 사상가 속으로 흘러들어갔다.

1760년대 내내 칸트와 하만은 하나의 철학적 논쟁에 휘말려 있었다.[17] 하만은 젊은 칸트의 이성주의와 회의주의에 맞서 신앙과 감정의 권리를 옹호했다. 따라서 계몽과 질풍노도 사이의 갈등은 헤르더에게 그의 두 스승 사이의 논쟁이 되었다. 그들의 지적 논쟁이 격렬하게 개인적인 투쟁이 되었다. 그렇다면 그는 칸트와 하만 중 누구에게 자신의 궁극적인 충성을 바쳤을까? 대부분 헤르더는 양측에게 타당한 점을 부여함으로써 타협에 의해 갈등을 해결했다. 그러나 결국 승리를 입증한 것은 칸트의 영향이었다. 1780년대와 1790년대에 그의 전 스승과의 격렬한 다툼에도 불구하고,[18] 헤르더는 젊은 칸트에 의한 계몽의 대의 쪽으로 넘어가게 되었다. 그러나 그의 일생동안 헤르더는 철저하게 자기비판적인 계몽주의자였고, 하만의 영향력에 힘입은 바가 너무나 컸다.

헤르더는 칸트에게서 무엇을 배웠는가? 그것은 이런저런 이론만이 아니라 철학 자체에 대한 칸트의 이해였다. 1760년대의 저술들에 정식화되어 있는 바와 같은 철학의 목적, 효력, 방법에 대한 칸트의 비판기 이전의 사고방식

- -
16. 보존되어 있는 헤르더의 노트는 이 시기의 칸트의 관점에 대한 귀중한 통찰력을 제공한다. Immanuel Kant, *Aus den Vorlesungen der Jahre 1762 bis 1764*, *Kant-Studien*, *Ergänzungsheft* 88(1964) 참조.
17. 이 논쟁에 대해서는 나의 저서 *Fate of Reason*, pp. 22-37 및 H. Weber, *Hamann und Kant*(München, 1908) 참조.
18. 이 격렬한 논쟁에 대해서는 Clark, *Herder*, pp. 384-412 참조.

은 젊은 헤르더에게 지울 수 없는 인상을 남겼다. 그는 철학의 목적은 지식을 전하기 위한 것이 아니라 사람들에게 스스로 생각하는 방법을 가르치는 것이라는 칸트의 신념을 흔쾌히 지지했다.[19] 그리고 그는 철학의 방법이 보편에서 특수에로가 아니라 특수에서 보편으로 나아가도록 하는 뉴턴 물리학의 방법과 같아야 한다는 칸트의 『현상 논문』의 주장을 열렬히 찬성했다. 헤르더는 쾨니히스베르크 시절에[20] 이 뉴턴식 또는 '분석적' 방법이 올바른 철학 방법이라고 진술했고, 자주 칸트의 이 소크라테스식 기법을 칭찬했다. 남편이 죽은 후 카롤리네 헤르더가 보고했듯이 헤르더는 칸트 강의의 현학적 스타일을 결코 좋아하지 않았고 그 후 시에서 위안을 구해야 했다는 것은 아마 사실일 테지만,[21] 그는 [193]칸트의 방법론과는 대체로 의견이 일치했다. 실제로 헤르더는 평생 이 방법론에 충실했다. 그의 대표작인 『인류의 역사철학에 대한 이념』[이하 『인류의 역사철학』]은 칸트의 『현상 논문』의 분석적 방법을 역사에 적용하고 있다. 그의 스승에게 충실했던 헤르더는 경험으로부터 형이상학을 정당화하려고 시도했고, 모든 선험적 원리와 정의를 멀리했다.

헤르더를 계몽으로 전향시킨 것은 실로 그 어떤 사상가보다도 칸트였다. 헤르더의 사고에서 끊임없이 떠오르는 계몽의 두 가지 이상이 있는데, 그 기원은 칸트에게서 추적할 수 있다. 첫 번째 이상은 자연주의, 즉 우주의 모든 사건은 규칙적인 법칙에 따라 설명할 수 있다는 교설이다. 젊은 '마기스터' 칸트는 그의 첫 번째 주요 저작인 1755년의 『일반 자연사와 천체이론』을 이 이상에 바쳤는데, 이 저작은 헤르더에게 엄청난 영향을 끼쳤다. 두 번째 이상은 이성의 주권, 즉 모든 신념이 합리적인 검토와 비판에 따라야 한다는

• •

19. "Wie die Philosophie zum Besten des Volkes allgemeiner und nützlicher werden kann", in J. G. Herder, *Sämtliche Werke*, ed. B. Suphan(Berlin, 1881–1913), XXXII, 49, 53 참조.

20. Rudolf Haym, *Herder, Nach seinem Leben und seinen Werken*(Berlin, 1954), I, 56–66 참조.

21. Caroline Herder, *Erinnerungen aus dem Leben Johann Gottfried Herders*(Tübingen, 1820), I, 62.

원칙이다. 칸트는 헤르더가 감탄하고 논평한 작품인 『시령자의 꿈』[22]에서 이미 이 원칙을 확인한 바 있다.[23] 헤르더는 심령론spiritualism에 대한 칸트의 회의적인 입장을 공유했지만, 놀랍게도 이것이 그의 '신비적 소크라테스'[즉 하만]와 갈등을 일으키지는 않는 것 같았다. 그의 일생 동안 헤르더는, 합리성 은 피할 수 없으며 논증성은 모든 지식에 필수적이라는 칸트의 교설을 지지했 다.[24] 실로 헤르더의 칸트에 대한 충성은 형이상학의 가능성에 대한 비판기 이전 칸트의 신념을 결코 저버리지 않을 정도의 것이었다. 그는 심지어 칸트가 「신의 현존을 입증하기 위한 유일하게 가능한 증명 근거」에서 존재론 적 증명을 부활시키는 것을 멘델스존의 비판에 맞서 방어할 수 있다고 생각하 기도 했다.[25] 아이러니하게도 비판기 이전 칸트에 대한 이러한 충성은 1785년 헤르더가 비판기 칸트와 논쟁을 벌인 주요 원천이었다. 칸트가 헤르더의 『인류의 역사철학』에 대해 그것의 형이상학적 사변을 비판하면서 적대적인 서평을 썼을 때, 그는 비판기 이전 자신의 그림자와 싸우고 있었다.

칸트의 어떤 한 저작이 헤르더의 철학적 발전에 결정적인 영향을 미쳤다 면, 그것은 의심할 여지없이 『일반 자연사와 천체이론』[이하 『일반 자연사』로 약칭]이었다. 칸트의 이 초기 걸작의 거의 모든 측면, 즉 그 저작의 목적, 원리, 주장, 방법이 헤르더에게 지속적인 영향을 끼쳤다.[26] 헤르더의 후기 역사주의의 토대를 마련해준 것은 실로 이 저작이었다. 칸트의 이 논저의 목적은 우주의 기원에 대한 자연주의적 이론을 발전시키는 일이다. 칸트는

• •

22. Kant, *Schriften*, I, 960.

23. Herder's review in *Werke*, I, 125–130 참조.

24. 1787년의 범신론 논쟁 동안 헤르더는 이성이 종교적인 신앙을 비판할 권리를 가져야 한다는 멘델스존의 입장을 옹호했다. Herder, *Gott, einige Gespräche*, in *Werke*, XVI, 508, 511 참조.

25. 이 에피소드에 대해서는 Haym, *Herder*, I, 48–49 참조.

26. 칸트의 이 초기 저작에 대한 헤르더의 반응에 대해서는 1769년 6월 2일 J. K. 라바터에게 보낸 헤르더의 서한(*Briefe*, I, 148) 및 저작집의 한 구절(*Werke*, XIV, 655), 칸트에게 바친 그의 초기 시 "Vorwelt, Gegenwart, Nachwelt", in *Werke*, XXIX, 240–241 참조.

우리가 우주 전체에 퍼져 있는 어떤 최초의 물질 덩어리의 존재를 가정한다면 뉴턴의 인력과 척력의 법칙만으로도 우주의 체계적인 질서(항성과 행성의 둥근 모양, 궤도의 비슷한 방향, 은하계의 평면 모양)를 충분히 설명할 수 있다고 주장했다. 결과적으로 이 질서가 '신의 손'의 직접적인 결과라는 뉴턴의 초자연주의적 가설을 받아들일 필요는 없다. 칸트에 따르면, 뉴턴은 [194]그의 자연적 탐구 과정에서 갑자기 멈춰버린 것이다. 항성들 사이의 공간이 비어 있기 때문에 뉴턴은 우주의 질서가 물질적인 원인을 가질 수 없다고 가정했다. 그러나 칸트는 이러한 가정이 마치 현재의 질서가 어떻게든 영원할 것처럼 우주의 현재 상태에서 과거에로 그릇되게 일반화하는 것이라고 대답했다. 그러나 우주가 한때 최초의 물질 덩어리로 구성되었다가 이것이 우주 전체에 걸쳐 확장되었다고 가정한다면, 우리는 우주의 현재 질서를 이 물질 덩어리에 작용하는 인력과 척력의 산물이라고 설명할 수 있다.[27] 칸트 저작의 중심 메시지는 다음과 같다. 즉 자연에 주어져 있고 영원한 것으로 보이는 것은 사실 변화와 역사의 산물이다. 칸트는 이리하여 뉴턴의 정적인 세계상에 시간의 차원, 자연사의 차원을 부가시켰다. 뉴턴을 교정하면서 칸트는 모든 것이 끊임없이 변화하고 있는, 자연에 대한 역동적인 시각에 도달했다.[28] 물질의 본질은 연장이 아니라 스스로를 형성하는 힘, 혼돈에서 질서로 발전하는 힘이다.[29]

헤르더는 『일반 자연사』로부터 두 가지 중요한 교훈을 배웠다. 첫 번째는 자연사에 관한 것이었다. 자연은 역사를 가지고 있고 그 구조를 이해하는 것은 그 기원을 이해하는 것이라는 사상은 헤르더가 쾨니히스베르크 시절에 처음으로 스케치한 '발생적 방법'의 기초가 된다.[30] 따라서 흔히 칸트와

••
27. Kant, *Schriften*, I, 273–274, 363–364.
28. 같은 책, I, 334–335.
29. 같은 책, I, 276.
30. 헤르더의 초기 단편 「서정문학사 시론」("Versuch einer Geschichte der lyrischen Dicht-kunst", in *Werke*, XXXII, 85–140, 특히 pp. 86–87) 참조.

헤르더의 구분점으로 여겨지는 역사의 중요성은 사실 헤르더가 칸트에게서 획득한 것이다. 두 번째 교훈은 자연주의에 관한 것이었다. 헤르더는 칸트의 급진적인 자연주의에 찬성했고 다만 그것을 확장하고 싶을 뿐이었다. 칸트가 그의 논저에서 인간 역시 자연사의 대상이며 자연주의적 용어로 설명할 수 있다고 제시한 점은[31] 젊은 헤르더에게 특히 유익한 것으로 증명되었다. 이러한 시사점은 그의『인류의 역사철학』배후의 주된 가설이 되었다.『인류의 역사철학』의 목적은 단순히 칸트의 자연주의를 역사 자체의 영역에 적용하는 것이다.『일반 자연사』가 천체의 자연사라고 한다면,『인류의 역사철학』은 인류의 자연사일 것이다. 헤르더는 역사를 "인간의 힘, 행동, 추진력의 순수한 자연사"로 규정하면서 물리적인 우주와 동일한 자연 법칙의 대상으로 보았다.[32]『인류의 역사철학』의 첫 페이지에서 헤르더가 칸트를 케플러, 코페르니쿠스, 호이겐스, 뉴턴과 함께 높이 평가하고, 당시 불운하게 경시된 저작인『일반 자연사』를 호의적인 찬사와 함께 인용한 것은 정말 우연이 아니다.[33] 그의 모든 역사적 저술에서 헤르더는 칸트의 중심적 가르침을 다음과 같이 되풀이하여 말했다. 즉 언어, 예술, 법, 종교 등 주어져 있고 영원한 것으로 보이는 것은 사실 역사의 산물이라는 것이다.

다른 한편, 하만은 헤르더에게 무엇을 가르쳤는가? 그들의 첫 만남의 가장 유력한 날짜인 1763년 7월,[34] 하만은 이미 그의 가장 중요한 두 작품인

---

31. 칸트는 자연에서 작용하는 힘들은 또한 인간 내부에서 작용하고 인간도 이 법칙의 예외가 아니라고 분명히 말했다(*Schriften*, I, 339–340). 자연 환경이 이성에 미치는 영향에 대한 그의 고찰을 담고 있는 칸트의 결론 장도 참조(*Schriften*, I, 351–368). 그러나 그의 저작 서문에서 칸트는 생명에 대한 자연주의적 설명의 가능성에 대해 의구심을 나타냈다(*Schriften*, I, 237).

32. Herder, *Werke*, XIV, 145.

33. 같은 책, XIII, 13–14.

34. J. Nadler, *Johann Georg Hamann*(Salzburg, 1949), pp. 152–153 참조. 하만과 헤르더의 초기 교우관계에 대한 자세한 내용은 Wilhelm Dobbek, *Johann Gottfried Herders Jugendzeit in Mohrungen und Königsberg*, Marburger Ostforschungen no. 16(Marburg, 1961),

『소크라테스의 회상록』과『한 문헌학자의 십자군』을 출판했다. 이 두 작품 모두 계몽에 대한 비판이다. 이 저작들은 무엇보다도 [195]종교적·미적 경험의 진실성과 환원불가능성을 옹호하는 것이다. 그러한 경험은 영감의 폭발, 감정의 고양, 통찰의 번뜩임으로 이루어져 있어서 이성의 규범에 따라 지시, 설명 또는 평가될 수 없다고 하만은 주장했다. 그의 중심 주제는 예술과 종교에는 계몽의 철학에서 꿈꿀 수 있는 것보다 더 많은 것이 있다는 점이다. 그러나 이 저작들에는 1760년대 전형적인 계몽주의자들에게는 매우 도전적이었을 다른 자극적이고 도발적인 생각들이 있다. 전 세계적인 획일성에 반하는 문화적 다양성의 가치, 이성의 약점에 대비되는 열정의 힘, 고전주의의 척박함과 비교되는 민속 시가의 활력, 인간의 이성 대신에 인간의 전체성에 대한 강조, 이성에 대한 언어의 중요성과 언어에 대한 전통의 중요성 강조, 공리주의와 행복주의에 대한 경멸과 정신적 관조의 가치에 대한 믿음 — 이 모든 점들이 하만의 초기 글들에서 발견되며 그것들은 헤르더에게 충분히 전해졌다. 그렇다면 하만에게서 헤르더는 계몽에 대한 그의 이후 많은 비판 요소들을 얻었을 것이다. 예를 들어, 지성의 계몽은 도야를 위해 충분하지 못하다는 점, 예술적 창조의 재능은 규칙들로 환원될 수 없다는 점, 이성의 원리들은 종교적 경험을 이해하고 평가하는 데 있어 항상 필요한 기초이긴 하지만 결코 충분한 기초는 아니라는 점, 이성을 이해하는 열쇠는 역사와 전통의 산물인 언어라는 점, 그리고 세계주의적 인간이라는 이상은 추상적인 것에 지나지 않는다는 점 등이 그것이다. 헤르더는 계몽에 대한 하만의 많은 비판을 지지했기 때문에, 그의 철학적 전개에서 하만의 역할이 마치 극복해야 할 장애물일 뿐인 것처럼 순전히 부정적인 것이라고 가정하는 것은 잘못일 것이다.[35]

. .
pp. 116-138 참조.

35. 여기서 나는 아들러를 문제 삼고 있다. Adler, *Herder und die deutsche Aufklärung*, p. 64.

비록 헤르더가 하만에게 많은 빚을 지긴 했지만, 그가 단지 제자에 불과하거나 단순히 하만의 의지의 실행자였다고 추론하는 것은 온당치 않을 것이다.[36] 헤르더가 하만에게 그의 '알키비아데스'가 되고 싶다고 말했을 때, 그는 자신의 의도보다는 자기의 애정을 표현하고 있었다. 하만의 사상을 정교하게 다듬고 탐구하면서 헤르더는 그것을 자기 자신의 것이 되게끔 했다. 그가 결국 근본적 문제로 하만과 다툼을 벌인 것은 그의 옛 스승으로부터의 독립의 확실한 징표이다.[37] 헤르더가 하만의 사상을 어떻게 채택하고 자기의 것으로 동화시켰는지를 한마디로 표현한다면, 우리는 그가 그것을 세속화했다고 말할 수밖에 없을 것이다. 다시 말해서, 그는 하만의 사상을 자연주의적 용어로 설명하고 이성에 비추어 정당화했다. 이 사실, 아니 오직 이 사실 하나가 하만이 나중에 그의 옛 제자에 대해 불만족스럽게 생각한 근원이 되었다. 하만의 신비적인 발언 뒤에 숨겨진 초자연적인 의도는 헤르더에 의해 완전히 좌절되었는데, 헤르더는 그것을 집요하게 계몽이 더 받아들일 수 있는 표현으로 번역했다. 이처럼 합리적으로 또 자연법칙에 따라 설명하고 자기 것으로 동화시키려는 태도는 헤르더의 사상 전체에 걸쳐 일어났다. 다음과 같은 예를 생각해보자.

1. [196]헤르더는 언어가 이성에 필수적이라는 하만의 생각에 동의했고, 이러한 통찰력 덕분에 언어의 기원에 대한 탐구에 착수했다. 그러나 그는 언어가 초자연적인 기원을 가지고 있다거나 언어가 신적 로고스의 체현이라는 하만의 주장에 이의를 제기했다. 하만과 헤르더 사이의 이러한 긴장은 언어의 기원에 관한 헤르더의 논문에 대한 하만의 반박에서 명백해졌다.[38]

---

36. Haym, *Herder*, I, 71 참조.
37. 하만이 자신의 영향력을 알고 있었지만 헤르더가 자신의 영향력에 부여한 방향을 못마땅하게 여겼다는 사실은 J. F. 하르트노흐에게 보낸 하만의 1774년 10월 24일자 서한에서 명백하다. "헤르더의 부지런함을 통해 내가 심은 씨앗의 일부는 꽃으로 만개했지만 그러나 나는 익은 과실을 더 좋아했을 것입니다."(*Briefwechsel*, III, 16)

2. 헤르더는 생명은 기계적인 법칙으로 환원할 수 없다는 하만의 주장을 받아들였고, 영혼은 분할할 수 없는 통일체이지 분리된 능력들로 분석할 수 없다는 하만의 주장을 재확인했다. 그러나 영혼과 생명이 설명할 수 없고 신성하며 신비롭다고 추론하는 대신, 헤르더는 이 양자에 대한 또 다른 설명, 즉 그것들의 독특한 특성을 정당하게 평가하는 비기계론적 설명을 찾으려 했다. 이것이 헤르더의 『인간 영혼의 인식과 감응에 대하여』의 과제였다.

3. 헤르더는 자연과 역사에서의 신의 편재성遍在性에 대한 하만의 주장을 채택했다. 그러나 그는 이 생각을 하만처럼 성경에 호소하는 것이 아니라 생물학, 인류학, 역사학의 사실들을 탐구함으로써 정당화하려 했다. 따라서 『인류의 역사철학』의 목적은 "세계에서 신의 행로"[39]를 보여주는 것이었다. 신의 편재성에 대한 하만의 믿음은 헤르더의 범신론을 통해 완전히 자연적인 것이 되고 있는데, 헤르더의 견해는 신이 자연의 법칙을 통해 무엇보다도 먼저 자신을 드러내 보인다는 것이다. 어쨌든 그러한 것은 하만이 자신의 임종 때에 비난했던 저작인 헤르더의 『신, 몇 가지 대화』의 중심 주장이었다.[40]

이러한 모든 예를 고려한다면, 하만의 사상에 대한 헤르더의 자기식의 동화는 칸트의 초기 자연주의와 이성주의에 대한 그의 더 큰 충성을 증명한다는 결론을 거부하기 어렵다.[41] 그렇다면 어떤 방법으로도 하만은 과학적인 방법에 대한 헤르더의 신뢰를 손상시키지 못했던 셈이다.[42]

• •
38. Hamann, "Des Ritters von Rosenkreuz letzten Willensmeynung über den göttlichen und menschlichen Ursprung der Sprache"; "Philologische Einfälle und Zweifel", in *Sämtliche Werke, Historisch-kritische Ausgabe*, ed. J. Nadler(Vienna, 1949-1957), III, 25-33, 35-53 참조.
39. Herder, *Werke*, XIII, 9.
40. 헤르더의 책에 대한 하만의 반응에 대해서는 Dobbek, *Herders Jugendzeit*, p. 133 참조.
41. 여기서 나는 칸트가 헤르더에게 더 심대한 영향을 끼쳤다는 클라크(Clark, *Herder*, pp. 47, 49, 50)와 아들러(Adler, *Herder und die deutsche Aufklärung*, pp. 53-67)에 동의한다.

쾨니히스베르크 시절에 그 대강을 입안해두었던 초기 논문 「어떻게 철학이 국민에게 더없이 보편적이고 유용한 것이 될 수 있는가」만큼 헤르더의 내적 갈등을 뚜렷이 드러내는 것은 없다.[43] 이 논문은 '철학이 도덕과 국가에 유익할 수 있을까?'라는 계몽의 중심적인 질문을 고찰하고 있다. 헤르더의 대답은 계몽의 가치에 대한 깊은 양면성을 보여준다. 그는 계몽의 장단점을 모두 고려했고 그것의 궁극적인 가치에 대해 명확한 결정을 내리지 못했다. 루소의 저작에 대한 많은 독서와 하만과의 많은 논의의 결실인 이 논문의 첫 부분은 결국 계몽에 대한 공격이다. 의도적으로 루소의 『학문예술론』을 모방하는 방식으로, 헤르더는 철학은 모든 행동의 원천인 우리의 도덕적 감정을 오도하고 혼란스럽게 함으로써 도덕과 애국심을 손상시킨다고 주장했다.[44] 우리가 단순히 우리의 자연스러운 감정, 즉 양심의 타고난 목소리를 따른다면, 그것만으로 우리가 좋은 행동을 하기에 충분하다. 그런데 우리가 이 [197]감정을 정식화하고 정당화하려 하자마자 그 감정은 혼란스러워져서 그 생명력을 상실한다. 그러나 헤르더는 논문의 첫 부분에서 철학을 비난했던 것이 무색할 만큼 두 번째 부분에서는 곧바로 철학의 옹호로 돌아섰다. 그것은 마치 루소의 주장이 일방적이라는 것을 그가 깨달은 듯했다. 철학은 국가에 불필요할 수도 있고 심지어 해로울 수도 있지만 그것이 배척되어서는 안 된다고 헤르더는 주장했다. 사람들은 철학자들을 모욕하거나 그들에게 국가의 도그마를 강요해서는 안 된다. 철학이 그 상아탑에서 내려와 일상생활의 세계로 들어간다면 국가에서 건설적인 역할을 할 수 있다고 헤르더는 제안했다. 철학은 사람들을 그것의 모든 관심사의 중심 속으로 들어가게 해야 하고 그들의 언어와 통용어로 그들에게 말하려고 노력해야 한다. 철학이 어떻게 이것을 할 수 있을까? 사람들에게 도그마를 강요하는 것에 의해서가

42. Gillies, *Herder*, p. 13 참조. 길리스는 헤르더가 칸트에게서 배운 분석적 또는 경험적 방법을 무시한다.
43. Herder, *Werke*, XXXII, 31-33.
44. 같은 책, XXXII, 41.

아니고, 더욱이 형이상학의 난해한 진리를 그들에게 가르쳐주는 것에 의해서도 아니다. 오히려 철학은 사람들이 스스로 생각하고 또 스스로를 가르치는 방법을 가르치도록 자극해야 한다. 그러므로 철학자의 근본적인 역할은 '자율성과 독립성'[45]이어야 한다. 이렇게 자율성을 강조하는 것은 다시 칸트의 영향력을 보여준다.

이렇듯 헤르더의 논문은 깊은 양면성을 드러내지만, 궁극적으로 그에게 충성을 요구하고 있는 것은 **계몽**이다. 헤르더는 철학이 사람들의 삶을 교육하고 향상시킬 수 있다는 계몽의 근본적인 신조에 충실했다. 그러나 그의 충성은 하나의 심각한 제한을 따라야 한다. 즉 철학자들은 사람들에게 도그마를 강요하지 말고 스스로 생각하도록 격려해야 하는 것이다. 그러면서 헤르더는 『학문예술론』에서의 루소와 달리 철학이 자율성과 독립성을 촉진할 수 있다고 믿었다. 그의 논문의 진짜 비판 대상은 **계몽** 그 자체가 아니라, 사람들에게 무엇이 좋은지 철학자들은 안다고 믿었던 엘리트주의적인 **계몽주의자들**이다.

헤르더의 [계몽에 대한] 궁극적인 동조를 볼 때, 하만이 그의 논문을 싫어했다는 것은 놀랄 일이 아니다. 그는 젊은 제자에게 "주님을 경외하는 것"보다 더 유용한 철학은 없다고 경고했다. 칸트의 영향 덕분에 이것은 헤르더가 마음에 두지 않을 법한 경고였다.

8.3. 초기 정치사상

1764년 11월 22일, 헤르더는 도시 외곽까지 하만의 전송을 받으며 쾨니히스베르크를 떠났다. 그는 약 200마일 떨어진 발트해의 항구도시인 리가로 향했는데, 그곳은 그에게 한 지역 학교의 교직을 제의했었다. 헤르더가 자신의

••
45. 같은 책, XXXII, 53.

생애에서 가장 행복한 나날을 보낸 곳은 리가였다. 1764년부터 1769년까지 그는 대성당 부속학교의 교사로서 자연사, 프랑스어, 작문을 가르쳤으며 예수 교회와 게트루덴 교회라는 두 개의 루터교회에서 전도사로 일했다. 이 두 직업 모두에서 그는 매우 성공적이 되었다. 그의 교육학적인 능력은 금방 인정되었고 그의 설교는 높이 평가되었다. 그는 도시의 사교 활동에도 참여하여, 상류 시민사회의 각종 모임에 참석하고 프리메이슨의 지역 지부인 '북극성'의 서기가 되었다.[46] [198]헤르더는 리가를 제2의 고향으로 여기게 되었다. '속박된 조국'인 고향 프로이센에서 빠져나오도록 자신을 받아주고 피난처를 제공한 그 도시에 대해 그는 한 편의 시에서 경의를 표했다.[47]

헤르더의 말에서 알 수 있듯이, 그를 리가와 결속시킬 만한 개인적 이유뿐만 아니라 정치적인 이유도 있었다. 이 도시는 그의 젊은 시절의 주요한 정치적 경험을 제공했다.[48] 동프로이센의 모룽겐에서 성장한 헤르더는 이미 프리드리히 2세의 전제정치를 경멸하는 법을 배웠고 그것의 속박만을 알고 있었다.[49] 리가에서 그는 전혀 다른 통치 모델을 발견했다. 13세기부터 리가는 독일 한자 동맹에 속한 발트해 연안의 자치도시 중 하나였다. 리가의 자치권은 18세기에도 그대로 남아 있었다. 1710년 [러시아 황제] 표트르

• •
46. 프리메이슨의 일원으로서 리가에서의 헤르더의 활동에 대해서는 L. Keller, *Johann Gottfried Herder und die Kultgesellschaften des Humanismus*, Vorträge und Aufsätze aus der Comenius Gesellschaft, no. 12(Berlin, 1904), pp. 21–30.

47. Herder, "Als ich von Livland aus zu Schiffe ging", in *Werke*, XXIX, 319–321.

48. 리가 시대의 중요성은 카롤리네 헤르더에 의해 처음으로 지적되었는데, 그녀는 회상록에서 리가라는 도시가 헤르더에게 "시민적 자유, 시민적 복지 그리고 고결하고 현명한 효용성이라는 더 높은 이념"을 제공했다고 썼다(*Erinnerungen*, I, 91–92). 하임도 헤르더의 정치적 각성에 있어 리가 시대의 중요성을 강조한다(Haym, *Herder*, I, 123). 리가 시대의 의의는 일부 최근의 학자들에 의해 무시되었는데, 특히 젊은 헤르더를 계몽적 절대주의의 옹호자로만 보는 도베크와 바너드에 의해 더욱 그러했다(Barnard, *Herder's Social and Political Thought*, p. 72).

49. 프로이센 절대주의에 대한 헤르더의 초기 경험에 대해서는 Adler, *Herder und die deutsche Aufklärung*, pp. 47–48 참조.

1세가 스웨덴으로부터 이 도시를 빼앗았을 때 그는 이 도시에 대한 모든 전통적인 자치권을 보장하고 루터교회를 인정했으며 주변 지역인 리보니아에 특별한 권리를 부여했다. 18세기에,[50] 리가는 주로 독일인 상업시민층에 의해 지배되었는데, 이는 일반적으로 부유한 부르주아 가문 출신 14명의 평의회를 뜻하는 것이었다. 평의회 의원들은 조합과 길드에서 선출되었고, 그들은 시장을 선출했다. 단지 길드나 조합에 속한 사람들만이 시민권을 가지고 있었고, 길드에 소속되기 위해서는 사회적 지위와 돈이 요구되었다. 하지만 제한된 시민권에도 불구하고, 리가는 공화국의 명성을 누렸고 '리가 공화국'이라는 찬사를 받았다. 시민들은 그들 자신의 일을 운영하는 것에 대해 시민으로서의 큰 자부심을 가지고 있었고 정부에 봉사하는 것을 영광으로 여겼다.

젊은 헤르더는 곧 리가의 정부를 칭찬하게 되었다. 리가에 도착한 직후 그는 곧 '리가의 애국자'가 되었다.[51] 그는 1765년 학교 교사로서의 직업을 맡고 있던 중에 행한 연설에서 가장 열렬한 말로 리가를 가리켜 "근면과 효용성을 우아함과, 우애와 안락함을 풍요로움과, 자유를 순종과, 사상을 충성심과 결합시킨 도시"라고 칭송했다.[52] 그는 리가를 제네바와 비교하기까지 했는데, 이는 당시 많은 사람들이 제네바를 유럽의 공화제적 통치의 모델로 간주했기 때문에 상당히 의미심장한 비교였다. 말년에도 리가의 자유에 대한 그의 인정은 줄어들지 않았다. 그는 1770년 카롤리네 플라흐스란트에게 이렇게 편지를 썼다. "나는 리보니아에서 그렇게도 자유롭게 아무런 제약 없이 살고 가르치고 활동했습니다— 아마 다시는 그렇게 살고 가르치고 활동할 수가 없을 겁니다."[53] 그때 헤르더가 리가에서 배운 것은 자치의

..

50. 18세기 리가의 정치생활에 대해서는 Julius Eckhardt, *Livland im Achtzehnten Jahrhundert* (Leipzig, 1870), pp. 452–453 참조.

51. Haym, *Herder*, I, 124.

52. Herder, "Von der Grazie in der Schule", in *Werke*, XXX, 14–28 참조.

53. Herder, *Briefe*, I, 229.

바람직함, 즉 국민이 절대적 통제에서 독립하여 자신의 일을 운영해나가는 것의 가치였다. 이 교훈을 그는 자신의 후기 정치철학에서 거듭 적용하고자 했다. 뫼저처럼 헤르더는 중앙집권적인 절대적 지배에 맞서 지방 자치를 옹호하고자 했다.

리가에 대한 그의 모든 감탄에도 불구하고 헤르더는 리가의 문제들을 외면하지 않았다. 1769년 프랑스로 여행하는 중에 그는 개인적, 사회적, 정치적 관찰로 채워진 일기를 썼다.[54] 그의 주요 관심사 중 하나는 [199]리가와 리보니아의 사회적·정치적 문제였다. 그는 뤼베크, 함부르크, 단치히, 리가 등 한자 도시들이 쇠퇴하는 것을 유감으로 생각했다. 30년 전쟁 이후 그 도시들은 정치적 힘과 경제적 중요성을 많이 잃었다. 헤르더는 "한자 도시의 정신이 북유럽에서 사라졌다"고 외쳤다. "누가 그것을 일깨울 것인가?" 리가는 특히 이런 쇠퇴에 시달렸다. 리가의 정부는 부패하고 낭비에 빠져 있었다. 시의회, 시장, 장관, 국왕 대리인 등 도시의 모든 관직은 돈과 직위를 놓고 경쟁을 벌였고, 그들은 대가가 없으면 서로 협력하려고 하지 않았다. 이 혼란된 상황에 더하여, 지방의 모든 세력들 — 궁정, 왕비, 귀족, 지사 — 이 그 도시에 대항했다. 최종 결과는 무력증과 마비 상태였다. 리가의 상황이 나쁜 정도였다면, 주변 지방의 상황은 더 나빴다. 리보니아는 농민들을 무자비하게 착취한 부패한 귀족들의 손에 있었다.[55] 헤르더는 농민들이 비참한 노예 상태로 전락했다고 한탄했다.[56] 헤르더가 리보니아를 "만행과 사치, 무지와 가식적인 취향, 자유와 노예 상태의 지역"이라고 부를 정도로 그곳에는 부의 엄청난 불균형이 있었다.[57]

바로 이런 맥락 하에서 우리는 헤르더의 초기 야망을 이해해야만 하는데,

54. Herder, *Journal meiner Reise im Jahre 1769*, in *Werke*, IV, 362-364.
55. 농민들의 상황에 대해서는 Haym, *Herder*, I, 122 참조.
56. Herder, *Werke*, V, 349 참조. Cf. *Werke*, XX, 288.
57. 같은 책, IV, 361.

왜냐하면 그는 자신을 받아들인 지역의 곤경을 완화시키기 위한 큰 사명감을 품고 있었기 때문이다. 그는 다름 아닌 리가의 개혁가, 리보니아의 교육자가 되고 싶었다. 솔론이 아테네를 위해 했던 것처럼 그리고 칼뱅이 제네바를 위해 했던 것처럼, 헤르더는 리가를 위해 일하고자 했다.[58] 그는 한자 도시들의 정신을 되살리고 리보니아의 **계몽**의 선봉에 서고자 했다. 그의 개혁 프로그램은 리가를 더 강하고 더 통일된 공화국으로 만들고 리보니아를 좀 더 계몽되고 교화된 지역으로 변모시키는 것이었다.

헤르더가 프랑스로 여행하는 동안 스스로 설정한 야심 찬 이상은 바로 그런 것이었다.[59] 그런 이상은 그에게 완전한 방향 전환이나 그가 말한 것처럼 '전혀 새로운 사고방식'을 필요로 했다. 사회 경력 초기에 그는 미학의 난해한 퍼즐에 헌신해왔으나, 이제 그는 인간 문제 영역에 들어가 인간의 삶을 향상시키기로 결심했다. 물론 이것은 모든 이론과 연구의 포기를 수반하지는 않았지만, 이론과 연구에 실제적인 방향을 제시할 것을 요구하였다. 이제 미학보다는 정치가 그의 주된 관심사가 되었다. 오직 법학, 정치, 경제, 인류학을 공부해야만 그의 웅대한 계획을 구현하는 데 필요한 지식을 얻을 수 있을 터였다. 그는 몽테스키외의 『법의 정신』의 노선을 따라 정치에 관한 책을 쓸 계획이었다.[60] 이 새로운 사고방식에서 그리고 교육과 개혁의 실천적인 목표에 대한 헌신에서 우리는 **계몽**의 대의에 대한 헤르더의 변함없는 충성심을 가장 분명하게 엿볼 수 있다.

헤르더는 어떻게 그런 웅대한 야망을 이룰 수 있었을까? 변화를 위한 가장 효과적인 기반은 자신의 설교라고 그는 믿었다.[61] 설교는 어떤 학술

··
58. 이 유비는 헤르더가 한 말이다. *Werke*, IV, 362–363, 408 참조. 1769년 11월 4일 세관 감독관인 베르고우에게 보낸 헤르더의 서한(*Briefe*, I, 172)도 참조.

59. Herder, *Journal*, in *Werke*, IV, 370–371, 406–409.

60. Dobbek, "Herders Haltung", p. 325에서 인용한 헤르더의 수고본手稿本 유고의 난외 메모를 참조. 이것은 Suphan의 판에는 없다.

61. Herder, *Werke*, IV, 364.

논문보다도 훨씬 더 즉각적이고 강력한 의사소통의 형태였다. 칸트에게 헤르더는 편지로 전하길, 자신이 리가에서 '영적인 직무'를 [200]계속 수행한 것은 그것이 그 지역의 헌법에 따라 백성들을 계몽하는 최선의 수단이었기 때문이라고 했다.[62] 그러나 헤르더는 단지 교화적인 설교를 하는 것 이상의 것을 염두에 두고 있었다. 진실되고 지속적인 개혁을 위해 중요한 것은 적절한 교육이라고 그는 주장했다. 좋은 법의 제정도 사람들이 그것을 좇아 행동할 준비가 되어 있지 않다면 쓸모없는 것이다. 그래서 프랑스로 여행하는 동안 헤르더는 리가에 학교를 건립하려는 세부 계획을 세웠다. 이 학교의 목적은 아이들의 자율성을 계발하고, 아이들이 보고 생각하고 느끼는 능력을 사용할 수 있도록 하는 것이었다. 그의 학교는 '제2공화국'이 될 것이고 "루소의 에밀을 리보니아의 국민적인 아이"로 만들 것이다. 학교 건립을 위한 재원을 얻기 위해서 헤르더는 그가 정부와 궁정을 설득해야 할 것임을 알았다. 그는 그의 시대의 정신에 순응해야 하고 모든 것을 정치와 재정의 관점에서 보아야 할 것임을 인식했다.[63] 프랑스에 도착한 직후 그는 한 친구에게 러시아제국의 위대한 황후 예카테리나 2세와 교섭하는 것을 도와달라고 부탁했다.

헤르더의 모든 야망은 첫눈에는 젊은이 특유의 이상주의처럼 보일지도 모른다. 그리고 실제로 그런 면이 없지 않았다. 그러나 그의 설교의 인기, 그가 리가에서 제의 받은 높은 지위, 그리고 프리메이슨의 지역 지부 서기로서의 그의 영향력 있는 역할을 고려하면, 그의 야망은 그렇게 돈키호테적인 것이 아니었다.

초기 이상주의 및 개혁에 대한 희망에도 불구하고 헤르더는 결코 급진주의자가 아니었다.[64] 그는 리가가 공화국이 되기를 원했지만, 민주제로서의

••

62. 1768년 11월 칸트에게 보낸 헤르더의 서한(*Briefe*, I, 120).

63. Herder, *Werke*, IV, 363.

64. 여기서 나는 모든 헤르더의 저작들에 '평민적 민주주의적' 태도가 있다고 주장하는 아들러(Adler, *Herder und die deutsche Aufklärung*, p. 81)와 젊은 헤르더에게서 혁명적

공화국을 상상하지는 않았다. 리가 공화국의 상태는 단지 러시아 관료주의보다는 부르주아계급이 선출한 평의회가 운영하는, 러시아로부터 독립된 자치제여야 한다는 것을 의미했다. 그것은 모든 시민이 투표권을 가져야 한다거나 더욱이 관직에 오를 권리를 가져야 한다는 것을 의미하지는 않았다. 헤르더는 완전한 민주주의를 옹호했다기보다는 실제로 그것을 못마땅해 하는 것 같았다. 이런 반대의 입장은 1765년 10월 예카테리나 2세의 리가 방문을 계기로 그가 쓴 논문 「우리에게는 지금 고대와 같은 대중과 조국이 있는가?」[65]에서 드러난다. 고대 공화국과 근대 군주국을 비교하면서 헤르더는 고대 아테네의 민주주의가 근대국가에서 더 많이 실행될 수 있다는 것을 부정했다. 왜냐하면 근대국가의 일반 시민들에게는 통치의 일이라는 것이 너무 복잡하고 전문적이기 때문이다. 그렇지만 근대국가의 '온건한' 자유는 고대국가의 '과도한' 자유보다 더 바람직하기 때문에 이러한 상반된 성격은 유감스러운 일이 아니다. 고대국가의 과도한 자유는 통치에 참여할 권리를 가진 모든 시민에게 있었지만, 근대국가의 온건한 자유는 법에 의거한 재산의 보장에 있었다. 예카테리나 2세의 현명한 통치 덕택으로 리가가 지금 누리는 것이 바로 이 온건한 자유였다.

젊은 헤르더는 민주주의자가 아니었지만 사회적 평등주의자도 아니었다. 그는 농노제를 혐오했고 부의 엄청난 불균형을 못마땅해 했지만, 사회적 계급제도를 문제 삼지 않았다. 그는 신분 계급제의 폐지가 아니라 신분 계급제의 협력을 주장했다. 따라서 『여행 일지』에서 그는 각 신분 계급의 특성에 관한 책을 쓸 계획을 세웠는데, [201]특히 그들이 서로 더 잘 협력할 수 있도록 각 신분 계급의 덕목을 강조할 생각이었다.[66] 이 소책자는 소작농에

• •
　　태도까지 발견하는 도베크(Dobbek, "Herders Haltung", p. 323)를 문제 삼는 셈이다.

65. Herder, *Werke*, I, 13–28. 하임(Haym, *Herder*, I, 126)에 따르면 이 논문은 자주 이야기되는 바와 같은 축사가 아니라 "자발적으로 작성된 기념논문"이다. 그렇다면 우리는 더더욱 이 논문이 헤르더의 견해를 진지하고 진솔하게 표현한 것으로 간주할 이유가 있다.

66. Herder, *Werke*, IV, 367.

서 시작하여 사회적 계급 질서를 통해 올라가서 시민, 귀족 그리고 끝으로 군주를 다루고자 했다. 각 신분 계급은 사회적 유기체에서 필수적인 역할을 지니고 있다고 헤르더는 믿었다.

헤르더에게 급진주의가 결여되어 있다는 사실이 계몽적 군주제에 대한 그의 태도에서보다 더 분명하게 나타난 곳은 없다. 그는 한자 도시들의 독립적 통치형태에 감탄했지만 절대군주제를 못마땅하게 여기지는 않았다. 실제로 그는 절대군주제가 러시아 같은 후진국에 계몽과 정치 개혁을 도입하는 가장 강력한 수단이라고 생각하는 듯했다. 『여행 일지』 말미에 있는 한 메모에는 이렇게 쓰여 있다. "창조주와 같은 군주는 어디에 있는가? 신이 세계를 아는 것처럼 자신의 백성들을 아는 군주는 어디에 있는가? 법이 제2의 본성이 되도록 자신의 백성들을 교육시키는 군주는 어디에 있는가? 국가가 그에게 필요한 만큼 그런 군주는 국가에게 필요하다."[67] 헤르더에게 계몽적 군주의 모델은 러시아의 근대화 작업을 시작한 표트르 대제였다.[68] 표트르 대제의 일을 완성하는 것이 예카테리나 2세의 임무라고 헤르더는 믿었다. 개혁에 대한 그의 모든 희망은 그가 자신의 계획을 실행하는 데 도움이 될 것이라고 믿었던 새로운 여왕에게 있었다. 예카테리나 2세에 대한 헤르더의 믿음은 그녀를 기리기 위해 두 편의 시를 썼을 정도였다.[69] 그녀는 다름 아닌 "러시아의 여신이요 북방의 광휘"였다.

헤르더가 계몽적 군주제와 도시국가 공화주의라는 [서로 모순된] 양자에 감탄한 점은 그가 1760년대에 통일성 있는 정치이론을 갖지 못한 듯이, 즉 적절한 통치형태와 국가 권력의 한계에 대한 발전된 이론이 없었던 듯이 보이게 한다. 헤르더는 1760년대에 단지 미완성된 정치이론만을 가지고 있었기 때문에 이러한 견해에는 실로 어느 정도 타당성이 있다. 그러나

- -
67. 같은 책, IV, 468.
68. 같은 책, IV, 356.
69. Herder, "Lobgesang am Neujahrsfeste", in *Werke*, XXIX, 16–17; "Auf Katherinas Thronbesteigung", in *Werke*, XXIX, 24–27 참조.

제8장 J. G. 헤르더의 정치이론 355

이미 지적했듯이,[70] 그가 바로 그 올바른 통치형태에 대한 이론을 갖고 있기를 기대한다면, 우리는 헤르더를 오해하고 또한 잘못된 질문을 그에게 던지게 된다. 1760년대에도 헤르더는 이상적인 통치형태가 모든 상황에서 모든 사람들에게 적합하리라고 생각하지 않았다. 그가 공화주의와 절대군주제를 둘 다 받아들일 수 있었다면, 그것은 그가 정치이론이 없기 때문이 아니라 특별한 종류의 정치이론을 가지고 있었기 때문이었다. 이것은 다름 아닌 각각의 통치형태가 저마다의 상황, 경제, 종교, 지리, 기후, 문화적 전통에 어울리는 것이라는 몽테스키외의 교설이었다. 예를 들어 『여행 일지』에서 헤르더는 몽테스키외를 칭찬했지만 또한 통치형태의 다원성을 인정하는 데 있어서 충분히 멀리 나아가지 못했다고 비판했다.[71] 만약 각각의 통치형태 가 저마다 그 상황에 고유한 것이라면, 상황들이 차이 나는 만큼이나 많은 통치형태가 있어야 한다.

8.4. 한 급진주의자의 성장

1769년 6월 리가를 떠난 후, 헤르더는 2년간 독일, 네덜란드, 프랑스를 여행했다. 1771년 5월, 그가 [202][독일 서북부] 베스트팔렌에 있는 뷔케부르크 라는 작은 공국에서 교회 총회 위원의 자리를 얻으면서 방랑의 세월은 끝이 났다. 그는 그 후 5년 동안 이 한적한 시골 환경에서 지내게 된다. 이 지역 정부는 리가의 정부와 정반대였다. 뷔케부르크는 18세기 독일에 널리 퍼져 있던 계몽적 전제주의의 완벽한 예이다. 이 지역의 지배자인 폰 샤움부르크-

· ·
70. 8.1절 참조.
71. Cf. Herder, "Gedanken bei Lesung Montesquieus", in *Werke*, IV, 418–419, "Von der Verschiedenheit des Geschmacks und der Denkart unter den Menschen", in *Werke*, XXXII, 18–29, 특히 pp. 20–21, 28–29; "Ueber die verschiedenen Religionen", in *Werke*, XXXII, 145–148.

립페 백작[72]은 프리드리히 2세의 숭배자였으며 그의 발자취를 좇는 모든 일을 했다. 백작은 프리드리히 2세가 프로이센을 위해 한 일을 그의 작은 공국을 위해 하고자 했다. 그는 궁중의 온갖 허영과 낭비를 지체 없이 근절시키고 무역, 농업, 산업의 발전에 헌신했다. 프리드리히 2세 못지않게 군국주의적이었던 백작이 가장 관심을 기울인 것은 작은 상비군을 창설하는 것이었는데, 그는 신체가 튼튼한 남성들을 대상으로 징병제를 도입함으로써 이 상비군을 유지했다. 비록 백작이 그의 백성들에게 언론과 양심의 자유를 허용했지만, 그는 엄격한 권위주의적 통치자였다. 그의 방책은 "좋아하는 걸 말하되 복종하라"는 프리드리히 2세의 모토로 완벽하게 요약된다. 헤르더는 계몽적이지만 전제적인 제후의 억압적인 분위기 속에서 깊이 괴로워했다. 이곳에 도착한 직후 카롤리네 플라흐스란트에게 보낸 편지는 이 지역의 폭정에 대한 그의 혐오감을 다음과 같이 드러냈다. "게다가 전제적인 어떤 곳에서조차 발견하지 못한 그런 폭정, 그런 아첨을 일삼고 야비한 옹졸함이 이 작은 공국을 지배하고 있소."[73] 뷔케부르크에서 헤르더는 교육자로서의 자신의 사명이 무위로 끝났다고 느꼈다. 그의 직무는 서류 작업에만 한정되어 있어서 학교나 모임에 거의 영향을 미치지 못했다. 그는 "신도가 없는 목사, 학교가 없는 학교 후원자, 교회 회의가 없는 평의회 고문"[74]이었다. 개혁에 대한 그의 모든 희망은 좌절되었다. 헤르더를 급진적으로 만들고 절대적 군주제에 대한 그의 믿음을 산산조각 낸 것은 그의 음울한 뷔케부르크 경험이었다.

이 지역의 통치에 대한 헤르더의 경멸은 그의 뷔케부르크 시절의 주저 『인류의 역사철학 재론』에서 터져 나왔다. 1774년 익명으로 출간된 이 거칠고 풍자적인 소책자는 당대의 정치 질서 전반에 대한 신랄한 공격이다. 헤르더의 분노의 주된 대상은 근대 군주의 중앙집권적 통제와 절대 권력이다. 그는

---

72. 이 백작의 삶과 정치에 대해서는 Haym, *Herder*, I, 489–494 참조.
73. 1771년 6월 22일 플라흐스란트에게 보낸 헤르더의 서한(*Briefe*, II, 36).
74. 1772년 8월 22일 플라흐스란트에게 보낸 헤르더의 서한(*Briefe*, II, 206).

모든 것을 엄격한 규칙에 따라 규제하고 백성을 '살아 있는 시체'로 분류하는 계몽적 폭군의 '기계 국가machine state'를 통렬히 꾸짖었다. 그런 전제주의는 질서와 순종의 이름으로 모든 것을 죽음과 파괴 속으로 내던지는 '인간성의 진짜 구렁텅이'에 다름 아니다. 헤르더는 자신의 정치적 신조를 명시적으로 채택하지는 않았지만, 자신의 선호를 분명히 했다. 그는 수동적인 국민을 가진 효율적인 정부보다는 적극적인 시민들과 함께 비효율적인 정부 아래서 사는 것이 낫다고 넌지시 말했다.[75] 분개한 감정으로 그는 근대의 군주가 모든 형태의 자치권을 희생시키면서 절대적 지배권을 획득하고 있고 각 신분, 도시, 농민의 모든 저항 세력을 짓밟고 있다고 비난했다.[76] 근대의 군주는 실제로 너무나 많은 권력을 가지고 있어서, 자기 나라의 복지를 [203]그의 야심과 전쟁에 자금을 대는 단순한 수단으로 삼는다. 그의 권력의 상징 그리고 그가 만들고자 하는 사회는 잘 통제되고 순종적인 군대이다.

헤르더가 분노한 또 다른 대상은 근대 유럽 국가의 제국주의였다.[77] 그는 이 정책 이면에 있는 위선을 재빨리 폭로했다. 유럽인들은 문명을 '원시적인primitive' 민족들에게 가져다주는 척한다. 하지만 그들은 어떻게 그 민족들을 문명화할까? 구식 소총과 값싼 브랜디, 강제적인 전환을 통해서이다. 유럽인들은 자신들이 노예제도를 폐지했기 때문에 그 민족들이 문명화된 것이라고 자랑한다. 하지만 그들은 왜 그렇게 했을까? 왜냐하면 노예들은 값싼 노동력보다 비용이 더 많이 들기 때문이다. 무역, 협력, 문명의 이름으로 유럽인들은 세계의 3분의 2를 정복하는 데 성공했다. 그들은 아프리카, 아메리카, 남태평양 제도의 원주민들을 무자비하게 착취하고 가차 없이 몰살해왔다. 그러나 이 사람들은 결국 '미개인들savages'이자 비그리스도교인일 뿐이었다.

계몽적 전제주의와 제국주의에 대한 헤르더의 비판은 **계몽** 전반에 대한

· ·
75. Herder, *Werke*, V, 495, 516, 538-539.
76. 같은 책, V, 549.
77. 같은 책, V, 546-547, 550, 557-558.

훨씬 더 광범위한 공격의 일부에 불과하다. 그의 견해에 따르면, 중앙집권적이고 효율적인 행정 집행을 칭찬하고, 비록 권위주의적이긴 하지만 계몽적인 통치자들에게 아첨함으로써 계몽적 전제주의를 지지해온 것은 바로 **계몽주의자**였다.[78] 그리고 유럽의 가치를 문명의 완벽한 예로 간주하고 이 문명의 확산을 '원시적' 민족들에게 권함으로써 제국주의를 정당화시킨 것은 바로 **계몽주의자**였다.[79] 당시 **계몽**에 대한 헤르더의 불만의 주요 원인은 그것이 억압을 정당화한다는 그의 믿음이었다. **계몽주의자**들은 지역의 자치권을 말살하고 아프리카, 아메리카, 아시아의 원주민들을 착취하려고 하는 군주들의 군사 행동에 협력하는 자들이다.

계몽에 대한 헤르더의 비판이 절정에 이른 것은 실로 그의 1774년 소책자에서이다. 헤르더는 한 절 한 절에서 **계몽**의 무기력하고 퇴폐적이며 오만한 문화를 통렬히 비난하고, 과거의 보다 단순하고 강건하며 활동적인 문화를 낭만적으로 묘사했다. **계몽**에 대한 그의 주된 비난은 그것이 기본적인 이상인 도야, 즉 국민의 교육을 이룰 수 없다는 것이다.[80] 우리는 단순히 지성을 계몽하고 '선행, 관용, 인간성'의 원칙을 전파함으로써 국민을 교육할 수 없다. 이러한 구호들이 모든 사람들의 입에 오르내리지만, 그들은 그 구호에 따라 행동하지 못한다. 우리의 생각을 이성에 의거해 분석하는 것은 그 생각을 분명하고 설득력 있게는 만들지만, 그런 분석이 행동의 주요 동기인 감정과 욕망을 불러일으킬 수는 없다. 따라서 **계몽주의자**는 이론과 실천, 이성과 행동 사이의 간극을 메울 수 없다. 만약 그들이 그 간극을 메우고자 한다면, 그들은 단순히 일반적인 원칙을 말하는 것이 아니라 그 원칙을 특정한 환경에 적용해야 한다. 나쁜 풍습 하나를 뿌리 뽑거나 좋은 충동 하나를 일깨우는 마을의 현인 한 사람이 통치의 원리에 대한 무미건조한

· ·
78. 같은 책, V, 514.
79. 같은 책, V, 577.
80. 같은 책, V, 535–545.

학술서를 쓰는 천 명의 철학자들보다 더 가치가 있다.

헤르더의 관점에서 볼 때 계몽주의자들은 훨씬 더 나쁜 죄를 저질렀다. 그들은 국민을 교육시키는 데 실패했을 뿐만 아니라 [204]국민 안에 있는 문화의 몇 안 되는 씨앗을 억압했다. 그들은 민속 시, 신화, 음악을 미신이자 비속한 것이라고 비판했고, 프랑스 궁정의 인위적인 연극을 절대적 규범으로 격상시켰다. 더 나쁜 것은, 그들이 세계주의적 개인이라는 새로운 복음을 전함으로써 사람들이 지닌 국민적 정체성을 부끄러워하게 만들었다.[81] 사람들은 어디에나 속해야 한다는 말을 듣기 때문에 이제 더 이상 어디에도 속한다고 느끼지 않는다. 그 결과, 사람들은 그들 자신의 문화, 그들의 민족적 전통, 언어, 역사의 살아 있는 원천으로부터 소외된다. 이제 계몽의 시대 덕분에 사람들은 하나의 보편적 성질을 띤 창백한 천상의 구현인 완벽하게 비슷한 존재가 될 것이다. 계몽주의자들이 관용을 설파하는 것은 오로지 모든 사람이 이 추상적인 인간성을 공유한다고 믿기 때문이다. 그들은 결코 그들 자신을 위해 문화적 차이를 중요시하지 않는다.

계몽에 대해 이처럼 광범위한 공격을 한 것을 되짚어보면, 과연 헤르더가 계몽의 전통에 속하는지 의아하게 생각될 만도 하다. 그가 뷔케부르크 시기에 반계몽주의자로 낙인찍힌 것은 실로 대부분 이러한 비판 때문이다.[82] 그러나 헤르더의 계몽에 대한 논박이 결코 계몽의 근본적인 목표를 포기하는 것에 해당되지 않았음을 인식하는 것이 중요하다. 헤르더는 계몽의 목적이 국민들을 교육하여 그들이 스스로를 다스릴 수 있도록 하는 것이어야 한다고 계속 믿고 있었다. 그가 계몽주의자들을 공격한 요점은 그들이 절대군주와 연합하거나 순전히 지적 문화의 속물적인 세계로 후퇴함으로써 계몽의 이상을 배반했다는 것이다. 보수적인 계몽주의자들은 교육의 진정한 목적을 망각해 버렸다. 교육의 진정한 목적은 지성의 계몽만이 아니라 국민들 자신 속에서

• •
81. 같은 책, V, 551.
82. Haym, *Herder*, I, 572-573; Clark, *Herder*, pp. 179-213 참조.

자율성과 자치의 힘을 발전시키는 것이다. 이러한 배반이 헤르더가 초기 논문에서 보수적인 **계몽주의자들**에 대해 가졌던 불만이었고,[83] 그는 이제 더 극적인 방식으로 그것을 재확인하고 있을 뿐이었다. 따라서 헤르더의 비판은 본질적으로 내재적이다. 즉 그것은 **계몽**을 계몽 자신의 이상에 비추어 엄격하게 비판한다. 그래서 우리는 『역사철학 재론』을 **질풍노도파**의 한 사상가가 계몽의 이상을 공격한 것으로 보기보다는, 보다 보수적인 동료들에 대한 인내심을 잃은 급진적인 한 **계몽주의자**가 계몽의 관행에 대해 공격한 것으로 해석하는 것이 더 정확할 것이다.[84]

헤르더의 소책자는 주로 **계몽**에 대한 거부로 해석되어 왔는데, 이 같은 계몽에 대한 거부감은 그의 새로 깨어난 종교적 감수성과 함께 일어났다고 여겨진 때문이었다.[85] 뷔케부르크 시절에 헤르더는 프로테스탄트 신학의 신비적 전통과 신앙을 통한 신의 체험에 대한 루터의 생각에 더욱 공감하게 되었다. 이 시기의 주요 저작 중 하나인 『인류의 가장 오래된 기록문서』[86]에서 그는 성경이 신성한 영감을 받은 작품이라는 하만의 이론에 대한 문헌학적이고 역사적인 증거를 찾으려고 시도했다. 그리고 그는 심지어 언어의 신성한 기원 이론에 대한 그의 이전의 비판에 대해 의구심을 갖기 시작했다.[87] 더욱 경건한 마음으로 헤르더는 신학에서의 그의 이전의 자유로운 사고를 후회했다. [205]하만에게 보낸 한 편지에서 그는 "제가 이 세기의 온갖 아름다운 망령과 성미 급한 자들의 미궁에 빠질 위기에 처해 있다는 걸 선생님 안의 소크라테스적 정령이 선생님께 일러주었던 것이 완전히 그릇된 것은 아니었습니다"[88]라고 고백했다. 그리고 친구 메르크에게 그는 간단히 "신학적인

· ·
83. 8.2절 참조.
84. Cf. Adler, *Herder und die deutsche Aufklärung*, pp. 149-150.
85. Haym, *Herder*, I, 572-573; Clark, *Herder*, pp. 179-213.
86. 『인류의 가장 오래된 기록문서』에 나타난 헤르더의 주장의 요약과 평가에 대해서는 Clark, *Herder*, pp. 162-171 참조.
87. Herder, *Werke*, VI, 299-300.

자유사상가는 죽었소"[89]라고 알렸다. 그 후 18세기의 주요 종교 부흥운동가 중 하나인 라바터와 헤르더 사이에 우정이 싹텄다. 헤르더의 1774년 소책자의 많은 부분과 계몽에 대한 비판 뒤에 숨겨져 있었던 것은 이 새로운 종교적 기질이었다.[90]『인류의 역사철학 재론』은 헤르더 자신의 평가로는 종교적인 저작이다. 따라서 그는 라바터에게 보낸 편지에서 "종교와 그리스도 그리고 세상의 종말"에 다름 아닌 그 열쇠를 쥐고 있는 속편을 쓸 계획을 세웠다고 썼다.[91]

하지만 그의 새로운 종교적 감정에도 불구하고 헤르더는 결코 정통 루터교도든 경건주의적 광신자든 반계몽주의자의 대열에 합류할 수 없었다. 1774년 소책자에서도 그의 종교에 대한 관념은 근본적으로 이성주의적이고 인본주의적인 것으로 남아 있다. 그는 그리스도교의 목적이 "인류의 종교"를 만드는 것이며, 그 모든 가르침은 "가장 순수한 도덕철학, 가장 박애주의적인 이신론理神論"[92]에 지나지 않는다고 주장했다. 모든 초자연적인 원인과 계시는 명백히 역사의 영역에서 추방된다. 그리하여 "자연에 대한 전체적인 비유 속에 있는 신성이 언제 자연을 통하지 않은 채 작용한 적이 있던가?"[93]라고 그는 물었다. 헤르더가 그의 가장 급진적이고 근대적인 논고『인간 영혼의 인식과 감응에 대하여』의 초기 초안을 쓴 것은 다름 아닌 그의 뷔케부르크 시기였다. 이것은 생명의 물질주의를 옹호한 것으로, 이에 따르면 정신은 신체의 생명력 중 가장 높은 수준의 조직일 뿐이다.[94] 헤르더는 뷔케부르크

● ●
88. 1773년 1월 2일 하만에게 보낸 헤르더의 서한(*Briefe*, II, 285).
89. 1772년 10월 J. H. 메르크에게 보낸 헤르더의 서한(*Briefe*, II, 244).
90. 따라서 하임은 "경건한 신앙, 계시신앙이 이러한 헤르더 역사관의 핵심이다. 그는 역사의 진행이 섭리의 인도 하에 있음을 분명하게 말한다"(Haym, *Herder*, I, 573)고 주장한다.
91. 1774년 6월 18일 라바터에게 보낸 헤르더의 서한(*Briefe*, III, 101).
92. Herder, *Werke*, V, 519.
93. 같은 책, V, 521.
94. 「인간 영혼의 인식과 감응에 대하여」에 관해서는 나의 저서 *Fate of Reason*, pp. 145–149 참조.

시절 이성주의 신학자들과 싸웠지만, 정통파들에 대한 경멸도 여전했다. 그들은 자신들의 적을 알고 있었고 그가 괴팅겐의 교수직에 임명되는 것을 완강히 반대했다. 헤르더로서도 그런 "뱀과 전갈" 같은 관계를 감수하는 걸 견딜 수 없었기 때문에 교수직 제의를 정중히 사양했다.[95] 헤르더의 지속적인 이성주의는 뷔케부르크 시절 종교적 체험을 재발견한 것과 대립되는 것처럼 보이지만, 우리가 헤르더의 신학을 그 적절한 전통인 바이겔, 뵈메, 에델만, 레싱의 신비적인 범신론 전통 속에 놓고 본다면 외견상의 긴장은 사라진다.[96] 급진적 계몽처럼, 이 전통은 활력론적이고 인본주의적이며 범신론적이다. 하지만 그것은 또한 종교적 경험의 가치를 주장한다. 그러나 이 경험은 초자연적인 계시가 아니라 자연 전체 속에 깃든 신에 대한 인식이다. 헤르더가 뷔케부르크 시기에 [향락적인] 문예 도락Schöngeisterei을 부정한 것은 단순히 이 오래된 전통에 대한 충성을 재확인한 것이었다.

8.5. 역사주의의 정치적 견해

『인류의 역사철학 재론』은 근대 역사주의를 정초하는 저작 중 하나로 간주되어 왔다.[97] 여기에는 어느 정도 타당성이 없지 않다. [206]위에서 분석한 역사주의의 세 가지 중심 주장은 헤르더의 이 논고에 뚜렷이 나타나 있다.[98]
헤르더의 역사주의와 그의 정치적 견해는 어떤 연관성이 있는가? 그

••
95. 1775년 10월 25일 J. F. 하르트크노흐에게 보낸 헤르더의 서한(*Briefe*, III, 224). 1775년 12월 28일 C. G. 하이네에게 보낸 서한(*Briefe*, III, 224)도 참조.
96. 이 전통에서 헤르더의 위치는 아들러(Adler, *Herder und die deutsche Aufklärung*, pp. 233–271)에 의해 상세히 입증되어 있다.
97. 예를 들어, Meinecke, *Entstehung des Historismus*, II, 440; and R. Stadelmann, *Der historische Sinn bei Herder*(Halle, 1928), p. 28 참조.
98. 서론 1절 「1790년대 독일사상의 정치화」를 참조.

저작에 대한 정치적 비판들이 순수하게 역사적이었던 그 저작 배후의 "원래의 구상을 간단히 논파시켰다"는 것은 과연 사실인가?[99] 헤르더의 이 논고를 단순히 역사서술 연구로 이해한다면, 우리는 그 이면의 요점을 보지 못한다. 왜냐하면 강력한 사회적·정치적 동기들이 헤르더의 역사주의 뒤에 있었기 때문이다. 이러한 동기들은 역사주의의 일반적인 견해와는 달리 결코 보수적이지 않았다.

한 가지 중요한 동기는 헤르더가 존 밀러[John Millar]의 『사회의 여러 신분의 차이에 관한 고찰』에 대해 쓴 서평에서 명백하다.[100] 1774년의 논고를 불과 2년 앞두고 발표된 이 서평은 계몽의 역사 서술에 대해 헤르더의 불편한 심기가 고조되고 있음을 보여준다. 그는 밀러와 이젤린의 역사 서술을 비난했는데, 그것은 현 상황을 용인하는 순진하고 안일한 낙관주의에 바탕을 두고 있기 때문이었다. 이 저자들은 유럽의 계몽운동을 모든 역사의 목적이자 문명의 완벽한 예로 보았다. 그리고 그들은 역사의 진보라는 것이 그들의 가치의 좋은 예가 되는 한에서만 그것을 발견했다. 그렇게 함으로써 그들은 정작 자신들의 시대의 문제를 외면했던 것이다. 그들은 무역의 성장, 과학의 진보, 노예제 폐지 그리고 그들 시대의 번영을 높이 평가하면서도 전제주의의 강화, 군국주의의 성장, 제국주의의 부상, 그리고 공공적 정신의 총체적 부재를 무시했다. 계몽의 역사학자들은 당시 자기 민족 중심주의를 범했을

99. 여기서 나는 마이네케의 견해(Meinecke, *Entstehung des Historismus*, II, 428)를 문제 삼고 있다.

100. Herder, *Werke*, V, 436–440. 헤르더는 존 밀러 저서의 독일어판인 *Bemerkungen über den Unterschied der Stände in der bürgerlichen Gesellschaft*(Leipzig, 1772)에 대해 서평을 썼다. 이 서평은 원래 『프랑크푸르트 학술 공보』(*Frankfurter gelehrten Anzeige*, no. 77, September 25, 1772)에 게재되었다. 또한 1770년대 초 계몽의 역사서술에 대한 헤르더의 커져가는 적대감에 있어 중요한 것은 A. L. 슐뢰저에 대한 그의 서평 「슐뢰저의 보편사의 관념」(L. Schlözer, *Vorstellung seiner Universalhistorie*, Göttingen, 1772, in *Werke*, V, 436–440)이다. 이 서평은 슐뢰저의 책 후반 부분에서 슐뢰저의 전면적인 반박을 불러일으켰다.

뿐만 아니라 정치적 안일함이라는 죄를 범했다.

　헤르더의 역사주의의 또 다른 동기는 민족 문화와 문화적 다양성을 옹호하는 것이었다. 초기 리가 시절에 헤르더는 민족 문학의 열렬한 옹호자였다. 그는 모든 문화가 그 독특한 믿음, 가치, 전통을 표현하는 문학을 발전시켜야 한다고 믿었다. 그의 초기 미학적 글들은 각 시대의 문학이 그 시대의 언어, 전통, 신념의 산물이라는 것을 보여주려고 한다. 그러한 논지는 민족 문학의 발전을 장려할 뿐만 아니라, 문학을 영원하고 보편적인 관점에서 평가할 수 있다고 믿었던 고전주의 비평가들의 가식적인 주장을 논파할 것이라고 그는 믿었다. 이들 비평가는 사실 퇴폐 문화의 산물에 불과한 프랑스적 본보기를 영원하고 보편적인 것으로 떠받듦으로써 민족 문학 전통의 발전에 악영향을 끼쳤다. 『인류의 역사철학 재론』에서 헤르더는 문학에 대한 그의 견해를 문화 전반으로 확장시켰다. 이제 그는 자기들 시대의 가치를 어떤 문화에도 보편적으로 유효한 것으로 보는 역사학자들을 공격함으로써 민족 문학뿐만 아니라 민족 문화를 옹호했다. 그들 시대의 가치를 영속화하는 보편성에 대한 그들의 주장은 다른 문화의 발전을 억압하는 데 이용될 수 있었다. 헤르더가 말했듯이, "보편적 외관을 한 철학과 [207]박애주의는 진정한 개인적, 인간적, 지역적, 시민적, 민족적 자유를 억압하고 침해하는 것을 은폐할 수 있는데, 이는 체사레 보르자가 좋아했을 것이다."[101]

　비록 헤르더가 뷔케부르크 시절에는 절제하여 말했지만 그의 역사주의의 또 다른 동기는 종교적 정통파의 신앙과 싸우는 것이었다. 역사주의는 초자연적 계시에 의거한 권위에 대한 주장을 논파시키는 강력한 무기가 될 수 있다. 그것은 외관상 영원하고 초자연적으로 보이는 것이 역사에서 너무나 인간적인 기원을 가지고 있다는 것을 보여줄 수 있다. 헤르더는 그의 초기 시절에 바로 이런 식으로 자신의 역사적 방법을 사용하는 것을 주저하지 않았다. 예를 들어 그는 1764–1765년의 『동방의 고고학을 위한

----

101. Herder, *Werke*, V, 578.

단편』에서, 성경은 그것을 발생시킨 자연 조건들에 따라 여느 인간 문서처럼 검토되어야 한다고 주장했다.[102] 역사적 맥락에서 읽으면, 성경은 고대 유대인들의 언어, 전통, 그리고 믿음의 산물임이 증명될 것이다. 이런 관점에서 보면 성경은 형이상학도 미신도 아니다. 오히려 그것은 삶과 자연을 향한 고대 유대인들의 감정의 강력한 문학적 표현인 민속시였다. 성서의 그런 역사적 읽기를 주장하면서 헤르더는 그 자신이 한 민족의식의 진정한 표현으로 간주하는 모든 형태의 민속시를 높이 평가하였기 때문에 그것의 가치를 실추시킬 생각은 없었다. 사실 그는 성경을 단순히 나쁜 물리학이라고 일축한 회의론자들과 자유사상가들에 맞서 성경을 비호하려고 했다. 그럼에도 불구하고 그의 비판적인 목표는 강력하게 눈에 띄는 것이었다. 그의 가장 열정적인 논쟁적 구절 중 일부는 성경을 초자연적 계시의 산물로 간주한 정통파 신학자들에 대비하여 마련되었다.[103] 헤르더의 견해로는 이 이론은 "인간의 정신에서 가장 나약한 병들 중 하나"였다.

지금까지 우리는 헤르더의 역사주의의 기초가 되는 그 동기들을 살펴보았으므로, 왜 헤르더가 겉보기와는 달리 보수적인 사상가라기보다는 급진적인 인물이었는지를 분명히 해야 한다. 역사주의의 모든 보수적인 관행과 함축 — 역사주의는 사회적·정치적 제도를 역사의 산물로 옹호하고, 추상적인 도덕 원리를 거부하며, 사회를 변화시키려는 대대적인 시도를 일축한다 — 에도 불구하고, 헤르더는 권위에 대한 주장을 뒷받침하기보다는 그것을 약화시키려는 의도를 가지고 있었다. 그의 역사주의는 애당초 사회적, 문화적, 정치적 비판의 무기가 될 의도였다.

역사주의를 어떻게 다루든 간에 역사주의는 결국 상대주의로 귀결되고 마느냐의 문제가 불가피하게 발생한다.[104] 만약 우리가 도덕적, 법적, 미적

• •
102. 같은 책, VI, 33-38.
103. 같은 책, VI, 33-38, 74-90, 특히. pp. 86-87.
104. Strauss, *Natural Right and History*, pp. 26-34 참조.

기준이 특정 문화의 보편화된 가치에 불과하다고 주장한다면, 우리는 그 자신의 기준에 따라서가 아닌 한 어떤 문화도 비판할 수 없는 것처럼 보인다. 그러한 귀결은 문화적 관용과 다양성을 옹호하고자 했던 헤르더에게 해를 끼칠 것이다. 그는 편협하고 제국주의적인 문화의 행동을 비판하기 위해서라면 어느 정도 보편적인 기준을 가지고 있어야 했다.

여러 해 동안 헤르더는 상대주의의 문제를 절실히 인식하고 있었으며, 그것을 피하는 것은 실로 그의 [208]역사철학의 중심 목표 중 하나였다. 리가 시절의 논문 「인간의 취향과 사고방식의 다양성에 관하여」에서,[105] 그는 역사에서 취향과 가치의 온갖 변화로부터 발생하는 회의주의의 위험성을 고찰했다. 이러한 변화들은 너무나 분명하고 매우 커서 회의론자가 어떤 보편적 가치나 하나의 인간 본성이 있다는 것을 부정하는 것은 정당해 보인다. 그러나 헤르더는 회의론자를 반박하려 하기보다는 역사에서 취향과 가치의 근본적인 변화를 보여주는 것에 만족해하면서 이러한 변화들 밑에 하나의 인간성이 있음을 내내 확인시켜주었다. 상대주의의 문제에 대한 헤르더의 관심은 1774년의 논고에서도 계속되었다. 초기의 초고는 다음과 같은 질문으로 시작한다. "어떤 미덕과 악덕이 항상 인간을 지배해왔는가? 그리고 미덕과 악덕에 대한 인간의 성향은 개선되는가 혹은 악화되는가? 아니면 그대로 있었는가?"[106] 이 저술의 마지막 판에서 헤르더는 역사의 모든 변화에도 불구하고 인간의 한 가지 본성이 있느냐고 다시 물었다.[107] 그는 자기들의 시대적 기준을 적용해서만 역사의 진보를 보는 계몽주의자들과, 역사의 변화만 보고 진보나 보편적 가치는 보지 않는 회의론자들이라는 두 극단 사이에서 길을 찾는 것이 자신의 목적이었다고 설명했다. 여하튼 그는 자기 민족 중심주의와 상대주의의 양극단 사이에서 중용의 길을 택해야 했다. 그는

· ·
105. Herder, *Werke*, XXXII, 18–29.
106. 같은 책, V, 587.
107. 같은 책, V, 511–513.

중간의 길이 "보다 높은 의미에서의 진보"가 있음을 보여줄 것이라고 말한다. 그러한 진보가 있다는 것은 실로 이 저술 전체의 중심 주제이다. 그래서 그는 "인간성은 오직 인간성으로 남아 있고, 여전히 진보의 계획은 눈에 보인다 — 나의 위대한 주제!"라고 말한다.[108]

그렇다면 헤르더는 어떻게 상대주의의 위험을 피했을까? 그는 어떻게 "보다 높은 의미에서의 진보"가 있다는 것을 확증했을까? 그의 전략의 핵심은 유기적 유비를 역사에 적용하는 것이다. 과거의 모든 문화들은 성장의 많은 단계들이자 인류의 자기 교육의 증진 과정에 나타나는 많은 국면들에 다름 아니다. 초기 히브리인들은 유아기, 이집트인들은 유년기, 그리스인들은 청년기, 로마인들은 인류의 성년기였다. 이 유기적 은유를 통해 헤르더는 역사의 진보를 볼 수 있었고 각 문화의 독특한 가치를 강조할 수 있었다. 그가 각 문화의 자율성과 개성을 강조한 것은 모든 가치들이 저마다 상대적이라고 믿었기 때문이 아니라 각 문화가 그 발전의 특정 단계에서 인류에 적합한 가치를 가지고 있다고 생각했기 때문이라는 점을 아는 것이 가장 중요하다. 문화들이 각기 독특한 가치를 갖는 것은, 마치 성인에게 좋은 것이 아이에게 좋은 것이 아닌 것처럼 한 단계의 성장에 적절한 것이 다른 단계에게는 그렇지 않기 때문이다. 헤르더는 그리스인들이 이집트인들을 얕보고 또 이집트인들이 유대인을 경멸하는 방식을 언급하면서, 이것은 청년이 어린아이에 대해 또 어린아이가 유아에 대해 갖는 그런 종류의 경멸이라고 말했다. 그는 곧바로 "이 증오조차도 발전, 진보, 사다리의 디딤판을 보여준다"고 덧붙였다.[109] 우리는 각 문화를 그 장소와 그 시대에 비추어 검토해야 하는데, 왜냐하면 "우리는 노인이나 성인이랑 이야기하는 것과 똑같이 7살 된 아이와 이야기를 나눌 수는 없기 때문이다."[110] 그렇다면

••
108. 같은 책, V, 511.
109. 같은 책, V, 489.
110. 같은 책, V, 490.

계몽의 역사학자들이 [209]잘못된 길로 접어드는 것은, 단순히 한 문화의 기준을 다른 문화에 적용하기 때문이 아니라 보다 성숙하고 발전된 인류의 단계의 기준을 보다 원시적이고 미발전된 단계에 적용하기 때문이다. 그들이 끝내 보지 못하는 것은, 각각의 문화적 가치들이 서로 비교할 수 없다는 점이 아니라 진보된 시대에 적절한 것이 그보다 이른 시대에는 그렇지 않다는 점이다.[111] 그렇다면 이러한 유기적인 용어로 말함으로써 헤르더는 각 문화들이 서로 비교할 수 없는 것이되 또한 동시에 그 문화들은 모두 하나의 기준이나 목표에 따른다고 가까스로 말한 셈이다.

그러나 헤르더의 해결책은 분명히 그 자체의 의문과 어려움을 남긴다. 역사 발전의 의도나 목적이란 무엇인가? 문명의 다양한 단계들은 무엇을 위한 준비인가? 헤르더는 1774년의 소책자에서 이 질문에 대해 애매모호하고 심지어 거론하길 꺼려하는 태도를 보였다. 그는 때때로 운명에 호소하거나 신의 마음속에 있는 알 수 없는 계획에 호소했다.[112] 어떤 대답도 자기 민족 중심주의라는 비난을 불러올 것 같기 때문에 이 질문은 확실히 그에게 당혹스러운 것이다. 역사의 목적은 필연적으로 어떤 문화적인 관점에서 정의될 수 있지 않을까? 이후에 나온 『인류의 역사철학에 대한 이념』에서 비로소 헤르더는 이 질문에 그럴듯한 대답을 개진했다. 그는 역사의 목적을 규정하는 데 있어 더욱 명시적이었다. 즉 그것은 인간의 모든 신체적, 감성적, 활동적, 지적 능력들의 자율적인 발전이다.[113] 이 정의는 자기 민족 중심주의와 상대주의의 위험을 피한다고 헤르더는 믿었는데, 왜냐하면 비록 모든 민족들이 같은 능력을 발전시키지만, 그들은 완전히 다른, 그리고 정말로 서로 비교할 수 없는 방식으로 그렇게 하기 때문이다.[114] 그러나 서로 다른 문화들이 이

---

111. 같은 책, V, 484–486.
112. 그러므로 마이네케는 『역사주의의 성립』(Meinecke, *Entstehung*, II, 428)에서, 헤르더가 신의 섭리에 호소함으로써 상대주의를 간신히 피했다고 주장한다.
113. Herder, *Werke*, XIII, 154–165.
114. 같은 책, XIII, 161, 387–388, 392–395.

자기실현의 이상을 실현하기 위한 극단적으로 다르거나 심지어 상충되는 수단을 선택한다면, 이러한 이상은 단지 공허한 이름일 뿐이라는 문제가 여전히 남아 있다.

어려움이 무엇이든 간에, 상대주의 문제에 대한 헤르더의 해법은 그가 얼마나 계몽의 전통 속에서 여전히 사고하고 있었는지를 보여준다. 각 문화의 독특함과 자율성을 강조했음에도 불구하고, 그는 계몽의 낙관주의나 진보의 관념을 버릴 수 없었다. 역사의 모든 시대를 신의 섭리에 의한 인류의 교육으로 보는 데서, 그는 레싱의 『인류사의 교육』의 유산을 재확인하고 있었다. 그러나 계몽에 대한 이러한 변함없는 충성은 근대 인류학의 창시자 헤르더의 해석이 시대착오적인 것은 아닌지 의문을 갖게끔 한다.[115] 그렇게 많은 당대 인류학자들과는 달리 헤르더는 문화적 기준들의 완전한 비교 불가능성을 옹호하고 있지 않았기 때문이다. 그는 여전히 모든 문화를 보편적인 자연법칙에 따라 진보와 완성이라는 척도로 보고자 했다.

8.6. 성숙한 정치이론

1776년 10월 헤르더는 바이마르로 이주하여 이 지역 교회에서 교회감독자 겸 상급 목사라는 직책을 맡았다. [210]여기서 그는 여생을 살게 된다. 그는 바이마르가 뷔케부르크의 억압적인 정치 분위기로부터 어느 정도 벗어날 수 있기를 바랐지만, 이곳에서 그는 실망했다. 바이마르 역시 계몽적 전제주의의 원칙에 따라 통치되었다. 그 궁정은 뷔케부르크에서와 마찬가지로 엘리트주의적이고 권위주의적이었다. 다시 한 번 헤르더는 작센 – 바이마르의 소 군주 칼 아우구스트 폰 공작의 지배 아래 고통 받았다. 독일의 정치적 현 상황에 대한 그의 좌절감은 더 커졌다. 그 증거로서는 1781년

••
115. 여기서 나는 클라크의 견해(Clark, *Herder*, pp. 187–188)를 문제 삼고 있다.

5월 하만에게 보낸 편지에서 다음과 같이 말하고 있는 대목이다. "이곳에는 정말 아무것도, 아무것도 없답니다. 그저 정신에 대한 가장 비참한 억압과 박해, 압제적인 혼란과 무정부적인 폭정밖에 없습니다."[116]

바이마르 초창기 시절 헤르더의 정치적 신조에 대한 가장 주목할 만한 증언은 1781년 가을에 헤르더와 함께 장시간 깊은 대화와 산책을 한 그의 친구 게오르크 뮐러에게서 나왔다. 뮐러는 헤르더와의 대화에 대해 이렇게 말했다. "우리는 도처에서 인류가 겪고 있는 억압, 무신론, 전제정치, 정신과 양심의 예속, 그리고 인류가 가진 가장 신성한 권리가 어떻게 도처에서 아무것도 아닌 것에 구속되어 발밑에서 짓밟히는지에 대해 이야기했다. 계몽된 프로이센에서도 극심한 노예제가 지배하고 있다. 인류는 일어서려고 발버둥치고 수천 명의 한숨소리는 좀처럼 들리지 않는다."[117]

바이마르 시절 초기에 헤르더의 정치적 신념의 가장 훌륭한 진술은 1780년에 발표된 통치와 학문의 상호적 영향에 대한 그의 현상논문 「통치가 학문에 그리고 학문이 통치에 미치는 영향」이다. 이 짧은 논문의 핵심 논지는 사람들에게 사상과 표현의 가장 큰 자유가 주어질 때 예술과 학문이 가장 번성한다는 것이다. 그러므로 헤르더는 문화의 성장을 위한 통치의 가장 좋은 형태는 공화국이라고 결론짓는다.[118] 칸트, 피히테, 포르스터, 그리고 다른 자유주의자들처럼 헤르더는 어떤 통치도 결코 진실에 대한 독점권을 주장할 수 없다고 주장하며 사상의 자유에 대한 용기 있는 변호를 요구했다. 그럼에도 불구하고 헤르더는 조심스럽게 자신의 원칙에 단서를 달았다. 비록 그는 검열 제도를 개탄했지만, 모든 국가가 자기 보존을 위해 사상의 자유에 어느 정도 제한을 가해야 한다는 것을 인정했다.[119] 이러한 제한이

----

116. Herder, *Briefe*, IV, 180.

117. J. G. Müller, *Aus dem Herderschen Hause: Aufzeichnungen von J. G. Müller, 1780–1782*, ed. J. Baechthold(Berlin, 1881), p. 73 참조.

118. Herder, *Werke*, IX, 357–358.

119. 같은 책, IX, 358–359. 이러한 이유로 사상의 자유에 대한 헤르더의 변호를 밀의 그것과

어떠해야 하는지는 상황에 따라 달라지므로 일반적인 용어로 정의될 수는 없다. 그리고 헤르더는 분명히 공화제를 선호했지만, 그는 또한 군주제들이 문화에 약간의 자극을 주었다고 칭찬했다.[120] 이러한 제한을 하게 된 배경은 아마도 헤르더의 독자에게 있을 수 있다. 즉 그는 프로이센 과학 아카데미를 위해 글을 쓰고 있었는데, 그들의 기분을 상하게 할 형편이 안 되었다. 하만은 헤르더의 이 논문에 대해 "정부가 영향력을 행사했다는 증거"라고 비꼬면서 과학 아카데미의 영향력을 시사했다.[121]

헤르더의 바이마르 시절의 주요 저작은 『인류의 역사철학』으로, 이 책의 첫 3부는 프랑스혁명의 불과 몇 년 전(1784–1787)에 발표되었다. 이 저작으로 헤르더의 [211]정치철학이 충분히 형성되었고, 프랑스혁명에 대한 그의 이후 변호의 기초가 완전히 마련되었다. 『인류의 역사철학』의 여러 절에서 헤르더는 통치와 정치 연합의 기초에 관한 새로운 이론을 제시했는데, 그것은 대부분의 18세기 사상과 결별하는 것이었다.[122] 헤르더에 따르면, 정치 질서의 근간은 중앙집권적이고 관료주의적인 국가가 아니라 공유된 문화나 국민성이어야 한다. 국민을 하나로 묶는 것은 국가가 아니라 공통의 언어, 역사, 종교이어야 한다. 이는 정치적 단위가 도덕적이거나 합법적일 뿐만 아니라 국민적이거나 문화적이어야 한다고 헤르더가 믿는 한에서 18세기 사상과의 명확한 결별을 수반했다. 18세기 정치철학의 절대론자도 또 공화주의 전통도 이런 믿음을 공유하지 않았다. 그들은 국가가 국민성이나 문화와 상관없이 전반적으로 인간에 대한 구속력을 갖는다고 여겼다.

헤르더의 정치 연합 모델은 단순한 정치적 힘을 통해 지극히 다양한 문화의 국민들을 하나로 결속시키려 했던 프로이센, 러시아, 오스트리아와

비교하는 것은 다소 오해의 소지가 있다. Barnard, *Herder's Social and Political Thought*, p. 77 참조.

120. Herder, *Werke*, IX, 373.

121. 1780년 12월 18일 헤르더에게 보낸 하만의 서한(*Briefwechsel*, IV, 253).

122. 가장 중요한 구절은 제9권 제4절 말미(*Werke*, XIII, 385–387)이다.

같은 18세기 유럽의 절대주의 국가들에 대한 불만에서 비롯되었다. 이들 국가는 헤르더에게 예언자 요한의 꿈에 나타난 압제 권력의 상징을 상기시켰다. 즉 그것은 사자의 머리, 용의 꼬리, 독수리의 날개, 곰의 발을 가진 하나의 괴물이었다.[123] 헤르더의 견해로 볼 때, 그러한 국가들의 주된 문제는 그 국가들이 그곳에 살고 있는 국민들의 창조적인 에너지를 억압한다는 것이다. 각 문화는 그 고유한 신념과 전통에 따라 생활하기보다는 그것에 부과된 법을 준수해야만 한다. 이러한 절대주의 국가들과는 달리, 헤르더의 정치 연합 모델은 의도적으로 더 민주적이고 포퓰리즘적이다. 공유된 문화에 기반을 둔 정치 질서는 모든 사람이 한 문화의 공통된 믿음과 전통을 공유하기 때문에 국민의 뜻을 표현한다. 통치는 귀족과 부르주아계급뿐만 아니라 농민, 노동자, 상인 등 가장 광범위한 계급을 포함시켜야 한다.[124]

우리가 헤르더의 전통주의를 제대로 평가해야 하는 것은 바로 이런 포퓰리즘적 맥락에서이다. 이것은 그의 생각에서 보수주의의 근원이 아닌데, 왜냐하면 버크와는 달리 그는 전통을 신성한 편견으로 여기지 않고, 더욱이 우리의 선조들로부터의 구속력 있는 유산으로 여기지도 않기 때문이다. 오히려 그것은 국민의 문화의 기초, 그들의 창조적 에너지와 열망의 표현이다. 그러므로 헤르더의 눈에 전통이란 구체제를 지지하는 것이 아니라 구체제에 대항하는 무기이다.

『인류의 역사철학』에 나타난 정치 연합의 이론은 근대 민족주의의 초석 중 하나로 읽혀져 왔다.[125] 헤르더가 유럽의 민족주의 운동에 목소리를 내고

· ·
123. 「요한계시록」 13장 2절.
124. Barnard, *Herder's Social and Political Thought*, pp. 73–76 참조. 바너드는 헤르더가 민족[국민]Volk의 관념 아래 백성 또는 인민을 포함시키고 있었음을 상세히 검토한다.
125. 헤르더가 후대의 민족주의에 미친 영향에 관해서는 Ergang, *Herder and Nationalism*, pp. 239–266; Barnard, *Herder's Social and Political Thought*, pp. 167–177; R. Schierenburg, *Der politische Herder*(Graz, 1932), pp. 43–103; Holm Sundhausen, *Der Einfluss der Herderschen Ideen bei den Völkern der Habsburger Monarchie*, Buchreihe der Sudostdeutschen Historische Kommission, vol. 27(München, 1973) 참조.

자극을 주었던 한에서 이러한 독해에는 어느 정도 타당한 이유가 있다. 그러나 이미 지적했듯이 헤르더의 민족주의와 후세의 민족주의를 구분하는 것이 중요하다. 그의 민족주의에는 두 가지 독특한 특징이 있다. 첫째, 그는 [212]민족과 국가를 명확히 구분한다. 현대의 민족주의와는 달리, 그는 중앙집권적이고 관료적인 국가를 정당화하기보다는 민족이 국가를 대체할 것을 의도했다. 둘째, 헤르더는 문화적 다원주의자로서, 모든 나라의 문화가 동등한 가치를 가지고 있다고 믿는 사람이었다. 헤르더에게는 게르만 민족 우월주의의 흔적이 없다. 그는 신성로마제국 하에서의 독일의 정치적 분열을 문제 삼지 않았다. 그리고 그는 다양한 지방의 독특한 문화를 소중히 여겼다. 그는 독일 민족 문학을 옹호했지만, 다른 문화권에 대해서도 마찬가지로 옹호했다. 리가 시절 초창기에 그는 특히 리보니아와 러시아 문화의 발전에 헌신하였다. 헤르더는 게르만 민족 우월주의와는 거리가 멀었기 때문에, 초창기에는 자신을 프로이센 정부의 국민이라기보다는 러시아 정부의 국민으로 여기는 것을 더 좋아했다.

헤르더는 정치 연합의 기초를 국가 대신에 민족으로 바꾸어 놓기를 바라면서 자신의 정치이론을 무정부주의의 극단으로 가져갔다. 그는 중앙집권적인 주권 권력으로서의 국가가 사라지게 될 시대를 열망했다. 따라서 그는 『인류의 역사철학』 8권에서 역사의 목적은 완전한 국가를 달성하는 것이라는 칸트의 진술을 날카롭게 문제 삼았다. 그는 지구상에는 국가를 전혀 모르는 사람들이 많았고, 그들은 근대적 통치에 의해 '억압받는 수혜자들'보다 훨씬 행복했다고 말했다.[126] 역사의 목적은 국가의 창출이 아니라 국가의 폐지이다. 검열로 삭제되어 미발표된 『인류의 역사철학』의 구절 중 하나에서 헤르더는 이렇게 썼다. "백성들은 자기 자신에 대한 이해가 없는 한 주인을 필요로 하기 마련이다. 백성들이 자신에 대한 이해를 획득할수록, 정부는 통치의 방법을 바꾸고 사라질 수밖에 없다. 정부의 가장 고귀한

126. Herder, *Werke*, XIII, 340.

목적은 정부 자체가 불필요한 것이 되어 모든 사람이 자기 자신을 다스리는 것이다."[127]

헤르더의 무정부주의는 절망적일 정도로 터무니없는 것처럼 보이지만, 그것은 논쟁의 여지가 있다 하더라도 완벽하게 그럴듯한 전제들에 기초하고 있다. 한 가지 전제는 문화의 사회적 역할에 대한 그의 믿음이다. 헤르더의 견해로 보자면, 한 사람을 사회적 존재로 만드는 것은 법의 강압적인 힘이 아니라 문화적 전통에 있는 교육이다.[128] 국민은 국가의 강압적인 장치에 의해 그들에게 강요된 사회적 규율을 갖기보다는 그들의 문화적 전통 속에서 젊은이들을 교육함으로써 스스로를 규율할 수 있다. 또 다른 전제는 인간 본성에 대한 그의 낙관적인 생각이다. 인간은 본래 타인을 위해 선을 행하는 데서 즐거움을 얻고 공동체의 생활에 참여함으로써 자존감을 얻는 사회적 동물이라고 헤르더는 주장했다.[129] 그렇다면 홉스에게는 미안한 얘기이지만, 인간은 공격적인 존재가 아니다. 그들은 자신들을 방어하기 위해서만 폭력에 의존한다. 따라서 헤르더는 인간은 주인을 필요로 하는 동물이라는 칸트의 말에 강한 이의를 제기했다. 그는 이 진술의 반대가 진실이라고 주장했다. 즉 주인을 필요로 하는 인간은 동물인 것이다.[130]

그러나 우리는 헤르더의 무정부주의를 너무 문자 그대로 받아들이는 것에 주의해야 한다. 그는 정부나 법이 없어야 한다고 생각하거나 [213]사람들이 단순히 그들이 원하는 대로 해야 한다고는 생각하지 않았다. 무정부주의에 대한 이러한 고정관념은 헤르더에게 맞지 않는데, 무엇보다도 그런 고정관념은 1780년대에 그가 점점 더 강조했던 '인간은 정치적 동물이다'라는 교설과 양립할 수 없기 때문이다. "인류는 통치 없이 지내본 적이 없다. 통치는

..
127. 같은 책, XIII, 456. Cf. Werke, XIII, 340.
128. 특히 제8권 제2절−제5절(Werke, XIII, 299−342) 참조.
129. Herder, Werke, XIII, 375. Cf. Werke, XVII, 116.
130. 같은 책, XIII, 383, 456.

성별의 결합만큼이나 인류의 기원으로서 인류에게 자연스러운 것이다. 인류가 어디에 존재하든 통치는 존재한다."[131] 통치의 필요성은 헤르더에게 적어도 두 가지를 의미했다. 하나는 인간의 행동을 다스리는 성문법이 있어야 하고, 다른 하나는 정치적 통일체의 복지에 관한 결정을 내릴 수 있는 어떤 선출된 대표기구가 있어야 한다는 것이 그것이다. 그는 법률이 반드시 집행되고 강제되어야 하며, 사람들 사이에 분쟁이 생길 경우 공정한 법관들에 의해 해결되어야 한다는 것을 단순히 삶의 사실로 받아들이는 듯했다.[132] 그러나 그는 이러한 기능들이 직접적으로 관련된 사람들에 의해 지역 공동체 차원에서 정착될 수 있다고 믿었다. 리가에 있는 것과 같은 그런 시 의회라면 충분할 것이다. 그렇다면 통치의 필요를 수반하지 않는다. 지방 자치와 달리 국가는 중앙집권적인 권력, 영구적인 행정기구 또는 관료 체제로 구성될 것이다. 헤르더의 견해에 따르면, 공동 자치정부와는 대조적으로 국가가 안고 있는 문제는 자치권의 소외를 수반한다는 것이다. 우리는 통치자와 관료제도에 우리의 자치권을 넘겨야 하는데, 이것은 필연적으로 그들 자신의 이익을 위해 작용한다.

국가가 없는 통치에 대한 헤르더의 견해는 1782-1783년에 출간된 두 권짜리 논저인 『히브리 시의 정신에 관하여』에서 유대인들의 고대 헌법에 대한 그의 논평으로 가장 잘 표현되어 있다.[133] 구약성서의 시의 기원을 검토하는 과정에서 헤르더는 고대 유대인들의 통치에 대해 몇 가지 흥미로운 발언을 했다. 이러한 발언은 그의 정치이론에 있어 일차적으로 중요한데, 그는 근본적인 측면에서 유대인들의 통치를 일반적인 통치 모델로 간주하고 있기 때문이다.[134] 모세의 율법 이면의 기본 목표는 법 자체 이외의 어떠한

• •

131. 같은 책, IX, 313. Cf. *Werke*, XVI, 48, 119.

132. 같은 책, XII, 91 ; XIV, 89; XVII, 137.

133. 헤르더의 정치적 견해에 대한 『히브리·시의 정신에 관하여』의 중요성은 바너드(Barnard, *Herders Social and Political Thought*, pp. 62-67)에 의해 지적되었다.

134. Herder, *Werke*, IX, 313; XVI, 48, 119 참조.

것에도 구속되지 않는 자유로운 민족을 형성하는 것이었다고 헤르더는 말했다.[135] 모세는 자의적인 개인 통치자들로부터 그의 백성의 자유를 보호하기를 원했기 때문에, 그들에게 그들의 유일한 통치자는 하나님 자신이라고 가르쳤다. 이스라엘의 백성은 모든 사람이 평등하고 모든 사람이 하나님의 율법의 종인 그러한 제사장의 나라가 되어야 한다는 것이 모세의 근본원칙이었다. 이스라엘의 모든 지파들은 한 민족을 이루었고, 각 지파는 다른 지파를 형제로 여겼다. 그리고 그들은 특별한 민족 축제에서 일 년에 세 차례 공동으로 만났는데, 그것의 목적은 사람들에게 애국심을 심어주는 것이었다. 이 축제 기간 동안 국가적 현안은 각 부족에서 선출된 원로들로 이루어진 회의에 의해 결정되었다. 율법을 설명하고 수호하고 적용하는 것은 원로들의 임무였다. 즉 그들은 법적 사건을 해결하고, 재산에 관한 계약서를 작성하고, 교역에 관한 규칙을 정하며, 공공의 건강을 보장하기 위한 조치를 취한다. 그들의 통치는 "부족의 명예, 동등한 국민권, 자유"라는 이상에 기초해 있었고, 그것은 [214] "여호와의 이름에 대한 기쁨, 명예, 자부심"이라는 모든 공공 행위의 원천에 의해 지지되었다. 고대 유대인들은 그들의 부족 법이 신에 의해 생겨난 것으로 여겼기 때문에, 우리는 우리의 계몽 시대에 그들을 비웃을지도 모른다. 그러나 모세가 과연 그의 법이 신에 의해 생겨난 것처럼 행세했는지 여부는 문제가 되지 않는다고 헤르더는 대답한다.[136] 그가 그렇게 하는 데 있어 잘 할 수 있었던 것은 백성들 사이에서 자유와 법치주의를 확립하는 데 성공했기 때문이다. 따라서 그의 통치를 '신정정치'라기보다는 '법치주의 정치'라고 부르는 것이 더 정확할 것이다. 유대인들의 고대 헌법은 원시적이고 야만적인 통치형태이기는커녕 오늘날도 본받을 만한 가치가 있다. 왜냐하면 모세는 사람이 아닌 법이 다스리는 통치, 백성이 자유롭게 법을 받아들이고 기꺼이 따르는 통치, 그리고 강제보다는 이성에 의해 이끌리

• •
135. 같은 책, XII, 82.
136. 같은 책, XII, 122.

는 통치라는 이상을 성취하였기 때문이다.[137]

헤르더가 후기 정치사상의 초석인 인간성(인도주의^{Humanität})에 대한 윤리적 이상을 처음으로 정식화한 것은 그의 바이마르 시절이었다. 이 개념은 리가 시기 이후 그의 모든 교육적 이상과 모든 정치적 희망을 표현한다. 그는 결코 이 개념에 정확한 정의를 내리지 않았지만, 『인류의 역사철학』의 제1권에서는 그것에 가장 가까이 다가갔다. 즉 "나는 인간성이라는 단어로 이성과 자유, 보다 정제된 감각과 욕구, 가장 섬세하고 강건한 번영, 현세의 점유와 지배 등을 향한 인류의 발전(도야^{Bildung})에 관해 지금까지 말한 모든 것을 이해할 수 있기를 바란다."[138] 이 이상에 따르면 인간의 목적은 쾌락의 이기적인 추구도 또 도덕적 의무의 이타적인 수행도 아니다. 오히려 그것은 인간의 모든 특징적인 능력들—그 능력들이 지적이든 도덕적이든 감성적이든 신체적이든—의 완성인 자기실현이다. 우리의 이성은 뚜렷하게 인간적일 뿐만 아니라, 우리가 단일 생명체인 한에서 우리의 모든 능력들 또한 인간적이다.[139] 그러므로 우리의 인간성을 실현하기 위해서 우리는 우리의 모든 능력들을 실현하며 하나의 조화로운 전체가 되도록 노력해야 한다.

물론 이것만으로는 인간성에 대한 헤르더의 이상에 특별히 급진적인 요소가 엿보이지 않는다. 그리고 그것은 뚜렷한 정치적 함의도 갖지 않는데, 왜냐하면 이와 유사한 이상은 훨씬 더 보수적인 사상가들 사이에서 발견되기 때문이다. 예를 들어, 베를린 계몽주의자들은 절대주의 국가에 대한 그들의 믿음을 정당화하기 위해 이와 유사한 완성의 윤리에 호소했다. 그렇다면 왜 헤르더의 이상은 잠재적으로 그렇게 급진적인가? 그 이유는 과연 누구를 위한 인간성인가를 물을 때에만 명백해진다. 보수적인 동시대 사람들과는 달리 헤르더는 인간성이 모든 사람의 이상이 되어야 한다고 주장했다. 국가

<hr>

137. 같은 책, XII, 117.
138. 같은 책, XIII, 154.
139. 같은 책, V, 28–34.

안의 어느 누구도 자신의 인간성을 최대한 실현할 기회를 박탈당해서는 안 된다. 그것은 부르주아계급의 특권이 아니고 더욱이 귀족계급의 특권도 아니며 국가의 모든 계층 사람들의 권리가 되어야 한다.[140] 각자의 자기실현은 사회의 모든 사람의 도덕적 책임이며,[141] 그리고 누군가의 잠재력을 무시하는 것은 범죄와 다름없다.[142] 백성들이 도덕적으로, 지적으로, 육체적으로 발달되지 않았다면, 그 이유는 타고난 소질이 결여된 데 있는 것이 아니라 [215]사회적 기회의 결여, 그리고 궁극적으로 정치적 억압에 있다.[143] 자연에는 정말로 여러 불평등이 있지만, 이것들은 결코 사회가 만든 것만큼 대단한 것은 아니다.[144] 국민의 타고난 열등감을 이유로 교육의 대상을 사회 엘리트로 제한할 태세였던 동시대 보수주의자들로부터 헤르더를 가장 첨예하게 갈라 놓는 것이 바로 이 열렬한 평등주의이다. 그렇다면 헤르더의 이상이 지닌 급진적인 잠재력은 대부분 그 평등주의적인 기조, 즉 모두가 그 타고난 힘을 계발할 권리가 있다는 도덕적 요구에 있다.

중요한 한 가지 측면에서 헤르더의 급진주의는 더욱 심화되고 있다. 그는 통치가 모든 시민들에게 인간성을 실현할 책임이 있다고 믿었다.[145] 헤르더의 인도주의의 이상을 공유했던 훔볼트와 달리, 헤르더는 통치가 자유 방임 정책을 채택해야 한다고 생각하지 않는다. 왜냐하면 모든 사람들이 통치권의 조력 없이 그들 자신에게만 맡겨진다면 자신들의 인간성을 발전시 킬 수 있는 상황이 전혀 아니기 때문이다. 많은 사람들은 너무 가난해서 그들의 대부분의 시간과 에너지를 생계 수단을 버는 데 써야 한다. 그들은 자신들의 더 높은 힘을 발전시킬 소중한 것을 거의 가지고 있지 않다. 따라서

140. 같은 책, XVIII, 308; VI, 104–105.
141. 같은 책, XIII, 350.
142. 같은 책, XXX, 234.
143. 같은 책, XXX, 517; XVII, 116.
144. 같은 책, XIII, 381.
145. 같은 책, XXX, 429–452; XXXII, 518.

통치권이 그들을 돕지 않는다면 인간성의 이상은 부유한 소수의 특권이 될 것이다. 그러므로 헤르더는 통치권이 모든 시민들의 교육을 보장하기 위해 적극적인 조치를 취해야 할 의무가 있다고 결론지었다. 예를 들어, 정부는 학교를 짓고 교사들을 지원해야 한다. 정부는 또한 모든 시민들의 실제적 복지를 위해 제공해야 할 부가적인 의무가 있다고 헤르더는 믿었다. 즉 모든 사람이 최소한 일정한 최저 수준의 생활을 누릴 수 있도록 조치를 취해야 한다.[146] 그러나 시민들의 복지와 교육에 대한 정부의 관심이 그들의 일에 부당한 간섭을 가져올 수 있다는 것은 헤르더가 고려하는 문제가 아니다.

8.7. 헤르더와 프랑스혁명

헤르더의 정치철학을 볼 때 그가 프랑스혁명에 박수를 보내는 것은 당연한 일이었다. 인권 선언, 봉건제 폐지, 절대군주제의 종식은 그가 혐오해왔던 구체제의 종말을 의미했다. 자유와 평등의 원칙은 분명히 모두에게 더 높은 인간성을 위한 열쇠였다. 비록 헤르더 자신이 프랑스혁명에 대한 그의 첫 반응에 대한 증거를 우리에게 거의 남기지 않았지만, 그의 동시대 사람들의 몇몇 보고는 혁명에 대한 그의 동조에 대해 거의 의심을 두고 있지 않다. 그는 명백히 자신의 급진적인 견해를 매우 노골적으로 표현했는데, 이는 그의 친구들에게는 유감스러운 일이었다. 실러는 1789년 9월 어느 날 저녁 연회에서 헤르더의 행동에 당황했다. 그는 친구 쾨르너에게 이렇게 말했다. "공작부인의 식탁에서 (헤르더가) 궁정과 조신들에 대해 말했는데 궁정을 피부병 투성이 머리라고 불렀고 조신들을 [216]그 머리 위를 기어 다니는 머릿니라고 불렀답니다. 이것이 바로 그 식탁에서 일어났고 그것도 여러 사람이 들을 수 있는 그런 식으로 일어났지요."[147] 연회를 베푼 공작부인

..
146. 같은 책, IX, 408.

루이제는 부패하고 구제 불능인 귀족 사회를 꾸짖는 그의 장광설에 대해 불평했다.[148]

놀랄 것도 없이, 헤르더의 급진적인 의견은 곧 그를 보수적인 바이마르 정부와 충돌하게 만들었다. 그는 연설이든 인쇄물이든 자신의 견해를 공개적으로 표현하는 것이 불가능하다는 것을 알았다. 그는 『인류의 역사철학』의 초기 판본들이 검열관을 통과할 수 없었기 때문에 이 책의 통치에 관한 장을 세 번이나 수정해야 했다.[149] 그의 대화와 설교는 귀족들의 기분을 상하게 해서 공작부인 루이제와 정치 이야기를 하지 않겠다고 스스로 다짐해야 할 정도였다. 바이마르의 억압적인 분위기는 정치, 특히 프랑스의 사건에 대해 말할 수 없게 만들었다. 헤르더는 점점 더 고립감을 느꼈다. 1790년 9월 20일 크네벨에게 보낸 편지는 그의 곤경과 그를 둘러싼 대중들의 태도를 보여준다. "공작부인은 그 어느 때보다도 프랑스를 극구 반대하고 있습니다. 시편 39편의 다윗처럼 나는 더 이상 내 혀로 불쾌감을 주지 않기로 내 자신과 약속을 했습니다. 이 문제에 대해 누구와도 말하는 것은 불가능합니다. 프랑스 군주제의 백합이 말벌들이 되어 사람들 얼굴 주위를 쉼 없이 날아다니며 그들을 쏘는 바람에 모두들 비명을 지르고 있습니다."[150]

헤르더의 공적 업무는 결국 그의 정치적 양심을 침해하지 않을 수 없었다. 1790년 8월 작센에서 일어난 농민반란의 파장은 마침내 바이마르에 이르렀고, 이곳에서 학생들은 농민들의 선례를 따르겠다고 위협했다. 바이마르의 수석 종무국장으로서, 헤르더는 성직자들에게 선동적인 설교를 하지 말라고 경고

· ·

147. 1789년 9월 28일 C. G. 쾨르너에게 보낸 실러의 서한(*Briefe*, II, 339–340) 참조.

148. Leonore von Bojanowski, *Luise, Grossberzogin von Sachsen–Weimar*(Stuttgart, 1903), p. 183.

149. 검열을 둘러싸고 헤르더가 겪었던 어려움에 대해서는 1785년 2월 15일 야코비에게 보낸 헤르더의 서한 및 1785년 4월 23일 하만에게 보낸 헤르더의 서한(*Briefe*, V, 198, 121) 참조.

150. Herder, *Briefe*, VI, 208.

하는 회람을 보내라는 명령을 받았다.[151] 헤르더는 몹시 마음이 내키지 않았음에도 할 수 없이 이 회람을 보냈다. 그는 학생들에 대한 특별한 공감도 없었고, 어떤 형태로든 동요에 관여할 준비가 되어 있지 않았다. 그러나 그는 성직자들이 자유롭게 설교할 권리가 있다고 믿었고 오히려 그들이 정부의 대변자에 지나지 않게 될 수 있다는 것을 우려했다. 헤르더는 그동안 "정치 질서에 완전히 복종"[152]했다는 비난을 받아왔지만, 결코 정부에 기꺼이 복종하는 공무원은 아니었다. 그 문제의 진실은 그가 검열관에 의해서든, 친구들의 반대 의견에 의해서든, 생계나 가족에 대한 불안에 의해서든 복종하지 않을 수 없게 되었다는 사실이다.

헤르더는 제약을 받긴 했지만 침묵하지는 않았다. 1792년 초에 그는 프랑스혁명이 제기한 문제들을 검토할 책을 쓰기로 결심했다. 검열관의 눈을 피하기 위해 그는 자신의 저작을 편지 형태로 써서, 자신의 견해가 가상의 편지 쓰는 이들의 견해와 동일시될 수 없도록 했다. 프랑스의 사건들이 일어난 곳과 매우 가까이 있었던 아헨에서의 짧은 체류에 영감을 받아,[153] 헤르더는 1792년 가을에 처음 24개의 편지를 썼다. 그는 그의 새 저작에 『인도주의의 진보에 관한 서한』[이하『서한』]이라는 제목을 붙였다. 서문에서 그는 프랑스혁명 초기에 이 저작이 쓰여진 것처럼 가장함으로써 검열관의 눈을 피했고, [217]이것은 혁명의 좀 더 급진적인 나중의 진로에 대한 그의 동조를 숨기는 데 기여했다. 당초『서한』은 프랑스혁명에 바쳐졌고 24통의 편지로 되어 있었다. 그러나 이 저작은 결코 이런 형태로 출판되지 않았다.[154] 프랑스의 사건들, 특히 루이 16세의 처형과 공포정치의 시작은 헤르더로

· ·

151. 이 에피소드에 대해서는 Dobbek, "Herders Haltung", pp. 347-348 참조.
152. Aris, *History*, p. 237.
153. 1792년 8월 15일 크네벨에게 보낸 헤르더의 서한(*Briefe*, VI, 281).
154. 원본 초안의 삭제된 부분들은 1883년 수판Suphan에 의해 처음 출판되었다(*Werke*, XVIII, 306-329). 그 후 헤르더의 저작은 하인츠 슈톨페에 의해 *Briefe zu Beförderung der Humanität*(Berlin, 1971)로 본래의 모습대로 출판되었다.

하여금 원래의 『서한』 일부 내용을 삭제하게 했다. 그가 일찍이 언급한 '프랑스 왕권의 정화' 주장 중 일부는 루이 16세의 죽음에 비추어 특히 마음에 걸렸을 것이다. 『서한』은 당연히 정치적 내용이 제거되고 문학, 철학, 역사에 관한 잡다한 논설 모음으로 변했다. 그러나 프랑스혁명에 대한 헤르더의 성숙한 입장을 이해하고자 한다면, 우리는 초기의 삭제된 버전으로 눈을 돌려야 한다.

『서한』의 초기 버전에서 프랑스혁명에 대한 헤르더의 태도는 어떠했는 가? 그 저작의 구조 때문에 이 물음에 답하는 것은 쉽지 않다. 편지를 쓰는 사람들 중 누가 헤르더의 입장을 대변하는지가 때때로 분명하지 않다. 그들은 모두 그의 마음속에서 일어나고 있는 내면의 대화를 대표할 가능성이 크다. 『서한』의 목적은 특정한 정치적 관점을 옹호하는 것이라기보다 프랑스혁명 이 제기한 문제들을 탐구하는 것이었다.[155] 그래서 헤르더는 때때로 자신이 동조하는 입장조차 시험 삼아 제기했을 뿐, 어떤 명확한 언질도 피했다. 이런 조심스러운 태도는 검열관을 피하고 싶은 욕망만큼이나 헤르더의 양면 성에 의해 일어났다. 왜냐하면 프랑스혁명은 그를 가장 어려운 딜레마에 빠뜨렸기 때문이다. 그는 단지 혁명의 기본 원칙에 감탄할 따름이었지만, 또한 동시에 프랑스인들을 노예적으로 모방하는 행태에 대해 평생 동안 독일인들에게 경고했다. 그렇다면 헤르더는 어떻게 독일 민족의 자기 결정을 주장하면서 동시에 프랑스의 원칙에 대한 자신의 호의를 정당화할 수 있었을까? 이 딜레마를 벗어나는 지름길은 프랑스의 사건들에 대한 공정한 검토를 호소하는 것이었다. 독일인들은 프랑스의 예를 맹목적으로 따라서는 안 되지만, 그러나 그것을 섣불리 거부해서도 안 된다. 오히려 그들은 프랑스에 게서 배워야 할 것이 무엇이고 자신들에게 가장 잘 맞는 것은 무엇인지

----

155. 여기서 나는 『서한』이 헤르더의 '신앙고백'이라고 주장하는 하임의 견해(Haym, *Herder*, I, 518)를 문제 삼고 있다. 그러나 그 저작의 구조도 내용도 이런 주장을 뒷받침하지 않는다.

자문해보아야 한다. 헤르더는 이렇게 설명했다. "수 세기 동안 프랑스인들은 독일을 해롭게 했을 뿐이다. 그들은 오스트리아 왕가와 손을 잡거나 반목하면서 오랫동안 죄를 범해왔으므로, 독일에게 갚아야 할 것이 많다. 우리에게 장미꽃을 가져다주는 것이 뱀이 되어서는 안 된다. 우리는 프랑스인들로부터 배우고 싶지만, 그러나 결코 우리는 프랑스가 되고 싶지는 않다. 심판의 날 위대한 국민의회라 하더라도 말이다."[156] 프랑스를 모방하는 것은 헤르더뿐만 아니라 독일 귀족들에게도 문제였다. 헤르더는 그들의 위선을 지적하는 것을 즐겼는데, 왜냐하면 그들은 과거에 항상 프랑스인들을 흉내 냈지만 이제 그들은 독일인들에게 그것을 경고하고 있기 때문이었다. 공정성을 기하기 위한 그의 비난은 특히 귀족들을 향한 것이었는데, 왜냐하면 귀족들은 처음부터 프랑스혁명에 대해 편견을 가지고 있었기 때문이다.

　헤르더가 프랑스혁명에 대한 공정한 검토를 주장했지만, 혁명에 대한 자신의 공감을 감출 수는 없었다. 그는 프랑스 정치에 대한 일련의 의문을 제기함으로써 연구를 시작했다. 그리고 그가 제시한 대답은 오직 헌신적인 급진주의자의 답변에 다름 아니었다.[157] [218]"프랑스에게 가장 좋은 헌법은 무엇인가?" 그것은 공화주의와 전제주의가 불안정하게 뒤섞인 제한된 군주제가 될 수 없기 때문에 조속히 완전한 공화국이 될수록 더 좋은 일이다. "프랑스처럼 크고 다양한 나라에서 공화주의적 헌법이 성공할 수 있을까?" 아리스토텔레스와 루소에게는 미안한 얘기지만, 성공 못 할 이유가 없다. 전제주의가 그렇게 큰 나라를 가까스로 통치했다면 공화국도 통치할 수 있을 것이다. 프랑스가 새로운 헌법을 갖게 된 지금, 그 나라는 다른 유럽 국가들을 어떻게 대할 것인가?" 이는 앞으로 두고 볼 일이다. 그러나 프랑스가 아메리카처럼 유럽에서 떨어져 있지 않은 것은 유감스러운 일이다. 어떤 유럽 정부도 루이 16세와 협정을 맺지 않았다면 그를 보호해야 할 의무를

. .
156. Herder, *Werke*, XVIII, 317.
157. 같은 책, XVIII, 317-320.

지고 있다고 생각해서는 안 된다. 어떤 경우에도 프랑스의 내정에 간섭할 권리는 외국 정부에게 없다. "프랑스가 외세의 저항에 맞닥뜨리면 어떻게 대처해야 하는가?" 더욱 확고하고 대담해질수록 프랑스는 스스로를 더 잘 방어할 것이다. 새 헌법의 이름으로 방어전을 벌이는 것이 정의로운 전쟁의 가장 좋은 예가 될 것이다. "새 헌법이 교회에 미치는 영향은 어떠할까?" 프랑스 교회는 더 나은 개혁으로부터 혜택을 받을 것이다. 그렇다면 적어도 독일의 프로테스탄트 신자들은 이러한 개혁에 대해 불평할 권리가 없다. 프랑스인들이 그들의 국교를 어떻게 하기로 결정하든지 간에 다른 나라들은 마땅히 그것을 용인해야 한다.

헤르더는 『서한』에서 자신의 성향을 단순히 노출시키지 않았다. 종종 그는 중립적인 연구를 위한 그의 지침을 충실히 지켰고, 때때로 자신에게 어려운 질문까지 했다. 이런 질문에 대답하면서 그는 프랑스혁명에 대한 그의 믿음의 근거를 밝혔다. 열여섯 번째 서한에서 보수적인 대변자 L씨는 그의 급진적인 친구 M에게 강력한 반대 의견을 제시한다. 모든 인간성은 교육, 즉 문화적 전통의 동화에 의존하고 있기에 말하지만, 그것은 어떻게 혁명에 의해 촉진되는가? 혁명은 이러한 전통을 파괴까지는 아니더라도 엄연히 중단시키는 데 말이다. 과연 질서가 혼란 속에서 다시 나타날지 우리가 어떻게 알 수 있을까? 이런 질문들은 확실히 온당했고 종종 보수적인 저술가들에 의해 제기되곤 했다. 열일곱 번째 서한에서 헤르더는 M에게 이러한 질문에 답하도록 했다. 그의 대답은 프랑스혁명에 대한 그의 믿음이 궁극적으로 그의 형이상학적 원리에 바탕을 두고 있었음을 보여준다. 그는 프랑스혁명의 결과가 현재로서는 예상할 수 없고 어쩌면 해로울 수도 있다는 것을 인정했다. 그러나 그는 "우리는 악으로부터 선을 어떻게 준비할지 그리고 종종 최악의 것 중에서 최선의 것을 어떻게 준비할지를 아는 더 높은 관리 하에 살고 있다"[158]는 신념 때문에 프랑스혁명에 대한 충성을

158. 같은 책, XVIII, 314.

지켰다. M이 헤르더 자신의 의견을 표현한다는 것은 의심의 여지가 없다. 헤르더는 프랑스혁명이 어디로 향하고 있는지 확신이 서지 않을 때마다 그저 섭리에 대한 믿음을 재확인하곤 했다.[159] 이 사회적 대격변은 지혜와 정의, 선에 따라 모든 것을 명하는 "신의 손으로 쓰여졌다"는 것이 그의 확고한 믿음이었다.

이것을 단지 기이한 신앙심의 표현이라고 치부하는 것은 꽤 손쉬운 일이다. 그러나 그것은 사실 헤르더의 일반적인 형이상학적 원리의 결론인데, [219]그는 이것을 그의 다른 저작들, 특히 『신, 몇 가지 대화』의 제5부와 『인류의 역사철학』의 제15권 등에서 상세하게 설명했다.[160] 이러한 원리에 따르면, 자연적 우주를 지배하는 근본 법칙은 또한 사회질서를 지배하는데, 왜냐하면 인간은 자연의 일부분이므로 자연법칙의 적용을 받기 때문이다.[161] 칸트의 『일반 자연사』의 주요 원리에 따라 헤르더는 질서가 혼돈에서 나오는 것은 근본적 자연법칙이라고 주장했다. 중력의 법칙에 따르면 자연 속의 모든 것은 평형점, 즉 그것에 작용하는 인력과 척력 사이의 안정화하는 중심점을 찾기 위해 노력한다. 이 법칙이 혼돈 속에서 질서를 어떻게 만들어내는지 보여주는 가장 좋은 예는 인력과 척력의 법칙에 따라 최초의 물질 덩어리에서 나온 태양계의 체계적 질서이다. 헤르더는 이제 우리는 동일한 법칙이 역사 속에서 작동하지 않는다고 가정할 수 있는가라고 물었다. 자연의 일부인 인간을 동일한 법칙에서 면제하는 것이 가능한가? 헤르더는 이러한 예외란 도저히 받아들일 수 없다는 것을 알았고, 역사 속에서 동일한 법칙이 어떻게 작동하는지를 스케치하기 시작했다. 질서가 혼돈에서 나올 것이라는 것도 역사의 자연법칙이라고 그는 주장한다. 자연 속의 사물들이 인력과

159. 예를 들어, 1791년 11월 11일 야코비에게 보낸 헤르더의 서한(*Briefe*, VI, 291), 그리고 *Werke*, XVIII, 307 및 1793년 5월 F. G. 클롭슈톡에게 보낸 헤르더의 서한(*Briefe*, VII, 42) 참조.
160. Herder, *Werke*, XVI, 532–572; XIV, 104–252.
161. 같은 책, XIV, 207, 144.

척력에 좌우되듯이, 사회 속의 사람들도 마찬가지이다. 모든 사회는 구성원들의 사리사욕과 사회적 요구 사이에서, 다시 말해 구성원들이 사회로부터 분리되려는 이해관계와 사회와 결합하려는 이해관계 사이에서 평형 지점을 찾아야 한다. 이 평형 지점은 사회질서와 일치하는 최대한의 자유를 보장하는 정의의 법칙으로 이루어져 있다. 그러므로 지속적인 진보가 있으리라는 것, 그리고 모든 민족이 이성과 정의에 따라 자신의 문제를 다스리려고 할 것이라는 점은 자연의 법칙이다. 그러한 유비가 아무리 믿기 어려워 보일지라도, 헤르더는 이것을 프랑스혁명에 대한 자신의 믿음의 근거로, 그리고 실로 그의 역사철학 전체의 근거로 삼았다. 칸트는 『인류의 역사철학』에 대한 서평에서,[162] 그러한 유비에 강력한 예외를 두었다. 그러나 헤르더를 변호하는 입장에서는 그러한 유비가 우주에 대한 보다 넓은 자연주의적 비전에 바탕을 두고 있다고 말할 수밖에 없다. 이 비전은 실로 결실이 풍부한 것이었는데, 즉 그것은 18세기에 나타났던 자연법칙의 개념에 대한 근본적인 재검토를 암시했다. 헤르더는 자연법칙을 역사를 초월하는 추상적인 도덕적 규범으로 보기보다는 역사 자체의 작용에 내재된 법칙으로 여겼다. 따라서 가치와 옳음의 영역이 불가피하고도 필연적인 것의 영역이 된다. 이것은 후에 헤겔과 맑스의 역사주의의 강력한 원천이다.

충분한 근거가 있든 없든 간에 헤르더의 프랑스혁명에 대한 공감은 오래 가지 못했다. 그는 루이 16세의 처형에 경악했고 공포정치의 시작으로 낙담했다. 프랑스의 정부는 헤르더가 늘 혐오하는 폭도의 독재 정권으로 변해가는 것 같았다. "쉽게 흥분하고 정신 나간 폭도들, 그리고 그들에 의한 정부만큼 불쾌한 것은 없다"고 그는 『서한』의 난외 여백에 썼다.[163] 그는

---

162. 예를 들어 Kant, *Schriften*, VIII, 45 참조. 여기서 칸트는 다시금 그 자신의 그림자와 싸우고 있던 셈이다. 왜냐하면 그의 『일반 자연사』는 이미 전체로서의 우주에 대해서는 태양계로부터 그리고 인간 존재에 대해서는 자연계로부터 추론을 행하는 유비의 방법을 사용했었기 때문이다. 예를 들어 *Schriften*, I, 260, 266, 326–327, 특히 pp. 234, 339–340 참조.

혁명의 폭력적 변동이 사회 변화의 가장 좋은 수단인지에 대해 의구심을 갖기 시작했다. 그는 국민이 억압적인 정부를 전복시킬 권리가 있다는 것을 부인한 적은 없지만,[164] 이제 [220]혁명보다 점진적인 변화가 낫다고 강조했다.[165] 헤르더의 태도 변화의 첫 번째 징후는 1793년 12월 J. W. L. 글라임에게 보낸 서한에서 나왔는데, 여기에서 그는 왕비[마리 앙투아네트]의 처형에 대한 공포와 프랑스인의 '잔혹성'에 대한 거부감을 나타냈다.[166]

헤르더의 급진적인 원칙과 프랑스혁명에 대한 그의 실망 사이의 이 불일치를 어떻게 설명해야 할까? 그의 많은 동포들처럼, 헤르더는 프랑스에서 사건들이 진행되면서 그 나라 국민들이 공화국의 높은 도덕적 이상을 받아들일 준비가 되어 있지 않다는 것을 보여주었다고 믿었다.[167] 프랑스혁명의 모든 잔혹성과 폭력은 국민에게 도덕 교육을 시키지 않은 채 사회적·법적 제약을 제거한 결과였다. 공화국의 통치는 국민이 스스로를 다스리고 그들의 더 높은 이익에 따라 행동할 능력이 있다는 것을 전제하는데, 이는 다시 프랑스에서는 상당히 부족한 국민의 교육과 계몽을 요구한다. 그 모든 악폐에도 불구하고 프랑스 군주제는 국민들이 공화국을 받아들일 수 있도록 준비시키면서 여전히 유용한 잠정적인 통치형태였다. 그때 프랑스혁명의 과정을 비판하면서 헤르더는 자신의 급진적인 원칙을 버리지 않았지만, 프랑스인들이 그 원칙의 실현으로부터 얼마나 멀리 떨어져 있는지를 깨달았다.

일반적으로 루이 16세의 처형이 프랑스혁명에 대한 헤르더의 태도의 전환점이었다고 여겨진다.[168] 이 충격적인 사건은 그가 루이 16세의 처형자들을 "지상에서 가장 저열한 폭도인 악마들"[169]이라고 비난하는 시를 쓰도록

<hr />

163. Dobbek, "Herders Haltung", p. 350 참조. 이 메모는 헤르더의 『유고집』에도 있다.
164. Herder, *Werke*, XVIII, 255–257, 246–251 참조.
165. Herder, "Thiton und Aurora", in *Zerstreute Blätter*, in *Werke*, XVI, 117–118.
166. 1793년 12월 6일 J. W. L. 글라임에게 보낸 헤르더의 서한(*Briefe*, VII, 76).
167. Herder, *Werke*, XVII, 51, 97. Cf. *Werke*, XIII, 347.
168. 예를 들어, Haym, *Herder*, II, 525; Gooch, *Revolution*, p. 169 참조.

했다. 혁명가들에 대한 그런 무절제한 언사는 불과 몇 달 전까지만 해도 상상할 수 없었을 것이다. 그러나 헤르더는 세습 정부에 대한 어떤 애정도 또 특별히 프랑스 왕실에 대한 어떤 호감도 가지고 있지 않았기 때문에 이 사건에만 너무 많은 의미를 부여하는 것은 잘못된 일일 것이다.[170] 여기서 아마 결정적인 역할을 한 것은 자코뱅파의 세력 증대와 지롱드파의 몰락이었다. 헤르더는 자코뱅파의 정책을 경멸했는데, 그들이 구 군주정만큼 전제적이라고 믿었기 때문이다.[171] 그들은 목적을 달성하기 위해 기꺼이 폭력을 행사했고, 더욱이 그들의 행동이 중단되지 않는 한, 곧 그들은 자신들의 이데올로기를 전 유럽에 강요할 것이다. 그러한 정치는 국가적인 자기결정권에 대한 헤르더의 깊은 신념에 완전히 상반되는 것이었다. 우리가 루이 16세의 처형에 대한 헤르더의 반감을 고려해야 한다는 것은 이 반反자코뱅주의의 맥락에서이다. 그의 마음속에서 이 사건은 혐오스런 자코뱅파의 승리를 극적으로 상징하는 것이었다.

비록 환멸을 느꼈지만, 헤르더는 결코 프랑스혁명의 결연한 적이 되지 못했다.[172] 그는 어떠한 정치적 전환도 겪지 않았고 프랑스혁명의 기본 원칙에 충실했다. 자코뱅파의 주된 실책은 그들의 목적이 아니라 그들의 방법에 있었다. 그렇다면 우리는 헤르더에게서 그의 낭만주의적 계승자들 중 일부의 특징인 이데올로기적인 전환을 찾을 수 없다. 환멸을 느낀 후에도 그는 프랑스 문제에 대한 동맹국들의 개입을 계속 비난했고, [221]프랑스에 대한 그들의 반대 운동에서 어떤 것도 나오지 않을 것이라고 믿었다.[173] 모든 폭력은 자코뱅파가 저지른 것이든 군주들이 저지른 것이든 그에게 혐오감을

• •
169. Herder, *Werke*, XXIX, 578–579.
170. 1793년 12월 6일 글라임에게 보낸 서한(*Briefe*, VII, 76)에서 마리 앙투아네트에 대한 헤르더의 비판적 발언을 참조.
171. Herder, "Das eigene Schicksal", in *Werke*, XVIII, 417.
172. 도베크(Dobbek, "Herders Haltung", p. 348)에게는 실례이지만 말이다.
173. 1793년 12월 6일 글라임에게 보낸 헤르더의 서한(*Briefe*, VII, 76) 참조.

주었다. 헤르더가 프랑스혁명에 대한 믿음을 유지한 것에 대한 가장 명확한 진술은 1793년 5월에 F. G. 클롭슈톡에게 쓴 편지였다. 여기에서도 섭리의 작용에 대한 오래된 형이상학적 믿음은 동요하지 않은 채 지속되고 있었다.

이 시대에 내가 얼마나 당신과 함께 기쁨과 고통을 생각하고 바라며 느꼈는지요. 이제 우리는 우리가 있는 곳에 도착했지만 모든 것은 앞으로 나아갑니다. 로베스피에르도 [자코뱅 당의 지도자] 마라^{Marat}도, 그리고 [영국 수상] 피트^{Pitt}도 이것을 막을 수 없습니다. 희망은 인내를 가져오고, 인내는 희망을 가져옵니다. … 이 시대는 우리를 괴롭히는 수천 가지 걱정거리로 우리를 더욱 옥죄고 있습니다. 그것은 희망과 사랑과 기대를 품게 하면서도 또한 우리를 걱정하게 만듭니다. 우리는 전체를 경험할 수 없는데 왜냐하면 그것은 너무 멀리 뻗어 있기 때문입니다. 하지만 우리가 지금 살아 있다는 것은 우리에게 좋은 일입니다.[174]

헤르더는 병이 들었지만 그의 믿음만큼은 1800년대 초까지 확고함을 유지했다. 왜냐하면 섭리가 이미 새로운 영웅, 즉 새로운 질서의 승리를 확신시킬 수 있는 인물을 혁명의 무대에 앉혀두었기 때문이다. 나폴레옹이 독일을 다시 소생시키기를 그 노인은 열렬히 바랐다.[175] 행이든 불행이든, 그는 살아 있는 동안 예나에서의 나폴레옹의 승리를 목격하지 못했다.

174. Herder, *Briefe*, VII, 42.
175. 나폴레옹에 대한 헤르더의 태도에 대해서는 Dobbek, "Herders Haltung", pp. 352-353 참조.

제9장

초기 낭만주의의 정치이론

9.1. 정치적 낭만주의: 하나의 재검토

[222]1797년부터 1799년까지 맨 처음에는 베를린에서, 그 다음으로는 예나에서 새로운 문학 서클이 독일에서 형성되기 시작했다. 베를린에서는 그 구성원들이 헨리에테 헤르츠와 라헬 레빈의 살롱에서 만났다. 그리고 예나에서 그들은 비평가 A. W. 슐레겔의 집에 모였다. 그들의 만남의 목적은 철학, 시, 정치, 종교에 대한 솔직하고 자유로운 토론을 하는 것이었다. 그들은 자신들의 최신작들을 서로 읽고 공개적으로 서로를 비평하고 문예 프로젝트에 협력하곤 했다. 그런 재능 있는 사람들이 이렇게 행복한 융합을 이루었던 적은 거의 없었다. 이 서클은 동시대인들에 의해 '새 분파' 또는 '새로운 학파'라고 불렸으며, 이후 역사에 알려지게 되면서 '낭만파'라고 불리게 되었다.

이 서클의 구성원들은 독일의 지성사에서 유명해졌다. 그들은 아우구스트 빌헬름 슐레겔(1767-1845)과 프리드리히 슐레겔(1773-1853) 형제, 빌헬름 하인리히 바켄로더(1773–1801), 루트비히 티크(1773–1853), 프리드리히 빌헬름 요제프 셸링(1775–1854), 에른스트 다니엘 슐라이어마허(1768–1834), 그리고 자신을 노발리스라고 부르는 프리드리히 폰 하르덴베르크 (1772–1801)였다. 이 서클의 가장자리에는 비록 많은 견해를 공유하고 있지만 프리드리히 횔덜린(1774–1843)이라는 비극적이고 고독한 인물이 있었다.[1] 서로 관심사가 겹치는 부분이 넓었지만 대부분의 낭만주의자들은 한 분야를 전문으로 하는 경향이 있었다. A. W. 슐레겔은 그 서클의 문예 비평가였고, 셸링은 자연철학자, 티크는 소설가, 횔덜린은 시인, 노발리스는 정치이론가, 그리고 프리드리히 슐레겔은 많은 분야에서 창의력을 발휘한 르네상스적 인물이었다. 정치사상의 관점에서 이 서클의 가장 중요한 구성원은 프리드리히 슐레겔, 횔덜린, 슐라이어마허, 노발리스였다.

낭만주의는 보통 문예 운동으로 취급되지만 1790년대의 어떤 정치사상의 역사에서도 무시될 수 없다. 낭만주의자들은 근대 정치이론에 가장 중요한 기여를 했다. 그들은 근대 시민사회의 비판에 앞장섰다. 그리고 가부장주의적 전통의 기계론적 모델에 반대하여 새로운 유기적인 사회 개념을 개발했다. 또한 그들은 [223]사회계약 이론과 자유주의적 개인주의의 근본적인 전제들에 의문을 제기했다. 더 나아가 성의 정치사상을 정식화했는데, 이것이 표명한 양성 평등과 자유에 대한 요구는 여전히 현대적으로 들린다. 실로 낭만주의의 정치사상에는 매력적이면서도 오늘날에도 여전히 진지하게 고려할 가치가 있는 것들이 많이 남아 있다. 낭만주의자들은 공동체의 가치를 주장했지만 개인의 자유와 자기실현의 중요성을 결코 놓치지 않았다. 그들은 전통과 역사의 가치를 강조했지만 버크나 드 메스트르의 비합리적인 편견의 방어에 빠져들지 않았다. 그들은 이성의 중요한 가치를 인식했지만 그것의 파괴적

● ●

1. 횔덜린이 낭만파의 일원이었는가의 여부는 논란의 대상이 되어왔다. 횔덜린이 낭만파와 가졌던 친밀성과 차이는 루돌프 하임에 의해 명쾌하게 기술되어 있다(Rudolf Haym, *Die romantische Schule*, Berlin, 1870, pp. 289–324). 정치사상의 영역에서 횔덜린과 낭만파 간의 친밀감은 너무나 커서 그를 포함시키지 않는 것은 심각한 누락일 것이다.

귀결을 결코 무시하지 않았다. 그들은 **도야**의 고전적 이상을 옹호했지만, 문화의 영역은 모든 사람들이 똑같이 접근할 수 있어야 한다고 주장하면서 괴테와 훔볼트의 엘리트주의를 거부했다. 마지막으로, 현대의 생태 운동을 선취하면서 낭만주의자들은 자연에 대한 좀 더 긍정적인 태도를 주장하고 우리가 자연을 기계가 아닌 유기체로 볼 것을 요구했다.

초기 형성기(1797–1800)에 낭만주의는 자유주의와 보수주의 사이의 중간 길을 걷고자 시도했다. 그것은 자유주의와 보수주의라는 양 극단을 피하기 위해 노력했는데, 즉 한편으로는 모든 사회적 유대를 파괴하는 개인의 자유에 대한 주장과 다른 한편으로는 모든 개인의 자유를 억압하는 공동체에 대한 강조 양자를 피하기 위해 고군분투했다. 그것은 보수주의의 공동체적 요소를 받아들였지만 보수주의의 가부장주의, 즉 공동체를 낡은 사회적 · 정치적 위계질서와 동일시하는 것을 거부했다. 그것은 자유주의가 개인의 자유를 옹호하는 것을 지지하면서도 자유주의의 지나친 개인주의, 즉 사회를 이기적인 행위 주체들의 경쟁적인 무질서 상태로 전락시키려는 경향을 비판했다. 낭만주의자들은 공동체를 낡은 가부장주의적 국가와 동일시하기를 거부하는 한, 이러한 양 극단을 피할 수 있었다. 그들은 진정한 공동체는 공화국의 자유와 평등, 연대를 통해서만 존재할 것이라고 믿었다. 국민들은 정부의 정책에 참여하거나 정책을 수립할 권리가 있는 경우에만 사회적 유기체의 일부가 된다고 그들은 주장했다. 그들은 결국 계몽과 교육을 증진시킴으로써 국가 자체의 필요성이 사라지기를 바랐다.

초기 낭만주의를 후기 낭만주의로부터 떼어 놓는 것은 정확히 공동체와 가부장주의적 국가 간의 이러한 구별이다. 낭만주의자들이 프랑스혁명과 자본주의의 발전으로 인한 사회적 해체를 두려워할수록, 그들은 더욱더 중세의 공동 질서를 동경하면서 회고적이 되었다. 국민 자신의 자발적인 노력을 통해 공동체를 발전시킬 수 있는 힘에 대한 믿음을 잃어버릴수록, 낭만주의자들은 국가의 힘을 더욱 신뢰하게 되었다. 결국, 가부장주의적 국가만이 근대 생활의 온갖 붕괴되고 부패하는 힘에 대항하여 공동체의 결속을 보장할 수 있는 것처럼 보였다. 낭만주의자들이 공동체를 오래된 공동 질서와 점점 더 동일시하면서 그들의 입장은 보수주의자들에게 더 가까워졌다. 1800년 이후 낭만주의의 중간의 길은 희미해져서 [224]사라지기 시작했고, 낭만주의는 결국 보수주의 내에서 가장 강력한 흐름이 되었다.

1790년대의 모든 사상 학파 중에서 낭만주의보다 더 열정과 논쟁을 불러일으킨 학파는 없었다. 낭만주의자들은 1840년대 독일 자유주의자들의 숙적이 되었는데, 자유주의자들은 그들을 반동주의자이자 메테르니히의 추종자로 낙인찍었다. 낭만주의자들에 대한 이러한 이해는 실로 일반적인 것이 되었다. 그 점을 재기 넘치는 역작 『낭만파*Die romantische Schule*』(1833)에서 처음으로 그려낸 사람은 하인리히 하이네였다. 하이네에게 낭만주의는 주로 미적 운동으로, "중세의 시를 다시 일깨운 것 이외에는 아무것도 없다."[2] 그러나 그것은 또한 정치 운동으로, 고전주의에 대한 낭만주의의 미학적 반응은 프랑스혁명과 근대 전체에 대한 정치적 반응과 함께 진행되었다. A. W. 슐레겔은 나폴레옹에 대항하는 슈타인 장관과 같은 의도로 라신에 대해 음모를 꾸몄다고 하이네는 썼다.[3] 이러한 낭만주의의 이미지는 1844년 『독불 연보』에서 아르놀트 루게에 의해 강화되고 영속화되었는데, 그는 낭만주의를 "그리스도교적 독일의 복원 방침"과 동일시하면서 그들에 대해 사실상 전쟁을 선포했다.[4] 하이네와 루게 둘 다 고전주의와 낭만주의 간의 영향력 있고 유혹적인 대조를 수행했는데, 물론 전적으로 고전주의에 찬성했다.[5] 가령, 고전주의자는 인류의 목적이 여기 지상에서만 실현된다고 생각하는

• •

2. Heinrich Heine, *Die romantische Schule, Kritische Ausgabe*, ed. H. Weidmann(Stuttgart, 1976), p. 10.

3. 같은 책, pp. 30–31.

4. Arnold Ruge, "Plan der Deutsch–französische Jahrbücher", in *Werke*(Mannheim, 1848), IX, 145–160, 특히 pp. 151–152.

5. 이 대조는 루게에게서 가장 명백하고 정교한 형태로 나타난다. Ruge, *Unsere Klassiker und Romantiker seit Lessing*, in *Werke*, I, 7–11, 248–249.

인본주의자인 반면, 낭만주의자는 이 목적이 천상에서만 실현된다고 믿는 그리스도교도이다. 고전주의자의 기본적인 권위는 이성인 반면, 낭만주의자의 권위는 신앙이다. 그리고 인본주의자의 정치적 이상은 자유와 자기실현인 반면, 낭만주의자의 정치적 이상은 교회와 위계질서에 대한 예속이다.

낭만주의자들에 대한 이러한 묘사 뒤에는 약간의 타당성이 있다. 말년에 프리드리히 슐레겔과 슐라이어마허는 눈에 띄게 보수적인 견해를 전개했고, 슐레겔은 메테르니히를 위해 일하기조차 했다. 낭만주의자들 중 일부, 특히 프리드리히 슐레겔과 티크는 나중에 로마 가톨릭교회로 개종하였다. 후대의 낭만주의자들 중 일부의 보수주의는 특히 아담 뮐러와 프란츠 바더의 저술에서 뚜렷이 드러난다.[6] 그들은 독일의 민족주의, 사회적 위계질서, 교회와 국가의 통합을 명시적으로 옹호했다. 그럼에도 불구하고 마치 이 후대의 시기가 낭만주의 일반에 대한 이해의 열쇠를 제공하기나 하는 것처럼 이 말년으로부터 일반화하는 것은 오해의 소지가 있다. 낭만주의는 어떤 면에서 완전히 모순되는 별개의 다른 시기들로 나뉜 대단히 변화무쌍한 운동이었다는 것을 염두에 두는 것이 필수적이다.[7] 하이네와 루게의 해석이 갖는 근본적인 문제는 그 운동의 본래적 목적과 이상을 후대의 관점에 비추어 읽고 있는 점에서 시대착오적이라는 것이다. 그들의 초기 형성기(1797–1800)에 낭만주의자들은 확실히 반동주의자가 아니었다. 오히려 그들은 프랑스혁명의 방법까지는 아니더라도 혁명의 이상을 열렬히 옹호하는 사람들이었다. [225]낭만주의와 고전주의에 대한 하이네와 루게 식의 대조를 이러한 초기 형성기에

6. Adam Mueller, *Elemente der Staatskunst*(Berlin, 1809); Franz Baader, *Ueber das durch die französische Revolution beigeführte Bedürfnisseiner neuen und innigen Verbindung der Religion und Politik*, in *Sämmtliche Werke*(Leipzig, 1851–1860), VI, 11–28 참조.
7. 독일 낭만주의는 일반적으로 1797년부터 1802년까지의 초기낭만주의Frühromantik, 1815년까지의 전성기낭만주의Hochromantik, 1830년까지의 후기낭만주의Spätromantik라는 세 단계로 구분된다. 여기에서는 클루크혼의 분류에 따른다. Paul Kluckhohn, *Das Ideengut der deutschen Romantik*, ed. 3(Tübingen, 1953), pp. 8–9.

적용하면, 그것은 대단히 오해를 불러일으키게 된다. 왜냐하면 초기 낭만주의적 이상은 하이네나 루게의 의미에서 정확히 '고전주의적'이기 때문이다. 즉 그 이상은 자유, 평등의 가치와 인도주의의 발전을 강조한다.

자유주의자들은 낭만주의를 정치적으로 위험하다고 여겼지만, 일부 보수적인 학자들은 낭만주의를 정치적으로 관련이 없다고 일축했다. 이 [후자의] 견해는 칼 슈미트가 그의 영향력 있는 저서 『정치적 낭만주의』에서 가장 격렬하게 주장해왔다.[8] 슈미트에 따르면 낭만주의는 본질적으로 비정치적이었는데, 왜냐하면 그것은 주로 미적 운동이어서 예술에 아니 오직 예술에만 절대적인 가치를 부여했기 때문이다. 낭만주의자들은 도덕, 종교, 역사, 정치 등 모든 것을 심미적 목적에 종속시켰다. 낭만주의 작가의 주된 목적은 정치의 세계에서 물러날 수 있는 상상력의 이상적인 세계를 만드는 것이었다고 슈미트는 주장했다. 설령 낭만주의자가 정치와 역사를 조금이라도 다룬다고 하더라도, 그것은 그의 상상력을 위한 재료일 뿐이다. 그는 항상 도덕적·정치적 헌신을 회피하곤 했는데 왜냐하면 그것이 그의 창의성을 제한했기 때문이다. 슈미트는 원래 이런 견해를 내세우며, 도덕적·정치적 충성에서 보이는 낭만주의자들의 종종 당혹스러운 태도 변화에 대해 설명했다.[9] 그의 주장에 의하면, 그들은 자신들의 상상력을 위한 충분한 자극제를 발견했는가에 따라 그때마다 개인주의, 세계주의, 프로테스탄티즘, 프랑스혁명에 매료되었다가 그러고 나서 이것들에 의해 격퇴되었다.

그렇지만 슈미트의 견해는 심각한 어려움을 겪고 있는데, 이것은 우리가

• •
8. Carl Schmitt, *Politische Romantik*, ed. 2(München, 1925), pp. 20–28, 115–152. 낭만주의자들의 정치적 무관심에 관해 슈미트와 같은 견해를 가진 논자들은 그 외에도 있다. 예를 들어, Georg Brandes, *Die Literatur des Neunzehniahrhunderts in deren Hauptströmungen* (Leipzig, 1887), II, 356; Ralph Tymms, *German Romantic Literature*(London, 1955), pp. 1–9, 24–25, 37, 39; Ricarda Huch, *Ausbreitung und Verfall der Romantik*(Leipzig, 1902.), pp. 306–307 참조.

9. Carl Schmitt, "Politische Theorie und Romantik", *Historische Zeitschrift* 123(1921), 377–397 참조.

그의 기본적인 가정과 전략을 고려하자마자 명백해진다. 예를 들어 슈미트는 심미주의가 낭만주의적 태도를 결정한다고 주장한다. 그러나 그것은 낭만주의 운동의 초기 단계만을 특징지을 뿐이다. 1799년 이후, 선도적인 낭만주의자들은 종교를 지지하기 위해 그들의 심미주의를 포기했다. 슈미트는 또한 낭만주의자들의 심미주의가 사회적·정치적 관심사에 의해 전혀 동기를 부여받은 바 없다는 듯이 실로 정치적으로 무관심했다고 전제한다. 그러나 그들의 초기 저술에 대해 좀 더 면밀히 검토해보면, 그들의 미학이 주로 자신들의 사회적·정치적 목적에 의해 좌우되었다는 것이 드러난다.[10] 슈미트가 주장하는 낭만주의의 비정치적 성격도 그의 근원적인 전략에 의해 오류로서 밝혀진다. 그는 낭만주의가 여하튼 정치적으로 해를 끼치지 않게 할 것이기 때문에 그것은 비정치적이라는 사실을 보여주고 싶어 했다. 그러나 그러한 기획은 낭만주의가 하나의 정치적 위협이라는 그의 암묵적인 믿음을 드러낸다.[11]

 슈미트와 자유주의자들은 갑자기 낭만주의자들을 배척했지만, 나치의 일부는 기꺼이 그들을 받아들였다. 나치는 낭만주의자들을 그들의 운동의 가장 중요한 선구자이자 국가사회주의를 향한 의기양양하고 불가피한 길에 대한 독일 민족정신의 첫 번째 돌파구로 보았다. 낭만주의를 받아들이는 것은 국가사회주의의 이데올로기적 정당성에 대한 노력에서 중요한 관심사였다. 이는 친 나치 『독일학 잡지』의 편집자인 발터 린덴의 사례로 충분히

<hr>

10. 9.2절, 9.3절 및 10.3절을 참조.

11. 나중에 나치의 지도적 대변자가 된 슈미트는 정치적 낭만주의를, 국가사회주의 정책의 토대를 마련하려는 자신의 시도에 반대하는 주요 경쟁자로 보았다. 『정치적인 것의 개념』(Begriff des Politischen, Hamburg, 1933)에서 슈미트는 칸트주의적이고 자유주의적인 국가 관념을 공격했다. 그는 낭만주의를 또 다른 반칸트적이고 반자유주의적 국가관으로 여겼다("Politische Theorie und Romantik", p. 383). 그러나 구체제를 지지하는 것이 주된 목적이었던 하나의 복고 이데올로기로서, 정치적 낭만주의는 더 이상 현대에 적용할 수 없게 되었다. 그러므로 낭만주의의 문제는 그것이 비정치적이라는 것이 아니라 정치적인 것의 아주 낡은 형태라는 것이었다. 『정치적인 것의 개념』의 14쪽에서 슈미트 자신도 '비정치적'이라고 말하는 것이 하나의 정치적 전략임을 인정했다.

잘 나타나 있다. 1933년의 불길한 해에 쓴 독일 교육의 목적에 관한 논문에서 린덴은 독일에서 새로운 시대가 밝아오고 있다고 선언했다.[12] 그는 [226]"독일의 유기적 정신의 새로운 돌파", "서유럽과 유대교 정신에 의해 전해져온 19세기의 자유주의적-이성주의적 계몽의 최종적 극복"을 감지할 수 있었다. 현대 독일의 교육 목표는 외국의 모든 영향에서 벗어난 독일 문화유산을 독일 민족국가의 이익에 맞게 채택하는 것이어야 한다고 린덴은 주장했다. 이 잡지의 같은 호에 린덴이 국가사회주의의 이익을 위해 낭만주의를 전용하는 「독일 낭만주의의 재평가」[13]라는 제목의 논문을 쓴 것은 우연이 아니었다. 그의 주장에 따르면, 새로운 독일 정신의 모든 본질적인 특징은 낭만주의에서 찾을 수 있다고 한다. 린덴에게 낭만주의는 본질적으로 "서유럽 정신의 이성주의와 무한한 세속화"에 대한 반작용이었다. 그것의 목적은 계몽의 이성주의에 대항하여 "종교적이고 유기적인 비합리적 세계 통합"을 보존하는 것이었다. 그의 견해에 따르면 근본적인 대비는 낭만주의와 고전주의 사이에 있는 것이 아니라 낭만주의와 계몽주의 사이에 있다. 린덴은 특히 새로운 국가사회주의의 모델로 본 낭만주의적 공동체 관념에 의해 영감을 얻었다. 이러한 공동체의 이상은 아마도 '옛 게르만적 의미'에서의 자치단체corporation의 관념을 포함하면서, 계몽의 개인주의와 대립하고 있었던 것으로 보인다. 낭만주의자들에 대한 자신의 이해가 프리드리히 슐레겔과 같은 급진적이고 개인주의적인 사상가들을 거의 수용할 수 없다는 것을 깨달은 린덴은 미학과 개인의 도야에 헌신하는 초기의 '주관적인' 낭만주의와, 종교 및 공동체의 이상에 관계되는 후기의 '객관적인' 낭만주의를 구별했다. 진정한 낭만주의를 특징짓는 것은 요하네스 폰 뮐러와 요제프 괴레스가 대표하는 이 후기의

··
12. Walther Linden, "Deutschkunde als politische Lebenswissenschaft–Der Kerngebiet der Bildung", *Zeitschrift für Deutschkunde* 47(1933), 337–341. 이 잡지는 이전에는 *Zeitschrift für den deutschen Unterricht*였지만, 잡지명이 변경되었다. 실은 당시 린덴이 새 잡지명을 생각하고 있었다.

13. Linden, "Umwertung der deutschen Romantik", pp. 243–275.

객관적 단계뿐이었다. 이러한 구별을 행하면서 린덴의 특별한 표적은 젊은 프리드리히 슐레겔을 낭만주의 운동의 기수로 묘사한 발첼과 하임의 '자유주의적' 해석이었다.[14]

린덴의 논문들을 노골적이고 구시대적인 나치 선전이라고 치부하는 것은 손쉬운 일일 것이다. 그러나 불행하게도 낭만주의에 대한 그의 자기식 전유는 모두 너무 성공적이었다. 낭만주의는 아직도 국가사회주의와 오래 이어지는 제휴 관계를 맺고 있다. 실제로 일부 자유주의자나 맑스주의 비평가들은 린덴과 같은 해석을 기꺼이 받아들였고, 이를 낭만주의자들에게 오명을 씌우는 근거로 삼았다.[15]

우리가 낭만주의 운동의 정치적 견해를 이해하려면 나치주의의 그림자에서 그것을 떼어 놓는 것이 무엇보다 중요하다. 린덴의 해석은 편향되어 있는 만큼이나 자의적이라는 점을 분명히 해야 한다. 그는 과연 어떤 근거로 뮐러와 괴레스의 후기 저술을 낭만주의의 정수, "낭만주의의 모든 내적 노력의 적절한 수행"으로 볼 수 있었을까?[16] 우리가 본질적이라고 여기는 낭만주의의 시기는 명백히 우리 연구의 관심사에 달려 있기 마련이지만, 그러나 이는 린덴이 역사 연구란 [227]객관성을 회피하고 국가사회주의의 대의에 이바지해야 한다고 주장했다는 점에서 그 자신이 가장 먼저 인정했을 법한 지점이다.[17] 이 점은 우리에게 린덴이 애당초 낭만주의에 대한 공명정대한 평가 같은 것을 내놓으려고 하지 않았다는 냉소적인 의구심을 남긴다. 순전히 역사적인 근거로 볼 때, 린덴의 해석은 단순화하고 호도하는 측면이

• •
14. 린덴은 '자유주의적' 해석자들 중 한 사람으로 슈미트도 포함시키는데, 그는 슈미트의 논지가 정치적으로 동기지어져 있다고 간주한다. 같은 책, p. 246 참조.

15. 예를 들어, A. O. Lovejoy, "The Meaning of Romanticism for the Historian of Ideas", *journal of the History of Ideas* 2(1941), 257–278, 특히 pp. 270–278; György Lukács, *Fortschritt und Reaktion in der deutschen Literatur*(Berlin, 1947), pp. 51–73 참조.

16. Linden, "Umwertung der deutschen Romantik", p. 254.

17. Linden, "Deutschkunde", pp. 337–338.

있다. 낭만주의와 계몽주의 간의 그의 대조는 기껏해야 그 운동의 후기 단계에 대한 제한된 진실을 가질 뿐이다. 그것은 초기 단계에 적용되었을 때 완전히 오해의 소지가 있다. 초기 낭만주의자들은 실로 계몽의 계승자였다. 그들은 비판철학의 이성주의를 거부하기보다는 비판주의가 그 극한으로까지 받아들여져야 한다고 주장했다. 린덴이 초기의 주관적 낭만주의와 후기의 객관적 낭만주의를 구별하는 것 또한 전적으로 옹호할 수 없는 것이다. 유기적 공동체의 이상은 이른바 개인주의 시대의 전성기였던 1790년대 후반 프리드리히 슐레겔, 노발리스, 슐라이어마허에 의해 전개되었다. 그들이 말한 공동체의 목적은 통제하는 것이 아니라 모든 개인의 자율성과 독특한 특성을 함양케 하는 것이다. 이러한 이유만으로 공동체에 대한 낭만주의적 관념은 나치 이상에 대한 모델이 될 수 없다.

낭만주의에 대한 이러한 다양한 해석의 결함들은 이 운동을 보다 공정한 시각으로 재검토하는 것을 피할 수 없게 한다. 낭만주의가 탄생한 이후 지금까지 계속되어온 많은 논쟁에 대한 교정 대책은 단 한 가지뿐일 수 있다. 그것은 바로 일체의 선입견을 버리고 특히 1797년부터 1800년까지의 초기 형성기에 나타난 낭만주의의 정치사상과 미학의 기원을 상세히 연구하는 일이다. 이 길은 1870년 루돌프 하임과 1920년 오스카 발젤이 택한 길이며, 또한 하이네, 루게, 슈미트, 린덴의 실수를 피하려면 다시 나아가야 마땅한 길이다. 낭만주의의 형성기에 대해 사실인 것이 낭만주의 전체에서 반드시 사실인 것은 아니며, 이 초기 시기가 낭만주의의 '본질' 또는 '핵심'을 나타낸다고 주장해서는 안 된다. 그럼에도 불구하고 이 초창기에 대한 면밀한 연구는 우리에게 이 운동의 본래적인 이상에 대한 통찰을 준다. 더욱이 그런 면밀한 연구를 통해서 1790년 이후 낭만주의 정치사상의 전개를, 특히 이러한 이상을 어떻게 재해석하거나 중단시키는가를 보다 잘 이해할 수 있는 기초가 마련될 수 있다. 따라서 다음 세 절은 1797년부터 1800년까지의 낭만주의 정치사상의 전개에 대한 연구에 바쳐질 것이다.

9.2. 낭만주의 예술의 사회적 기능

1797년부터 1800년까지의 초기 형성기에 독일 낭만주의는 주로 미적 운동이었다. 그것의 주된 목표는 마법적이고 기적적인 예술의 힘을 통해 독일 문화와 공공의 삶을 재탄생시키는 것이었다. 젊은 낭만주의자들은 예술에 엄청난 중요성을 부여했는데, 그들은 이것을 독일에서 사회적·정치적 재생을 위한 열쇠로 보았다. 그들의 견해에 따르면, 예술은 국가에서 중추적인 역할을 해야 한다. 최고의 국가는 '시적 국가'로, [228]그곳에서 군주는 예술가이며 또한 모든 시민이 배우인 광활한 무대의 감독이다.[18]

왜 낭만주의자들은 예술에 그러한 중요성을 부여했을까? 그들의 심미주의 이면에 숨겨진 도덕적, 사회적, 정치적 관심사는 무엇이었는가? 그들은 무엇을 예술의 도덕적, 사회적, 정치적 목적으로 여겼는가? 이러한 물음에 답하기 위해서, 우리는 그 시대의 두 가지 주요 문제인 프랑스혁명과 그리고 계몽의 사회적 귀결에 대한 낭만주의자들의 반응을 검토해야 한다.

프랑스 대혁명은 낭만주의자들에게 결정적인 영향을 미쳤다. 그것은 그들의 정치적 의식을 낳아 당대의 문제에 관여하게끔 했고 그들의 나라를 넘어서는 정치적 가능성들을 인식하게 했다. 하노버학파의 보수주의 교육을 받은 A. W. 슐레겔을 제외하고, 낭만주의자들은 새로운 시대의 여명으로서 프랑스혁명을 응원했다. 노발리스, 슐라이어마허, 셸링, 횔덜린, 프리드리히 슐레겔은 자유, 평등, 연대의 이상을 지지했고, 또한 그들은 진정한 인류는 오직 공화국에서만 가능하다고 주장했다. 프랑스혁명에 대한 그들의 반응에

· ·
18. 낭만주의자들이 생각한 국가의 미적 개념에 대해서는 Novalis, *Blütenstaub* no. 122; *Glauben und Liebe* no. 39, in *Schriften*, II, 468, 498; Friedrich Hölderlin, *Hyperion*, in *Sämtliche Werke, Grosse Stuttgarter Ausgabe*(이하 *GSA*로 줄임), III, 76–90; and Friedrich Schlegel, "Ueber die Grenzen des Schönen", in *Kritische Ausgabe*(이하 *KA*로 줄임), I, 34–44 참조.

서 가장 놀라운 것은 그들이 혁명에 대한 공감을 꽤 오랫동안 유지했다는 사실이다. 그렇게 많은 자국의 동포들과는 달리, 프랑스혁명에 대한 그들의 충성심은 9월 학살이나 국왕의 처형, 라인란트에의 침략, 심지어는 공포정치에도 영향을 받지 않았다. 프리드리히 슐레겔, 슐라이어마허, 노발리스는 1798년경에야 프랑스혁명에 비판적이 되었다. 그들은 프랑스혁명과 연관된 근대 시민사회의 이기주의, 물질주의, 공리주의를 공격하기 시작했다.[19] 그들은 또한 우민愚民정치에 대한 두려움을 표명했고 엘리트 통치의 필요성을 주장했다. 진정한 공화제는 귀족제, 군주제, 민주제의 혼합체여야 한다고 그들은 믿었는데, 왜냐하면 어떤 진정한 국가에서도 교육받은 사람들은 교육받지 못한 사람들에 대한 권력을 가져야 하기 때문이다.[20] 이 같은 보수주의의 성장은 낭만주의자들에게만 특유한 것이 아니었다. 오히려 그것은 1790년대 후반의 전형적인 모습으로, 1797년 3월에 치러진 선거가 두 입법의회에서 왕당 다수파들의 복귀를 가져온 프랑스 자체의 여론 흐름을 반영하고 있었다. 하지만 더욱 신중하고 절제했음에도 불구하고, 낭만주의자들은 그들의 공화주의를 포기하지 않았다. 1800년에 이르러서도 우리는 노발리스, 프리드리히 슐레겔, 슐라이어마허가 자유, 평등, 연대의 이상을 재확인하고 있음을 발견한다.

낭만주의자들은 1790년대에 공화주의자였지만 혁명가는 아니었다. 아마도 횔덜린을 제외해 놓고 보면,[21] 그들은 반란이 그들의 모국에서 실현

· ·
19. 예를 들어, Friedrich Schlegel, *Ideen* no. 41, *KA* II, 259; Novalis, *Glauben und Liebe* no. 36, in *Schriften*, II, 495; Schleiermacher, *Reden über die Religion*, in *Kritische Gesamtausgabe*(이하 *KG*로 줄임), ed. G. Meckenstock et al.(Berlin, 1984 *N*), II/ 1, 196 참조.

20. 예를 들어, Friedrich Schlegel, *Athenäums Fragmente* nos. 81, 212–214, 369–370, *KA* II, 177, 198, 232–233; Novalis, *Glauben und Liebe* nos. 22, 37, in *Schriften*, II, 490, 496 참조

21. 피에르 베르토는 횔덜린이 슈바벤 공화국을 수립하려는 음모에 연루되었다는 정황 증거를 수집했다(Pierre Bertaux, *Hölderlin und die französische Revolution*, Frankfurt, 1969, pp.

가능하거나 심지어 바람직하다고 느끼지 않았다. 프랑스의 사건들은 그들에게 혁명이 구제하기 어려운 무정부 상태와 분쟁을 야기할 것임을 우려하게 만들었다. 따라서 그들은 점진적이고 진화적인 변화의 필요성을 주장했다. 독일의 많은 온건파들처럼, 낭만주의자들도 독일의 급진적인 정치적 변화의 주된 위험은 공화주의적 헌법에 대한 준비가 되어 있지 않은 국민들 자신에게 있다고 믿었다. [229]공화국은 몽테스키외와 루소가 항상 가르쳤던 것처럼 시민들 사이에서 미덕과 지혜를 요구한다. 그러나 제국의 영토 대부분에서 계몽이 더디게 진행되는 것을 볼 때, 독일에서는 이러한 것들을 기대할 수 없었다.

그러므로 낭만주의자들이 직면하고 있는 근본적인 정치적 문제는 명확했다. 그것은 더 많은 교육과 계몽을 통해 독일 국민에게 공화국을 준비시키는 일이다. 1790년대 독일 지식인으로서의 그들의 임무는 도덕, 취향, 종교의 기준을 규정하여 대중이 문화의 어떤 이상, 미덕의 어떤 모델을 갖게 하는 것이었다. 바로 그러한 것이 계몽의 많은 잡지처럼 도야의 세계에 바쳐진 낭만주의자들의 공동 잡지인 『아테네움*Athenäum*』의 목적이었다. 따라서 낭만주의자들은 그들의 결정적인 형성기에 혁명가도 반동주의자도 아니었다. 오히려 그들은 단순히 개혁가였고 실러, 훔볼트, 빌란트의 고전주의적 전통에 있는 온건파였다.[22] 그 당시 도야의 세계에 전념하면서 그들은 정치의 세계에서 도피하는 것이 아니라 단순히 개혁적인 전략에 몰두하고 있었다.

우리가 낭만파의 심미주의를 자리매김해야 하는 것은 이 개혁주의의 맥락에서이다. 낭만주의자들은 예술이 도야의 주요 도구이며 따라서 사회적

··
85–113). 그러나 전반적으로 휠덜린은 점진적인 진화적 변화의 가치와 도야의 필요성을 주장했다. 예를 들어, 1791년 1월 10일에 J. G. 에벨에게 보낸 서한 및 1799년 1월 1일 형에게 보낸 서한(*GSA* VI/ 1, 219–230, 303–305) 참조.

22. 이 전통에서 낭만주의자들의 위치에 대해서는 Albert Poetzsch, *Studien zur frühromantischen Politik und Geschichtsauffassung*, Beiträge zur Kultur und Universalgeschichte no. 3(Leipzig, 1907), pp. 1–25 참조.

· 정치적 개혁의 가장 중요한 열쇠라고 보았기 때문에 예술에 엄청난 중요성을 부여했다. 이런 점에서 그들은 『미적 서한』의 복음으로 개종하는 실러의 제자임을 스스로 증명했다. 예술가의 사회적·정치적 의의를 그들에게 납득시킨 사람은 누구보다도 실러였다. 그는 예나의 피리 부는 자였고, 낭만주의자들은 재빨리 그의 매혹적인 노래를 따라갔다. 그들은 도야가 사회적·정치적 변화의 전제조건이라는 그의 정치적 문제에 대한 분석에 동의했고, 또한 예술이 도야의 중심 기관^{機關}이라는 그의 해결책을 받아들였다.[23] 예술이, 아니 예술만이 국민의 분열된 능력들을 통일하고 그들에게 미덕의 모델을 제공하며 행동으로 옮기도록 고무시킬 수 있다. 낭만주의자들은 자유, 평등, 연대라는 원칙이 이성에 의해 확인된다는 것을 부인하지 않았지만, 이성이 그 자체로 사람들로 하여금 그 원칙에 따라 행동하도록 동기를 부여하는 힘을 가지고 있다고는 믿지 않았다. 그런 자극은 오직 예술에 의해서만 제공될 수 있다. 그렇다면 낭만주의자들의 심미주의는 그 역사적 맥락에서 놓고 볼 때, 그야말로 사회적·정치적 개혁을 위한 그들의 전략이었다.

낭만주의자들의 심미주의는 프랑스혁명에 대한 그들의 반응에 의해서뿐만 아니라 계몽에 대한 반응에 의해서도 결정되었다. 이 반응은 단순하고 직설적인 거부가 아니라 더욱 복잡하고 기교적인 양면성을 띤 것이었다. 낭만주의자들이 마치 이성의 비판적 사용에 반대하거나 한 것처럼 그들을 '비이성주의자'[24]라고 낙인찍는 것은 극히 오해의 소지가 있다. 그것은 전혀

<hr />

23. 여기서 다시 횔덜린은 예외적이었다. 그는 실러 프로그램의 일반적인 원칙을 따랐지만, 도덕적 변화를 위한 정치적 해방의 중요성을 강조하는 데 있어서는 실러와 의견이 달랐다. 예를 들어, Hölderlin, *Hyperion, GSA* III, 96을 참조. 횔덜린이 실러의 프로그램에서 벗어난 점에 관해서는 Guenter Mieth, *Friedrich Hölderlin: Dichter der bürgerlichen-demokratischen Revolution*(Berlin, 1978), pp. 30-31, 35, 40-41 참조.
24. 낭만주의자들에 대한 비이성주의적 해석은 통상적인 관점이다. 예를 들어, Schmitt, *Politische Romantik*, pp. 79-84; Linden, "Umwertung der deutschen Romantik", p. 244; Ruge, *Klassiker und Romantiker*, in *Werke*, I, 10-11, 248-249; Jacques Droz, *Le Romantisme allemand et l'état*(Paris, 1966), pp. 19-49; Aris, *History*, p. 272; Reiss, *Political*

사실이 아니다. 노발리스, 횔덜린, 프리드리히 슐레겔, 슐라이어마허는 비판의 힘을 크게 중시했는데, 그들은 이를 모든 철학, 예술, 과학에 없어서는 안 될 요소로 여겼다.[25] 실제로 그들은 종종 **계몽주의자들**이 [230]자신들의 명분을 저버리고 자신들의 이성을 충분히 받아들이지 않으며 현 상황과 타협하는 등의 죄를 범하고 있다고 한탄했다. 근대 생활의 모든 형태에 대한 철저한 비판의 필요성은 실로 『아테네움』의 중심 사상 중 하나이다. 프리드리히 슐레겔이 「아테네움 단상」[26]에서 썼듯이, "누구도" 그 집단의 비판적 태도를 요약할 만큼 "충분히 비판적일 수는 없다."

비판에 대한 낭만주의자들의 태도는 18세기 말 독일에서 이성에 대한 한 사람의 충성도를 시험하는 시금석 구실을 했던 범신론 논쟁에 대한 그들의 반응에서 가장 명백하다. 프리드리히 슐레겔, 노발리스, 슐라이어마허는 레싱의 비타협적인 이성주의에 감탄했고, 그들이 이성에 대한 배반으로 간주하는 야코비의 **목숨을 건 도약**salto mortale을 거부했다.[27] 야코비가 저지른 큰 죄는 이성이 자신의 소중한 믿음을 위협한다는 것을 보고 이성에 등을 돌렸던 점이다. 비록 낭만주의자들 자신이 이성의 영역 위에 신비적인 통찰이 있다고 종종 주장하곤 했지만, 그들은 이성에 반하는 신앙이나 편견이 도약하는 것을 결코 인정할 수 없었다. 그들의 견해에 따르면 합리적 비판은 개인의

* *

Thought of the German Romantics, p. 3 참조. 이성에 대한 낭만주의자들의 태도에 관한 보다 균형 잡힌 평가는 오스카 발첼(Oscar Walzel, *German Romanticism*, New York, 1932, pp. 9–14)에 의해 제시되어 있다.

25. Novalis, *Heinrich von Ofterdingen*, in *Schriften*, I, 280–283; Hölderlin, *Hyperion*, *GSA* III, 93, 및 1796년 6월 2일 형에게 보낸 횔덜린의 편지(*GSA* VI/ 1, 208–209) 참조. 프리드리히 슐레겔과 슐라이어마허에 대해서는 이하의 각주27 참조.

26. Friedrich Schlegel, *Athenäum Fragmente* no. 281, *KA* II, 213. 또한 *Athenäum Fragmente* nos. 1, 47, 48, 56, 89, 96, *KA* II, 165, 172, 173, 178, 179도 참조.

27. 야코비에 대한 낭만주의자들의 응답에 관해서는 야코비의 『볼데마르』에 대한 프리드리히 슐레겔의 서평(*KA* II, 57–77, 특히 pp. 69–72); Novalis, *Schriften*, III, 572, no. 121; Schleiermacher, "Spinozismus", "Kurze Darstellung des Spinozistischen Systems", "Ueber dasjenige in Jakobis Briefen was den Spinoza nicht betrifft", *KG* I/ 1, 513–597 참조.

자기의식과 자유를 높이는 방향으로 이끌어왔기 때문에 헤아릴 수 없는 가치가 있다. 모든 형태의 권위에 의문을 제기함으로써 개인은 더 큰 자율성의 의식을 획득하게 되고, 또한 자연의 힘을 연구함으로써 개인은 자연에 대한 예속으로부터 자유를 얻게 된다. 어떠한 이유로도 낭만주의자들은 개성에 대한 이러한 의식을 위태롭게 하기를 바라지 않았는데, 오히려 개성의 함양을 그들은 도야의 주요 목적이라고 여겼다.[28]

　　그러나 비판의 가치에 대한 그들의 모든 신뢰에도 불구하고, 낭만주의자들은 또한 비판의 위험성을 알고 있었다. 그들은 근대인이 엄청난 대가를 치르고서 자신의 자유와 자기의식을 손에 넣었다는 것을 깨달았다. 우선 첫째로, 비판은 순전히 부정적인 힘을 가지고 있는 듯이 보였고, 또한 믿음을 훼손하고 회의주의의 심연으로 이어질 수 있는 것처럼 보였다. 모든 도덕적, 종교적, 정치적 신념이 문제시되었고 단지 '편견들'에 불과하다는 것을 드러냈다. 그러나 흄이 항상 주장했듯이, 어떤 믿음에 따라 사는 것은 피하기 어렵다. 예를 들어, 다른 마음을 지닌 존재, 외부 사물, 지속적인 자아, 귀납법의 규칙성에 대한 어떤 믿음 없이 어떻게 행동하는 것이 가능한가? 1790년대 후반, 회의주의의 위험성은 그 어느 때보다도 더 심각해 보였다. 마이몬, 피스토리우스, 슐체, 플라트너와 같은 철학자들은 칸트의 믿음을 구제하려는 시도를 비판하고 새로운 흄Hume적 회의주의의 형태를 부활시켰다.[29]

　　계몽에게 대가를 치르도록 한 것은 회의주의만이 아니었다. 이와 똑같이 해로운 결과는 근대인이 자연과의 일체감을 상실했다는 점이었다. 근대인이 자연을 자신의 합리적 통제 하에 둔 이상, 자연은 그 아름다움, 신비, 마법을 잃어버렸다. 자연은 경탄되거나 관조되는 것이 아니라 분석되고 통제되어야

　· ·
28. 개인주의에 대한 낭만주의의 윤리에 관해서는 Friedrich Schlegel, *Athenäum Fragmente* no. 16, *KA* II, 167; *Ideen* no. 60, *KA* II, 262; Schleiermacher, *Reden*, *KG* I/ 1, 229–230; *Monologen*, *KG* III/ 1, 17–18을 참조.
29. 그러한 회의주의는 낭만파의 초기 소설 중 하나인 티크의 『빌리암 로벨 씨의 이야기』에서 그 반향을 발견했다. Ludwig Tieck, *William Lovel*, in *Schriften*(Berlin, 1828), VI, 177–179.

한다. 즉 그것은 신성한 예술의 숭고한 작품이 아니라 도덕적 진보의 길을 가로막는 골치 아픈 장애물이다. 추하고 생기 없고 정복된 자연 속에서 살 가치가 있을까? 그런 '환멸스러운' 세계에서 편안함을 느낄 수 있을까?

[231]계몽의 가장 문제되는 결과는 근대인이 한 집단에 속해 있다는 감정, 즉 공동체 의식을 잃었다는 것이었다. 모든 형태의 사회적·정치적 삶을 비판의 도마 위에 올리고 이성의 법정에 맡김으로써, 개인들은 모든 형태의 사회생활을 권위에 대한 비합리적인 복종, 요컨대 타율성으로 간주하게 되는 경우가 비일비재하다. 명령을 따르거나 임무를 수행하기 전에, 그들은 우선 그 이유를 알기를 요구한다. 만약 그 대답이 그들의 이성의 정확한 요구를 충족시키지 못한다면, 그들은 그것을 거부하지 않을 수 없다. 따라서 철저한 비판은 모든 사회적 의무와 공동체적 감정을 파괴함으로써 회의주의뿐만 아니라 무정부주의로 이르게 하는 것으로 보인다.

1790년대 후반에 낭만주의자들이 직면하고 있는 일반적인 문제는 이제 분명해져야 한다. 이성을 배신하지 않은 채 어떻게 계몽이 남긴 공백을 메울 수 있을까? 비판의 자율성을 버리지 않고서 어떻게 자연과 사회의 통합을 회복할 수 있을까? 낭만주의자들은 전前비판적 성찰의 행복한 시대, 즉 그리스인의 문명으로 돌아갈 수 없다는 것을 인식했다. 또한 그들은 단순히 편견의 가치를 버크나 드 메스트르의 방식으로 긍정하는 데 있어서 아무런 가치도 찾지 못했다.[30] 그들은 비판의 힘이 귀중한 만큼 피할 수 없다고 확신했다. 그렇다면 이 딜레마를 벗어나는 길은 어디일까? 그것은 철학을 통해서일 수 없는데, 철학의 비판주의는 도리어 문제를 만들어냈다. 또한 그것은 종교를 통해서도 될 수 없는데, 종교의 믿음은 비판에 취약하다는 것을 증명하였다. 그리고 자연과학을 통해서도 될 수 없음은 더 말할 것도 없는데, 자연과학의 활동은 자연의 아름다움과 마법을 파괴했기 때문이다.

● ●
30. 이러한 근본적인 차이는 보통 버크가 낭만주의자들에게 끼친 영향을 강조하는 연구들에서는 간과되어 있다. 예를 들어 Aris, *History*, pp. 270-274 참조.

그러므로 유일한 탈출구는 예술을 통한 것이다. 철학과 과학의 이성은 본질적으로 부정적인 힘인데 반해, 예술의 상상력은 본질적으로 긍정적이어서 전체 세계를 창조하는 힘을 가지고 있다. 이성을 통해 잃어버린 것은 예술을 통해 다시 만들어질 수 있다. 예술가의 임무는 자연적 세계와 사회적 세계의 마법과 아름다움, 신비를 회복시켜 그 결과 개인이 다시 세계와 하나가 되어 느낄 수 있도록 하는 것이다.

젊은 낭만파들 사이에서 낭만주의 예술의 정의는 **계몽**의 사회적·정치적 귀결과의 투쟁을 반영한다. 예를 들어 프리드리히 슐레겔의 낭만주의 예술 개념을 고찰해보면, 우리는 예술의 주된 목표 중 하나가 근대인의 공동체 의식, 즉 한 집단에 속해 있다는 감정을 회복시키는 것임을 알게 된다. 슐레겔은 「소설에 관한 편지」에서 낭만주의 예술을 "환상적인 형태로 감상적인 내용을 제시하는 것"[31]이라고 정의했다. 그는 우리가 감상적인 것을 감동적이거나 눈물을 자아내는 것이 아니라 인간 영혼의 가장 강한 열정, 즉 사랑의 감정으로 이해해야 한다고 주장했다. 낭만주의 예술에서 어느 곳에서나 "보이지 않게 보여야"하는 것이 바로 사랑의 정신이라고 슐레겔은 설명한다. 그러나 사랑의 개념은 슐레겔에게 가장 심오한 사회적·정치적 함의를 가지고 있었다. 사랑은 다름 아닌 진정한 공동체의 유대이기 때문이다. 슐레겔은 초기 미학적·정치적 저술에서,[32] 근대 생활에서의 공동체의 상실을 매우 유감스럽게 생각했는데, [232]이는 시민사회의 증가하는 이기주의와 물질주의에 기인한 것이라고 했다. 열렬한 그리스 애호가로서 그의 진정한 공동체 모델은 아테네 공화국이었는데, 그곳은 모든 사람이 국가에 참여하고 동포들에 대한 애정을 가지고 있었다. 이 공동체의 중심적 특징은 사랑을 국민들 사이에서 가시적이고 보편적으로 만들었다는 점이다. 그래서 슐레겔은 미적 즐거움의 가장

••
31. Friedrich Schlegel, *KA* II, 333-334.
32. 이러한 초기 저술과 프리드리히 슐레겔의 초기 미학적 교설은 10.2절과 10.3절에서 더 자세히 논의된다.

높은 형태는 사랑이며, 그러한 감정은 고대 아테네와 같은 공동체에서만 가능하다고 주장했다. 이번에는 우리가 낭만주의 예술에 대한 슐레겔의 후기 정의를 그의 초기 작품들의 맥락 속에 놓는다면, 낭만주의 예술은 사랑의 감정을 표현하는 데 있어서 또한 진정한 공동체에 대한 그리움을 표현하고 있다는 것이 분명해진다. 낭만주의 예술의 목적은 시장 경제에서 살아남기 위한 고군분투와 함께 그 의식이 너무나 과중한 부담을 지고 있었던 근대인에게서 진정한 공동체 의식을 되살리는 것이다.

낭만주의 예술에 대한 노발리스의 정의를 살펴볼 때, 우리는 낭만주의 미학의 이면에 있는 또 다른 사회적 관심사인 인간과 자연의 재결합 문제를 발견한다. 낭만주의 예술의 목적은 소박한 수준에서 그리스인들에게 주어졌던 자연과의 일체감을 자기의식의 수준에서 재창출하는 것이다. 근대인이 자연과의 일체감을 상실했고 그 회복의 열쇠가 시에 있다는 것은 노발리스의 『자이스의 제자들』의 중심 사상 중 하나이다. 근대 과학은 대상을 이해하고 통제하려는 노력에서 대상을 해부하지만, 그 다음에는 그 대상의 영혼을 빼앗는다. 대상들은 죽어버리고 이질적인 것이 되어, 마음과 의식에 대한 말을 멈추게 된다. 사람들이 자연 속에서 다시 자신을 찾을 수 있도록 대상들을 소생시키는 것이 낭만주의 시인의 임무이다. 노발리스가 미발표 노트에서 설명했듯이, "세계는 낭만화되어야 한다. 그렇게 되어야만 인간은 본래의 감각을 재발견할 것이다. 낭만화는 다름 아닌 사물의 힘을 질적으로 끌어올리는 것^{potenzieren}을 말한다. … 나는 평범한 것에 더 높은 의미를, 알려진 것에 미지의 존엄성을, 유한한 것에 무한한 것의 외형을 부여할 때 어떤 것을 낭만화한다."[33] 우리가 곧 보게 되겠지만,[34] 노발리스는 이 미적인 것을 국가 자체로 확장시켜 '시적 국가'를 창조하는 것이 낭만주의 예술가의 목적이라고 했다.

· ·
33. Novalis, *Schriften*, II, 45, no. 105.
34. 9.3절 참조.

9.3. 시민사회 비판

낭만주의 정치사상의 보다 중요하고 흥미로운 측면 중 하나는 독일의 신흥 산업 경제인 시민사회bürgerliche Gesellschaft에 대한 비판이다. 낭만파의 비평은 헤겔과 맑스의 전조가 되기 때문에 특히 주목할 만하다. 그것은 결국 후대의 몇몇 낭만주의자들, 특히 아담 뮐러에 의해 자본주의에 대한 전면적인 비판으로 발전되었다.[35]

그러나 초기 낭만주의자들의 시민사회 비판을 자본주의에 대한 공격이라고 보는 것은 오해의 소지가 있을 것이다. 비록 젊은 낭만주의자들은 [233]사유재산의 권리를 옹호하고 싶은 생각이 없었지만, 생산수단의 사적 소유를 명시적으로 비판하지는 않았다. 그들이 분노를 표출한 특별한 대상은 근대적 형태의 생산과 교환의 문화적·사회적 귀결들이었는데, 이 귀결들을 그들은 실러, 괴테, 헤르더에게서 물려받은 도야의 인본주의적 기준에 따라 평가했다.

낭만주의자들이 경제적 현실에서 문화의 이상적인 세계로 도피하고 있다고 비난하는 것은 그동안 혼한 일이 되었다. 그러나 이 비판은 무지한 만큼이나 부당하다. 노발리스, 프리드리히 슐레겔, 슐라이어마허는 문화의 형성에 있어 경제의 역할을 충분히 인식했고, 또한 그들은 종종 문화가 특정한 경제적 조건에서만 번창할 수 있다고 주장했다. 그들은 무엇보다도 근대 시민사회가 문화의 쇠퇴에 책임이 있다고 가장 분명하고 단호한 말로 주장했다. 예를 들어, 『프랑스 기행』에서 슐레겔은 '이윤과 고리대금'을

••
35. Adam Mueller, *Elemente der Staatskunst*, II, 179–375, III, 1–216을 참조. 뮐러의 자본주의 비판에 관해서는 G. A. Briefs, "The Economic Philosophy of Romanticism", *Journal of the History of Ideas* 2(1941), 279–300; Baxa, *Einführung in die romantische Staatswissenschaft*, pp. 45–126 참조.

근대 생활의 지배적 원칙이자 모든 도덕적·정신적 부패의 근원으로 보았다.[36] 슐라이어마허는 그의 『종교론』에서 종교의 쇠퇴를 근대적 생산양식의 탓으로 돌렸다. 사람들은 무미건조하고 기계적인 일을 수행하도록 노예화되어 있기 때문에 자신의 내적 자아나 우주와의 관계를 숙고할 시간이나 에너지가 없다. 그는 "이보다 종교에 더 큰 장애물은 없다"면서 "우리는 노예가 되었고, 노예는 어떤 생기 없는 힘에 의해 수행될 수 있는 무언가를 수행해야 하는 자이다"고 썼다.[37]

모든 낭만주의자들 가운데서 노발리스는 문화의 발전에 있어 경제의 역할에 가장 민감했다. 슐레겔이나 슐라이어마허처럼 그는 유럽의 문화 파괴를 시민사회 탓으로 돌렸다. 근대적 생산양식은 사람들에게 시간과 에너지를 너무나 많이 요구하기 때문에 그들은 '마음의 고요한 집중', '내면의 세계에 대한 세심한 고려'를 위해 아무것도 남겨둔 것이 없다.[38] 일반적으로 노발리스는 경제가 바로 사회의 기초이며 한 국가의 문화 발전의 정도는 경제의 성장에 달려 있다고 강조했다. 그가 미발표 단편들 중 하나에 다음과 같은 논점을 피력한 것 또한 그런 이유 때문이다. "교역의 정신은 세계의 정신이다. 그것은 세계의 정신들 중 가장 빛나는 정신이다. 그것은 모든 것을 움직이게 하고 모든 것을 하나로 묶는다. 그것은 나라와 도시들, 국민과 예술작품들을 일깨운다. 바로 문화의 정신, 인류의 완성이다."[39]

낭만주의자들은 시민사회에 많은 중요성을 부여했기 때문에, 게다가 그들은 문화의 쇠퇴에 대한 책임을 시민사회에 두었기 때문에, 시민사회에 대한 비판에 많은 시간과 에너지를 쏟았다. 시민사회에 대한 그들의 주된 반대 이유 중 하나는 근대적 생산 기술, 노동의 분업 그리고 기계의 사용에

· ·
36. Friedrich Schlegel, *KA* VII, 71-72.
37. Schleiermacher, *KG* II/ I, 190.
38. Novalis, "Christenheit oder Europa", in *Schriften*, III, 509.
39. Novalis, *Schriften*, III, 464, no. 1059. 또한 *Schriften*, II, 606, no. 382("경제학은 실천학문이다. 모든 실제적인 것은 경제적이다")도 참조.

관한 것이었다. 노동의 분업은 각자가 한 가지 일에 전념할 것을 요구하는데, 보통은 무미건조하고 무기력한 성격의 것이다. 그러나 그런 상황에서 모든 인간의 힘을 조화롭게 발전시키는 도야의 이상은 어떻게 될 것인가? [234]프리드리히 슐레겔은 "삶의 진정한 본질은 우리의 모든 힘이 지닌 전체성, 완전성, 자유로운 활동에 있기 때문에, 삶을 일반적 교역처럼 취급하는 것만큼 불합리한 것은 없다. … 한 가지 점에만 들러붙어 있는 자는 흡사 굴oyster과 같은 상태로 살아가는 셈이다"[40]라고 썼다. 근대적 생산양식은 사람들을 비인간화할 뿐만 아니라 노예로 만들기도 한다. 근대적 생산양식은 더 많은 정신적 목표를 추구할 수 있는 더 큰 자유를 이끌어내기보다는 단지 사람들이 그들의 생존을 위해 일하도록 강요한다. 계몽의 원대한 꿈은 기술이 자연에 대한 지배력을 획득할 때 인류가 더 큰 자유를 얻으리라는 것이었다. 그러나 이 꿈은 악몽으로 변해 있었다. 기술은 자연을 정복했지만, 또한 인간을 지배할 뿐이었다. 인간들은 자신들을 해방시켜야 할 바로 그 도구의 노예가 되어 있었다. 슐레겔은 이 점을 다음과 같이 간결하게 표현했다.

> 부르주아 근성의 인간은 맨 처음엔 기계에 적응하더니 기계로 변해버렸다. 설사 정치적 총합을 이루는 하나의 숫자에 불과한 존재가 되었더라도 그는 행복하며, 또 설령 인격체에서 암호로 변신했더라도 그는 모든 면에서 완벽하다고 간주될 수 있다. 개인과 마찬가지로 대중도 그러하다. 그들은 먹고, 결혼하고, 아이를 낳고, 늙어가는 등 이런 일들이 무한히 계속된다. 단순히 삶을 위한 순수한 생존은 비천함의 근원이며, 철학과 시문학의 세계정신이 전혀 없는 모든 것은 비천하다.[41]

시민사회에 대한 또 다른 낭만주의의 불만은 그 사회의 물질주의, 즉

• •
40. Friedrich Schlegel, *KA* VIII, 50.
41. 같은 책, VIII, 49–50.

돈에 대한 추구와 물질적 욕구 충족이었다. 노발리스, 프리드리히 슐레겔, 슐라이어마허는 모두 사물들을 물질적 행복의 수단으로만 중시하는 경향인 근대 문화의 공리주의를 개탄했다. 시민계급이 소비할 수 없는 것은 그들을 위해 존재하지 않는 것이나 다름없다. 당연히 이것은 철학, 예술, 종교 등 삶의 더 높은 가치를 위한 자리를 남기지 않는다. 더욱 나쁜 것은, 그것이 사회적 관계들을 비하하고 이 관계들을 상호 이익이나 편의를 얻기 위한 수단으로 취급하는 점이다.[42] 낭만주의자들은 근대 사회의 물질주의적 윤리에 헌신하는 사람에 대해 속물the philistine(der Philister)이라는 도발적인 용어를 사용했다. 속물은 오직 편안함을 위해서만 행동할 것이다. 또한 그는 예술을 단지 오락의 한 형태로만 보았고, 종교를 단순히 고통 속에서 의지할 수 있는 아편이라고 보았다. 그는 그의 모든 삶을 반복적인 일상으로 바꾸고 그것이 편안함과 안전에 대한 갈망을 만족시키는 한 도덕적이고 종교적이며 정치적인 현 상황에 순응할 것이다. 속물에게 있어 삶의 목적은 단순히 존재하고 번식시키는 것이다. 낭만주의자들은 속물근성을 근대 경제의 불가피한 결과로 보았다.[43] 증가하는 노동 분업, 끊임없는 이윤 추구, 그리고 기술의 발전은 기본적인 욕구를 충족시켰을 뿐만 아니라 새로운 욕구를 만들어냈다. 따라서 경제생활의 쳇바퀴는 쉼 없이 계속 돌아가게 되었다. 그 결과 인류는 단지 자신의 본성, 자신의 감수성의 한쪽 측면, 즉 물질적 편안함과 쾌락에 대한 욕구만을 발전시킬 수 있게 되었다. 우리의 모든 도덕적 [235]성향은 편안함과 사치를 추구하는 가운데 무감각해지고 약화되어 버렸다.

　　낭만주의자들은 시민사회의 물질주의에 못지않게 이기주의에도 반대했다. 사람들이 시장에서 서로 경쟁하도록 만들고 단순히 살아남기 위해 오랜

<hr>

42. 특히 Schleiermacher, "Versuch eine Theorie des geselligen Betragens", *KG* II/ 1, 165–184, 특히 p. 168을 참조.
43. 예를 들어, Novalis, *Glauben und Liebe* no. 36, in *Schriften*, II, 495 참조.

시간을 일하도록 강요하고 그들의 물질적 욕구를 증대시키도록 함에 있어서, 시민사회는 이기주의, 즉 사리사욕을 추구하는 것을 제1원칙으로 삼았다. 낭만주의자들은 이기주의가 정치 질서의 적절한 기초가 될 수 있다는 것에 회의적이었다. 그들은 자유주의적이고 사회적인 계약 전통의 근본적인 전제, 즉 사회와 국가는 이기적인 행위 주체들 간의 계약에 의해 형성될 수 있다는 것에 의문을 제기했다.[44] 사리사욕은 무한하기 때문에 그것은 모든 시민적 유대의 창출이 아니라 파괴로 이어진다. 이기주의자는 단순히 다른 사람들을 더 이용하기 위해 사회에 진출한다. 낭만주의자들은 또한 사람들이 선천적으로 이기적인지에 대해 의문을 제기했다. 그들은 이 인간 본성에 대한 모델을 근대 시민사회 사람들의 특징적인 행동으로부터 도출한 잘못된 추상화와 일반화로 보았다. 그들의 견해에 따르면, 이기주의는 선천적이거나 타고난 것이 아니라 배워 얻어진 것이거나 후천적인 것이다. 그들은 그것이 인간의 특징적인 능력들을 충족시키기보다는 억압한다고 주장했다. 사람들은 본질적으로 다른 사람들과의 관계를 통해서만 자신의 독특한 능력을 발휘할 수 있는 사회적 존재들이다.[45] 인간성의 본질적 특징은 사랑하고 사랑받으려는 욕구 내지 필요성이다. 그리고 그 욕구는 모든 사람들 사이에 상호 인정과 애정이 있는 공동체에서만 충족감을 찾을 수 있다. 그러므로 근대 사회의 이기주의적 윤리에 노예가 되는 사람들은 그들의 진정한 자아로부터 멀어지게 된다. 노발리스가 극적으로 표현했듯이, "공동 정신으로부터 도피하는 것은 죽음이다!"[46]

아마도 시민사회에 대한 가장 급진적인 낭만주의 비평은 프리드리히

••
44. 같은 책, II, 494-495.
45. 인간 본성의 이 사회적 개념의 전거가 되는 표현은 Friedrich Schlegel, *Vorlesungen über Transcendentalphilosophie*, KA XII, 44, 46, 87; Novalis, *Schriften*, III, 313, no. 394, III 573, no. 126; Schleiermacher, *Monologen*, KG III/ 1, 28–40; 그리고 1779년 1월 1일 형에게 보낸 횔덜린의 편지(*GSA* VI/ 1, 302–307)에 있다.
46. Novalis, *Blütenstaub* no. 82, in *Schriften*, II, 451.

슐레겔의 소설 『루친데』에 등장한다. 「무위無爲에 대한 전원시」[47]라는 제목의 도발적인 절에서 슐레겔은 근대 시민사회의 노동 윤리에 의문을 던졌다. 그는 "이 모든 노력과 진보를 중단 없이 그리고 초점 없이 하는 것이 무슨 의미가 있는가?"라고 묻는다. 그에 대한 물음을 자문하지도 않고 사람들은 곧 그들을 지배하는 저 단조로운 일을 반복한다. 그들은 결국 지루해지거나 지치게 된다. 슐레겔은 이 노동 윤리 때문에 사람들이 스스로를 망각하고 억제시키는 상황을 두려워했다. 그들은 일하느라 너무 바빠서 거울을 보는 것을 부끄러워한다. 그는 우리를 공익의 단순한 도구로 변화시킬 성취 윤리의 이면에 깊은 자기혐오가 있지 않느냐고 암시한다. 슐레겔은 노동 윤리가 우리 자신을 잊게 할 뿐만 아니라 세계에 대한 우리의 반응도 둔화시켜 주위의 모든 것이 무뎌지고 생기가 없고 지긋지긋해진다고 주장했다. 우리의 인간성을 최대한 실현하려면 우리는 감성을 함양하는 법을 배워야 한다. 우리는 세계를 지배하는 능동적인 존재만이 아니라 세계가 우리에게 작용하도록 허용하는 수동적인 존재가 되어야 한다. 오직 겸허함과 온화함 속에서만, 오직 어린아이 같은 수동성을 통해서만 우리는 우리 자아를 떠올리고 [236]삶과 세계를 지각한다. 우리는 고요함 속에서만 자라는 식물 같지 않은가? 우리가 감성을 함양하고 내면의 자아를 숙고하려면, 무위無爲를 중요시하는 법을 배워야 한다. 우리는 무위로부터 예술과 과학 그리고 종교를 만들어야 한다. 그래야만 낙원으로의 귀환을 가로막는 저 '죽음의 두 천사', 즉 '근면과 효용'에서 우리가 벗어날 수 있을 것이다.

낭만주의자들이 근대 시민사회에 그렇게 비판적이었다면, 그들은 그 자리에 어떤 사회를 두기를 원했을까? 그들은 사회적·정치적 질서의 적절한 경제적 토대가 무엇이라고 생각했을까? 그들은 경제의 중요성을 인식했지만, 경제생활의 적절한 편성에 대한 불완전한 견해만을 가지고 있었다. 맑스와는 달리, 그들은 근대 시민사회를 대체해야 할 경제에 대한 구체적인 긍정적

47. Friedrich Schlegel, *KA* V, 25-29.

미래상을 제시하지 못했다. 그들은 중세의 소박한 수공업과 동업 조합으로
돌아가길 원했다는 혐의를 받아왔다. 그러나 비록 이러한 오래된 생산양식에
감탄하기는 했지만,[48] 그들은 분명 그런 생산양식으로 돌아가는 것을 지지하
지는 않았다. 만약 우리가 재산과 경제생활에 대한 낭만주의자들의 몇몇
의견을 면밀히 검토한다면,[49] 그들이 소박한 공산주의자들이라는 것이 명백해
진다. 많은 프랑스 급진주의자들과 마찬가지로 그들은 재산의 소유권이
공동의 것이어야만 자유, 평등 그리고 연대를 실현할 수 있다고 믿었다.
하지만 안타깝게도 이 견해는 결코 명확하게 설명되거나 옹호되지 않았다.

9.4. 유기적인 사회 개념

낭만파의 '유기적인 국가 개념'이 마치 계몽의 '기계론적 국가 개념'과
철저한 단절을 이루고 있기나 하는 것처럼 언급되는 것이 2차 문헌에서는
관례가 되어 있다.[50] 그러나 그러한 해석은 젊은 낭만파의 경우에 매우 오해의

..
48. 예를 들어, 메디치 가문과 푸거 가문에 대한 노발리스의 찬사(*Blütenstaub* no. 67, in
Schriften, II, 439)와 『그리스도교 또는 유럽』에서 동업조합에 대한 그의 호의적인 견해
("Christenheit oder Europa", in *Schriften*, III, 507) 참조.

49. Friedrich Schlegel, "Ueber die Diotima", KA I, 86–87; Novalis, *Blütenstaub* no. 13,
in *Schriften*, II, 417; 그리고 1799년 1월 1일 형에게 보낸 횔덜린의 편지(*GSA* VI/ 1,
303) 참조. 또한 횔덜린의 『엠페도클레스』의 「제1 초고」(*GSA* IV/ 1, 66)도 참조. 『횔덜린과
프랑스혁명』에서 피에르 베르토는 이 글과 파리에서의 그라쿠스 바뵈프의 재판 사이의
연관성을 지적한다(Pierre Bertaux, *Hölderlin und die französische Revolution*, p. 109).

50. 예를 들어 Andreas Mueller, *Die Auseinandersetzung der Romantik mit den Ideen der
Revolution*, Deutsche Vierteljahrsschrift für Literaturwissenschaft und Geistesgeschichte,
Buchreihe vol. 16(Halle, 1929), pp. 301–333; Richard Samuel, *Die poetische Staats –und
Geschichtsauffassung von Friedrich von Hardenberg(Novalis)*(Frankfurt, 1925), pp. 63,
131–133; Kluckhohn, *Das Ideengut der deutschen Romantik*, pp. 78–79; Wilhelm Metzger,
Gesellschaft, Recht, und Staat in der Ethik des deutschen Idealismus(Heidelberg, 1917),
pp. 217–218; Baxa, *Einführung in die romantische Staatswissenschaft*, pp. 1–4, 45 참조.

소지가 크다. 아담 뮐러와 같은 후기 낭만주의 이론가들은 자각적으로 유기적인 국가 이론을 전개한 반면, 젊은 낭만주의자들은 이상 국가라는 바로 그 개념을 용어상의 모순으로 여겼다. 피히테처럼 그들은 이상적인 사회에서 국가는 사라질 것이라고 믿었다.[51] 더욱이, 유기적 은유를 사용하는 것 자체가 계몽의 정치적 전통과 어떤 분명한 단절을 나타낸다고 가정하는 것은 오해를 사기 쉽다. 계몽의 저 전통은 결코 획일적이거나 동질적이지 않다. 그리고 그 전통은 이상 국가에 대한 다른, 심지어 반대되는 사고방식을 나타내기 위해 유기적 은유를 적용하기도 했다.

하지만 젊은 낭만주의자들의 '유기적인 국가 개념'에 대해 말할 수 없다고 할지라도 우리는 그들의 '유기적인 사회 개념'에 대해 말할 수 있다. 우리는 낭만주의자들의 초기 정치적 이상을 제대로 다루기 위해 이 용어를 사용할 수 있을 뿐만 아니라 사용해야 한다. 이는 젊은 낭만주의자들이 이상 사회에 대한 비전을 표현하기 위해 유기적 은유를 자주 사용했고, 그것을 의도적으로 '기계론적' 사회나 가부장주의적 전통의 국가와 대비시켰다는 단순한 이유 때문이다.[52] 그래서 이 은유를 해명하지 않는 한, [237]우리는 그들의 이상 사회의 고유한 특징과 가부장주의적 전통과의 차이점을 간과할 여지가 있다.

기계 은유라는 것이 18세기 정치사상에서는 단일한 의미를 띠고 있지 않지만, 가부장주의적 전통의 일부 정치이론가들은 그들의 이상 국가를 기계라고 언급했다. 그러한 용법의 완벽한 예는 A. L. 슐뢰저의 『일반 국법과

• •
51. Friedrich Schlegel, "Versuch über den Begriff des Republikanismus", *KA* VII, 13; Novalis, *Schriften*, III, 254–255, no. 79, III, 284–285, no. 250; Hölderlin, "Systemprogram", *GSA* IV/ 1, 297–298 참조.

52. 이 개념의 전거가 되는 것은 Novalis, *Glauben und Liebe* no. 36, in *Schriften*, II, 494–495, *Blütenstaub* nos. 44, 122, in *Schriften*, II, 431, 468; Friedrich Schlegel, "Versuch über den Begriff des Republikanismus", *KA* VII, 15, 18, "Ueber die Grenzen des Schönen", *KA* I, 43, *Vorlesungen über Transcendentalphilosophie*, *KA* XII, 44, 46, 87; Schleiermacher, *Monologen*, *KG* III/ 1, 33–34 이다.

헌법이론』에서 찾을 수 있다. "국가는 사람들이 화재보험회사를 만들 듯이 그들의 복지를 위해 만드는 하나의 발명품이다. 국가 이론을 다루는 가장 유익한 방법은 국가를, 명확한 목적을 위해 작동하는 인위적이고 극도로 복잡한 기계로 간주하는 것이다.'[53] 이와 매우 유사한 국가 개념은 크리스티안 볼프의 영향력 있는 저작 『인간의 사회생활에 대한 이성적 고찰』에서 전개되었다. 볼프에 따르면, 국가는 공공의 이익을 증진시키기 위한 고안물이나 기계일 뿐이다.[54] 이러한 고안물은 통치권자 밑에서 사회를 형성하는 것을 자신들의 이익으로 여기는 시민들 사이의 계약에 의해 구성된다. 그들은 통치권자가 법을 집행하고 공익을 증진하는 대가로 그에게 복종할 것을 약속한다.[55] 볼프의 기계론적 국가 개념은 가부장주의 전통 안에 확고히 들어 있다. 그는 지배자와 피지배자들 사이의 적절한 관계는 아버지와 그의 자식들 사이의 관계와 같다고 썼다.[56]

국가와 사회에 대한 이 기계론적 모델은 여러 가지 전제들을 포함하고 있는데, 이것들 모두에 대해 낭만주의자들은 의문을 제기했다. [이 기계론적 모델에 따르면] 첫째, 기계가 분리 가능한 부분들로 구성되어 있는 것처럼, 사회와 국가는 단지 사회가 그들의 자기 이익 속에 있기 때문에 사회 참여를 선택하는 자족적인 개인들 간의 계약에서 생겨나야 한다. 둘째, 기계가 어떤 외부 대리인에 의해 작동되어야 하는 것처럼 사회와 국가는 국민의 최선의 이익과 공동선의 본질을 아는 엘리트에 의해 지배되어야 한다. 셋째, 기계가 물리적인 힘만으로 유지되듯이 사회와 국가는 문화와 전통보다는 법과 강제에 의해 유지되어야 한다. 그리고 넷째, 기계가 어떤 청사진에 따라 설계되는

• •

53. A. L. Schlözer, *Allgemeines Staatsrecht und Staatsverfassungslehre*(Göttingen, 1793), pp. 3–4.

54. Christian Wolff, *Vernünftige Gedanken von dem gesellschaftlichen Leben des Menschen und insonderheit dem gemeinen Wesen*(Halle, 1756), nos. 2–4, 11, pp. 3–7.

55. 같은 책, no. 230, p. 174.

56. 같은 책, nos. 264, 266, pp. 200–202.

것처럼, 사회와 국가는 어떤 합리적인 계획에 따라 구성되어야 하고, 변화하는 상황에 대응하여 마구잡이로 전개되는 것을 허용하지 말아야 한다.

젊은 낭만주의자들의 유기적인 사회 개념은 기계론적 모델의 이러한 특징들에 대한 반발이었다. 우리는 낭만주의자들의 유기적 은유를 네 가지 반대되는 규범적 원리로 분석할 수 있다.

1. 사회는 사람들이 서로 협력할 뿐 경쟁하지 않는 공동체가 되어야 한다. 사람들은 사리사욕만을 추구하기보다는 타인과의 상호작용을 통해 개성을 키워야 한다. 사회생활의 목적은 슐뢰저와 볼프의 생각대로 효용의 극대화가 아니라 정신적인 자기실현이어야 한다. 유기체의 부분들이 상호의존적이며 그 각각은 [238]전체 안에서만 자신의 정체성을 가지고 있듯이, 사람들은 하나의 공동체 안에서 상호의존적이어야 한다.

2. 사회는 민주적이어야 하며, 모든 개인이 통치에 관여하고 있어야 한다. 그것은 시민들의 적극적인 참여나 동의 없이 위로부터 지시받는 가부장적인 것이어서는 안 된다. 유기체의 모든 각 부분이 전체에서 적극적인 역할을 하듯이, 이상적인 사회에서는 모든 개인이 통치에서 중추적인 역할을 해야 한다.

3. 사회는 법이 아니라 한 민족의 공통 문화, 종교, 전통, 언어에 의해 유지되어야 한다. 다시 말해서 사회의 유대는 외부의 힘이 아니라 국민의 정신, 그들의 문화적 소속 또는 전체에의 소속감이 되어야 한다.

낭만주의자들은 통치가 국민 문화의 상징이 되어야 한다고 주장하는 문화국민Kulturnation의 옹호자였긴 했지만, 적어도 1790년대에 그들은 독일 민족주의자나 국가주의자들이 아니었다. 그들이 말하는 문화국민은 단일한 독일 국민이 아니었다. 오히려 그것은 작센인, 프로이센인, 헤센인, 슈바벤인, 바이에른인일 수도 있었다. 낭만주의자들은 독일 국민에 대한 보다 세계주의적인 개념을 가지고 있었다. 즉 독일인

들의 운명은 모든 인류의 문화를 되살리는 것이다.[57]

4. 사회는 강요된 합리적 계획보다는 점진적인 역사적 진화의 산물이
되어야 한다. 유기체와 마찬가지로, 사회는 외부 힘에 의해 그리고
어떤 청사진에 따라 구성될 수 없다. 오히려 그것은 변화하는 환경에
서서히 적응함으로써 내부에서 점차적으로 발전해야 한다.

노발리스, 프리드리히 슐레겔, 슐라이어마허에 의해 정식화된 이 유기적
인 개념은 후에 아담 뮐러에 의해 보수적인 목적에 기여하는 『국가학의
제 요소』(1808)에서 정교한 이론으로 발전되었다.[58] 뮐러의 저서는 흔히
낭만주의 정치 교설의 전형으로 여겨지기 때문에, 초기의 낭만주의적 개념도
그 의미와 의도에 있어서 보수적인 것으로 보여져왔다. 그러나 다른 어떤
곳보다 바로 이 지점에서 우리는 초기 낭만주의자들을 시대착오적으로 오독
하는 것에 대한 우리의 맹비난을 명심해야 한다. 1808년 뮐러에게 유기적
개념이 의미하는 것은 1798년 프리드리히 슐레겔, 슐라이어마허, 노발리스에
게 그것이 의미하는 바가 아니었다.

유기적 개념의 기원에 대한 널리 퍼져 있는 견해는 이러한 시대착오적
사고의 먹잇감이 된다. 이 견해에 따르면,[59] 유기적 개념은 프랑스혁명의
이데올로기, 특히 인간의 권리에 대한 교설에 반발하여 1790년대 후반에
개발되었다. 낭만주의자들은 국가를 인간의 권리와 같은 추상적인 원리에
기초하기보다는 그것을 세대에 걸친 역사적 경험에 기초하기를 원했다는
것이다. 유기적 이론의 아버지는 버크였는데, 그의 『프랑스혁명에 대한 성

· ·
57. 예를 들어, Friedrich Schlegel, *Ideen* nos. 120, 135, KA II, 268, 269–270, *Lyceums Fragmente*
no. 116, KA II, 116; Novalis, *Blütenstaub* nos. 64, 66, in *Schriften*, II, 438 참조. 낭만주의
이론의 이 관점에 대해서는 Friedrich Meinecke, *Weltbürgertum und Nationalstaat: Studien
zur Genesis des deutschen Nationalstaats*(München, 1908), pp. 58–78, 특히 pp. 67–88,
74–76; A. D. Verschoor, *Die ältere deutsche Romantik und die Nationalidee*(Amsterdam,
1928), pp. 40–56 참조.

58. Adam Mueller, *Elemente der Staatskunst*, I, 35–70, 125–154.

59. 위의 각주50에 인용된 출처 참조

찰』이 낭만파에 놀랄 만한 영향을 끼쳤다고 이야기된다.[60] 이 이론은 우리에게
낭만파의 유기적 이론과 계몽의 이론을 비교하도록 이끈다. 우리에게는
계몽 = 기계론적 [239]국가관 = 자연법 교설, 그리고 낭만주의 = 유기적인 국
가관 = 역사주의라는 도식이 제시되는 셈이다.

이 견해는 전적으로 오해를 불러오기 쉽다. 실제로는 그 정반대인 것이다.
유기적인 모델을 처음 전개한 1790년대 노발리스, 프리드리히 슐레겔, 슐라이
어마허의 정치 저술을 주의 깊게 살펴보면, 그 모델은 혁명적 이상에 대한
반발이라기보다는 오히려 혁명적 이상에 대한 표현임이 분명하다. 노발리스,
프리드리히 슐레겔, 슐라이어마허는 여전히 자유, 평등, 연대라는 혁명적
이상을 고수하면서 그 모델을 정식화했다. 이러한 이상을 표현하고자 유기적
인 은유를 사용하는 데 있어 그들은 바로 이런 의미로 그 은유를 사용했던
칸트, 피히테, 헤르더의 뒤를 따르고 있었다.[61]

비록 낭만주의자들은 우리가 어떤 일반적인 계획에 따라 사회를 대대적
으로 변화시켜서는 안 된다고 주장했지만, 이것은 버크의 보다 보수적인
정치적 견해에 대한 긍정으로 읽혀서는 안 된다. 그들은 이성의 원리를
향한 점진적인 개혁과 진화의 중요성을 계속 강조했기 때문이다. 버크와는
달리 그들은 정치에서 완전한 경험주의를 결코 지지하지 않았다. 그들은
오히려 칸트와 피히테의 제자들로서, 도덕의 근본 원리는 이성에 근거해야
하며 이러한 원리는 정치에서 구속력이 있다고 주장했다. 급진적이고 대대적
인 변화에 대한 그들의 반대는 프랑스 급진주의자들의 혁명 프로그램에

· ·
60. Andreas Mueller, *Auseinandersetzung*, pp. 266–267; Metzger, *Gesellschaft, Recht, und
    Staat*, p. 221; Baxa, *Einführung in die romantische Staatswissenschaft*, pp. 30–41; Samuel,
    Poetische Staats – und Geschichtsauffassung, pp. 78–82 참조.
61. Kant, *Kritik der Urteilskraft*, secs. 59, 90; Fichte, *Grundlage des Naturrechts*, in *Werke*,
    III, 203, 208–209; Herder, *Auch eine Philosophie der Geschichte der Menschheit*, in
    Werke, V, 516, *Ideen zur Philosophie der Geschichte der Menschheit*, in *Werke*, XIII,
    384–387 참조.

대한 것만큼이나 절대 군주들의 권위주의적 정책에 대한 것이었다.[62]

9.5. 낭만주의의 종교와 정치

1799년 11월 모제스 멘델스존의 딸이자 프리드리히 슐레겔의 배우자인 도로테아 바이트는 예나로부터 온 최근 소식을 알리기 위해 베를린에 있는 친구 슐라이어마허에게 편지를 썼다. 그녀는 최근의 낭만파 모임을 언급하면서 "이곳에서는 그리스도교가 의제가 되어 있지요"라고 썼다. 그리고는 씁쓸하게 다음과 같이 덧붙였다. "이 신사분들은 어딘가 크게 들떠 있습니다. 티크는 실러가 한때 운명에 대해 했던 것처럼 종교에 대해 계속 이야기합니다. 하르덴베르크[즉 노발리스]는 티크가 자기 의견을 완전히 공유한다고 생각합니다. 하지만 장담하건대, 그들은 자신이나 서로를 이해하지 못하고 있습니다."[63]

그런 회의론적인 것은 차치하고라도 도로테아는 자신의 친구들이 최근 몰두하고 있는 가장 중요한 사안을 정확히 묘사했다. 1799년 가을, 낭만주의자들의 가장 중요한 야망은 다름 아닌 종교의 부활이었다. 그들은 최근 저술들에서 이 목표에 온 정신을 기울였다. 『종교론』에서 슐라이어마허는 계몽적 회의주의의 잿더미에서 종교를 구하려고 시도했다. 「그리스도교 세계 또는 유럽」에서 노발리스는 새로운 가톨릭교회를 유럽의 문화적·정치적 재탄생의 열쇠로 보았다. 그리고 『시문학에 관한 대화』에서 슐레겔은 새로운 신화를 위한 프로그램을 발표했다. [240]1799년 5월 프리드리히 슐레겔이 형에게 쓴 편지만큼 낭만주의자들에게 있어 종교의 중요성을 적절히 드러내는 것은

• •
62. Novalis, *Glauben und Liebe* no. 36, in *Schriften*, II, 494–495 참조.
63. 1799년 11월 슐라이어마허에게 보낸 도로테아 바이트의 서한, Novalis, *Schriften*, IV, 647에서 인용함.

없다. "친애하는 친구여, 지금이야말로 종교를 찾아야 할 때라고 말할 때 우리는 농담하는 것이 아니라 매우 진지합니다. 그것은 모든 목적 중의 목적이자 모든 것의 중심입니다. 새 시대의 가장 위대한 탄생이 비록 옛 그리스도교처럼 눈에 띄지는 않지만 빛으로 나타나는 것을 나는 봅니다."[64]

종교에 대한 이러한 관심은 낭만주의자들의 중요한 입장 변화를 수반했다. 문화 부흥의 열쇠, 도야의 초석으로서 종교가 예술의 자리를 차지했다. 이러한 변화는 프리드리히 슐레겔에 의해 1799년 8월 『아테네움』을 위해 쓴 아포리즘 모음인 그의 「이념들」에서 가장 분명하게 발표되었다. 그는 "종교는 단순히 도야의 한 부분, 인간성의 한 측면이 아니라 모든 부분의 중심이고 모든 측면에서 처음이자 마지막이며 절대적으로 근원적인 것이다" 라고 썼다.[65] 그런 다음 예술의 역할은 명백하게 강등된다. "너희들이 미학이라고 부르는 것에서 인간 정신의 충만함, 도야의 시작과 끝을 추구하는 것은 헛된 일이다."[66] 『종교론』으로 낭만파의 새로운 종교를 이끈 사람은 주로 슐라이어마허였는데, 이 책이 노발리스와 슐레겔에게 끼친 영향력은 실러의 『미적 서한』의 영향력에 필적하는 것이었다.[67] 그의 『종교론』에서 슐라이어마허는 종교가 도야의 도구로서의 지위에 대한 자부심을 가져야 한다고 주장했다. 인간의 특징적인 힘을 실현하고 개성을 발전시키며 인간의 보편성을 도모할 수 있는 것은 종교일 뿐이라고 그는 주장했다.[68]

그럼에도 불구하고, 종교는 낭만주의자들의 애착 대상들 중에서 예술의

· ·
64. Friedrich Schlegel, *KA* XXIV, 284.
65. Friedrich Schlegel, *Ideen* no. 14, *KA* II, 257. 또한 *Ideen* nos. 4, 31, *KA* II, 265, 259도 참조.
66. 같은 책, no. 72, *KA* II, 263.
67. 슐라이어마허의 『종교론』이 프리드리히 슐레겔에게 끼친 영향에 관해서는, *Ideen* nos. 8, 112, 125, 150, *KA* II, 257, 267, 269, 271 참조. 노발리스에게 끼친 영향에 대해서는 1799년 10월 및 11월에 슐라이어마허에게 보낸 프리드리히 슐레겔의 서한(Novalis, *Schriften*, IV, 541, 646) 참조.
68. Schleiermacher, *KG* II/ 1, 229, 238–239.

역할을 완전히 빼앗지는 않았다. 슐레겔과 슐라이어마허는 종교와 예술이 밀접하게 얽혀 있고 상호 협력적이라고 강조하곤 했다.[69] 종교와 예술 모두 우주를 유기적인 전체로 보고 있고, 둘 다 인류의 최고 정신적 능력을 표현하고 있으며, 둘 다 근대 시민사회의 공리주의적이고 물질주의적인 윤리에 강하게 반대한다. 종교적 의식의 계시가 시적인 데 비해, 시는 종교적 감정과 통찰에서 영감을 얻는다. 결국 낭만파의 입장의 변화는 강조점의 변화, 즉 예술가의 활동에 대한 새로운 관점이다. 이 둘의 연관성에 대해 많은 생각을 했던 노발리스에 따르면, 예술과 종교는 본질적으로 동일한 활동이다.[70] 세속적인 대상들에 신비롭고 초자연적인 모습을 부여하려고 시도하면서, 낭만주의 예술가는 단순히 성직자의 기능을 수행하고 있다. 실로 슐레겔은 원래 시인이 성직자였고 최초의 시는 신화라고 항상 주장하지 않았는가? 따라서 낭만주의 자들의 종교 발견은 그들의 예술의 근원을 발견하는 것이었다.

　　낭만주의자들이 종교로 전환한 것은 그들의 후기 반동적 견해의 근원으 로 여겨져 왔다.[71] 이러한 생각의 바탕에는 아마도 낭만주의의 종교가 계몽의 세속적인 경향에 대한 반발이었고 가톨릭이나 경건파의 신비주의와 반계몽 주의로 빠지는 것이었다는 인식이 깔려 있는 듯하다. 그러나 이 견해는 옳은가? 이 견해가 1800년 이후의 낭만파에 적용되는가에 대한 문제는 제쳐두 고, 그것이 과연 [241]1800년 이전의 낭만파에도 적용되는가? 낭만주의의 종교는 그것의 원래 단계나 구상에서 반동적이었을까? 그 기원과 맥락을 면밀하게 검토해보면 이것이 사실과 거리가 멀다는 것을 알 수 있다.

• •

69. 같은 책, II/ 1, 262–263; Friedrich Schlegel, *Ideen* nos. 8, 34, 46, 85, 149, *KA* II, 257, 259, 260–261, 264, 271.

70. Novalis, *Schriften*, III, 685, no. 671. Cf. *Schriften*, II, 534, no. 37 and II, 537, no. 55.

71. 예를 들어, Heine, *Die romantische Schule*, pp. 30–33; Ruge, *Klassiker und Romantiker*, in *Werke*, I, 8–11, 248–249, 430–431; Droz, *Allemagne*, pp. 395–490. "Umwertung der deutschen Romantik", pp. 243–244에서 린덴은 낭만주의의 종교를 계몽의 세속적이고 합리적인 견해에 대한 반발의 시작으로 본다.

우리는 낭만파의 종교 부흥을 이전의 심미주의와 같은 개혁적인 정치적 맥락에 두어야 한다. 인류를 교육하고 인류에게 자유, 평등, 연대라는 원칙을 준비시키는 것은 이제 종교였다. 1799년 종교의 중심 과제는 1795년 예술의 과제에 못지않게 이론과 실천, 정치적 이상과 공공 생활의 괴리를 메우는 일이었다. 혁명의 높은 이상을 대중이 행동으로 옮기려면, 그 이상은 보다 대중적인 형태, 즉 국민의 마음과 상상력에 호소하는 보다 생생한 표현 방식을 띠어야 할 것이다. 이것을 성취하는 가장 좋은 방법은 새로운 종교, 그리고 실로 새로운 신화이다. 가장 심오한 정신적 진리와 가장 추상적인 원리를 생생하고 대중적이며 쉽게 이해할 수 있는 형태로 표현하는 것이 바로 신화의 특징이었다. 어쨌든 그러한 것이 프리드리히 슐레겔과 노발리스가 1799년에 전개시켰고[72] 또한 셸링, 횔덜린, 헤겔이 일찍이 1796년에 구상한,[73] 새로운 신화에 대한 프로그램 이면의 전략이었다.

프리드리히 슐레겔, 노발리스, 슐라이어마허가 자신들의 종교를 프랑스혁명과 명백히 대립시켰다는 점에서 낭만파의 종교가 의도적으로 반동적이었음을 보여주는 몇 가지 증거가 있는 것처럼 보인다. 이리하여 슐라이어마허의 『종교론』, 노발리스의 「믿음과 사랑」, 그리고 슐레겔의 「이념들」에서 그들은 프랑스의 물질주의, 이기주의, 무정부주의를 비판하고 종교를 그에 대한 적절한 균형추로 보았다는 것이다.[74] 그러나 보다 면밀히 읽어보면 이것은 반동적인 해석에 대한 어떤 증거도 제공할 수 없다. 슐레겔, 노발리스, 슐라이어마허는 1790년대 내내 그리고 그들의 종교적 부흥운동 기간 동안 자유, 평등, 연대의 원칙에 충실했다. 그들이 반대했던 것은 프랑스혁명의 이상이 아니라 때 이른 정치적 자유와 문화 교육의 부재로 프랑스에서 분출되

72. Friedrich Schlegel, *Gespräche über Poesie*, *KA* II, 311–328; Novalis, *Schriften*, III, 667–669, no. 607 and II, 457, nos. 101–102 참조.

73. Hölderlin, "Das älteste Systemprogram", *GSA* IV/1, 299를 참조.

74. Schleiermacher, *KG* II/1, 196; Novalis, *Schriften*, II, 494–495; Friedrich Schlegel, *Ideen* no. 41, *KA* II, 259.

어온 부패한 문화적 힘과 위험한 정치 세력이었다. 1790년대 말 낭만주의자들이 직면한 문제는 프랑스의 물질주의, 이기주의, 무정부주의 없이 프랑스혁명의 자유, 평등, 연대를 어떻게 획득할 것인가 하는 것이었다. 이 두 가지 목적을 모두 달성하는 최선의 방법은 종교의 부흥, 즉 새로운 시민 종교나 신화의 부흥이라고 여겨졌다. 이것은 자유, 평등, 연대라는 이상을 대중화시키고 이 이상에 종교적 재가를 해주는 한편, 또한 이기주의, 물질주의, 무정부주의에 대한 균형점을 제공할 것이다.

우리는 낭만파들의 새로운 종교 뒤에 숨겨진 정치적 동기를 프랑스에서의 사건들과 연관시켜야만 그것을 제대로 이해할 수 있다. 자신들의 정치적 이상에 맞는 새로운 종교를 찾으려고 시도하면서 낭만파들은 1794년 여름 프랑스에서 일어난 선례에 의해 영감을 받았다. 이것은 로베스피에르가 행한 최고 존재의 숭배Culte de l'Être supreme로, 이는 [242]미덕과 자연을 숭배하는 데 헌신하는 공화주 종교였다. 낭만파들은 로베스피에르의 이 숭배를 보다 정신적인 시대의 징조로 그리고 종교적 부활이나 제2차 종교개혁의 징조로 보았는데, 이는 결국 근대 시민사회의 이기주의와 속물근성을 극복할 것으로 여겨졌다. 예를 들어, 「그리스도교 또는 유럽」에서 노발리스는 "종교를 공화국의 중간 지점이자 권력"으로 만들려고 하는 "로베스피에르라는 이름의 저 위대한 철가면"의 "이상한 시도"를 칭찬했다.[75] 「단상」에서 프리드리히 슐레겔은 미라보와 보나파르트와 함께 로베스피에르를 프랑스혁명의 위대한 인물 중 하나로 지목했는데, 그 이유는 로베스피에르가 "무조건적으로 프랑스혁명에 따라 행동했고 그것에 자신을 내맡겼으며 그것의 성공을 기원했고 그 자신을 그 혁명의 신으로 여겼기" 때문이라고 했다.[76] 그러고 나서 아마도 로베스피에르를 여전히 염두에 두고 있는 그의 「이념들」에서 슐레겔은 프랑스의 몇 안 되는 진정한 혁명가들이 프랑스혁명으로 종교를 만든

• •
75. Novalis, *Schriften*, III, 518.
76. Friedrich Schlegel, *Athenäum Fragmente* no. 422, *KA* II, 247.

신비주의자라고 말했다. 그는 "미래의 역사에서 프랑스혁명의 지고한 목적과 존엄은 잠들어 있는 종교를 깨우는 자극제로 보여질 것"[77]이라고 예언했다. 휠덜린 역시 로베스피에르의 최고 존재의 숭배로부터 영감을 얻은 것 같았다. 그는 끊임없이 공화국의 자유와 평등을 언급하기 위해 '천상의 왕국'이나 '보이지 않는 교회'와 같은 종교적 은유를 사용했다.[78] 그리고 그의 저술에는 국민들의 종교적 축제에 대한 언급이 자주 담겨 있다. 예를 들어 『휘페리온』에서는 주인공이 조국을 위한 해방전쟁에 나서기 전에 사랑하는 디오티마에게 '조국의 미래 축제', '자연에 대한 찬양', '신들을 기리는 날'을 생각하라고 말하면서 그녀를 위로하려고 한다.[79]

낭만파의 종교가 갖는 진보적인 측면을 그 범신론, 즉 신성을 헨 카이 판hen kai pan 또는 '하나이자 모두'로서 보는 관념 이상으로 잘 나타내는 것은 없다. 범신론은 18세기에 많은 독일 급진주의자들의 종교였는데, 그들은 그 형이상학으로 구체제에 도전했다. 18세기의 맥락에서 이 교설은 가장 심오한 사회적·정치적 함의들을 지니고 있는데 그것들은 모두 급진적이었다. 첫째, 범신론은 인류 평등주의로, 구체제의 모든 사회적 차별을 평등화하고자 한다. 신이 모든 사람 안에 똑같이 존재한다면, 모든 사람은 본래부터 평등하며 또한 신성한 지위를 동일하게 갖는다. 따라서 사회적·정치적 위계질서가 반드시 창조의 질서나 섭리의 계획을 반영하는 것은 아니다. 둘째, 범신론은

• •
77. Friedrich Schlegel, *Ideen* no. 94, *KA* II, 265.
78. 예를 들어, Hölderlin, *Hyperion, GSA* III, 32; 1795년 11월 9일 에벨에게 보낸 휠덜린의 편지(*GSA* VI/ 1, 184-185), 및 1794년 7월 10일 헤겔에게 보낸 휠덜린의 편지(*GSA* VI/ 1, 126-127) 참조. 또한 1795년 1월말에 셸링에게 보낸 헤겔의 편지(*Briefe von und an Hegel*, ed. J. Hoffmeister, Hamburg, 1956, I, 18) 참조. 그러한 용어는 명백히 경건주의에 기원을 두고 있지만, 휠덜린은 프랑스의 새로운 종교에 의해 이 용어를 사용하도록 고무되었을지도 모른다.
79. Hölderlin, *GSA* III, 108. Cf. Hölderlin, *Empedokles, GSA* IV, 66. 베르토는 『휠덜린과 프랑스혁명』(Bertaux, *Hölderlin und die französische Revolution*, pp. 83, 161-164)에서 휠덜린이 아마도 프랑스의 숭배로부터 영감을 받았을 것이라는 점을 보여주는 무시할 수 없는 증거를 제시한다.

초교파적이고 세계주의적이며, 어떤 특별한 민족(유대인)이나 특별한 집단(성직자)이 신성한 계시의 특전이 부여된 증인이라는 믿음을 해체시킨다. 신이 어디에나 있다면, 그는 사람들의 직업이나 국적에 상관없이 모든 사람들에게 자신을 드러낸다. 어떤 지위나 어떤 국민에 속해 있든 모든 사람들은 그들 안에 있는 신성한 존재에 대한 성찰만으로 신을 알 수 있다. 그러므로 성직자는 필요 없으며, 종교를 이유로 사람들 사이에 장벽을 세울 명분도 없다. 진정한 교회는 모든 민족들의 정신을 하나로 묶는 보이지 않는 보편적 교회이다. 셋째, 범신론은 인본주의로, 죄악이라는 낡은 개념을 타파시킨다. 신이 내 모든 것 안에 존재한다면, 내 본성의 모든 부분은 [243]교화할 가치가 있으며, 내 몸 또한 내 마음 못지않게 교화할 가치가 있다. 넷째 그리고 마지막으로, 범신론은 구체제의 왕권신수설에 대해 비판적인 함의를 가진다. 만약 신이 기적 속에서가 아니라 자연의 전체적인 필연적 질서 속에서만 자신을 드러낸다면, 군주들의 권력을 정당화하기 위해 성서에 호소하는 것은 거짓이다. 이러한 정치적 함의들은 모두 18세기에는 상식으로, 특히 낭만주의자들 사이에서는 주지의 사실이었다. 낭만주의자들이 범신론에 그렇게 끌린 것은 바로 이러한 함축성 때문이었다. 범신론의 평등주의적이고 초교파적이며 인도주의적인 함의는 범신론을 그들의 정치적 신조에 대한 이상적인 형이상학으로 만들었다.

　범신론을 진보적인 종교로 보는 데서 낭만주의자들은 18세기 전통보다 더 나아간 것을 따르고 있었다. 독일에서 종교개혁이 시작된 이래로 범신론은 급진주의자들의 종교였다. 세바스티안 프랑크, 발렌틴 바이겔, 야콥 뵈메 등 종교개혁의 급진적 개혁가들은 범신론이 그들의 초교파적이고 평등주의적이며 자유주의적인 사회적 이상을 뒷받침했기 때문에 범신론에 끌렸다.[80]

· ·
80. 이들 인물에 대해서는 Jones, *Spiritual Reformers*, pp. 46-63, 133-151, 151-207; Beck, *Early German Philosophy*, pp. 148-156; Koyre, *Mystiques, spirituels, alchimistes*, pp. 39-74, 131-184 참조.

이들 개혁가는 양심의 자유와 만인 제사장설에 대한 루터의 이상을 최종 결론으로 받아들이기를 원했고, 그것은 국가와 성경에 대한 정통 루터 교회의 의존도를 약화시키는 것을 의미했다. 이를 위해 급진적 개혁가들은 자연과 모든 개인의 영혼 속에 신이 편재遍在한다는 것에 호소하고자 하며, 따라서 정통파의 계시 개념을 약화시켰다. 독일의 스피노자주의자인 에델만, 아르놀 트, 레싱, 헤르더는 이 전통을 고지식하게 이어나갔다. 그들 역시 루터의 이상을 그들의 최종적인 사회적·정치적 결론으로 밀어붙이고 싶어 했고, 또한 그렇게 하기 위한 가장 좋은 정당성을 스피노자의 형이상학에서 발견했 다. 급진적인 정치적 신념 때문에 이 개혁가들과 스피노자주의자들은 독일에 서 가혹한 박해를 받았다. 그러나 범신론은 지하에서 살아남았고 하이네의 표현대로 '독일의 비밀종교'[81]가 되었다. 그것은 1786년 멘델스존과 야코비 사이의 범신론 논쟁 때 대중 무대에 극적으로 등장했다. 야코비가 무분별하게 레싱의 스피노자주의를 폭로한 것은 특히 그 정치적 함의 때문에 18세기 말 독일에서 돌풍을 일으켰다. 범신론 논쟁의 충격파가 여전히 독일 전역에 울려 퍼지고 있을 때 낭만파들은 젊은이들이었다. 그들 역시 이 논쟁에서 편을 들 수밖에 없었다. 젊은 슐레겔, 횔덜린, 슐라이어마허가 어떻게 레싱의 범신론을 옹호하고 또 어떻게 야코비의 목숨을 건 도약salto mortale을 비판했는 지를 살펴보는 것은 흥미로운데, 그들에게 특히 야코비의 이 목숨을 건 도약은 정통파의 인격신론을 구하기 위한 절박하고 극적인 책략에 지나지 않은 것 같았다.[82] 레싱의 하나이자 모두hen kai pan를 신봉하면서 낭만주의자들 은 또한 레싱이 그 후계자였던 급진적인 전통을 긍정하고 있었다. 그들 역시 이 전통의 초교파적이고 평등주의적이며 자유 의지론적 이상에 맹세했 다. 그들은 또한 급진적인 개혁가들이 항상 예언했던 제2차 종교개혁이라는

81. Heinrich Heine, *Zur Geschichte der Religion und Philosophie in Deutschland, Sekuläraus-gabe*, ed. R. Francke(Berlin, 1972), VIII, 175 참조.
82. 위의 각주27 참조.

위대한 사건을 예견했다. 프랑스혁명은 제2차 종교개혁이 임박했음을 나타내는 하나의 징후인 것 같았다.

[244]일단 우리가 낭만파의 종교를 그 역사적 맥락— 즉 그들의 종교가 프랑스의 사건들이나 급진적인 범신론적 전통과 맺는 관계 — 안에 놓게 되면, 그것은 하이네와 루게가 묘사한 것처럼 반동적인 인격신론으로 돌아가는 것이 결코 아니었음이 분명해진다. 무한자에 대한 낭만파의 개념은 인격신론의 초자연적 영역이 아니라 범신론의 능산적 자연^{natura naturans}이며, 그들의 사회적 이상은 지상 너머의 천국이 아니라 지상 위에 있는 공화국이다. 낭만주의자들은 정통 그리스도교도처럼 자연적 세계를 무시하기보다는 자연적 세계와 통합하여 살아야 비로소 자기실현을 성취할 수 있다고 믿었다. 그렇다면 아이러니하게도 하이네 자신이 『낭만파』에서 옹호한 범신론적–공화주의적 종교는 초창기 낭만주의자들 자신의 바로 그 종교였다. 이런 점에서 낭만주의의 최대의 적인 하이네를 우리는 낭만주의의 최대의 상속인으로 보아야 한다.

제10장

프리드리히 슐레겔의 초기 정치사상과 미학

10.1. 슐레겔의 초기 고전주의의 정치사상

[245]만약 어떤 단일 인물이 낭만파의 지도자라고 주장할 수 있다면 그것은 논란의 여지없이 프리드리히 슐레겔일 것이다. 그의 에너지, 열정, 그리고 진취적인 정신은 이 그룹의 잡지인 『아테네움』을 지탱하는 창조적인 힘이었다. 그리고 그의 사고는 낭만주의의 미학의 기초를 놓았다. 낭만주의 시문학romantic poetry의 개념을 정식화한 사람은 실로 슐레겔이었는데, 이 개념에서 낭만주의 운동은 그 이름과 많은 영감을 얻었다. 정치철학의 분야에서도 슐레겔은 또한 낭만주의 운동의 최전선에 있었다. 그는 가장 먼저 국가의 일반이론을 전개하고 성적 불평등이나 속물근성과 같은 근대 문화의 많은 측면을 비판한 인물이었다. 그렇다면 슐레겔의 미학적·정치적 교설에 대한 면밀한 검토는 낭만주의 일반에 어느 정도 새로운 빛을 던져줄 것이다.

슐레겔의 초기 사상에 대한 하나의 검토의 출발점은 프랑스혁명에 대한 그의 반응이다. 슐레겔은 프랑스혁명에 대한 열광적인 초기 파동에 영향을 받지 않았다. 정치에 대한 그의 초기 관심은 미미했던 것으로 보인다. 그가 프랑스혁명에 대해 처음 언급한 것은 형에게 편지를 쓴 1791년 8월 26일인데, 그때 그는 기르타너를 읽고 있다고 하면서 기르타너가 프랑스의 사건들에 대한 공정한 설명을 해준 데 대해 순진하게 칭찬했다.[1] 그러나 그때 그는 분명히 그런 독서는 대화를 돕는 역할을 할 뿐이라고 설명했다. 1793년 6월에 와서야 정치에 대한 관심의 첫 번째 희미한 빛을 감지하는 것이 가능한데, 그 즈음 그는 그 문제를 연구해왔다고 그의 형에게 말했다.[2] 그러나 1793년 10월에야 비로소 그는 정치에 온 정신을 쏟았다. 이는 단명했던 마인츠 공화국 시절의 활동으로 막 출소한 카롤리네 뵈머[3]와의 만남에 주로 기인한 것이었다. 젊은 프랑스인 장교와의 관계로 임신하여 건강이 좋지 않은 그녀는 젊은 슐레겔의 보살핌을 받고 있었다. 카롤리네는 마인츠에서의 활동이 한창일 때 만났던 게오르크 포르스터와의 우정을 통해 이미 급진화되어 있었다. 카롤리네를 통해 슐레겔은 포르스터의 서클에 매료되었다. 그녀는 그의 싹트는 정치적 의식의 강력한 촉매 역할을 했다. 1793년 10월 23일 프리드리히는 형에게, [246] 몇 가지 극단적인 정서는 제쳐두고 자신은 본질적으로 그녀의 정치적 견해에 동의한다고 썼다. 그는 옥중에서 그녀가 당한 처우에 대해 언급하면서 "군주와 그 관리들의 비인간적 행위"를 비난했다. 이제부터 그는 정치와 역사가 자신의 중심 관심사가 될 것이라고 선언했다. 그는 자신이 정치에 새롭게 말려들게 된 경위를 이렇게 묘사했다. "지금까지 몇 달 동안 혼란스럽고 강력한 사건들의 방향을 따라가는 것은 내가 가장 좋아하는 전환이었습니다. 그리고 이로부터 새로운 사고방식이 내 속에서

• •

1. Friedrich Schlegel, *KA* XXIII, 23. 크리스토프 기르타너는 보수적 정치평론가였다. 그의 『프랑스혁명에 대한 역사적 소식과 정치적 고찰』(*Historische Nachrichten und politischen Betrachtungen über die französische Revolution*, 13 vols. Berlin, 1791–1797) 참조.
2. Friedrich Schlegel, *KA* XXIII, 101.
3. 낭만파 서클에 대한 카롤리네 뵈머의 중요성에 대해서는 Huch, *Ausbreitung und Verfall der Romantik*, 26–42 참조.

자라났는데, 그것에 무언가 결론을 내리지 않는 것은 미친 짓일 겁니다 —이런 식으로 나는 문제의 핵심을 곰곰이 생각해왔고 결국 그것에 찬동하고 참여하는 것을 피할 수 없습니다."[4]

슐레겔은 분명히 아직 미숙했던 자신의 정치적 견해에 대해서 자세히 밝히지 않았다. 그는 자신의 사고방향을 어느 정도 암시하는 것은 칸트의 「이론과 실천」 논문에서 찾을 수 있을 것이라고 했는데, 이 논문이 "저 궤변가 레베르크의 허영심에서 진실을 구해냈다"고 말했다. 슐레겔은 새로운 정치 감각에도 불구하고 여전히 조심스러웠다. 그는 나중에 형에게 자신의 정치적 평판에 대해 조심할 것이며 아직도 분명히 프랑스혁명에 찬성하거나 반대하지 않는다고 말했다.[5] 그럼에도 불구하고 1793년 11월 24일 형에게 보낸 다음과 같은 진술에서 그의 일반적인 공감은 명확했다. 즉 "나는 프랑스의 자유가 지켜지기를 바랍니다."[6]

얼핏 보기에 슐레겔의 정치에 대한 새로운 관심은 그의 초기 활동과는 거의 관계가 없는 것처럼 보인다. 슐레겔은 라이프치히에 재학하던 학생 시절(1791-1793)부터 주로 빙켈만의 영향을 받아 그리스인들에게 푹 빠져 있었다. 훔볼트, 실러, 헤르더, 포르스터처럼 그는 그리스인들을 문명의 참된 모델로 간주하여 그들의 순수성, 단순성, 조화를 근대 생활의 온갖 부패, 복잡성, 불협화음과 대비시켰다. 1790년대의 다른 어떤 인물도 그리스인에 대한 열광에 있어서 젊은 슐레겔을 능가할 수는 없었으며, 슐레겔의 '그리스 도취Grecomania'[7]를 조롱한 실러조차도 마찬가지였다. 이후의 드레스덴 시절 (1794-1796)에 슐레겔은 전적으로 고전 연구에 전념하기로 결심했다. 그의 원대한 야망은 그리스 시문학의 역사를 쓰는 것이었다. 빙켈만이 그리스

• •
4. Friedrich Schlegel, *KA* XXIII, 145.
5. 같은 책, XXIII, 161, 163-164.
6. 같은 책, XXIII, 161.
7. Schiller, *Xenien* no. 320, "Die zwey Fieber", in *Werke*, I, 348을 참조. 슐레겔의 고전주의에 대한 실러의 반응에 대해서는 Haym, *Die romantische Schule*, pp. 204-207 참조.

조각에 대해 했던 일을 슐레겔은 그리스 시에 대해 행하려고 했다. 이를 위해 그는 그리스 문학사에 관한 논문을 발표하기 시작했다. 이러한 노력은 1797년에 출판된, 방대하지만 미완성의 연구 『그리스인과 로마인』에서 절정에 이르렀다.

겉모습과는 달리 슐레겔의 정치적 전환은 그의 초기 고전 연구 저술들에 결정적인 영향을 미쳤다. 만약 우리가 이 저술들을 정치에 무관심한 것으로서,[8] 그래서 단지 미학적이거나 역사적인 것으로서만 간주한다면, 우리는 그 글들의 중심적 의도와 근본적인 동기를 놓치게 된다. 슐레겔은 고전 연구들이 — 만약 그것들이 목적이 없고 무미건조한 전문성으로 전락하지 않으려면 — 더 높은 도덕적 목적에 종속되어야 한다고 주장했다. 그의 견해에 따르면, 미학적 비평은 결코 목적 그 자체가 아니다. 1793년 10월 16일 그는 정치에 대한 새로운 관심을 가진 바로 그 무렵에 형에게 "내 교설의 참된 핵심은 인간성이 가장 높은 목적이며 예술은 오직 그것을 위해서만 존재한다는 것입니다"[9]라고 설명했다.

[247]슐레겔은 초기의 한 논문에서 고전 연구의 주된 목적은 우리에게 순수한 인간성의 이상을 제공하는 것이라고 주장했다.[10] 우리는 고대 그리스인들의 예술과 문화를 연구함으로써 인간 완성의 지고한 모습을 발견할 수 있다. 이 지식만으로도 근대 문화의 부패와 무지와 야만에서 벗어날 수 있을 것이다. 슐레겔의 인간성에 대한 이상은 본질적으로 실러, 훔볼트,

..
8. 예를 들어, Haym, *Die romantische Schule*, p. 186 참조. 하임은 슐레겔의 정치적 견해들을 기록하고는 있지만, 그 견해들이 시에 대한 슐레겔의 일차적 관심에 종속하는 것이라고 생각한다. 또한 Droz, *Romantisme allemand*, p. 51 참조. 드로는 청년 슐레겔이 "정치에 대한 오만한 경멸"의 생각을 가지고 있었음을 주장한다. 에로R. Ayrault는 그의 방대한 연구 *La Genèse du romantisme allemand*(Paris, 1961), I, 154~155쪽에서 설명은 하고 있지 않지만, 슐레겔의 고전 연구에 있어 정치의 중요성을 지적하고 있다.

9. Friedrich Schlegel, *KA* XXIII, 143.

10. Friedrich Schlegel, "Vom Wert des Studiums der Griechen und Römer", *KA* I, 627, 637, 638 참조.

헤르더, 포르스터의 이상이었다. 즉 그것은 개성의 실현, 모든 지적, 감각적, 능동적 힘들을 조화로운 전체로 발전시키는 것이었다. 그의 표현대로 인간성의 목적은 "진실을 알고 선을 행하고 아름다움을 향유하며 그 다음에는 알고 행하고 즐기는 데서 조화를 이루는 것"이다.[11]

슐레겔의 초기 고전 연구 저술들 뒤에 숨은 동기는 도덕적일 뿐만 아니라 단도직입적인 의미에서 정치적인 것이었다. 실러, 헤르더, 포르스터처럼 슐레겔은 인간성이 특정한 정치적 조건, 즉 공화국의 자유와 평등 속에서만 충분히 실현될 수 있다고 확신했다. 그는 그리스 문화의 전성기가 아테네의 황금기라고 믿었고, 그런 시기의 성취는 민주주의의 자유와 평등 때문이라고 강조했다.[12] 어떤 이유로든 슐레겔은 인간성이 어떤 정치적 조건에서도 실현 가능한 비정치적 이상이라고 생각하지 않았다. 근대 생활에는 왜 그렇게 천재가 적은가, 라고 그는 물었다. '정치적 눈속임politische Pfuscherei'이 너무 많기 때문이라고 그는 퉁명스레 답했다.[13] 도야의 주요 조건은 정치적 자유라고 그는 단호히 주장했다. "도야에게 자유를 주고 그 다음에 행동력이 부족한지 살펴보라!" 그래서 고전 연구의 주된 목적이 우리로 하여금 순수한 인간성을 성취하도록 일깨워주고 영감을 주는 것이라면, 사실상 그것은 정치적으로 무관심한 성격의 것일 수 없다. 인간성을 위해 진력함에 있어서 고전 연구는 또한 비록 간접적으로나마 인간성 실현의 정치적 조건들을 변호하는 것이다.

예술의 목적에 대한 슐레겔의 초기 견해는 실러의 영향을 많이 받았다. 슐레겔의 논문 「그리스인과 로마인에 대한 연구의 가치에 대하여」는 『미적 서한』의 영향을 분명히 보여준다.[14] 실러처럼 슐레겔은 예술을 인간성 교육의 기본 도구로 여겼다. 그는 또한 이성만으로는 충분한 행동 동기가 될 수

· ·
11. *KA* I, 627.
12. 예를 들어, Friedrich Schlegel, "Ueber die Homerische Poesie", *KA* I, 122, 나아가 단편 "Geschichte der lyrischen Dichtkunst unter den Griechen", *KA* XI, 194 참조.
13. *KA* I, 360.
14. 같은 책, I, 637–642.

없다고 주장했다. 우리는 이성의 원칙들에 따라 살아야 하긴 하지만 그 원칙들만으로부터 살아갈 수는 없다. 이 원칙들은 "강력하고 훌륭한 성향", "올바르고 완전한 직관"에 의해 보완되어야 하며, 이것들은 예술에 의해 가장 잘 환기되고 유지된다. 우리가 고전들을 모방해야 하는 이유는 그것들이 이러한 성향과 직관을 함양하기 위한 최고의 예술 형식을 제공하기 때문이다. 다시 실러처럼 슐레겔은 미적 교육을 이상적 국가인 공화국에 필요한 준비 과정으로 보았다. 우리는 즉각적으로 자유를 얻을 수 없는데, 왜냐하면 그런 것은 우리의 이기적이고 동물적인 정념만 불러일으킬 것이기 때문이다. 우리는 우선 자유를 얻을 기회가 무르익도록 해야 하고, 이는 도야를 통해서만 그렇게 할 수 있다. 슐레겔은 "자유 못지않게 교육이 광범위하게 미치지 않고 있는 국가는 퇴보할 수밖에 없다"면서 "경험은 이 점을 우리에게 가르쳐 준다"고 말했다."[15] [248]젊은 슐레겔이 예술과 고전 연구에 부여한 엄청난 중요성은 그러므로 1790년대 초의 정치 상황에 대한 실러 식 분석의 결과였다.

　　예술의 정치적 목적에 대한 슐레겔의 신념은 그의 가장 이른 고전 연구논문 중 하나인 「그리스 희극의 미학적 가치에 대하여」[16]에서 명백하다. 여기서 슐레겔은 고대 그리스 희극, 특히 아리스토파네스의 희극을 모든 진정한 희극의 본보기로 격상시켰다. 그는 아리스토파네스 희극의 배후에 어떤 정치적 목적이 있다는 것을 암시하는 데 머무르지 않고, 자유는 불가침한 것이되 법과 양립한다는 것을 보이고자 했다.[17] 슐레겔에 따르면 희극은 계급, 재산, 교육의 인위적인 장벽을 모두 무너뜨릴 정도로 강력하고 자연스러운 감정인 기쁨의 상태를 표현함으로써 우리의 자유를 인식하게 한다. 그것은 교육, 부, 교양에 관계없이 모든 사람은 다 비슷하고 마음은 같다는 것을 보고 느끼게 한다. 그렇다면 희극의 정치적 목적은 우리의 자유를, 특히

15. 같은 책, I, 88.
16. 같은 책, I, 19–33.
17. 같은 책, I, 23.

동등한 사람들 사이에 사랑이 있는 공동체에 존재하는 그 자유를 우리가 자각하도록 하는 것이다. 고대 희극의 본보기를 통해 근대 희극은 이러한 자유의 이상을 얻기를 열망해야 하며, 우리가 고대 그리스의 인간성과 자유를 온전히 획득하지는 못하더라도 그것에 접근하도록 도와야 한다.[18]

슐레겔은 그 다음 고전 연구논문인 「미의 한계에 대하여」에서 예술의 정치적 차원을 계속 탐구했다.[19] 얼핏 보기에 미적 즐거움의 한계와 종류를 규정하려는 이 논문의 작업은 전적으로 비정치적인 듯하다. 실제로 슐레겔은 예술은 반드시 자율성을 가져야 한다고 단호하게 말했다. 하지만 그의 전체 주장의 요점은 최고의 미적 즐거움은 확실한 정치적 조건, 즉 공화국의 자유와 평등 속에서만 가능하다는 것이다. 미적 즐거움의 가장 높은 형태는 자유롭고 평등한 존재들 사이에서만 실현될 수 있는 사랑이다. 사랑의 가장 높은 형태는 '조국에 대한 사랑'으로, 이는 자유로운 존재들의 공동체인 '진정한 국가'에만 존재한다.[20] 그러한 공동체는 공공의 사랑, 즉 자유롭고 평등한 시민들 사이의 상호적인 즐거움을 가지고 있다. 슐레겔의 논문 이면에 있는 메시지는, 고대 아테네의 그것과 같은 공화주의적 헌법을 실현할 때 비로소 우리는 삶과 예술의 간극을 극복할 수 있다는 것 — 즉 아름다움을 우리 삶의 필수적인 부분으로 만들 수 있다는 것 — 이다.

슐레겔이 「디오티마에 관하여」라는 논문에서보다 그의 고전 연구에서 더 급진적인 정치적 결론을 이끌어낸 곳은 없었다.[21] 그는 이제 근대 사회에서 여성의 역할에 의문을 제기하기 위해 그리스인들에 의지했다. 그는 고대 그리스의 많은 정치 사상가들이 여성에게 동등한 지위를 부여하는 데 있어 근대인들보다 훨씬 앞섰다고 주장했다. 플라톤뿐만 아니라 디오게네스, 제논,

• •
18. 같은 책, I, 30.
19. 같은 책, I, 34–44.
20. 같은 책, I, 42.
21. 같은 책, I, 70–115.

크리시포스, 그리고 스토아학파 사상가들은 여성이 남성과 같은 기회를 가질 수 있도록 국가 교육 제도에 포함되어야 한다고 주장했다. 이러한 사상가들은 여성성과 남성성이 인간성 일반의 이상에 종속되어야 한다는 것을 널리 인식했다. 슐레겔의 견해에 따르면 [249]고대 그리스 사상에서 여성에게 부여된 권리는 그 민주적 이상에 따른 결과로서, 이에 의하면 자유와 평등은 성별에 관계없이 모든 사람의 권리가 되어야 한다. "여자는 오직 남자를 위해서만 있는 거야!"라고 감히 말하는 것은 우리의 부패한 근대 군주들에서나 있을 뿐이다.[22] 그러고 나서 슐레겔은 고대와 근대의 여성 교육을 비교했는데, 이 점에서도 전적으로 고대인들이 우위에 있다고 보았다. 고대의 교육은 공동의 인간성을 발전시킬 필요성이라는 본질적인 것에 초점을 맞추었다. 그에 비해 우리의 교육은 남성과 여성 사이의 성적 차이라는 비본질적인 것에 초점을 맞춘다. 근대의 교육은 이러한 차이들 ─'남성의 지배적 충동성', '여성의 사심 없는 포기' 등─ 을 너무 과장함으로써 그 결과 양성의 많은 근원적인 잠재력들이 억압된다. "독립적인 여성성만이, 부드러운 남성성만이 선하고 아름답다."[23] 슐레겔은 그의 후기 몇몇 글에서 성적 평등에 대한 자신의 견해를 계속 역설했다.[24] 이러한 견해는 1790년대 사회적·정치적 사상에 대한 그의 가장 중요한 공헌 중 하나이다.[25] 슐레겔의 의견 이면에서는 1790년대의 디오티마인 카롤리네 뵈머의 온화한 영향력을 감지할 수 있다.

언뜻 보기에 예술의 정치적 목적에 대한 슐레겔의 사상은 그의 가장

••
22. 같은 책, I, 107, 99-100.
23. 같은 책, I, 93.
24. 예를 들어, Friedrich Schlegel, "Ueber die Philosophie: An Dorothea" 참조. 이 작품은 1799년에 출간된 『아테네움』의 제2권 1-38 참조. *KA* VIII, 42-45 참조.
25. 한스 아이히너는 「디오티마에 관하여」를 "여성해방의 역사에서의 획기적인 사건"이라고 쓰고 있다. 프리드리히 슐레겔의 이 작품에 대한 그의 논평을 참조(Friedrich Schlegel, *KA* V, xxvii).

중요한 미학적 교설 중 하나인 예술의 자율성과 모순되는 것처럼 보인다. 그의 고전 연구 저술을 통해[26] 슐레겔은, 미적 즐거움은 무관심적이며 미적 감정은 도덕과 지식으로부터 독립된 독특한 규범을 따라야 한다는 칸트의 교설을 재확인했다. 예술의 적절한 영역은 의지나 지성의 영역이 아니라 순수한 즐거움의 영역이다. 선이나 진리에 대한 관심과는 상관없이 예술이 그 자체를 위해 아름다움을 나타내는 것은 실로 정확히 근대 예술보다는 고전 고대 예술의 미덕이다. 그렇다면 슐레겔은 어떻게 이 교설과 예술의 정치적 목적에 대한 그의 견해를 조화시켰을까? 그는 후기 논문 중 하나에서 바로 이 문제로 눈을 돌렸는데, 그의 사고에서 정치의 우위성을 분명히 드러내는 방식으로 이 문제를 해결했다.[27] 슐레겔은 인위적인 추상화 행위 덕분에 우리는 예술의 자율성을 실제로 지킬 수 있다고 주장했다. 우리가 다른 모든 것들로부터 예술을 추상화한다면, 예술은 그 자체의 기술적 규칙만 이 지배할 수 있는 독특한 영역을 갖게 될 것이다. 그리고 여기서 그것은 도덕과 지식으로부터 동등하고 독립적인 지위를 갖게 될 것이다. 그러나 슐레겔은 미적, 도덕적, 지적 관점은 궁극적으로 인간적 도야 전체를 지시하는 더 높은 관점에 종속된다고 덧붙인다. 그것들은 이 더 높은 관점에 의해 지시되어야만 하는데, 만약 그렇지 않으면 그것들은 자신들의 목적을 잃을 것이기 때문이다. 이 더 높은 관점은 무엇인가? 그것은 정치의 관점이다. 슐레겔은 "정치적 판단은 모든 관점 중 최고의 것이다"라고 단호하게 선언한다. 정치적 판단의 과제는 도야를 위해 그리고 궁극적으로 자유 그 자체의 달성을 위해 예술, 도덕, 철학 등 인간의 모든 활동을 질서지우는 것이다. 정치적 예술이 우리가 완전한 자유의 조건을 얻는 데 도움이 되었을 때, 피히테의 국가처럼 그것은 저절로 시들어 사라질 것이다.

· ·
26. 예를 들어 Friedrich Schlegel, *KA* I, 24, 38, 266-267, 325 참조.
27. Friedrich Schlegel, "Ueber das Studium der Griechischen Poesie", *KA* I, 324-325.

10.2. 초기 공화주의

[250]1796년 초 슐레겔의 고전 연구는 의도적으로 끝이 났다. 그는 그리스시의 역사를 끝내지도 못했고 또 하나의 소중한 계획인 그리스인과 로마인의 정치혁명에 대한 연구를 시작하지도 못했다. 이러한 계획들은 보다 직접적이고 즉각적인 만족을 요구하는 정치에 대한 그의 최우선적인 관심을 더 이상 억제할 수 없었기 때문에 뒷전으로 미루어졌다. 그는 이제 정치에 대해 쓰기로 결심했다. 1796년 5월 27일 그는 형에게 이렇게 설명했다. "나는 비평하는 일에 몹시 지쳤고 이제는 프랑스혁명에 대해 엄청난 열정을 가지고 작업을 할 겁니다. 동시에 공화주의에 대해 무언가 대중적인 글을 쓸 생각입니다. 정치에 몰두할 때만 나는 마음이 편해집니다. … 이제 공화주의가 신성한 비평보다 내 마음에 조금 더 가까이 다가왔고, 공화주의야말로 더 신성한 시라는 것을 부정하지 않겠습니다."[28] 1795년에 이미 이러한 심경의 변화를 나타내는 징후가 있었다. 그 해 봄, 슐레겔은 현재는 분실되어버린 고대 공화주의와 근대 공화주의에 대한 논문을 한 편 썼다.[29] 그리고 가을에 그는 두 개의 중요한 정치적 저작인 콩도르세의 『인간 정신 진보의 역사 개관』과 칸트의 『영원한 평화를 위하여』에 대한 서평을 완성하였다. 칸트에 대한 서평은 수정되어 최종적으로 「공화주의의 개념에 대한 시론」[30][이하 「시론」]으로 발표되었다. 이것은 슐레겔의 초기 정치 논문 중 가장 중요한 것이다.

「시론」은 1790년대의 가장 급진적인 저술 중 하나이자 민주주의나 국민주권에 대한 몇 안 되는 철학적 변호 중 하나이다. 이 10년 동안의 모든

---

28. Friedrich Schlegel, *KA* XXIII, 304.
29. 프리드리히 슐레겔은 1795년 7월 4일 그의 형에게 보낸 서한에서 이 논문을 언급했다(*KA* XXIII, 237).
30. Friedrich Schlegel, *KA* VII, 11–25 참조. 이 논문은 『도이칠란트』 제3호(*Deutschland* 3, 1797, 10–41)에 게재되어 처음 발표되었다.

철학자들 가운데서 오직 헤르더와 포르스터만이 무제한 참정권을 옹호하는 데 있어 슐레겔에 필적할 것이다. 이 논문에서 슐레겔의 주된 주장은 "공화주의는 필연적으로 민주적이다"라는 것이다. 그는 먼저 "공화국이 어떻게 가능한가?"라는 문제를 제기함으로써 논란의 소지가 많은 이 결론에 도달했다. 공화국은 일반적 의지에 기초해야 하기 때문에 그것의 가능성에 관한 문제가 여전히 존재한다. 그러나 일반적인 의지는 결코 경험 속에 나타나지 않으며, 오직 순수한 사고 속에 있는 관념으로만 존재할 것이다. 모든 경험은 다수의 개인의 의지들을 드러내며, 그들의 욕구와 숙고가 반드시 일반적 의지를 반영하지는 않는다. 그렇다면 이론과 경험, 보편적 의지와 특수한 의지의 간극을 어떻게 메울 것인가? 오직 한 가지 해결책이 있다고 슐레겔은 주장한다. 일부 개인의 의지들이 일반적 의지를 대표하거나 혹은 일반적 의지의 대리로서의 기능을 한다는 가설이 그것이다. 이 가설은 공화주의적 헌법을 만들기 위한 도덕적 명령을 우리가 실현할 수 있는 유일한 수단이기 때문에, 이성 자체에 따라 완벽하게 정당화된다. 그러면 누구의 의지가 일반적 의지를 대표해야 하는가라는 의문이 생긴다. 슐레겔은 평등의 원칙은 그것이 한 사람 또는 여럿의 의지가 아니라 대다수의 의지임을 요구한다고 주장한다. 하나 또는 여럿의 의지는 일반적 의지의 일부 사적 의지만을 대신할 뿐이라는 점에서, 이러한 주장은 일반적 의지에 접근하는 가장 훌륭한 관점이다. 모두의 의지가 중요하다는 것을 확실히 하기 위해 슐레겔은 무제한 참정권을 주장했다. [251]우리가 사람들을 통치로부터 제외시킬 수 있는 것은, 미성년자나 범죄자의 경우처럼 그들의 의지가 합리적이지도 않고 공정하지도 않다는 것을 증명할 때뿐이다. 가난한 사람들과 반대 성을 가진 구성원들[즉 여성들]도 투표할 권리가 있다.[31]

슐레겔은 공화국이 민주적이어야 한다고 주장하면서, 『영원한 평화를 위하여』에서 공화국이 그렇게 될 수 없다는 칸트의 주장을 문제 삼고 있었다.[32]

• •
31. Friedrich Schlegel, *KA* VII, 17.

칸트는 민주주의가 공화주의적 헌법의 기본 원칙 중 하나인 삼권분립의 원칙을 위반한다고 주장했다. 이 원칙은 국가의 행정권과 입법권의 구별이 있어야 한다고 요구한다. 그러나 민주주의는 국민에게 입법권과 행정권을 모두 부여함으로써 그 원칙을 위배한다. 민주주의는 국민의 뜻을 직접 대변함으로써 일종의 전제주의, 우민정치, 또는 폭도의 전제정치로 변질된다는 것이다. 슐레겔은 이 주장에 대한 대답으로 우민정치의 폐해에 대해 동의했다. 그리고 그도 과격 공화주의의 위험을 피하기를 원했다.[33] 그러나 그는 민주주의가 반드시 이런 위험의 희생물이 될 수밖에 없다고 생각하지 않았다. 삼권분립은 사실 공화주의적 헌법의 원칙이지만, 민주주의는 간접 대표제를 통해 삼권분립과 조화될 수 있다. 평등의 원칙이 모든 표들의 동등한 중요성을 요구한다고 하더라도, 그 원칙은 또한 모든 표들의 경중이 저울질되는 것을 배제하지 않는다.[34] 따라서 국민을 대표하는 사람들과 국민 자체의 의지 사이의 구별이 있을 수 있다.

「시론」은 슐레겔이 "우리 시대의 가장 위대한 사변적 사상가"[35]라고 생각한 피히테에게 분명한 빚을 지고 있음을 보여준다. 그의 논문은 확실히 칸트의 정치적 교설의 보수적 잔재에 대항하여 피히테의 급진주의를 옹호한 것이다. 슐레겔은 칸트의 원칙을 그 최종적인 급진적 결론으로 가져가는 데 있어서 피히테가 옳다고 믿었다. 칸트는 민주주의를 허용하지 않는 데에 있어 일관성이 없다고 슐레겔은 주장했다. 왜냐하면 민주주의는 평등의 원칙의 결과이기 때문이다. 우리는 성별이나 재산을 이유로 정치 체제에서 사람들을 배제할 권리가 없는데, 왜냐하면 이러한 요인들이 그들의 본질적 합리성에 영향을 미치지 않기 때문이다. 슐레겔은 더 나아가 칸트가 근원

<hr />

32. Kant, *Schriften*, VIII, 352–353 참조.
33. Friedrich Schlegel, *KA* VII, 19.
34. 같은 책, VII, 117.
35. 1795년 8월 17일 형에게 보낸 프리드리히 슐레겔의 서한(*KA* XXIII, 248). 슐레겔의 피히테와의 관계에 대해서는 Haym, *Die romantische Schule*, pp. 221–227, 256–264.

악에 대한 가설에서 일관성이 없다고 주장한다. 경험은 사람들이 본래 악하다는 증거를 제공하지 않는다는 점에서 이 가설은 자유라는 개념을 초월적으로 사용하는 것에 해당한다. 전쟁의 빈도에 대한 칸트의 모든 호소는 아무것도 증명하지 못하는데 왜냐하면 전쟁은 소수의 인간들에 의해, 즉 슐레겔이 대담하게도 '인류의 불순물'이라고 부르는 바인 군주들에 의해 시작되기 때문이다. 슐레겔은 칸트가 혁명의 권리를 부정하는 것 또한 그의 근본 원칙과 양립할 수 없다고 주장한다. 왜냐하면 때때로 반란이 공화주의를 위해 필요하기 때문이다.[36] 일반적 의지는 공화국을 요구하기 때문에, 반란이 폭정을 막기 위한 유일한 수단일 때 일반적 의지는 반란의 권리를 요구해야 한다. 반면에 일반적 의지가 폭군의 횡포를 허용할 경우 그것은 자멸할 것이다.

「시론」은 슐레겔의 초기 급진주의의 정점을 나타내지만, 그것은 또한 그의 해결책이 그를 후기 보수주의로 몰아넣을 문제들도 포함하고 있다. 이러한 문제들 중 하나는 칸트에 대한 슐레겔의 대답의 명백한 약점이다. 그는 민주주의가 [252]오직 그 대표자들에게 독립성을 부여함으로써 우민정치의 위험을 피한다는 사실을 보여줄 수 있을 뿐이었다. 즉 오로지 국민의 뜻을 대표자들에게 양도하고 직접적인 국민 주권을 포기함으로써만 가능하다는 것이다. 슐레겔은 우민정치의 위험성을 인정할수록 더 큰 정치적 권위의 필요성을 역설했다. 폭도에 대한 이러한 두려움은 슐레겔의 후기 보수주의 발전에 중요한 요인이 되었다. 또 다른 어려움은 슐레겔이 근대 공화주의를 옹호했음에도 불구하고 그것에 대한 명백한 불만을 드러냈다는 점이다. 흥미로운 한 구절에서 그는 근대 공화국의 정치 문화가 한 가지 근본적인 면에서 고대인들의 정치 문화보다 확실히 열등하다고 주장했다. 즉 고대 공화국들은 '진정한 도덕 공동체Gemeinschaft der Sitten'를 자랑할 수 있었다.[37]

36. Friedrich Schlegel, *KA* VII, 24–25.
37. 같은 책, VII, 18.

이 '도덕 공동체'라는 말로 슐레겔은 추상적인 법뿐만 아니라 공동의 공공 정신에 의해 유지되는 사회를 의미했다. 단순히 법을 준수하는 것만으로는 진정한 국가를 위해 충분하지 않다. 또한 동료 시민들 사이에 진정한 애정과 사랑이 있어야 한다. 그렇다면 이미 그의 초기 논문에서 슐레겔은 고전적 자유주의 국가의 순수한 법적 틀에 불만을 나타내기 시작했던 셈이다. 근대 생활에서의 공동체성의 결여를 강조하면 할수록 그는 자신의 초기 공화주의에서 멀어질 수밖에 없었다. 그는 나중에 노발리스와 함께, 진정한 공동체를 보장하는 것은 오직 공동 사회적인 중세 국가일 뿐이라고 주장했다.

슐레겔의 「시론」에 대한 자매편의 글은 1797년 『아름다운 예술들의 리체움』에 발표된, 게오르크 포르스터에 대한 그의 논문이다.[38] 슐레겔이 이 논문을 썼을 때, 포르스터는 독일에서 악명이 높았는데 그는 그야말로 보수적 여론이 고조된 데 대한 희생양이었다. 독일 사회는 그를 프랑스의 대의를 위해 충성을 다한 반역자이자 범죄자로 간주했다. 포르스터 서클의 영향을 받고 있었던 슐레겔은 위대한 자코뱅의 기억을 방어해야 할 의무가 있다고 느꼈다. 그의 논문의 구체적인 계기는 최근 독일 잡지에 실린 포르스터에 대한 공격이었다. 포르스터의 「파리 소묘」와 「많은 독자들에게 보내는 편지」에 대한 적의에 찬 서평들이 『일반문예신문』에 게재되어 이 두 저술을 "부도덕하고 경박하다"고 비난했다.[39] 그리고 『문예연감』에 실린 실러와 괴테의 「크세니엔Xenien」 중 하나는 포르스터를 겨냥하여, 자유의 나무를 심는 데 있어 '한 여성'(카롤리네 뵈머)의 충고를 따랐다는 이유로 그를 '헛소리를 하는 바보'라고 묘사했다.[40] 그런 노골적인 모독은 슐레겔을 불쾌하

· ·
38. Friedrich Schlegel, "Georg Forster: Fragment einer Characteristik der deutschen Klassiker", *Lyceum der schönen Künste* 1(1797), 32−78; *KA* II, 78−99.
39. *Allgemeine Literatur Zeitung* 62(February 22, 1794), 289−293; no. 371−372(November 24−25, 1794), 415, 420.
40. Schiller, *Xenien* no. 347, "Plegyasque miserrimus omnes admonet", in *Werke*, I, 351 참조.

게 했다. 그는 『문예연감』의 한 서평에서 포르스터의 무덤에 '조롱의 표시'를 남기려는 사람들에 대해 거부감을 표명했다.[41] 포르스터를 복권시키기로 결심하는 가운데 슐레겔은 여론뿐만 아니라 독일의 두 거장 시인에게도 반감을 품고 있었다.

슐레겔의 논문의 직접적인 목표는 부도덕성의 비난으로부터 포르스터를 방어하는 것이다. 이 비난이 부당하다는 것은 그의 저술들에 대한 철저한 연구를 통해 알 수 있다고 슐레겔은 말했다. 그 저술들에는 심오한 도덕철학이 관류하고 있다. 행복보다 더 높은 것을 알지 못하는 **계몽**의 수많은 피상적인 도덕가들과 달리, 포르스터의 도덕적 이상은 [253]가능한 최고 수준에 이르는 인간의 완벽성과 정치적 자유이다. 그러나 그의 모든 이상주의에도 불구하고 포르스터는 결코 소박한 낙관론자가 아니었다. 그는 인간 본성의 어두운 면을 충분히 인식했지만, 이것이 인간의 완벽성에 대한 믿음을 잃게 하지는 않았다. 또한 포르스터의 자연과학에 대한 헌신은 그의 도덕적 이상주의를 훼손시키지도 않았다. 그의 저술은 끊임없이 '보다 높은 비판의 두 극'인 자연법칙의 필연성과 인간의 파괴할 수 없는 완벽성을 중심으로 전개된다. 그는 인간의 행동을 결정하는 자연적 필연성을 강조했지만 결코 범죄를 용서하거나 미덕을 경시하지 않았다. 슐레겔은 포르스터를 흠잡는 비평가들에 대한 공세를 취하면서 여론의 '풍향계' 외에는 행동 기준을 모르는 사람들을 비난했다. 우리는 인간의 도덕성과 그의 행동의 합법성을 구별해야 한다고 그는 주장한다. 포르스터는 법적, 사회적 박해에도 불구하고 최고의 도덕적 원칙을 옹호할 용기를 가지고 있었다. 우리는 그가 온갖 공포 속에서도 프랑스혁명에 충실했던 것을 비난할 수 없는데, 왜냐하면 이 충실함은 인류에 대한 그의 영원한 믿음을 증명하기 때문이다.

그의 논문에서 슐레겔은 정치평론가라기보다는 문예 비평가의 역할을 더 많이 했다. 그는 포르스터의 정치적 견해에 대한 상세한 옹호에 관여하지는

* *
41. Friedrich Schlegel, "Musenalmanach für 1797", *KA* II, 26-38, 특히 pp. 37-38.

않았는데, 이는 그의 사후 평판을 되돌리기에는 너무 도발적이고 당파적이었기 때문이다. 오히려 그의 전략은 포르스터를 작가로서, 특히 독일 작가로서 복권시키는 것이었다. 포르스터의 글은 무엇보다도 그의 동료들로 하여금 그를 존경하게 만들 터였다. 그래서 슐레겔은 포르스터가 장르상으로 보자면 고전적 산문 작가에 해당한다는 논제를 내놓았다. 즉 그의 장르는 '사회적 작가'의 장르이다. 이 사람은 대중에게 일반적으로 비평을 말하는 사람으로서, 철학자, 자연과학자, 예술가, 정치평론가의 역할을 겸비하고 있으며, 대중에게 가능한 한 가장 광범위한 도야를 장려하는 것이 그의 목표이다. 우리가 포르스터를 단지 기술적 철학자나 자연과학자로만 평가한다면 우리는 정곡을 벗어나고 그를 심히 부당하게 다루는 것이라고 슐레겔은 주장한다. 그러나 그를 사회적 작가로 간주한다면, 우리는 그의 작품을 고전적인 것으로 간주해야 한다. 그의 작품은 프랑스적 우아함, 영국적 상식, 독일적 깊이를 하나로 묶어서 가장 세밀한 과학적 관찰과 가장 광범위한 철학적 일반화를 결합시키고, 대중에게 그것을 선심 쓰는 체 하지 않고 가르치는 그런 종류의 걸작들이다. 포르스터에 대한 슐레겔의 인물 묘사 뒤에는 작가에 대한 그 자신의 이상이 있다. 즉 낭만주의 시인은 운문으로 말하는 사회적 작가요, 바로 포르스터 같은 사람이다.

10.3. 낭만주의의 정치사상

슐레겔의 정치적 논문들은 베를린 계몽주의자 C. F. 라이하르트가 편집한 잡지 『도이칠란트』와 『아름다운 예술들의 리체움』에 실렸다. 슐레겔은 라이하르트의 정치적 소신을 일부 공유하기는 했지만, 양자는 서로 긴장된 관계를 맺고 있었다.[42] 그는 라이하르트의 문학 논전에 이용당하는 기분이었

* *
42. 슐레겔의 라이하르트와의 관계에 대해서는 S. P. Capen, "Friedrich Schlegel's Relation

고 그의 편집 방침에 의해 제한을 받고 있다고 느꼈다. 슐레겔은 독립성을 유지하기 위해 [254]이 까다롭고 거만한 편집자와 결별할 수밖에 없었다. 1797년 12월 16일, 그는 『일반학예신문』의 「지성의 조각」란에 더 이상 『아름다운 예술들의 리체움』의 편집자와 아무런 관계도 없다고 정식으로 발표했다.[43] 이것은 슐레겔이 공개적으로 독립 선언을 한 것으로, 그가 누구의 문학적 볼모가 아니라는 것을 그를 비방하는 사람들에게 일깨워주었다.

라이하르트와의 결별은 개인적인 것일 뿐만 아니라 철학적인 것이었다. 슐레겔의 사고는 라이하르트의 좁은 편집 정책을 훨씬 뛰어넘는 보다 급진적인 방향으로 움직이고 있었다. 라이하르트와의 문제는 그가 충분히 '자유주의자'가 아니라는 데 있다고 슐레겔은 1797년 10월 31일 형에게 썼다.[44] 이것은 슐레겔의 최근 슬로건 중 하나였다. 그것은 탐구의 완전한 자유, 평소의 신념이나 도그마에 대한 자제, 어떤 사안을 탐구하려는 의지, 그리고 어떤 한 줄의 생각도 궁극적인 결론으로 이끌어갈 수 있는 용기를 의미했다.[45] 라이하르트는 프리드리히 2세 치세의 모든 도그마에 집착하는, 너무 낡은 사고방식을 지닌 계몽주의자였다. 모든 계몽주의자들처럼 그는 합리적인 탐구와 비판을 믿는 척했다. 그러나 그는 그러한 탐구나 비판이 당대의 도덕적, 사회적, 정치적 도그마들에 대해 의문을 제기할 때마다 그것을 갑자기 중단시켰다. 그 당시 라이하르트를 공격하면서 슐레겔은 계몽의 이성주의를 거부하는 것이 아니라 급진화시키고 있었다. 계몽이 지나치게 그 이성주의를 억제했다는 것은 야코비가 범신론 논쟁 중에 유명하게 만든 레싱의 오래된

<hr />

with Reichhardt and His Contributions to Deutschland", *Publications of the University of Pennsylvania, Series in Philology and Literature*, vol. IX, no. 2, pp. 37–48 참조. 그러나 카펜은 이와 관련된 더 넓은 철학적 문제들을 보지 못하고 있다고 말할 수밖에 없다.

43. *Allgemeine Literatur Zeitung* 163(December 16, 1797), 1352.
44. Friedrich Schlegel, *KA* XXIII, 30.
45. 「아테네움 단상」(*Athenäum Fragmente* no. 441, *KA* II, 253)에서의 슐레겔의 정의를 참조. 또한 *Athenäum Fragmente* nos. 67, 231, *KA* II, 175, 203; *Lyceums Fragmente* nos. 37, 117, 123, *KA* II, 151, 162, 163 참조.

주제였다. 레싱은 진정한 계몽주의자는 사회적, 정치적, 종교적 정통성에 대한 결과가 무엇이든 이성을 그 극한으로 밀어붙여야 한다고 주장했다. 젊은 슐레겔은 이미 레싱에게 영감을 받아 라이하르트와의 결별을 전후한 무렵 레싱에 관한 논문을 막 집필한 참이었다.[46] 그는 자신을 1790년대의 레싱으로 보았고, 당시의 모든 사회적, 도덕적, 정치적 도그마에 대한 가차 없는 비평가임을 자처했다. 그러나 슐레겔의 레싱 의존성을 과장하지 않는 것이 중요하다. 한 가지 점에서 그는 레싱보다 훨씬 더 멀리 나아가고자 했다. 즉 그는 비판을 그 비판 자체에로 향하게 하여 비판이 그 자신의 전제조건들을 검토하게끔 했다. 모든 것을 철저히 검토의 대상으로 삼았던 비판의 시대는 이제 그 스스로를 비판해야 할 것이었다.[47]

라이하르트와의 결별은 슐레겔을 운명적인 결정으로 이끌었는데, 그는 이것을 10월 31일 서한에서 형에게 이렇게 알렸다. "중대한 계획이 밤낮으로 내 생각을 모조리 흡수해갔습니다. 내가 보기엔 이제 우리의 잡지를 시작할 때가 된 것 같네요."[48] 그들 자신의 잡지를 갖는다는 것은 라이하르트 같은 편협하고 당파적인 편집자들로부터 완전히 독립하는 것을 의미할 터였다. 형 아우구스트 빌헬름 슐레겔도 진심으로 동의했다. 상세한 계획이 논의되었고 한 출판사가 확보되었다. 프리드리히는 그 잡지를 '헤르쿨레스'라고 명명하고 싶어 했는데, 이 그리스 영웅은 자신의 유년 시절에 뱀을 목 졸라 죽이고 아우게이아스 왕의 외양간을 하루 만에 깨끗이 청소해낸 인물이다. 아우구스트 빌헬름은 덜 자극적인 이름인 '아테네움'을 제안했다. 어느 쪽이 더 나았을지는 차치하고 프리드리히는 결국 형의 제안에 동의했다. 1798년부터 1800년

46. Friedrich Schlegel, "Ueber Lessing", *Lyceum der schönen Künste* 1(1797), 76–128, reprinted in *KA* II, 100–125. 슐레겔이 레싱의 입장으로 기울게 된 점에 대해서는 Johanna Krüger, *Friedrich Schlegels Bekehrung zu Lessing*(Weimar, 1913) 참조.

47. Friedrich Schlegel, *Athenäum Fragmente* nos. 1, 47, 48, 56, 89, 96, 281, *KA* II, 166, 171, 173, 178, 179, 213 참조. Cf. "Ueber die Unverständlichkeit", *KA* II, 364–365.

48. Friedrich Schlegel, *KA* XXIII, 29.

까지 3권으로 출간된 『아테네움』은 [255]낭만주의 운동의 대변자가 되었다. 정기적인 기고자 중에는 슐레겔 형제, 노발리스, 슐라이어마허가 있었다.

『아테네움』에는 야심찬 목표가 있었다. 그것은 무엇보다도 비판적인 잡지가 되어, 유력하지만 평범한 『일반학예신문』을 능가하는 새로운 문예비평의 기준을 마련하는 것이었다.[49] 그러나 그 잡지는 어떤 좁은 의미에서 비판적인 것에 머물지 않았다. 그것은 비판을 훨씬 더 광범위한 **도야** 프로그램의 선봉인 미적 교육의 도구로 보았다. 슐레겔의 표현대로 기고자들의 목적은 "도야의 모든 빛줄기들을 하나로 통합하여 파악하는 것"이었다.[50] 기고자들은 하나의 노선을 따를 필요 없이 서로 자유롭게 의견을 달리하곤 했다. 그들의 유일한 공통적인 원칙은 결과가 어떻든 진실을 충분히 말하는 것이었다. 논문들은 설령 '탁월한 몰염치함'을 보이더라도 발표될 수 있었다. 그리하여 『아테네움』은 급진적인 비판과 **도야**에 전념하면서 **계몽**의 두 가지 근본 이상에 충실했다. 그것은 확실히 소극적인 비판 태도나 **계몽**의 도야에 대한 편협한 개념을 비판하고자 했지만, 그러나 **계몽**의 이러한 이상과 결별하지 않고 급진화하는 방식을 통해서만 그렇게 하고자 했다.[51]

프리드리히 슐레겔, 노발리스, 그리고 슐라이어마허는 『아테네움』이 문화의 영역에서 혁명을 일으키기를 바랐다. 이 문화적 혁명의 바로 그 중심에는 슐레겔의 '낭만주의 시문학'이라는 개념이 있었다. 이 개념은 시인

● ●
49. 1797년 10월 31일 형에게 보낸 프리드리히 슐레겔의 서한(*KA* XXIII, 31–32) 참조.
50. "Vorerinnerung", Athenäum 1(1798), iii–iv 참조. Cf. Athenäum 3(1800), 296.
51. 『아테네움』은 지금까지 계몽을 거부하는 것으로 간주되어 왔다. A. Schlagdenhauffen, *Frederic Schlegel et son groupe: La Doctrine de l'Athenaum*, Publications de la Faculté des Lettres de l'Université de Strasbourg, no. 64(Paris, 1934), p. 16 참조. 또한 그의 "Die Grundzüge des Athenäum", *Zeitschrift für deutsche Philologie*, special issue, 88(1969), 19–41, 특히 pp. 21, 27도 참조. 슐라크덴하우펜의 견해는 영향력이 있었다. 이와 유사한 해석은 Hans Eichner, *Friedrich Schlegel*, Twayne World Authors Series 98(New York, 1970), pp. 33–34에 의해서도 지지되고 있다. 슐라크덴하우펜은 『아테네움』을 암묵적인 생의 철학으로 간주하는 시대착오적인 독해를 하였으며, 그 결과 『아테네움』이 지닌 근원적인 비판주의라든가 계몽과의 친밀성이 갖는 중요성을 과소평가하고 있다.

을 옛 미학의 족쇄에서 해방시키고 새로운 문화의 제사장으로 만들고자 했다. 무엇이 슐레겔로 하여금 그의 새로운 미학을 정식화하게 했는가? 그리고 그 배후에 있는 사회적·정치적 이상은 무엇이었을까?

슐레겔의 낭만주의는 오랜 지적 투쟁, 즉 그의 내적 영혼에서 벌어지는 싸움의 정점이었다. 그가 전복시키기로 작정한 미학적 교설은 본질적으로 그 자신이 만든 것, 즉 그의 초기 신고전주의라는 괴물이었다. 따라서 슐레겔의 낭만주의의 기원은 그의 이전의 신고전주의, 특히 그의 초기 논문 「그리스인과 로마인들의 연구에 대하여」[52]에서 피력된 고대 시와 근대 시의 구별에 비추어서만 이해할 수 있다. 이 구별에 따르면, 고대 시의 근본적 관심사는 선과 진리에 대한 관심과는 별개의 것인 아름다움이었다. 이 아름다움은 '객관적인' 가치, 즉 보편적이고 필연적인 가치를 갖는 이상에서 이루어진다. 이 이상에 충실하여 고전 시인은 작품에서 개인적인 감정과 의견을 배제하고 대중의 취향에도 영합하지 않았다. 이와는 대조적으로 근대 시의 기본 목표는 '흥미로운' 것이며, 독자의 관심을 끌기 위해 강하고 참신한 효과를 창출하는 것이다. 근대 시인은 어떤 객관적인 이상을 추구하기보다는 독자의 취향을 충족시키고자 하여, 그 결과 그의 시는 국민적 취향을 반영하게 된다. 그는 또한 작품 속에 자신의 감정과 의견을 드러내는 것도 서슴지 않았다. 슐레겔은 이처럼 예리한 구별을 하면서 고대인과 근대인 사이의 오래된 논쟁에 다시 불을 붙였다. 이 싸움에서 그는 [256]고대인의 편에 굳건히 서 있었다. 고전적 아름다움만이 지속적인 만족을 준다고 그는 주장했다.[53] 사람들은 단순히 흥미롭기만 한 것에 싫증을 느끼게 되고, 참신하고 놀라운 효과에 대한 추구는 결국 지쳐버리게 될 것이다. 어떤 객관적 법칙이나 이상에 동의하지 않음으로써 근대 시는 완전한 무질서 상태로 전락하고 있다. 그것은 어떤 장르에도 부합하지 않고 모든 장르들을 혼합할 뿐이다. 또한 근대 시는

..
52. Friedrich Schlegel, *KA* I, 217-276 참조. 처음 두 장 모두가 서로 연관되어 있다.
53. 같은 책, I, 217, 253-256.

아름다움을 진리와 도덕성의 관심사에 종속시킨다. 그리고 그것이 알고 있는 유일한 법칙은 저자의 변덕이다. 그러나 슐레겔은 완전한 비관론자가 아니었다. 괴테와 실러의 시를 예로 들면서 그는 신고전주의 시대가 밝아오는 것을 볼 수 있었다. 이 새로운 시대를 향한 길은 그리스인들을 모방하는 것 속에 놓여 있었다. 만약 모방이 과거에 천박한 작품을 만들었다면 그것은 단지 모방의 태도 때문이었다. 모방은 단순히 외부의 우연한 형태가 아닌 고전 예술의 본질적인 정신을 재현하는 문제였다. 이 정신을 이해하기 위해서는 그리스 문화의 전체, 그 기본적 이상과 가치, 즉 슐레겔의 신고전주의 연구 뒤에 숨어 있는 동기를 알아야 한다.

이미 1795년에 슐레겔은 그의 신고전주의에 의심을 품기 시작했다. 「그리스인과 로마인들의 연구의 가치에 대하여」에서 그는 중요한 점에서 자신의 고전주의에 단서를 달았다.[54] 그는 이제 그리스 예술에 대한 어떤 모방도 예술가의 개성이나 그 시대의 성격과 양립하며 자발적이어야 한다고 강조했다. 모든 시대에는 문화적 자기결정권이 있다고 헤르더가 말한 것은 옳았다. "과거로부터 적선을 받는 거지처럼 사는 것도, 후세를 위한 봉사자처럼 사는 것도 우리의 숙명이 아니다."[55] 무엇보다도 슐레겔은 근대의 도야에는 나름대로의 강점과 미덕이 있다는 것을 인식했다. 고대의 도야는 제한된 목표를 향한 자연 충동에 의해 이끌려진 반면, 근대의 도야는 이성에 의해 지상에서 가장 높은 선이나 신의 나라인 무한한 목표를 향해 인도된다. 비록 근대인은 이 목표를 달성할 수 없지만 그것에 접근할 수 있다. 그리고 그가 자신의 위대함을 드러낸 것은 단지 그런 고귀한 목표를 위해 노력하는 데 있었다. 오직 이 노력만이 '실천이성의 명령'과 일치한다.[56] 이 모든 용인은 슐레겔의 신고전주의에 심각한 의문을 제기한다. 모든 시대가 자기 문화에

• •
54. 같은 책, I, 638-642.
55. 같은 책, I, 640.
56. 같은 곳.

대한 권리를 가지고 있고 우리 시대도 나름대로의 미덕을 가지고 있다면, 왜 그리스 예술을 그대로 모방하는 것인가? 우리는 우리 시대에 더 적합한 예술을 발전시키지 말아야 하는가? 이것은 정확히 낭만주의 예술의 과제였다.

슐레겔의 의심은 1796년 초, 실러의 흥미로운 논문 「소박문학과 감상문학에 대하여」를 읽으면서 커졌다. 고대 시와 근대 시 간의 유사한 구별에서 더 나아가, 실러는 근대 시의 독특한 장점을 예로 들었다. 고대 시인 또는 '소박한' 시인은 그가 소유하는 자연을 모방하지만, 근대 시인 또는 '감상적인' 시인은 그가 돌아가려고 노력하는 자연을 이상화한다. 소박한 시인은 객관적이어서, 모방을 위해 자신의 감정을 작품 밖에 남겨둔다. 감상적인 시인은 주관적이어서, 이상에 대한 갈망 속에 그의 감정을 드러내도록 허락한다. 실러는 이러한 시의 형태들은 각각 그 나름의 장점이 있으므로, [257]한 쪽의 시를 다른 한 쪽의 시의 기준으로 판단하는 것은 부적절할 것이라고 주장했다. 실러는 슐레겔과 마찬가지로 최고의 선인 무한한 이상을 향한 노력에서 근대 도야의 중심적 특성을 보았다. 비록 근대인은 자연과의 친밀한 관계를 잃었지만, 그는 더 큰 자유와 합리성을 얻었다. 그리스인들의 단순성과 소박성으로 돌아갈 수는 없으므로 이제 근대 시는 근대 도야에 적합한 예술의 유일한 형태라고 실러는 주장했다. 그리스인들의 예술은 영원히 사라져버린 그들의 문화의 산물이었기 때문에 그리스인들을 모방하는 것은 아무런 의미가 없다. 그러나 이러한 상실이 한탄이나 절치부심의 이유가 되어서는 안 된다. 무한한 이상을 추구하는 것은 근대 시에 확실한 이점을 준다. 고전적 시는 주어진 대상을 모방해야 했기 때문에 표현 형식에 제한이 있었다. 그러나 근대 시의 대상은 무한하기 때문에 시인의 상상력을 발휘할 여지를 남겨두면서 여러 가지로 그 이상을 표현할 수 있다.[57]

실러의 논문은 슐레겔에게 폭탄선언 같은 인상을 주었다. 1796년 1월 15일 그는 형에게 이렇게 설명했다. "감상적인 것에 대한 실러의 이론이

●●
57. Schiller, *Werke*, XX, 438.

나의 마음을 너무나 사로잡아, 이제 며칠 동안 나는 그것을 읽고 메모하는 것 외에는 아무것도 할 수 없었습니다. 내 논문을 읽어보면 내가 왜 그렇게 흥미를 느꼈는지 이해할 수 있을 겁니다. 실러는 나에게 몇 가지 진짜 암시를 주었습니다. 내 안에서 무언가가 그렇게 많이 일어나면 나는 다른 어떤 것도 조용하게 추구할 수 없습니다.'[58] 슐레겔은 1796년 3월에 쓴 곧 출간될 『그리스인과 로마인』의 서문에서 실러의 논문이 그에게 고전주의의 한계와 근대 시의 강점에 대한 새로운 통찰력을 주었다고 인정했다.[59] 바로 이 책 속에 근대 시를 공공연히 비난하는 슐레겔의 논문 「그리스 시문학 연구에 대하여」가 실렸다는 것을 감안하면, 이것은 참으로 당혹스러운 용인이었다.

　　그러나 이 모든 것이 실러가 오직 단독으로 슐레겔을 근대 시의 대의를 인정하는 쪽으로 전환시켰다는 뜻은 아니다.[60] 슐레겔은 서문에서 근대 시에 대한 '잠정적 타당성'만을 인정했고, 자신의 고전주의에 대해서는 여전히 완고한 입장을 유지했다. 서문을 쓴 지 불과 1년 만에 그는 고전적인 미학과 완전히 결별했다. 이 결별은 슐레겔이 1797년 여름에 쓴 몇몇 아포리즘에 나타나는데, 이 아포리즘들은 「리체움 단상」[또는 「비판적 단상」]으로 알려지게 되었다. 몇 개의 간결한 문장으로 그는 자신의 고전주의와 영원히 결별했다.

　　순수한 모든 고전적인 문학 장르들은 이제 우스꽝스러워 보인다.[61]

• •
58. Friedrich Schlegel, *KA* XXIII, 271. 1796년 5월 2일 실러에게 보낸 슐레겔의 서한(*KA* XXIII, 297) 참조.
59. Friedrich Schlegel, *KA* I, 209.
60. 슐레겔에게 끼친 실러의 영향에 대해서는 A. O. 러브조이에 의한 고찰이 있다(A. O. Lovejoy, "Schiller and the Genesis of German Romanticism", in *Essays in the History of Ideas*, Baltimore, 1948, pp. 207–227). 그렇지만 러브조이는 실러의 영향을 과대시하고 있다. 슐레겔이 실러와 맺은 초기 관계의 상세한 측면에 관해서는 Josef Körner, *Romantiker und Klassiker*(Berlin, 1924), pp. 11–56 참조. 쾨르너도 또한 다른 인물들을 무시하면서 실러의 영향을 과대평가하고 있다.

근대인들이 원하는 것으로부터 우리는 시문학이 무엇이 되어야 할 것인지 배워야 한다. 고대인들이 했던 것으로부터 우리는 시문학이 무엇이어야 하는지 배워야 한다.[62]

고대인들에게서는 시문학 전체의 완성된 문자를 발견할 수 있다. 근대인들에게서는 시문학의 생성의 정신을 느낀다![63]

고대인들은 시문학에 있어 유대인도 그리스도교도도 아니고 영국인도 아니다. 그들은 예술의 문제에 있어서 신이 임의로 선택한 민족도 아니다. 즉 그들은 아름다움에 대한 유일한 구원의 믿음을 가지고 있지도 않고, 시문학에 대한 독점권을 가지고 있지도 않다![64]

[258]이 같은 단상들 뒤에는 실러 외에 다른 인물들이 있었다. 무엇보다도 헤르더가 있었는데, 그는 슐레겔에게 모든 민족과 시대에는 그 특유의 문화적 발전이 있다는 것을 가르쳐주었다.[65] 또한 그 사이에 슐레겔이 아주 열성적으로 연구했던 레싱도 있었다. 슐레겔에게 지적 자율성의 원칙을 급진화하도록 영감을 준 사람은 레싱이었다. 그러나 레싱이 가르친 대로 창조적 정신은 권위에 따른 어떤 것도 받아들이지 않아야 한다면, 그 정신은 왜 고대인들을 따라야 하는가? 신고전주의는 그저 독단주의의 또 다른 형태가 아니었을까? 다음과 같은 것은 슐레겔이 「리체움 단상」의 하나에서 이끌어낸 결론일 뿐이다. "우리는 어떤 권위로서의 고대의 정신에 호소해서는 안 된다. 그것은 정신들과 함께 하는 독특한 문제이다. 즉 정신들은 손에 잡히지 않고 다른 사람들에게 내밀 수도 없다. 정신들은 오직 정신들에게만 자신을 드러낸다. 유일한 구원 신앙의 소유를 증명하는 가장 일관되고 효과적인 방법은 훌륭한

• •

61. Friedrich Schlegel, *Lyceums Fragmente* no. 60, *KA* II, 154.
62. 같은 책, no. 84, II, 157.
63. 같은 책, no. 93, II, 158.
64. 같은 책, no. 91, II, 158.
65. Friedrich Schlegel, *KA* I, 629n, 640.

작품들을 통해서이다.[66] 그렇다면 실러만을 슐레겔의 정신적 아버지로 간주하는 것은 지나치게 편협한 생각일 것이다. 슐레겔의 낭만주의는 레싱, 헤르더, 피히테, 실러 모두의 연원이 혼합된 혈통상의 하나의 잡종이었다.

그렇다면 자신의 고전주의와 결별한 이후 슐레겔의 새로운 미적 이상은 무엇이었을까? 그는 확실히 그것에 대해 '낭만주의 시문학romantische Poesie'이라는 암시적인 말을 발견해두고 있었다.[67] 많은 점에서 슐레겔의 낭만주의 시문학에 대한 이상은 단순히 그의 초기 신고전주의를 뒤집은 것이었다. 그가 한때 비난했던 근대 시의 두드러진 특징들 중 몇 가지를 그는 이제 찬양했다. 낭만주의 시문학은 작가의 자기표현, 그 시대의 초상, 많은 장르들의 혼합, 개인의 묘사이어야 하며, 그리고 작가의 변덕 외에는 어떤 법칙도 적용받지 않아야 한다.[68] 그러나 마치 시가 지닌 단 하나의 형식에 대한 태도를 바꿔버렸다는 듯이 슐레겔의 입장이 완전히 뒤바뀌었다고 말하는 것은 오해의 소지가 있다.[69] 이것은 몇 가지 이유에서 부정확한 것이다. 첫째, 슐레겔은 근대주의modernism를 위해서 그의 신고전주의를 단순히 배척하지 않았다. 오히려 그는 고전적인 것과 근대적인 것을 더 높은 관점으로 종합하고자 했다.[70] 신고전주의는 그것이 유일하게 타당한 미적 이상으로

---

66. Friedrich Schlegel, *Lyceums Fragmente* no. 44, *KA* II, 152.
67. 슐레겔의 '낭만주의 시문학' 개념 용례의 상세한 분석에 대해서는 Eichner, *Schlegel*, pp. 48–54 및 교정판 전집에 붙인 벨러의 서문(*KA* II, lii–lix) 참조. 슐레겔은 이 표현의 용법을 "Brief über den Roman"(*Gespräche über Poesie*, *KA* II, 329–339)에서 논하고 있다. 그는 이 말에 대한 자신의 용례에 혼란이 있음을 깨닫고 있었다. 1793년 12월 1일 형에게 보낸 서한을 참조: "'낭만주의적'이라는 말을 설명하자면 125쪽 정도가 될 것이기 때문에, 그 용어에 대한 나의 설명을 보낼 수가 없습니다."(*KA* XXIII, 53.)
68. 낭만주의 시문학에 대한 이러한 서술은 「아테네움 단상」(*Athenäum Fragmente* no. 116, *KA* II, 182–183)에서 나온다. 그리고 이 대목은 슐레겔의 낭만파 선언의 표준 전거가 되는 글귀locus classicus이다.
69. 이것은 러브조이의 견해로, 지나친 단순화를 보이고 있다. Lovejoy, "Meaning of 'Romantic' in Early German Romanticism", in *Essays in the History of Ideas*, pp. 183–206, 특히 pp. 196–198, 203 참조.

간주되는 한 거부되었으나, 고전적 시의 특징이 더 높은 미적 이상에 속하는 한 받아들여졌다. 둘째, 낭만주의 시문학은 단순히 슐레겔이 한때 그토록 강력하게 비난했던 근대 시가 아니었다. 낭만주의 시문학은 근대 시에서는 명확히 전개되지 않은 윤리적이고 종교적인 이상, 무한한 것의 이상, 혹은 최고선을 가지고 있다. 셋째, 슐레겔은 '고대적'과 '근대적' 간의 구별을 버리고 그것을 '고전적'과 '낭만주의적'으로 대체했다. 이 새로운 구분은 역사적 시기와 관련이 있기보다는 시의 요소들에 관련된 것이었다.[71] 레싱의 『에밀리아 갈로티』와 같은 많은 근대적 작품들은 양식상 고전적인 반면, 세르반테스나 셰익스피어와 같은 많은 오래되고 거의 중세적인 작가들의 작품들은 낭만주의적이기 때문에, 낭만주의적인 것이 반드시 근대적인 것은 아니다. 슐레겔은 이제 낭만주의적 예술과 고전적 예술을 주로 구별케 하는 것은 고전적 예술이 현상과 실재를 분리하는 반면 낭만주의적 예술은 이 둘을 융합하는 것이라고 말한다.[72]

[259]슐레겔의 입장에 완전한 전도가 없었음을 인정하더라도, 왜 그는 한때 비난했던 근대 시의 그런 측면들을 이제 기꺼이 받아들이려고 했을까? 그 대답은 주로 실러가 근대 시나 감상적 시를 특징짓는 데에 있다. 실러는 근대 시 뒤에 숨겨진 심오한 윤리적 목적, 즉 무한한 것을 열망하고 최고선과 지상에서의 신의 나라를 위해 노력하는 등의 목적을 슐레겔에게 깨닫게 했다. 슐레겔은 이전의 「연구」 논문에서는 근대 시의 이러한 측면을 강조하지 않았었다. 그곳에서 그는 근대 시의 이면의 지도적 목표는 흥미를 일으키게 하는 것, 독자들에게 참신하고 놀라운 효과를 주는 것이라고 주장했다. 비록 슐레겔은 때때로 근대 시가 도덕적인 것과 미적인 것을 혼합시킨다고 비난했

* *

70. Friedrich Schlegel, *Lyceums Fragmente* nos. 93, 84, *KA* II, 157, 158; *Athenäum Fragmente* no. 149, *KA* II, 188–189 및 1794년 2월 27일 형에게 보낸 프리드리히 슐레겔의 서한(*KA* XXIII, 185) 참조.

71. Friedrich Schlegel, *Gespräche über Poesie*, *KA* II, 335 참조.

72. 같은 책, II, 234.

지만, 그것은 근대 시가 모든 종류의 가치와 장르를 혼란시킨다는 그의 비판의 일부에 지나지 않았다.[73] 무슨 이유로든 근대 시는 윤리적 이상에 의해 지배되어 있지 않다. 사실, 끊임없이 참신하고 놀라운 효과를 추구하면서 그것은 도덕적으로 파탄 나고 타락했다. 그러나 「연구」와는 대조적으로 슐레겔의 이후 저술들에서 두드러진 것은 정확히 근대 예술에 근거하는 윤리적 목적이다. 이 목적은 실로 무한한 것에 대한 실러적인 이상이다. 슐레겔은 「아테네움 단상」에서 근대적 도야의 출발점은 지상에 신의 나라를 실현하고자 하는 혁명적인 소망이라고 썼다.[74] 그러나 「리체움 단상」에서는 모든 낭만주의적 작품의 목적은 신의 나라가 도래하길 바라는 소원, 즉 주기도문이라고 그는 말했다.[75] 슐레겔이 당시 『시문학에 관한 대화』에서는,[76] 고전적 예술과 대조적으로 낭만주의 예술의 특징인 것은 그것이 정감, 특히 사랑의 정감을 표현한다는 것인데, 그 근원은 무한한 것으로 돌아가고 싶은 열망이라고 설명했다.[77]

이제 슐레겔에게 근대 시의 가치를 확신시켰던 것이 다름 아닌 무한한 이상에 대한 추구였다면, 이 새로운 미적 교설은 정치적 목적에서 영감을 얻었다는 것을 인정할 필요가 있다. 왜냐하면 낭만주의 예술의 무한한 이상은 슐레겔에게 매우 확실한 정치적 의미를 가지고 있었기 때문이다. 이 무한한 이상은 최고선, 정의와 행복의 조화, 이성과 자연의 통일, 지상에서의 신의 나라라는 피히테적인 목표이다.[78] 슐레겔은 인류가 공화주의적 헌법을 완전히

<hr />

73. 이 같은 이유로 아이히너에 의해 제시된 바와 같이(Eichner, *Schlegel*, p. 147) 슐레겔의 interessant를 'interested'로 번역하는 것은 다소 부정확할 것이다.

74. Friedrich Schlegel, *Athenäum Fragmente* no. 222, *KA* II, 201.

75. Friedrich Schlegel, *Lyceums Fragmente* no. 18, *KA* II, 148.

76. Friedrich Schlegel, *KA* II, 333–334.

77. 이러한 근거에서 그리고 아래에 인용된 추가 증거로 인해, 슐레겔이 실러와 달리 낭만주의 시문학에서 도덕적인 차원을 제거했다고 주장하는 것은 잘못이다. 이것은 러브조이의 견해이다. Lovejoy, "Schiller and the Genesis of German Romanticism", pp. 222–224; Körner, *Romantiker und Klassiker*, pp. 35–36.

확립했을 때, 그리하여 모든 사람에게 자유와 평등이 있는 그런 이상적 국가를 만들어냈을 때 비로소 최고선은 실현될 것이라고 가르쳤다. 슐레겔이 이러한 정치적인 방식으로 무한한 이상을 읽었다는 것은 그의 1800년『선험론적 철학 강의』[79]에서 완전히 드러난다. 이 강의에서 슐레겔은 완벽한 사회의 모델로 간주했던 자신의 공화주의적 이상을 재확인했다. 그는 인류의 목적은 최고선의 성취이며, 이 목적은 특정한 사회적 조건, 즉 공화국의 자유와 평등에 의해서만 달성할 수 있다고 주장했다.

우리는 이제 슐레겔의 낭만주의가 결코 근대 생활의 정치적 문제에서 벗어난 것이 아니었음을 알 수 있다. 오히려 그의 낭만주의는 그 문제를 역점을 두어 다루려는 시도였다.『아테네움』에서 슐레겔은 예술의 목적이 도야라는 실러의 교설에 충실했다. 그의 낭만주의적 예술의 과제는 [260]이론과 실천, 이성과 삶의 간극을 극복하는 것이었다. 그것은 무한한 이상, 지상에서의 신의 나라, 공화주의적 헌법을 사람들에게 의식케 하고 그것들을 성취하도록 고무시킴으로써 이 간극을 극복할 수 있을 것이다. 따라서 슐레겔의 낭만주의 미학을 그의 시대와 철학적 발전이라는 맥락 속에 놓을 때, 다음과 같은 하나의 결론을 거부하기 어려워진다. 즉 낭만주의는 공화주의의 미학이었다.

10.4. 커져가는 보수주의

『아테네움』은 미학뿐만 아니라 윤리학에서도 혁명을 일으키는 것이었

---

78. 피히테는 1794년『학자의 사명』(*Bestimmung des Gelehrten, Werke*, VI, 301–311)에서 이러한 견해를 개진했다. 슐레겔은 피히테의 이 저작을 걸작으로 간주했다. 1795년 8월 17일 형에게 보낸 프리드리히 슐레겔의 서한(*KA* XXIII, 248) 참조. 피히테의 이상에 대한 더 나아간 해명은 3.4절 참조.
79. Friedrich Schlegel, *KA* XII, 44, 47, 56–57, 88 참조.

다. 슐레겔은 1798년 『아테네움』 1권에 실린 「단상」이라는 제목의 아포리즘 모음에서 법, 전통, 관습, 금기 등 근대 문화의 모든 것에 비판을 가했다. 그는 개인들이 당대의 의견이나 관습, 법률에 관계없이 그들 스스로 합당하게 여기는 대로 생각하고 살아가야 한다는 급진적인 개인주의의 필요성을 설파했다. 예술가가 자신의 창조적 천재성을 넘는 규범을 인정하지 않는 것처럼, 진정한 개인은 자신의 주권적 의지를 초월한 권위를 인정하지 않을 것이다.[80]

그러한 극단적인 개인주의를 주장하면서 슐레겔은 부분적으로 창조적 자아에 대한 피히테의 교설을 적용하고 있었고, 또 부분적으로는 훔볼트적인 개성의 개념을 적용하고 있었다. 그러나 좀 더 추상적이고 관습적인 동시대 사람들과는 대조적으로, 그는 기꺼이 이러한 생각들을 그 최종적인 결론으로 밀고 나가려고 했다. 그는 이러한 생각을 실현하는 데 필요한 사회적·문화적 조건들을 명확히 설명하고자 했다. 당연히 이것은 슐레겔을 그의 시대의 억압적인 사회 규범에 대한 날카로운 비평가로 만들었다. 그의 주요 표적 중 하나는 18세기 독일의 성적 금기 사항이었다.[81] 슐레겔이 말하는 자유로운 개인은 결혼을 하든 말든 사랑하는 이와 함께 몇 시간 동안 장미 꽃밭에 누워 자신의 관능성을 키우는 것을 주저하지 않는 사람이다. 슐레겔은 "순진하지 않으면서 순진한 체하는 것"인 널리 유행하는 내숭떠는 행위보다 위선적인 것은 없을 것이라고 주장했다. 대부분의 근대적 결혼은 그의 견해로는 내연 관계보다 나을 것이 거의 없다. 오히려 결혼 제도를 강제함에 있어서 국가는 영혼 간의 합일인 참된 결혼을 방해하는 셈이다. 그런 다음 슐레겔은 동시대인들에게 충격을 준 몇 개의 도발적인 문장에서 "네 명 사이의à quatre 결혼에 대해 어떤 것을 합리적으로 반대할 수 있을지 알기 어렵다"고 발칙스런 의견을 제시했다.[82] 슐레겔의 비판의 또 다른 표적은 효용성이라는 부르주아

· ·
80. Friedrich Schlegel, *Athenäum Fragmente* nos. 16, 116, 441, *KA* II, 167, 183, 253.
81. 같은 책, nos. 31, 34, *KA* II, 170.
82. 같은 책, no. 34, *KA* II, 170.

적 윤리였다. 그는 오늘날 사람들이 너무나 자주 자신의 삶을 생산의 도구로 여기기 때문에 수단과 목적을 혼동하고 있다고 생각했다. 그들은 종교, 문학, 철학을 그저 일종의 기분전환으로 여긴다. 그러나 우리는 인간을 결코 상품으로 간주해서는 안 되며, 오로지 목적 그 자체로만 간주해야 한다.[83] 슐레겔의 분노의 마지막 대상은 그의 시대에 만연된 자살에 대한 금기였다. 생을 스스로 마감하든 말든 그것은 전적으로 주권적 개인의 권리라고 그는 선언했다. 만약 우리의 [261]의지가 주권적이라면, 그것은 우리의 삶을 계속하는 것뿐만 아니라 우리의 삶을 끝낼 수도 있다. 자유롭게 죽는 것은 결코 잘못된 것이 아니며, 너무 오래 사는 것이야말로 유감스런 일이다.

「아테네움 단상」의 전체에 걸쳐 슐레겔의 초기 급진주의는 매우 많이 눈에 띈다. 근대성에 대한 공격은 더욱 신랄하고 비타협적이 되어 갔다. 이러한 경구들은 사실 반항적이고 거의 사춘기적이며 자유분방한 사람의 작품이다. 이 경구들의 좌우명은 "부르주아의 간담을 서늘하게 하라"일 수 있다. 흔히들 이야기되어 왔던 점은 젊은 슐레겔이 그의 질풍노도에도 불구하고 단순히 기존의 사회적·정치적 질서를 전제했을 뿐 아니라 그 질서 위에서 성장했으며, 그러한 질서의 안정성이 그의 낭만주의적 꿈의 조건이었다는 것이다.[84] 그러나 이것은 슐레겔이 그 질서에 대해 내린 매우 구체적인 비판과 그리고 실로 그 질서에 대한 그의 근본적인 적대감을 완전히 무시해버리는 것이다. 슐레겔은 자율성과 창조성이라는 자신의 이상이 당대의 사회적·정치적 상황 하에서 번창할 수 없다는 단순한 이유 때문에 이 상황에 무관심할 수 없었다. 그는 기꺼이 부도덕을 묵인했지만 결코 정치를 경시하지는 않았다. 그의 표현에 따르면, "반정치적이거나 부정직한 사람들만은 관대히 다룰 수 없다."[85] 그러나 슐레겔의 비판은 정치적이라기보다는 문화적임을

- -
83. 같은 책, nos. 390, 410, *KA* II, 238, 243. 또한 중요한 것은 "Idylle über den Müssiggang" in *Lucinde*, *KA* V, 25–29의 절이다.
84. Schmitt, *Politische Romantik*, pp. 140–142.
85. Friedrich Schlegel, *Athenäum Fragmente* no. 272, *KA* II, 211.

인정할 필요가 있다. 즉 그의 비판의 표적은 정치적 억압이라기보다는 사회적 억압이다. 「단상」의 문화적 급진주의는 증가하는 **정치적** 보수주의와 뚜렷하게 대조를 이룬다.

「단상」의 정치적 교설은 1796년의 급진주의에서 확실히 후퇴했음을 나타낸다. 여기에는 슐레겔의 보수주의가 점차 커지고 있음을 보이는 명확한 징표들이 있다. 이전의 「시론」과의 가장 두드러진 변화는 슐레겔이 그의 국민 주권의 교설에서 벗어나기 시작했다는 것이다. 완벽한 공화국은 민주주의적일 뿐만 아니라 귀족주의적이고 군주제적이어야 한다고 그는 선언했다.[86] "교육받은 자가 교육 받지 못한 자들을 다스려야 하기" 때문에 귀족주의와 군주제는 필요하다. 슐레겔은 이제 국가의 정신을 상징하며 일반 백성의 감정과 상상력을 포착하여 그들의 충성을 보장하는 그런 군주를 갖는 것의 가치를 가르쳤다.[87] 그는 심지어 프랑스혁명 초기에 보수주의자들의 단골 요구인 절대 거부권까지 군주에게 주었다.[88] 슐레겔에게서 새로이 부상하는 보수주의는 또한 프랑스혁명에 대한 그의 점점 더 비판적인 태도에서 뚜렷이 나타난다. 그는 우리가 프랑스혁명을 "프랑스 국민성의 온갖 악덕과 어리석음을 담고 있는 희비극인 당대의 가장 끔찍하고 기괴한 것"으로 간주할 수도 있다고 시사했다.[89]

슐레겔의 커져가는 보수주의를 어떻게 설명할 것인가? 우리는 그의 철학적 발전 전체의 근본 동기인 공동체에 대한 추구로까지 거슬러 올라가서 그것을 추적해야 한다.[90] 그의 초기 고전주의에서 후기의 그리스도교적 신비

* *

86. 같은 책, no. 214, *KA* II, 198.
87. 같은 책, nos. 81, 369, *KA* II, 176, 232–233. 여기에서 슐레겔은 노발리스의 영향 하에 있었다. 1798년 5월 28일 노발리스에게 보낸 프리드리히 슐레겔의 서한(*KA* XXIV, 132) 참조.
88. Friedrich Schlegel, *Athenäum Fragmente* nos. 370, 385, *KA* II, 233, 237.
89. 같은 책, no. 424, *KA* II, 247–248. 『철학적 수업시대*Philosophische Lehrjahre*』에서의 슐레겔의 노트(*KA* XVIII, 57, 71, 77) 참조.
90. 흔히 그러하듯이 슐레겔이 처음에는 개인주의적인 자유주의 국가를 옹호하고 나서

주의에 이르기까지 슐레겔은 공동체라는 하나의 사회적 이상에 충실했는데, 이때의 공동체는 모든 사람이 사회 전체와 동질 의식을 가지는 동시에 사회 전체에 소속감을 느끼고 있는 자유롭고 평등한 사람들 사이의 사랑으로 함께 유지되는 곳을 말한다. 그러한 공동체는 당연히 [262]개인의 이익만을 보호했던 법치국가^{Rechtsstaat}의 단순한 법적 틀을 넘어선다. 그것은 단지 분리된 부분들의 합이 되기보다는 부분들보다 더 큰 유기적인 전체로서, 부분들의 개별적인 정체성을 규정하는 것이 될 것이다. 슐레겔 자신이 이러한 용어로 자신의 철학적 발전을 설명했다는 것은 의미심장하다. 1817년, 로마 가톨릭 교회로의 개종을 설명하려고 했을 때, 그는 그 안에서 느끼는 소속감을 언급했다. 그러고 나서 그는 자신의 지적 경력이 자신보다 훨씬 큰 하나의 전체에 자신을 소속시키려는 시도로 묘사될 수 있다고 시사했다. "나의 인생과 철학적 훈련 시절에는 영원한 통일을 향한 부단한 탐구가 있었다. … 그리고 어떤 외부적인 것, 역사적 현실이나 주어진 이상에 대한 소속감이 있었다. … 동양 세계, 독일인, 시에서의 자유, 마침내 교회에 대한 소속감이 있었는데, 그 외 다른 모든 곳에서 자유와 통일을 찾는 것은 헛수고였다. 이 소속감은 보호에 대한 추구, 최종적인 토대에 대한 추구가 아니었던가?[91]

슐레겔은 원래 고대 아테네 공화국에서 공동체의 이상을 발견했다. 그러나 1790년대에 그는 점차 자신의 이상이 근대 생활에서 실현될 수 있는지에 대한 한층 비관적인 생각을 갖게 되었다. 진보에 대한 그의 회의론은 이미 1796년 콩도르세에 대한 서평에서 확인될 수 있는데, 여기서 그는

• •

그 다음에 전체론적인 공동체를 주창했다고 가정하는 것은 옳지 않다. 이러한 가정은 예를 들어 다음과 같은 연구들에서 찾을 수 있다. G. Hendrix, *Das politische Weltbild Friedrich Schlegels*(Bonn, 1962), pp. 8, 20; Baxa, *Einführung*, pp. 20–24. 공동체에 대한 슐레겔의 초기 신념은 다음 자료로부터 명확하다. "Ueber die Grenzen des Schönen", *KA* I, 42; "Versuch", *KA* VII, 18.

91. 『철학적 수업시대$^{Philosophische\ Lehrjahre}$』에 대한 E. 벨러의 서문(Friedrich Schlegel, *KA* XVIII, xiii)에서의 인용.

계몽이 증진되면 더 큰 도덕적·정치적 진보를 가져왔었는지 물었다.[92] 1790년 대를 거치면서 슐레겔의 비관주의는 점점 커져만 갔다. 자본주의와 프랑스혁명과 결부시켜 생각한 근대 생활의 증가하는 이기주의, 물질주의, 아노미 현상을 그는 비판하기 시작했다. 이제 근대 생활은 우리를 공동체의 이상에 더 가까이 가게 하기보다는 더 멀어지게 하고 있는 것처럼 여겨졌다. 근대 사회가 이 이상을 향해 나아가지 않고 있다는 점을 감안할 때, 그렇다면 문제는 그것에 대한 어떤 역사적 모델을 찾는 것이었다. 과거 어느 사회가 공동체의 이상은 환상이 아니며 근대 생활에 의해 타락할 필요가 없다는 것을 보여주었는가? 바켄로더와 노발리스의 영향을 받아[93] 슐레겔은 중세를 바라보기 시작했다. 그는 한때 중세의 기사 이야기romance를 낭만주의 예술의 시작이자 범례로 보았지만, 이제는 그것을 참된 국가의 시작이자 범례로 보기 시작했다. 이러한 역사적 관점의 변화는 그가 1796년부터 1799년까지 적었던 노트인 『철학적 수업시대』에서 분명하다. 1799년에 쓰여진 메모에는 "중세시대보다 더 많은 자유, 평등, 연대가 있었던 적은 없었고 — 이것들은 다시 독일에서 전성기를 맞았다"고 되어 있다.[94] 1798년 여름의 또 다른 메모에는 이렇게 쓰여 있다. "국가는 가족과 교회 사이의 중간에 있는 어떤 것이다. 정치의 목적은 소극적이어야 한다 — 그것은 가능한 한 많은 가족과 교회를 만들기 위해서, 특히 중세처럼 국가 내에 단체, 사회, 신분들을 만들기 위해서 노력해야 한다."[95]

1804년 그의 쾰른 강의인 『철학의 발전』에서 슐레겔의 보수주의로의 발전은 완전히 명백하다. 여기서 그는 국가의 역할을 자연권 보호에만 국한시키는 자유주의적 국가관을 노골적으로 비판했다.[96] [263]그러한 국가관은

..
92. Friedrich Schlegel, *KA* II, 161–172 참조.
93. 바켄로더의 영향에 대해서는 Walzel, *German Romanticism*, pp. 103–108.
94. Friedrich Schlegel, *KA* XVIII, 299.
95. 같은 책, XVIII, 193.
96. 같은 책, XIII, 104–121.

그의 견해에 따르면 공동체와 더 높은 도덕적·종교적 삶의 가치를 위한 여지가 없다. 국가의 기초를 자연권에만 둔다면 "루소가 생각한 것처럼 인간 상호간 및 인간과 사회 간의 완전한 고립"을 피할 수 없다.[97] 이제 슐레겔은 공동체를 이루고 삶의 더 높은 가치를 확보하는 유일한 방법은 국가에 더 많은 힘을 부여하는 것이라고 확신했다. 국가는 사회에서 더 적극적인 역할을 해야 한다. 즉 국가는 종교의 유지, 재산의 분배 그리고 모든 시민들의 인도주의의 발전에 책임을 져야 한다. 슐레겔은 그의 초기 저술들에서 진정한 공동체의 실현이 국가를 불필요하게 만들 것이라고 믿으면서 국가와 공동체를 분리하는 경향이 있었지만, 이제 그는 이 양자를 동일한 것으로 간주하려는 경향이 있었다. 그는 도덕법칙의 이행을 국가의 근간이나 목적으로 삼음으로써 도덕과 법의 모든 구분을 허물어버렸던 것이다. 1804년 강의에서 슐레겔은 아직 반동주의자와는 거리가 멀었다. 실제로 그는 자신이 공화주의를 버리지 않고 있음을 강조했고, 자유와 평등의 가치를 계속 긍정했다.[98] 그럼에도 불구하고 그의 후기 반동적 견해에 대한 토대는 완전히 마련되어 있었다. 중세의 공동 질서에 대한 애정과 함께 더 큰 권력을 국가에 귀속시킨 그의 태도는 그의 입장을 가장 완고한 보수주의자들과 거의 구별할 수 없게 했다. 그렇다면 하이네가 연로한 슐레겔을 구체제의 추종자라고 조롱하는 것은 그렇게 부당한 일이 아니었다. 하이네가 희화화한 많은 인물들처럼, 이것 역시 심오한 진실의 요소를 가지고 있었다.

••
97. 같은 책, XIII, 110.
98. 같은 책, XIII, 124–125.

제11장

노발리스의 정치이론

11.1. 역사적 의의

[264]낭만파의 가장 혁신적인 정치 사상가는 프리드리히 폰 하르덴베르크, 또는 좀 더 친숙한 그의 필명을 사용한다면 노발리스였다. 낭만주의 정치이론의 발전에 미친 그의 영향력은 매우 깊은 것이었다.[1] 낭만주의 정치사상의 모든 본질적인 교설들이 그의 저술 속에 선취되어 있다. 가령 국가와 유기체의 비교, 신앙과 사랑에 기초한 군주제 사상, 서구 문화의 절정으로서의 중세에 대한 믿음, 속물근성과 경제적 사회에 대한 비판, 독일 국민의 문화적 사명에 대한 긍정, 그리고 한 나라의 모든 신념, 가치, 전통의 상징으로서의 군주의 개념 등이 그것이다. 이러한 이유로 그의 저술들은 '낭만주의 정치사상의 지침서'로 간주되었다.[2]

---

1. 낭만주의자들에게 끼친 노발리스의 영향에 대해서는 1798년 5월 28일 노발리스에게 보낸 프리드리히 슐레겔의 서한(*KA* XXIV, 132) 참조.

1790년대의 노발리스의 중요성은 규정하기가 쉽지 않고 때로는 오해를 받아왔다. 그는 근대 독일 전통에서 계몽의 기계론적 국가관과 결별한 최초의 사상가라고 이야기되어 왔다.[3] 사실 이런 점에서 그의 독창성은 다소 제한적이 었다. 그의 유기적인 국가 이론은 실제로 18세기 이전의 몇몇 선례, 특히 뫼저, 레베르크, 헤르더의 저술에 기초하였다. 노발리스의 역사적 중요성은 국가의 모든 권위가 법에서 파생되어야 한다는 견해인 '법률 만능주의legalism' 와 결별한 데에 더 놓여 있다. 노발리스의 가장 두드러지고 특징적인 교설 중 하나는 정치적 권위는 법뿐만 아니라 통치자의 인격에도 바탕을 두어야 한다는 것이다. 이런 점에서 노발리스는 보통 법의 권위를 강조하던 계몽의 정치철학에서의 지배적인 경향과는 달랐다. 그러나 그는 또한 전통의 권위를 강조한 버크, 뮐러, 헤르더, 뫼저의 역사주의에서 출발했다. 막스 베버의 유형론을 채택한다면,[4] 노발리스는 '법적' 권위와 '전통적' 권위뿐만 아니라 '카리스마적' 권위의 가치를 주장했다. 1790년대에 처음으로 카리스마적 권위는 합리적 권위나 전통적 권위와 동등한 중요성을 부여받았다.

노발리스의 정치적 사상가로서의 위상은 자주 재인식되었지만, [265]그 는 보통 반동적 이데올로기의 주요 창시자로 여겨져 왔다.[5] 이런 해석의 가장 큰 문제는 노발리스의 저작을 후기 보수적인 낭만주의 운동에 비추어 읽는 것이 시대착오적이라는 점이다. 노발리스의 저술과 프랑스혁명에 대한 반응을 면밀히 살펴보면, 우리는 그가 개혁주의 전통에 속한다는 것을 알게 된다.

• •

2. Droz, *Allemagne*, p. 461.

3. Samuel, *Poetische Staatsauffassung*, pp. 63, 78.

4. Max Weber, *Economy and Society*, ed. G. Roth and C. Wittich(Berkeley, 1978), I, 212–245.

5. Haym, *Die romantische Schule*, p. 344; Aris, *History*, p. 274; Droz, *Allemagne*, pp. 395–398, 475; Hettner, *Geschichte*, II, 653 참조. 이 견해는 열렬한 옹호자들을 계속 발견하고 있다. 예를 들어, Claus Triger, "Novalis und die Ideologische Restauration", *Sinn und Form* 13(1961), 618–660; 더 나아가 보다 최근에는 Gert Ueding, *Klassik und Romantik*(München, 1987), I, 123–124 참조.

11.2. 노발리스와 프랑스혁명

모든 젊은 낭만주의자들처럼 노발리스도 프랑스혁명을 환영했다. 그의 초기 반응에 대한 증거는 거의 없지만, 그의 반응이 프랑스혁명에 호의적이었다는 것에는 의심의 여지가 없다. 그는 1800년에 쓴 회고적인 한 편지에서 "그 당시 민주주의의 유행은 나를 옛 귀족 신앙에 등을 돌리게 만들었다"고 고백했다.[6] 1794년 8월 1일 프리드리히 슐레겔에게 쓴 솔직한 편지에서 그는 자신의 성적 해방을 정치적 해방과 연관시켰다. "나는 결혼식 밤과 부부 관계, 그리고 자식들의 출산이 간절히 기다려집니다. 단지 나의 결혼식 밤이 전제주의와 감옥에 갇혀 있던 성 바르톨로메오의 밤이었으면 좋겠습니다. 그러면 정말 축복 받는 행복한 결혼생활을 하겠지요. 쇠사슬은 아직 예리코의 성벽처럼 무너지지 않고 있어서 제 마음은 무겁습니다."[7] 노발리스가 작은 지방 도시인 텐슈테트에서 법률 견습생으로 지내던 동안에, 그는 프랑스혁명의 공식적인 목소리인 『모니터*Moniteur*』를 접하지 못했음을 불평했다.[8] 노발리스가 그 밑에서 견습생으로 일했던 지방 의회 의원인 C. A. 유스트에 따르면, 노발리스는 "로베스피에르의 공포정치 통치에 대한 찬사"를 보냈는데, 왜냐하면 그는 이상을 위해 헌신하는 로베스피에르의 일관성에 매우 깊은 감명을 받았기 때문이다.[9] 실제로 노발리스는 항상 로베스피에르의 모습에 매료되었다. 1799년까지만 해도 그는 로베스피에르의 이성의 종교를 프랑스의 정신성 부흥을 위한 희망의 근거로 보았다.[10] 비록 노발리스는

- -
6. 1800년 1월말 J. W. 폰 오펠에게 보낸 노발리스의 서한(*Schriften*, IV, 130).
7. 같은 책, IV, 140–141.
8. 같은 책, IV, 145.
9. 같은 책, IV, 540.
10. 같은 책, III, 518.

나중에 프랑스혁명의 방법에 대해 비판적이 되었지만, 그는 혁명의 공화주의 이상을 결코 포기하지 않았다. 1797년 봄, 그는 자신의 『일기』에 "다시 한 번 공화주의가 가장 활기찬 모습으로 내 속에서 깨어났다"[11]고 썼다.

노발리스에게 프랑스혁명에 대해 더 비판적이 되도록 가르친 사람은 아마도 버크였을 것이다. 한 유명한 경구에서 노발리스는 『프랑스혁명에 대한 성찰』에 아낌없는 찬사를 보냈다. "프랑스혁명에 대해 많은 반혁명적인 책들이 쓰여졌다. 그러나 버크는 프랑스혁명에 반대하는 혁명적인 책을 썼다."[12] 노발리스가 버크로부터 받은 것은 이성의 한계와 역사적 전통의 가치에 대한 믿음이었다. 그는 진정한 버크적 방식으로, 법은 역사에 강요되기 보다는 역사에서 나와야 하며 개인만으로 국법을 결정할 수 없다고 주장했다.[13] 그러나 노발리스는 프랑스혁명에 대한 버크의 모든 태도를 공유하기에는 너무 공화주의자였다. 그는 부패하고 억압적인 것으로 간주되는 구체제를 눈감아주는 것을 거부했다.[14] 그리고 그는 프랑스혁명이 불가피하다고 보았는 데, 그것은 인류가 [266]정신적 성장을 위해 반드시 겪어야 하는 '사춘기의 위기'이다.[15] 1799년 여름까지만 해도 그는 프랑스혁명의 가치와 필요성을 계속해서 주장했다. 「그리스도교 세계 또는 유럽」에서 그는 프랑스혁명이 "인간의 마음의 파괴할 수 없는 힘 중 하나", 즉 "자유에 대한 정말 기분 좋은 감정, 새롭고 젊은 것에 대한 욕망, 인간의 형제애에 대한 자부심, 개인의 권리에 대한 기쁨, 그리고 시민권의 강력한 감정"을 확인했다고

●●

11. 같은 책, IV, 45.

12. Novalis, *Blütenstaub* no. 104, in *Schriften*, II, 459.

13. Novalis, *Schriften*, III, 501–502, 518 참조. 이러한 믿음들은 버크가 노발리스에게 영향을 미친 유일한 흔적이다. 사무엘(Samuel, *Poetische Staatsauffassung*, pp. 80–81)은 버크가 노발리스에게 역사의식과 유기적 이론을 주었다고 주장할 때 이용 가능한 증거를 훨씬 뛰어넘어 말한다.

14. Novalis, *Glauben und Liebe* no. 14, in *Schriften*, II, 487. Cf. "Christenheit oder Europa", in *Schriften*, III, 517, 522.

15. Novalis, *Glauben und Liebe* no. 21, in *Schriften*, II, 489–490.

단언했다.[16] "누가 프랑스혁명의 필요성과 이로운 효과를 의심하려 하겠는 가!"라고 그는 외쳤다.[17] 노발리스는 버크의 일방적 경험주의와 거리를 두기라도 하듯 실천이 이론의 척도인 만큼 이론도 실천의 척도라고 주장했다.[18]

프랑스혁명에 대한 노발리스의 반응은 1790년대 독일 개혁주의의 전형이었다. 그는 프랑스혁명이 정신적 성장의 원천이라고 생각했지만, 또한 그것이 위험할 수도 있다고 강조했다. 사춘기의 위기가 걷잡을 수 없이 커져 그대로 고착화될 수 있으며, 그 결과 성장할 기반이 아무것도 남지 않을지도 모른다.[19] 따라서 프랑스혁명은 저항하는 것이든 순응하는 것이든 모두 억제되어야 했다. 낡은 질서는 더 큰 정의, 자유, 민주주의에 대한 요구를 통합하는 정도로 개혁되어야 하고 실제로 개조되어야 할 것이다. 군주제는 응당 유지되어야 한다. 그러나 군주제의 목표는 사람들을 행복하게 하는 것이 아니라 그들을 교육시키고, 공화국의 자유와 평등을 위해 그들을 준비시키는 것이어야 한다. 귀족이 살아남으려면 옛 특권을 포기하고 덕의 본보기가 되어야 한다.[20] 바이마르 인본주의 전통에 충실한 노발리스는 국가의 목적을 모든 시민의 인간성의 발전인 도야로 보았다. 그는 이 목적을 촉진하기 위해 구체제의 제도를 개혁해야 한다고 생각했다. 모든 개혁가들과 마찬가지로 노발리스도 폭력적이고 급격한 변화, 역사에 합리적인 헌법을 강요하려는 시도에 반대했다. 그는 또한 계몽이 근본적인 변화보다 선행되어야 한다고 주장했고, 계몽을 우회하려는 어떠한 시도도 갈등과 혼란을 낳는 방식이라고 주장했다. 본질적인 정치적 문제는 인류를 교육하여 공화주의 이상에 걸맞게 되도록 하는 것이다. 미발표 노트에 그는 이렇게 적었다.

..

16. Novalis, *Schriften*, II, 521.

17. Novalis, *Glauben und Liebe* no. 21, in *Schriften*, II, 490.

18. Novalis, *Blütenstaub* no. 10, in *Schriften*, II, 415.

19. Cf. Novalis, *Glauben und Liebe* no. 21, in *Schriften*, II, 489–490; *Blütenstaub* no. 105, in *Schriften*, II, 259.

20. 귀족제에 대해서는 Novalis, *Schriften*, III, 286–287, no. 261 참조.

"먼저 인간이 되라, 그러면 인간의 권리는 저절로 생겨날 것이다."[21]

노발리스는 외관상으로는 자유와 평등의 원칙을 부정하고 신성로마제국의 공동 사회를 긍정했기 때문에 혁명적 이데올로기의 비판자로 여겨져 왔다.[22] 확실히 그는 일부 급진주의자들의 평준화 사고방식을 두려워했다. 그러나 이 두려움은 권리의 평등에 대한 믿음과 완벽하게 일치한다.[23] 더욱이 노발리스의 미발표 저술을 면밀히 살펴보면 그가 급진주의자들의 원칙이 아니라 단지 그 원칙에 대한 그들의 해석에 반대했다는 것을 알 수 있다. 그의 노트에 따르면, 급진주의자들은 사람들이 **도야**에 의해 비로소 자유롭고 평등하게 됨에도 불구하고 본래 자유롭고 평등하다고 가정함으로써 자신들의 원칙을 잘못 해석했다.[24] 자유와 평등은 우리에게 주어진 현실이 아니라 우리가 성취하기 위해 노력해야 하는 이상이다. 칸트의 용어로 그것들은 구성적 원리가 아니라 규제적 원리이다. 마치 우리가 [267]사람들에게 가해지는 제약들만 제거하면 되는 것처럼 현재 사람들이 자유롭고 평등하다고 가정한다면, 우리는 그들의 **도야**의 결여를 용인할 뿐만 아니라 그들의 억압된 파괴적인 정념을 위해 수문을 열어주는 셈이 된다. 따라서 노발리스는 자유와 평등의 원칙이 단순한 이상이자 **도야**의 목표로서 이해된다면, 이 원칙에 충실했다. 이러한 이상에 대한 그의 믿음은 그가 항상 참된 국가의 한 요소로 여겼던 공화주의에 대한 변함없는 헌신을 보면 명백하다. 그는 자유와 평등이 이상적 공동체에 필수적이며 이 공동체는 공화국에서만 실현될 수 있다는

· ·

21. Novalis, *Schriften*, III, 416, no. 762.

22. Aris, *History*, pp. 268–269; Samuel, *Poetische Staatsauffassung*, p. 140; Droz, *Allemagne*, p. 396 참조.

23. 평등화에 대한 노발리스의 두려움에 대해서는 *Glauben und Liebe* no. 12, in *Schriften*, II, 487 참조.

24. Novalis, *Schriften*, III, 416, no. 762. 이 관점에서의 노발리스 텍스트에 대한 상세한 독해에 관해서는 Hermann Kurzke, *Romantik und Konservatismus: Das politische Werk Friedrich von Hardenbergs im Horizont seiner Wirkungsgeschichte*(München, 1987), pp. 216–223.

믿음을 멈추지 않았다.[25] 그의 개혁주의는 때때로 그가 현재의 공동 질서의 측면을 받아들이도록 강요했지만, 그는 이 질서에 단지 잠정적인 타당성만을 부여했다. 이상적인 사회에서 인류가 도야의 이상을 달성했을 때, 모든 법과 차별, 심지어 군주제 그 자체도 사라질 것이다.[26] 노발리스는 유일하게 참된 신분estates은 결혼 생활에서의 신분, 즉 남편과 아내의 신분이라고 주장했다.[27]

그러나 노발리스의 정치적 견해는 1790년대 말 독일에서 만연한 반동적 경건주의와 비슷하지 않은가?[28] 예를 들어, 사회가 사랑과 신앙에 기초해야 한다는 믿음, 모든 신자들을 포괄하는 초교파적 교회가 있어야 한다는 믿음, 이성은 신앙의 파괴에 책임이 있으며 계몽이 프랑스혁명의 근본 원인이라는 믿음 등이 그것이다. 노발리스가 경건주의적인 분위기에서 자랐고 관련 문헌에 정통했던 것도 또한 사실이다. 그럼에도 불구하고 노발리스의 견해와 경건주의 반동가들의 견해의 차이는 노발리스가 그들과 공통적인 전선에 있지 않았다는 것을 결정적으로 보여준다. 첫째, 반동가들과는 달리, 노발리스는 종교적 믿음을 유지하기 위해 더 많은 검열을 옹호할 의사가 없었다. 무신론 논쟁 중에 그는 피히테의 편에 서서 작센 당국의 억압적인 조치에 대해 날카롭게 비판했다.[29] 둘째, 노발리스는 작센의 신분회의체가 봉건적 특권을 유지하기만을 바란다고 믿었기 때문에 그 신분회의체에 참여하기를 거부했다.[30] 셋째, 노발리스는 반동가들의 눈엣가시였던 프리메이슨 지부나

· ·
25. Cf. Novalis, *Schriften*, III, 653, no. 571, III, 284, no. 284. 또한 III, 586, no. 218도 참조.
26. Cf. 같은 책, III, 284–285, no. 250; III, 254–255, no. 79.
27. 같은 책, III, 470, no. 106. 신분에 대한 노발리스 견해의 상세한 독해에 관해서는 Kurzke, *Romantik und Konservatismus*, pp. 211–216 참조.
28. Droz, *Allemagne*, pp. 395–398, 459–461, 420–438. 또한 Droz, *Romantisme allemand*, pp. 20–23. 드로는 반동으로서의 노발리스에 대해 가장 상세하고도 일관된 묘사를 하고 있다.
29. 1799년 2월 6일 디트리히 폰 밀리츠에게 보낸 노발리스의 서한(*Schriften*, IV, 277) 참조.
30. 1799년 2월 10일 노발리스에게 보낸 H. G. 폰 카를로비츠의 서한(*Schriften*, IV, 520–521) 참조. 카를로비츠의 요청에 대한 노발리스의 응답 서신은 유실되었지만 카를로비츠의

비밀결사를 비난하지 않았고, 오히려 그 자신의 것 하나를 설립하기를 원했다. 그래서 1798년 12월 10일, 그는 프리드리히 슐레겔에게 "문학적 공화주의 질서, 철저히 상업적-정치적 질서, 진정한 세계주의적 지부"[31]를 설립하고 싶다고 말했다. 넷째, 노발리스는 반동가들이 그랬던 것처럼 이성과 철학을 비난하지 않고, 이성과 철학을 그의 새로운 종교에 필수적인 것으로 보았다.[32] 그는 「그리스도교 세계 또는 유럽」에서 철학이 신앙을 파괴하고 프랑스혁명에 책임이 있다고 말했지만, 또한 동시에 철학의 파괴적인 작업이 필요하며 이성과 신앙은 더 영적인 종교를 만들기 위해 손을 잡아야 한다고 주장했다.

11.3. 낭만주의 국가의 기초

노발리스의 가장 중요한 정치적 저술 중 하나는 [268]1798년 7월에 『프로이센 왕국연보』에 실린 「믿음과 사랑 또는 왕과 여왕」[이하 「믿음과 사랑」]이라는 제목의 일련의 아포리즘이다. 이것은 실제로 1790년대의 가장 혁신적이고 영향력 있는 정치적 논고 중 하나였다. 노발리스는 분명히 유기적 국가관을 제시하고 계약론을 날카롭게 비판한 다음, 계몽의 법률 존중주의와 결정적으로 결별했다. 노발리스가 카리스마적 권위의 가치를 위해 자신의 주장을 내세운 것도 바로 여기에서이다. 「믿음과 사랑」이 낭만주의 국가관의 기초를 마련했다고 이야기되어온 것은 어느 정도 일리가 있다.[33]

노발리스의 아포리즘들은 1797년 11월 16일 프리드리히 빌헬름 3세와

* * 서한은 노발리스가 작센의 신분회의체에 극도로 비판적이었음을 시사한다. 노발리스가 영방 의회에 참가하지 않은 것에 대한 자세한 설명은 Gerhard Schulz, *Novalis*(Hamburg, 1969), p. 112.; John Neubauer, *Novalis*(Boston, 1980), p. 77 참조.

31. Novalis, *Schriften*, IV, 268-269.
32. 같은 책, III, 520.
33. Samuel, introduction to Novalis, *Glauben und Liebe*, in *Schriften*, II, 482.

그의 아내 루이제의 왕위 계승을 축하한다.[34] 그의 아포리즘들은 새로운 군주제를 둘러싼 높은 희망과 기대를 표현한다. 프리드리히 빌헬름 2세 치하에서의 프로이센은 경제적, 정치적, 도덕적 쇠퇴에 빠져 있었다. 국고는 소진되고 막대한 부채가 쌓였고 높은 세금이 부과되어 있었다. 프랑스에 대한 군사 행동은 재앙으로 판명되었고 뵐너의 정책은 크게 평판이 나빠졌다. 베를린의 공공 도덕 수준도 아쉬운 점이 많았다. 가령 100가구에 하나 꼴로 윤락업소가 있었고, 젊은 댄디족들 사이에서 방탕은 통과의례였다. 국왕의 사생활은 모범이 되지 않았다. 그는 매번 수차례 새로운 애인을 만들면서 두 번이나 중혼을 저지르고, 온갖 사치에 탐닉했다. 우스꽝스러운 것으로 참담한 것을 덮기 위해, 그는 종종 샤를로텐부르크 궁전 정원에서 기괴한 영적 의식을 개최했다. 그래서 대중들이 그의 치세 말기를 맞이한 것은 매우 다행스러운 일이었다. 그들은 더 없이 큰 기대를 가지고 새로운 군주제를 고대했다. 프리드리히 빌헬름 3세와 루이제는 도덕적 덕목과 가정적 행복의 본보기로 여겨졌다. 그들은 슬하에 많은 자녀를 두면서 행복한 결혼 생활을 했고, 궁정에서 도덕적이고 검소한 삶을 고집했다. 새로운 국왕 자신은 군주가 그의 백성들의 모범이 되어야 한다고 선언하고, 그의 유명한 조부의 계몽적 정책을 계승하겠다고 약속했다. 그의 아버지의 애인들과 뵐너는 정식으로 궁정에서 추방되었다. 새로운 군주제에 대한 높은 기대는 밀린 개혁과 뵐너의 억압적인 정책 폐지를 약속한 프리드리히 빌헬름 3세의 자유주의 원칙에 의해 힘을 얻었다. 새 국왕은 구체제의 약점을 충분히 인식했고 그것을 유지하고 싶은 마음이 조금도 없었다. 그는 전제주의를 비난하고, 억압적인 통치자를 전복시킬 국민의 권리를 인정했으며, 프랑스혁명의 정당성을 인정하기도 했다.[35] 실제로 그는 "나는 공화주의자처럼 생각한다"고 선언하기까지

··
34. 「믿음과 사랑」의 맥락에 대해서는 Haym, *Die romantische Schule*, pp. 339–340; Samuel, introduction, in Novalis, *Schriften*, II, 475–482; *Poetische Staatsauffassung*, pp. 119–123 참조.
35. 프리드리히 빌헬름 3세의 정책에 대해서는 그의 "Gedanken über die Regierungskunst",

했다. 자신의 원칙에 충실한 왕은 프로이센에서 광범위한 개혁을 단행하여 프랑스의 혼란으로부터 프로이센을 구하기 시작했다. 왕의 계획이 너무나 야심적인 것이어서 1799년 프로이센의 한 장관은 프랑스인 친구에게 이렇게 썼을 정도였다. "당신들이 프랑스에서 아래로부터 만든 혁명은 프로이센에서는 위에서부터 점차적으로 실행될 겁니다. 본질적으로 왕은 민주주의자입니다. 몇 년 안에 프로이센에서는 더 이상 봉건적 특권이 존재하지 않을 겁니다."[36] 그래서 새 국왕 부부에 대한 찬사를 쓰면서 노발리스는 [269]반동 세력이 아니라 개혁 세력을 격려하고 있었다. 그렇다면 「믿음과 사랑」을 반동적 저술로 간주하는 것은 그 논고의 정신과는 완전히 반대될 것이다.[37]

1798년 5월 11일, 노발리스는 연초부터 작업해온 「믿음과 사랑」의 완성 원고를 프리드리히 슐레겔에게 보냈다. 노발리스는 글의 철학적 스타일보다는 그 문학적 표현을 인정해야 한다는 듯이 친구에게 "사랑과 믿음 없이 읽혀서는 안 된다"며 주의를 당부했다.[38] 그러나 우리는 그런 관용 내지 사랑이 정말로 필요한가라고 스스로에게 물어봐야 한다. 지금까지 노발리스의 정치이론은 환상에 지나지 않는 것, 기껏해야 "정신의 영역에서의 하나의 실험"[39]으로 간주하는 것이 관례였다. 그러나 이런 깔보는 듯한 접근방식은 「믿음과 사랑」의 기저를 이루는 종종 강력한 주장을 무시하기 마련이다.

· ·
    in Max Lehmann, "Ein Regierungsprogramm Friedrich Wilhelms III", *Historische Zeitschrift* 61(1889), 441–460 참조.
36. 레만에 의한 인용. 같은 책, p. 441.
37. 따라서 하임과 함께 "후기 복고기 낭만주의 국가론의 모든 주요 요점은 하르덴베르크[즉 노발리스]의 아포리즘 속에 놓여 있다"고 말하는 것은 잘못된 것이다(*Die romantische Schule*, p. 344).
38. Novalis, *Schriften*, IV, 253.
39. 슐츠(Gerhard Schulz, *Novalis*, p. 95)는 하임과 같은 비판에 맞서 노발리스의 이론을 옹호하려고 한다. 하임(Haym, *Die romantische Schule*, p. 341)에게 시적 국가는 "열광과 심사숙고로 얻어낸 환상"의 산물이었기 때문이다. 그러나 슐츠는 노발리스의 주장의 실체를 분석하지 않음으로써 하임에게 너무 많은 것을 용인한다.

노발리스의 정치이론은 이치에 맞는 철학적 인간학에 기초해 있고 또한 계몽의 정치적 교설에 대한 일부 설득력 있는 반론에 기초해 있다. 진지한 철학적 고려의 대상이 될 만한 노발리스 이론의 기초를 간략히 재구성해보기로 하자.

「믿음과 사랑」에서 노발리스는 정치적 의무라는 고전적인 문제를 재고한다. 개인은 왜 국가에 복종하는가? 그리고 왜 그렇게 해야 하는가? 이 문제는 1790년대의 획기적인 사건들에 의해 노발리스에게 새롭게 제기되었다. 그의 견해에 따르면 그 사건들은 정치적 의무에 관한 현재의 이론이 불만족스럽다는 것을 결정적으로 보여주었다. 18세기 후반 독일에서 가장 일반적인 정치적 의무 이론은 계몽의 계약 이론, 특히 볼프학파가 발전시킨 행복주의 버전이었다.[40] 볼프에 따르면, 개인을 국가와 묶어주는 것은 개인의 동의이다. 그리고 개인은 그의 이익에 부합하는 한 동의를 한다. 이제 노발리스에게 그런 이론은 원을 정사각형으로 만들려는 시도나 다를 바 없다.[41] 이기심은 한없이 변덕스러운 것이다. 개인은 법이 자신에게 이익이 되지 않는다고 느낄 때마다 법에 반대할 것이고, 또한 이 가설에 따라서[ex hypothesi] 개인은 법에 구속되지 않을 것이다. 프리드리히 빌헬름 2세 치하에서의 프로이센의 쇠퇴 그리고 프랑스 내의 무정부 상태와 폭력은 모두 '이기주의 이론'의 약점을 입증하는 증거였다. 그런 현상들은 이기심이 개인을 국가에 묶기에 충분하지 않다는 것을 결정적으로 증명했다.

노발리스는 또한 루소, 칸트, 피히테에 의해 보다 최근에 제출되었던 계약이론의 이성주의적 버전에 불만을 품었다.[42] 계약이론의 이 버전에 따르면, 동의를 결정하는 것은 이기심이 아니라 이성이다. 이성적인 존재로서 우리는 우리에게 이익이 되는 정책들뿐만 아니라 공정하고 보편적인 법을

••
40. 예를 들어, Wolff, *Vernünftige Gedanken von dem gesellschaftlichen Leben des Menschen*, nos. 3–7, pp. 3–5 참조.
41. Novalis, *Schriften*, II, 494–495, no. 36.
42. Novalis, "Politische Aphorismen" no. 65, in *Schriften*, II, 501–502.

제정할 것이다. 이 버전은 이기주의 이론의 본질적인 어려움을 피하고 있지만, 노발리스는 그것이 그 자체적인 문제를 겪고 있다고 생각했다. 그것을 거부한 그의 주된 동기는 그것이 무정부주의적인 결과를 가져온다는 그의 믿음이었다. 모든 개인의 이성을 법의 근원으로 삼으면 우리는 개인들만큼 많은 주권자들을 갖게 될 것이다. 그는 또한 이 이론의 배후에 잘못된 가정이 있다고 주장했다. 즉 모든 개인이 국가에 가장 적합한 법을 결정할 수 있는 힘을 가지고 있다는 가정이 그것이다. 버크와 마찬가지로 그는 법을 만드는 일은 [270]여러 세대에 걸친 경험과 지혜를 요구하는 하나의 기술적 문제라고 주장했다. 우리는 의사, 변호사, 예술가들이 우리를 위해 판단하도록 허용하면서 왜 정치가들에게는 그렇게 하지 않는가라고 노발리스는 말했다. 정치가들역시 국가에 가장 좋은 것이 무엇인지 결정할 수 있는 지혜와 전문 지식을 가지고 있다. 중요한 것은 나 자신이든 현명한 입법자이든 누가 법을 만드는가가 아니라, 어떤 종류의 법이 만들어지는가 하는 것이다. 나의 판단력을 입법자에게 양도하는 데 있어 나는 반드시 나의 자치권을 박탈하는 것은 아니라고 노발리스는 주장한다. 왜냐하면 좋은 법은 내가 명시적으로 그렇게 하든 말든 사실상 나의 법이기 때문이다.

이기심과 이성이 개인을 국가에 묶을 힘이 없다면, 과연 무엇이 그런 힘을 갖는 것인가? 노발리스는 이제 개인이 왜 국가에 복종하는지에 대한 자신만의 견해인 정치적 의무 이론을 개발해야 했다. 그의 이론의 기초는 그의 철학적 심리학, 특히 그의 주의주의主意主義에 있는데, 이에 따르면 우리가 선과 악으로 간주할 뿐만 아니라 우리가 참과 거짓으로 보는 것조차 모두 의지에 달려 있다.[43] 노발리스는 칸트의 인식론의 주요 원칙 중 하나, 즉 우리는 우리가 산출하는 것만을 선험적으로a priori 안다는 점을 받아들였다.[44] 그러나 그는 앎의 활동은 의지에 의해 지시된다고 덧붙였다. 이것이 우리가

<hr />

43. *Schriften*, II, 565-566, no. 204; II, 589, no. 267; III, 404, no. 710 참조.
44. Kant, *Kritik der reinen Vernunft*, Axx, Bxiii, xxviii.

원하는 대로 세계를 구성할 수 있다는 그의 '마법적 관념론magical idealism'의 토대였다.[45]

물론 주의주의는 항상 근대 정치철학에서 근본적인 역할을 해왔다. 예를 들어 이것은 홉스의 정치이론의 중심이다. 그러나 노발리스의 주의주의에는 홉스나 1790년대의 보수적 사상가들과 구분되는 무언가 독특한 점이 있다. 홉스와 보수주의자들은 의지가 자기보존 성향인 자기이익으로 이루어져 있다고 생각했지만, 노발리스는 그것이 동등한 자들로부터 애정을 주고받으려는 욕구인 사랑에 있다고 주장했다. 네덜란드의 신플라톤주의 철학자 프란스 헴스테르호이스Frans Hemsterhuis[46]의 영향으로 노발리스는 영혼의 주된 노력은 사랑이라고 믿었다. 이 교설은 그에게 신비적인 의의를 지녔지만, 그는 또한 그것에 인간학적 토대를 부여하려고 시도했다. 그것은 인간의 사회적 본성과 인정에 대한 욕구에 가장 큰 강조점을 두는 철학적 인간학에 기초하고 있다. 그의 미발표 노트 중 많은 곳에서 노발리스는 사람들이 상호 존중, 호의, 애정을 통해서만 자기 의식적이 된다고 주장했다.[47] 그의 견해에 따르면, 홉스적인 이기주의자는 자기 자신이라는 개념이 없을 것이고, 따라서 그가 봉사해야 할 바로 그 이익 주체에 대한 개념이 없을 것이다.

노발리스는 그의 주의주의에서 몇 가지 중요한 정치적 결론을 이끌어냈다. 우선 무엇보다도 복종은 합리적인 헌법을 고안하는 것만으로 확보될 수 없다. 아무리 정당하고 합리적이라 해도 이성만으로는 사람들을 행동으로 옮길 수 없기 때문에 법 그 자체는 하나의 죽은 문자이다. 사람들이 법을 준수하려면 그들의 욕구, 감정, 상상력에 호소할 필요가 있다. 그렇다면

• •

45. 노발리스의 마법적 관념론에 관해서는 Neubauer, *Novalis*, pp. 60–62.; Haym, *Die romantische Schule*, pp. 359–366; Manfred Frank, "Die Philosophie des sogenannten 'magischen Idealismus'", *Euphorion* 63(1969), 88–116 참조.

46. 노발리스에게 끼친 헴스테르호이스의 영향에 관해서는 Schulz, *Novalis*, pp. 35, 75, 77, 85, 88, 100, and 144; Neubauer, *Novalis*, pp. 31–33 참조.

47. Novalis, *Schriften*, III, 573, no. 126; III, 313, no. 394; II, 606, no. 381.

사람들에게 법을 따르도록 고무시키는 것은 무엇인가? 그것은 법 자체가 아니라 그것을 명하는 사람이다. 누가 법을 만드는가 하는 것이 '어떠한 권리가 있는가quid juris, — 즉 법의 정당성에 대한 문제 — 와는 무관한 일이긴 하지만, '어떠한 사실인가quid facti, — 즉 무엇이 사람들을 법에 복종하게 만드는가에 대한 문제 — 에 대해서는 결정적이다. [271]우리는 살아 있는 사람을 사랑할 수 있지만 그러나 법처럼 추상적인 것은 사랑할 수 없다고 노발리스는 설명했다. 오직 통치자의 인격만이 우리의 감탄과 존경과 헌신을 불러일으키고, 오직 그 또는 그녀의 본보기만이 우리가 덕을 발휘하도록 고무시킨다. 노발리스는 "사랑스럽고 존경할 만한 사람의 표현이 아니라면 법은 무엇인가?"라고 묻는다. 이 질문을 제기하면서 노발리스는 계몽의 법률 존중주의와 결별했다. 국가 내에서 권위를 부여하는 것은 법의 특질뿐만 아니라 통치자들의 성격이기도 하다.

노발리스는 자신의 정치적 의무 이론을 요약하기 위한 슬로건을 가지고 있었다. 개인을 응당 국가에 묶이게 하는 것은 '믿음과 사랑Glauben und Liebe,이라고 그는 말한다. 믿음은 나를 위해 결정을 내려야 하는 통치자의 지혜와 덕성에 대한 신뢰이며, 사랑은 통치자에 대한 헌신이자 공동체의 동료 시민들 사이의 상호 애정이다. 노발리스는 믿음과 사랑을 국가의 결속으로서의 '지식과 소유Wissen und Haben,와 대비시켰다. '지식'은 행동하기 전에 모든 것의 이유를 알아야 한다고 요구하는 개인의 비판적 이성을 말한다. 그리고 '소유'는 자신의 재산을 보호해주는 한에서만 국가에 묶여 있다고 느끼는 사리사욕적인 개인을 의미한다.

국가가 믿음과 사랑에 기반을 두어야 하고 통치권자가 카리스마를 지녀야 한다는 점을 감안할 때 최상의 통치형태는 무엇일까? 이 통치는 세습 군주제가 되어야 한다는 것이 「믿음과 사랑」의 중심 견해이다.[48] 세습 통치자만이 백성들의 헌신을 불러일으키고 그들의 미덕을 고무시키는 카리스마를

48. Novalis, *Glauben und Liebe* no. 15, in *Schriften*, II, 487–488.

가지고 있다고 노발리스는 주장했다. 오직 군주인 그나 그녀만이 소위 말하는 "인간 본성의 더 높은 열망", 즉 헌신, 애정, 사랑의 희생적 특성을 만족시킨다. 국민은 선출직 관리나 폭군과 같은 권력자에 대해서는 헌신과 애정을 느낄 수 없다. 카리스마가 완전히 결여되어 있는 그런 인물들에 대해서는 특별할 것도 혹은 약간이나마 흥미로울 것도 없다. 카리스마를 지니려면 통치권자는 대부분의 사람들이 공로나 재능, 노력을 통해 얻을 수 없는 독특하거나 특별한 자질을 가져야 한다. 하지만 '명문 출신'보다 이 역할에 더 잘 맞는 자질이란 과연 무엇인가? 선출직 관리는 동급자들 중 한 명일 뿐이기 때문에 특별한 자질을 가지고 있지 않다. 따라서 국왕은 단지 국가의 첫 번째 종복이 아니라 국가 위에 올려진 더 높은 종복이라고 노발리스는 결론지었다.

노발리스는 「믿음과 사랑」에서 군주제의 부활을 주장하며 그의 대부분의 시간과 에너지를 쏟고 있지만, 그의 궁극적인 관심사는 공화국의 존속이었다. 이상적인 통치는 군주제와 공화국의 종합이라고 그는 주장했다.[49] 공화국을 단지 민주주의, 즉 "선거에 의한 의회, 정부 부서들, 그리고 자유의 나무"로만 여겼던 급진주의자들에 대해, 그는 공화국이 군주제를 포함해야 한다고 반박했다. 왕이나 여왕의 본보기만이 공화국의 원칙인 미덕을 고무시킬 것이라고 그는 주장했다. 왕과 여왕만이 자유, 평등, 연대의 원칙을 국민에게 준비시키는 카리스마를 가지고 있다. "모든 사람들이 왕위를 당연한 것으로 여길 수 있어야 한다"[50]는 것이 모든 진정한 공화국의 이상이어야 한다. [272]이 이상을 위해 군주제보다 사람들을 교육시키는 더 좋은 수단이 무엇이 겠는가? 노발리스에 따르면 군주제의 목적은 공화국에서 도야의 도구 역할을 하는 것이다.

「믿음과 사랑」에는 그의 공화주의가 아주 조심스럽게 암시되어 있긴 하지만, 노발리스는 결코 그것을 버리지 않았다. 실제로 그는 이 저술의

49. *Schriften*, II, 490, no. 22.; II, 496, no. 37; II, 503; no. 68; III, 274, no. 189.
50. 같은 책, II, 489, no. 18.

집필 직전에 공화주의를 다시 인정했다.[51] 그의 정치적 이상과 철학적 인간학에 따르면 공화국은 필요불가결한 것이다. 오직 공화국에만 진정한 공동체가 있는데, 왜냐하면 오직 여기서만 사람들이 국가의 삶에 적극적으로 참여하기 때문이라고 그는 주장했다.[52] 오직 여기서만 사랑은 보편적이 되어 자유, 평등, 연대의 조건하에서 점점 더 번성한다.

그런데 이제 심각한 문제가 발생한다. 노발리스는 공화국이 군주제를 포함하고 군주가 카리스마를 가지고 있을 때만 공화국이 존속할 수 있다고 주장했다. 하지만 군주는 어떻게 카리스마를 갖게 되는가? 노발리스는 세습만으로는 카리스마를 발휘하기에 충분하지 않으며, 어떤 살아 있는 사람도 카리스마가 필요로 하는 독특하고 특별한 자질을 가지고 있지 않다는 것을 너무나 잘 깨닫고 있었다. 더군다나 그는 많은 사람들이 스스로 질문하고 스스로 생각하는 계몽의 시대 속에 살고 있지 않으며 사람들이 남을 쉽사리 믿거나 순응적이지 않다는 것을 알고 있었다. 그렇다면 유한하고 실수를 범하기 마련인 어떤 인간이 특히 계몽된 시대에 어떻게 카리스마를 가질 수 있을까? 우리가 사회에서 예술가의 역할을 인식해야 하는 것이 바로 이 지점이라고 노발리스는 대답하곤 했다.[53] 오직 예술가, 특히 낭만주의 예술가만이 "평범한 것에 더 높은 의미를, 보통의 것에 신비적인 모습을, 유한한 것에 무한한 것의 공기를" 부여함으로써 카리스마를 창조하는 필요하고도 까다로운 임무를 수행한다.[54] 과학자가 세계의 신비성을 제거하는 곳에서 예술가는 세계를 재신비화한다. 시인, 화가, 음악가는 군주의 인물됨에

. .
51. 같은 책, IV, 45. 노이바우어가 주장하듯이(Neubauer, *Novalis*, p. 80), 노발리스가 「믿음과 사랑」의 출간 이전에 그러한 신조에 경도되어 있었음을 감안한다면 「믿음과 사랑」을 노발리스의 공화주의에 비추어 읽을 필요가 있다.
52. *Schriften*, III, 586, no. 218; III, 653, no. 571 참조.
53. 「믿음과 사랑」 자체에서는 예술가의 역할에 대한 명시적인 언급이 거의 없다. 노발리스의 미간행 노트(*Schriften*, II, 537, no. 55, and II, 534, no. 37) 참조.
54. 같은 책, II, 545, no. 105.

그들의 모든 힘을 적용하여, 왕 또는 여왕을 비범한 능력과 위엄을 갖춘 사람으로 만들 것이다. 그들은 신비와 권능, 위엄의 분위기로 왕좌를 에워싸게 될 것이며, 그래서 백성들은 경외와 경이로움으로 그 앞에 서게 될 것이다. 예술가는 군주를 국가의 모든 신념, 가치 및 전통을 대표하는 상징이자 우상으로 만들 것이다. 노발리스는 예술가가 카리스마 창조의 책임을 지도록 만들면서 실러의 미적 교육 프로그램을 그야말로 급진화시키고 있었다. 예술가는 단순히 연극, 시, 교향곡을 쓰는 것이 아니라 정치적 세계 전체를 예술작품으로 변형시킨다. 따라서 노발리스에게 이상적인 국가란, 군주가 시인들 중의 시인이 되고 또한 모든 시민이 배우인 광대한 무대의 감독이 되는 '시적 국가'이다.

노발리스의 시적 국가에 대한 교설은 보수적이고 실로 반동적인 함축으로 가득 차 있는 것처럼 보인다. 통치권자에게 카리스마를 부여하는 것은 의심할 여지없이 복종으로, 지도자나 국가에 대한 숭배로 이어질 것 같이 생각된다.[55] 그러나 노발리스의 교설이 정치가들에 의해 아무리 이용당할지라도 우리는 그의 개혁적 목표에 비추어 그것을 보아야 한다. 그는 국민들이 통치자에게 무비판적인 헌신을 해야 한다는 것을 의도하지 않았다. 노발리스의 군주는 [273]그가 그의 백성들을 위한 미덕의 모범, 이성의 이념의 체현이 되어야 한다는 것을 감안할 때 가장 큰 도덕적 제약을 받고 있다. 낭만주의 예술가의 목적은 권력이 아니라 이성을 카리스마 있게 만드는 것이다. 그리고 카리스마의 역할은 이성을 대체하는 것이 아니라 이성을 뒷받침하는 것이다.

또한 노발리스의 카리스마 교설은 마치 구체제의 왕권신수설을 되살리는 것처럼 보인다. 그러나 여기서 노발리스는 카리스마를 신적 계시의 결과가 아니라 창조적 상상력의 결과라고 여겼다는 점에 유의해야 한다. 그는 카리스마가 국가에 대한 복종을 보장하기 위해 꼭 필요한 것이지만 하나의 허구일 뿐이라고 주장했다.[56]

• •

55. Ueding, *Klassik und Romantik*, I, 123, 124.

노발리스의 의도가 무엇이든 간에, 그의 논문은 대중에게 놀라운 영향을 미쳤다. 「믿음과 사랑」은 베를린에서 '센세이션'을 일으켰다.[57] 모두가 '노발리스'라는 저자의 정체에 대해 궁금해 했다. 그의 많은 아포리즘들이 이해할 수 없는 것이었기 때문에 대부분의 사람들은 그것이 슐레겔 형제의 작품일 것이라고 추측했다. 그러나 결국 하르덴베르크 장관의 조카가 쓴 것이라는 소문이 널리 퍼졌다. 그렇지만 「믿음과 사랑」은 노발리스가 바라는 반응을 결코 얻지 못했다. 프리드리히 빌헬름 3세 자신이 직접 그것을 읽었지만, 그는 즐겁지 않았다. 그는 이렇게 말한 것으로 알려져 있다. "왕은 그가 행할 수 있는 것보다 더 많은 것을 요구받기 마련이다. 그가 단지 인간일 뿐이라는 것은 잊혀진다. 왕에게 그의 의무에 대해 훈계하는 사람이 있다면 그를 책상머리에서 멀리하여 왕위에 앉혀보기만 하면 된다. 그러면 그는 해결이 불가능한 어려움들을 맛보게 될 것이다."[58] 프리드리히 빌헬름 3세만이라도 예술가들이 그를 위해 일을 했었다는 사실을 이해했더라면! 하지만 그는 결코 예술과 철학에 별로 신경을 쓰지 않았다. 그런 교훈적인 이상주의자들에게 지친 그는 「믿음과 사랑」의 마지막 연재분 발표를 지체 없이 금지시켰다. 노발리스는 몹시 실망했다. 그를 위로하기 위해 프리드리히 슐레겔은 「이념들」에서 "그대의 믿음과 사랑을 정치에 낭비하지 말라"[59]고 썼다. 노발리스는 「이념들」의 난외에 적은 메모에서 "친애하는 친구여, 당신의 충고를 유념하겠네"라고 흘려 썼다.[60] 이것은 정말로 정치에서 후퇴한 것이었다. 그러나 무관심보다는 실망을 더 많이 표현하고 있다는 것은 분명하다.

56. 노발리스는 「하나의 시」("eine Dichtung")에 대해 언급했다. *Schriften*, II, 489, no. 19.
57. 1798년 7월 22일 G. 후펠란트에게 보낸 A. W. 슐레겔의 서한(*Briefe von und an A. W. Schlegel*, ed. J. Körner, Zurich, 1930, I, 79) 참조.
58. Samuel, '서론'에서의 인용(Novalis, *Schriften*, II, 479).
59. Friedrich Schlegel, *Ideen*, no. 106, *KA* II, 266. 이 아포리즘은 문맥을 무시한 채 낭만주의의 비정치적 성격에 대한 증거로 자주 인용된다. 예를 들어 Droz, *Romantisme allemand*, p. 50.
60. Novalis, *Schriften*, III, 492.

11.4. 「그리스도교 세계 또는 유럽」

노발리스가 슐레겔의 충고를 유념한 것은 그리 오래 가지 않았다. 사랑과 믿음은 그에게 있어 강력한 흐름이었고, 그것들은 인류의 운명에 대한 부자연스런 무관심을 허용하지 않았다. 어쨌든 1798년과 1799년에 정치를 무시하는 것은 불가능했는데, 왜냐하면 이 힘든 시기에 유럽의 운명이 극히 불안정한 상태에 있었기 때문이다. 1798년 초, 프랑스의 총재정부는 이탈리아에 대한 운명적인 개입을 시작했다. 2월 28일 로마는 함락되었고, 피우스 6세는 포로로 잡혔으며, 바티칸은 공화국을 선포했다. 피우스 6세는 그 직후 프랑스 감옥에서 죽었고, 새로운 교황은 프랑스 군대의 명령에 의해 즉위를 선언할 수 없었다. 이리하여 유럽에서 가장 오래되고 위엄 있는 기관 중 하나인 신성로마 가톨릭교회는 폭력과 치욕으로 끝나는 것처럼 보였다. 프랑스 자체에서는 [274]프랑스혁명이 끝날 기미를 보이지 않았다. 하나의 위기와 정부가 그 다음 위기와 정부로 이어졌고, 독재 정권만이 질서와 안정을 보장할 수 있는 것처럼 보였다. 이 예언을 확인하기라도 하듯 나폴레옹은 1799년 10월 이집트에서 돌아와 총재정부를 무너뜨렸다. 그래서 공화국의 꿈은 끝이 났다. 무엇보다도 불길한 것은 1799년 여름에 대불동맹이 재결성되어 두 번째로 프랑스와의 전쟁을 선포한 점이다. 신구질서의 세력들은 다시 생사를 건 투쟁에 갇혀 있었고, 평화의 전망은 보이지 않았다.

1799년 가을, 노발리스가 두 번째 중요한 정치적 저술인 「그리스도교 세계 또는 유럽」을 쓰기 위해 자리에 앉았던 것은 바로 이 암담한 분위기에서였다. 이 논문은 곧 닥칠 정치적 재앙을 감지하며 쓰여졌다. 노발리스는 그 상황을 해결해야 할 긴급한 필요성을 느꼈다. 그의 논문은 '하나의 연설'[61]로

---

61. 노발리스의 논문의 형식에 대해서는 Richard Samuel, "Die Form von Friedrich von

구상되었는데, 이는 유럽 정부들이 정신을 차리고 항구적인 평화를 보장하기 위해 새로운 보편적 교회를 설립하도록 촉구하는 호소였다. 노발리스는 "[나폴레옹] 보나파르트, 군주들, 유럽인들 … 그리고 새로운 세기를 향한 연설들"[62]을 포함하는 훨씬 더 큰 정치적 저작의 일부로 이 논문을 출판할 계획이었다.

「그리스도교 세계 또는 유럽」은 중세에 대한 찬가이자 중세의 도덕적, 종교적, 정치적 이상의 찬양이다. 고대 그리스가 실러, 헤르더, 젊은 슐레겔에게 있었다면, 중세는 노발리스에게 있었다. 도야의 중심지는 그에게 있어 아테네가 아니라 로마였다. 「그리스도교 세계 또는 유럽」에서 노발리스는 도야를 국가의 목적으로 계속 간주했다. 「믿음과 사랑」과의 유일한 차이점은 그가 이제 군주제보다는 교회를, 도야를 고무시키는 주요 기관으로 보았다는 것이다. 「그리스도교 세계 또는 유럽」의 종교적 차원에도 불구하고 노발리스가 여전히 중세시대를 인본주의적 기준으로 평가한 것은 놀라운 일이다.[63] 그 시대의 사회적·정치적 구조는 "인간의 내적 본성에 적합하다"[64]고 그는 썼다. 그 시대에는 "모든 인간의 힘의 강력한 고양", "모든 잠재력의 조화로운 발전"이 있었다. 예술과 학문의 모든 분야가 "유럽 전역은 물론 인도의 가장 외진 지역으로 흘러 들어갔다." "가톨릭교가 진정한 종교였다는 것을 증명하는 것은 무엇인가?"라고 노발리스는 물었다.[65] 그의 대답은 더 인본주의적인 것이 될 수 없었다. 즉 그것은 "가톨릭교가 삶 속에 편재하고 예술을

• •

Hardenbergs Abhandlung 'Die Christenheit oder Europa'", in *Stoffe, Formen, Strukturen: Studien zur deutschen Literatur*, ed. A. Fuchs and H. Motekat(München, 1962.), pp. 284–302; Nicholaus Saul, "Novalis's 'Geistige Gegenwart' and His Essay 'Die Christenheit oder Europa'", *Modern Language Review* 77(1982), 361–377.

62. Samuel, introduction, in Novalis, *Schriften*, III, 501.

63. 이 점에서 나는 노발리스가 종교적 이유에서만 중세를 중시했다고 주장하는 사무엘의 견해와 다르다. Samuel, *Poetische Staatsauffassung*, p. 234.

64. Novalis, *Schriften*, III, 509.

65. 같은 책, III, 523–524.

애호하며 깊은 인간애를 드러내고 가톨릭적 결혼의 신성함, 그리고 청빈, 순종, 성실에 대한 가톨릭적 기쁨"을 나타내기 때문이다.

그러나 우리가 인본주의적 기준을 채택한다면, 왜 우리는 고대 그리스보다 중세를 선호해야 하는가? 이 질문에 대한 답은 부분적으로 1799년경 낭만주의자들이 키워낸 도야의 종교적 개념에 있다. 이 개념에 따르면 인간성의 특징은 우리의 정신성, 내면성에 대한 감각, 그리고 우주 전체와의 조화의 감정이다. 이러한 정신성을 함양함으로써 우리는 우리의 개성을 발전시키고 우리의 모든 살아 있는 힘을 통합시킨다. 따라서 예술보다는 종교가 도야의 초점이 되어야 한다는 점을 감안할 때, 분명히 [275]고전적 시대보다는 중세시대가 문명의 이상을 제시한다. 인류가 종교에 가장 헌신하고 교회가 가장 큰 힘과 영광을 가졌던 것은 중세에 있었던 일이 아니었는가?

그러나 노발리스의 중세에 대한 공감이 오로지 도야의 이상에서 비롯되었다고 말하는 것은 잘못된 일일 것이다. 또한 정치적 동기도 작용하고 있었다. 중세는 자신의 정치적 이상에 정확히 부합하는 것 같았다. 중세 국가는 믿음과 사랑의 원칙에 기초하지 않았는가? 중세 국가의 군주와 사제들은 그들의 직무를 둘러싼 모든 위엄과 화려함, 신성함 속에서 카리스마 있는 권위의 완벽한 예가 아니었을까? 모든 야외극이나 구경거리, 축제 등에서 예술에 주어진 중요성은 중세 국가가 정말로 '시적 국가'라는 증거가 아니었을까? 그리고 중세 사회는 사랑과 자선의 윤리에 의해 사람들이 함께 묶여 있는 진정한 공동체의 모델이 아니었을까? 교회의 품 안에서 '위안과 도움', '보호와 권고'가 발견되지 않았는가? 노발리스가 중세 국가에 끌렸던 것은 그것을 그가 몹시 혐오했던 신흥 부르주아 사회의 정반대, 그리고 실제로 해독제로 보았기 때문이라는 점도 의심의 여지가 없다. 근대 부르주아 사회의 어떤 병폐—즉 이기주의, 물질주의, 그리고 아노미 현상—도 중세의 삶에는 존재하지 않았다. 이기주의보다는 사랑과 의무의 윤리가 있었다. 물질주의보다는, 사람들은 십자군 원정에서든 수도원에서든 그들의 정신적 목표를 위해 살고 죽었다. 그리고 아노미 현상을 느끼기보다는 사람들은 공동체에 대한 소속감, 사회에서 그들의 역할을 수행하는 데 있어 신성한 사명감을 느꼈다. 중세 국가는 당국이 형제나 모성 역할을 하는 가족 같았고 개인은 자신의 가정에 정서적 유대감을 느꼈다. 이 모든 요인들을 고려했을 때, 「그리스도교 세계 또는 유럽」의 중세주의는 「믿음과 사랑」의 정치이론에서 자연스럽게 따라 나온다.

노발리스의 중세에 대한 공감을 고려할 때, 「그리스도교 세계 또는 유럽」이 실제로 신성동맹의 선언문으로, 반동적인 텍스트로 자주 해석되어온 것은 놀라운 일이 아니다.[66] 그 해석에 따르면 이 저술은 프랑스혁명이 전복시키려 했던 바로 그 사회를 지지하는 것처럼 보인다. 가령 노발리스는 전통, 충성, 신앙을 찬양하고 공동 사회, 가톨릭의 성직자 계급제도, 예수회를 옹호하고 철학, 과학, 박애주의를 공격했다. 게다가 종교개혁을 당대의 사회적·정치적 병폐의 원천으로 보고, 비종교와 반도덕성을 철학의 탓으로 돌리고, 정치적 안정을 위해 종교의 중요성을 주장하면서, 노발리스는 드 메스트르와 독일 반동주의자들에게서 발견되는 사상을 되풀이했다는 것이다.

그러나 이러한 해석에는 심각한 어려움이 있다. 첫째, 그것은 노발리스의 역사적 방법을 무시한다. 그의 논문의 상당 부분은 중세의 이상을 역사적 방법의 관점에서 바라본 공감적인 재구성이다. 역사서술에 관해서는 노발리스는 헤르더의 제자였다. [276]즉 한 문화를 이해하기 위해서는 우리는 그 문화를 공감적으로 받아들여야 하고 그 문화의 이상, 가치, 신념에 비추어 보아야 한다. 하지만 그러한 방법을 따르면서도, 노발리스는 중세 문명이 실제로 그런 이념들을 달성했다고 반드시 생각하지는 않는다. 더군다나 그는 자신이 재구성한 모든 신념과 태도를 그대로 인정하지도 않았다. 예를

..
66. 노발리스의 이 논문에 대한 반동적 해석에 대해서는 Haym, *Die romantische Schule*, pp. 466–467; Ruge, *Klassiker und Romantiker*, in *Werke*, I, 251–264; Droz, *Allemagne*, pp. 395–398; Hettner, *Geschichte*, II, 553; Triger, "Novalis und die ideologische Restauration", pp. 648, 650; Wilhelm Dilthey, *Erlebnis und Dichtung*(Leipzig, 1906), p. 231.

들어 그는 교황이 갈릴레오의 체계를 금지한 이유를 설명했지만, 프톨레마이오스로 돌아가야 한다고 생각하지 않았고, 더욱이 의견 검열이 있어야 한다고 생각하지 않았다. 그러나 대개 노발리스 논문의 독자들은 그의 방법론을 무시하고, 그의 개인적 신념과 그 시대에 대한 그의 공감적인 재구성을 서로 혼동한다.

노발리스의 글을 자세히 읽어보면 그가 드 메스트리나 독일 반동주의자들의 견해와는 거리가 멀었다는 사실도 드러난다. 노발리스는 어떤 경우에도 구체제를 찬양하거나 미화하지 않았다. 그는 구체제의 억압, 빈곤, 특권에 대해 언급하면서 "과거 국가 제도의 단점과 결함은 끔찍한 현상들에서 이미 명백해졌다"[67]고 명시적으로 말했고, 프랑스의 '무력증의 상태'를 '자유의 결여' 탓으로 돌렸다.[68] 노발리스는 프랑스혁명에 등을 돌리기보다는 혁명의 이상을 계속해서 지지했다. 그는 신질서와 구질서 모두 "위대하고 필요한 주장"을 하고 있으며, "인간 마음속에 있는 파괴할 수 없는 힘"을 위해 싸우고 있다고 말한다.[69] 구질서는 애국심, 전통, 충성의 가치를 옹호하지만, 신질서는 자유, 평등, 연대의 가치를 나타낸다. 노발리스는 두 가지 열망이 모두 정당한 것이기 때문에 문제는 어떻게 이 둘을 화해시킬 것인가 하는 것이라고 믿는다.

철학과 계몽에 대한 노발리스의 태도 역시 반동주의자들의 태도가 아니었다. 그는 종교가 쇠퇴한 배후에 철학이 있고 또한 철학은 프랑스혁명에 책임이 있다 — 이는 18세기 독일의 급진주의자와 보수주의자들에게 공통적인 믿음이었다 — 고 생각했지만, 그럼에도 또한 철학과 계몽의 가치를 주장했다. 그는 구질서에 대한 철학과 계몽의 비판적인 맹공격이 가치 있고 필요하며 그것은 새로운 정신적 개혁의 기초라고 믿었다. 그가 설명했듯이, "감사의 마음을 가지고 우리는 지식인과 철학자들과 악수를 해야 한다. 왜냐하면

● ●
67. Novalis, *Schriften*, III, 522.
68. 같은 책, III, 517.
69. 같은 책, III, 522.

그들의 생각은 후세를 위해 이용되어야 하고, 사물에 대한 과학적 견해가 널리 보급되어야 하기 때문이다."[70] 그러한 견해는, 철학의 부상을 모든 문명에 대한 위협으로 간주하고 따라서 언론의 검열을 옹호했던 독일 반동주의자들에 의해 공유되지 않은 것이었다.

「그리스도교 세계 또는 유럽」을 반동적으로 읽을 때 가장 큰 걸림돌로 작용하는 것은 노발리스의 역사철학이다. 칸트와 많은 계몽주의자들처럼 노발리스도 역사를 진보적인 진화로 보았고, 실로 영원한 평화와 인간의 형제애와 같은 **계몽**의 고전적 이상을 향한 진화로 보았다.[71] 노발리스의 역사관은 **계몽**의 역사관보다 훨씬 더 종교적이긴 하지만 — 그는 역사를 복음 이야기로, 역사가를 복음 전도사로 보았다 — 그 전망에 있어서는 세계주의적이고 낙관적이며 평화주의적이었다. 노발리스에게 있어 역사는 [277]이성의 점진적인 발전이 아니라 평화와 보편적 사랑 속에서 자신을 드러내는 정신의 점점 증대되는 계시이다. 역사는 정신의 탄생, 쇠퇴, 구원의 연속적인 변증법적 과정이다. 정신은 필연적으로 관례화되고 쇠퇴하게 되지만, 그 해체의 바로 한가운데서 새롭고 더 높은 각성을 위한 지반을 마련한다.[72] 중세시대와 종교개혁 모두 정신적 발견의 계기를 가졌지만 결국 일상과 부패로 빠져들었다. 노발리스는 정신의 삶이 철학이나 과학과 적대하지 않고 오히려 철학과 과학에서 나오는 새로운 정신적 시대인 '제2의 종교개혁' 또는 새로운 종교적 각성을 기대했다. 이 새로운 문화는 종교를 **도야**의 중심에 두고, 영원한 평화와 인간의 형제애에 헌신하는 새로운 교회를 설립한다. 이러한 역사관을 고려할 때 노발리스가 중세로의 복귀를 권고하고 있지 않다는 것은 명백해야 한다. 실제로 그는 중세의 쇠퇴가 불가피했고 심지어 바람직했다고 주장한다.[73]

· ·
70. 같은 책, III, 520.
71. 같은 책, III, 510, 519-520, 523-524.
72. 같은 책, III, 517.

노발리스가 「그리스도교 세계 또는 유럽」에서 로마 가톨릭교회에 동조하는 입장을 취했지만, 그를 가톨릭교로 개종한 사람으로 보거나 심지어 정통 가톨릭 신자로 보는 것은 옳지 않을 것이다. 노발리스가 공언한 신앙은 가톨릭 신자라기보다는 급진적 경건주의자의 신앙에 가깝다. 그 저술의 분위기를 이루고 있는 것은 [가톨릭교회의] 향냄새가 아니라 뵈메, 아르놀트, 아른트의 정신이다. 급진적 경건주의자들의 근본적인 신조들 중 일부가 행간에서 드러난다. 내면성으로서의 종교에 대한 노발리스의 개념, 종교개혁을 배반한 루터에 대한 그의 비판, 성경의 권위에 대한 그의 거부, 모든 사람들로 구성된 보이지 않는 교회에 대한 그의 믿음, 그리고 [종교는 국가에 종속하여야 한다는] 에라스투스주의Erastianism에 대한 그의 비난 등 이 모든 것들은 급진적 경건주의의 유산을 드러낸다. 무엇보다도 노발리스와 정통 가톨릭교를 분리시키고 급진적 경건주의에 대한 그의 충성심을 보여주는 것은 교회나 성경이 아니라 정신이 신앙의 최고 규칙을 제공한다는 그의 믿음이다.

경건주의에 대한 그의 충성을 고려할 때, 우리는 왜 노발리스가 가톨릭교회에 동조적이었는지 물어볼 수 있을 것이다. 그 대답은 노발리스가 정통 프로테스탄트주의를 비판한 데에 있다. 「그리스도교 세계 또는 유럽」과 다른 글들에서,[74] 노발리스는 프로테스탄트주의에 대해 세 가지 기본적인 비판을 했다. 첫째, 종교적 신앙은 개인과 신 사이에 중재자를 두고 제도화되어야 한다. 이는 신자가 자신의 신앙이 구체적인 것들에 구현되어 있음을 보아야 하며 순수한 정신처럼 추상적인 것은 믿을 수 없다는 단순한 이유 때문이다. 둘째, 많은 급진적 경건주의자들과 마찬가지로, 그는 프로테스탄트주의가 세속적인 권위에 굴복한 것에 대해, 그리고 군주에게 왕국의 종교에

• •
73. 같은 책, III, 510-511.
74. Cf. Schiller, "Christenheit", *Schriften*, III, 511-512, 513, *Blütenstaub* no. 74, in *Schriften*, II, 442-443.

대한 최고 권력을 줌으로써 국가가 교회를 지배하도록 허용한 것에 대해 비난했다. 셋째 그리고 가장 중요한 것은 프로테스탄트주의가 너무 개인주의적이라는 것이다. 프로테스탄트주의는 구원을 신자의 양심에만 의존하게 만들기 때문에 신자와 공동체를 분리시키고 신자가 집단에 속할 필요성을 인식하지 못하게 한다. 이러한 비판들을 종합해보면, 그것들은 [278]확실히 노발리스를 가톨릭 진영에 가까이 데려다 놓는다. 왜냐하면 신앙을 위한 중개자의 필요성에 대한 믿음, 세속적인 지배에 대한 저항, 공동체에 대한 강조는 가톨릭 입장이 지닌 훨씬 더 큰 특징이기 때문이다. 그러나 궁극적으로 노발리스가 가톨릭교에 잠시 우호적이었던 사정은 그의 종교적 신념보다는 그의 정치적 이상에 바탕을 두고 있다. 그를 가톨릭으로 몰아넣은 것은 공동체에 대한 그의 이상, 미적 국가에 대한 그의 요구, 그리고 근대 속물근성에 대한 그의 혐오였다.

노발리스의 개인적인 믿음이 어떻든 간에, 그것은 예나에 있는 낭만파 구성원들에 의해 공유되지 않았다. 1790년대 말, 낭만주의자들 대부분은 여전히 가톨릭교에 대한 그의 동조를 공유하는 것과는 거리가 멀었다. 노발리스는 1799년 11월 중순 동료들 앞에서 자신의 논문을 읽었다. 그것은 즉시 논란을 불러일으켰다. 아무도 그의 말에 동의하지 않았다. 그의 논문을 듣고 나서 셸링은 "과거의 낡은 반종교의 새로운 공격"이라고 말하고, 즉시 그것을 풍자한 조롱의 시를 썼다.[75] 프리드리히 슐레겔은 자신의 입장에서 '전력을 다해' 지지했던 셸링 편에 섰다.[76] 슐라이어마허는 교황이 그리스도교의 쇠퇴에 책임이 있다고 믿었기 때문에 가톨릭교에 대한 노발리스의 동조를 못마땅하게 여겼다. 티크는 노발리스의 종교적 견해에 좀 더 동조했지만, 그는 「그리스도교 세계 또는 유럽」이 그 역사적인 논거 면에서 너무 조야하고

· ·
75. Friedrich Schelling, "Epikurisch Glaubensbekenntnis Heinz Widerporsteins", in *Briefe und Dokumente*, ed. H. Fuhrmanns(Bonn, 1962), II, 212.
76. 1799년 11월 15일 슐라이어마허에게 보낸 프리드리히 슐레겔의 서한(Novalis, *Schriften*, IV, 646).

증거가 박약하다고 믿었다.[77] 노발리스의 논문을 『아테네움』에 게재할지 여부에 대해 격렬한 논쟁이 벌어졌다. 슐레겔은 셸링의 시와 나란히 인쇄될 수 있다면 게재하는 것에 찬성했다. 결국 괴테에게 중재해 달라는 요청이 들어갔고, 그는 게재에 반대한다는 조언을 전했다. 그의 거부권은 거의 죽음의 입맞춤에 가까웠다. 노발리스의 논문은 그의 생전에 출판되지 않았다. 원고는 분실되었고 슐레겔의 손에 든 사본 한 부만 남아 있었다.[78] 그것은 1826년까지 출판되지 않았다.

● ●

77. Samuel, introduction, in *Schriften*, III, 500.
78. 노발리스 원고의 출판 역사에 대해서는 Richard Samuel, "Zur Geschichte des Nachlasses Friedrich von Hardenbergs(Novalis)", *Jahrbuch der deutschen Schillergeselischaft* 2(1958), 301–347, 특히 pp. 311, 317–320, 322–332 참조.

제3부

보수주의
Conservatism

제12장

독일 보수주의의 대두

12.1. 1790년대의 독일 보수주의

[281]1790년대 독일 철학에서 가장 중요한 발전 중 하나는 지적 운동으로서의 보수주의의 성장이었다. 물론 보수주의는 항상 하나의 사회적 태도로 독일에 존재했다. 하지만 이제 그것은 하나의 지적 세력으로 발전하기 시작했다. 보수주의는 1770년대부터 계몽의 보다 급진적인 교설에 반대하여 부상하고 있었다.[1] 그러나 프랑스혁명에 대한 반응으로 그것은 훨씬 더 자의식적이고 일관성 있는 운동이 되었다. 독일이 프랑스와 같은 혼란과 공포, 유혈사태를 겪을지도 모른다는 두려움은 현상 유지를 위해 전념하는 수많은 논문, 논설,

. .
1. 프랑스혁명 이전의 독일 보수주의의 부상은 두 가지 중요한 저작의 주제가 되었다. 클라우스 엡스타인의 주저 『독일 보수주의의 기원』(Klaus Epstein, *Genesis of German Conservatism*) 과 프리츠 발랴베크의 『독일의 정치적 조류의 성립』(Fritz Valjavec, *Entstehung der politischen Strömungen in Deutschland*, pp. 255–372)이 그것이다. 나는 종종 이 저작들을 문제 삼지만, 이 두 저작 모두에 신세를 지고 있다.

평론, 신문, 잡지들을 쏟아냈다. 보수주의자들을 반지식인, 신비주의자, 반계몽주의자로 치부하는 것은 급진파들 사이에서 흔한 일이었다. 그러나 그러한 평가는 당파적인 것만큼이나 근시안적이었다. 보수주의자들의 원칙, 주장, 주제는 1790년대와 그 이후의 독일 지적 생활에 대한 이해를 위해서 가장 중요한 것이다. 그들은 자유주의자와 낭만주의자들의 교설에 대항하는 이론을 제공했고 왕정복고 시대의 지적 분위기를 지배했다. 무엇보다 중요한 것은 몇몇 보수적 저술가들이 **계몽**의 몇 가지 기본 원칙인 자연법, 개인주의, 진리의 가치를 일부 깨뜨렸으며, 이 점에서 그들의 사상은 상당한 역사적 중요성을 지니고 있다는 점이다.

보수주의자들은 누구였을까? 1790년대의 그들을 어떻게 규정해야 할까? 우리는 그들을 프랑스혁명의 이데올로기에 맞서 독일의 현 상황 유지를 옹호한 사상가로 폭넓게 규정할 수도 있다. 여기서의 '현 상황'은 1806년 신성로마제국이 붕괴되기 전에 독일에 현존하는 헌법상의 제도 전반을 가리키는 넓은 의미로 이해되어야 한다. 따라서 그것은 프로이센과 오스트리아와 같은 국가들의 계몽적 절대주의, 또는 뷔르템베르크와 하노버의 옛 신분제 국가들Ständesstaaten을 가리킬 수 있다.

보수주의는 1790년대 독일에서 매우 이질적인 의견 집합체였다. 그것은 매우 다양하고 심지어 상충되는 교설들을 포함했다. 그리고 보수주의자들은 가장 근본적인 문제들에 대해 의견이 분분했다. [282]모든 보수주의자들은 계층적 사회질서를 유지하기를 간절히 바랐지만, 그것을 개혁하는 것의 가치나 필요성에 대해서는 서로 일치하지 않았다. 일부 보수주의자들은 새로운 사회 세력을 수용하기 위해 낡은 질서를 수정할 필요가 있다고 주장하는 열렬한 개혁가였다. 다른 이들은 완고한 반동주의자들로, 급진적인 위협에는 단호하게 대처하여 억압적인 조치를 취함으로써 가장 잘 물리칠 수 있다고 주장했다. 정치적 원칙에도 큰 차이가 있었다. 일부 보수주의자들은 기회의 평등, 종교적 관용, 언론의 자유와 같은 자유주의적 가치를 인정했다. 다른 사람들은 종교적 획일성, 언론 검열, 그리고 엄격한 징벌적 법규의 필요성을 강조하면서 보다 권위주의적인 정책에 매달렸다. 모든 보수주의자들이 옹호하는 단일한 유형의 헌법이나 이상적인 통치형태라는 것은 없었다. 일부는 계몽적 절대주의를 믿었고, 다른 일부는 그러한 전제주의에 대항하는 보루로서 옛 신분제 국가를 옹호했다. 1790년대에는 '절대주의적' 보수주의자와 '신분제적' 보수주의자를 구별할 필요가 있다. 곧 보게 되겠지만, 이 두 당파들은 10년 내내 서로를 자주 공격했다.

이 모든 차이 속에서도 보수주의자들을 하나로 묶고 또 그들을 자유주의자와 낭만주의자들로부터 구별케 하는 것은 옛 가부장주의에 대한 그들의 충성이다. 그들이 계몽적 절대주의를 주창했든 옛 신분제를 옹호했든 보수주의자들은 국가의 목적은 국민의 복지, 종교, 도덕성을 증진시키는 것이며 그들의 권리만을 보호하는 것이 아니라고 계속 믿었다. 가부장주의의 옹호자로서 보수주의자들은 새로운 민주 세력의 필연적인per necessitatum 반대자였다. 그들은 정부가 국민의 복지를 책임져야 한다고 주장했지만, 그러나 정부가 국민에 의해 가능한 한 적게 통제되기를 원했다. 일부 신분제적 보수주의자들은 옛 신분회의체가 더 대표적인 기관이 되어야 한다고 주장했지만, 그들은 결코 상층 부르주아를 넘어 선거권을 넓히려고 하지 않았다. 그들의 목표는 민주주의를 부추기는 것이 아니라 민주주의를 억압하는 것이었다.

흔히 그렇듯이,[2] 18세기 후반 독일의 보수주의가 계몽에 대한 반동으로 일어났다고 가정하는 것은 잘못된 생각이다. 일부 보수주의자들은 실제로 계몽에 격렬하게 반대했지만, 다른 보수주의자들은 계몽에 깊이 충성했다. 어떤 경우에는 가부장주의에 대한 충성이 계몽적 절대주의의 교설에 대한 충성에서 비롯되기도 했다. 18세기 후반 독일에서 가장 주목할 만한 계몽주의자들 중 일부—C. F. 니콜라이, J. A. 에버하르트, 크리스티안 가르베 그리고 C. G. 스바레즈—는 방금 말한 의미에서 보수주의자들의 완벽한 예였다.

2. Epstein, *Genesis*, pp. 4–5; Valjavec, *Entstehung*, pp. 5–6 참조. 엡스타인과 발라베크는 계몽을 너무 동질적이고 통일된 운동으로 간주한다.

그들은 프랑스혁명의 이데올로기에 반대했다. 그리고 그들은 가부장주의와 옛 사회적 위계질서를 옹호했다.

1790년대에는 구체적인 보수 정당이나 이데올로기가 없었지만 보수적 저술가들 사이에는 일정한 공통된 주제와 논쟁이 있었다. 그러한 주제와 논쟁은 그들 모두가 항상 옹호하는 것은 아니지만, 그들 중 많은 사람들에 의해 자주 지지되었다. 이러한 주제와 주장에 대한 일반적인 개관은 1790년대의 보수주의에 대한 더 나은 그림을 우리에게 제공할 것이다.

[283]1790년대 독일 보수주의의 주요 동기 중 하나는 정치적 이성주의에 대한 반대, 즉 추상적 원칙이나 일반적 계획에 따라 사회를 재구성하려는 시도에 대한 반대이다. 보수주의자들은 그런 시도는 낭패를 보게 될 것이라고 설파했다. 만약 누군가가 수정궁을 짓기 위해 불완전한 오두막집을 무너뜨린다면 그는 파멸로 끝날 것이라는 말이 그들이 가장 좋아하는 주장이었다. 입법자와 철학자는 초인적인 힘을 가지고 있지 않다. 그들은 무에서 창조할 수도 없고 불에 그을린 땅 위에 무언가를 건설할 수도 없다. 사회는 청사진을 통해 만들어질 수 있는 기계가 아니라 서서히 발전하여 점차 환경에 적응해가는 유기체이다. 급진파의 원동력이 이성에 대한 믿음임을 인식한 보수주의자들은 이성에 대한 비판에 그들의 시간과 정력의 상당 부분을 할애했다. 그들의 논쟁의 목적은 순수이성이 실천적일 수 없다는 것을 보여주는 것이었다. 다시 말해, 경험의 도움 없이는 이성은 실천 속에서 실현될 수 있는 정치적 이상을 규정할 수 없다. 그들은 순수이성이 실천적일 수 없는 이유에 대해 다음과 같은 몇 가지 논거를 제시했다. (1) 이성은 도덕의 어떤 특정한 원칙을 선험적으로 규정할 수 없다. (2) 이성은 설령 특정한 도덕적 원칙을 규정할 수 있더라도, 그 원칙을 정치적 실천에 어떻게 적용할 것인지 결정할 수 없다. 그리고 (3) 이성만으로는 우리의 행동에 충분한 동기나 자극을 제공할 수 없다. 이 모든 주장으로부터 보수주의자들은 정치에서 이론과 실천 사이에 넘을 수 없는 간극이 있다고 결론지었다.

보수주의자들은 이성주의에 비판적이었지만, 이성 자체에 적대적이지 않았다. 그들은 단지 이성의 허세, 즉 정치적 실천에 대한 선험적인 도덕적 원칙을 규정함으로써 그 정당한 경계를 넘어 침해하려는 이성의 시도에 반대한다고 주장했다. 때때로 그렇게 행해지듯이, 보수주의자들이 마치 반지 성주의자나 반이성주의자인 것처럼 모든 추상적인 법칙과 일반 원칙에 반대 한다고 말하는 것은 심각하게 오해의 소지가 있다.[3] 이러한 진술은 근본적으로 논점을 교묘하게 회피하는 것일 뿐만 아니라 보수주의자들과 급진주의자들 의 논쟁을 잘못 해석하고 있다. 문제가 된 것은 이성의 가치가 아니라 이성의 적절한 방법이었다. 보수주의자들이 반대한 것은 추상적인 법칙과 일반 원칙 그 자체가 아니라 급진주의자들이 법칙과 원칙에 도달하는 그 방법이었 다. 그들은 급진주의자들의 '형이상학적 방법', 즉 정치의 원리를 선험적으로 결정하고 사회적, 경제적, 지리적 조건에 대한 사전의 지식을 갖지 않은 채 그 원리를 국가에 적용하려는 시도에 반대했다. 그들은 대신에 우리의 원리와 법칙을 경험으로부터, 즉 한 나라의 역사, 지리, 경제, 관습에 대한 지식으로부터 이끌어내어야 한다고 주장했다. 우리의 실천이 우리의 원리에 부합하도록 만들기보다는 우리의 원리가 우리의 실천에 부합하도록 만들어 야 한다. 우리가 정치의 적절한 원리를 알고 싶다면, 우리는 그것을 경험에서 도출해야 한다고 보수주의자들은 주장했다. 그러나 이 경험은 한 사람의 경험이 아니라 여러 세대의 경험이라고 그들은 즉시 덧붙였다. 그것은 국민의 누적된 지혜와 다름없다.

[284]이성의 가치 자체를 거부하려는 보수주의자는 거의 없었지만, 많은 사람들은 합리적 비판의 결과를 대중에게 널리 알리는 것에 대해 의구심 을 가지고 있었다. 그들은 대중을 이성의 원리에 따라 교육하려는 시도인 계몽에 어느 정도 제한을 둘 필요가 있다고 믿었다. 어떤 진실은 사회의 일부 부분으로부터 보호되어야 한다. 급진적인 철학적 비판은 국가의 기초나 국민의 복종을 위해 필수적인 모든 믿음, 관습, 전통을 훼손할 것이다. 사람들

3. Epstein, *Genesis*, pp. 12, 13, 66; Valjavec, *Entstehung*, pp. 256–257 참조.

은 그들의 전통, 관습, 신념을 사랑하고, 그것들로부터 희망, 위안, 안전을 얻는다. 그렇다면 철학자는 사람들에게서 행복을 빼앗을 권리가 있는가? 사람들이 그들의 신념과 관습에서 만족을 얻고 국가가 안정감을 찾는다면, 이러한 신념이 거짓이고 이러한 관습이 구식이라는 것은 어떤 차이를 만드는가? 따라서 많은 보수주의자들은 비판의 확산을 막기 위해서는 철학자들 사이에 어떤 형태의 자제력, 즉 정부에 의한 검열의 요소가 있어야 한다고 믿었다. 그러나 무한한 계몽의 가치를 거부할 때에도 보수주의자들은 진실을 알기 위한 이성의 힘을 의문시하지 않았다는 것을 인식하는 것이 중요하다. 17세기 말과 18세기 초의 정통파들과는 달리 그들은 진실이 아니라 실정적 종교의 효용성을 기꺼이 옹호했다. 이 입장은 계몽과의 극적인 결별을 수반하지 않았다. 18세기 초 영국의 가장 급진적인 자유사상가들(톨랜드, 콜린스, 틴들)과 18세기 중반 프랑스의 보다 진보적인 계몽사상가들[philosophes](볼테르, 디드로, 달랑베르)은 대중들 사이에 비판의 결과를 전파하는 것의 가치를 의심했다. 그들은 학식 있는 사람들과 생각을 나누고 싶었지만, 저속한 사람들과 대화할 준비가 되어 있지 않았다. 18세기 말 독일 보수주의자들 중 다수, 예컨대 뫼저, 레베르크, 브란데스는 계몽의 오래된 자기규제와 지침을 지키는 쪽에 서 있었다. 이런 점에서 그들은 반계몽주의자가 아니라 보수적인 계몽주의자였다.

보수주의자들은 대개 순수이성의 실천적 힘에 대한 그들의 불신을 의지에 대한 주의주의적 이론으로 정당화했는데, 이 이론에 따르면 의지는 이성과는 별개로 행동의 독립적인 원천이다. 뫼저, 브란데스, 에발트, 겐츠, 슈타르크 같은 사상가들은 홉스처럼 의지를 '숙고 후의 마지막 욕망'으로 간주하기를 거부했고, 더구나 칸트처럼 '순수이성의 명령'으로 간주하기를 거부했다. 오히려 그들의 견해로는 의지란 본질적으로 다루기 어렵고 구제할 수 없으며 집요한 욕망과 감정으로 이루어져 있다. 우리는 이 욕망과 감정이 우리의 장기적인 자기이익에 반하고 심지어 순수이성의 명령을 위반하더라도, 이 욕망과 감정에 따라 행동한다. 인간 본성에 대한 그들의 개념에는 원죄의 강한 요소가 남아 있다. 아마도 인간은 스스로 원칙에 따라 행동할 수는 없지만 항상 동기로서 사리사욕이나 즐거움을 필요로 하는 피조물이다. 특히 대다수의 사람들, 즉 교육을 거의 받지 못하고 천성적으로 높은 이상에 따라 행동할 수 없는 가난한 농민, [285]노동자, 직공들에 대해 이것이 사실이라고 그들은 주장했다. 이러한 사람들은 직접적인 정념에 의해서만 동기를 부여받기 때문에 일반적 원칙에 따라 사회를 개혁하는 것은 헛된 일이다. 보수주의자들의 관점에서 보자면, 루소 같은 사상가들은 사회적 제약만 제거된다면 인간 본성이 본래 선하고 완벽하다고 믿는 지나치게 낙관적인 개념을 가지고 있었다. 그러나 인간의 욕망과 감정의 다루기 힘든 본성은 인간성이란 결코 완벽할 수 없는 것임을 보여준다. 통치형태가 어떻든 또 교육방법이 어떻든 간에, 사람들은 이익을 취해 달아날 수 있다면 동료들을 희생시키면서 자신들의 즉각적인 이익을 추구할 것이다. 루소의 인간 본성 모델이 갖는 가장 큰 약점은 사실 사람들이 자신을 들여다봐야 할 때 모든 인간적 결함에 대한 책임을 통치체제나 정부 탓으로 돌린다는 것이다. 정부가 할 수 있는 일은 범죄자를 처벌하기 위한 가혹한 법을 제정하는 것뿐이다. 하지만 그것은 인간의 완성을 향한 길을 닦을 수 없다.

혁명적 이데올로기에 대한 보수적 비판의 결정적인 요소는 국민 주권에 대한 공격이다. 권위주의 통치에 대한 자신들의 믿음을 뒷받침하기 위해, 보수주의자들은 이 위험할 정도로 인기 있는 루소의 교설이 제기하는 도전과 싸워야 했다. 루소의 교설에 맞서 그들이 선호했던 주장은 인간 본성에 대한 비관적인 생각에서 나왔다. 국민의 의지는 충동과 정념에 의해 지배되고 이성의 원칙에 순응할 수 없기 때문에 법의 근원이 될 수 없다. 따라서 국민 주권의 개념은 법과 국민의 의지 사이의 적절한 관계를 완전히 왜곡시킨다. 즉 법의 목적은 대중의 의지를 대변하는 것이 아니라 통제하는 것이다. 또 다른 일반적인 주장은 국민의 의지가 자연법과 반드시 일치하는 것은 아니라는 것이었다. 다시 말해서, 국민의 의지는 정의의 기본 원칙을 위반할 수 있다. 이 주장으로 보수주의자들은 나중에 많은 사람들을 교란시킬 위험,

즉 다수파의 횡포라는 것을 재빨리 지적했다. 그들은 국민의 의지가 개인의 권리를 쉽게 짓밟을 수 있다고 경고했다. 그러나 또 다른 빈번한 주장은 국민이 국가를 위한 최선의 법률이나 정책을 결정할 시간, 관심 또는 능력이 없다는 것이다. 보수주의자들이 가장 좋아하는 주제 중 하나는 국가 정책이 엄밀하게 기술적인 문제라는 것이었고 따라서 법률, 경제, 통계 등을 전문적으로 교육받은 전문가들의 세심한 심의가 필요하다는 것이었다. 어떤 결정에 도달하기 전에, 군주와 그 공무원들은 모든 선택사항과 그 결과, 모든 사람들의 이익, 재정, 그리고 다른 국가와의 외교 관계를 고려해야 한다. 이런 문제들은 자신들의 노동이나 직업만을 아는 일반 백성들의 역량과 이해 범위를 넘어서 있다.

보수적인 대의명분에 또한 못지않게 중요한 것은 평등주의에 대한 그들의 비판이었다. 대부분의 보수주의자들은 정치적 평등에 대한 요구가 어떤 기본권의 동등한 보호를 의미하는 한에서 그러한 요구를 인정할 준비가 되어 있었다. 예컨대 농민의 삶과 재산은 응당 ^[286]귀족의 삶과 재산만큼이나 보호되어야 한다는 입장이었다. 그러나 다른 한편으로, 그들은 통치에 참여할 권리를 모든 사람에게 확대하려고 하지 않았다. 보수주의자들은 사회적 평등을 요구하는 것에 대해서도 똑같이 양면적인 태도를 보였다. 그들 대부분은 재능이나 장점, 근면함을 지닌 사람들이 공직에 더 많이 접근할 수 있는 기회균등의 필요성을 받아들였다. 또한 그들은 근대국가가 효율적인 행정을 위해 재능과 전문지식을 필요로 할 때 관직이 세습되는 것은 잘못이라는 것을 인정했다. 그러나 그들은 항상 사회적 지위 상의 평등이라는 망령에 혐오감을 느꼈다. 그들은 귀족 직함과 같은 계급 구분을 폐지하라는 요구를 공격했다. 19세기 후반의 사회주의에 대한 많은 비평가들과 마찬가지로, 그들은 그러한 요구가 결국 공로와 인격상의 모든 차이에 대한 일반적인 평준화인 도덕적·개인적 평등으로 끝날 것이라고 우려했다. 사회적 평등은 탁월함을 장려하기보다는 모든 사람을 일반인 수준으로 끌어내릴 것이다.

보수주의자들은 정치적·사회적 평등에 대한 요구보다 경제적 평등에 대한 요구를 훨씬 더 두려워했다. 그들은 국익을 위해 재산의 재분배를 권고하거나 예로부터의 권리와 계약을 무시하는 그 어떤 교설에 대해서도 반대했다. 국익을 명분으로 교회 재산을 몰수한 1790년의 성직자 민사기본법과, 참정권에 대한 재산 자격을 폐지한 1793년 헌법은 보수주의자들을 소름 끼치게 했다. 일부 보수주의자들은 주로 정치적 평등에 대한 요구가 경제적 평등, 재산에 대한 공동 소유권을 가져올 것이라고 믿었기 때문에 프랑스혁명에 반대했다. 이러한 생각은 겐츠, 뫼저, 가르베, 레베르크와 같은 주요 인물들에 의해 유지되었다. 재산의 신성한 권리에 대한 이러한 위협에 맞서기 위해 보수주의자들은 온갖 종류의 주장을 내세웠다. 가령 재산, 재능, 근면을 통해 얻은 것을 사람들에게서 빼앗는 것은 부당하다라든가, 상속된 재산은 역사적 계약에 기초하는 것으로 그것을 침해하는 것은 잘못된 일이다라든가, 사람들은 그들이 획득한 것을 자식들에게 물려줄 수 없다면 부지런히 일해야 할 아무런 동기도 없다는 등등이다. 보수주의자들 사이에서는 재산이 인간의 성장과 성취의 필수적인 전제조건이라는 것을 인정하려는 일반적인 경향이 있었다. 그러나 이것은 기회의 평등을 보장하기 위해 부를 재분배할 필요성에 대해서는 더 이상의 양보를 이끌어내지 못했다. 그들은 자연이 모든 사람에게 동등한 능력을 준다는 것을 부인했기 때문에, 모든 사람이 부가 제공하는 기회를 갖는 것은 의미가 없을 것이다.

1790년대 독일 보수주의의 더 중요하고 흥미로운 주제 중 하나는 자유주의적 개인주의에 대한 비판이다. 보수주의자들은 사회를, 합리적 규범과 추상적 법칙에 의해 유지되는 서로 다른 개인들의 집합체로 보기보다는 전통, 관습, 정서의 유대에 의해 결합된 유기적인 전체로 간주했다. 개인의 정체성은 본질적으로 사회와 무관하게 고정되어 있는 것이 아니라 관습, 교육, 법률 등의 요인에 의해, 즉 사회 자체에 의해 결정된다고 그들은 주장했다. 개인은 [287]집단에서 벗어나 자기이익을 추구함으로써가 아니라 집단 속에서 살아감으로써 정체성과 자존감을 발전시킨다. 그렇다면 젊은 낭만주의자들처럼 보수주의자들은 공동체의 가치에 큰 역점을 두었던 셈이다.

다만 그들은 공동체를 구 사회 질서와 동일시하는 데서만 낭만주의자들과 달랐다.

18세기 보수주의의 경험주의를 뚜렷하게 보수적으로 만든 것은 바로 개인주의에 대한 이러한 비판이었다. 물론 경험주의에는 본질적으로 보수적인 요소란 없다. 가령 벤담과 같은 사상가의 손에서 경험주의는 강력한 급진적 무기가 되어, 일반의 행복에 쓸모나 도움이 되지 않는 모든 법과 관습, 제도들을 휩쓸어버린다. 그러나 18세기 급진주의의 경험주의는 인간 본성에 대한 개인주의적인 개념과 밀접하게 연관되어 있다. 홉스, 로크, 허치슨, 흄, 벤담은 인간의 본성을 고정되고 보편적인 것으로 보았고, 모든 문화와 시대에 동일하게 남아 있는 특정한 본질적인 욕구들로 이루어져 있다고 생각했다. 인간 본성에 대한 이러한 비사회적이고 비역사적인 개념은 개인에게 사회 밖에 서서 사회를 판단할 수 있는 아르키메데스적 관점을 준다. 즉 무언가가 개인의 타고난 욕구를 충족시켰는지에 따라 그것은 좋은 것이거나 나쁜 것이 된다. 그러나 18세기 후반의 보수주의에서는 이러한 개인주의가 사라지고, 이와 함께 급진적인 비판의 가능성도 사라진다. 보수주의자들은 다음과 같은 종류의 주장을 통해 그러한 비판을 약화시키고자 했다. 즉 선과 악의 기준은 경험에 의해, 즉 인간의 욕구에 대한 지식에 의해 결정되어야 한다. 그런데 이러한 욕구는 문화에 의해 결정되고 문화에 따라 다양하다. 따라서 선과 악의 기준은 문화에 의해 결정되므로 비판이라는 문화 외적인 관점은 존재하지 않는다. 이리하여 상대주의는 보수주의의 강력한 동맹이 되고, 이는 비역사적인 비판의 가식을 폭로하는 유용한 수단이 된다.

독일 보수주의에 대한 버크의 영향력은 과대평가될 수 없지만 동시에 그는 독일 역사학파와 낭만파의 정신적 아버지라는 견해가 때때로 언급되어 왔다.[4] 그러나 이런 견해에 맞서 버크의 영향력은 과대평가될 수 있었고

..
4. Aris, *History*, pp. 251, 252–258 참조. 이 문제 전체의 상세한 검토에 대해서는 Frieda

또한 종종 과대평가되어 왔다고 해야 할 것이다. 버크의 『프랑스혁명에 대한 성찰』이 독일에서 영향력이 있었다는 것은 정말로 부인할 수 없는 사실이다. 프리드리히 겐츠, A. W. 레베르크, 에른스트 브란데스와 같은 독일에서 가장 중요한 보수적 사상가들 중 일부는 버크가 그들의 생각에 강력한 자극이 된다는 것을 발견하고 그의 주요 원칙 중 일부에 찬성했다. 버크의 이 저작은 1793년 이전에 세 번 독일어로 번역되었다. 가장 정확한 겐츠의 번역은 대중의 수요에 부응하기 위해 인쇄를 거듭하고 해적판이 나돌 정도였다. 버크의 명성은 주로 영향력 있는 문예 잡지에 실린 그의 책에 대한 두 가지 호의적인 서평에 바탕을 두고 있었는데, 하나는 『일반문예신문』에 레베르크가 쓴 것이고 다른 하나는 『괴팅겐 학예신문』에 브란데스가 쓴 것이었다.[5] 그러나 일단 이러한 사실들을 고려하고 나면, 버크의 영향력에 대한 사례는 대부분 소진되었다. 더 큰 관점에서 보자면, 버크의 영향력이 그리 크지 않았고 그는 [288]독일 보수주의의 아버지로 불릴 자격이 거의 없다는 것이 드러난다. 겐츠와 레베르크, 브란데스는 버크의 영향을 받았지만, 그들은 결코 그의 제자가 아니었다. 그들은 그와는 무관하게 주요 결론에 이르렀다. 그리고 많은 점에서 그들은 그와 의견이 달랐다. 다른 보수주의자들은 버크에게서 자신들의 취향을 거의 발견하지 못했다. 베를린 계몽주의자들은 그의 전통주의를 싫어했다. 그리고 이국적인 것을 전혀 좋아하지 않는 반동주의자들은 그를 거의 주목하지 않았다. 버크가 좋은 평가를 받았긴 했지만, 또한 그는 똑같이 영향력 있는 잡지들로부터 비판적인 평가도 받았다. 『신 일반 독일 논총』은 『프랑스혁명에 대한 성찰』이 그 저자와는 어울리지 않는다고 생각했고, 『신독일 메르쿠어』는 그것을 반동적인 장광설이라고 일축했다. 그리고 반동적인 여론을 이끄는 『에우데모니아』와 『비엔나 신

• •
Braune, *Edmund Burke in Deutschland*, Heidelberger Abhandlungen zu mittleren und neueren Geschichte, no. 50(Heidelberg, 1917) 참조.
5. A. W. Rehberg, *Allgemeine Literatur Zeitung* 71(March 4, 1791), 561–566; Ernst Brandes, *Göttingische gelehrte Anzeige* 3(November 26, 1791), 1897–1907.

문』은 이 책에 전혀 주의를 기울이지 않았다.[6] 전반적으로 버크의 영향력은 항상 영국 헌법에 특별한 경외심을 가지고 있는 하노버학파에 국한되었다. 그러나 그런 경외심은 버크의 저작에 대해서보다 그 이전에 일어난 것으로, 몽테스키외의 영향이나 하노버의 영국과의 왕조적 관계에서 유래하는 것이다. 버크가 독일 보수주의의 아버지라고 확고하게 주장될 수 없다는 점은 일단 우리가 그런 호칭에 어울릴 만한 더 강력한 권리를 가진 독일 사상가인 유스투스 뫼저Justus Möser가 있다는 것을 고려하면 더욱 명백해진다. 이제 우리가 눈을 돌려야 하는 것은 그의 사상이다.

12.2. 유스투스 뫼저와 계몽

18세기 말 독일의 모든 보수적 사상가들 중에서 가장 영향력 있고 혁신적인 사람은 베스트팔렌 지방의 작은 정부 오스나브뤼크의 공무원인 유스투스 뫼저(1720-1794)였다. 근대 독일 보수주의의 아버지를 단 한 사람만 든다면, 그것은 의심할 여지없이 뫼저이다. 그는 자각적으로 보수적인 세계관을 옹호한 18세기 독일 최초의 주요 저작가였다.[7] 비록 뫼저가 18세기 독일 보수주의의 모든 계보의 아버지라고 주장할 수는 없겠지만 ― 그의 많은 생각들은 베를린 계몽주의자들에게 받아들여지지 않았다 ― 그의 사상은 널리 영향을 미쳤다. 전통적인 독일 소국가에 대한 그의 분석은 괴테, 레베르크, 브란데스, 하노버학파에 결정적이었고,[8] 그의 역사적인 저작은 슐뢰저와

• •
6. 이러한 서평들에 관해서는 Braune, *Edmund Burke in Deutschland*, pp. 41-78 참조.
7. Epstein, *Genesis*, p. 297.
8. 괴테에게 끼친 뫼저의 영향에 대해서는 괴테가 『시와 진실』에서 뫼저에게 표한 유명한 찬사를 참조. *Dichtung und Wahrheit*, in *Werke*, memorial edition, ed. E. Beutler(Zurich, 1949), X, 651-653, 703. 레베르크와 하노버학파에 대한 뫼저의 영향에 대해서는 12.3절 참조.

뮐러에게 영향력이 큰 것이었다.[9] 그의 보수주의와는 별개로 뫼저는 하만과 함께 독일 계몽과의 결별을 주도한 인물 중 하나였기 때문에, 그의 사상은 일반적인 역사적 의의가 있다. 하만이 예술과 종교의 영역에서 질풍노도를 위해 한 일을 뫼저는 윤리와 정치의 영역에서 역시 질풍노도를 위해 수행했다. 그는 자연법, 기계론적 국가관, 진리의 가치, 행동을 인도하는 이성의 역할 등 계몽의 몇몇 근본적인 정치적 교설에 대해 처음으로 의문을 제기했다.[10]

프랑스혁명이 일어나기 훨씬 전에 뫼저는 전통적인 독일 소국가 뒤에 숨겨진 원칙과 가치를 분명히 밝히고 이를 변호하기 시작했다. 그의 정치철학은 [289]급진적인 계몽의 철학과는 정반대이다. 뫼저는 급진적 이데올로기의 평등주의, 이성주의, 개인주의, 세계주의에 반대했다. 급진적 이데올로기의 평등주의에 맞서 그는 사회적 지위에 따라 권리와 의무가 결정되는 신분 계층 사회의 가치를 옹호했다. 이성주의에 맞서 그는 헌법이 일반법과 추상적 원칙이 아니라 역사적 제도와 문화적 전통에 기반을 두어야 한다고 주장했다. 개인주의에 맞서 그는 국가가 단순히 개인들의 권리를 보호해야 하는 것이 아니라 그들의 복지, 종교, 도덕을 증진시켜야 한다고 주장했다. 그리고 마지막으로, 세계주의에 맞서 뫼저는 애국심의 가치를 긍정했다. 그는 독일의 모든 영토는 그 고유의 헌법을 가지고 있어야 하며 한 개인의 직접적인 충성심은 인류 전체에 대한 것이 아니라 그 고유의 헌법에 대한 것이라고 믿었다. 이 모든 면에서 뫼저는 프랑스혁명에 대한 이후 보수주의의 반발을 선취했고 또한 그 기초를 닦았다.

9. 뫼저의 역사적 저작의 영향에 대해서는 Ernst Hempel, *Justus Möser's Wirkung auf seine Zeitgenossen und auf die deutsche Geschichtsschreibung*, in *Mitteilungen des Vereins für Geschichte und Landeskunde von Osnabrück* 54(1933), 1–76, 특히 pp. 11–24 참조.

10. 뫼저와 계몽의 관계에 대한 복잡하고 논란이 많은 문제에 대해서는 Epstein, *Genesis*, pp. 309–320; Heinrich Schierbaum, *Justus Mösers Stellung in den deutschen Literaturströmungen während der ersten Hälfte des 18 Jahrhunderts*, in *Mitteilungen des Vereins für Geschichte und Landeskunde von Osnabrück* 33(1908), 167–216; Jonathan B. Knudsen, *Justus Möser and the German Enlightenment*(Cambridge, 1986), pp. 1–30 참조.

독일의 근대 보수적 전통에 대한 뫼저의 가장 주목할 만한 공헌은 그의 유기적인 국가관이다. 그의 의중 속에 이 관념은 확실히 보수적인 의미와 목적을 가지고 있다. 그것은 국가가 개인들 간의 계약에서 생겨나고 그들의 권리와 이익을 보호하기 위한 단순한 법적 고안물에 불과하다고 보는, 계몽의 일반적인 기계론적 국가관과는 정반대의 것이다. 뫼저의 유기적인 국가관 뒤에는 몇 가지 독특한 주장들이 있었는데, 이는 모두 기계론적 국가관에 반대하는 것이었다.

1. 인간의 욕구와 필요는, 사회와 별개로 존재하고 또 사회보다 앞서 존재하는 그런 선천적이고 자연적인 것 또는 보편적인 것이 아니다. 오히려 그것들은 사회에 의해 형성되기 때문에 문화마다 서로 다르다. 사람이 무엇을 필요로 하고 원하는가는 교육, 사회적 상태, 문화에 의해 결정된다.[11]

2. 권리와 의무는, 출생과 함께 인간에게 내재되어 있고 또 사회와는 무관하게 유효한 그런 '자연적인' 것이 아니다. 그것들은 사회적 신분과 지위에 의해 획득되고 결정된다. 사람은 인간이기 때문이 아니라 특정한 집단에 속하기 때문에 권리를 가지는 것이다.[12]

3. 국가는 인간의 의지나 이성의 인위적인 구조물이 아니라 한 국민의 역사의 자연적 산물이자 그 국민의 문화, 언어, 종교, 전통의 표현이

---

11. 예를 들어, Justus Möser, "Sollte man nicht jedem Städtgen seine besondre politische Verfassung geben?: in *Sämtliche Werke, Historisch−kritisch Ausgabe,* ed. Akademie der Wissenschaften zu Göttingen(Berlin, 1944), VI, 64−68; *Die deutsche Zuschauerin,* "Siebentes Stück", in *Werke,* I, 319−324 참조.

12. 뫼저가 이 주장을 가장 두드러지게 옹호했던 것은 다음과 같은 곳이다. "Ueber das Recht der Menschheit, als den Grund der neuen französischen Konstitution", *Berlinische Monatsschrift* 15(1790), 499−506, reprinted in *Werke,* IX, 140−144(이하 "Ueber das Recht der Menschheit"(1790)); "Ueber das Recht der Menschheit, insofern es zur Grundlage eines Staates dienen kann", *Berlinische Monatsschrift* 17(1791), 496−503, reprinted in *Werke,* IX, 155−161(이하 "Ueber das Recht der Menschheit" (1791)).

다.[13]

4. 국가는 각기 동등한 권리를 갖는 독립적인 개인들의 집합으로 구성되는 것이 아니라, 권리와 의무가 엄격히 지위와 책임에 부합하는 상호의 존적 기능의 계층체계로 구성되는 것임에 틀림없다.[14]

5. 국가는 계몽적 군주가 강요하든 혁명 위원회가 강요하든 위에서부터 무력으로 변할 수 없으며, 오로지 그 역사적 제도와 전통의 점진적인 진화에 의해서만 바뀔 수 있다.[15]

각각의 경우에 뫼저는 개인보다 국가에 우위를 부여했다. 국가는 인간의 욕구, 권리, 법을 결정하므로, [290]국가가 개인에게 순응해야 하기보다는 개인이 국가에 순응해야 한다. 그러한 국가 개념은 전체주의적인 함의를 갖는 것으로 보이지만, 그러나 이런 함의는 뫼저의 의도와는 전적으로 반대되는 것이다. 그는 평생 동안 모든 형태의 중앙집권적이고 관료주의적인 권위에 대해 완강한 반대자로 남아 있었다. 그의 유기적인 국가는 절대주의의 성장에 대한 방어물이 될 의도였던 지역 공동체라는 이상에 기반을 두고 있다. 헤르더와 마찬가지로 뫼저는 지역 자치 정부의 비전에 의해 영감을 받았다. 다만 그는 지역 정부가 아래에서보다 위에서 더 많은 것을 지시해야 한다고 생각하는 데 있어서만 좀 더 급진적인 동시대인과 달랐다.

덜 눈에 띄지만 보수적 전통에 있어 적지 않게 중요한 것은 뫼저의 역사적 방법이다. 『오스나브뤼크 역사』에서 뫼저는 이른바 국가의 '자연사'를 개진하려고 시도했다.[16] 이 자연사는 국가의 기원을 자연적 원인들, 즉

13. 예를 들어, Möser, "Der jetzige Hang zu allgemeinen Gesetze und Verordnungen ist der gemeinen Freiheit gefährlich", in *Werke*, V, 22–27 참조.

14. 예를 들어, Möser, "Der Staat mit einer Pyramide vergleichen", in *Werke*, V, 214–217, "Vom Unterschied der Stände", in *Werke*, X, 64–65, "Der arme Freie", in *Werke*, IX, 162–178 참조.

15. 예를 들어, Möser, "Ueber Theorie und Praxis", in *Werke*, X, 141–157, "Der jetzige Hang" 참조.

16. 특히 『오스나브뤼크 역사』의 제2부 서문(Möser, *Werke*, XIII, 45–49) 참조. 뫼저의 역사적

한 국민의 경제, 기후, 문화와 같은 요인들로부터 설명하고자 했다. 예를 들어, 그것은 작센인들의 초기 헌법을 특정한 상황에서의 그들의 경제적 욕구의 산물로 간주하려고 했다. 그렇게 함으로써 그것은 어떤 종교적 교리, 도덕적 원칙, 인간 본성에 대한 일반적인 개념, 또는 역사의 목적에 대한 형이상학적 견해를 중단시킬 것이다. 우리는 구체적인 역사적 사실들을 그것들이 스스로 제시하는 대로 받아들여야 하며, 그 사실들에 형이상학적 또는 도덕적 해석을 붙이려 해서는 안 된다고 뫼저는 주장했다. 좀 더 상세한 경험적 연구를 수행한다면 우리는 국가를 도덕적·형이상학적 원칙들의 산물로서보다는 정치적·경제적 이해관계들의 산물로서 보게 될 것이다. 뫼저는 계몽의 역사서술에서 그토록 만연했던 '인간성', '진보', '자연법'의 개념들을 철저히 배격했다. 이러한 개념들은 매우 추상적이고 일반적이기 때문에 **특정** 국가의 기원을 설명할 수 없다. 오히려 그 개념들은 어떤 국가든 그 기원에 대해 설명할 수 있고 따라서 어느 하나도 제대로 설명할 수 없는 셈이다.

그러나 역사에 도덕적 원칙을 적용하는 것을 거부하면서 뫼저는 그 자신의 도덕성을 옹호하고 있었다는 것을 인식하는 것이 중요하다. 그의 목적은 **계몽**의 비판에 맞서 조상들의 지혜인 과거가 지닌 정당성을 입증하는 것이었다. 보편적 이성이라고 추정되는 어떤 관점에서 '미신적', '원시적' 또는 '야만적'으로 보이는 것은 사실 그 고유 시대의 맥락 안에 놓이면 충분히 이해할 수 있는 것으로 판명될 것이라고 뫼저는 믿었다. 예를 들어, 농노제와 같은 제도는 겉보기에는 야만적인 것의 산물이지만, 원래는 토지 소유자가 농노에게 토지 생산물의 몫을 받는 대가로 담보를 제공하는 상호적인 약정이었다. 농노들은 자유롭게 이 약정을 맺고 또한 권리도 가지고

••

저작에 대한 자세한 평가에 관해서는 프리드리히 마이네케의 『역사주의의 성립』의 뫼저에 관한 장(Friedrich Meinecke, *Die Entstehung des Historismus*, in *Werke*, ed. C. Hinrichs, München, 1959, III, 303–354) 참조.

있었기 때문에, 계몽주의자들이 농노제를 노예 상태의 산물이자 인간의 권리에 대한 모욕이라고 비난한 것은 잘못된 것이었다. 일반적으로 뫼저의 저술은 조상들의 신념과 실천을 원래의 [291]역사적 맥락에 두어 정당화하려는 시도들로 가득 차 있다.[17] 이는 계몽의 개혁적 열정에 맞서 역사적 제도와 전통을 수호하려는 의도적인 시도의 일환이었다.

국가와 역사에 대한 뫼저의 견해는 당연히 계몽의 이성에 대한 주장에 가장 파괴적인 결과를 가져왔다. 그의 견해는 영원히 이성에 따라 모든 문화와 시대를 보편적으로 타당하게 비판하려는 계몽의 비판적 법정을 완전히 훼손시켰다. 인간의 본성과 정치적 제도는 사회와 역사의 산물이며 하나의 문화와 시대에서 다음 문화와 시대로 달라지고 바뀌게 되어 있기 때문에, 인간의 행복이나 완성에 대한 보편적인 기준도 또 모든 사회와 국가를 판단하는 자연법의 영원한 원칙도 있을 수 없다. 계몽주의자와 철학자에게 보편적이고 자연스러워 보였던 기준과 원칙은 실은 한 문화의 가치들일 뿐으로, 이것들이 마치 이성의 영원한 법칙인 것처럼 부당하게 보편화되고 실체화되어 있는 것이다. 만약 우리가 어떤 문화를 조금이라도 비판한다면, 우리는 그 문화 자체의 '지역적 근거', 그 문화 자체의 가치와 상황에 따라 그렇게 해야 한다고 뫼저는 결론지었다.

뫼저의 역사적 상대주의가 그를 모든 유토피아주의에 회의적으로 만들었지만, 그는 여전히 그 자신의 사회적·정치적 이상을 가지고 있었다. 다만 이 이상은 독일적 조건으로부터 진화했고 또 독일적 조건에 여전히 적용 가능하다고 그는 믿었다. 이 이상은 바로 고전적인 독일 소국가의 헌법이었는데, 그중 그의 고향 오스나브뤼크가 가장 뛰어난 예였다.[18] 고전적 소국가는

---

17. 예를 들어, Möser, "Etwas zur Verteidigung des sogenannten Aberglauben unser Vorfahren", in *Werke*, IX, 149–151, "Das Recht der Menschheit: Leibeigenthum", in *Werke*, X, 133–136, "Ueber die gänzliche Aufhebung des Droits d'Aubaine in Frankreich", in *Werke*, IX, 145–148 참조.

18. 그의 고향 오스나브뤼크에 대한 뫼저의 서술 "Der Stadt Osnabrück", in *Werke*, X, 210–211

영토의 본질적인 이익을 대변하는 저명한 시민들로 구성된 통치 위원회, 즉 신분회의체^{Stände}에 정치적 권위를 두었다. 이 신분회의체는 중세시대의 썩어가는 유물이 아니라 현재의 두 가지 정치적 위험, 즉 민주적 무정부 상태와 절대주의적 전제정치에 대한 시의적절한 해결책이라고 뫼저는 믿었다. 이 신분회의체는 폭도들의 변덕이나 군주의 명령에 대한 견제 기능을 제공하면서 공동체의 모든 본질적인 이익을 대변했다. 뫼저에게 소국가의 범례가 되었던 것은 그가 『오스나브뤼크 역사』에서 설명한 전前봉건적 작센 국가였다.[19] 이 국가는 토지 소유 농민들이 그들의 상호 방어를 위해 맺은 협약으로 존립했다. 국가를 수호하겠다는 약속의 대가로 각 농민은 공공 집회에 참여하고 공공 정책 형성에 관여할 권리가 있었다. 뫼저에게 최초의 작센 헌법은 개인의 자유와 공공의 책임의 이상적인 결합을 제공하는 것처럼 보였다. 개별 토지 소유자들은 독립적이었고 그들 자신의 영지의 지배자였지만, 그들은 통치에 직접 참여했고 또 그것을 위해 기꺼이 목숨을 바쳤다. 뫼저의 이상 뒤에는 실로 강력한 민주적 요소가 있다. 토지 소유 농민에 대한 그의 신뢰는 해링턴의 『오세아나^{The Commonwealth of Oceana}』나 루소의 로마 공화국을 현저하게 연상시킨다. 실제로 『오스나브뤼크 역사』가 토지 소유 농민을 국가의 근간으로 삼은 한 가지 이유는 군주의 특권을 제한하고 [292]독일의 귀족들과 평민들에게 그들 조상의 권리의 일부를 되찾아주기 위해서였다.[20] 이러한 점에서 뫼저의 저작에는 자유주의적인 의도도 있었다. 하지만 뫼저는 루소나 헤르더와는 달리 한 나라의 모든 주민이 곧 시민이라고 생각하지 않았다. 그는 의회에 참여할 수 있는 정치적 권리를 가져야 할 사람은 토지 소유자들뿐이라고 주장했는데, 왜냐하면 그들만이 공동 방어를

* * 참조. 뫼저의 오스나브뤼크에서의 신분회의체에 대한 보다 상세한 설명은 Knudsen, *Möser and the German Enlightenment*, pp. 31–64 참조.

19. Möser, *Werke*, XXII/1, 49–133, XII/2, 43–124 참조.

20. 1763년 10월 20일 K. A. 폰 부셰에게 보낸 뫼저의 서한(*Briefe*, ed. E. Beins and W. Pleister, Hannover, 1939, p. 424) 참조.

제공할 수 있는 위치에 있기 때문이다. 비록 뫼저는 군주들의 권력을 제한하고 싶어 했지만, 결코 대중에게 주권을 넘겨줄 준비가 되어 있지 않았다. 국가의 진정한 기초는 재산이지 인간의 권리가 아니다.

소국가의 비평등주의적 헌법을 정당화하기 위해 뫼저는 자신의 사회계약론 버전을 개발했다.[21] 그의 이론에 따르면, 한 영토 내의 토지 소유자들이 그들 토지의 상호 보호와 국토의 공동 방위를 제공하기로 계약을 맺을 때 국가가 형성된다. 그들 소유지의 보호를 대가로, 그들은 일정 금액의 재산을 공공 방위에 기부하는 것에 동의한다. 원래 토지 소유자들만이 재산을 가지고 있거나 부를 소유하고 있기 때문에 그들만이 공공의 이익을 제공하거나 공동 방위에 기여할 수 있는 위치에 있다. 따라서 그들만이 시민권의 완전한 권리를 누릴 자격이 있다. 하인과 노동자와 같이 재산이 없는 사람은 공공의 이익에 기여할 수 없기 때문에 시민이 될 자격이 없다. 재산의 소유권이 시민권의 기초가 되는 것을 분명히 하기 위해 뫼저는 국가를 공동 주식회사에 비유했다. 공동 주식회사에서 주주만이 투표권을 갖고 배당금을 받을 수 있는 것과 꼭 마찬가지로 국가에서는 공동의 이익에 기여하는 사람들만이 시민권을 가진다. 따라서 시민과 비시민 사이의 경계선은 주주와 비주주 사이의 경계선과 같다. 그러므로 시민권의 기초는 토지의 소유권에 의해 제공되는 특정 주식을 소유하는 것과 같다. 뫼저의 원래 사회계약에 대한 개념은 국가 안에 토지 소유자들 이외의 어떤 주주들도 상정하지 않는다. 그들은 부의 본래적인 원천이었고 18세기 말 독일에서 여전히 주요 원천이었다. 그러나 뫼저는 부가 토지에서 점차 산업과 무역으로 옮겨가고 있다는 것을 알 만큼 충분히 현실주의자였다. 따라서 상층 부르주아계급은 토지 소유자만큼이나 공공의 이익에 기여할 수 있기 때문에 그는 또한 이들 계급에게 시민권을 부여했다. 그러나 이것은 그의 원칙에 대한 심각한 타협은 아니었다. 뫼저의 주요 요점은 시민권이 재산에 기초해야 한다는 것이었다.

• •
21. Möser, "Der Bauerhof als eine Aktie betrachtet", in *Werke*, VI, 255–270 참조.

다만 재산이 토지의 형태인지 자본의 형태인지에 대해서는 무관심했다. 그에게 중요한 것은 국민 주권에 대한 주장을 약화시키는 것, 즉 국가의 영토 내에서 사는 것만으로도 시민이 될 자격이 있다는 믿음을 약화시키는 것이었다.

뫼저가 국가를 공동 주식회사로 간주하는 이론은 기계론적 국가관으로 다시 회귀한다는 비판을 받아왔다.[22] 그가 국가를 계약 당사자들에 의해 만들어진 하나의 고안물로 생각하는 한, 이 비판에는 사실 어느 정도 진실이 있다. 그럼에도 불구하고 [293]뫼저의 계약론과 자유주의 전통의 계약론 사이의 근본적인 차이를 인식하는 것이 중요하다. 뫼저는, 마치 토지 소유자가 국가와는 관계없이 재산권을 가지고 있거나 한 듯이 로크의 노선에 따라 국가를 사유재산의 단순한 보호자로 생각하지 않았다. 오히려 토지의 궁극적인 소유자는 개인이 아니라 국가라고 그는 주장했다.[23] 사회계약을 맺으면서 개별 토지 소유자는 토지에 대한 완전한 통제권을 포기한다. 그들은 국가의 이익을 위해 토지를 경작해야 할 의무를 받아들이고, 따라서 국가는 그 토지가 폐허가 되지 않도록 법을 제정할 권리가 있다. 그러므로 모든 토지는 국가가 주는 녹祿, Pfründe이며, 그 가운데 토지 소유자는 거주자이자 관리인이다. 물론 토지 소유자는 여전히 자신이 적합하다고 생각하는 방식으로 토지를 경작할 권리가 있고, 그것을 가족에게 물려줄 권리도 있다. 그러나 국가 역시 토지가 경작되고 책임 있는 당사자들에게 양도되도록 조치를 취할 권리가 있다.[24] 따라서 뫼저는 재산을 시민권의 기초로 삼는 데 있어서는

<hr />

22. 이 비판을 가장 먼저 한 것은 레베르크(A. W. Rehberg, *Untersuchungen über die französische Revolution*, pp. 50–51)였다. 이 비판은 엡스타인(Epstein, *Genesis*, p. 322)에 의해 반복되었다.

23. Möser, "Begriff des Landeigenthums", in *Werke*, X, 108–110, "Von dem echten Eigentum", in *Werke*, VII, 138–141 참조.

24. Möser, "Nichts ist schädlicher als die überhandnehmende Ausheuerung der Bauernhöfe", in *Werke*, VI, 238–255 참조.

많은 자유주의 사상가들과 같았지만, 재산에 대한 그의 견해는 근대의 부르주아적 전통보다 중세에 더 많은 빚을 지고 있다. 그는 재산을 개인의 소유라기보다는 국가의 임대 가능한 자산으로 생각했다. 그렇다면 이러한 점에서 뫼저의 공동 주식회사 이론은 그의 유기적인 국가이론과 완벽하게 일치하고 있다.[25]

그의 정치적 원칙을 고려할 때 프랑스혁명에 대한 뫼저의 반응은 예측 가능해야 한다. 그것은 완전히 부정적인 것이었고 실제로 처음부터 그러했다. 그의 경우에는 초기의 열정이 전혀 없었다. 그러나 그가 원칙적으로 프랑스혁명을 못마땅하게 여긴 것은 아니었다. 칸트와는 달리 그에게는 기성 정부의 폭력적인 타도에 대해 선험적인 반대 이유는 없었다. 폭군이 백성들의 자유와 재산을 위태롭게 했다면 천 년 동안 다스려 왔더라도 그들은 그를 타도할 권리가 있었다.[26] 뫼저가 비난한 것은 프랑스의 역사적 제도와 전통에 관계없이 인간의 권리에만 입각한 헌법을 만들려는 국민의회의 시도였다. 그러한 헌법은 아마도 모든 주민이 평등하고 모든 재산이 공통으로 유지되는 새로운 나라에나 적합할 것이다. 그러나 국민들 사이에 사회적 지위 상의 차이가 가장 컸고 옛 계약과 권리, 전통이 재산의 분배를 정착시켰던 프랑스와 같은 구 국가에 그것은 적용되지 않는다. 뫼저가 프랑스혁명에서 특히 우려한 것은 그것이 사유재산의 완전한 폐지로 이어질 수 있다는 점이었다. 혁명가들의 평등주의는 필연적으로 이런 결과로 이어졌기 때문에 위험했다.[27] 자코뱅파의 일부와 마찬가지로 뫼저는 인간 능력의 동등한 발전은 부와 재산의 평등을 더 많이 필요로 한다고 믿었다. 누군가 기회의 평등을 실현할 수단과 힘이 없는 한 기회의 평등을 선언하는 것은 의미가 없으며, 더욱이 그러한

· ·
25. 뫼저의 경제관에 대한 일반적인 고찰은 Ludwig Rupprecht, *Justus Mösers soziale und volkswirtschaftliche Anschauungen*(Stuttgart, 1892), pp. 74–173 참조.

26. 미간행 단편 "Freiheit und Eigentum, die ursprünglichen Rechte der Menschen", in Möser, *Werke*, IX, 373–375 참조.

27. 이러한 두려움은 특히 뫼저의 미국 혁명에 대한 초기 반응에서 분명하다. 미간행 단편 "Der Philosoph am Oronoko", in *Werke*, IX, 368–371 참조.

수단과 힘은 재산에서 나온다. 따라서 만약 국민의회의 지도자들이 일관된 입장을 유지한다면, 그들은 [294]평등에 대한 그들의 요구가 공동 소유로 곧장 이어진다는 것을 인정해야 할 것이다. 그러나 이것은 뫼저가 결코 기꺼이 받아들이려 하지 않은 결론이었다. 따라서 그는 이 결론이 근거하고 있는 평등주의 원칙과 싸우기로 결심했다.

1790년부터 1794년까지 고령의 뫼저는 『베를린 월보』에 몇 가지 비판적인 글을 써서 프랑스혁명에 대항하는 투쟁을 벌이기로 결정했다. 이 글들은 모든 반혁명 문헌에서 보수적 입장에 대한 가장 명확한 진술과 주장을 담고 있기 때문에 우리가 가장 주의를 기울일 가치가 있다.

뫼저는 1790년 6월 「새 프랑스 헌법의 기초로서의 인간의 권리에 관하여」라는 글로 논전에 참가했다.[28] 여기서 뫼저는 인간의 권리가 새로운 프랑스 헌법을 위한 충분한 근거가 되는지를 물었다. 그는 부정적인 말로 단호하게 대답했다. 어떤 사회도 단순히 그 구성원들이 이성적이거나 인간이라는 사실에 근거하여 권리와 의무를 결정하지는 않는다. 오히려 그들이 사회에 기여할 수 있는 정도나 그들이 사회의 적절한 기능에 대한 지분이나 투자를 가지고 있는 정도에 따라서, 사회는 권리와 의무를 결정한다. 가장 많은 기여를 할 수 있거나 가장 관여도가 높은 사람은 가장 큰 권리를 가져야 하며, 같은 이유로 사회를 다스리는 데 있어서 가장 큰 의무를 져야 한다. 자신의 요점을 설명하고 설득하기 위해 뫼저는 다음과 같은 예를 들었다.[29] 한 왕국이 바닷물로 침수될 위협에 처해 있고 육지를 보호하기 위해 제방을 건설해야 한다고 가정해보자. 홍수가 나면 토지 소유자들이 가장 위태롭기 때문에 제방 건설에 있어서 그들은 가장 큰 권리와 의무를 갖는다. 그들의 권리와 의무의 정도는 그들의 재산에 따라 엄격하게 결정될 수 있으므로,

• •
28. Möser, "Ueber das Recht der Menschheit"(1790), in *Werke*, IX, 140–144.
29. 뫼저는 이 비유를 "Ueber das Recht der Menschheit"(1791), in *Werke*, IX, 155–161에서 전개한다.

1천 에이커의 땅을 소유한 사람은 1백 에이커만을 소유한 사람보다 응당 10배나 더 많은 기부를 해야 한다. 노동자와 하인, 상인은 항상 그들의 재화와 용역을 다른 곳으로 가져갈 수 있기 때문에, 그들은 홍수로 인해 많은 것을 잃을 염려가 없다. 따라서 그들은 제방 건설에 있어서 어떠한 권리와 의무도 가질 수 없다. 이제 제방 건설을 위해 하나의 회사와 같은 방식으로 사회 전체를 고려해보라고 뫼저는 결론지었다. 분명히 토지 소유자들은 통치 체제 내에서 가장 큰 몫을 차지할 자격이 있다. 그들은 그 나라에 가장 관여도가 높고 그 나라의 보존에 가장 많은 기여를 할 수 있기 때문이다. 그렇다면 단순히 영토 내에 살고 있는가에 따라서가 아니라 국가에 지분을 갖고 있는 정도에 따라 우리는 국민에게 권리와 의무를 부여해야 한다.

뫼저는 다음 글 「국가는 헌법을 언제 어떻게 변경시킬 수 있는가?」[30]에서 사회적 불평등과 귀족들의 권리를 지키기 위해 더욱 일치된 노력을 기울였다. 여기서 그는 공중의 이익에 의해 요구될 때 국가가 모든 낡은 계약, 권리 및 특권을 폐지할 권리가 있는지에 대한 의문을 제기했다. 그는 모든 사람이 국가에서 동등한 주주일 때 그러한 권리가 있음을 인정했다. 또한 그 경우 계약을 맺은 사람들 상호 간끼리도 계약을 해지할 권리가 있다. 그러나 문제는 [295]유럽의 기성 국가들 어디에도 그러한 평등은 없다는 점이라고 뫼저는 주장했다. 이들 국가에서 부의 불평등은 엄연하고 불가피한 삶의 사실에 바탕을 두고 있다. 우리는 경험을 통해 어떤 세대는 다른 세대보다 늦게 세상에 나오고 지상의 자원은 부족하다는 것을 알고 있다. 제1세대는 땅을 차지하여 그것을 그들 사이에서 분배했다. 모든 이후 세대들은 이 사실을 받아들여야만 했다. 운이 좋으면 그들은 이전 세대의 땅을 물려받지만, 운이 나쁘면 대개 그렇듯이 그들은 자신들의 조건 하에서 운 좋은 소수를

••
30. *Berlinische Monatsschrift* 18(1791), 396–401, reprinted in Möser, *Werke*, IX, 179–182. Cf. "Wie der Unterschied der Stände auch schon in dem ersten Sozialkontrakt gegründet sein könne?" *Berlinische Monatsschrift* 21(1793), 103–108, reprinted in *Werke*, IX, 191–194.

위해 일해야 한다. 따라서 뫼저의 견해로는 사회의 부는 공적이나 필요에 따라 분배되는 것이 아니라 [운에 따라] 선착순으로 분배되는 것이다. 땅을 소유하고 경작한 초기 세대는 후대 세대들이 사용하는 조건을 결정할 권리가 있다. 이러한 불평등을 정당화하기 위해 뫼저는 이중 사회계약의 교설을 창안했다. 원래는 자기들끼리 토지를 분배하는 방법에 대해 동등한 조건으로 동의한 제1세대 사이의 사회계약이 있었다. 그리고 그 다음엔 후대 세대들이 제1세대의 땅에서 일하기로 동의하는, 제1세대와 후대 세대들 사이의 사회계약이 있었다. 이제 후대 세대들이 단지 오늘날 국가의 다수가 되었다는 이유만으로 그들이 이전 세대와 동등한 재산권을 요구하는 것은 잘못된 것이라고 뫼저는 생각했다. 모든 계약과 확립된 권리를 그들이 일반적인 행복에 부합하지 않는다는 이유로 뒤엎는 것은 터무니없는 일일 것이다.

여기서 출생이라는 우연성이 왜 자신의 정치적 권리의 범위를 결정해야 하는지에 대한 반론이 제기될 수도 있다. 정치적 권리가 재산 소유에 따라 분배되어야 한다고 인정하더라도, 왜 모든 사람이 적어도 재산을 취득할 기회조차 갖지 말아야 하는가? 이 질문에 대한 뫼저의 반응은 자유주의와 프랑스혁명의 이데올로기에 대한 그의 깊은 차이를 드러낸다. 그는 프랑스혁명의 지도적 이상 중 하나였던 기회균등의 원칙을 인정하려 하지 않는다. 뫼저는 의미심장한 한 구절에서 우리의 재산 보유권을 결정하는 것은 공정성, 합리성, 인간성의 원칙이 아니라 무언가를 소유하고 모든 경쟁자들에 맞서 그것을 보유할 수 있는 우리의 힘이라고 말했다.[31] 제1세대가 그들의 재산에 대한 권리를 갖는 것은 그들이 그것을 소유하여 후대 세대들에게 자신들이 부과한 조건에 복종하게 했기 때문이다. 그러나 권리와 힘을 이처럼 사실상 동일시한 것은 뫼저의 혁명적 적들에게 치명적인 양보였다. 그것은 구체제의 어떤 도덕적 토대도 빼앗아갔고, 구체제의 주장이 그것을 집행할 수 있는 힘만을 근거로 하고 있다는 것을 인정한 셈이었다.

••
31. Möser, "Ueber das Recht der Menschheit"(1791), in *Werke*, IX, 160 참조.

『베를린 월보』에 실릴 계획이었으나 그의 죽음으로 인해 발표되지 않은 또 다른 글에서 뫼저는 칸트의 유명한 논문에 의해 촉발된 이론과 실천의 관계에 대한 논쟁에 참여했다.[32] [296]이 논쟁에서 뫼저는 칸트에 대항하여 경험주의자들의 편을 들었다. 그는 국가의 원칙은 이성에 따라 선험적으로 강요되는 것이 아니라 공동체의 전통과 관습, 지역적 요구에 대한 지식에서 도출되어야 한다고 주장했다. 그렇다고 해서 이러한 주장이 일반적 규칙에 가치가 없다거나 또는 이론에는 설 자리가 없다는 것을 의미하지는 않는다고 뫼저는 힘주어 강조했다. 그는 모든 국가가 온갖 열망과 노력의 목적으로 작용해야 하는 일반적인 이상을 가져야 한다고 선언했다. 문제는 이러한 이상을 어떻게 적용할 것인지, 구체적인 상황에서 어떻게 실현시킬 것인지를 아는 것이다. 이 문제를 해결하는 것은 철학자가 아니라 입법자나 행정가의 과제이다. 칸트는 경험주의자들을, 이론상 올바른 것이 실천에서는 잘못된 것이라고 생각하는 사람들로 묘사하는 데 있어서 부당한 판단을 했다. 경험주의자들은 이론의 영역을 완전히 거부하는 것이 아니라 이론 자체가 실천에 충분하지 않다는 입장을 취한다. 그럼에도 불구하고 철학자가 자신의 원칙에서 구체적인 처방을 도출하려고 너무 멀리 나간다면, 실제로 이론에 있어 올바른 것이 실천에서는 그릇된 것이 되는 경우도 있을 수 있다고 뫼저는 말했다. 한 국가가 관직을 물려받는 특정 계층의 사람들을 결코 허가하지 않을 것이라는 것은 순수이성의 진리라는 칸트의 주장이 그 단적인 예이다. 뫼저는 사람들이 단지 그것에 동의할 수 있는 상황을 상정했다. 예를 들어, 지역 귀족은 공무원보다 사람들의 필요를 훨씬 더 잘 알고 있을 수 있다. 그리고 독립적인 부의 원천을 가지고 있는 귀족은 개인적인 이익을 위해 관직을 이용하려는 유혹을 훨씬 덜 받게 될 것이다. 또한 관직을 물려받는 것은 비용이 많이 드는 분쟁을 피하면서 안정성과 연속성을 보장한다는

· ·
32. Möser, "Ueber Theorie und Praxis", in *Werke*, X, 141–157. 칸트는 이 논문이 발표된 후 짧은 답신을 썼다. Kant, "Ueber die Buchmacherey", in *Schriften*, VIII, 431–436.

것 등등이다.

이론과 실천의 관계에 대한 뫼저의 일반적인 태도는 프랑스혁명과 접하기 훨씬 전부터 확립되어 있었다. 그는 역사적 전통, 제도 및 문화에 대한 지식과 무관하게 공동체에 일반법을 부과하려고 하는 기획자와 개혁자들을 항상 혹독하게 비판했다.[33] 법률은 선험적으로 결정되거나 위로부터 강요되기보다는 지역적 상황, 전통 및 필요에 대한 지식으로부터 후험적으로^a posteriori 결정되어야 한다. 뫼저의 견해로는, 일반법에 따라 국가를 통치하려는 시도는 매우 심각한 위험, 즉 전제주의를 내포하고 있다. 국가의 법이 단순하고 일반적일수록 자유는 줄어들게 된다. 입법자와 관료의 철학 이론은 모든 권리와 의무를 하나의 원칙에서 도출하고 사람과 장소 간의 모든 차이를 변칙적이고 골치 아픈 예외로 간주하기 때문에 모든 전통적인 계약과 특권, 자유를 훼손한다. 획일성을 위해 모든 사람은 그들의 상황과 요구가 아무리 다르더라도 똑같이 취급된다. 볼테르는 신성로마제국에서 어떤 사람이 한 마을에서 소송에 패하고는 이웃 마을에서 다시 승소할 수 있다는 것이 불합리하다고 생각했을 때, 이러한 태도를 전형적으로 나타냈다. 그러나 볼테르가 그처럼 불합리하다고 생각한 것을 뫼저는 적절하고 지당하다고 생각했다. 만약 우리가 각 지역사회의 역사와 환경 및 요구를 안다면, 우리는 한 지방에 옳고 좋은 것이 [297]다른 지방에게는 잘못되고 해로울 수도 있다는 것을 알게 될 것이다. 자연의 진정한 법칙은 획일성의 법칙이 아니라 다양성의 법칙이다. 우리는 다양성이 자연 자체의 특별한 법칙에 따라 작동하도록 하는 데 있어 자연을 따른다. 프랑스혁명에 대한 그의 이후 비판에서 뫼저는 일반적 원칙에 따라 사회를 통치하려는 시도에서 동일한 위험성을 보았다. 혁명가들은 추상적인 법을 위해 모든 역사적 전통과 제도를 폐지하려고 시도하고 있었다. 뫼저는 이것이 계몽적 절대주의에서와 같은 전제주의로 이어질 것이라고 확신했다.

• •

33. 예를 들어, Möser, "Der jetzige Hang", in *Werke*, V, 22–27 참조.

뙤저의 프랑스혁명에 대한 비판은 그의 논쟁적인 평론뿐만 아니라 더 중요하게는 **계몽**과의 오랜 싸움에 바탕을 두고 있었다. 동시대 많은 사람들과 마찬가지로 뙤저는 프랑스혁명을 계몽의 승리로, 즉 이성의 원칙에 따라 모든 사회를 엄격하게 재건하려는 가장 급진적인 시도로 보았다. 따라서 프랑스혁명에 대한 그의 비판은 계몽의 이성에 대한 주장과 맞서 싸워야 했다. 그러나 뙤저는 오래 전부터 이 투쟁에 관여하고 있었다. 1750년대부터 그는 볼프의 주지주의적 심리학이든, 고트셰트의 미학이든, 몽테스키외의 역사학이든, 볼테르와 루소의 자연 종교든, 모든 형태의 **계몽**의 숨 막힐 듯한 이성주의를 문제 삼기 시작했다. 1760년대의 많은 젊은이들처럼, 뙤저는 새로이 부상하는 **질풍노도**의 마력에 사로잡혔다. 그는 이 운동의 주요 신조 중 일부를 옹호하고 실제로 그것들을 만들어내는 데 일조했다. 예를 들어 도덕, 예술, 행동에서 감정^{sentiment}의 중심적 역할, 인위적 관습과 추상적 규범의 위험, 특수한 것의 표현 불가능성, 그리고 세계주의와 반대되는 애국심의 가치 등이 그것이다. 물론 이 모든 것이 뙤저가 순수 혈통의 **질풍노도**파라는 것을 의미하는 것은 아니다. 괴테의 『베르테르』나 실러의 『도적 떼』의 정신은 그에게 전혀 이질적이었다. 젊은 실러나 괴테와는 달리 뙤저의 임무는 개인을 사회 세계에서 해방시키기보다는 개인을 사회 세계와 화해시키는 것이었다. 그리고 사실 그의 초창기 시절에 뙤저 자신이 일종의 **계몽주의자였다**는 것을 인식해야 한다.[34] 그는 세속적인 인본주의, 교회와 국가의 분리, 교육의 가치 등 계몽의 많은 지도적 이상을 공유했다. 젊은 시절 그는 계몽의 인기 있는 도덕 주간지를 본떠 간행된 문예잡지를 편집했다. 그러나 **계몽**과의 이러한 친화성에도 불구하고 그리고 **질풍노도**와의 거리에도 불구하고, **질풍노도**에 대한 뙤저의 초기 열정이 그가 노골적으로 공격하는 것을 주저하지

<hr />

34. 뙤저의 초기 지적 발전에 관해서는 R. Sheldon, *The Intellectual Development of Justus Möser: The Growth of a German Patriot*(Osnabrück, 1970), pp. 1–54; Werner Pleister, "Die geistige Entwicklung Justus Mösers", in *Mitteilungen des Vereins für Geschichte und Landeskunde von Osnabrück* 50(1929), 1–89 참조.

않았던 계몽 운동의 한 측면인 **계몽의 만연한 이성주의**에 비판적이 되게끔 하였음을 부인할 수 없다.[35] 계몽에 대한 이러한 비판은 뫼저가 프랑스혁명에 반발하는 토대를 마련했다.

뫼저의 초기 이성 비판의 본질적인 요소는 이성과 행동의 관계에 대한 그의 견해이다. 많은 보수주의자들과 마찬가지로 뫼저는 이론과 실천의 두 영역 사이에 있는 간극을 보았는데, 이는 특히 [298]이성이 인간의 행동을 지시할 힘이 없기 때문이다. 그는 일찍이 1757년에 이 견해를 그의 논문 「선으로 향하는 성향의 가치 그리고 열정」에서 전개했다.[36] 이 논고는 질풍노도의 형성에 영향을 끼친 샤프츠베리, 허치슨, 흄의 정감주의의 영향을 보여준다. 여기서 뫼저는 충동과 정념이 모든 형태의 미덕의 필수 구성 요소라고 주장함으로써 이성주의 비판자들로부터 샤프츠베리를 방어하려고 시도했다. 뫼저는 미덕을 이성과 선택의 산물로만 보아서는 안 된다고 주장했는데, 왜냐하면 우리의 행동에 방향과 동기, 에너지를 주는 것은 우리의 충동이기 때문이다. 이성과 숙고는 절제와 조절의 필요한 요소를 더하고, 목적에 적합한 수단을 결정한다. 그러나 이러한 목적들 자체를 결정하는 것은 궁극적으로 우리의 충동과 정념이다. 충동과 정념이 없다면 모든 행동 방침은 우리에게 아무래도 좋은 것이 되고 말 것이다. 예를 들어, 우리가 자비심의 감정을 갖지 않았다면, 우리는 결코 타인의 행복을 도덕적 가치로 여기지 않을 것이다. 우리는 이성과 선택의 힘을 키우기 훨씬 전에 우리의 본성에 심어진 미덕에 대한 충동을 가지고 있다. 그러므로 우리는 미덕의 주요 원천으로서

---

35. 크누센은 그의 귀중한 연구 『뫼저와 독일 계몽』(J. B. Knudsen, *Möser and the German Enlightenment*)에서 뫼저와 계몽 간의 친화성을 강조하며, 프랑스혁명에 대한 그의 이후 반대는 1750년대 계몽의 사회적·정치적 관점과 일치했다고 올바르게 주장한다. 그러나 크누센이 뫼저를 계몽주의자로 읽는 것은 궁극적으로 이성주의에 대한 그의 중요한 비판을 무시하는 일방적인 것이다. 프랑스혁명 훨씬 전에 뫼저는 많은 점에서 계몽, 특히 이성의 권위에 대한 계몽의 주장을 명시적으로 공격했다.

36. Möser, *Werke*, II, 211–265.

충동보다 이성을 중시해서는 안 된다. 그것은 활발하고 본래적이며 자연적인 것보다 연약하고 파생되고 인위적인 것을 선호하는 셈이 될 것이다. 뫼저는 이렇게 말했다. "그러나 최고의 마음에 대한 최선의 이해는 무엇인가? 그리고 정념이 유혹의 한쪽으로 기울어져 있을 때 가장 영리한 사람을 유혹하는 데 필요한 유혹의 정도를 계산하는 것은 얼마나 쉬운 일인가! 그런 끔찍한 생각 앞에서 나는 떨리고 말을 잊게 된다!"[37] 초기 작품에서 그리고 후기 저술 전반에 걸쳐 뫼저는 흄과 마찬가지로 이성의 영역과 자연의 영역을 결정적으로 구분했다. 그는 잘 행동하는 것이란 자연에 따라, 우리의 특유한 힘과 능력에 따라 행동하는 것이라는 자연법의 근본 원리를 결코 버리지 않았다. 그러나 그의 자연법에 대한 믿음은 우리가 이성보다는 정서를 통해 자연법을 알고 있다는 점에서 계몽의 그것과는 전혀 다르다. 따라서 뫼저는 계몽의 인위적이고 추상적인 규칙들에 대항하여 권위의 원천으로서의 자연에 거듭 호소하고자 했다.

뫼저는 또 다른 초기 저작인 『사부아 보좌신부에게 보낸 편지』에서 이성의 실천적 능력에 대한 비판을 발전시켰다.[38] 이 저작은 루소의 『에밀』 4권에 나오는 사부아 보좌신부의 '신앙 고백'에 대한 답신이다. 루소가 묘사하는 이 보좌신부는 그의 유명한 제자에게 교리, 의례, 계시의 모든 요소를 금지하면서 이성의 종교를 가르쳤다. 에밀은 자신의 이성으로 파악할 수 없는 어떤 것도 믿지 않았기 때문에 그의 종교는 도덕의 기본 원칙과 신의 현존, 섭리, 불멸성에 대한 신념에 지나지 않았다. 뫼저는 그런 종교가 에밀과 같이 예민하고 특별한 학생에게는 괜찮을지도 모른다는 것을 기꺼이 인정했다. 그러나 그것은 대다수 사람들에게는 충분하지 않을 것이다. 특히 그것은 [299]"범법자들에 대한 속박, 겁쟁이에 대한 동기 부여, 순교자에 대한 위로,

---

• •

37. 같은 책, II, 235.

38. Möser, *Werke*, III, 15-33. "Lettre à Mr. de Voltaire contenant un essai sur le caractère du Dr. Martin Luther et sa Reformation", in *Werke*, II, 286-298.

폭군에 대한 균형추"를 제공하지 않을 것이다. 뫼저는 모든 사회의 평화와 질서는 사람들이 도덕적·시민적 의무를 수행할 수 있는 최고의 동기와 자극제를 제공하는 종교에 기반을 두고 있다고 확신했다. 그러나 그는 루소를 상대로 자연 종교는 결코 이 역할을 수행하기에 충분하지 않다고 주장했다. 문제는 사람들이 이성에 의해서가 아니라 정념과 상상력에 의해 지배된다는 것이다. 신의 현존, 섭리, 불멸성의 증명은 대다수의 사람들에게 이해할 수 없거나 영감을 주지 못한다. 뫼저는 이렇게 설명했다. "인간이란 무엇인가? 상상력의 사슬에 응당 묶여 있어야 하는 동물이다. 그들 중 몇몇에게는 사슬에 묶인 채로 도망가지 못하도록 다섯 개의 바위가 필요하고, 다른 사람들에게는 단지 말뚝 정도면 충분하다. 그러나 종교는 수백만 명의 상상력을 잡아두기 위해 바위와 말뚝을 모두 제공해야 한다."[39] 뫼저는 우리의 상상력에 호소하는 것은 실정적 종교, 기적에 대한 믿음 그리고 신적 영감이라고 주장했다. 사람들은 권위가 하늘에서 내려온다고 믿으면 너무 기뻐 나머지 권위에 복종할 수 없다. 우리는 그러한 믿음이 진실이어야 한다고 생각함으로써 요점을 놓치는데, 왜냐하면 그것의 진정한 명분은 공공의 평화를 보장하는 그것의 가치인 효용성에 있기 때문이다.

뫼저의 초기 정감주의, 즉 행동을 지시하는 데 있어 충동과 정념의 우위성에 대한 그의 믿음은 그의 정치적 견해에 중요한 함의를 가지고 있었는데, 초기 저술들에서 그는 이 점을 서술하는 데 주저하지 않았다.[40] 우선 첫째로, 이것은 국가의 유대가 머리의 계산보다는 마음의 감정에 기초해야 한다는 것을 의미한다. 사람들이 법을 준수하는 것은 법을 지적으로 동의를 할 준비가 되어 있기 때문이 아니라 통치자에 대한 경외심, 조국에 대한 애정, 처벌에 대한 두려움을 가지고 있기 때문이다. 둘째로, 이것은 추상적인

· ·
39. Möser, *Werke*, III, 24
40. 뫼저는 그의 경력 초기에 이러한 함의들을 발전시키기 시작했다. *Der Wert wohlgewogener Neigungen und Leidenschaftung*, in *Werke*, II, 244–245, 259–260 참조.

원칙에 기초한 방대한 개혁 프로그램을 시도하는 것은 의미가 없다는 것을 암시했다. 이성은 우리의 충동과 정념을 통제할 힘이 거의 없기 때문에, 우리의 행동의 주요 동기라는 일반적인 계획과 이상은 사람들 사이에서 거의 효험이 없다.

뫼저는 이성이 행동을 지시할 뿐만 아니라 진리를 안다는 주장에 비판적이었다. 그는 마음속으로는 회의주의자였다.[41] 그는 이성이 도덕, 종교, 국가의 근본 원리를 증명할 수 있는 힘을 가지고 있는지 의심했다. 만약 우리가 계몽주의자들처럼 충분한 증거를 가진 믿음만을 받아들인다면, 우리는 전혀 믿음을 가질 수 없을 것이다. 그러나 우리가 세상에서 행동하고 다른 사람들과 잘 지내려면 도덕적, 종교적, 정치적 믿음을 가져야 한다. 우리는 증거가 불충분하거나 증거가 전혀 없는 믿음도 가져야 한다. 사실 계시종교의 경우에서와 같이, 우리는 심지어 증거에 반하는 믿음도 받아들여야 한다. 뫼저는 그 문제를 곰곰이 생각할수록 환상이야말로 바로 삶의 실체라는 생각에 사로잡히게 되었다. 그는 의미 깊은 미발표 노트에 이렇게 자신의 의견을 적었다. "세상의 모든 것은 삼중의 왕관에서부터 영국 수상의 커다란 가발에 이르기까지 온통 환상이다. … [300]나는 세상의 모든 것이 어느 정도 환상일 뿐이며, 지금 그렇게 많은 베일을 벗겨내고 있는 계몽주의조차도 환상이라고 굳게 믿는다. … 이성은 우리의 환상들을 선택하여 그것들이 우리에게 깊은 인상을 심어줄 수 있는 그러한 능력 속에 존재한다. … 그러므로 규칙은 이러하다. 즉 사람은 기만당해야 하고 또 기만당하고 싶어 해야 한다."[42] 그러나 뫼저는 우리가 잘못된 믿음에 따라 살아야 한다는 것이 어리석거나 부자연스럽지 않다고 주장했다. 계몽주의자들이 보지 못한 점은, 우리가 믿음을 받아들이는 것이 그것의 효용성에 기초해서이지 그것의 찬반에 대한

⋅⋅
41. 회의적인 태도에서 뫼저는 아마도 흄의 영향을 받았을 것이다. Möser, *Schreiben an den Herrn Vikarin Savoyan*, in *Werke*, III, 25–26 참조.
42. Möser, "Wer die Kunst verstand, verriet den Meister nicht", in *Werke*, X, 203–205.

증거에 기초해서가 아니라는 사실이다. 계몽의 위험은 우리의 믿음이 유익할 뿐만 아니라 우리의 행동에 필요할 때 증거가 부족하다는 이유로 믿음을 거부하겠다고 위협했던 점이었다. 우리는 우리의 믿음들 중 많은 것들이 유용한 허구라는 것을 인정해야 하며, 진리의 결여를 이유로 그것들을 거부해서는 안 된다. 그 비결은 우리가 속고 있다는 것을 알면서도 속이는 것을 허용하는 것이다. 뫼저는 이렇게 말했다.

> 우리 시대에 철학자들은 모든 것이 마치 커튼 뒤에 가려져 있는 듯이 그것을 노골적이고 적나라하게 보여주려고 한다. 우리 조상들도 그렇게 하는 것을 잘 알고 있었지만, 그들은 사람들을 다스리는 기술을 이해했고 주인을 배신하지 않았다. … 종교는 불행한 사람을 위로하고 행복한 사람들을 축복하는 음악이다. 모든 것은 종교가 작동한다는 사실과 종교가 어떻게 작동해야 하는지에 달려 있다. … 영국인들은 그들의 왕과 평범한 인간을 구별하기 위해 그를 가장 장대한 화려함으로 치장하지만, 그가 다른 모든 사람들과 마찬가지로 인간이라는 것을 잘 알고 있다.[43]

뫼저의 회의주의는 그의 정치적 사고의 근본적인 문제를 제기했다. 즉 우리가 종교, 도덕, 정치의 제1원칙들을 알 수 없다면 어떻게 사회생활이 가능한가? 모든 사회적 평화와 조화는 이러한 원칙에 대한 합의에 달려 있다. 하지만 우리가 이성을 가지고 이 원칙을 탐구하자마자 우리는 사람들 사이에서 화해할 수 없는 차이점들을 발견한다. 이 문제를 해결하기 위한 뫼저의 가장 흥미로운 시도 중 하나는 그의 평론 「실질적 법과 형식적 법의 중요한 차이에 대하여」에 있다.[44] 여기서 뫼저는 두 종류의 진리, 즉 형식적

• •
43. 같은 책, X, 204–205.
44. Möser, Werke, VII, 98–101 참조. 이 평론의 의의는 엡스타인(Epstein, *Genesis*, pp.

진리와 실질적 진리를 구별했다. 실질적 진리는 인간의 인식이나 가치와는 무관하게 현실 그 자체를 지탱한다. 형식적 진리는 규범적이며, 사람들이 스스로에게 구속력을 갖는 관습으로 받아들이는 것이다. 교회가 교리로서 선언하는 것, 또는 판사가 법으로 판결하는 것은 형식적 진리의 예이다. 형식적 진리가 실질적 진리일 수도 있지만, 꼭 그래야 할 필요는 없다. 우리가 이러한 선언이나 판결을 진리로 받아들이는 것은 우리가 그것들을 실질적 진리로 알고 있기 때문이 아니라 그것들의 관례 뒤에 있는 가치나 목적을 받아들이기 때문이다. 그러나 우리가 이 두 종류의 진리를 뒤섞어버리면 온갖 혼란이 일어난다. 모든 형식적 진리가 반드시 실질적 진리여야 한다고 가정한다면, 우리는 사회적 관례와 제도를 이성적 비판의 해체적 힘에 종속시키게 된다. 더 나쁜 것은 무엇이 실질적 진리를 구성하는지에 대한 합의가 거의 없거나 전혀 없기 때문에 사회적 분쟁과 무질서 상태밖에 없을 것이다. 뫼저의 주장이 함축하는 바는 계몽이 바로 이런 혼란의 죄를 범했다는 것이다. [301]사회 제도를 자연법의 원칙과 같은 형이상학적 진리에 기반을 두려고 시도하면서 계몽주의자는 형식적 진리의 독특한 지위를 보지 못하고 사회적 무질서 상태의 위험을 무릅썼다. 뫼저의 실질적 진리와 형식적 진리의 구별은 그가 이러한 함정을 피하고 인습주의와 독단주의 사이의 길을 걸을 수 있게 해주었다. 인습주의자는 모든 진리가 형식적이라서 전적으로 자의적이 된다고 주장하는 반면, 독단주의자는 모든 형식적 진리 또한 반드시 실질적 진리여야 하므로 사회생활은 형이상학적 주장에 달려 있다고 주장한다. 뫼저는 인습주의의 상대주의를 피하면서 실질적 진리가 존재한다는 것을 인정했다. 그러나 그는 또한 형이상학에 대한 의존을 피하면서 실질적 진리를 형식적 진리와 구별했다.

• •

318–320)에 의해 처음으로 언급되었다. 그러나 뫼저가 이 문제를 다루려는 것은 그것만이 아니었다. 또한 중요한 논고인 "Was ist Wahrheit?" in *Werke*, X, 205–207, "Ist es für das Volk nützlich, getäuscht zu werden?" in *Werke*, X, 201–203도 참조. 여기서 뫼저는 진리의 실용적 개념을 전개했다.

그러나 전략적으로 뫼저가 실질적 진리와 형식적 진리를 구분한다고 해서 그의 회의주의가 제기하는 모든 문제가 해결되는 것은 아니다. 왜냐하면 다음과 같은 의문이 불가피하게 제기되기 때문인데, 즉 만약 우리가 실질적 진리를 알 수 없다면, 그리고 모든 형식적 진리가 관습에 달려 있다면, 누가 형식적 진리를 결정하는 것인가? 누가 사회적 관습을 확증할 권리가 있는가? 뫼저의 회의주의는 자연법, 계시, 형이상학적 추론에 근거하여 누가 이 권리를 가져야 하는지를 결정할 수 없다는 것을 의미한다. 그렇다면 어떻게 결정해야 할까? 뫼저는 이 질문에 대한 답을 가지고 있었다. 사회적 갈등의 경우 또는 공동체가 스스로 자리 잡는 과정에 있는 경우, 뫼저는 갈등을 최소화하고 공공의 행복을 극대화하는 최선의 수단으로서 다수의 의지를 받아들였다.[45] 그러나 갈등이 없고 공동체가 이미 형성된 경우에는 해결책이 분명하다. 누가 그 관습을 결정하느냐는 역사 자체로 해결되었다. 우리의 선조들은 우리가 따라야 할 길을 마련해주었다. 물론 우리는 이러한 관습이 어떤 실질적 진리를 가지고 있다고 주장할 수는 없지만, 우리의 행복이 그것에 달려 있기 때문에 우리는 이러한 관습을 형식적 진리로 받아들여야 한다.

그런데 왜 역사적 선례와 문화적 전통을 따르는 것이 행복으로 가는 가장 좋은 길이거나 유일한 길인가? 뫼저의 역사철학이 그의 정치이론에 도움을 주는 지점이 바로 여기이다. 왜냐하면 역사는 우리에게 완벽한 행복이나 인간 본성 자체에 합당한 자연적인 행복의 법칙 같은 것은 없다는 것을 보여준다고 뫼저는 생각했기 때문이다.[46] 우리를 행복하게 하는 것은 우리의 교육, 문화적 전통, 그리고 사회 제도에 달려 있다. 행복은 상대적인 개념이다.

●●

45. 예를 들어 Möser, "Ueber die allgemeine Toleranz: Briefe aus Virginia", in *Werke*, III, 105-124 참조.

46. 예를 들어 Möser, "Dreisigstes Stück", *Versuch einiger Gemälde von den Sitten unsrer Zeit*, in *Werke*, I, 164-168, "Siebentes Stück", *Die deutsche Zuschauerin*, I, 319-324, "Sollte man nicht jedem Städtgen eine besondere politische Verfassung geben?" *Patriotische Phantasien*, in *Werke*, VI, 64-68 참조.

즉 그것은 확실히 필요와 욕망을 만족시키는 데 있지만, 이 필요와 욕망은 사회 자체에 의해 형성된다. 뫼저는 우리가 따라야 할 가장 좋은 관습은 우리를 형성해온 것, 즉 우리 공동체의 전통과 규범이라는 결론을 이끌어냈다. 우리는 사회에서 우리가 갖는 역할에 의거하여 받아들이고 살아감으로써 우리의 행복을 찾는다. 그렇다고 해서 우리가 개성과 자율성을 희생해야 한다는 뜻은 아니다. 이러한 역할이 우리의 필요와 목표 그리고 자아 정체감을 결정하기 때문에 우리는 오직 그 역할에 따라 행동해야만 우리 자신을 실현한다. 뫼저의 사상 전반에 걸쳐 관류하고 있는 점은 전통적인 공동체 생활의 관습을 고수하는 것이 타율성의 원천이 아니라 자율성의 원천이라는 근본적인 주제이다. 그는 평생 [302]자유와 행복을 공동체와 대조적으로 사적 이익의 충족으로 보는 개인주의적 관념에 대한 지칠 줄 모르는 반대자였다.

우리는 여기서 더 이상 뫼저가 **계몽**과 싸운 철학적 근원을 탐구할 수는 없다. 그러나 그의 보수주의가 완벽하게 존중할 만한 철학적 근거를 가지고 있다는 것은 그의 역사주의, 정감주의 그리고 회의주의에 대한 이 짧은 검토로부터 분명히 밝혀져야 한다. 우리는 이제 뫼저를 무분별한 전통주의자 또는 반동적 반계몽주의자라고 일축하는 것이 왜 부당한지 알 수 있다. 그런 식으로 일축하는 태도는 이성의 한계에 대한 중요한 물음을 회피하는 것이 될 것이다.

12.3. 레베르크와 하노버학파

18세기 말 독일에서 보수적 사상의 가장 중요한 단체 중 하나는 이른바 하노버의 휘그당원인 A. L. 슐뢰저, A. W. 레베르크, 에른스트 브란데스, L. T. 슈피틀러로 구성된 하노버학파였다.[47] 이름 그대로 이 학파는 하노버에

●●
47. 슐뢰저는 프랑스혁명의 영향 이전에 견해를 형성한 초기 세대의 계몽주의자 출신이었기

뿌리를 두고 있었는데, 당시 하노버는 오늘날의 그 도시가 아니라 독일 북서부의 평야 대부분을 차지하고 있는 신성로마제국의 커다란 나라 하노버라는 선제후국選帝侯國이었다. 모든 구성원들은 이 선제후국과 어느 정도 관련이 있었다. 가령 슐뢰저와 슈피틀러는 주요 대학인 괴팅겐의 교수였고, 브란데스는 괴팅겐의 수상이었으며, 그리고 레베르크는 이 나라의 가장 중요한 주교 관할지역 중 하나인 오스나브뤼크의 주교 비서였다. 이 사상가들은 그들의 정치적 견해의 열쇠를 쥐고 있는 하노버라는 뿌리에 큰 자부심을 가졌다.

18세기 이 선제후국에 대한 두 가지 사실이 있는데, 이는 하노버학파를 이해하는 데 가장 중요한 것이다. 첫째, 하노버 국가가 영국과 맺고 있던 왕조적 관계이다. 1714년 조지 1세가 영국 왕위에 오른 이후 하노버와 영국은 공통의 통치자를 가지고 있었다. 하노버인들은 영국인들을 그들의 사촌으로 간주하면서 자연스럽게 영국의 문화적 영향력에 열려 있었다. 괴팅겐대학교는 독일에서 영국 사상을 보급하는 중심지가 되었다. 영국과의 이러한 연계는 하노버인들의 정치적 전망을 형성하는 데 결정적이었는데, 무엇보다 그들은 영국 헌법을 그들의 정치적 이상으로 격상시켰다. 그들은 여러 가지 이유로 영국 헌법에 찬사를 보냈다. 가령 영국 헌법이 제시하는 권력의 미묘한 균형, 군주제와 귀족제·평민제의 혼합, 정당 정치의 분열을 억제할 수 있는 능력, 그리고 전통을 개혁하고 보존하는 힘에 그들은 감탄했다.[48] 무엇보다도 중요한 것은 영국 헌법이 근대 정치 생활의 가장 긴급한 위험 중 두 가지,

..

때문에 하노버 학파의 일원이라기보다는 이 학파의 선구자였다. 그의 정치적 견해가 개진된 주요 문헌은 『일반 국법과 헌법론Allgemeine Staatsrecht und Staatsverfassungslehre』이다. 슈피틀러는 정치적 사상가라기보다는 역사가였지만, 그의 정치적 견해는 다른 하노버인들과 비슷했다. 그의 *Vorlesungen über Politik*(Stuttgart, 1828) 참조. 하노버 학파의 중핵은 브란데스와 레베르크였는데, 그들은 친한 친구 사이였고 대부분의 문제에 대해 비슷한 견해를 가지고 있었다.

48. 영국에 대한 하노버 학자들의 견해의 표준적 전거는 Ernst Brandes, "Ueber den politischen Geist Englands", 101–126, 217–241, 293–323이다.

즉 프랑스의 대중 민주주의와 프로이센의 절대적 전제주의 사이의 완벽한 중용의 길인 것처럼 보였던 점이다. 하노버에 대한 두 번째 사실은 그 군주가 당시 런던에 살았던 것을 감안할 때 주된 통치형태가 옛 신분회의체에 있었던 점이다. 이 신분회의체는 근대적인 의미에서 민주적인 기구가 아니었는데, 왜냐하면 [303]그들은 대중으로부터 어떠한 위임도 받지 않았고 그 구성원들은 선거에 의해 선출된 것도 아니었기 때문이다. 이 신분회의체에 들어가기 위해서는 귀족 가문에 속하거나 재산을 소유하고 있어야 했다. 하노버의 신분회의체는 주로 옛 귀족 가문들로 이루어져 있었기 때문에 통치는 귀족적 과두정치의 형태를 취했다. 하노버에 신분회의체가 존속한 것은 18세기 기준으로 볼 때 예외적이었고, 실제로 시대착오적인 것이었다. 18세기에 이르러서는 절대주의의 진보가 증가함에 따라 신분회의체의 힘이 점차 약해졌다. 군주는 대개 신분회의체를 근대화와 중앙집권화의 길을 가로막는 장애물로 여겼는데, 그것은 모두 봉건적 특권을 고집하는 반동적인 기구였기 때문이다. 그러나 다른 사람들은 신분회의체를 민주제적 전제주의든 군주제적 전제주의든 전제주의에 대항하는 보루로 여겼고, 일부 개혁가들은 이 신분회의체가 더 대표적인 기관으로 발전할 수 있다고 믿었다. 어쨌든 그런 것이 하노버인들의 희망이었다. 그들은 언젠가 이 신분회의체가 영국 의회의 방향으로 진화할 것이라는 생각을 마음속에 품고 있었다. 만약 하노버가 런던처럼 된다면야 — 만약 조지 3세가 영국 헌법을 그의 고국으로 가져온다면 — 유토피아는 지상에 실현되어 있을 것이다.

대체로 하노버 학자들은 중도 보수적인 **계몽주의자**였다. 그들은 언론의 자유, 종교적 관용, 기회의 평등과 같은 자유주의적 대의를 옹호했다. 그리고 그들은 국왕의 전제주의, 귀족적 특권, 성직자의 편협함을 비판했다. 그들 중 일부는 **계몽**의 선봉에 있었다. 가령 슐뢰저의 『관보官報, *Staatsanzeigen*』는 전제 군주와 구시대적인 법에 대한 대담한 비판으로 유명해진 독일 최고의 정치 잡지였다. 그리고 슈피틀러의 『그리스도 교회사 강요』는 최초의 세속적 교회사 중 하나였다. 그러나 하노버 학자들은 **계몽**에 엄격한 제한을 두었다.

그들은 무신론이나 혁명적 견해를 허용할 정도로 그렇게 완전한 관용에 찬성한 것이 아니었다.[49] 그리고 그들은 여성과 유대인의 해방과 같은 진보적인 대의를 강하게 반대했다. 그들은 모두 사상의 자유에는 찬성했는데, 다만 그 결과가 대학의 범위 내에서 유지되고 일반 대중에게 널리 미치지 않는다는 조건 하에서였다. 계몽의 프로그램은 일반 사람들의 믿음과 습관, 그리고 궁극적으로 복종을 훼손할 수 있기 때문에 제한되어야 했다.[50]

많은 독일 지식인들처럼 하노버 학자들은 처음에는 프랑스혁명에 박수를 보냈다. 그들은 혁명에서 봉건적 질서의 온갖 악폐의 종언과 보다 자유주의적인 시대의 여명을 보았다. 1789년의 영광스러운 여름, 슐뢰저는 『관보』에 이렇게 외쳤다. "세계에서 가장 위대한 국가 중 하나이며 의심할 여지없이 가장 교화된 나라가 폭정의 멍에를 벗어던진 것은 얼마나 멋진 일인가. 하늘에 계신 하나님의 천사들은 분명 기쁨에 차서 '주님이신 당신을 찬미하나이다'라는 찬미가를 불렀을 것이다."[51] 그러나 그들은 국민의회가 프랑스를 민주주의의 방향으로 움직이고 있다는 것을 깨달았을 때 금방 환멸을 느꼈다. 그들은 [304]군주의 절대 거부권의 폐지, 적극적 시민권에 대한 자유주의적 요구 조건, 파리 군중에 대한 국민의회의 의존 상황에 대해 강하게 반대했다. 프랑스가 입헌군주제가 되지 않을 것이 확실해지자 하노버 학자들은 프랑스혁명의 단호한 반대자가 되었다. 그들은 대의 정치의 원칙을 확인했지만, 가장 두드러진 재산권자만 투표권을 가져야 한다고 주장하면서 무제한

· ·
49. 예를 들어 Rehberg, *Untersuchungen über die französische Revolution*, II, 409–410; Ernst Brandes, *Ueber den Einfluss und die Wirkungen des Zeitgeistes auf die höhere Stände Deutschlands*(Hannover, 1810), I, 254 참조.

50. 예를 들어 Ernst Brandes, *Betrachtungen über den Zeitgeist in Deutschland in den letzten Decennien des vorigen Jahrhunderts*(Hannover, 1808), pp. 214–215, *Ueber einige bisherigen Folgen der französischen Revolution in Rücksicht auf Deutschland* (Hannover, 1792.), pp. 30–31, 36–39; A. W. Rehberg, *Sämtliche Schriften*(Hannover, 1828–1831), I, 252–257 참조.

51. Epstein, *Genesis*, p. 491에서 인용.

참정권의 가치를 반박했다. 국민 주권은 폭도들의 독재와 마찬가지로 그들에게는 혐오스러운 것이었다. 국가의 이익은 공로와 부, 지혜를 가진 사람들에 의해 가장 잘 대표되며, 충동적이고 무지하며 분별없는 폭도들의 머릿수를 세는 것으로는 대표될 수 없다.[52]

그들의 고국에서 프랑스혁명의 위협이 점차 임박해오자 이에 대응하여 하노버 학자들은 개량reform의 옹호자가 되었다.[53] 옛 신분제 국가가 살아남으려면, 혁명 이후 시대의 도전, 즉 보통 시민의 새로운 열망과 커져가는 정치적 의식을 충족시켜야 했다. 혁명 아니면 반동, 민주주의 아니면 전제주의와 같은 양자택일식 대안은 명백히 받아들일 수 없는 것이었다. 이러한 위험을 피하기 위해서는 신분회의체가 단순히 개량되어야 하고, 영국 의회의 노선을 따라 더 대의적인 기관이 되어야 했다. 즉 그것은 의사진행과 토론에 있어 비밀이 적고 더 공개적이어야 했고, 우수한 인재나 재능 있는 사람들에게 덜 배타적이고 더 개방적이어야 했으며, 그들 자신의 이익에 덜 관심을 가지고 국민 전체의 복지에 더 헌신해야 했다. 모든 토지 소유자들이 그들의 출생이 어떠하든 간에 투표할 수 있도록 하기 위해서는 정말로 신분회의체에 대한 선거가 있어야 했다. 귀족들도 스스로를 개량해야 했다. 그들은 자신들의 낡은 직함과 특권을 주장하기보다는 국가의 책임 있는 행정관이 되어야 했다. 귀족에 관한 모든 오래된 관습, 법률, 제한은 폐지되어야 했다. 예컨대 평민과 귀족 간의 결혼 금지는 폐지되어야 했다. 그리고 성직록聖職祿을 받거나 관직을 얻는 데 있어 평민을 배제하는 것은 중단되어야 했다. 또한 궁정 의식에 시민들의 출입을 금지하는 관습은 폐지되어야만 했다. 일반적으로

---

52. 프랑스혁명에 대한 하노버 학자들의 초기 반응에 관해서는 특히 Ernst Brandes, *Politische Betrachtungen über die französische Revolution*(Jena, 1790), pp. 18-19, 26, 38-39 등등 참조.

53. 하노버 학자들의 개량 정책의 자세한 내용에 대해서는 Epstein, *Genesis*, pp. 579-590; Ursula Vogel, *Konservative Kritik an der bürgerlichen Revolution: August Wilhelm Rehberg*(Darmstadt, 1971), pp. 136-183, 196-207, 216-238 참조.

필요한 것은, 사회에 기여하는 유능한 사람들이 사회적 지위를 높이는 기회를 가질 수 있게끔 하는 훨씬 더 유연하고 개방적이며 점진적인 사회 계층 구조였다. 비록 하노버 학자들은 민주주의의 평준화 경향에 반감을 느끼고 계층화된 오랜 사회질서를 유지하기를 원했지만, 그들은 18세기 독일 사회의 엄격한 계급 차별을 강력히 반대하면서, 이 계급 차별이 독일에서 일어난 혁명적 동요의 상당 부분에 대한 원인이 되고 있다고 보았다.[54]

프랑스 민주주의에 대한 하노버 학자들의 반감은 프로이센 절대주의에 대한 그들의 경멸과 서로 맞아떨어지는 것이었다. 그들은 계몽적 전제주의를 혁명적 공화주의와 함께 당대 정치 생활의 또 다른 큰 위험으로 보았다. 브란데스와 레베르크는 시민들을 군대의 한 연대처럼 다스리는 프로이센의 '기계 국가'에 대해 경멸의 글을 썼다.[55] [305]프랑스 민주주의와 프로이센 절대주의는 완전히 상반되는 것처럼 보이지만, 하노버 학자들은 양자의 근본적인 유사성을 강조하는 것을 좋아했다. 둘 다 중앙집권적인 권력과 행정을 지향했고, 둘 다 전통과 역사를 무시한 채 추상적인 법과 일반적인 계획에 따라 통치했다. 그리고 둘 다 개인이 사회 질서를 준수할 수 있도록 무력 사용에 의존했다. 가장 나쁜 것은 단일 통치자로부터 온 것이든 아니면 국민 전체에서 온 것이든 그들의 전제주의 경향이었다. 프랑스 민주주의와 프로이센 절대주의는 지역 사회의 필요에 따라 법을 발전시키기보다는 지역 시민들의 상황 및 견해와 상관없이 위에서부터 법을 강요했다. 그리고 양자는 특수 집단의 권리와 이익을 고려하기보다는 획일성과 효율적인 행정을 위해

．．

54. 예를 들어 Brandes, *Betrachtungen über den Zeitgeist*, pp. 184–186 참조.

55. 예를 들어 Brandes, *Betrachtungen über den Zeitgeist*, pp. 50–80; A. W. Rehberg, *Ueber die Staatsverwaltung deutscher Länder und die Dienerschaft des Regenten*(Hannover, 1807), pp. 28, 41 참조. 슐뢰저는 프로이센에 대한 브란데스와 레베르크의 경멸을 전적으로 공유하지는 않았는데, 그는 프로이센의 계몽적 통치를 자주 칭찬했다. 그럼에도 불구하고 그는 장래의 독일 국가가 신분회의체에 중요한 의의를 부여해야 한다고 주장했다. Schlözer, *Allgemeine Staatsrecht und Staatsverfassungslehre*, pp. 165–166 참조.

모든 사람을 똑같이 대했다. 하노버 학자들은 이러한 유사점들을 강조했는데, 왜냐하면 그들은 두 통치형태 모두를 신성로마제국의 다원적이고 전통적이며 유기적인 구조에 대한 위협으로 여겼기 때문이다. 그들은 지역의 이익과 요구에 대응하는 분권화된 통치를 높이 평가했다. 그들은 국가의 결속력으로서의 추상적 법과 강제보다는 감정과 소속감을 선호했다. 그리고 그들은 모든 개인이 자신의 위치를 알고 사회 전체에 기여하는 사회적 계층 구조를 믿었다. 하노버 학자들은 신분제 국가가 프랑스 민주주의와 프로이센 절대주의의 폐해에 대한 최선의 방지책이라고 보았기 때문에 옛 신분제 국가의 가치를 강조했다. 그들은 그들 자신의 지역성에 기반을 두고 있었기 때문에, 신분회의체가 지역의 필요와 이익에 반응하고 전통적인 권리와 자유를 존중할 것이라고 생각했다. 그리고 그들은 가장 신분이 높은 시민들에 의해서만 통치를 받아왔기 때문에, 자신들이 프랑스 국민의회와 같은 폭도들의 압력에 굴복할 위험은 없을 것이라고 생각했다.

하노버학파의 가장 명민한 사상가는 의심할 여지없이 A. W. 레베르크 (1757-1836)였다.[56] 슐뢰저와 브란데스는 본질적으로 정치 평론가였지만, 레베르크는 철학자였다. 그는 실로 하노버학파의 철학적 대변자였다. 그는 하노버학파의 정치사상에 철학적 토대를 제공했고, 프랑스혁명에 의해 제기된 철학적 문제들을 훨씬 더 분명하게 보았다. 초기 시절 레베르크는 형이상학, 특히 라이프니츠와 스피노자의 저술에 열심인 연구자였다. 그러나 형이상학에 대한 회의론이 커지면서 결국 그는 칸트 철학에 대한 연구로 나아갔다. 레베르크는 칸트의 숭배자이자 비판자였다. 그는 볼프학파의 논박에 맞서 칸트를 옹호하는 한편, 제2 비판서[즉『실천이성비판』]에 대한 비판적 서평도

• •
56. 레베르크에 대해서는 엡스타인의 예리한 고찰(Epstein, *Genesis*, pp. 547-594) 및 Vogel, *Konservative Kritik* 등등 참조. 또한 Kurt Lessing, *Rehberg und die französische Revolution*(Freiburg, 1910)의 오래된 연구도 참조.

썼다.[57] 1780년대 말 레베르크는 범신론 논쟁에 가담하여 그에 대한 독창적이고 호평을 받은 논문을 썼다.[58] 이 논쟁에서 야코비는 신앙주의의 편에 서고 멘델스존은 이성주의의 편에 섰지만, 레베르크는 용감하게 완전한 회의주의를 옹호했다. 프리드리히 2세의 무관심 때문에 — "나는 스위스에서 나의 철학자들을, [306]하노버에서 요리사들을 데려온다" — 프로이센에서 대학의 자리를 얻지 못한 후, 레베르크는 요크 공작의 비서가 되었고 그 후 오스나브뤼크 주교의 비서가 되었다. 그의 직무로 인해 그는 곧 뫼저와 접촉하게 되었는데, 뫼저는 레베르크의 사상에 가장 결정적인 영향을 준 사람 중 하나가 되었다.[59] 1789년 레베르크는 『일반학예신문』의 편집자로부터 프랑스 문제에 관한 최근 서적들을 논평해달라는 집필 의뢰를 받았다.[60] 레베르크의 논평들은 곧 그를 프랑스혁명에 관한 논쟁의 최전선에 서게 했다. 그의 글들은 겐츠, 슈타인, 브란데스와 같은 보수주의자들로부터 열렬한 찬사를 받은 반면, 포르스터, 피히테, 슐레겔과 같은 급진주의자들에게는 날카로운 비판을 받았다.[61] 겐츠와 함께 레베르크는 곧 독일에서 보수적 대의에 대한 가장 저명한 대변자가 되었다. 프로이센의 개혁가 칼 폰 슈타인과의 친분 덕분에,[62] 레베르

..
57. Rehberg, *Philosophisches Magazin*, *Allgemeine Literatur Zeitung* 10(January 10, 1789), 77-80; 168(June 5, 1789), 713-716에서 레베르크의 서평을 참조. 제2 『비판』의 서평은 *Allgemeine Literatur Zeitung* 188(August 6, 1788), 345-351에 실려 있다. 레베르크는 그 후 이 서평을 전집 *Sämtliche Schriften*(Hannover, 1828-1831), I, 60-84에 다시 게재했다. 또한 *Materialien zu Kants Kritik der praktischen Vernunft*, ed. R. Bittner and K. Cranmer(Frankfurt, 1975), pp. 179-196에도 실려 있다.

58. A. W. Rehberg, *Ueber das Verhältnis der Metaphysik zu der Religion*(Berlin, 1787). 레베르크는 이 저작의 부실한 수용에 대해 불평했지만 『일반학예신문』에서 두 차례나 찬사를 받았다. *Allgemeine Literatur Zeitung* 147(June 19, 1788), 617-621, and 153b(June 26, 1788), 689-696.

59. 레베르크는 그의 저작집(*Schriften*, II, 23)에서 뫼저가 자신에게 끼친 영향력을 인정했다.

60. 레베르크는 후에 이 논평들을 모아 『프랑스혁명에 대한 고찰*Untersuchungen über die französische Revolution*』로 출판했다.

61. 레베르크의 논평에 대한 반응에 관해서는 Vogel, *Konservative Kritik*, pp. 283-284 참조.

62. 레베르크와 슈타인의 관계에 대해서는 Gerhard Ritter, *Stein: Eine politische Biographie*

크의 정치적 견해는 어느 정도 실질적인 영향력을 미쳤다. 슈타인이 프로이센에서 실천에 옮긴 원칙은 일찍이 레베르크와 친교를 맺으면서 부분적으로 발전된 것이었다.

레베르크의 보수주의의 철학적 기반은 그의 회의주의이다.[63] 뫼저와 마찬가지로 레베르크도 데이비드 흄의 숭배자였으며,[64] '훌륭한 데이비드le bon David'의 정신에 충실한 그는 역사적 제도를 방어할 수 있도록 이성의 주장을 공격했다. 레베르크는 프랑스혁명 10여 년 전부터 자신의 회의주의를 전개하기 시작했다. 1779년 그는 베를린 과학 아카데미의 현상 공모에 인간 지식의 한계에 관한 글을 썼다.[65] 여기서 그는 모든 형이상학은 스피노자주의로 끝나며, 결코 적절하지는 않지만 그것에 대한 유일한 방어는 라이프니츠의 철학이라고 주장했다. 그러나 레베르크는 모든 형이상학의 불충분함을 보여주기 위해서만 스피노자주의를 옹호했다. 스피노자의 체계는 형이상학적 이성주의의 가장 일관되고 엄격한 형태를 나타낸다. 그러나 그것은 우리의 추상적인 개념을 사물 자체와 혼동하기 때문에 잘못된 것이다. 이 초창기에 이미 자신의 미래 회의주의의 지침을 정식화해 두었다고 그는 나중에 말했다.[66] 즉 우리는 실재를 그 자체로 알 수 없다는 것, 그리고 보편적인 것과

..

　(Berlin, 1931), I, 143–183 및 Erich Weniger, "Stein und Rehberg", *Niedersächsisches Jahrbuch* 2(1925), 1–124 참조.

63. 엡스타인과 포겔은 레베르크의 보수주의가 어떻게 그의 초기 철학적 회의주의에서 비롯되었는지를 설명하지 못하고 있다. 엡스타인은 레베르크의 첫 철학적 저작을 그의 정치적 견해에 있어 중요하지 않다고 일축해버리는 잘못을 범하고 있다(Epstein, *Genesis*, p. 701). 그리고 포겔은 레베르크가 칸트와 벌인 논쟁에 집중함으로써 레베르크의 초기 저작들을 무시한다(Vogel, *Konservative Kritik*, p. 78). 그러나 레베르크 자신은 그의 초기 견해의 중요성을 강조하고자 했다. *Schriften*, I, 3–24 참조.

64. Rehberg, *Schriften*, I, 12, 19 참조. 또한 야코비의 『데이비드 흄』(Jacobi, *David Hume*)에 대한 레베르크의 서평도 참조. *Schriften*, I, 25–37, 특히 pp. 26–27.

65. A. W. Rehberg, *Ueber das Wesen und die Einschränkungen der menschlichen Kräfte*(Leipzig, 1779).

66. Rehberg, *Schriften*, I, 8.

특수한 것 사이에는 메울 수 없는 간극이 존재한다는 것이다.

범신론 논쟁에 대한 그의 기고문에서 레베르크는 자신의 회의론적 입장을 형이상학뿐 아니라 종교 자체에까지 적용하면서 더욱 발전시켰다. 그는 모든 이성주의가 회의주의로 끝난다는 야코비의 의견에 동의했지만, 그러나 야코비와는 달리 목숨을 건 도약salto mortale을 받아들이려 하지 않았다. 그에게 신의 모든 속성은 인격화된 투영물에 지나지 않는 것으로, 그것은 우리에게나 외관에게는 적용되지만 실재 자체에는 그렇지 않다.[67] 그의 친구 J. J. 엥겔이 "그래서 모든 종교를 시로 바꾸고 싶은가?"라고 물음으로써 그의 논문을 요약했을 때, 레베르크는 이의를 제기하지 않았다. 그 질문에 대해 그가 덧붙인 유일한 사항은 그러한 시에는 도덕적 가치가 있다는 것이다.[68]

레베르크는 프랑스혁명 1년 전에 출간된 칸트의 『실천이성비판』에 대한 초기 서평을 통해 자신의 회의주의를 더 멀리 가져갔고, 이제는 칸트의 도덕철학과는 정반대로 돌아섰다. 그는 칸트가 [307]보편적인 것과 특수한 것, 또는 더 칸트적인 용어로 선험론적인 것과 경험적인 것 사이의 불가해한 간극을 메울 수 없다고 확신했다. 그가 보기에, 칸트는 순수이성이 실천적이라는 것, 그리고 그것이 경험적 세계에서 우리의 행동의 기초가 될 수 있다는 것을 증명할 수 없었다.[69] 또한 어떤 형태의 이성도 그 객관의 존재를 증명할 수 없다는 점에서 칸트는 실천이성이 이론이성과 같은 제한을 받지 않는다고 가정할 수도 없었다고 레베르크는 주장했다. 따라서 프랑스혁명 이전에 레베르크는 나중에 혁명 자체에 대항할 철학적 관점에 도달했다. 그의 초기 저작에서 보편적인 것과 특수한 것, 또는 선험론적인 것과 경험적인 것 사이의 간극은 그의 후기 저작에서 이론과 실천 사이의 간극이 되었다.

혁명적 이데올로기에 대한 레베르크의 투쟁은 무엇보다도 칸트와의

..
67. Rehberg, *Ueber das Verhältnis der Metaphysik zu der Religion*, pp. 15, 167–175.
68. Rehberg, *Schriften*, I, 16–17.
69. 레베르크의 서평은 Bittner and Cranmer, *Materialien*, pp. 186, 190 참조.

싸움이었다.[70] 그렇게 많은 혁명가들에게 영감을 준 루소의 교설에 철학적 기초를 제공한 것은 분명 칸트의 윤리적 이성주의라고 그는 믿고 있었다.[71] 그렇다면 조만간 레베르크는 칸트의 「이론과 실천」 논문을 상대로 한 논쟁에 돌입해야 했다. 1794년 2월 칸트에 대한 그의 응답 논문인 「이론과 실천의 관계에 대하여」가 때맞춰 『베를린 월보』에 게재되었다.[72]

레베르크는 칸트를 문제 삼아야 했지만 칸트의 도덕철학의 기본 원리에 동의를 표명하는 것으로 그의 응답을 시작했다.[73] 다른 많은 보수주의자들과는 달리, 레베르크는 윤리학의 경험주의자가 아니었다. 오히려 그는 도덕의 제1원리들은 어떤 결과에 대한 지식과는 별개로 경험과는 독립적으로 확립되어야 한다는 칸트의 의견에 동조했다. 효용은 올바름의 문제를 결정할 수 없다.[74] "당신의 의지의 격률이 보편적인 법칙이 될 수 있도록 행동하라", "인간성을 항상 목적 그 자체로 대하라"와 같은 도덕의 제1원리들이 순수이성에 의해 규정 가능하다는 것을 보여준 것은 칸트의 큰 장점이었다고 레베르크는 말한다. 그러나 윤리적 이성주의의 수용이 혁명적 이데올로기에 대한 양보를 의미하지는 않는다고 레베르크는 주장했다. 혁명적 이데올로기의 문제는 도덕적 원리를 정당화하는 데서 발생하는 것이 아니라 그것을 적용하는 데서 발생한다. 레베르크는 칸트의 체계에서의 선험적인 것과 후험적인

• •
70. 혁명적 이데올로기에 대한 레베르크의 공격은 대개 루소에 대한 그의 비판의 관점에서 설명되어 왔다. 예를 들어 Gooch, *Revolution*, pp. 78–82; Epstein, *Genesis*, pp. 574–579 참조. 구치와 엡스타인은 레베르크와 칸트 간의 만남의 중요성을 과소평가한다. 이에 반해 포겔은 그 중요성을 정당하게 강조하고 있다(Vogel, *Konservative Kritik*, p. 78). 레베르크와 칸트의 논쟁은 레베르크와 루소의 논쟁보다 먼저 일어난 일이다. 칸트에 대한 레베르크의 비판적 논고는 *Ueber das Verhältnis der Metaphysik zu der Religion*, sec. 5, pp. 108–161 참조.

71. A. W. Rehberg, "Ueber das Verhältnis der Theorie zur Praxis", reprinted in the collection *Ueber Theorie und Praxis*, ed. Dieter Henrich(Frankfurt, 1967), pp. 117, 127 참조.

72. *Berlinische Monatsschrift* 23(1794), 114–143 참조.

73. Rehberg, "Ueber das Verhältnis der Theorie zur Praxis", p. 116 참조.

74. Rehberg, *Schriften*, IV, 146.

것, 선험론적인 것과 경험적인 것 사이의 간극에 대응하는 도덕 이론과
정치적 실천 사이의 메울 수 없는 간극을 발견했다. 이 간극은, 칸트의 제1원리
들이 모든 종류의 사회적·정치적 조직과 양립할 수 있으며 따라서 직접적인
정치적 관련성이 없다는 것을 의미한다.

왜 레베르크는 칸트의 순수이성이 실천적이지 않다고 생각했을까? 왜
그는 그것이 정치적으로 중립적이라고 주장했을까? 이 논문에서 레베르크는
칸트에 반대하는 다음과 같은 주장을 했다.

1. 칸트의 정언 명령은 도덕의 충분한 규준이 아니다. 그것은 단지
   우리의 행동이 원리나 보편적 법칙에 부합해야 한다고만 명시하고
   있을 뿐, 모든 종류의 격률이 보편화될 수 있기 때문에 이러한 원리나
   법칙이 무엇이어야 하는지를 우리에게 말해주지 않는다. 기껏해야
   칸트의 규준은 [308]보편화할 수 없는 격률을 금지함으로써 우리에게
   소극적인 검증 기준을 제공하지만, 그것은 여전히 보편화할 수 있는
   격률들 중에서 선택할 수 있는 적극적인 검증 기준을 우리에게 남겨두
   지 않는다.[75]

2. 우리 자신이 목적 자체들이라는 칸트의 원리는 우리가 도덕적 원리에
   따라 행동할 수 있는 이성적이거나 도덕적 존재인 경우에만 진실이다.
   그러나 우리가 또한 육체적 필요와 욕망의 지배를 받는 경험적 존재인
   한 그것은 거짓이다. 우리가 타인을 목적을 위한 수단으로 취급하고
   우리 자신이 그들의 목적을 위한 수단이 되도록 허용해야만 우리는
   이러한 필요를 충족시킬 수 있다. 다른 사람을 자신의 목적을 위한
   수단으로 취급하지 않는 사람은 그저 굶어죽을 것이다. 그렇다면
   인간들 간의 이러한 상호 이용의 관계는 어떻게 되어야 하는가?
   칸트의 도덕철학은 우리에게 아무런 대답도 주지 않는다.[76]

· ·
75. Rehberg, "Ueber das Verhältnis der Theorie zur Praxis", pp. 117–118, 119–121.
76. 같은 책, pp. 118–119.

3. 칸트의 평등 원리는 모든 사람이 같은 권리를 가져야 한다는 것을 의미하지는 않는다. 그것은 모든 권리가 동등하게 존중되어야 한다고만 말하는데, 이는 권리의 범위와 종류에 있어서 가장 큰 차이와 양립할 수 있다.[77]

4. 칸트의 자유의 원리는 우리가 다른 사람들로부터 완전히 독립하여 살 수 있는 완벽하게 자유로운 존재일 경우에만 우리에게 적용된다. 그러나 우리는 그런 존재가 아니다. 우리는 우리의 생존을 위해 다른 사람들에게 의존한다. 여기서 이러한 의존의 관계는 어떻게 되어야 하는가라는 의문이 다시 제기된다. 이번에도 칸트는 우리에게 답을 제공하지 않았다.[78]

칸트의 도덕철학에 대한 이러한 모든 어려움은 순수이성이 우리의 도덕적·정치적 행동의 구체적인 격률을 결정할 충분한 규준을 제공할 수 없기 때문에 실천적이지 않다는 것을 보여준다고 레베르크는 생각했다. 구체적인 세계에서 우리의 특정한 의무를 결정하려면 우리는 효용성에 대한 고려에 의존해야 한다. 우리는 특정한 상황에서 사람들의 요구를 고려해야 하고 어떤 법이나 정책이 가장 유익할지를 확인해야 한다. 그러나 많은 경우에 효용성조차도, 서로 비교할 수 없거나 똑같이 유익한 정책들 사이에서 손쉽게 결정할 수 없을 것이다. 그러면 우리는 기존의 관습, 전통, 계약에 따라 행동할 수밖에 없다.[79]

우리가 레베르크의 이른바 역사주의를 자리매김해야 하는 것은 이런 맥락에서이다. 이성은 우리의 도덕적·정치적 행동의 구체적인 형태를 결정할 수 없기 때문에 그리고 이는 관습, 전통, 관행에 의해 정착되는 경우가 더 많기 때문에, 우리의 도덕과 정치는 역사 자체에 의해 형성되는 셈이다.

· ·
77. 같은 책, p. 124.
78. 같은 곳.
79. 같은 책, p. 127. Cf. Rehberg, *Untersuchungen*, I, 45-50.

우리의 도덕적·정치적 행동의 구체적인 형태는 이전 세대가 우리에게 물려준 관습, 전통, 계약 외에 다른 제재를 받지 않는다.[80] 우리는 우리가 동의하는 원리에 따라서만 행동하는 완전히 자유로운 도덕적 주체들이 아니다. 다시 말해 우리는 피히테가 주장하듯이 순전히 자기 정립적인 주체가 아니다. 오히려 우리는 우리의 사고와 행동에 있어서 역사적 세계에 제약되어 있는데, 이 세계 내에서 우리는 특정한 전통과 법, 제도, 삶의 방식을 지닌 우리 문화에 의해 우리 자신을 발견하는 것이다. [309]전통과 관습의 필수 불가결한 역할에 대한 레베르크의 주장은 그의 보수주의의 특징 중 하나이다. 그러나 그는 관습과 전통이 불가침이라고 주장하는 반동주의자는 결코 아니었다. 그는 관습과 전통이 상황의 변화 속에서 억압적이거나 불편해지면 그 관습과 전통을 바꿔야 한다고 흔쾌히 인정했고 실제로 그렇게 주장했다.[81]

레베르크의 정치철학에서 역사가 행한 정확한 역할에 대해 명확히 말하는 것이 중요하다. 그의 사상의 역사적 가닥들은 종종 지나치게 과장되어 그를 불필요한 반론의 대상으로 만들었다. 그런가 하면 레베르크는 종종 정치에서 자연법 전통과 이성주의를 공격한 공로를 인정받고 있다.[82] 그러나 그는 결코 자연법의 존재를 부정하거나, 이성이 도덕의 **구체적인 격률**은 아니더라도 도덕의 제1원리를 결정한다는 것에 의문을 제기하지 않았다. 정확히 말하면, 그의 입장은 이성의 원리와 자연법은 실천에 있어서 불충분하지만 필수 불가결하다는 것이다. 즉, 역사는 이성을 보완하지만 대체하지는 않는다. 그는 때때로 정치적 사상을 위해 이성과 자연법의 중요성을 분명히 주장했으므로 이 점을 레베르크 이론에서 이성주의의 잔재에 불과한 것으로

..
80. Rehberg, *Untersuchungen*, I, 52–54; *Schriften*, IV, 143.
81. 예를 들어 Rehberg, *Schriften*, IV, 145 참조.
82. 예를 들어 Weniger, "Stein und Rehberg", p. 54; Lessing, *Rehberg und die französische Revolution*, p. 137; Aris, *History*, p. 56 참조. 레베르크의 입장의 이성주의적 측면은 다음 문헌들에 의해 적절히 강조되어 왔다. Epstein, *Genesis*, pp. 580–581; Vogel, *Konservative Kritik*, pp. 76–77.

치부하는 것은 잘못된 판단일 것이다. 그의 이후 글 중 일부에서 그는 새롭게 부상하는 역사법학파를 비판했다.[83] 법의 선험적 차원이 존재한다는 칸트적 견해를 재확인하면서 그는 모든 법이 임의의 명령에 지나지 않는다는 교설에 반대했다. 이런 점에서 레베르크에 대한 피히테의 비판은 부당하며 요점을 놓치고 있다.[84] 레베르크는 피히테가 비난한 대로 역사적 전통이 법의 기준을 결정한다고 가르친 것이 아니라 역사적 전통은 단지 법이 어떻게 적용되어야 하는지만 규정한다고 가르쳤다.

12.4. 베를린 계몽주의자들

1790년대의 보수적 의견의 스펙트럼을 따라 크리스티안 가르베, J. A. 에버하르트, C. G. 스바레즈, C. F. 니콜라이, J. J. 엥겔 등 베를린 계몽주의자들의 견해가 있었다.[85] 베를린 계몽주의자들은 1760년대부터 1790년대까지 독일의 유력한 철학 학파 중 하나였으며, 계몽주의의 확산에 대한 많은 공로를 인정받을 만하다. 그들은 미신, 무지, 열광에 맞서 싸우는 충실한 전사였고, 종교적 관용과 언론의 자유와 같은 많은 자유주의적 이상의 열정적인 옹호자였다. 그러나 베를린 학자들이 몇 가지 자유주의적 이상을 옹호하긴 했지만, 그들을 그저 일반적으로 자유주의자들로 간주하는 것은 잘못된 일일 것이다. 그들 대부분은 프리드리히 2세의 계몽적 군주제에 깊은 애착을

----

83. 예를 들어 후고의 『자연법 교본』(Hugo, *Lehrbuch des Naturrechts*)에 대한 레베르크의 서평(*Schriften*, IV, 103–121, 특히. pp. 108–109, 117–118, 120) 참조.
84. 3.5절 참조.
85. 베를린 계몽주의자들 모두가 국가에 대해 보수적인 견해를 가진 것은 아니었다. 예를 들어 E. F. 클라인과 C. W. 돔은 국가의 역할에 대해 다른 의견을 가지고 있었다. E. F. Klein, *Grundsätze der natürlichen Rechtswissenschaft*(Halle, 1797), pp. 246, 248, 271; C. W. Dohm, "National-ökonomischen Vorträgen", in Humboldt, *Schriften*, VII/ 2, 507– 539, 특히 p. 538 참조.

가지고 있었으며, 그들 중 일부는 가부장주의적 국가관을 확고히 고수하고 있었다. "고령의 프리츠[프리드리히 2세]"처럼 그들은 국민을 위한 통치를 믿었지만 국민에 의한 통치는 인정하지 않았다. 군주가 국민의 이익을 위해 통치해야 하지만, 그는 그들에게 통제되거나 책임을 져서는 안 된다. 그는 확실히 그들의 첫 번째 봉사자이지만 그들의 대리인이나 대표는 아니다. 베를린 학자들 중 일부는 또한 통치가 사회에서 순전히 [310]소극적인 역할로 제한되어야 한다는 견해를 거부했다. 그들은 군주가 시민의 자유와 법치, 종교적 관용을 보장해야 한다고 주장하면서도 문화, 교육, 경제에 관한 법령을 제정해 국민의 복지를 증진시킬 책무가 있다고도 강조했다.[86] 요컨대 베를린 학자들은 여전히 프리드리히 2세의 계몽적 군주제의 전통을 옹호했다. 프랑스 혁명이 일어날 무렵 그들의 이데올로기는 이미 성숙 단계에 있었다.

베를린 학자들은 계몽의 옹호자였지만, 그들의 정치적 견해는 계몽에 분명한 한계를 두었다. 계몽이란 입헌군주제와 신분 계급적 사회의 범위 안에 포함되어야 한다고 생각되었다. 그들은 대중이 자연 도덕과 종교의 제1원칙을 배워야 하고 일부 낡은 편견과 미신을 간파해야 한다는 주장에 만족했다. 그러나 계몽이 너무 지나치게 나아갈 위험은 언제나 있었다. 이성적 비판은 일반인들의 복종의 근간인 종교와 도덕에 대한 의심을 불러일으킬 수 있다.[87] 더 나쁜 것은 스스로 생각하는 법을 배운 사람들이 스스로 통치하기를 원할 수도 있다는 점이다. 그럴 경우 계몽은 국민 주권에 대한 급진적인 요구로 이어질 수 있다. 이러한 위협에 대처하기 위해 베를린 학자들은 계몽에 대한 엘리트주의적인 개념을 개발했다. 그들은 계몽이 위에서부터, 즉 왕위에 가까운 철학자들과 신학자들로부터 얻어져야 한다고 주장했다.

· ·

86. 예를 들어 Svarez, "Ueber den Zweck des Staats", in *Vorträge über Recht und Staat*, pp. 639-644; J. A. Eberhard, *Sittenlehre der Vernunft*(Berlin, 1786), pp. 113-115, no. 109 참조.

87. 이러한 염려는 가령 다음 문헌에서 명백하다. Moses Mendelssohn, "Ueber die Frage: Was heisst aufklaren?" *Berlinische Monatsschrift* 4(1784), 193-201, 특히 pp. 197-201.

그렇다면 계몽은 사람들에게 그들의 지식을 전달하는 엘리트에 의해 이루어져야지, 스스로 생각하는 법을 배우는 사람들에 의해 이루어져서는 안 된다. 정치 질서에 필요한 신념을 유지하기 위해 계몽주의자들은 그들 스스로 얼마나 많은 이성적인 질문을 대중에게 공개해야 하는지를 결정해야 할 것이다. 필요하다면 그들은 심지어 대중에게 거짓말도 해야 할 것이다.

베를린 학자들은 18세기 후반의 보수적 사고에서 독특한 위치를 차지하고 있었다. 군주제와 중앙집권적 통치에 대한 그들의 믿음은 그들을 뫼저, 레베르크, 하노버학파와 차별화시켰다. 그리고 계몽과 몇몇 자유주의적 이상에 대한 그들의 긍정적 태도는 그들을 반동주의자들과 구별하게 했다. 그들의 보수주의의 가장 뚜렷한 특징은 이성주의이다. 국가와 정치적 의무에 대한 그들의 이론은 자연법과 사회계약에 기초하고 있다.[88] 그들은 뫼저, 레베르크, 헤르더의 역사주의를 명백히 거부했다.[89]

프랑스혁명 이전부터 베를린 학자들의 평온한 시대는 끝이 났다. 1786년 프리드리히 2세의 죽음은 그들이 소중히 여기고 옹호한 계몽적 군주제의 붕괴라는, 종말의 시작을 알렸다. 1780년대 말의 정치 풍토는 그들에게 불리했다. 1788년의 뵐너 칙령은 계몽적 통치와 정치적 진보에 대한 그들의 믿음의 심장부를 강타했다. 계몽주의자들 중 일부는 그들의 글과 논문이 새로운 검열관의 잣대에 저촉되는 바람에 베를린을 떠날 수밖에 없었다. 1780년대 말의 철학적 분위기도 베를린 학자들에게는 비우호적이었다. 1786년에 시작된 범신론 논쟁은 이성에 대한 그들의 믿음의 기초에 의문을 제기했다. 야코비는 일관된 이성주의가 [311]스피노자주의의 무신론과 숙명론으로 끝난

• •

88. 자연법 교설에 대한 베를린 학자들의 충성에 대해서는 예를 들어 Eberhard, *Sittenlehre der Vernunft*, nos. 22–23, 36–46, pp. 23–25, 36–45; Svarez, *Vorträge über Recht und Staat*, pp. 453–468; Garve, *Einige Betrachtungen über die allgemeinsten Grundsätze der Sittenlehre*, in *Werke*, IX, 49–52 참조.

89. 예를 들어 J. A. Eberhard, *Ueber Staatsverfassungen und ihre Verbesserung*(Berlin, 1793–1794), I, 32–33 참조.

다고 주장함으로써 계몽의 타당성에 의문을 던졌다. 그리고 1780년대 말의 칸트주의의 부상은 베를린 학자들을 더욱 수세에 몰아넣었다. 그들의 철학은 많은 점에서 라이프니츠·볼프 학파의 형이상학과 윤리학의 대중화된 버전이며, 이러한 원칙들은 칸트에 의해 통렬히 비판되고 있었다. 그래서 1780년대 말에 이르러 베를린 학자들은 이미 필사적인 퇴각 싸움을 벌이고 있었다. 뵐너의 위압적인 내각의 그늘 아래에서 그들은 칸트주의자들에 대항하는 한편 또한 동시에 야코비가 이끄는 신앙주의자들에 대항하여 두 가지 전선에서 자신을 방어하고 있었다. 1786년 멘델스존이 사망했을 때 그들은 최고의 철학적 대변인을 잃었다. 니콜라이, 가르베, 에버하르트는 그 후 최선을 다해 투쟁을 계속하도록 남겨졌다.

프랑스혁명은 베를린 학자들의 곤경을 위기로 만들었다. 독일의 거의 모든 사람들은 프랑스혁명을 계몽의 승리로 보았다. 그러나 프랑스혁명이 공포정치와 무질서 및 분쟁의 피비린내 나는 길을 걸을수록 계몽의 명분은 더욱 불신을 사게 되었다. 이성의 원리들이 스피노자주의의 무신론과 숙명론뿐만 아니라 자코뱅주의의 무정부주의와 공포정치로 이어지는 것 같았다. 계몽의 이성주의가 홀바흐, 엘베시우스, 디드로의 물질주의로 향하고 있다고 야코비가 주장했던 것처럼, 프랑스혁명은 루소, 로베스피에르, 생쥐스트의 급진적 공화주의로 귀결될 것임을 보여주는 듯했다. 만약 그렇다면 베를린 학자들은 그들의 계몽 프로그램을 포기해야 할 것이었다. 그 프로그램은 이성이 도덕, 종교, 국가의 주요 원칙을 뒷받침한다고 가정했다. 그러나 프랑스에서의 사건의 경과는 정반대의 양상을 보이는 것 같았다. 따라서 1790년대 초에 베를린 학자들은 가장 걱정스러운 부분의 정당성 위기에 직면했다. 어떻게든 그들은 프랑스혁명의 대의와 자코뱅파의 급진적인 이상으로부터 이성을 분리시켜야 했다. 그들은 결국 ─ 칸트, 야코비, 그리고 프랑스 급진주의자들의 뜻에 반할지 모르지만 ─ 이성이 구체제의 편이라는 것을 보여줘야 할 것이라고 생각했다. 이는 라이프니츠·볼프 형이상학을 옹호하는 것뿐만 아니라 칸트 철학과 자코뱅의 이데올로기에 대한 반격에

나서는 것을 의미했다.[90]

베를린 계몽 보수파의 지도적인 대변인은 크리스티안 가르베(1742–1798)였다. 1780년대 칸트주의가 부상하기 이전에 가르베와 멘델스존은 당대 최고의 철학자로 여겨졌다.[91] 가르베는 그의 도덕적, 정치적, 미학적 저술과 몇몇 영국 저작의 번역으로 유명해졌는데, 그중에는 버크의 『숭고와 미에 대한 고찰』(1773)과 퍼거슨의 『도덕철학 원리』(1772)가 있었다. 가르베는 작센에서의 지적 생활과 밀접한 관련이 있지만 — 그는 라이프치히에서 교육을 받았고 결국 그곳에서 도덕철학 교수가 되었다 — 그는 나중에 베를린에 거주했고 베를린의 문예 서클에서 활동했다. 정치적 견해에 있어 가르베는 무엇보다도 [312]프로이센인이었다. 대부분의 베를린 학자들과 마찬가지로 그는 프리드리히 2세의 계몽적 군주제와 강한 일체감을 가지고 있었다.

다른 많은 독일 보수주의자들과 함께 가르베는 영국 정치와 학문의 숭배자였다. 그에게 계몽은 본질적으로 영국 모델을 독일로 수입하는 것을 의미했다. 그는 영국 헌법의 지혜와 절제를 칭송했고 베이컨과 로크의 실용주의와 경험주의를 지지했다. 독일의 흄이 되려는 것이 가르베의 야망이었다.[92] 그러나 그는 주로 흄의 스타일과 방법 때문에 그를 존경했다. 다만 그는 상식에 대한 믿음을 훼손시킨 흄의 회의론을 인정할 수 없었다. 뫼저와 레베르크처럼 가르베는 흄을 따라 인간 행동의 원천으로서 관습과 전통의

* *
90. 베를린 학자들의 칸트 비판에 대해서는 Garve, *Darstellungen der verschiedenen Moralsysteme von Aristoteles an bis auf Kant*, in *Werke*, VIII, 340–383; C. F. Nicolai, "Ist Kants Moralprinzip bey der Ausübung in allen Fallen hinreichend?" in *Philosophische Abbandlungen*(Berlin, 1808), I, 1–50, 및 *Neun Gespräche zwischen Christian Wolff und einem Kantianer*(Berlin, 1798)의 서론 참조. 에버하르트의 칸트 비판에 대해서는 나의 *Fate of Reason*, pp. 193–203, 217–224 참조.

91. 어쨌든 그러한 것이 칸트의 의견이었다. 1776년 11월 24일 헤르츠에게 보낸 칸트의 서한(*Schriften*, X, 184).

92. 흄에 대한 가르베의 태도에 관해서는 *Einige Betrachtungen über die Kunst zu denken*, in *Werke*, II, 355, 357, 372–375 참조.

영향을 강조했다.

프랑스혁명 전부터 가르베는 보수적인 정치철학의 윤곽을 그려내기 시작했다. 『도덕과 정치의 연관에 대한 논고』(1788)에서 그는 우리가 일상 생활에서 준수하는 것과 똑같은 도덕적 규칙에 따라 모든 상황에서 통치자가 행동하기를 기대하는 것은 비현실적일 것이라고 주장하면서, 온건하고 잠정 적인 태도로 프리드리히 2세의 현실정치를 옹호했다.[93] 그는 계속해서 군주가 커다란 개혁을 단행하는 위험성 높은 정책보다 현 상황을 유지하는 안전한 정책을 선호해야 한다고 주장했다.[94] 관습과 전통이 인간의 행동에 미치는 영향은 사회를 바꾸려는 사람들에게 증명의 책임을 부과한다.[95] 가르베의 논문은 프리드리히 2세의 계몽적 통치에 대한 찬사로 적절하게 끝을 맺는다.

거의 완전히 무시되어 왔지만,[96] 프랑스혁명에 대한 가르베의 반응은 그의 모든 동포들 중에서 가장 흥미롭고 지적인 것 중의 하나이다. 독일에서는 프랑스혁명을 그렇게 공명정대하고 거리를 두면서 고찰하고 또 혁명으로 인해 제기된 문제들을 그렇게 심도 있게 검토한 관찰자는 거의 없었다. 가르베는 열렬한 정치 분석가였고 항상 정치적 질문을 그의 관심의 전면에 내세웠다. 그의 상당한 관찰, 분석, 논증의 능력은 모두 프랑스혁명에 집중되었 다. 그는 프랑스혁명에 관한 여러 논문을 썼고 유명한 '이론과 실천' 논쟁에서 중요한 역할을 했다.[97] 혁명에 대한 본질적인 관심 때문에 그리고 베를린

••
93. Garve, *Werke*, IX, Anhang, 1–163, 특히 pp. 4–5, 45–47, 66–67 참조. 칸트는 이 논저를 『영원한 평화를 위하여』 말미에서 명시적으로 비판했다. *Schriften*, VIII, 385.

94. Garve, *Werke*, IX, 81–82.

95. 같은 책, IX, 69, 81–82.

96. 프랑스혁명에 대한 독일의 반응에 관한 모든 해설자 중에서 오직 구치만이 가르베의 반응을 고려하지만 그러나 그저 지나가는 말에 그칠 뿐이다(Gooch, *Revolution*, pp. 91–93). 구치는 가르베가 즉시 프랑스혁명을 못마땅하게 여기고 그것에 거의 관심이 없었다고 말한다.

97. 가르베의 논문 "Ueber die Geduld"의 '주석'(*Versuche über verschiedene Gegenstände aus der Moral und dem gesellschaftlichen Leben*, Breslau, 1792, pp. 111–116, reprinted

계몽에서 가르베의 중요성 때문에, 프랑스혁명에 대한 그의 반응은 어느 정도 면밀히 살펴볼 가치가 있다.

프랑스혁명에 대한 가르베의 초기 반응은 신중하고 우유부단한 것이었다. 그는 지극히 깊은 관심을 가지고 그 사건을 관찰했지만 판단을 보류했다. 그는 비록 보수적인 의미에서였지만 자유와 평등의 이상을 찬성했다. 그러나 혁명을 통해 그 이상들을 한꺼번에 실현시킬 수 있을까? 프랑스 사람들은 무정부상태와 내전에 빠지지 않고 그것들을 성취할 만큼 충분히 계몽되었는가? 프랑스의 사건들은 이러한 문제들을 결정짓는 중대한 실험이었다. 1789년 9월 24일, 가르베는 그의 친구 펠릭스 바이세에게 이렇게 편지를 썼다. "프랑스의 소요사태에 대해 어떻게 생각합니까? 그 결과는 국가에 행복이겠소, 아니면 불행이겠소? [313]국가의 조직 전체가 갈기갈기 찢어졌고, 완전히 새로운 형태로 영속성과 견고성을 가지려면 큰 지혜나 큰 행운이 필요할 겁니다. 이 시대는 가장 중요한 시기 중 하나이며, 적어도 계몽을 위한 기회와 자료 그리고 인류에게 가장 중요한 몇 가지 주제에 대한 연구를 제공할 것입니다."[98] 불과 몇 주 후 가르베는 더 비관적이었다. 그는 아마도 파리에서 폭도의 폭력이 빈번히 일어나고 있다는 소식과 10월 6일 왕비가 간신히 목숨을 건지고 왕의 근위대들이 살해당한 [베르사유] 궁전의 침입 소식을 들었을 것이다. 11월 14일 그는 바이세에게 우울한 기분으로 편지를 썼다. "프랑스에서 지금 일어나고 있는 일에 주의를 기울이지 않는다면 비인간적이라고 해야겠지요. 하지만 슬프게도, 내 희망은 많이 가라앉았네요. 지금까지 … 건설적인 것은 아무것도 없고 파괴적인 것밖에 보이지 않습니다."[99]

• •

in Werke, I, 99–104)은 칸트의 「이론과 실천」 논문의 첫 부분의 계기가 되었다. 가르베는 다음과 같은 글로 칸트에게 응답했다. "Ueber die Grenzen des bürgerlichen Gehorsams und den Unterschied von Theorie und Praxis in Beziehung auf zwey Aufsätze in der *Berlinische Monatsschrift*", in *Werke*, VI, 347–367.

98. Garve, *Werke*, XVI, 319.

99. 같은 책, XVI, 321–322.

그러나 그런 비관론은 지속되지 않았다. 9개월 후 가르베의 입장은 다시 바뀌었다. 그는 베를린에 있었는데, 그곳에서 그는 프랑스에서 일어난 사건에 대한 최신 뉴스와 문헌을 모두 접할 수 있었다. 여기서 그는 친구인 겐츠나 훔볼트와 자주 대화를 나누었다. 이제 그는 정보에 입각한 판단을 내릴 수 있게 되면서 프랑스혁명의 편에 섰다. 1790년 8월 11일 바이세에게 보낸 편지에서 가르베는 다음과 같은 두 가지 결론을 내렸다고 말했다. "1) 이전의 프랑스 국가는 상황이 정말 열악해서 전면적 개혁을 필요로 했는데, 아무리 많은 불편이 수반되더라도 혁명이 아니고서는 그런 완전한 개혁은 가능하지 않았을 것이다. 2) 현행 헌법이 모든 부분에 남아 있을 수 없고 일부 성급한 개정들이 뒤따를지라도, 결국 프랑스는 예전 국가로 돌아갈 수 없고 아마도 더 나은 국가가 될 것이다."[100]

6개월 후 가르베는 다시 동요하기 시작했다. 그는 교회 토지를 몰수하고 매각하는 성직자 민사기본법에 대해 냉소적이 되었다. 국민의회 지도자들은 전통과 재산권, 국민의 감정과 상관없이 이들 토지를 몰수하는 데 혈안이 되어 있는 듯했다. 그는 그들이 이런 일을 하는 동기에 의문을 제기했다. 1791년 2월 26일 그는 바이세에게 다음과 같이 편지를 썼다. "프랑스인들은 그들의 왕에 대한 경멸을 배웠지만, 자신들은 기꺼이 돈을 편취해왔지요. 그들은 공화주의적 평등을 받아들였지만, 공화주의적 정신의 빈곤은 그들 국가의 수장들과 마찬가지로 오래된 위엄을 가지고 있지 않은 것처럼 보입니다. — 그리고 나 자신이 인정하건대, 그들의 새 건물이 그다지 견고하지 않다고 생각한다면 그것은 그들의 도덕성과 인격이 새로운 통치형태에 따라 스스로를 개혁하지 않았기 때문이지요."[101]

좋든 나쁘든 이런 태도가 우세할 수밖에 없었다. 1791년 12월 11일 바이세에게 보낸 편지에서 가르베는 프랑스혁명을 향한 자신의 입장이 일관

••
100. 같은 책, XVI, 353.
101. 같은 책, XVII, 6-7.

되지 않았음을 인정했다.[102] 그러나 그는 이제 새로운 관점을 갖게 되었고, 처음에는 그를 감탄과 기쁨으로 가득 채웠던 많은 것들을 부정적인 시각에서 바라보게 되었다. 그는 이제 정치적 헌법의 근본적인 변화에 앞서 생활양식과 도덕이 꾸준히 개선되는 가운데서의 점진적인 개혁의 필요성을 믿었다. 1793년 4월 23일 그의 친구 M. A. 폰 튐멜에게 보낸 편지에서 가르베의 [314]실망과 불만은 정점에 달했다. 그는 전제주의와 파벌주의로 전락하고 있는 프랑스혁명을 생각하는 것조차 더 이상 참을 수 없었다.

"프랑스의 국내 문제로부터 나는 기꺼이 시선을 돌린답니다. 파리의 현 헌법만큼 터무니없는 것을 세계는 본 적이 없기 때문이지요. 모든 장관 뒤에는 그를 감시하고 또 그를 배반이나 불충 혐의로 체포하는 정보원이 서 있습니다. 과연 제정신인 사람이라면 감시인을 두어 불충 혐의가 있는 모든 사람을 사찰함으로써 충성과 봉사를 유지하기를 바랄 수 있을까요? 그 감시인은 누가 감시할까요? … 폰 레츠 추기경이 의회에서 "모든 동포들이 국민입니다"라고 말한 것보다 더 진실한 것은 없었습니다. 아마도 이 말이 가장 잘 들어맞는 국민은 프랑스인이겠지요. 그리고 바로 이 이유만으로 그들은 민주주의에 적합하지 않습니다."[103]

그 무렵, 가르베를 프랑스혁명에서 멀어지게 하는 데 결정적이었던 것은 성직자 민사기본법이었다. 무엇보다도 이 법은 위대한 실험이 실패였고 프랑스인들은 그들의 이상을 위한 준비가 되어 있지 않다는 것을 그에게

102. 같은 책, XVII, 39, 40–42.
103. "Anhang einiger Briefe von Garve an den Herrn geheimen Rath von Thümmel" in *Briefwechsel zwischen Christian Garve und Georg Joachim Zollikofer*, in *Werke*, XVIII, 353–354 참조.

확신시켜주었다. 따라서 가르베가 이 법에 의해 제기된 문제들 중 일부를 다루는 긴 논문 「성직자의 재산에 관한 프랑스 국민의회의 결정에 바치는 약간의 고찰」을 썼다는 것은 흥미롭다.[104] 이 논문은 프랑스혁명에 반대하는 가르베의 동기 중 일부를 보여준다. 그는 국가가 성직자들을 정기적인 급료로 지원하는 것이 더 나은지 아니면 성직자들이 그들의 땅에 의지해 살아갈 수 있도록 하는 것이 더 나은지에 대한 문제를 제기하는 것으로 논의를 시작했다. 장단점을 신중하게 따져본 그는 국민의회의 정책에 많은 이점이 있다고 보았다. 농업이 더 이상 부의 주요한 원천이 아니며 모든 땅이 이미 경작되고 있는 근대국가에서는 성직자에게 정기적인 급료를 주는 것이 더 많은 이점이 있다. 그러한 정책은, 성직자가 수확의 부침에 좌우되지 않는 일정한 수입을 얻게끔 하고 그들의 신성한 의무가 토지 경작 등 세속적인 이익에 얽매이지 않게끔 보장한다. 가르베가 국민의회의 법에 반대한 것은 그들의 정책이 아니라 그것을 실행하는 방식이었다. 그들은 교회의 땅에 생계가 달려 있는 사람들에게 아무런 보상책도 제공하지 않은 채 교회의 땅을 몰수해 팔아버렸다. 게다가 그들은 교회의 땅이 신의 신성한 위탁물이라고 믿는 많은 일반 사람들을 불쾌하게 했다. 가르베는 독일의 '개혁의 친구들'에게 이와 유사한 정책에 착수하지 말라고 경고했다. 그는 그런 길을 가기 전에 두 가지 고려사항을 명심해야 한다고 생각했다. 첫째, 무력의 사용은 모두 악이며, 그 분노가 저항과 내전으로 이어질 가능성이 높은 다수의 사람들에게 무력이 행사될 경우 이는 특히 위험하다. 둘째, 국가 정책의 모든 문제, 특히 종교와 관련된 문제에서 치안판사는 여론보다 앞서 나가서는 안 된다. 그들은 [315]개혁안을 국민에게 알리고 이해시키기 전에 개혁을 도입해서는 안 된다. 그런데 가르베가 국민의회의 법령에서 가장 불쾌하게

---

104. 가르베의 논문은 원래 『베를린 월보』에 게재되었다. *Berlinische Monatsschrift* 116(1790), 388–414, 17(1791), 429–459, 507–537. 그것은 전집에 다시 수록되었다. *Werke*, VI, 19–105; 특히 pp. 93–105 참조.

여겼던 것은 그들의 노골적인 재산권 침해였다. 교회의 재산 몰수는 아무리 국익에 부합하더라도 정당화될 수 없는 것이었다. 사유재산의 보존이 바로 사회의 목적인데, 국민의회의 지도자들은 거리낌 없이 이를 좌절시켰다. 따라서 가르베에게나 또는 프랑스혁명의 많은 임시 친구들에게는, 프랑스인들이 가장 신성한 권리인 재산을 침해하는 것처럼 보일 때 모든 것이 잘못되었다고 여겨졌다.

프랑스혁명의 추이에 대응하여 가르베는 보다 자의식적으로 보수적인 정치철학을 전개하기 시작했다.[105] 그는 이제 혁명적인 수단을 통해 이성적인 사회를 만들 가능성에 대해 의구심을 품었다. 옛 헌법을 쓸어버리고 이성에만 기초한 헌법을 선포하면서 프랑스인들은 법을 준수하는 데 필요한 것은 국민의 지적 동의뿐이라고 가정했었다. 국민은 완벽하게 자율적이고, 좋은 법을 인식할 수 있는 지적 능력이 있으며, 그 법에 따라 행동할 수 있는 도덕적 품성이 있다고 믿었다. 그러나 이러한 가정들은 사건의 진행에 의해 잘못된 것이며, 그것도 몹시 참혹하게 잘못된 것으로 판명되었다. 사람들은 선동정치에 의해 쉽게 조종된다. 더 나아가 그들은 격분하여 최악의 잔학 행위를 저지른다. 더욱이 정의의 원칙에 따라 행동하기보다는 자신의 이익에 따라 행동한다. 국민의회 위원들은 프랑스 국민뿐만 아니라 인간 본성 자체에 대한 장밋빛 시각을 가지고 있었다. 그들은 정치적 복종이라는 바로 그 기초를 무시한 죄를 지었다. 가르베는 진정한 흄의 방식으로, 국민을 법에 복종하게 만드는 것은 지적인 동의가 아니라 전통, 정념, 그리고 권위에 대한 존경이라고 주장했다. 통치자의 명성과 평판, 법의 오랜 전통, 조상에 대한 존경, 사업과 전쟁에 임하는 백성들의 행운, 교육제도, 그리고 나라 사랑—이런 것들은 국민들이 법을 따르도록 만드는 요인들이며, 지적 동의만

105. Garve, "Ueber zwey Stellen des Herodots", in *Werke*, II, 104–111, "Ueber die Veränderungen unser Zeit in Pädagogik, Theologie, und Politik", in *Werke*, VI, 347–378, 특히 pp. 361–367 참조.

큰 생기 없고 추상적인 것이 아니다. 오래된 헌법이 일소되면 이러한 요인들도 사라지고, 또한 그 결과는 내분과 무정부 상태라는 재앙이 될 수밖에 없다.

정치적 변화의 수단으로서의 혁명을 거부하면서도 가르베는 원칙적으로 혹은 모든 상황에서 혁명을 부인하지는 않고 있었다. 그는 국민들이 국가에 복종할 무조건적인 의무가 있다고 생각하지 않았다. 이런 이유에서 「이론과 실천」 논문에서 혁명의 권리에 반대하는 칸트의 주장을 그는 공격했다.[106] 그는 칸트가 자신도 모르게 수동적 복종의 교설을 되살리고 있다고 비난했는데, 이 교설에 따르면 국민은 결코 적극적으로 통치권자에게 저항해서는 안 되며, 만약 양심이 법을 어길 것을 요구한다면 수동적으로 자신을 벌해야 한다는 것이었다. 칸트가 혁명의 권리를 부정한 이유는 그의 선험적 이론이 혁명의 권리와 같은 일부 권리가 조건부의 것이며 [316]경험적으로 그리고 특정한 상황에서만 결정될 수 있다는 것을 모두 인정하지 않았기 때문이라고 가르베는 말했다. 칸트는 그런 인정을 하기보다는 그런 권리를 전혀 인정하지 않았다. 가르베의 견해에 따르면 칸트의 주장의 주요 문제는 모든 실제 통치자가 이상적인 통치자이며 도덕률에 따라 행동한다고 가정하는 점이다. 그러나 우리는 경험을 통해 이것이 종종 그렇지 않다는 것을 안다. 그래서 우리는 법률상의 통치자와 사실상의 통치자를 구별해야 한다. 우리가 이 양자를 구별하지 않는다면, 우리는 모든 사람에게, 심지어 가장 참을 수 없는 폭군에게도 복종해야 한다. 그러나 우리가 그들을 구별한다면, 우리는 결국 저항할 권리가 있다. 왜냐하면 우리는 관직의 법률상의 조건들을 이행하지 않는 사실상의 통치자에 대한 의무가 없기 때문이다.

그러나 복종의 무조건적인 의무가 없다면 어떤 조건에서 복종이 의무적인가? 혹은 어떤 조건에서 반란이 허용될 수 있는가? 가르베는 이러한 조건은 경험에 의지하고 행동의 결과를 조사함으로써만 결정될 수 있다고 믿었다.[107]

· ·

106. Garve, "Ueber die Grenzen des bürgerlichen Gehorsams", in *Werke*, VI, 348–359 참조.
107. 같은 책, VI, 361–367.

그는 폭정 하에서 사는 것의 단점이 반란의 단점을 능가할 때, 극도의 억압 조건하에서만 반란이 정당화될 수 있다고 주장했다. 하지만 사실 이러한 조건들은 거의 충족되지 않는다. 역사는 성공적인 반란의 사례를 거의 보여주지 않는다. 거의 모든 혁명들이 현 상황으로 고통 받는 것보다 더 나쁜 비참한 결과를 가져왔다. 이렇게 되는 이유는 크게 두 가지이다. (1) 국민 전체가 혁명을 일으킬 수 있는 경우는 거의 없으므로, 국민들 사이의 만장일치의 결여가 파벌주의와 궁극적으로는 내란으로 이어진다. 그리고 (2) 일단 혁명이 시작되면, 그것은 제한 범위 내에서 유지될 수 없고 계획에 따라 지시될 수도 없다. 즉 모든 것은 무장 투쟁에 맡겨져 있고 무력과 모험에 의해 결정되어야 한다. 이 모든 요인들은 가르베에게 새로운 헌법을 만들려고 시도하는 것보다 오래된 헌법을 가지고 살아가는 법을 배우는 편이 더 낫다는 것을 가르쳐 주었다. 그는 이제 오래된 헌법이 바로 오래되었다는 이유만으로 새 헌법보다 낫다고 믿게 되었다. 오래된 법률은 아무리 구시대적이고 억압적이라 하더라도 단지 제정되었다는 이유만으로 압도적인 이점을 가지고 있다. 오래된 법률은 평화와 질서, 안정을 만들어내고 습관과 전통에 따라 사는 사람들의 존경을 받을 것이 확실하다. 그렇다면 명백하게 안전한 사례는 언제나 국가의 주요 개혁에 반대하는 것이다.

가르베의 보수적 신조는 그런 것이었고, 그것은 프랑스혁명의 위대한 실험에 대한 그의 최종적 평가였다. 수년 동안 프랑스혁명의 비극적인 과정을 면밀히 관찰한 후 지혜와 슬픔으로 가득 찬 연약하고 노쇠한 가르베는 그의 마지막 글 중 하나에서 이 놀랄 만큼 솔직한 정치적 고백을 불쑥 말했다.

그래서 늙고 병든 나는 이 세상의 다른 모든 재물들 앞에서 평화의 벗이요 분쟁이나 큰 폭동의 적이며 그러면서도 어쩌면 아직도 세상의 방식에 완전히 경험이 없는 것은 아닐 것이다. … 정치와 헌법에 관해서는 내가 옛 신자들의 당에 속한다는 것을 고백한다. 나는 유럽 국가의 주민들이 [317]과거 어느 시대 어느 장소에 살던 사람들만큼이나 행복하고 도덕적이라고 생각한다. 그렇다면 위대한 변화를 추구하도록 하기 위해 무엇이 나를 움직여야 할까? … 나는 불확실하고 먼 행복을 위해 노력하면서 새롭고 알려지지 않은 위험에 노출되기보다는 내가 알고 있는 오래된 불운을 감내하고 싶은 경향이 더 강하다. … 프랑스혁명은 내 안의 혁신에 대한 욕구를 자극하기는커녕 오히려 유용한 개혁에 대한 내 욕구를 누그러뜨렸다. 고백하건대, 처음에 내가 프랑스혁명의 정초자들의 원칙과 의견만 알고 있었고 그것이 철학과 애국심에 기초한 소명이라고 생각했을 때 나는 혁명의 성공에 열정적으로 헌신했다. 그러나 그것은 그 발전 과정에서 그것의 진정한 특성과 가치를 나에게 가르쳐주었다.[108]

가르베는 그 스스로가 자신의 시대를 넘어 살아왔음을 분명히 인식하고 있었기 때문에 이것은 더욱 슬픈 고백이었다.

12.5. 프리드리히 겐츠의 보수주의

프랑스혁명의 가장 명석하고 영향력 있는 비평가 중 한 명은 프리드리히 겐츠(1764-1831)였다. 겐츠는 독일에서 보수적 대의의 최고 정치평론가로 명성을 얻었으며 '독일의 버크'라고 불렸다.[109] 그 평판은 충분히 받아들일 만하다. 겐츠의 글들은 프랑스혁명에 관한 최고의 것에 포함된다. 빈틈없는 관찰, 엄중한 주장, 신랄한 비평으로 가득 찬 그의 글들은 정치적 지혜와

• •
108. Garve, "Ueber die Veränderungen", *Werke*, VI, 227-228. 그리고 1796년 7월 바이세에게 보낸 가르베의 서한(*Werke*, XVII, 194) 참조. 이곳에서 가르베는 신성로마제국의 헌법을 칭송했다.

109. Adolf Beers, "Friedrich Gentz", in *Allgemeine deutsche Biographie*, VIII, 579, 592; Gooch, *Revolution*, pp. 91, 102 참조.

철학적 깊이의 드문 조합을 보여준다. 그 스타일은 고결함, 화려함, 분노는 없지만 버크에 상당하는 독일적인 것이다. 겐츠는 프랑스혁명에 반대하는 운동에 지치는 법이 없었고 모든 시간과 에너지를 그것에 쏟아 부었다. 그는 버크를 영어에서, 말레 뒤 팡Mallet du Pan을 프랑스어에서 번역했다. 그는 철학적 논문들을 발표하고 프랑스혁명의 연구에 전념하는 잡지를 편집했으며, 프랑스혁명의 역사와 경제 문제에 관한 유럽의 최고 권위자 중 한 명이 되었다.

겐츠는 프로이센 **계몽**의 분위기 속에서 자랐다. 그는 언론의 자유, 종교적 관용, 기회의 평등과 같은 자유주의적 대의의 옹호자가 되었다. 몽테스키외, 아담 스미스, 루소는 그가 가장 좋아하는 저작가였고, 가르베와 멘델스존은 그의 지인들이었다. 대학 시절 그는 쾨니히스베르크에서 법학을 공부했고, 그곳에서 칸트의 강의에 참석했다. 칸트의 영향력은 그의 모든 초기 저술에서 명백하다. 칸트의 윤리학에 의심을 품었고 선험론적 관념론의 깊이를 결코 터득하지 못했지만, 그는 항상 자신의 '양어머니'라고 불렀던 칸트 철학에 대한 빚을 인정했다.[110]

겐츠는 나중에 메테르니히의 고문과 비엔나 의회의 서기관으로 유명해졌다. 이러한 역할에서 그는 정책을 수립하고 시행하는 데 상당한 영향력을 행사했다. 겐츠는 [318]나폴레옹의 명분을 격렬하게 싫어했고, 그것을 물리치기 위해 영국, 프로이센, 오스트리아 동맹을 주장했다. 오스트리아에 있던 말년에 그는 반동 진영 당의 악명 높은 대변인이 되었다. 그는 오스트리아의 구체제를 지탱하는 모든 과시적 요소, 즉 절대군주제, 가톨릭교회, 귀족들의 특권을 받아들였다. 그는 젊었을 때 옹호했던 자유주의 정책에 반기를 들며 계몽의 이성주의에 대한 의구심을 나타냈다.

· ·
110. 겐츠가 칸트에게 진 빚에 대해서는 1784년 10월 8일 및 1790년 3월 5일 크리스티안 가르베에게 보낸 겐츠의 서한(*Briefe von und an Friedrich Gentz*, ed. F. Wittichen, München u. Berlin, 1909, I, 140, 156) 참조.

프랑스혁명에 대한 겐츠의 초기 입장은 여러 면에서 베를린 계몽주의자의 전형이었다. 급진적인 교설을 비판했지만 그는 이성의 편에 대한 충성심을 유지했고 언론의 자유, 종교적 관용, 자연권과 같은 자유주의 교설을 계속 고수했다.[111] 그는 뫼저와 버크의 전통주의에는 거의 찬성할 수 없었으며, 행복주의자들의 반동적 견해에 대해서는 더욱 공감하지 않았다.[112] 가르베, 에버하르트, 스바레즈, 니콜라이처럼 그는 엘리트에 의한 통치를 믿었고 국민 주권과 민주주의를 못마땅하게 여겼다. 비록 사회적 진보가 있어야 하고 대중의 계몽이 높아져야 하지만, 이는 권위의 전통적인 원천에 대한 국민의 충성심을 확보하기 위해 엘리트에 의해 세심하게 통제되어야 한다. 뫼저, 레베르크, 브란데스, 그리고 다른 많은 독일 보수주의자들처럼 겐츠는 영국 헌법의 숭배자였다. 그의 영웅은 미라보였는데, 왜냐하면 이 노 백작이 영국 노선을 따라 프랑스에 입헌군주제를 수립할 것이라고 믿었기 때문이다. 그는 프랑스혁명이 영국 모델에서 너무 멀리 떨어진 급진적인 방향으로 그 이상을 밀어붙이고 있다는 것을 깨달았을 때 이 혁명을 못마땅하게 생각했다.[113]

이러한 비판적인 견해와는 달리, 겐츠의 프랑스혁명에 대한 초기 반응은 열광적이었다. 1790년 3월 5일, 젊은 겐츠는 그보다 연상인 친구이자 멘토인 크리스티안 가르베에게 이렇게 솔직하게 고백했다. "시대정신이 내 안에서

---

111. 겐츠의 자유주의적 지향은 프리드리히 빌헬름 3세에게 보낸 인사말에서 뚜렷이 드러난다. *Seiner Königlichen Majestät Friedrich Wilhelm dem III, bey der Thronbesteigung allerunterthänigst überreicht*(Berlin, 1797), pp. 1920, 23-24.

112. 겐츠는 프리드리히 빌헬름 3세가 즉위하자 언론의 자유를 옹호했는데, 그때 『에우다이모니아』에서 자신이 비판의 대상이 된 것을 알았다. "Ueber des Kriegrats Gentz Anpreisung der Pressfreiheit in der dem Könige bei der Thronbesteigung überreichten Schrift", *Eudämonia* 6(1798), 239-255 참조.

113. 겐츠가 프랑스혁명이 그 원래의 이상을 다하지 못했다는 이유만으로 혁명에 반기를 들었다고 주장하는 것은 옳지 않다. 이것은 가령 다음과 같은 문헌의 해석이다. Eugene Guglia, *Friedrich von Gentz*(Vienna, 1901), p. 102.

강하고 활기차게 불어옵니다. 바야흐로 인류가 잠에서 깨어나는 시기입니다. 나는 젊으며, 도처에서 일어나는 자유를 향한 이 보편적인 노력을 공감과 따뜻함으로 느낍니다."[114] 그는 프랑스혁명을 환영했는데, 그 이유는 이 혁명이 수 세기 동안의 불행과 억압으로부터 인류를 해방시키고 있었을 뿐만 아니라 더욱 중요한 것은 이성의 원칙에 따라 사회를 건설하고 있었기 때문이다. 칸트가 그에게 가르쳐준 모든 도덕적 원칙은 이제 파리에서 실현되고 있었다. 파리에서 온 최신 뉴스는 "거의 전적으로 어리석은 행동과 혼란의 상태"임을 알렸지만, 이것이 그의 믿음을 흔들 수 없었다. 1790년 12월 5일 그는 가르베에게 이렇게 썼다. "나는 결코 훌륭한 대의에 절망하지 않을 것입니다. 프랑스혁명의 실패를 인류 역사상 가장 큰 타격 중 하나로 간주해야 한다고 생각합니다. 그것은 철학의 첫 번째 실질적인 승리, 원칙에 입각한 통치의 첫 사례, 그리고 일관되고 견실한 하나의 체계입니다. 그것은 인류가 한숨을 내쉬었던 수많은 악폐에 맞선 우리의 희망이자 위안입니다. 그것이 실패하면 온갖 적폐는 열 배나 더 불치병이 될 것입니다."[115] 1790년 내내 그리고 1791년 봄까지 겐츠는 [319]이미 프랑스혁명에 대해 매우 비판적이 되어 버린 가르베나 훔볼트와 자주 대화하거나 서신을 주고받았다. 그는 훔볼트와 많은 격렬한 논쟁을 벌이곤 했다. 그러나 겐츠는 자신의 신념에 충실했다. 1791년 4월까지만 해도 그는 프랑스혁명에 전념했다.[116]

겐츠의 프랑스혁명에 대한 첫 번째 글은 혁명의 중심 신조 중 하나인 인간의 권리를 옹호하는 것이었다. 『베를린 월보』에서 뫼저의 글을 읽은 후, 그는 이 신조가 그렇게 냉담하고 경솔한 방식으로 경시될 수 있다는 사실에 분개했다. 그래서 그는 뫼저에게 반론을 쓰기로 결심했다. 이것이 『베를린 월보』 1791년 호에 실린 그의 「권리의 원천과 권리의 최고 원칙에

· ·
114. *Briefe von und an Gentz*, I, 159.
115. 같은 책, I, 178-179.
116. 1791년 4월 19일 가르베에게 보낸 겐츠의 서한(*Briefe von und an Gentz*, I, 204).

대하여」였다.[117] 겐츠는 인간의 권리를 그것에 대한 모든 피상적인 반대에도 영향을 받지 않는 견고한 토대 위에 기초를 두기로 결심했다. 그는 이러한 권리들이 다름 아닌 바로 이성의 보편적이고 필연적인 원칙이라는 것을 보여주고 싶었다. 칸트로부터 받은 교육을 공개하면서 겐츠는 자연권 교설이 선험적인 토대를 부여받아야 한다고 주장하는 가운데, 도덕철학에서 선험적 문제와 경험적 문제를 조심스럽게 구별했다. 그의 자연권에 대한 연역은 이후 칸트가 『도덕형이상학』에서 논의하게 될 것을 선취한 것이었다.[118] 겐츠는 자연권을 행복의 개념에 근거하기보다는 이성적 존재의 본질적 특징으로 간주하는 자유의 개념에서 도출했다. 사람들이 자유로운 존재라고 가정할 때, 권리를 갖는 것은 자유를 행사하는 데 필수적인 조건이다. 왜냐하면 어떤 사람이 자신의 행동에 간섭하지 않도록 다른 사람들에게 강제할 권리가 없다면 자유는 불가능하기 때문이다. 그렇다면 권리라 함은 자신의 자유를 유지하는 데 필요한 범위 내에서만 타인의 자유를 제한하는 것이 허용되는 것으로 정의된다. 그러므로 자연권은 모든 사람들이 다른 사람의 자유를 방해하지 않는 한 그들의 자유를 최대한 누릴 수 있는 최대의 자유를 사회에 보장한다. 이러한 자유주의적 사회관을 감안할 때 겐츠가 뫼저의 '공동 주식회사' 모델에 대한 혐오감을 표명하는 것을 발견하는 것은 놀라운 일이 아니다. 그는 프랑스혁명이 막 폐지시킨 봉건제도의 기미가 보이기 때문에 이 모델을 단호히 거부했다. 겐츠는 부의 불평등이 어느 사회에나 내재되어 있다는 뫼저의 지적은 인정했지만, 그것을 감소시키는 것이 국가의 목적이라고 주장했다. 국가는 부유한 토지 소유자뿐만 아니라 가난한 방직공의 권리와 재산을 보호해야 한다. 그리고 국가에 기여하는 모든 사람들은 아무리 그

. .

117. *Berlinische Monatsschrift* 17(1791), 370–396.
118. 골로 만은 겐츠에 대한 그의 전기에서 겐츠의 글은 칸트에서의 희귀하고 진기한 내용에 대한 '기록'일 뿐이라고 말한다(Golo Mann, *Secretary of Europe: The Life of Friedrich Gentz*, New Haven, 1946, p. 20). 이 논평은 칸트가 이 시기에 자연권 이론을 발전시키지 않았다는 사실을 무시한다.

기여가 미미하더라도 그 나라의 시민이 될 자격이 있다. 그는 일부 사람들이 완전한 시민이 아니라는 뢰저의 가혹한 교설에 자신의 머리와 마음이 따를 수 없었다고 고백했다. 그러나 그는 1년에 3리브르 미만의 세금을 내는 사람들을 투표권에서 배제한 국민의회의 정책에서 비난할 만한 것을 발견하지 못했다. 겐츠에게는 독일의 가난한 사람들이 프랑스의 불행한 빈민들보다 더 많은 선거권을 받지 말아야 한다는 것은 자명해 보였다.

[320]1791년 4월과 1792년 가을 사이에 겐츠의 프랑스혁명에 대한 견해는 급진적인 변화를 겪었다. 프랑스혁명의 열렬한 옹호자는 이제 단호한 반대자가 되었다. 아마도 1792년 늦여름이나 가을에 겐츠는 버크의 『프랑스혁명에 대한 성찰』의 번역 작업에 착수했을 것이다. 그는 또한 프랑스혁명에 비판적인 철학적 논문을 쓰기 시작했다. 부록 논문을 덧붙인 버크의 번역본은 1793년 초에 출판되었다.[119] 1791년 봄과 1792년 가을 사이에 이렇게 뚜렷한 태도 변화를 일으킬 수 있었던 일은 무엇일까? 불행히도 많은 추측을 불러일으킨 이 질문에 대한 확실한 답변은 없다. 겐츠의 출간된 저작들과 그의 서신들은 우리에게 아주 작은 단서들만 줄 뿐이다. 그러나 그러한 변화를 겐츠의 동료인 가르베와 훔볼트의 직접적인 영향 탓으로 돌릴 수는 없는 것이 분명해 보인다.[120] 훔볼트는 겐츠의 새로운 보수주의에 대해 못마땅해 했고, 겐츠 역시 훔볼트의 입장 전환에 어리둥절했다.[121] 가르베는 겐츠보다 18개월 이상 앞서 프랑스혁명에 반대하는 반응을 보였으며, 혁명을 둘러싸고 그를 불안하게 한 사안 — 즉 성직자 민사기본법 — 은 겐츠를 괴롭히지 않았다. 우리는 또한 그 변화를 때때로 그렇게 이야기되듯이 겐츠가 버크를 읽은 탓으로

119. Friedrich Gentz, *Betrachtungen über die französische Revolution nach dem Englischen des Herrn Burke, neu bearbeitet mit einer Einleitung, Anmerkungen, politische Abbandlungen, und einem critischen Verzeichnis*(Berlin, 1793).

120. Paul R. Sweet, *Friedrich von Gentz*(Madison, 1941), pp. 19, 22.

121. 1792년 11월 1일 및 1793년 3월 18일 K. G. 폰 브링크만에게 보낸 빌헬름 폰 훔볼트의 서한(*Briefe an Brinkmann*, pp. 41, 59) 참조.

돌릴 수 없다.[122] 버크에 대한 그의 첫 반응은 비판적이었다. 그리고 버크의 사상의 중심 특징 중 일부, 특히 그의 전통주의는 계몽에 대한 겐츠의 충성심과 동떨어져 있었다. 그렇다면 버크에 대한 태도를 바꾸게 할 만한 무슨 일이 생긴 게 틀림없었다. 그러나 이것이 무슨 일이었을까? 변화의 근원은 어디에 있었을까?

그 설명의 상당 부분은 프랑스에서의 사건 진행 자체에 있다.[123] 많은 독일 자유주의자들과 마찬가지로 겐츠도 1792년 8월 10일부터 12일까지의 사건들에 반감을 느꼈던 것으로 보인다. 튈르리 궁전은 습격당했고 국왕과 왕실 사람들은 포로로 잡혔다. 모든 권력은 이제 급진적인 자코뱅과 코뮌의 손에 달려 있는 것 같았다. 군주제는 무너졌고, 입법의회조차 권위를 잃었다. 적극적 시민권과 소극적 시민권의 오래된 구분은 무의미해졌다. 프랑스는 이제 보편적인 남성 참정권에 기반한 급진적 공화국이 되려고 혈안이 되어 있는 것처럼 보였다. 1792년 9월 학살은 '폭도들의 통치'에 대한 최악의 두려움만을 확인시켜 주었다. 이 사건들이 겐츠에게 어떤 영향을 미쳤다는 것은 분명하다. 그는 나중에 "프랑스혁명의 마지막이자 가장 끔찍한 시기는 8월 10일의 참상으로부터 시작되었다"고 썼다.[124] 군주제의 붕괴와 입법의회 의 약체화, 급진파의 승리는 다름 아닌 '모든 사회적 여건의 체계적 전복'을 의미했다. 프랑스혁명이 영국 노선을 따라 입헌군주제를 수립하지 않을 것이라는 것은 이제 그에게 고통스러울 정도로 분명해 보였음에 틀림없다.

● ●

122. Mann, *Secretary of Europe*, p. 23 참조.

123. 이 설명은 폴 F. 레이프의 여전히 가치 있는 연구에 따른 것이다. Paul F. Reiff, *Friedrich Gentz: An Opponent of the French Revolution and Napoleon*, University of Illinois Studies in the Social Sciences, vol. 1, no. 4(Champaign–Urbana, 1912), pp. 58–60. 레이프 의 가설은 훔볼트가 브링크만에게 보낸 1792년 11월 서한을 통해 확인되는데, 이 서한은 겐츠의 태도 변화에 있어 프랑스의 사건들에 그 중요한 역할을 돌리고 있다. 1939년에 처음 출판된 이 출처는 레이프가 이용할 수 없었다.

124. Friedrich Gentz, "Ueber den Ursprung und Charakter des Krieges gegen die französische Revolution", in *Ausgewählte Schriften*(Stuttgart and Leipzig, 1837), II, 301.

위의 물음에 대한 설명의 또 다른 부분은 1792년 언젠가 변화를 겪은 겐츠의 개인생활에 있다.[125] 보수적 대의로 전향하기 전에 겐츠는 [321]자유를 즐기고 부르주아적 관습을 무시하는 일종의 멋쟁이, 시내를 돌아다니는 젊은이였다. 그는 훔볼트와 함께 많은 저녁 시간을 보냈던 것이 분명하다.[126] 이 청춘기의 생활 방식은 그가 베를린의 인기 여배우와 불행한 사랑을 나누었을 때 곧 끝이 났다. 부끄러움과 비참함을 느낀 겐츠는 이제 자신의 부도덕한 과거를 후회하고 행실을 바로잡기로 결심했다. 그는 모든 형태의 자기 방종을 포기하고 약혼자에게 신의를 맹세하며 더 존경할 만한 사람들과 어울리기 시작했다. 훔볼트에 따르면,[127] 이러한 생활 방식의 변화야말로 그의 새로운 정치적 견해를 성립시킨 이유가 되었다. 마치 그의 정치적 저술이 그의 개인적인 탈바꿈을 증명하는 것처럼 보였으며, 또한 마치 그의 새로운 보수주의가 이제 그가 합류하기로 결정한 더 전통적인 사회를 옹호하는 것처럼 보였다.

설명이야 어떠하든 간에, 겐츠는 프랑스혁명에 반기를 들었기 때문에 스스로 새로운 천직을 찾았다. 구질서의 대변인이 되는 것이 그의 소명이었다. 프랑스혁명은 여전히 대중들에게 인기가 있었지만, 그는 감히 폭풍에 대항하여 외치곤 했다. 버크의 번역본 서문에서 그는 저술가로서의 새로운 관점을 설명했다.[128] 급진주의와 보수주의 간의 갈등은 열정과 이성, 이상주의와 현실주의, 군중과 철학자의 투쟁으로 그려진다. 급진주의자들은 열정을 가지고 있고 국민들은 그들 편에 있는데, 왜냐하면 일반 사람의 마음속에는

• •
125. 약혼자에게 보낸 겐츠의 서한 "Aus dem Jahre 1792", in *Schriften von Friedrich von Gentz*, ed. Gustav Schlesier(Mannheim, 1838), p. 90 참조.
126. 1791년 2월 1일 브링크만에게 보낸 훔볼트의 서한(*Briefe an Brinkmann*, p. 16) 참조. "나는 겐츠와 자주 한 침대에 지내면서 아주 멍청한 밤을 보냈습니다."
127. 1792년 11월 9일 브링크만에게 보낸 훔볼트의 서한(*Briefe an Brinkmann*, p. 41) 참조.
128. Gentz, "Ueber den Einfluss politischen Schriften und den Charakter der Burkischen", in *Schriften*, I, 11–28.

혁명에 대한 은밀한 갈망이 있기 때문이다. 국민들은 지구상에서 자신의 운명에 결코 만족하지 않으며 모든 문제에 책임이 있다고 생각하는 정부를 바꾸기만 하면 모든 것이 더 나아질 것이라고 믿는다. 그러나 보수주의자들은 자신들 편에 이성을 가지고 있다. 이것이 그가 영원히 충성을 맹세하는 관점이다. "아무리 시대가 바람직하지 못하더라도 이성의 기준을 포기하는 것은 불가능하다"고 젊은 젠츠는 선언했다.[129] 이성은 사물들이 마땅히 그러해야 할 모습이 아니라는 이유로 분개하고 불만을 품도록 하는 것이 아니라 있는 그대로의 사물들을 감수하고 받아들이도록 우리에게 가르친다. 이성의 관점은 절제, 관용, 개량의 입장이며, 인류 전체를 자유, **평등**, 연대의 틀 속으로 밀어 넣으려고 위협하는 새로운 혁명적 이데올로기의 독단주의, 광신주의, 편협성에 반대한다.

젠츠는 혁명적 이데올로기의 가장 두드러진 점 중 하나인 자유의 개념에 대한 공격을 시작했다. 이 개념은 그의 초기 논문 중 첫 번째인 「정치적 자유 및 그것이 통치와 맺는 관계에 대하여」의 비판 대상이었다.[130] 여기서 젠츠는 급진주의자들 사이에서 그처럼 구호가 되어버린 자유의 개념을 비판했다. 그의 중심 논지는 너무 많은 자유는 통치권만큼이나 국가에 큰 위험이라는 것이다. 프랑스혁명은 통치의 방종과 월권, 왕과 귀족들의 폭정에 초점을 맞추었다. 그러나 자유의 과잉도 있다는 것을 깨닫는 것이 가장 중요하다고 젠츠는 주장했다. 너무 많은 자유가 있을 경우 [322]사회의 주된 목적인 평화, 재산의 안전, 그리고 정의를 달성하기가 어렵거나 불가능해질 수 있다. 통치의 임무는 이러한 극단들 사이의 적절한 균형을 찾는 일이다. 즉 그것은 사회의 목적을 달성하는 데 있어 최대의 자유와 최대의 효율성을 보장하는 것이다. 이 두 가지의 형태의 과잉 중 자유의 과잉이 최악이라고 젠츠는 주장했다. 몇 가지 점진적인 개혁으로 통치의 과잉을 바로잡기는 쉽지만, 무정부 상태로

• •
129. 같은 책, I, 114.
130. Gentz, *Schriften*, II, 1–30. 이 논문은 *Betrachtungen*, II, 107–184에 처음 실렸다.

전락하는 경향이 있는 자유의 과잉을 바로잡기는 거의 불가능하다.

겐츠는 자유라는 개념으로 '숨은 자질qualitas occulta'을 만든 급진주의자들을 강하게 비난했다. 그들은 그것이 마치 신비적인 이상인 양 그것을 실체화했지만, 그것의 진짜 의미를 탐구하기 위한 노력은 거의 기울이지 않았다. 겐츠는 자유의 본질에 관한 두 가지 기본 원리를 제시했는데, 둘 다 보수적인 함의로 가득 차 있었다. 첫째 원리는 "정치적 자유는 절대적 선이 아니라 상대적 선이다"라고 선언한다. 이것은 자유가 사회의 다른 목적들과 조화되는 한에서만 가치가 있다는 것을 의미한다. 절대적 자유의 상태에는 아무런 가치도 없을 것이라고 겐츠는 주장한다. 왜냐하면 그것은 안전이 없고 궁극적으로 자유도 없는 자연의 상태일 것이기 때문이다. 자연의 상태는 절대적 예속의 상태이기 때문에, 우리는 시민사회를 자유의 파괴가 아니라 자유의 실현으로 보아야 한다. 그러나 이 기본적 요점을 급진주의자들은 놓치고 있는데, 왜냐하면 그들은 자신들이 사회에 자연 상태의 자유를 가져올 수 있다고 생각했기 때문이다. 두 번째 원리는 다음과 같다. 즉 "정치적 자유는 모든 헌법에서 같을 수 없다." 겐츠는 급진주의자들이 그 완벽한 헌법, 즉 통치의 그 목적과 자유의 그 본질을 실현하는 헌법 같은 것이 있다고 가정했을 때 이미 잘못된 방향으로 나아갔다고 주장했다. 한 나라의 경제, 지리, 역사, 문화에 따라 각기 상이한 많은 종류의 헌법이 있으며, 각각의 헌법은 그 상황에 적합한 것이다. 한 국가에 적합한 자유의 정도는 이러한 상황에 따라, 즉 이 특정 사회의 목적과 이 특정 사람들의 열망에 따라 가늠되어야 한다. 따라서 자유의 현존은 종류의 문제가 아니라 정도의 문제이다. 그렇다면, 급진주의자들이 하는 것처럼 통치의 형태를 자유로운 것과 자유롭지 않은 것으로 분류하는 것은 매우 오해의 소지가 있을 것이다.

겐츠는 급진주의자들에게 소중한 또 다른 교설인 혁명의 권리를 비판함으로써 혁명적 이데올로기에 대한 공세를 계속했다. 이것은 또 다른 초기 논문 「국가 혁명에 있어 도덕성에 관하여」의 과제였다.[131] 겐츠는 지극히 제한적이고 예외적인 경우 이외에는 혁명은 도덕적으로 옳지 않다는 논란

많은 논지를 내세웠다. 그는 이것을 정당화하기 위해 다음과 같은 몇 가지 논거를 사용했다.

1. 혁명은, 불가능한 일이지만per impossible 국가 내의 모든 사람의 동의를 얻어야만 도덕적으로 정당화될 수 있다. 그것은 모든 사람이 그것을 준수하기 위해 사전 동의를 한 경우에만 도덕적 힘을 가지기 때문에 대다수의 의지에 호소하는 것만으로는 충분하지 않다. 이 주장은 물론 급진파들의 동의 기준을 문제 삼는 것이기보다는 급진파들 자체를 공격하기 위한 일종의 인신공격인데, 그러나 그것은 [323]그저 문자 그대로의 방식에서 일컫는 동의라는 것을 실제적이고 명시적인 동의로 해석함으로써만 작동할 뿐이다. 더욱이 그것은 기존 통치에도 동등하게 적용할 수 있기 때문에 역효과를 낳는다.

2. 국가는 사회계약에 기초하고 있으며, 이 계약에 따라 누구든지 국가의 일반적 의지에 따르기로 동의하는 것이다. 어떤 계약도 한 당사자가 다른 당사자의 합의 없이 그것을 파기할 수 있는 조항을 포함할 수는 없지만, 이는 혁명의 경우에 정확히 일어나는 일이다. 그렇다면 일반적 도덕의 모든 기준으로 볼 때, 혁명은 정당화될 수 없다. [그러나 겐츠의] 이 주장은 상대방이 계약 조건의 한 편을 이행하지 않을 경우 계약이 실제로 파기될 수 있다는 사실을 명백히 무시하는 것이다. 그리고 그것은 계약의 조건이 이행되는지 여부를 누가 판단해야 하는지에 대한 중요한 문제를 회피하고 있다.

3. 모든 혁명은 불가피하게 혼란과 갈등, 폭력으로 이어지고 따라서 도덕성의 붕괴로 이어진다. 통상적인 상황에서 범죄로 보이는 것이 혁명에서는 당파의 명분을 고취시킨다는 이유에서 선한 것이 된다. 포상은 음모와 폭력, 잔인함에 주어지며, 사람들은 정치적 목적을 위해 사용된다. 이러한 반론에 맞서 마라Marat나 로베스피에르는

••
131. Gentz, *Schriften*, II, 31–60.

틀림없이 구체제야말로 최악의 형태의 부도덕, 특권, 부정, 억압에 바탕을 두고 있으며 구체제의 무력 사용에 대항할 수 있는 유일한 수단은 국민의 실력 행사라고 대답할 것이다. 그렇다면 혁명의 권리에 반대하는 겐츠의 선험적 주장에는 그다지 가치 있는 요소가 없는 셈이었다. 그의 주장들에는, 평화적 개혁을 위한 모든 시도를 억압하는 전제적인 통치의 문제를 고려하지 않는 통상적 약점이 들어 있다.

그렇지만 겐츠 논문의 가장 중요한 면은 다른 곳에 놓여 있었다. 그는 어떤 혁명도 계급 갈등으로 구성될 수밖에 없다는 흥미로운 견해를 내놓았다. 혁명에서 일어나는 일은 가난한 다수의 의지가 국부國富의 더 큰 몫을 요구하기 위해 부유한 소수의 특권과 재산에 맞서 자신의 주장을 내세우는 것이라고 그는 말했다. 따라서 소수파가 반혁명을 통해 재산과 특권을 지키려고 시도함에 따라 혁명은 늘 분쟁을 일으킬 수밖에 없다. 혁명이 성공할 가망성은 계급 차이의 정도와 빈민에 대한 부자의 비율에 달려 있다. 계급 차이가 뚜렷할수록 그리고 가난한 사람들에 비해 부자가 많을수록, 계급투쟁의 장기화 가능성이 높기 때문에 성공할 가능성은 더 적어진다. 바로 이런 이유로 겐츠는 혁명이 미국에서는 성공했고 프랑스에서는 실패했다고 주장했다.[132] 미국에는 부유한 사람들이 비교적 적었던 반면, 프랑스에는 일반 인구 대비 부유한 사람들이 더 많이 있었다. 계급 갈등에 대한 이 불안한 비전 뒤에는 실로 매우 암울한 역사관이 놓여 있었다. 겐츠는 가난한 사람들은 언제나 소수에 대항하여 자신을 주장함으로써 그들의 운명을 피하려고 끊임없이 시도할 것이라고 생각했다.[133] 개혁은 결코 대중의 불만을 완전히 해소할

132. 겐츠는 프랑스혁명과 미국혁명의 차이에 많은 관심을 기울였다. "Der Ursprung und die Grundsätze der Amerikanischen Revoluzion, vergleichen mit dem Ursprungen und den Grundsätze der Französischen", *Historisches Journal*(May–June 1800), 3–140 참조. 이 글은 다름 아닌 존 퀸시 애덤스John Quincy Adams에 의해 *The American Revolution Compared with the Origins and Principles of the French Revolution*(Philadelphia, 1800)로 번역되었다.

수 없기 때문에 복종을 시행하는 데 필요한 수단 중 하나는 억압이다.

[324]겐츠의 공격의 다음 목표는 다름 아닌 프랑스혁명 전체의 가장 신성한 문서인 1789년의 인간 권리 선언이었다.[134] 겐츠는 이 선언의 중요성에 대해 어떠한 착각도 하고 있지 않았다. 그것은 "사물들의 새로운 질서", "유럽에서 가장 먼 나라들의 정신 속에 있는 거의 보편적인 혁명"을 시작한다. 그렇다면 이 신성한 문서를 단락별로 가장 엄격한 비판에 맡겨야 할 이유가 더욱 크다. 겐츠는 철저한 분석 끝에 이 선언문 전체가 질서나 체계 또는 통일성이 없다고 결론지었다. 그러나 그를 괴롭혔던 것은 앞뒤가 맞지 않다거나 논리적으로 부당한 추론이라거나 애매한 점들이 아니다. 그는 그러한 문서를 기반으로 헌법을 제정하려는 바로 그 시도에 더욱 반대한다. 그 선언문은 국가의 기초를 제공하기에는 너무 추상적이고 형이상학적이며 일반적이다. 국가의 헌법을 바꾸라는 요구를 받은 사람들은 사회 전반의 상태를 조사할 필요는 없고 그들 자신의 사회의 상태만 조사할 필요가 있다. 그리고 억압을 완화하고 특정 계급의 권리를 회복시키려는 사람들은 일반적으로 인간의 권리를 조사할 필요가 없다. 국민의회의 지도자들은 그 선언문이 국민과 지도자에게 그들의 권리와 의무를 규정할 수 있는 지침이 될 것을 의도했다. 그러나 이 문서의 바로 그 추상화, 모호성, 일반성은 그것을 위험하게 만든다. 그것은 국민들이 반란을 합리화하고 지극히 사소한 구실로 정부를 비난할 수 있는 무기를 제공한다.

자유와 인간의 권리에 대한 개념을 비판한 후 겐츠는 공격해야 할 분명한 목표, 즉 평등이라는 개념 하나를 남겨두고 있었다. 이것은 그의 이후 논문 중 하나인 「정치적 평등에 대하여」의 주제였다.[135] 겐츠는 평등의 전체 교설을

· ·
133. Gentz, *Schriften*, II 40–43 참조. Cf. *Schriften*, I, 7–8.

134. Gentz, "Ueber die Deklaration der Rechte", in *Schriften*, II, 60–108 참조.

135. Gentz, *Schriften*, V, 233–260. 이 논문은 *Historisches Journal* 1(1800), 3–51에 처음 실렸다. 그러나 이 논문에서 다루어진 주제들은 그보다 앞서 겐츠에 의해 논의되었는데 특히 "Ueber die Deklaration der Rechte", in *Schriften*, II, 85–88에서 다루어졌다.

권리의 형식적 개념과 실질적 개념 사이의 혼동이라고 일축했다. 실질적 의미에서 권리는 모든 사람이 행동할 수 있는 영역이다. 즉 그것은 법의 보호 아래 우리가 할 수 있는 모든 것을 포함한다. 형식적 의미에서 권리는 누군가의 권리에 수반되는 존엄성이나 불가침성의 정도로서, 법이 그 권리를 보호하고 집행하는 범위를 말한다. 이 두 가지 권리의 의미에 상응하여 형식적 의미에서의 평등과 실질적 의미에서의 평등이 있을 수 있다. 이 두 가지 의미는 서로 독립되어 있다는 것이 분명해야 한다. 즉 어떤 사람들은 다른 사람들보다 더 많은 권리를 가지고 있더라도 모든 권리는 동등하게 보호될 수 있다. 겐츠는 혁명파들이 이 두 가지 평등의 의미를 의도적으로 혼동하고 있다고 비난했다. 그들은 더 큰 실질적 평등에 대한 그들의 부당한 요구를 감추기 위해 형식적 평등에 대한 정당한 요구를 사용했다는 것이다. 겐츠는 8월 12일의 사건 이후, 법 앞의 평등이 아닌 권리의 평등이 프랑스혁명 지도자들의 최종 목표라는 것이 분명해졌다고 말했다. 프랑스혁명의 전체적인 경향은 지위와 부의 모든 차이를 평준화하는 것이었다. 그러나 사회계약은 새로운 권리를 창출하려는 것이 아니라 단지 오래된 권리를 보호하기 위한 것이라고 겐츠는 주장했다. 아무리 권리의 범위가 크거나 작더라도 사회계약은 단순히 [325]법 앞의 평등을 확보하거나 권리에 대한 동등한 보호를 확보하려 할 뿐이다. 겐츠는 사회계약의 핵심은 평등을 창출하기보다는 불평등을 보호하는 것이라고 결론지었다. 그는 계속해서 형식적 의미에서의 평등은 국가의 사람들 사이의 차이와 완벽하게 양립한다고 주장한다. 명예, 직함, 특권의 모든 차이는 사회계약과 일치하며, 직무의 효율적인 수행을 보장하기 위한 수단으로 그것들을 도입하는 것은 전적으로 국가의 권리에 부합한다는 것이다.

겐츠가 프랑스혁명에 반대하면서 그는 자신의 옛 스승인 '교수' 칸트와 관계를 청산해야 할 필요가 있었다. 프랑스혁명에 대한 그의 비판으로 겐츠는 칸트의 이성주의와 대립하게 되면서 이성의 실천적 힘에 대한 믿음을 잃었다. 칸트에 대한 응답의 계기가 된 것은 1793년 9월호 『베를린 월보』에 실린 칸트의 「이론과 실천」 논문 발표였다. 겐츠는 즉시 작업에 착수하여 12월호에 실릴 자신의 반론을 준비했다.[136] 그는 이론에서 올바른 것이 실천에 충분하지 않다는 것을 의미하는 한 "이론에서 옳은 것은 실천에는 쓸모없다"는 옛 격언에 동의했다. "이론에서 옳은 것은 실천에서는 거짓이다"라는 뜻일 경우에만 그것은 거짓이다. 그러나 겐츠는 결코 칸트의 윤리적 이성주의의 근본에 의문을 제기하지 않았다. 그는 순수이성이 우리에게 어떤 도덕적 원칙들을 제공할 수 있고 이것들이 도덕적 실천에 충분하다는 데 동의했다. 그러면 이론과 실천의 관계에 대한 문제는 "도덕적 원칙들이 정치적 실천에 충분한가? 도덕적 원칙들은 국가를 만드는 데 있어서 가장 중요한 것인가?"가 된다. 겐츠는 다시 이러한 점에 대해 칸트에게 상당한 양보를 할 용의가 있었다. 그는 순수이성이 권리 체계의 근본 원칙들을 제공할 수 있다는 데 동의했다. 그는 칸트의 해석의 세부 사항과 다투었지만, 평등, 자유, 독립의 원칙이 사회계약의 기초를 제공한다고 단언했다. 그렇다면 순수이성이 권리와 사회계약의 체계에 대한 토대를 제공한다고 가정할 때 이론과 실천 사이의 관계 문제는 재조정되어야 한다. 즉 권리나 사회계약의 체계에 대한 이론이 정치에 충분한 근거인가? 여기서 겐츠는 옛 스승에게 반박할 의무가 있다고 느꼈다. 우리가 권리의 체계를 적용하거나 실현하는 방법을 알고자 한다면, 경험을 참고하는 것 외에는 달리 방도가 없다. 권리의 체계가 단순한 이상이 되지 않으려면 그것을 어떻게 집행해야 하는지 알아야 한다. 그러나 그러한 지식은 오직 경험에서 얻을 수 있다. 사회계약을 시행하는 가장 좋은 방법은 무엇인가? 행정권의 자리는 어떤 자리여야 하는가? 그것은 어떻게 반란으로부터 안전할 수 있을까? 이런 점들은 헌법을 제정하는 데 있어 매우 중요한 질문이다. 그러나 권리의 체계일 뿐인 어떤 선험적 이론도 그런 질문에

· ·
136. Friedrich Gentz, "Nachtrag zu dem Räsonnement des Herrn Professor Kant über das Verhältnis zwischen Theorie und Praxis", *Berlinische Monatsschrift* 22(1793), 518–554, reprinted in Henrich, *Ueber Theorie und Praxis*, pp. 89–111.

대답할 수 있는 위치에 있지 않다. 칸트의 목적이 단지 권리의 체계의 개요를 밝히는 것이라면 그에게 이러한 이의를 제기하는 것은 부당할지도 모른다는 것을 겐츠는 깨달았다. 그러나 칸트는 [326]이론과 실천 사이의 관계를 일반적으로 기술하려는 이 겸손한 목표를 넘어갔다. 따라서 그의 이론은 국가의 관행과 모든 헌법적 문제가 엄격히 선험적으로 규정될 수 있다는 환상을 불러일으킬 수 있다.

겐츠의 저술에 대한 우리의 최종 평가는 어떠해야 할까? 의심할 여지없이 그것은 혁명적 이데올로기의 모호성, 부당한 추론, 궤변에 대한 흥미로운 비판들로 가득 차 있다. 그러나 그것은 종종 너무 추상적이어서 요점을 놓치기 일쑤이다. 그의 저술은 매번 한 교설의 단순한 표현에 초점을 맞추면서 그 교설의 이면에 있는 목적, 그것이 바로잡기 위한 정당한 불만, 그리고 그것이 성취할 수 있는 구체적인 열망을 보지 못하고 있다. '권리'의 실질적 의미와 형식적 의미를 혼동하고 있다는 이유로 평등에 대한 혁명가들의 요구를 간단히 일축해버리는 것은 참으로 터무니없는 면이 있다. 이와 같이 겐츠의 비판은 그가 혁명적 이데올로기에서 배격했던 것과 같은 추상성과 일반성에 시달리고 있다. 겐츠의 비판의 공로가 어떻든 간에, 그가 그토록 무너뜨리고자 열중했던 혁명적 이데올로기의 자리에 무언가 대신 정립할 만한 것은 거의 없었다. 그는 버크, 뫼저, 레베르크와 달리 국가에 대한 긍정적인 비전이 없었다. 그는 확실히 영국 헌법에 감탄했지만, (레베르크나 브란데스와는 달리) 어떻게 하면 그 제도들이 독일로 옮겨질 수 있는지에 대한 명확한 개념을 가지고 있지 않았고, 더욱이 그것이 이식될 수 있을지에 대해 전적으로 의심했다. 그 당시 겐츠가 하고 있었던 모든 일은 현상 유지, 특히 상층 부르주아계급과 귀족의 재산을 옹호하는 것이었다. 그는 대중을 깊이 불신하고 국민 주권에 대한 생각을 완전히 부정했는데, 단지 그것이 부와 지위의 차이를 파괴할 것을 두려워했기 때문이다. 그는 자주 자신의 주된 강점으로 여겨져온 이성에 호소했지만,[137] 그 이성을 스스로 사용할 수 있는 대중의 힘에 대한 신뢰는 없었다고 말할 수밖에 없다. 프로이센

식으로 말하면, 대중은 이유를 물을 권리는 없고 단지 복종할 권리만 있을 뿐이다. 겐츠의 철학에는 실로 불길하고 냉소적인 면이 있다. 그는 스스로 이성에 호소하고자 했지만 한 계급의 이익을 비호하고 있을 뿐이라는 것을 너무나 잘 알고 있었다. 그는 대중의 열망을 두려워했고 어떤 통치도 그들을 합법적으로 만족시킬 수 있을지 의심했기 때문에, 억압과 검열의 사용과 경찰을 통해서 외에는 반대 문제에 대처할 의지가 없었다. 겐츠의 사상은 모두 수명이 다한 정권을 위해 봉사하는 것이었다. 말년에 그는 대중의 정치적 인식이 높아짐에 따라 자신의 모든 노력이 소용이 없었다고 고백했다. 겐츠에 대한 최종 평결은 비난 위주일 수밖에 없다. 즉 그것은 가장 어리석은 일을 하는 데 있어서 가장 위대한 지성이었다.

12.6. 『에우다이모니아』: 반동의 대변지

18세기 말 독일에서 반동적 의견의 가장 중요한 원천은 1795년부터 1798년까지 간행된 『에우다이모니아*Eudämonia*』라는 학술지였다.[138] [327]『에우다이모니아』는 막대한 발행 부수를 자랑했고 여론에 상당한 영향을 미쳤다. 그것은 자유주의적 비판이나 급진적 비판의 주요 표적이 되었고, 거의 모든 진보적인 저널들은 조만간 이 잡지를 문제 삼을 수밖에 없었다. 이 잡지의 창립 편집자는 헤센 주의 저명한 관리이자 후에 대학도시 기센의 행정장관을 지낸 루트비히 아돌프 그롤만(1741-1809)이었다. 그의 동료 편집자들과 기고자들은 그들의 보수적인 견해로 이미 정평이 나 있었다. 그중에는 일루미나티*Illuminati, 자칭 철인들*에 대한 유명한 논문을 발표한 바 있는 아이제나흐의

137. 예를 들어 Gooch, *Revolution*, pp. 102-103; Jakob Baxa, *Friedrich von Gentz*(Vienna, 1965), p. 10 참조.
138. *Eudämonia oder deutsches Volksglück, ein Journal für Freunde von Wahrheit und Recht*(vol. I, Leipzig, 1795; vols. II-V, Frankfurt, 1796, 1797; vol. VI, Nürnberg, 1798).

재정국 고문관인 에른스트 아우구스트 괴흐하우젠이 있었다.[139] 그리고 다름 슈타트의 궁정 설교자 요한 아우구스트 슈타르크가 있었는데, 그는 신학에서의 보수적 견해, 비밀 가톨릭교, 그리고 베를린 **계몽주의자**와의 법적 다툼으로 악명이 높았다.[140] 또한 여러 권의 인기 있는 반혁명 팸플릿을 출판한 작센 고타 출신의 공사관인 요한 칼 리세도 있었다. 그리고 끝으로 기센의 신학 교수인 하인리히 쾨스터가 있었는데 그는 **계몽**의 이성주의 신학에 반대하는 잡지 『최신 종교사정*Die neuesten Religionsbegebenheiten*』을 편집하고 있었다. 동조자들과 부정기 기고자들 중에는 악명 높은 다른 반동가들도 있었다. 예컨대, **계몽**에 반대하면서 계시종교와 애국심을 옹호하며 명성을 얻은 요한 짐머만, 오스트리아 최초의 보수 성향의 저널인 『비인 신문*Wiener Zeitung*』의 창립자인 레오폴트 호프만, 그리고 또 다른 반혁명 저널인 『혁명연감*Revolutions-Almanach*』의 편집자 H. O. 라이하르트가 있었다.

『에우다이모니아』의 강점은 주로 이러한 이질적인 인물들을 하나의 목소리로 통합하는 데 있었다. 그리고 이 잡지가 정부의 후원을 받았다는 것은 의미심장하다. 잡지를 창간하면서 그롤만과 리세는 1794년 가을 프랑스에 대항하여 군주동맹을 결성하려는 불운한 시도 중에 변경 방백邊境方伯인 칼 프리드리히 폰 바덴과 헤센 카셀 주의 루드비히 10세에게 잡지 창간 이야기를 꺼냈다. 칼 프리드리히와 루드비히는 마침내 이 잡지를 승인하고 재정적인 지원을 제공했다.[141]

• •

139. E. A. Göchhaussen, *Enthüllung des Systems der Weltbürger Republik*(Rome, 1786). 엡스타인에 따르면, 이 책은 독일에서 음모론의 탄생을 알리는 책이다. 엡스타인의 요약본 (Epstein, *Genesis*, pp. 96–100) 참조.

140. 슈타르크는 모든 반동적 저작 중 가장 악명 높은 『철학의 승리』(Starck, *Der Triumph der Philosophie*, Augsburg, 1803)를 썼다.

141. 『에우다이모니아』의 성립에 관해서는 Epstein, *Genesis*, pp. 535–546; Max Braubach, "Die Eudämonia(1795–1796): Ein Beitrag zur deutschen Publizistik im Zeitalter der Aufklärung", *Historisches Jahrbuch* 47(1927), 309–339; Gustav Krüger, "Die Eudämonisten: Ein Beitrag zur Publizistik des ausgehende 18. Jahrhunderts", *Historische Zeitschrift*

『에우다이모니아』가 공언한 목표는 점점 커지는 프랑스혁명의 위협에 맞서 "독일의 행복한 정치적·종교적 헌법을 보존하는 것"이었다. 잡지에 대한 소개 글에서 편집자들은 급진적 이데올로기에 의한 독일 여론의 부패를 몹시 비통해 했다.[142] 전통적인 경건함, 충성심, 애국심보다는 무신론, 불만, 반란의 정신이 온 나라를 휩쓸고 있었다. 자코뱅파와 일루미나티의 위험한 교설이 너무나 인기가 있고 유행이 되어서 그들을 반박하는 것은 거의 금기시 되어 있었다. 마치 공포정치 때 파리에 있는 것 같았고, 단두대에 머리를 잃을까봐 감히 정부에 대해 한마디도 하지 못하는 것과 같았다! 이 상황은 독일 제후들의 무지와 무관심으로 더욱 악화되었는데, 그들은 자신들의 진정한 이익을 알지 못하고 자신들에 반대하는 여론의 흐름을 저지하기 위해 아무것도 하지 않고 있었다. 만약 어떤 조치가 당장이라도 이루어지지 않는다면 독일에서도 자코뱅파가 승리할 것이고, 그 결과 [328]프랑스와 같은 무정부와 야만 상태에 빠질 것이다. 이 절박하고 중대한 위험에 맞서기 위해 에우다이모니아 잡지사는 1794년 가을에 설립되었다. 편집자들은 혁명적 위협에 대처하기 위해 두 가지 구체적인 과제를 수행했다. 즉 그들은 우선 독일의 모든 급진적인 공모자들을 드러내고, 대중의 비판과 비난을 위해 그들의 음모와 교설을 폭로하고자 했다. 그리고 그들은 독일의 현행 헌법을 설명하고 정당화하고자 했다. 그들은 독일인들이 혁명적인 선전선동 의 영향으로 자신들의 운명에 부당하게 불만을 갖게 되었고 그들의 '시민의 행복'의 진정한 근원을 제대로 인식하지 못했다고 확신했다. 유럽의 어떤 분별 있는 국민도, 특히 가장 현명한 헌법을 가지고 있는 독일인들이 이제 프랑스인들과 처지를 바꾸려고 하지는 않을 것이다. 수 세기 동안 이 헌법은 독일 국민Volk의 행복을 보장해주었으며, 그 근본적인 성격을 바꾸는 것은 위험할 것이다. 이 행복은 "개인의 안전, 재산의 법적 보호, 평화와 질서,

• •
143(1931), 467–500 참조.
142. *Eudämonia*, I, iii–vi, vii–xvi.

그리고 일반적으로 현재의 상황에 대한 만족"으로 이루어져 있었다. 이 잡지의 목적은 이러한 만족을 보존하는 것이기 때문에 그것은 시민의 행복을 뜻하는 그리스어인 '에우다이모니아Eudämonia'로 명명되었다.

편집자들은 목적을 달성하기 위해 『에우다이모니아』가 모든 종류의 기사와 논문을 포함해야 한다고 제안했다. 현재의 독일 헌법의 장점을 설명하는 논문도 있을 것이다. 또는 비밀결사에 대한 폭로, 프랑스혁명에 관한 책에 대한 서평, 특히 급진적인 언론에 의해 무시된 반혁명적인 책에 대한 서평, 혁명가들에 대해 취해진 법적 조치에 대한 보고서, 독일 제후들의 현명한 정책에 대한 역사적 설명, 그리고 혁명, 관용 및 언론의 자유의 위험성에 대한 철학적 기사 등이 있을 수 있다. 그 기사들은 자유주의자들과 급진주의자들의 박해로부터 저자들을 보호하기 위해 모두 익명으로 게재될 계획이었다. 그런데 정작 편집자들은 이 프로그램에 전적으로 충실하지는 못했다. 비록 기사들은 익명으로 남아 있었지만, 그 잡지의 비판적이고 부정적인 면이 건설적이고 긍정적인 면을 훨씬 더 압도했다. 예컨대, 현행 헌법의 장점이나 작용을 서술하는 기사는 거의 없었다. 가장 흔한 기사는 음모 활동에 대한 폭로일 것이다. 그 기사들의 논조는 독단적이고 모욕적이다. 『에우다이모니아』는 실로 철학보다는 선전이다. 그것은 온건하거나 편견 없는 독자들에게는 거의 호소할 수 없었고, 또한 이 잡지의 목적은 이미 반동적인 정서를 가지고 있는 사람들을 더욱 선동하는 것이었다.

보수주의를 공언했음에도 불구하고, 『에우다이모니아』의 필자eudemon-ist[이하 '행복주의자']들은 자신들이 현 상황에 안주하는 대변자인 반동주의자라는 인상을 피하기 위해 비상한 노력을 했다.[143] 그들은 현재의 헌법이 이상적이라고 주장하지 않았고, 그것을 낭만화하거나 미화하려는 어떠한 시도도 인정하지 않았다. 모든 국가는 결점이 있으며, 그것을 개선하기 위해 할 수 있는 모든 일을 하는 것은 시민의 권리일 뿐만 아니라 의무이기도

143. 같은 책, I, xiv, 293.

하다. 따라서 행복주의자들은 점진적인 개혁, 즉 '지속적으로 [329]증대하는 진정한 계몽'에 따라 이루어져야 할 진보적인 개선에 찬성하는 척했다. 그러나 그들은 개혁을 위한 두 가지 조건에 대해 주장했다. 즉 개혁은 합법적이어야 하고 또한 상황에 적합해야 한다. 당연히 그들은 급진파의 이상을 의심하고 있었다. 아담의 자손들 사이에서 지상에 완벽한 헌법을 얻는 것은 불가능하다. 우리가 바랄 수 있는 것은 가장 덜 불완전한 헌법 아래 사는 것뿐이다. 그러므로 어떤 유토피아를 추구하면서 현재의 헌법을 파괴하는 것은 어리석은 짓이다. 어떤 상상의 궁전을 위해 현재 살고 있는 집을 완전히 헐어버리는 것보다 그 수수한 집을 고쳐 짓는 편이 더 낫다.

이처럼 반동에 대한 부인에도 불구하고, 개혁에 대한 행복주의자들의 동조를 액면 그대로 받아들이는 것은 현명하지 못한 일일 것이다. 그들은 프랑스혁명의 이상을 찬성하거나 점진적인 개혁을 통해 그것을 실현하기를 바라지 않았다. 대부분의 개혁가들과는 달리 그들은 자유, 평등, 연대라는 이상을 완전히 무시했고, 독일 사회의 위계적 구조는 정확히 현재의 모습 그대로 지극히 자연스럽다고 주장했다. 그들이 사회적·경제적 여건 개선을 위한 구체적인 개혁을 제안하지 않았다는 것은 실로 중요한 점이며, 그들의 유일한 사회 변화 정책은 결국 더 엄격한 검열제도가 되었다. 신성로마제국에 대한 그들의 견해는 조금도 과장하지 않고 말하더라도 매우 낙관적이었다. 그들은 독일에 전제주의와 같은 것이 있었다는 것을 부인했다. 그리고 그들은 아무리 보잘것없는 시민이라도 제국의 의회에서 그의 제후에 대항하여 자신의 권리를 방어할 수 있다고 주장했다.[144] 비록 행복주의자들이 그것을 인정하려 하지 않았지만, 그들은 실로 반동주의자였다. 어떤 점에서도 그들은 현 상황을 바꾸기를 바라지 않았고, 현 상황을 보호하기 위해 기꺼이 무력을 사용하려고 했다. 제국의 궁전은 재건하기는커녕 수리할 필요도 없었다. 그것이 필요로 하는 것은 더 화려한 외관과 부지 주변의 더 강한 울타리뿐이었

---

144. 같은 책, I, xiv.

다.

　행복주의자들이 개혁의 친구 행세를 했듯이 그들은 또한 **계몽**의 동맹자라고 주장했다. 그들은 자신들을 향한 반계몽주의^{obscurantism}라는 잦은 비난에 민감하게 반응하면서 자신들이 '진정한 계몽'의 옹호자라고 주장하며 반박했다.[145] 그들의 관점에서의 주된 질문은 **계몽**에 충실해야 하는지가 아니라 — 그들은 당연히 충실해야 한다고 생각했다 — 진정한 계몽의 본질이 무엇인가 하는 것이었다. 그들은 진정한 계몽의 세 가지 두드러진 특징을 부여했다. (1) 그것은 종교, 도덕, 국가를 지지할 뿐 훼손하지 않는다. (2) 그것은 그 교설을 전파하기 위해 결코 무력을 사용하지 않는다. 그리고 (3) 그것은 거짓된 교설이 아닌 진실된 교설로 이루어져 있다. 이 모든 점에서 그들은 자신들이 진정한 계몽의 대변자이고 급진주의자들은 거짓된 계몽의 대리인이라고 믿었다. 그러나 여기서 다시 한 번, 진보주의 원칙에 관한 행복주의자들의 선언에 대해 의심해볼 필요가 있다. 계몽에 대한 그들의 진짜 태도는 『에우다이모니아』의 지면 곳곳에서 누차 반복적으로 그 본색을 드러낸다. 그들은 결코 계몽을 스스로 생각할 수 있는 힘과 동일시하지 않았는데, 왜냐하면 그렇게 동일시할 경우 그것은 보통 사람에게 너무 많은 자율권을 주고 국민 주권에 너무 가까이 다가갈 것이기 때문이다. 그리고 그들은 [330]계몽의 교설이 사람들에게 해로울 것을 우려하여 이 교설이 확산되는 것에 가장 엄격한 제한을 두었다. 예를 들어 행복주의자들은 계시종교를 비판하는 것을 범죄로 만들려고 했는데, 왜냐하면 그러한 비판은 권능을 지닌 성직자들이 신에 의해 명해진 것이라는 세간의 믿음을 약화시키기 때문이다.[146] 행복주의자들이 무력의 사용을 잘못된 계몽의 증거로 간주한

---

145. 『에우다이모니아』에 실린 다음 논문들 참조. "Mein Glaubensbekenntnis über Volksaufklärung", I, 95–102; "Aufklärung, ein Mittel die Empörungen zu verhüten", III, 226–231; "Heutige Aufklärungsmethode", VI, 337–351. 또한 관련된 것으로서 "Vortheile der Pressfreiheit", *Eudämonia*, III, 472–490, 특히 p. 476.

146. 예를 들어 "Pressfreiheit in Bezug auf den Staat, die Religion, und die Sitten betrachtet",

것은 참으로 아이러니하다. 왜냐하면 그들 자신도 검열제도의 광신적인 옹호자였기 때문이다. 그들 중 일부는 반계몽주의적이거나 미신적인 것으로 간주될 수밖에 없는 종교적 교리를 옹호했다는 점도 또한 주목할 만하다. 예를 들어 쾨스터는 악마에 대한 믿음을, 슈타르크는 교회의 무오류성에 대한 믿음을 옹호했다.[147] 이 모든 요인들을 고려할 때, 계몽에 대한 행복주의자들의 충성을 액면 그대로 받아들이기는 어렵다.

행복주의자들은 프랑스혁명의 원인에 대해 단순하지만 기상천외한 이론을 가지고 있었다. 그들이 보기에 그것은 전적으로 급진적인 분파들, 특히 일루미나티Illuminati, 자코뱅파, 철학자들philosophes 사이의 음모의 산물이었다.[148] 이 분파들은 모두 '대연맹Der grosse Bund'이라는 비밀 국제기구의 일부였는데, 그들의 주된 목적은 모든 기성 정부를 전복시키고 무신론을 퍼뜨리는 것이었다. 이 공모자들이 그들의 극악한 목적을 달성하기 위해 시도한 주요 수단은 세 가지였다. 첫째, 그들의 사악하고 파괴적인 글로 여론에 영향을 미치는 것, 둘째, 정부에 침투하는 것, 그리고 셋째, 학교와 대학을 장악하고 젊은이들을 자유사상가와 자유주의자libertine가 되도록 교육시키는 것이었다. 행복주의자들은 이 음모단의 지도자들의 이름을 말하는 것을 주저하지 않았다. 그들이 볼 때, 철학자들의 지도자는 근대 무신론의 아버지인 볼테르였다. 이 철학자들은 단순한 사상적 학파나 지적인 운동이 아니라 '진리를 위해 무장한 철학자들의 음모Conjuration des philosophes armes pour la verité'라고 불리는 조직화된 비밀 결사체, 즉 '캬쿠아크Cacouac'였다. 그 구성원들은 디드로,

⸱ ⸱
Eudämonia, III, 405–415, 특히 pp. 411–412 참조.

147. H. M. Koester, Demüthige Bitte um Belehrung an die grossen Männer welche keinen Teufel glauben(Giessen, 1775); Starck, Der Triumph der Philosophie(Landshut, 1834), pp. 7–19 참조.

148. 음모론을 주로 제시하고 있는 것은 「과장법 또는 철학의 승리Die Hyperboliden oder der Triumph der Philosophie」라는 제목이 붙여진 슈타르크의 일련의 논문들이다. Eudämonia, IV, 90–94, 178–187, V, 241–251, 363–376, 422–445, 513–534, VI, 35–53, 168–183, 256–269, 307–323, 388–406, 486–500.

달랑베르, 다밀라빌르^{Damilaville}, 어느 정도로는 프리드리히 2세, 그리고 아마도 엘베티우스로 구성되어 있었다. 프랑스혁명은 단순히 볼테르와 **철학자들**의 이상을 그들의 결실로 가져왔다. 1776년 바이에른에서 설립된 급진적인 프리메이슨 집단인 일루미나티의 주모자는 아담 바이스하우프트^{Adam Weis-haupt}와 아돌프 프라이헤르 폰 크니게^{Adolf Freiherr von Knigge}였다. 행복주의자들은 일루미나티의 활동에 엄청난 의미를 부여했고 자코뱅파를 그 하위 분파들 중 하나로 간주했다. 이것이 억지스럽게 보일지 모르지만, 행복주의자들은 그것을 증명해줄 만한 몇 가지 확실한 사실들을 가지고 있다고 믿었다. 일루미나티의 몇몇 유력한 사람들이 프랑스혁명 전에 브르통 클럽^{Club Breton}과 연락을 취하기 위해 파리로 간 것은 사실이 아니었던가? 브르통 클럽이 후기 자코뱅의 중핵이라는 것은 사실이 아니었던가? 미라보, 라파예트, 오를레앙 공작 같은 국민의회의 일부 주요 구성원이 일루미타니와 연계된 광신적인 프리메이슨이었다는 것은 사실이 아니었나? 그리고 국민의회의 정책들, 특히 성직자 민사기본법에 관한 정책들이 일루미나티의 정책을 거의 그대로 베낀 것은 사실이 아니었나? 이 모든 사실들을 냉정하게 생각해보면 단 하나의 결론에 이를 수 있다. 즉 프랑스혁명은 일루미나티의 작품이었다!

[331]사실 혁명의 음모에 대한 행복주의자들의 병적인 의혹을 뒷받침할 만한 것은 별로 없었다. 그들이 일루미나티의 역할을 강조하는 것은 아무리 작게 보아도 과장된 것이었다. 일루미나티는 억압, 미신, 광신주의에 반대하는 투쟁을 벌이는 데 전념했고, 그들은 **계몽**에 헌신했다. 그들이 제후들에게 영향을 미치고 그들의 구성원들을 위한 높은 직책을 확보함으로써 정부에 침투하려는 프로그램을 가지고 있었던 것도 사실이었다. 실제로 그들은 폰 크니게의 지휘 아래 이런 일을 하는 데 매우 성공적이었는데, 그는 많은 귀족과 소 제후들, 고위 관료들을 자신의 조직에 영입했다. 그러나 이러한 사실들로부터 일루미나티가 혁명과 무신론을 조장하려는 음모집단이라고 단정하는 것은 터무니없는 일이었다. 그들은 기성 정부 내에서 영향력을 획득하는 것이 목표였기 때문에 혁명에 정확히 몰두하지 않았다. 그들의

조직은 전체적으로 그들의 운동을 불명예스럽게 하지 않도록, 정치적 목적을 달성하기 위한 폭력의 사용을 금지하고 있었다. 일루미나티는 자연종교의 열렬한 지지자였고 모든 계시종교를 너무나 많은 미신이라고 일축하긴 했지만, 그들은 무신론자와는 거리와 멀었고 교회를 폐지할 의도는 전혀 없었다. 그 조직의 내부 활동과 관련된 증거는 일루미나티가 특정한 정치 프로그램을 가지고 있지 않았고 중앙 정치적 통제 하에 응집력 있는 집단으로 기능하지 않았다는 것을 암시한다.[149] 행복주의자들의 의구심을 가장 믿을 수 없게 만든 것은 1786년 바이에른 정부에 의해 이 조직이 성공적으로 진압되었고 그 지도자들은 망명이나 강제 퇴거를 당했다는 사실이다. 바이스하우프트와 폰 크니게가 때때로 비밀 활동에 종사했지만, 그들의 조직은 구성원의 상당 부분을 잃었고 프랑스혁명 이전에 거의 소진된 세력이었다.

비록 행복주의자들의 이론이 분명 불필요한 우려를 자아내고 단순한 성격의 것이었지만, 왜 그것이 그들에게 그토록 매력적이었는지를 알아보는 것은 중요하다. 만약 프랑스혁명이 단순히 불만을 품은 몇몇 지식인들 사이의 음모의 산물이었다면, 행복주의자들은 혁명의 그 근본적인 사회적, 정치적, 경제적 대의를 손쉽게 무시할 수 있었을 것이다. 그런 경우 그 이론은 어떠한 통치라도 비난을 면하게 하고 정부가 무능하다는 모든 혐의를 벗게 했을 것이다. 사회적·정치적 개혁의 실질적인 필요성은 전혀 없었고, 필요한 유일한 조치는 더 강도 높은 검열과 경찰 업무일 것이다. 정부는 그 후 몇몇 지식인들의 음모에 좌우되는 대중의 이름으로 가장 억압적인 조치를 취할 수 있었을 것이다. 프랑스혁명을 음모의 결과로만 보는 것은 물론 혁명의 지적인 원인에 과장된 의미를 부여하는 것이었다. 지적 교설들은 정작 그것들이 사회적, 정치적, 경제적 불만을 표출하기 때문에 대중적이 된다는 사실을 인식하지 못하는 것은 실제로 행복주의자들의 이론의 심각한 약점이었다. 이 점에 대해 지적을 받을 때, 행복주의자들은 프랑스혁명이

••
149. Epstein, *Genesis*, p. 94 참조.

지적 요인들의 결과만은 아니었지만 이 요인들이 혁명을 준비하는 데 필수적인 역할을 했다고 통례적으로 대답했다.[150] 이 점은 완벽하게 그럴 듯했지만, 그들은 프랑스혁명의 다른 원인, 즉 [332]혁명의 교설이 널리 인기를 얻게 된 사실에 대해 의아할 정도로 침묵을 지켰다. 이러한 요인들에 대한 더 깊은 검토가 있었더라면 아마 다소 당혹스러운 결론에 이르렀을 것이다.

만약 프랑스혁명의 원인이 단순한 것이었다면, 그 수습책도 간단했을 것이다. 프랑스혁명의 근원이 음모와 선전에 있었다면, 그것에 대해 취해야 할 조치들은 응당 더 강력한 검열과 경찰 감시였을 것이다. 대부분의 반동주의자들처럼 행복주의자들은 더 큰 무력의 사용을 모든 사회적 문제에 대한 해결책으로 보았다. 그들은 특히 검열제도에 큰 의미를 부여했고, 그들의 잡지에 실린 가장 중요한 기사들 중 일부를 검열의 옹호에 바쳤다.[151] 그들은 언론과 출판의 완전한 자유에 대한 급진주의자들의 요구를 공격했는데, 왜냐하면 이러한 자유는 단순히 급진주의자들의 음모를 촉진시키기 위한 구실이었기 때문이다. 언론과 출판의 자유권을 포함한 어떠한 권리도 양도할 수 없거나 절대적이지 않다. 이러한 권리는 비방의 경우처럼 특정 국민의 권리를 해치지 않도록 제한되어야 하며, 따라서 사회 전체의 복지를 방해하지 않도록 해야 한다. 어떤 교설에 대해서도 찬성과 반대 양 편의 글들이 발표될 수 있으므로 해롭고 거짓된 교설이 능히 반박될 수 있다는 주장을 가지고 언론과 출판의 자유를 옹호하는 것은 무책임한 일이다. 이러한 근거로 언론과 출판의 자유를 허용하는 것은 해독제도 판매되고 있다는 이유로 누군가에게 독약을 팔도록 허용하는 것과 같다. 검열제도를 도입할 때, 군주는 자신의

* *

150. "Von dem Schaden, den angesehene Schriftsteller durch ihre Autorität stiften", *Eudämonia*, III, 117–33, 특히 p. 20 참조.

151. "Pressfreiheit als Menschenrecht betrachtet", *Eudämonia*, III, 393–404; "Pressfreiheit in Bezug auf den Staat", *Eudämonia*, III, 405–415; "Vortheile der Pressfreiheit", *Eudämonia*, III, 472–490; "Nachtheile einer eingeschränkte Pressfreiheit", *Eudämonia*, III, 490–502 참조

무오류성 또는 자신만이 진실을 알고 있다고 주장할 필요가 없다. 왜냐하면 그는 교설들의 진리에 대한 것이 아니라 그것들의 사회적 효용에 대한 판단을 하기 때문이다. 자유로운 언론과 출판의 한계를 규정하면서 행복주의자들은 실제로 매우 좁은 한계를 주장했다. 그들은 국가의 종교나 도덕에 위험한 모든 교설을 금지하려고 했다. 도덕의 영역에서 그들은 결혼생활의 충실성과 정절을 조롱하는 모든 시와 아이들이 불복종하도록 장려하는 모든 교설을 금지하고자 했다. 종교의 영역에서 그들은 신의 현존, 섭리, 불멸성을 비판하거나 그리스도교의 특징적인 진리에 의문을 제기하는 어떤 책도 그 발행 자체를 금지하고자 했다. 국가 정책의 영역에서 그들은 목적이 수단을 정당화한다고 가르치거나 클럽이나 종파에 대한 충성이 국가에 대한 충성보다 우선한다는 것을 가르치는 모든 책들을 금지하고자 했다.[152] 대체로 행복주의자들의 금지 도서 목록은 18세기 독일의 가장 편협하고 권위주의적인 정부의 정책과 아주 잘 일치했다. 프리드리히 2세의 프로이센이나 요제프 2세의 오스트리아 같은 국가는 그들에게는 용서할 수 없을 정도로 자유로운 것으로 비쳐졌을 것이다.

『에우다이모니아』의 지면에는 그다지 대단한 정치철학은 없었다. 편집자들의 목적은 기존의 사회 질서를 정당화하기 위한 철학적 기반을 제공하기보다는 검열 강화와 같은 특정 정치적 목적을 위해 여론을 부추기는 데 있었다. 그들은 결코 정치적 의무에 대한 이론을 개발하지 않았고, 이상적인 통치형태에 대한 고정된 견해를 가지고 있지 않았다. 그들은 "가장 잘 관리되는 통치형태가 최선이다"라는 [알렉산더] 포프Alexander Pope의 격언을 받아들이는 데 만족했다.[153] 그들은 군주제에 대한 특별히 선호가 없었고, [333]심지어 공화제가 자치령에 가장 적합한 통치형태라면 기꺼이 인정하려고 했다.[154]

• •
152. 금지된 의견 목록에 대해서는 "Pressfreiheit in Bezug auf den Staat", *Eudämonia*, III, 410 참조.
153. "Ist jede Verfassung an sich selbst verwerflich?" *Eudämonia*, III, 346–354 참조.
154. 같은 책, III, 350. 브라우바흐(Braubach, "Eudämonia", p. 317)와 크루거(Kruger, "Eudämo-

그러나 전반적으로 행복주의자들은 엘리트 통치와 가부장주의적 국가의 가치를 믿었다. 비록 그들은 정부가 국민을 위한 것이어야 한다는 것을 인정했을 터이지만, 정부가 국민들에 의해 운영되어야 한다는 바로 그 생각을 비난하고자 했다. 당연히 그들은 국민 주권의 교설을 경멸했다.[155] 국민의 뜻은 도덕적 선의 확실한 원천이 아니기 때문에 민주주의는 이론상 거짓이며, 모든 사람의 이익이 어떠한 형태의 통치에서도 대표되는 것은 불가능하기 때문에 민주주의는 실제로 실행될 수 없다. 공화국에서조차도 지배권을 쥐고 있는 것은 항상 소수의 대표들의 의지일 뿐이다.

충분히 예상할 수 있듯이, 행복주의자들은 18세기 독일 사회의 사회적 계층 질서를 불가피하고 정당하며 자연스러운 것으로 보았다. 사람들의 서로 다른 지위와 신분은 사회적 억압의 결과가 아니라 그들의 지적·도덕적 능력의 자연스러운 차이의 결과라고 생각되었다. 따라서 그들은 프랑스혁명의 자유와 평등이라는 이상을 완전히 거부했다. 이러한 이상에 대한 상세한 비판을 시도하기보다는 그들은 그것을 희화화하는 데 만족했다. 그들에 따르면, '자유'란 모든 도덕적·사회적 구속의 부재, 원하는 것은 무엇이든 할 수 있는 자유 그리고 모든 사회적 의무와 책무로부터의 자유를 의미한다. '평등'은 모든 사람을 하나의 동일한 수준으로 끌어내리는 것, 즉 모든 도덕적·지적 장점을 근절하는 것을 의미한다. 그러한 해석을 고려할 때, 행복주의자들은 이러한 이상을 부당하고 실행 불가능한 것으로 간주하는 데 어려움이 없었다.

3년 동안 계속된 오만무례함과 허세 그리고 병적 흥분 끝에, 『에우다이모니아』는 결국 위엄을 잃은 종말을 맞이했다. 행복주의자들은 수년에 걸쳐

---

nisten", p. 491)는 『에우다이모니아』에서 군주제의 옹호가 결여되어 있는 점에 대해 논평한다. 그러나 그들은 여기에서 행복주의자들이 포프의 격언과 일치한다는 것을 보지 못하고 있다.

155. "In wiefern kann der Wille des Volks als Gesetz betrachtet werden", *Eudämonia*, III, 283–290; "Ueber das Representationssystem", *Eudämonia*, III, 190–301 참조.

많은 적들을 만들었고, 그 적들은 이제 그들 주변에 가까이 접근하기 시작했다. 그들은 다른 잡지들로부터 점점 더 많은 공격을 받고 있다는 것을 알았다. 『일반문예신문』, 『고타학예신문』, 『적색 신문』이 모두 『에우다이모니아』의 편협성과 증오심, 반계몽주의에 대해 비난했다. 일부 논적들은 그들에 대한 조치를 주저하지 않는 유력 정치인들이었다. 이러한 논적들 중 하나는 오스트리아의 최고 검열관인 레처^{Retzer}였는데, 그는 행복주의자들이 옹호하고 치켜세웠어야 할 부류의 관료였다. 특유의 경솔하고 무절제한 한 기사에서 행복주의자들은 레처를 일루미나티라고 공공연히 비난한 적이 있었다. 레처는 1797년 12월 21일 오스트리아에서 『에우다이모니아』의 몇몇 호에 대한 판매를 금지하는 황실 포고를 발표함으로써 지체 없이 보복했다. 그래서 이 잡지는 바로 반동의 본고장에서 불법이 되었다! 『에우다이모니아』의 또 다른 강력한 적은 마인츠 내 프랑스 정부의 저명한 관료인 G. F. 레브만^{Rebmann}이었다. 비난의 표적이 되는 것에 지친 레브만은 프랑크푸르트 치안판사가 『에우다이모니아』와 같은 잡지를 시 경계 내에서 출판되도록 허용한 것에 대해 비판했다. 레브만은 프랑크푸르트에서 불과 30마일 떨어진 곳에 있었던 프랑스군에 친구들을 두고 있었기 때문에 이런 비판은 공허한 위협이 아니었다. 치안판사는 겁을 먹고 프랑크푸르트에서 그 잡지의 판매를 즉시 금지시켰다. [334]그 결과 『에우다이모니아』 편집자들은 1798년 봄에 그들의 기지를 뉘른베르크로 옮겨야 했다. 이 모든 어려움을 겪으면서 그들은 이전의 후원자들로부터 지원을 받지 못했는데, 과거의 후원자들은 프랑스와 오스트리아의 캄포 포르미오 휴전조약 체결 이후 새로운 영토를 얻기 위해 이제 프랑스인들에게 구애하느라 여념이 없었다. 친구들에게 버림받고 적들에게 쫓기고 전진하는 프랑스군보다 먼저 퇴각해야 했던 편집자들은 마침내 1798년 초에 이 감당할 수 없는 투쟁을 포기했다.[156]

· ·

156. 이 잡지의 종말에 대한 자세한 내용은 Epstein, *Genesis*, pp. 543–545; Braubach, "Eudämonia", pp. 333–336 참조.

결국 『에우다이모니아』가 이룬 것은 무엇인가? 얼핏 보기에 그다지 대단하지는 못한 것으로 보인다. 이 잡지의 폐간은 보수주의자들의 애석해하는 반응조차 낳지 않았고, 자유주의자와 급진주의자들의 축하를 받았다. 그것이 남긴 듯 보이는 것은 증오와 음모, 적의의 불쾌한 흔적뿐이었다. 프랑스혁명의 철학과 경쟁하거나 그것을 대체할 만한 일관성 있는 정치철학은 없었다. 검열에 대한 지겨운 호소 외에는 개혁을 위한 건설적인 제안이나 현상 유지를 위한 구체적인 제안도 없었다. 행복주의자들은 제후들의 무지와 무관심, 무능이 당면한 모든 위험의 근원이라고 주장함으로써 가장 보수적인 제후들조차 불쾌하게 했다. 그럼에도 불구하고 좀 더 무형적인 차원에서 『에우다이모니아』는 비록 해로운 것일지라도 대중의 의식에 어떤 영향을 끼쳤다. 그것은 급진주의자들과 자유주의자들 중 일부를 수세에 몰아넣는 데 성공했다. 그들은 이제 자신을 노출하는 것을 더욱 경계하고, 대중을 덜 확신하고 있었다. 그러나 더 심각한 것은, 행복주의자들이 그들의 보수적이고 반동적인 많은 동맹자들과 마찬가지로, 원숙한 기술로 한 가지 카드, 즉 애국심이라는 카드를 끈질기게 사용했다는 점이다. 기사마다 그들은 애국적인 독일인이 프랑스혁명의 이상을 받아들일 수 없음을 넌지시 비쳤다.[157] 진정 독일적인 것echt deutsch은 프랑스적인 것이 아니었고, 프랑스적인 것은 자유, 평등, 연대의 이상이었다. 따라서 애국심은 자유주의적인 대의보다는 보수주의적 대의와 결합되었다. 그러한 결합은 독일 역사에서 비극적인 결과를 가져왔다. 그리고 그 영향은 오늘날까지도 여전히 감지되고 있다.

. .
157. 특히 "Wahrer und falscher Patriotismus", *Eudämonia*, III, 514-526 참조.

제13장

C. M. 빌란트의 정치철학

13.1. 정치사상가로서의 빌란트

[335]의심할 여지없이 1790년대의 중심적인 사회적·정치적 사상가 중한 명은 크리스토프 마르틴 빌란트(1733–1813)였다. 괴테, 실러와 함께 바이마르 고전주의의 주요 인물인 빌란트는 독일 문학에 기여한 것으로 가장잘 알려져 있다. 그는 교양소설Bildungsroman의 창시자이자 근대 독일 산문과시의 위대한 거장 중 한 사람으로 여겨져 왔다. 그러나 우리가 빌란트를순수 문학가로 분류한다면 그를 매우 부당하게 다루는 셈이 되는데, 왜냐하면그는 무엇보다도 사회적·정치적 작가였기 때문이다.[1] 1759년 이후의 그의

<hr />

1. 빌란트를 사회비평가로 해석해야 할 필요성은 F. 마르티니에 의해 강조되어 왔다. F. Martini, "C. M. Wieland und das 18. Jahrhundert", in *Festschrift für Paul Kluckhohn und Hermann Schneider zu ihrem 60. Geburtstag*(Tübingen, 1948), pp. 144–265. 마르티니의 접근은 리하르트 사무엘에 의해 재확인되었다. "Wieland als Gesellschaftskritiker: Eine Forschungsgabe", *Seminar* 5(1969), 244–265. 이 13장은 마르티니와 사무엘의 제안 중 일부를 이행하려고

주요 저술은 거의 모두—『아가톤 이야기』, 『황금 거울』, 『아브데라 사람들의 이야기』, 『현자 다니슈멘트의 이야기』 — 사회적·정치적 주제에 전념하고 있다. 이 소설들은 하나의 근원적인 사회적·정치적인 요점을 가지고 있는데, 그것은 바로 사람들이 더 정의로운 사회를 만들어야만 그들의 삶을 개선할 수 있다는 도덕이다. 사회와 정치에 대한 이러한 우려는 그야말로 작가로서의 역할에 대한 빌란트의 신념에서 기인한다. 1770년에 그는 "내 모든 작품들, 즉 산문이나 운문으로 된 랩소디, 이야기, 설화의 핵심이나 목표 또는 열쇠는 인간의 삶을 보다 철저하게 개선시키는 것"이라고 썼다.[2] 그러고 나서 그는 이러한 개선의 주요 조건은 모든 시민들의 자유와 복지를 제공하는 국가를 만드는 것이라고 덧붙였다.

빌란트의 사회적·정치적 문제에 대한 관심은 그의 소설들뿐만 아니라 사회철학·정치철학에 관한 그의 많은 논문들에서도 명백하다. 1750년대 초 그는 사회적·정치적 주제에 관한 여러 논설을 썼고, 책의 집필을 계획했으며 심지어 그 집필을 위한 일지를 썼다. 1770년에 그는 정치철학에 관한 첫 번째 저작을 출판했는데 이 책은 계몽에 대한 루소의 비판을 검토하는 논문집으로, 『인류의 감추어진 역사에 대하여』라는 제목이 붙었다. 1770년대와 1780년대에 걸쳐 그는 계속해서 정치에 관심을 가졌으며, 계몽, 언론과 출판의 자유, 자연법, 독일의 애국심, 이상적인 통치형태 등의 주제에 관한 논문들을 발표했다. 그의 사회적·정치적 관심사에 대한 가장 두드러진 증거는 1790년대에 프랑스혁명에 대한 그의 열정적인 개입으로 나타났다. 1790년대 빌란트의 문학적 산출물은 [336]실제로 라인강을 가로지르는 사건들에 의해 지배되고 있다. 그는 무려 35편의 논문과 두 권의 책인 『신들의 대화』와

시도한다.

2. C. M. Wieland, *Sämtliche Werke*, ed. H. Radspieler(Hamburg, 1984), XIV, 174 참조. 접근성
  이 용이하기 때문에 가능한 한 우리의 참고문헌은 빌란트 자신에 의한 1794년 편집판의
  팩시밀리판이 될 것이다. 이 판이 불완전한 경우, 참고문헌은 Wieland, *Gesammelte Schriften*,
  ed. Deutsche Akademie der Wissenschaften(Berlin, 1909N)이 될 것이다.

『두 사람 간의 대화』를 썼는데, 이 책들은 시사문제와 사건들에 전념한 것이었다. 그의 서한집은 아직 전체적으로 출판되지는 않았지만,[3] 프랑스혁명에 대한 그의 강력한 관심을 더욱 증명해준다.

사회적·정치적 작가로서의 빌란트의 중요성은 특히 영향력 있는 『독일 메르쿠어』의 편집자로서의 역할에서 비롯된다. 『메르쿠르 드 프랑스*Mercure de France*』를 모델로 해서 창간된 이 잡지는 독일 계몽의 주요 대변지 중 하나였다. 이 잡지의 목적은 독일 대중의 취향과 예절을 향상시키고 사회적·정치적 인식 수준을 높이는 것이었다. 빌란트의 견해로는, 좀 더 계몽된 대중은 보다 책임감 있는 통치의 전제조건이다. 인기도가 성공의 어떤 표시라면, 『독일 메르쿠어』는 그 목표의 일부를 달성했다고 자랑할 만하다. 『베를린 월보』와 『일반 독일 서지』와 함께 그것은 독일에서 가장 구독률이 높은 잡지 중 하나였다.[4]

1790년대 정치사상의 광범위한 스펙트럼에서 빌란트는 중도 개혁적 입장의 주요 대표자 중 한 명이었다. 점진적 개혁의 주창자였던 그는 자코뱅파의 급진주의와 행복주의자들의 반동적 입장 사이에서 방향을 잡으려 했다. 많은 온건파들과 마찬가지로, 그는 입헌군주제의 옹호자였고 영국과 같은 혼합된 통치형태의 옹호자였다. 그러한 통치형태는 그에게 역사적 연속성을 보장하고 국민적 대표에 대한 증가하는 요구에 대응할 수 있는 최선의 수단으로 보였다. 빌란트는 사상의 자유, 종교적 관용, 법 앞의 평등 등 일부 기본적인

· ·

3. 불행히도 조이페르트가 편집한 서한집 *Wielands Briefwechsel*(Berlin, 1963*N*)은 불완전하다. 이 새로운 서한집의 완성은 프랑스혁명에 대한 빌란트의 태도를 더욱 명확히 밝혀줄 것을 약속한다. 그러나 조이페르트는 1790년대의 모든 서한들의 목록을 발표한 바 있다. Seuffert, "Prolegomena zu einer Wieland Ausgabe", *Abhandlungen der preussischen Akademie der Wissenschaften*, Jahrgang no. 11(1936) 및 no. 15(1940) 참조. 빌란트의 서한들 중 이용 가능한 것은 *Wieland Bibliographie*, ed. G. Gunther and H. Zeiling(Berlin, 1983), pp. 59–87에 수록되어 있다.
4. 『독일 메르쿠어』와 빌란트의 편집자로서의 역할의 성공에 대해서는 Karin Stoll, *Christoph Martin Wieland: Journalistik und Kritik*(Bonn, 1978), pp. 53–60 참조.

자유주의적 가치를 옹호했지만 완전한 민주주의나 국민 주권을 거부했다. 그는 유럽 국민들의 정치적 의식이 커지고 있음을 인정했지만 엘리트 통치의 필요성에 대한 믿음을 멈추지 않았다. 사회 문제들에 대해 보수적인 빌란트는 결코 독일 사회의 기본적인 사회 구조에 대해 의문을 제기하지 않았다. 비록 그는 농노제를 혐오하고 게으른 귀족을 탐탁지 않게 여겼지만, 신분들 간의 차별을 당연한 것으로 받아들였다. 그리고 그는 귀족들이 유용한 사회적 역할을 수행한다면, 그들의 직위와 위엄을 유지해야 한다고 믿었다.

빌란트가 자유주의적 대의의 옹호자였지만, 그를 1790년대의 자유주의 사상가 중 한 명으로 분류하는 것은 오해의 소지가 있을 것이다. 이는 그가 국가 활동의 한계에 대해 자유주의적 신조를 공유하지 않은 단순한 이유 때문이다. 그는 국가가 시민들의 권리들을 보호할 뿐만 아니라 시민들의 복지를 증진해야 한다고 믿는 오래된 가부장주의 전통에 충실했다. 이런 이유로 우리는 빌란트를 보수적인 전통에 두어야 한다.

빌란트의 정치적 사상은 주로 그 역사적 중요성 때문에 우리의 관심을 계속 받을 만하다. 빌란트의 소설들의 성공과 『독일 메르쿠어』의 편집자로서의 그의 강력한 지위는 그를 [337]18세기 말 독일에서 가장 영향력 있는 정치 작가들 중 한 명으로 만들었다. 비록 빌란트는 1790년대에 어떤 면에서 시대에 뒤떨어진 인물이었지만, 그는 계몽적 가부장주의 전통의 주요 대변자로서 중요한 역할을 했다. 그는 프랑스혁명 전에 성년이 된 그 세대의 계몽주의자의 정치철학을 가장 분명하게 옹호하는 사람이었다.

13.2. 사회적 작가의 탄생

빌란트의 첫 번째이자 가장 중요한 소설인 『아가톤 이야기』의 말미 부분에서 지혜로운 노철학자 아르키투스는 주인공 아가톤에게 그의 젊은 '열광enthusiasm'과 열정적인 이상주의, 신비주의의 치료법에 대해 몇 가지 조언을 해준다. 아르키투스는 이렇게 말한다. "영혼의 이러한 병폐에 맞서는 가장 확실한 예방책은 시민 생활과 가정생활에서 우리의 의무를 이행하는 것입니다. 이러한 한계 안에서 우리의 삶의 진로는 제한되어 있기 때문이지요. 그리고 만일 누군가가 이러한 보편적인 법칙으로부터 예외로 운명지어졌다고 믿는다면 그것은 단지 자기기만일 뿐입니다."[5] 아르키투스의 조언은 빌란트 소설의 중심 주제뿐만 아니라 그의 초기 철학적 발전의 주요 교훈을 요약하고 있다. 왜냐하면 빌란트는 그의 초기 지적 경력을 주로 열광에 대한 투쟁으로 보았기 때문이다. 이 열광에 대한 교정책은 다름 아닌 정치에 대한 그의 관심임이 증명되었다.[6] 그의 초기 세계관에 현실주의라는 아주 필요한 요소를 부여한 것은 다른 무엇보다도 정치였다. 자신의 이상을 실현하기 위해 애쓰는 과정에서 그 열광주의자는 정치권에 들어가야 했다. 그러나 이것은 곧 그에게 그 실현의 어려움을 가르쳐 주었다. 그는 상황의 힘에 맞서고 사람들의 기본 동기를 인식하고 권력을 획득하는 온갖 음모를 겪어야 했는데, 이는 종종 그가 성취하기 위해 세운 바로 그 이상을 위태롭게 했다. 우리의 이상을 실현하는 데 어려움이 있다는 것은 우리가 그 이상을 버려야 한다는 것이 아니라 그것을 우리의 상황에 적응시켜야 한다는 것을 의미한다고 빌란트는 생각했다. 다시 말해서 우리는 아르키투스의 조언을 귀담아 듣고 시민 생활과 가정생활의 의무를 다해야 한다는 것이다.

따라서 1750년부터 『아가톤 이야기』의 초판이 완성된 1767년까지의 빌란트의 초기 철학적 발전은 정치의 중요성에 대한 그의 인식이 높아진 것이 특징이다. 빌란트를 이러한 관점으로 이끈 것은 무엇보다도 도덕적 의무에 대한 그의 사회적 관념이었다. 그는 초창기 글을 통해 사회에 대한 한 사람의 의무를 강조하는 윤리를 내세웠다.[7] 개인은 결코 세상에서 물러나

. .
5. Wieland, Werke, III, 412. 이 구절은 1794년판에 추가되었다. 판본들 간의 때때로 중요한 차이점에 대해서는 E. Gross, *C. M. Wielands Geschichte des Agathon*(Berlin, 1930) 참조.
6. 1762년 11월 8일 짐머만에게 보낸 빌란트의 서한(*Briefwechsel*, III, 129–131) 참조.
7. 예를 들어 Wieland, *Moralische Briefe*, in *Werke*, supp. I, 295, "Plan einer Akademie zu

은둔적인 명상 속으로 침잠해서는 안 되며, 오히려 세상 속으로 들어가 동시대 사람들의 안녕을 도모하기 위해 최선을 다해야 한다. 인간이 "건강하고 유용한 사회 구성원"이 되어야 한다는 것은 다름 아닌 '인간의 사명Bestimmung des Menschen'이요 창조자가 그에게 부여한 목적이다. 얼핏 보기에는 정치와는 별개로 또 국가에 대한 어떤 관심도 없이 이 의무를 이행하는 것이 가능해 보일지도 모른다. 그러나 늦어도 1759년경에 빌란트는 [338]정치가 필수적이라는 것을 깨닫기 시작했다. 사람들이 살고 있는 정치적 상황을 개선하기 위해 최선을 다하는 경우에만 우리는 사회를 위해 최선을 다할 수 있다는 것을 그는 점점 더 깨닫게 되었다. 세상의 악과 불행의 주요 근원은 죄 많은 인간 본성에 있는 것이 아니고 운명이나 자연이 가져오는 재앙에 있는 것은 더더욱 아니며 오히려 다름 아닌 정치적인 억압 자체에 있다는 것은 하나의 피할 수 없는 사실이기 때문이다.[8] 그래서 우리가 이러한 억압을 없애려고 애쓰지 않는 한, 그리고 기본적인 인권을 보장하는 헌법을 발전시키기 위해 모든 힘을 다하지 않는 한, 우리는 동시대 사람들의 삶을 개선해야 할 의무를 저버리게 된다. 이러한 이유로 빌란트는 정치적 저술가가 되어야 한다고 느꼈는데, 그는 그것을 행복과 미덕이 국가에 의해 결정되는 세상에서 사람들의 삶을 향상시키기 위한 최고의 천직이라고 여겼다.

그러나 빌란트가 정치에 완전히 관심을 갖게 된 것은 1759년이 되어서였다. 초창기에 그는 정치 영역의 세속적인 관심사를 훨씬 넘어선 신비적인 플라톤 철학에 경도되어 있었다. 1750년, 열일곱 살의 어린 나이에

• •
    Bildung des Verstandes und Herzens junger Leute", in *Schriften*, IV, 190–191; *Theages*, in *Schriften*, II, 436–437. Cf. *Agathon*, in *Werke*, II, 228 참조.
8. 이 견해는 Wieland, "Gedanken über den patriotischen Traum", in *Schriften*, IV, 208 및 1759년 10월 2일 이작 이젤린Isaak Iselin에게 보낸 빌란트의 서한(*Briefwechsel*, I, 535)에서 처음 등장한다. 여기서 빌란트는 도덕적 성격은 입법에 달려 있다고 강조했다. 『아가톤 이야기』에서 빌란트는 개인의 행복이 국가에 달려 있다고 분명히 강조했다(*Werke*, III, 408). 그는 후기 저술들에서 이 교설을 더욱 강조하였다. *Werke*, VIII, 138, VII, 52, XV, 170–171.

그는 「사물의 자연」이라는 교훈시 한 편을 썼는데, 이 시는 루크레티우스를 논박하고 플라톤의 형이상학과 우주론을 제시한 것이었다. 그의 형이상학에 따르면, 자연 전체는 그것이 정신적인 정도에 따라 그리고 신의 형태를 반영하는 정도에 따라 위계적으로 조직되어 있다. 만물은 사랑의 신성한 에너지에 의해 창조되고 지속된다. 그리고 모든 것이 이 신성으로 돌아가기 위해 노력한다. 『도덕 서한』(1752), 『공감』(1755), 『인간에 대한 고찰』(1755)에서 빌란트는 자신의 형이상학과 부합하는 플라톤의 윤리학과 인간학의 개요를 제시했다. 인간성의 목적은 영원한 것으로 돌아가 우리의 순수한 정신적 본성을 실현하는 것이다. 우리는 우리 자신 속에 있는 무한한 것에 대한 갈망을 가지고 있으며, 지상의 그 어떤 것도 이 압도적인 욕망을 완전히 충족시킬 수는 없다. 그러므로 지구상의 모든 생명은 앞으로 다가올 생에 대한 준비일 뿐이다. 인간성의 최고의 힘은 이성으로, 이는 우리에게 영원한 이데아에 대한 통찰력을 주고 우리의 욕망을 지상이나 영원 중 하나로 인도할 수 있다. 정치의 영역에서도 빌란트의 초기 견해는 플라톤주의의 영향을 강하게 받았다. 비록 이제 막 시작 단계였지만 그의 정치적 신념은 간단하고 명확했다. 그는 플라톤의 공화국이 단순한 환상이 아니라 인간 본성에 입각한 합리적 이상이라고 주장하면서 이를 옹호했다.[9] 따라서 이론과 실천의 관계에 대한 빌란트의 견해는 순전히 도덕적이었다. 이론에서는 가능한 것이 실천에서는 불가능하다고 사람들이 말한다면, 그들은 대체로 그들의 의지 부족을 숨기고 있을 뿐이다. 아무리 유토피아적인 이상이라도 사람들이 진정으로 도덕적이면 실현될 수 있다.[10] 우리가 빌란트의 '열광'을 이해해야 하는 것은 바로 이 플라톤 철학의 관점에서이다. 그의 초기의 철학적 발전은 본질적으로 그의 젊은 시절의 플라톤적 이상주의를 거부한 것이었다.

••
9. 1753년 5월 18일 J. C. 폴츠Volz에게 보낸 빌란트의 서한(*Briefwechsel*, I, 153) 참조.
10. Wieland, "Gedanken über den patriotischen Traum", in *Schriften*, IV, 211–212.

플라톤적 주제가 우세했지만, 빌란트의 초기 체계는 그리스도교와 이교도, 이성주의와 경험주의, 회의주의적 요소와 신비주의적 요소를 포함하는 극도로 절충적인 것이었다. 그러한 이질적인 요소들은 [339]그 체계가 이미 자체에 파괴의 씨앗을 포함하고 있다는 것을 의미했다. 한 가지 요소는 다른 요소를 희생해야만 강조될 수 있었다. 1751년 초 빌란트는 결국 그의 체계의 붕괴와 성숙한 관점의 발전으로 이어질 하나의 주제를 강조하기 시작했다. 『도덕 서한』에서 그는 「사물의 자연」의 웅대한 형이상학적 사변과 상충되는 회의적이고 실용적인 인본주의humanism를 내세웠다. 『도덕 서한』에서 빌란트의 영웅은 소크라테스인데, 그러나 그는 플라톤이 묘사한 형이상학자가 아니라 크세노폰이 묘사한 도덕주의자이다. 빌란트는 소크라테스가 말한 무지에 대한 겸손한 고백, 아무것도 모른다는 것만을 알고 있다는 그의 진술에 감탄했다. 빌란트의 견해로는 소크라테스가 철학을 천상에서 지상으로 향하게 하고, 우주의 본질보다는 미덕의 삶을 철학의 중심 관심사로 삼은 것은 옳은 일이었다. 철학의 목적은 관조가 아니라 덕과 공익을 증진시키는 것이어야 한다.[11] 이러한 보다 실용적이고 회의적인 태도는 1752년 5월 빌란트가 그의 친구 J. H. 쉰즈Schinz에게 보낸 편지에서 가장 분명하게 표현된다. "일반적으로 나는 세계의 영원성, 모나드, 운동의 근원과 같은 문제에 대한 고찰은 쓸모없는 일이라고 생각합니다. … 천 년 이상이나 그 이치를 따져왔으며 그럼에도 플라톤이나 프로타고라스보다 우리를 더 멀리 나아가게 하지 못한 형이상학적 세부사항에 대한 철학적 논쟁에 더 이상 나 자신을 끌어들일 수는 없습니다."[12]

빌란트 사상의 인본주의적 요소는 1756년경 점점 더 중요해졌다. 빌란트는 1756년 12월 13일 친구 J. G. 짐머만에게 쓴 편지에서 그 중요성이 커지고 있음을 다음과 같이 표명했다. "나는 로마 가톨릭교회의 모든 성인들보다

11. Wieland, *Werke*, supp. 1, pp. 362–363, 401–402.
12. Wieland, *Briefwechsel*, I, 79–80.

크세노폰이 묘사하는 사람들 쪽을 더 높게 평가한다는 것을 그(그들의 상호 친구 오베라이트)에게 알려 주었습니다."[13] 인본주의의 영향력이 커지는 것은 이 시기에 교육에 대한 빌란트의 견해에서 특히 뚜렷하다. 칼스루에에 있는 김나지움 일루스트레의 교육 프로그램을 개략적으로 설명한 논문에서 그는 고전 작가들에게 크게 의존했고 고대 그리스인들을 면밀히 따랐다.[14] 아테네인과 스파르타인은 그들의 자녀들에게 가장 고귀한 목적인 좋은 시민이 되는 것을 위해 교육시킨 점에 있어서 옳았다고 빌란트는 말했다. 그들은 그러한 교육의 가장 좋은 기초는 인격의 전인적 발전, 즉 도덕적, 육체적, 지적 우수성의 함양이라고 올바르게 보았다. 점점 커지는 인본주의의 영향력은 문학에 대한 빌란트의 계획에서도 뚜렷이 드러난다. 그가 크세노폰의 『키루스의 교육Cyropaedia』에서 영감을 받은 그의 서사시 「키루스Cyrus」를 기획하기 시작한 것은 1757년 경이었다.[15] 빌란트의 키루스는 위대한 통치자와 덕망 있는 인간이라는 그의 이상을 나타내는 것이었다. 키루스는 이교도의 덕목의 본보기였다. 그는 실로 영혼의 고귀함과 전인적 인격을 가지고 있었고 인류의 삶을 향상시키는 데 헌신했다. 1756년부터 1757년까지의 빌란트의 교육관과 문학 계획에서 그가 [340] 신비주의자나 현자의 사색의 삶이 아니라 행동과 공동체의 이익에 헌신하는 삶에서 자신의 미덕의 이상을 발견했다는 것은 의미심장하다. 삶의 목적은 더 이상 영원한 것을 준비하는 것이 아니라 지금 여기에 있는 동료 인간들의 삶을 향상시키는 것이었다. 완전히 깨닫지는 못한 채 빌란트는 이전의 '열광'에 등을 돌리고 있었던 셈이다.

그러나 빌란트가 플라톤주의에 환멸을 느낀 것은 순전히 그의 인본주의

• •

13. 같은 책, I, 293.

14. Wieland, "Plan einer Akademie", in *Schriften*, IV, 183-206.

15. 1758년 2월 9일 L. 젤베거에게 보낸 그의 서한(*Briefwechsel*, I, 319)에서 빌란트는 "몇 달 동안" 키루스에 대한 작업을 해왔다고 말했다. 프리드리히 젱글에 따르면, 빌란트는 이르면 1756년 9월에 이 시를 쓸 계획을 세웠다(Friedrich Sengle, *Wieland* [Stuttgart, 1949], p. 93).

의 결과만은 아니었다. 그 외에 다른 더 인간적인 요소들과 덜 지성적인 요소들이 작용하고 있었다. 무엇보다도 빌란트의 열광을 치유해준 듯 보이는 것은 모든 형태의 정신적인 **질풍노도**에 대한 가장 오래되고 강력한 치료법, 즉 훌륭한 여성의 사랑이었다. 1756년 빌란트는 자기보다 스무 살 정도 나이 많은 교양 있고 매력적이며 세상 물정에 밝은 미망인 그레벨 로호만 부인을 만났다. 빌란트는 나중에 그들의 관계가 순전히 플라톤적인 것이었다고 그럴듯하게 주장했지만, 어쨌든 상호간의 감정은 곧 꽃을 피웠다. 1755년 빌란트는 자신의 **열광주의**Schwärmerei를 더욱 심화시킬 뿐인 쓰라린 경험이었던 파혼을 겪었기 때문에, 이 새로운 관계는 그의 영혼에 활력소가 되었다. 그것은 그의 자신감, 사람들에 대한 믿음, 그리고 세상에 대한 사랑을 회복시켰다. 이 연애는 빌란트에게 개인적으로 중요했을 뿐만 아니라 철학적인 의의도 가지고 있었다. 1757년경에 쓰여진 두 작품 『테아게스*Theages*』와 『아라스페스와 판테아*Araspes und Panthea*』에서 그는 새로운 경험의 의미를 명확히 표현했다. 이 두 작품에서 빌란트는 플라톤 체계의 중심 개념인 사랑의 경험을 분석했다. 그의 등장인물들 중 일부는 이 개념을 순전히 플라톤적 해석으로 제시한다. 그들은 사랑을 완성에 대한 인식, 영혼의 순수한 정신적 교감, 육체에 나타나는 초월적 아름다움에 대한 인식으로 간주한다. 단 하나의 참된 사랑은, 우리의 이성에 의해 제어될 뿐 감각의 탐욕스럽고 억제될 수 없는 충동의 대상이 되지 않는 이 순수한 정신적 사랑이다. 그러나 이 등장인물들은 곧 그들의 해석이 자기 기만적이고 우리의 육체적 본성에 뿌리를 두고 있는 감정과 욕망의 이상화·합리화라는 것을 발견하게 된다. 『아라스페스와 판테아』에서 아라스페스는 판테아에 대한 그의 사랑이 자신의 이성의 통제를 넘어서는 것임을 알게 된다. 그리고 『테아게스』에서 그레벨 로호만 부인을 나타내는 아파시아는 테아게스에게 "플라톤의 사랑은 큐피트의 의상 속에 나타납니다"라면서 "플라톤이 말하는 것 같은 마지막 말을 가진 것은 큐피트입니다"라고 말한다.[16] 다시 말해서 빌란트는 그레벨 로호만 부인과의 연애를 통해 플라톤주의자의 가장 높고 가장 정신적인 경험이 되어야 할 사랑의 경험이 육체의 욕망과 감정에 뿌리를 두고 있다는 것을 발견했다. 교훈은 분명하다. 즉 우리가 자연계를 가장 초월했다고 생각할 때조차도 우리는 자연계를 벗어날 수 없다. 빌란트에게 이 교훈은 우리가 감각의 세계를 받아들이고 실제로 찬미해야 한다는 것을 의미했다.

빌란트의 새로운 현실주의의 가장 중요한 표현은 비록 미완성이지만 1757년부터 1759년까지 쓰여진 서사시 「키루스」에서 명백하게 드러나는 그의 커져가는 정치적 인식이었다. 빌란트 시의 주인공은 정치적 인물로, [341]그는 인류의 자유를 위해 싸우는 데 자신의 힘을 사용하는 위대한 통치자이다. 이 주인공에 대한 영감은 고전적 출처뿐만 아니라 동시대의 사건에서도 얻어졌다. 1757년 프리드리히 2세는 실레지아로 진군을 시작했고, 많은 사람들은 그의 초기 승리를 계몽의 승리로 여겼다. 프로이센의 군주가 계몽을 널리 전파하고 후진국에 진보를 가져오고 있는 것 같았다. 빌란트도 이러한 견해를 공유했다. 그는 특히 프리드리히 2세의 계몽적 정치철학을 존경했다. 친구들의 격려를 받은 빌란트는 프리드리히 2세의 용기 있는 행동을 기념하기 위해 서사시 한 편을 쓰기로 결심했다. 따라서 그의 주인공 키루스는 부분적으로 위대한 프로이센 왕을 모델로 하고 있다.[17] 왕의 정치적 견해 중 일부는 키루스의 입을 통해 말해진다. 이리하여 키루스는 군주가 백성들의 첫 번째 봉사자가 되어야 하고, 국가의 복지를 증진시키기 위해 자신의 힘을 사용해야 하며, 백성들은 그의 권세보다는 미덕 때문에 그에게 충성을 바쳐야 한다고 말한다. 「키루스」의 정치적 차원은 그 이상적인 인물뿐만 아니라 미덕에 대한 관념에도 존재한다. 빌란트의 미덕에 대한 이상은 이제 그의 이전 견해보다 훨씬 더 정치적인 것이었다. 『도덕 서한』에서 그는 미덕이 침착함이나 평온함 같은 마음의 상태에 존재한다는 미덕에 대한 금욕적인 개념을

••

16. Wieland, *Schriften*, II, 445.

17. 빌란트는 1758년 2월 9일 젤베거에게 보낸 서한에서 그렇게 말했다(*Briefwechsel*, I, 319).

옹호했다.[18] 그는 한 사람이 왕좌에 있든 혹은 사슬에 묶여 있든 자유로울 수 있다는 스토아학파의 격언을 명시적으로 지지했다.[19] 그러나 「키루스」에서는 미덕이 어떤 마음의 상태가 아니라 영웅적 자질, 즉 고귀한 대의를 위해 싸우는 용기에 있다고 여겨진다. 우리는 키루스가 자유를 위한 투쟁에 기꺼이 목숨을 바칠 용의가 있기 때문에 그를 존경하게 된다. 인간의 존엄성을 희생해서라도 평화가 얻어져야 한다면 전쟁은 악이 아니라고 그는 말한다.[20] 이러한 영웅적인 미덕의 관념은 빌란트가 정계에 입문하고 지상의 삶의 투쟁에 뛰어들려는 의지를 분명히 보여주는 신호이다.

빌란트가 정치철학에 대한 체계적이고 집중적인 연구를 시작한 것은 「키루스」를 집필하던 중이었다.[21] 프리드리히 2세와 그의 정책을 이해하려고 시도하면서 그는 몇몇 고전적인 정치사상가들, 특히 몽테스키외, 마키아벨리, 시드니, 플라톤을 읽었다.[22] 1759년 그의 마음은 정치적인 프로젝트로 가득 차 있었다. 그는 풍자소설인 『루지엔즈라는 젊은이의 진짜 이야기』의 초안을 써서 당시의 정부와 관습을 조롱했다. 그는 자연법과 건전한 통치의 원리에 관한 논문을 쓸 계획도 세웠다.[23] 그리고 그는 당대의 정치 문제에 관한

• •
18. Wieland, *Werke*, supp. I, p. 289. 그러나 빌란트는 스토아학파가 정념을 조절하기보다는 억압하려 한다고 비판했다(317–319).
19. 같은 책, 386. 그러나 다른 곳에서는 우리가 정치적 권위에 예속되면 도덕적으로 될 수 없다고 빌란트는 말했다(371–373).
20. Wieland, *Werke*, XVI, 21.
21. Gruber, *Wielands Leben*(Leipzig, 1827–1828; reprinted as vols. 50–53 of Wieland's *Werke*), I, 268.
22. 그루버는 빌란트가 이 사상가들을 읽은 것을 1759년경이라고 추정하지만, 빌란트는 그 이전부터 플라톤과 몽테스키외를 잘 알고 있었다. 예를 들어 「아카데미 계획」에서 그는 몽테스키외의 『법의 정신』을 교과과정의 필수적인 부분으로 추천했고, 1753년 5월 18일 J. C. 폴츠에게 보낸 서한에서 그는 플라톤의 『국가』를 공부한 적이 없는 사람들에 대해 불평했다. 그러나 빌란트가 1759년에 마키아벨리, 시드니와 함께 이 사상가들을 재검토하기 시작했다는 것은 그럴듯하다.
23. 1759년 10월 2일 이젤린에게 보낸 빌란트의 서한(*Briefwechsel*, I, 535–536) 참조.

저널을 편집하기를 희망했다.[24] 빌란트의 계획 중 일부는 결실을 맺었다. 그는 스위스에 애국 학교를 만들기 위한 이젤린의 프로젝트에 대한 평론을 발표했다.[25] 그리고 그는 유럽의 현 정부의 기원과 헌법을 논하면서 정치사에 대한 긴 논문을 썼다.[26] 그러나 1760년에 빌란트는 슈바벤의 자유도시인 그의 고향 비버라흐 정부에서 행정장관 직책을 맡았기 때문에 이러한 프로젝트의 대부분을 실행하지 못하게 되었다. 따라서 정치에 대한 적극적인 참여가 그의 정치 교육의 마지막 단계가 되었다.

빌란트의 초기 철학적 발전의 정점은 [342]1764년부터 1767년까지 쓴 그의 소설 『아가톤 이야기』이다. 소설의 이면에 있는 이야기는 자전적인 것으로, 열광에 대한 그의 내적 투쟁을 반영하고 있다.[27] 젊은 빌란트처럼 소설의 주인공 아가톤은 열광주의자이다. 플라톤 아카데미의 제자였던 그는 인간성의 목적은 육체적 쾌락의 포기와 영원한 이데아의 관조라고 믿는다. 아가톤의 정신적 발전은 그가 점차 이 철학에 환멸을 느끼게 되는 데 있다. 많은 쓰라린 경험을 통해 그는 순수 이데아들이 삶의 어느 곳에서도 구현되지 않는다는 것을 발견한다. 사람들은 순전히 이성적인 동기에서 행동하지 않는다. 사랑은 육체적 욕망으로 더럽혀진다. 그리고 정의로운 국가는 자신의 이익을 위해 권력을 휘두르는 자들에 의해 좌절된다. 그러나 빌란트는 그의 주인공이 미덕을 잃거나 이상을 버리는 것을 원하지 않았다. 따라서 이 소설은 삶의 온갖 쓰라린 시련 속에서 어떻게 젊음의 이상을 유지할 것인가라는 숭고한 질문을 제기한다. 어떻게 하면 우리는 순진한 이상주의와 냉소적인 현실주의를 피할 수 있을까? 빌란트의 주제는 또한 1790년대 계몽에게 닥칠

· ·
24. 1759년 5월 4일 짐머만에게 보낸 빌란트의 서한(*Briefwechsel*, I, 434–435).
25. Wieland, "Gedanken über den patriotischen Traum", in *Schriften*, IV, 206–218.
26. Wieland, "Einleitung in die Kenntnis der jetzigen Staaten in Europa", in *Schriften*, IV, 421–473.
27. 빌란트는 이 소설의 자전적인 성격을 1762년 1월 5일 짐머만에게 보낸 서한에서 인정했다. *Ausgewählte Briefe*, ed. H. Gessner(Zurich, 1815), II, 164.

근본적인 문제를 선취하고 있다. 즉 이론과 실천, 도덕과 정치 사이의 적절한 관계는 무엇인가? 나중에 빌란트가 자랑하듯이, 『아가톤 이야기』의 주요 교훈은 프랑스혁명 자체의 실패에 대한 것이다. 즉 우리는 결코 성취할 수 없는 완성의 이상을 위해 우리가 할 수 있는 작은 선^善을 경멸해서는 안 된다.

『아가톤 이야기』는 괴테의 『빌헬름 마이스터』와 횔덜린의 『휘페리온』 같은 소설의 원형으로서 최초의 위대한 교양소설[28]로 묘사되어 왔다. 그러나 그것을 정치소설로 분류하는 것도 똑같이 합당할 것이다. 소설의 줄거리와 중심 등장인물 모두 그런 시각에서 보는 것을 정당화한다. 이 이야기는 본질적으로 아가톤이 정치 영역에서 자신의 도덕적 이상을 실현하려는 시도를 중심으로 전개된다. 극적 요소는 아가톤이 왜 도덕적 세계가 자연계와 같은 절대적인 질서를 가지고 있지 않느냐고 자문하면서 시작된다. 자연계는 엄밀하고 공평한 법칙에 의해 지배되는 반면, 도덕적 세계는 덕이 있는 자는 고통을 받고 악인은 번창하도록 허용한다. 이러한 상황을 바로잡기로 결정한 아가톤은 정의의 원칙에 기초한 국가를 만들기로 결심한다. 플라톤의 제자로서 그는 『국가』의 고귀한 이상을 실현하려는 야망으로 열의를 다진다. 그의 중심 논적은 고르기아스의 제자인 소피스트의 한 사람 히피아스이다. 히피아스는 아가톤과 정반대되는 정치철학을 가지고 있다. 히피아스의 정치 철학의 주요 목적은 사람들에게 행복해지는 방법 또는 최대의 즐거움을 얻는 방법을 가르치는 것이다. 그리고 그러한 행복을 성취하는 수단은 사람들에 대한 권력을 얻는 것과 사람들이 본인을 위해 일하게 하는 방법을 배우는 데 있다. 따라서 아가톤과 히피아스의 투쟁은 정의 추구와 권력 추구라는 두 정치적 이상 사이의 갈등이다.

아가톤이라는 인물을 통해 빌란트는 정치에서 열광이 갖는 위험과 망상에 대해 많은 점을 지적했는데, 20여년 후 그는 프랑스혁명에 대해 언급하면서

• •
28. Hettner, *Geschichte*, I, 675–676.

이 점을 거듭 말했다. [343]몇 차례의 쓰라린 경험을 겪은 후, 아가톤은 도덕의 힘에 대한 순진한 믿음을 불신하는 법을 배운다. 선악의 경계가 결코 명확하지 않고 더욱이 악덕이 미덕의 외관을 쓰고 나타나듯이 미덕은 악덕의 외관을 쓰고 나타나는 경우가 많기 때문에, 단순히 정치 세계에서 미덕을 사랑하고 악덕을 미워하는 것만으로는 충분하지 않다는 것을 그는 깨닫는다.[29] 선한 의지와 더불어 정치 행위자는 판단력과 어려운 결정을 내릴 의지가 있어야 한다. 아테네에서 추방된 후, 아가톤은 플라톤 철학의 원리가 쾌락주의자들의 원리만큼 해로울 수 있다는 결론에 도달한다.[30] 플라톤의 원리는 우리가 사람들을 현재의 그들보다 더 나은 사람으로 만들 수 있다고 가정하지만, 그 원리는 우리가 우리의 욕망과 감정을 억제하도록 요구함에 있어서 우리 본성의 자연적인 측면과 충돌한다. 설사 우리가 사람들을 신에 준하는 인간이나 순수한 지성으로 변모시키는 데 성공할 수 있다고 해도, 그들은 정작 사회생활에 무용지물이 될 것이다. 플라톤 철학의 가장 큰 결점은 이상이 사람들과 제도에 순응하도록 시도해야 할 때 오히려 사람들과 제도가 이상에 부합하도록 시도한다는 데 있다는 것을 아가톤은 깨닫는다.[31]

아가톤은 플라톤 철학에 환멸을 느끼게 되고 어느 순간 히피아스의 원리를 채택하고 싶은 유혹을 느낄 정도로 낙담하게 되지만, 결국 그는 미덕의 대의에 충실하고 정치 생활을 계속하기로 결심한다. 비록 사회를 위한 활동이 남에게 인정받지 못하는 일이 되고 또 그의 많은 노력이 허사가 된다고 하더라도, 그는 사회의 이익을 위해 일해야 한다는 의무감을 계속 느끼고 있다. 많은 좌절에도 불구하고 그를 계속 나아갈 수 있게 하는 것은 그의 새로운 정치적 태도이다. 그는 이제 우리가 이상에 따라 사회를 재창조하려 해서는 안 되며, 상황이 허락하는 최선을 다해야 한다는 것을 깨닫는다.[32]

• •
29. Wieland, *Werke*, II, 221.
30. 같은 책, II, 225–226.
31. Cf. 같은 책, II, 226–228, 260–261; III, 157, 163–164.

최종 판본의 바로 그 이전 판본에서 소설은 아가톤이 아르키투스의 충고를 받아들여 타렌틴이라는 소 공화국의 통치자가 되는 것으로 끝난다.

13.3. 빌란트의 정치이론, 1758-1788년

우리는 위대한 프리드리히 2세를 기리는 시인인 「키루스」의 저자가 계몽적 군주제의 옹호자일 것이라고 흔히 생각할 것이다. 이것은 실제로 1767년에 시작된 빌란트의 말년에 있었던 일이다. 그러나 젊은 시절에는 그렇지 않았다. 그때 빌란트는 열렬한 공화주의자였다. 그는 정치에 관한 그의 첫 번째 저술 「현대 유럽국가 사정 안내」에서 영국 헌법을 이상적인 통치형태로 보았다.[33] 몽테스키외의 영향으로 빌란트는 이러한 통치형태의 절제, 안정, 지혜를 높이 평가했다. 그의 견해에 따르면, 영국 헌법은 그리스와 로마의 고대 공화국보다 우월한 공화제의 한 형태이다.

빌란트는 그의 다음 정치 논문 「애국적 꿈에 대한 생각」에서 자신의 초기 공화주의를 솔직하게 밝혔다.[34] 겨우 스물여섯에 불과했지만, 그는 "젊은 시절에는" [344]그리스인과 로마인의 글에 의해 자신에게 주입된 "공화국에 대한 특별한 애착"이 있었다고 고백했다. 그는 한 '탁월한 작가'(아마도 몽테스키외)가 공화국에서는 노예가 될 수 있고 군주제에서는 자유인이 될 수 있다고 그에게 확신시켜 주었을 때 이러한 '과도한 편파성'은 줄어들었다고 말했다. 그러나 이러한 수정과는 별도로, 공화주의에 대한 빌란트의 공감은 분명히 그대로 남아 있었다. 공화제가 유일하게 훌륭한 통치형태는

---

32. 같은 책, II, 260-261.

33. Wieland, *Schriften*, IV, 435.

34. 같은 책, IV, 207-208. 빌란트의 초기 공화주의의 또 다른 중요한 전거는 다음과 같다. "Rede beim Abschluss der Züricher Privatunterweisung", in *Schriften*, IV, 645-654, 특히 pp. 649-650.

아니더라도 그것은 여전히 최고의 것이다. 그는 오직 공화제에서만 인간의 본성이 온전히 꽃피우고 자유는 질서와 결합하며 개인의 행복은 공공의 이익과 결합하고 인류는 창조자의 목적을 깨닫는다고 선언했다. 요컨대 "공화제를 언급하는 것은 모든 선하고 아름다운 것을 가리키는 것이다."

빌란트가 일찍이 공화제를 선호한 것은 그가 고전을 읽어온 소산일 뿐만 아니라 그의 개인적인 경험의 산물이기도 했다. 그는 공화주의 원칙에 따라 운영되는 자유도시인 고향 비버라흐의 헌법을 자랑스러워했다. 그리고 1752년부터 1760년까지 그는 스위스에서 가정교사로 일하면서 베른과 취리히의 공화제를 직접 접할 기회를 얻었다. 나중에 그는 자신이 한때 베른의 공화주의 헌법을 현명한 통치의 완성 형태로 간주했었다고 말했다.[35]

빌란트 자신은 그의 초기 '공화주의'를 언급하고 있지만, 그 정확한 의미를 파악하기란 어렵고 실제로 나중에 어떤 면에서 그것을 거부했는지도 알기 어렵다. 공화제에 대한 그의 초기 애정은 아테네의 직접민주주의에서부터 베른의 사실상의 귀족제와 영국의 입헌군주제에 이르기까지 다양한 형태의 통치를 포괄한 것으로 보인다. 분명히 빌란트는 18세기의 넓은 의미에서 공화주의republicanism라는 단어를 사용하여 모든 시민에 의해서든 아니면 소수의 시민에 의해서든 대중 참여의 일부 요소를 허용하는 통치형태 일반을 지칭했다. 그러나 이처럼 넓은 의미에서 이해한 까닭에, 빌란트는 말년에 공화주의를 완전히 배척하지는 않았다. 그가 군주제를 지지했던 『황금 거울』에서도 폭정에 대한 견제로서 통치에 대한 대중 참여의 가치를 그는 계속 신뢰했다.[36] 그럼에도 불구하고 1760년대 중반에 이르러 빌란트가 스스로 통치할 수 있는 국민의 힘에 대해 회의적이 되면서 공화주의에 대한 믿음의 일부를 잃기 시작했다는 데에는 의심의 여지가 없다. 그는 여전히

• •

35. "Einige Anmerkung zu Herrn Hofrath Meiners Briefen über die Schweiz", *Neue teutsche Merkur* 1(1792)에 대한 빌란트의 주석(305-306)을 참조.

36. 13.3절 참조.

공화주의를 합법적인 통치형태로 간주했지만, 그것은 더 이상 그의 이상이 되지는 않았다.

공화제에 대한 빌란트의 초기 애정을 교정해준 것은 무엇인가? 그가 몽테스키외를 읽고 나서도 공화제에 대해 그토록 강한 감정을 계속 표현하고 있는 것을 보면, 그것은 몽테스키외에 대한 그의 연구 때문이었을 리가 없다. 빌란트의 환멸의 시작은 비버라흐에서 행정장관으로서의 경험에서 비롯되었다. 1760년부터 1764년까지 그의 직책은 가톨릭과 프로테스탄트 관료들 사이의 분쟁으로 끊임없이 위협을 받았다. 십자포화 속에 서서 자신의 직무에 두려움을 느낀 빌란트는 그 격렬한 다툼과 악의적인 책략에 녹초가 되어버렸다. 클라우디우스 시대의 로마 집정관 선출이 [345]비버라흐의 시장 선거보다 더 많은 원한을 불러일으킬 수 없었다고 그는 말한 적이 있다.[37] 빌란트는 후에 가상의 고대 그리스 공화국 압데라^Abdera의 풍속과 통치를 풍자한 『압데라 시민의 이야기』(1773)에서 자기 동시대 시민들에게 복수를 했다. 압데라 시민은 어리석고 무지하며 다투기를 좋아하는 사람들이었다. 그들은 많은 아이디어를 가지고 있었지만 어떻게 적용해야 할지 몰랐다. 그리고 아름다움을 사랑하는 사람들이었지만 심미 능력은 없었다. 그들은 말하는 것을 좋아했지만 생각하는 능력이 없었다. 그리고 신중히 생각했지만 항상 잘못된 결정을 내렸다. 압데라 시민의 예는 독자로 하여금 아무리 좋게 보아도 공화국은 가장 합리적인 통치형태가 아니라는 것을 느끼게 한다.

빌란트의 초기 공화주의에 치명타가 된 것은 1765년 베른으로부터 불안한 소식을 들었을 때였다. 그것은 바로 베른 공화국이 노쇠하고 병약한 장-자크 루소를 자국 영토에서 추방해버렸다는 소식이었다. 아무리 빌란트가 나중에 루소를 비판하더라도, 그는 루소를 존경했고 또한 그가 여러 당국으로부터 냉대를 당하고 있는 것을 개탄했다.[38] 1765년 겨울 베른 정부는 루소를

· ·
37. Gruber, *Wielands Leben*, I, 301.

그들의 공화국에서 독단적으로 추방함으로써 이 슬픈 박해 이야기에 또한 사건을 추가한 것이다. 베른 사람들은 최근에 루소의 망명을 허가해주고서 이제 추운 겨울 한복판에 그에게 24시간만을 주었기 때문에, 이 결정은 특히 잔인한 것이었다. 이 결정이 정부 전체의 행위였을지는 실제로 의심스러우며, 그것은 아마도 성직자 일파의 음모였을 가능성이 더 높다. 어쨌든 그 결정은 빌란트에게 충격을 주었는데, 35년이 지난 뒤 그는 분노 없이는 그 사건을 생각할 수 없다고 말한 바 있다.[39] 그는 이 사건으로 공화주의에 환멸을 느꼈다고 말했다. 그것은 그에게 공화제가 정말로 부패하기 쉽고 몇몇 책략가들의 견해에 의해 좌우될 수 있다는 것을 보여주었다. 공화제가 군주제처럼 전제적일 수 있다는 몽테스키외의 주장의 살아 있는 증거가 바로 여기에 있었다.

1770년 빌란트는 정치철학에 관한 그의 첫 번째 저서 『인간의 지성과 심정의 감추어진 역사에 대하여』[이하 『감추어진 역사』]를 출판했는데, 이는 그의 후기 견해의 많은 부분에 대한 토대를 마련했다. 이 책은 루소를 비판하는 다섯 편의 논문으로 구성되어 있는데, 특히 예술과 학문이 도덕을 증진시키는 것이 아니라 훼손한다는 루소의 주장을 비판하는 입장이었다. 볼테르와 디드로처럼 빌란트는 루소의 주장이 계몽에 대한 자신의 믿음에 대한 도전이라고 느꼈고 그것에 대해 반론을 할 수밖에 없다고 믿었다. 빌란트의 비판의 핵심은 루소의 자연 상태에 대한 그의 평가이다. 빌란트에 따르면, 루소는 사람들이 자연 상태에서는 서로 무리 짓지 않고 독립적이라고 가정했을 때 심각하게 잘못된 길로 접어들었다.[40] 실제는 그 정반대이다. 우리는 선천적으로 타인에게 동정심을 느끼고 그들과 소통할 필요가 있기 때문에 본질적으

38. 나중에 빌란트는 다음과 같은 글로 루소를 변호했다. "Briefe an einen Freund über eine Anekdote aus J. J. Rousseaus geheimer Geschichte seines Lebens", in *Werke*, XV, 169–213.

39. Wieland, "Einige Anmerkung", p. 305.

40. Wieland, *Werke*, XIV, 136, 144–145.

로 사회적 동물이다. 더 나아가 빌란트의 주장에 따르면, 루소는 우리가 사회에서보다 자연 상태에서 더 행복할 것이라고 가정했을 때 이 또한 잘못된 것이었다. 루소가 말하는 자연인은 육체적 욕구의 충족만을 바라는 미개인이다. [346]따라서 그런 자연인은 무딘 감각과 둔한 정신으로 계속 혼미한 상태로 살아갈 것이다. 문명인들은 예술과 학문을 그들의 이익을 위해 사용하는 방법을 알기 때문에 이 미개인보다 훨씬 행복할 수 있다. 더 나아가 사람들이 이성을 함양하고 재능을 계발하며 감각을 다듬는 방법을 배우는 것은 문명을 통해 이루어지며, 이러한 자산은 미개인들에게 알려지지 않은 온갖 종류의 즐거움을 제공한다.

빌란트는 루소에 대항하여 문명을 옹호했지만 문명의 전망이나 결과에 대해 만족하지 않았다. 그는 미개인이 문명인보다 민첩하고 강하며 건강하고 만족하며 순수하다는 것, 그리고 문명이 지나치게 추구되면 그것은 퇴폐로 이어진다는 것을 인정했다.[41] 빌란트가 진보에 대한 **계몽**의 믿음을 공유하지 않았다는 것은 실로 놀라운 일이다. 그의 역사관에 따르면, 모든 국가는 위대함과 쇠퇴, 강함과 약함의 양극 사이에서 끊임없이 요동한다.[42] 역사의 진보는 피할 수 없는 추세의 문제가 아니라 운 좋은 상황, 특히 권력을 가진 사람들이 이성과 정의에 의해 지시를 받을 의지가 있는지 여부의 문제이다. 또한 빌란트가 계몽의 힘에 대해 무한한 신뢰를 갖지 않았다는 것도 중요하다. 계몽의 힘을 인정하지 않으면서 그는 루소의 문화 비판의 근본적인 요점 중 하나를 받아들였다. 그것은 바로, 지성의 계몽 그리고 예술과 학문의 진보는 사회에 만연해 있는 도덕적 부패를 치유하지 못할 것이라는 점이었

* *
41. 같은 책, XIV, 261.
42. 빌란트는 이 견해를 「인간 종의 이른바 감소에 관하여」에서 제시했다. 이 글은 『독일 메르쿠어』에 처음 발표되었다(*Teutsche Merkur* I, 1777, 209~246). 그는 후에 그것을 1794년의 『저작집』의 『감추어진 역사*Beiträge zur geheimen Geschichte*』에 추가했다. 한편, 초기의 글 「현재 유럽 국가들에 대한 인식 서론」에서 빌란트는 계몽의 전형적인 진보에 대한 믿음을 옹호했다.

다.[43]

　그러나 문명이 그렇게 문제와 결함으로 가득 차 있다면, 루소가 제1담론[『학문예술론』]과 제2담론[『인간 불평등 기원론』]에서 권한 것처럼 자연상태로 돌아가는 것은 어떨까? 이 물음에 대해 빌란트는 선사시대 멕시코에 살았던 한 부부인 콕스콕스와 키케퀘첼에 대한 매혹적인 우화를 통해 그 대답을 제시했는데, 요컨대 문명은 피할 수 없다는 것이다.[44] 설령 자연상태가 낙원처럼 보일지라도 그것은 매우 짧은 기간만 존속하도록 운명지어져 있는데, 왜냐하면 사람들은 서로 접촉하는 즉시 갈등을 겪기 때문이다. 이러한 갈등을 해결할 수 있는 유일한 방법은 공평한 심판과 집행 수단을 가진 일련의 규칙 체계이다. 즉, 어떤 형태의 통치가 있어야 한다는 것이다.

　통치와 문명이 불가피하다는 점을 감안할 때 도덕적 부패 문제를 다룰 수 있는 유일한 수단은 정치적 변화를 통한 것이라고 빌란트는 생각했다. 『사회계약론』의 루소처럼, 빌란트는 근대 사회의 도덕적 부패의 근본적인 원천은 정치적 억압이라고 주장했다.[45] 그는 또한 근대 사회의 근본적인 문제는 정치적인 것이며 그 근본적인 과제는 "현명한 정치조직과 헌법"을 만드는 것이라고 생각했다. 빌란트는 이 문제를 해결할 수 있는 국가의 종류에 대해 완전히 명시적으로 말한다. 즉 그것은 오로지 공익을 위해서만 권력이 집행되는 국가, 또한 그곳에서 종교는 일반적인 행복을 확립하기 위한 수단일 뿐이고 자연과 예술의 즐거움을 모든 사람이 이용할 수 있으며 사회의 모든 지위와 계급이 그들의 적절한 기능을 수행하도록 교육받는 그러한 국가이다.[46]

　[347]『감추어진 역사』의 기억할 만한 한 구절에서 빌란트는 자신의 정치

••

43. Wieland, *Werke*, XIV, 171–172.

44. Cf. Wieland, "Die Republik des Diogenes", in *Werke*, XIII, 159–201.

45. Wieland, *Werke*, XIV, 171.

46. 같은 책, XIV, 172–173.

적 태도와 루소의 정치적 태도 사이의 기본적인 차이점을 밝혔다.[47] 그는 다소 미사여구식 표현으로 루소가 왜 지상의 모든 통치자들을 그렇게 불신하는지 이해할 수 없다고 말했다. 그는 플루타르크가 신들을 생각해야 한다고 말한 것처럼 정부 당국을 생각하는 것을 항상 규칙으로 삼았다. 물론 플루타르크는 신들에 대해 이렇게 썼다. "우리는 신들에 대해 너무 좋은 의견을 가질 수는 없으며, 또한 우리는 그들의 지혜와 선함을 의심하는 것보다 그들이 존재하지 않는 척함으로써 그들을 덜 불쾌하게 한다." 우리가 빌란트의 구절을 액면 그대로 받아들인다면, 그는 정부 당국에 대한 보다 신뢰 있는 태도를 보인다는 점에서 루소와 차이가 있는 것으로 보인다. 하지만 우리는 빌란트의 아이러니를 무시해서는 안 된다. 그는 대부분의 통치자들이 현명하고 선량하다고 생각하기보다는 그들 모두가 너무 인간적이고 대개 어리석게 행동하거나 사리사욕에 빠져 있다는 것을 인식했다. 빌란트의 언급의 밑바닥에는 정치적 보수주의나 권위에 대한 존중이 아니라 정치적 현실주의, 또는 상황 속에서 최선을 다하려는 의지가 깔려 있다. 비타협적인 루소와는 달리, 빌란트는 법정에서 당당하게 논전을 벌이고 한 나라의 법에 따라 살 용의가 있었는데, 왜냐하면 그는 법의 틀 안에서 활동해야만 정치적 변화를 위한 발판을 마련할 수 있을 것이라고 믿었기 때문이다. 루소와 같은 아웃사이더의 도덕적 판단은 심오하고 심지어 옳을 수도 있지만, 그런 판단은 상황과 사회 현실로부터 너무나 멀리 떨어져 있기 때문에 아무것도 바꿀 수 없다. 이러한 관점에서 볼 때, 루소와 빌란트의 차이는 현 상황에 대한 비판자와 옹호자의 차이라기보다는 도덕적 반항자와 실용주의적 개혁자 사이의 차이이다.

빌란트의 가장 중요한 초기 정치적 저작은 1772년에 출간된 『황금 거울』이다.[48] 이 정치 소설의 목적은 독일의 제후들에게 재미있고 정교한 비유를

· ·
47. 같은 책, XIV, 183-184.
48. 『황금 거울』의 배경, 구조, 철학에 대한 상세한 연구는 O. 포그트의 유익한 논저 (O.

통해 훌륭한 통치의 원칙을 가르치는 것이었다. 이 소설은 『천일야화』 이야기를 모델로 삼았는데, 즉 철학자와 후궁의 소녀가 변덕스럽고 무자비한 전제군주에게 그의 취침 시간 전에 세시안 왕국의 이야기를 들려준다. 세시안 왕조 이야기는 좋은 통치와 나쁜 통치의 사례들로 가득 차 있는데, 이는 군주가 자기 행동을 살피는 '황금 거울' 역할을 한다. 『황금 거울』은 빌란트가 이상적인 통치형태로서 입헌군주제 쪽으로 전환하였음을 나타낸다. 작품을 통해 표명되는 그의 도덕관은 당시 널리 퍼져 있던 계몽적 가부장주의의 테두리 안에 전적으로 머물러 있다. 군주는 백성들의 아버지로 비쳐지고, 그들을 행복하게 하기 위해 힘써 모든 일을 다 할 것을 요구받는다.[49] 빌란트의 유일한 목적은 군주들에게 전제주의와 퇴폐의 위험을 경고하는 것이었다. 단지 제한된 의미에서만, 즉 신분회의체라는 간접적인 대표제를 통해서 그는 통치에 대한 대중의 참여를 상상했다. 빌란트가 무엇보다 바랐던 것은 더 많은 독일 제후들이 그들의 위대한 프로이센 동시대인 프리드리히 2세의 발자취를 따르는 일이었다. 그가 요제프 2세의 긴급한 개혁을 고무하기 위해 이 책을 썼다는 것은 실로 의미심장하다.[50]

[348]『황금 거울』은 매우 성공적이었다. 이 책은 수천 권이 팔렸으며 당대 유력지들 중 일부로부터 호평을 받았다.[51] 그리고 그것은 당초 제후들에게 의도했던 효과가 전혀 없었던 것도 아니었다. 요제프 2세는 이 책을 즐겁게 읽었고 아우구스텐베르크 공작은 이 책 덕분에 개혁가가 되었다고 말했다. 그리고 작센−바이마르의 왕세자는 이 책을 자신의 '화장실 거울'로 삼았고, 그의 어머니는 이 책에 매우 감탄하여 빌란트를 아들의 가정교사로 삼았다. 어느 정도 정당하게 이 책은 빌란트에게 '군주들의 교사'라는 명성을

• •
　　Vogt, *Der goldene Spiegel und Wielands politische Ansichten*, Berlin, 1904) 참조.

49.　Wieland, *Werke*, VII, 189, 218−219.

50.　『황금 거울』과 요제프 2세의 개혁의 관계에 대해서는 Gruber, *Wielands Leben*, I, 629−641
　　　및 Sengle, *Wieland*, pp. 260−261 참조.

51.　이 책의 수용에 관해서는 Vogt, *Der goldene Spiegel*, pp. 4−5 참조.

안겨주었다.

『황금 거울』을 면밀히 들여다보면 빌란트의 이상적 사회와 통치에 대한 보다 명확하고 세밀한 관점을 얻을 수 있다. 부패하고 무능하며 전제적인 통치자들의 손에 이끌려 세시안 왕국이 몰락했다는 긴 이야기를 펼친 후에, 빌란트는 마침내 현명하고 덕망 있는 통치자의 모델인 티판이라는 인물을 등장시켰다. 그의 건전한 교육과 계몽적 철학 덕분에 티판은 세시안 왕국을 부활시키는 데 성공하여 나라는 번창하고 행복한 왕국으로 변모한다. 티판의 통치 하에서 세시안 왕국은 입헌군주제가 된다. 모든 통치형태 중에서 군주제가 가장 완벽하다고 티판의 헌법은 선언하는데, 이는 신이 우주를 다스리는 통치형태인 자연의 법칙에 가장 잘 합치하기 때문이다.[52] 그럼에도 불구하고 티판은 헌법상의 안전장치가 없다면 결국 모든 군주제가 전제주의로 빠져들게 된다는 것을 깨닫는다. 인간의 본성이란 사람들이 어떤 반대되는 힘에 의해 저지되지 않는 한 끊임없이 자신을 위해 더 많은 것을 가져가려고 하는 그러한 것이다. 그러나 군주제의 적절한 헌법은 권력의 분립으로 구성되어서는 안 된다. 티판이 통치를 시작했을 때, 그는 하마터면 "모든 군주에게 있어 가장 커다란 실수, 즉 행정권과 입법권을 나누는 일"[53]을 저지를 뻔했다. 군주제의 힘과 안정은 통치자가 행정권과 입법권을 모두 가지는 것에 달려 있다는 점을 그는 재빨리 인식했다. 그 후 티판의 통치 이론의 근본적인 좌우명은 "국왕이 법을 통해서 통치하는 것이 아니라 법이 국왕을 통해서 통치하는 것이다"라는 것이 되었다. 그렇다면 어떻게 폭정에 대한 헌법상의 안전장치가 있을 수 있을까? 티판의 헌법은 현명하게도 5년마다 만나 불평을 논의하고 또 왕에게 불만을 제기하는 신분 대표회의 모임을 갖도록 규정하고 있다. 국왕이 그 불만 사항들을 해결하지 않는다면, 그들은 스스로 그것을 개선할 권리가 있다. 나아가 국왕의 모든 법령에 대해서는 신분 대표회의

. .

52. Wieland, *Werke*, VII, 217.
53. 같은 책, VII, 189–190.

지도자들이 응당 헌법에 따라 검토해야 하는데, 만약 법령이 왕국의 기본법을 위반할 경우 그들은 국왕에게 알릴 권리뿐만 아니라 알릴 의무도 있다. 만약 신분 대표회의의 4분의 3이 국왕의 법령을 위헌이라고 판단하면, 그들은 필요할 경우 강제력으로 법령의 포고를 막을 권리가 있다. 티판의 헌법이 군주에게 규정하고 있는 의무는 18세기 계몽적 통치자의 책임에 대한 완벽한 목록처럼 읽힌다. 가령, 군주는 삶의 기본적 요소들을 보장함으로써 국민의 복지를 도모해야 한다. 그리고 그는 그들의 기본 권리와 재산을 보호해야 하며, 공교육의 체계를 확립해야 한다. [349]그는 또한 부의 심각한 불평등을 막고 산업과 농업을 장려하며 곡물의 수출을 금지함으로써, 국가의 경제를 규제해야 한다. 티판의 사회관도 또한 18세기 사회 계층 구조의 이상화이다. 그의 왕국에는 귀족, 지식인, 성직자, 상인, 농민 등 다섯 가지 신분 또는 계급이 있다. 가장 훌륭한 사회는 모든 사람들이 자신의 지위 상의 의무를 알고 있고 그 안에 남아 있는 것에 만족하는 사회라고 티판은 믿는다.[54] 세시안 왕국에서는 계급 차이가 특히 엄격한데, 그 이유는 교육 시스템이 상향 이동성을 제공하지 않기 때문이다. 각 계급은 그 기능에 적합한 교육을 받고, 각 아이는 그 부모와 동일한 지위를 얻는다. 티판은 귀족의 가치도 강조한다. 그는 이 계급이 군대를 이끌고 취미와 예절의 본보기를 제공하는 데 있어 중요한 사회적 기능을 가지고 있다고 느꼈다. 따라서 그가 권력을 장악했을 때 그는 귀족의 오래된 특권과 옛 의무를 모두 회복시켰다.[55] 그렇다면 대체로 티판의 현명하고 자애로운 통치하에 있었던 세시안 왕국은 계몽적 가부장주의의 이상에 따라야 했던 한에서 18세기 국가와 사회의 완벽한 모습이기도 하다.

『황금 거울』은 18세기의 계몽적 가부장주의를 이상화하고 있지만, 빌란

• •
54. 같은 책, VII, 306–307, 313. Cf. *Werke*, VII, 44, 66, 147–148.
55. 같은 책, VII, 66. 한편 귀족에 대해 훨씬 더 비판적인 태도를 보였던 빌란트의 다음 문헌도 참조. "Nachlass des Diogenes von Sinope", in *Werke*, XIII, 101–109.

트가 현상 유지의 옹호자였다고 추론하는 것은 잘못된 일일 것이다.[56] 그는 훨씬 더 개혁가였고 기성 정부 내에서 기꺼이 일하고자 하는 실용주의자였다. 그의 다음 정치 소설인 『현자 다니슈멘트의 이야기』(1775)를 자세히 살펴보면, 당대의 통치에 대해 만족해하는 태도는 조금도 찾아볼 수 없다. 세시안 왕국의 전제군주에게 조언을 했던 철학자 다니슈멘트는 궁정에서 벌어지는 부패와 음모에 지쳐서 정계를 은퇴한다. 다니슈멘트의 몇몇 발언들은 비판적이고 심지어 반항적인 정신 상태를 보여준다. 그는 당대의 통치가 모든 악의 근원이라고 생각한다. 도덕적 부패의 진정한 원인은 인간 본성 자체에 있는 것이 아니라 정치적 억압에 있다고 다니슈멘트는 선언한다.[57] 다니슈멘트의 철학에 따르면, 사람들은 행복할 때 도덕적이 되며 지배자들에게 착취당하거나 억압당하지 않을 때 행복해질 것이다. 첫 번째 전제군주는 형제들을 노예로 만들 생각을 가진 사람이어서 그들의 이마에 땀을 흘리게 하여 살아갈 수 있었다.[58] 만약 사람들이 계몽되지 않는다면, 그것은 그들의 잘못이 아니라 사상의 자유를 금지하는 정부의 잘못이라고 다니슈멘트는 말한다. 당대의 부패한 통치에 대한 다니슈멘트의 통렬한 감정은 어느 순간 갑자기 터져나와 "지상의 크고 작은 술탄에 대항하여 고발할 거리가 쏟아진다. 그들은 세상에 있는 악의 처음이자 마지막 원인이다"라고 토로했다.[59]

이 시기에 빌란트가 비판적이고 반항적인 태도를 보인 또 다른 표현은 미국 독립혁명에 대한 그의 지지였다. 그는 조지 3세의 폭정을 뿌리치고 인간의 권리를 확립하려는 용감한 시도라는 이유에서 미국의 반란을 칭송했다.[60]

● ●

56. Stoll, *Journalistik und Kritik*, p. 103.

57. Wieland, *Werke*, VIII, 138-141.

58. 같은 책, VIII, 142.

59. 같은 책, VIII, 141.

60. Wieland, "Unterredungen mit dem Pfarrer von ─", in *Werke*, XXX, 455. 이 글은 1775년에 발표되었다.

[350]그러나 이러한 비판적 태도가 입헌군주제에 대한 빌란트의 신념을 철회시키지는 못했다.[61] 그는 이 견해를 지극히 확고하게 견지했으며, 1777년 『독일 메르쿠어』지에 쓴 논문 「공권력의 신적 권리에 대하여」[62]에서 그의 초기 공화주의 입장으로부터 가장 멀리 벗어났다. 이 논문은 다름 아닌 전통적 신권주의 교설의 옹호이자 국민 주권론에 대한 공격이었다. 빌란트가 이 글을 쓰게 된 것은 『독일 메르쿠어』의 이전 호에 실린 크리스티안 돔[Christian Dohm]의 논문에서 "국가의 어떤 권력도 위에서부터 국민에게 강제되어서는 안 되며 항상 아래로부터 국민에 의해 창출되어야 한다"[63]는 진술에 자극받은 때문이었다. 그는 돔의 진술을 국민이 국가의 모든 권력의 원천이라는 엘저넌 시드니[Algernon Sydney]의 공화주의적 전통에 따른 것이라고 보았다. 이 전통에 맞서 빌란트는 두 가지 명제를 개진했다. 첫째, 백성들은 스스로를 통치할 능력이 없다는 것, 둘째, 군주는 신성한 권리로 다스린다는 것이다. 물론 이런 명제들은 아주 오래된 것이고 심지어 시대에 뒤진 교설이었다. 그러나 빌란트는 그것들에 근대적이고 참신한 정당성을 주려고 시도했다. 첫 번째 명제에 대한 그의 변호는 순전히 역사적인 것이다. 인류의 역사는 그 시작부터 1777년 10월 31일까지 국민들이 스스로를 통치할 능력이 없다는 것을 보여준다고 그는 주장한다. 국민들은 오직 한 가지 측면에서만 어린이들과 다른데, 그것은 바로 아이들은 성장하면서 그들의 이성을 사용하는 법을 배우는 반면 국민들은 결코 그렇지 않다는 점이다. 인간들이 집단적으로

• •

61. 이 때문에 『황금 거울』이 빌란트의 궁극적인 공감을 나타내지 않은 순전히 기회주의적인 작품이었다는 젱글의 주장은 받아들이기 어렵다(Sengle, *Wieland*, pp. 260–261, 280–281). 우리는 빌란트가 『황금 거울』에서 표명하는 견해의 진실성을 의심할 이유가 없는데, 왜냐하면 1770년대와 1780년대 내내 빌란트는 입헌군주제를 이상적인 통치형태로서 계속 옹호하고자 했기 때문이다. 1790년대에 프랑스인들이 그러한 통치형태를 확보하지 못한 것이야말로 사실 그가 나중에 프랑스혁명에 반응한 주요한 이유들 중 하나였다.

62. *Teutsche Merkur* 4(1777), 119–145.

63. C. W. Dohm, "Der neuesten politische Gerüchte", *Teutsche Merkur* 1(1777), 265–266 참조.

행동할 때, 그들은 개인으로서 가지고 있는 장점과 힘을 잃는다. 즉 그들은 독자적으로 생각하는 것을 멈추고 권위의 판단을 따르는 것에 만족한다. 그들은 이성을 사용할 능력이 없기 때문에 권위에 대한 판단을 내릴 힘이나 권리가 없으며 더욱이 그들에게 이익이 되는 것을 결정할 권리도 없다. 두 번째 명제에 대한 빌란트의 주장은 자연법에 대한 그의 개념에 기초한다. 스피노자와 마찬가지로 그는 자연법을 필연적으로 일어나는 것 또는 달리 있을 수 없는 것으로 정의했다. 이제 그는 백성들이 무질서 상태에 빠지지 않으려면 어떤 통치자에 의해 이끌려가야 하는 것은 필연적인 문제라고 주장했다. 그리고 백성들이 통치자들 중에서 가장 강한 자에 의해 이끌려지는 것도 불가피한데, 이때의 강함이란 육체적 힘뿐만 아니라 더 큰 이해와 용기, 재치에도 의거한다. 따라서 가장 강한 자의 권리는 자연법이라고 할 수 있다. 그리고 자연법은 신의 의지나 판단을 반영하기 때문에, 가장 강한 자는 신의 권리에 의해^{jure divino} 다스리는 셈이다. 빌란트는 전통적 신권주의 교설을 옹호하는 역할을 하기 위해 이 주장을 의도한 것이지만, 그것은 분명히 신의 계시에 대한 모든 전통적인 언급을 배제하는 하나의 새로운 자연주의적 해석이다.

빌란트의 논문은 곧 논란이 되어 신랄한 비판과 완강한 변호를 불러일으켰다.[64] 야코비는 그 논문에 매우 격분하여 그때까지 우호적이었던 빌란트와

●●
64. 빌란트의 글은 익명의 저자가 쓴 「강자의 권리에 대한 서한」("Schreiben über das Recht des Stärkeren", *Deutsches Museum* 1, 1781, 70–84)에 의해 맨 처음 변호되었다. 야코비는 「권리와 권력에 대하여, 또는 『독일 메르쿠어』에 실린 공권력의 신성한 권리에 대한 궁정고문관 빌란트 씨의 논문에 관한 철학적 고찰」("Ueber Recht und Gewalt oder philosophische Erwagung eines Aufsatzes von dem Herrn Hofrath Wieland, über das göttliche Recht der Obrigkeit im deutschen Merkur", *Deutsches Museum* 1, 1781, 522–554)에서 신랄하게 비판했다. 익명의 글에 대한 또 하나의 응답은 「강자의 권리에 대한 서한의 저자에게」("An Sr. Verfasser des Schreibens über das Recht des Stärkeren", *Teutsche Merkur* 1, 1787, 239–256)였다. 이 논문의 저자도 또한 익명으로 자신을 "J … b"라고 서명했다. 빌란트는 이 논문에 흥미로운 추기를 써서(pp. 259–262), 자신에게 주어진 해석을 부정했다.

의 서신 교환을 끊어버렸다. 야코비와 다른 비평가들에게는 빌란트의 자연법 개념이 권리에 대한 법률상의 의미와 사실상의 의미를 혼동하는 것이며 가장 나쁜 형태의 폭정을 사실상 허용하는 것이었다. 만약 가장 강한 자가 필연성에 의해 통치하고 또 그런 필연성이 권리의 원천이라면, [351]권력은 늘 정당한 것이어야 하고, 다시 말해 통치권자가 압도적 힘을 배경으로 내놓는 법령이 그 무엇이든 정당한 것이라는 귀결이 뒤따른다. 빌란트 논문의 일부 대목은 확실히 그러한 해석을 지지하는 것으로 보인다. 예를 들어 그는 크롬웰이 자기 나라 헌법의 파괴자이자 국왕의 살해자임에도 불구하고 그 자신만이 압도적인 힘을 가지고 있기 때문에 통치할 자격이 있다고 가장 명시적으로 말했다.[65] 그는 또한 순전히 마키아벨리의 발언처럼 들리는 좌우명으로 "누가 할 수 있는지, 누가 해야 하는지를 명령하라"고 자신의 견해를 요약했다. 이와 같은 진술에 근거하여 빌란트의 비평가들은 그를 은밀한 홉스주의자이자 군주들에 대한 후안무치한 옹호자로 보았다.

그러나 빌란트가 이런 해석에 반발했다는 것은 주목할 만하다. 그 이후 논문 「저승세계로의 유람여행」에서 그는 자신의 비판자들에게 반론하고 그의 자연법 교설을 둘러싼 혼란을 해소하려고 시도했다.[66] 그는 더 강한 자가 자연법에 의해 통치하고 백성들은 스스로를 통치할 수 없다고 단언했지만, 빌란트는 이것이 권리와 권력을 동일시하거나 군주에 대한 모든 헌법적 제약을 제거하는 것은 아니라고 강조했다. 압도적 권력을 갖는 것은 누가 통치해야 할지를 결정하는 데 필요하지만, 그들이 어떻게 통치해야 할지를 결정하는 데는 충분하지 않다고 그는 설명했다.[67] 가장 강한 자가 어떻게 다스려야 하는가는 군주의 의지나 권력과는 무관하게 어떤 유효한 정의의 원칙에 의해 결정된다. 군주들은 백성을 복속시키고 착취하기 위해서가

• •
65. Wieland, "Ueber das göttliche Recht der Obrigkeit", *Teutsche Merkur*(1777), 131.
66. *Teutsche Merkur* 3(1778), 108–141, and 4(1778), 3–28. 또한 Wieland, *Schriften*, XV, 74–110 참조.
67. Wieland, *Schriften*, XV, 98–99.

아니라 그들을 이끌고 보호하기 위해 자신들의 힘을 사용해야 한다. 통치권의 방향과 한계를 결정하는 것은 사회 전체의 공익이다. 군주가 이 목적과는 달리 권력을 사용한다면, 그의 통치는 사실상 불법이다.

빌란트가 신성한 권리 교설을 부활시킬 때 더 중요한 측면 중 하나는 사회계약론에 대한 그의 비판이다. 사회계약론은 사실 18세기 독일에서 절대주의를 옹호하는 사람들 사이에서 인기가 있었다. 볼프 학파는 이 이론을 채택하면서, 공공의 이익을 증진시키기 위해 자신의 힘으로 모든 것을 할 군주에게 자치권을 넘겨주는 것이 국민의 이익이라고 주장했었다. 그러나 빌란트는 계약주의를 엄격히 공화주의 교설로 보는 점에 있어서 그의 절대주의 동시대인들과 달랐다. 그의 견해에 따르면, 계약주의는 자치권을 국민에게 귀속시키는 데 있어 국민 주권을 지지한다. 따라서 빌란트는 사회계약 이론에 대해 몇 가지 이의를 제기할 의무가 있다고 느꼈다.[68] 그가 무엇보다도 사회계약론을 거부한 것은 그것이 국민에게 통치자의 능력을 판단할 수 있는 힘을 주기 때문이다. 그는 또한 계약을 체결하는 당사자들의 이해관계에 따라 계약이 성사되거나 해지될 수 있다는 점에서 사회계약론에는 무정부주의적인 함의가 있다고 생각했다. 그의 가장 흥미롭고 중요한 반론은 사회계약이 실제 사회 세계에서는 적용되지 않는다는 것이다. 즉 실제적으로 유효한 사회계약이 있을 수 없다는 것이다. 왜냐하면 계약이 구속력을 가지려면, 그것을 집행할 어떤 압도적인 힘이 있어야 할 것이기 때문이다. 그러나 그런 힘이 있을 수 없다는 것은 엄연한 사실이다. 왕이나 백성 중 어느 한 쪽이 [352]그런 힘을 소유하게 되면, 양자 모두는 계약이 자기들의 이익이 되지 않을 때마다 그 계약을 강제하는 것이 아니라 위반하기 위해 그 힘을 사용할 것이다. 양쪽 모두 자신이 권력을 가질 때마다 그것을 옳게 지키는 것이 아니라 이익을 추구하기 위해 사용할 것이라는 것이 인간에 대한 기본적인 사실이라고 빌란트는 생각했다. 그러나 그러한 주장은 분명히 극단으로

68. Wieland, "Lustreise ins Elysium", in *Schriften*, XV, 90–91, 101–102.

치우쳐서, 계약론에 못지않게 빌란트의 군주에게도 적용되었다.

빌란트의 계약론에 대한 비판과 신성한 권리 옹호론은 정치적 의무에 대한 그의 태도에 의문을 제기한다. 우리는 통치권자에게 복종해야 할 절대적인 의무가 있는가? 아니면 저항하거나 반란을 일으킬 권리가 있는가? 이것들은 나중에 프랑스혁명에 의해 제기된 문제들에 깊이 몰두하게 된 빌란트에게 중요한 질문들이었다. 그러나 1789년 이전의 그의 저술에서 그는 혁명에 관한 완전히 명확하고 분명한 입장을 발전시키지는 못했다. 그의 대체적인 입장은 혁명이 비록 허용될 수 있고 극단적인 경우에는 심지어 필요할지라도 그것은 위험하고 절망적인 편법이라는 점이었던 것 같다.[69] 얼핏 보기에 신성한 권리와 계약론에 대한 그의 견해는 원칙적으로 혁명에 반대되는 것처럼 보인다. 그러나 그의 「저승세계로의 유람여행」에서 그는 이 외견상의 암시를 명백히 거부했다. 그는 폭군이 국민의 기본권과 사회 목적 자체에 반하는 행동을 한다면 국민은 반항할 권리가 있다고 주장했다.[70] 비록 국민이 통치의 역량을 판단할 능력은 없지만, 그들은 자신의 생존이 위태로운 시기를 알고 있다. 자기보존의 필요성은 그들에게 자기방어권을 준다. 따라서 빌란트는 신성한 권리와 자주 관련되는 수동적 복종의 전통적 교설을 단호히 거부했다.

당시 독일 헌법에 대한 빌란트의 태도는 어떠했을까? 이 점에 있어서도 빌란트는 분명하고 일관된 입장을 개진하지 못했다. 1780년대에 그는 독일의 애국심과 세계주의 둘 다를 표명했다. 하지만 그는 이런 태도가 모순적이라고 생각했다. 빌란트는 1788년에 쓴 논문 「세계시민적 결사체의 비밀」에서 인류, 평화 및 진보의 이상에 헌신하는 세계 시민들의 이상적인 사회를 묘사했다. 그는 세계주의자의 원칙은 '조국에 대한 사랑'으로 알려진 정서를

---

69. 혁명에 대한 빌란트의 진술은 『아가톤 이야기』(*Werke*, III, 119–120) 및 『황금 거울』(*Werke*, VII, 100–101) 참조.

70. Wieland, *Schriften*, XV, 100.

배제한다고 썼다.[71] 그러나 독일 국가에 대한 빌란트의 태도는 그의 세계주의가 허용하는 것보다 훨씬 복잡하고 한층 더 호의적이었다. 이것은 그가 1780년대에 쓴 또 다른 논문 「독일의 융성에 기여하는 애국적 기고」에서 분명하게 알 수 있는데, 거기서 그는 신성로마제국의 헌법에 대한 양면적인 태도를 드러냈다.[72] 그가 보기에 이 헌법은 장단점이 있었다. 단점은, 독일이 각기 자신들의 법률, 관습 및 제도를 가진 300개의 제후국들로 나뉘어져 있기 때문에 단일 국가가 될 수도 없고 하나의 전체로서 행동할 수도 없다는 점이었다. 이것은 신성로마제국이 유럽의 정세에 있어 지배적인 역할을 하지 못할 것이고, 단일한 수도를 갖지 못할 것이며, 예술과 학문에서 할 수 있는 모든 것을 성취하지 못할 것이라는 점을 의미했다. 그러나 [353]빌란트의 견해로는 이 모든 단점들보다 단 하나의 큰 장점이 더 중요한 것이었다. 즉, 그 어떤 문명국도 이처럼 높은 수준의 인간과 시민의 자유를 가지고 있지 않았다는 점이다. 독일을 아주 많은 소 군주국들로 분할하고 있는 것은 어떤 군주도 그의 나라에 대해 폭군이 되는 것을 막아주었다. 모든 영토가 고유의 법률, 종교 및 관습을 가질 수 있는 권리도 또한 중앙 간섭의 위험을 받지 않는 건강한 다원주의를 만들어냈다. 이 다원주의는 독일의 예술가, 철학자, 작가들의 재능이 더 큰 자유와 독창성, 다양성 속에서 발전할 수 있다는 것을 의미했다. 이러한 요인들이 고려되었을 때, 빌란트는 독일인들이 자신의 나라를 자랑스러워할 만한 충분한 이유가 있다고 믿었다. 우리는 독일에 대한 애국심을 느끼는 것이 정당하다고 그는 결론지었는데, 그것은 현재의 헌법의 보존과 완성을 위해 모든 사람이 자신의 국가가 허용하는 한 많은 일을 할 것을 의무화하는 것이다. 프랑스혁명 이후 빌란트는 더욱 애국심이 강해지곤 했는데, 특히 프랑스인들이 신성로마제국의 존재 자체를 위협한다고 느꼈을 때 더욱 그러했다. 그러나 그는 결코 이러한 애국심을

· ·
71. Wieland, *Werke*, XXX, 177.
72. 같은 책, XV, 335–362.

그의 세계주의와 조화시키지는 못했다.

13.4. 빌란트와 프랑스혁명

사회적 작가로서의 그의 역할을 고려할 때, 빌란트가 프랑스혁명에 매료되고 그것에 대해 쓰고 싶어 하는 것은 당연한 일이었다. 예상대로 바스티유의 폭풍이 몰아치자마자 그는 모든 문제와 사건에 정면으로 관여하게 되었다. 1789년 『독일 메르쿠어』는 프랑스혁명에 대한 그의 많은 논문 중 첫 번째 글을 게재하기 시작했다. 그리고 다음 10년 동안 그의 주된 관심사는 강박적 집착까지는 아니더라도 라인강을 가로지르는 사태 전개였다. 프랑스혁명은 1770년대와 1780년대에 빌란트가 형성했던 정치적 견해에 대한 근본적인 도전이었다. 마치 계몽적 군주제의 시대가 끝난 것처럼 보였고, 유럽은 공화주의의 물결에 휩싸일 것만 같았다. 그러나 빌란트는 굳건히 서 있었다. 비록 그의 관점은 바뀌었지만 그는 입헌군주제의 완고한 옹호자이자 국민 주권의 단호한 반대자로 남아 있었다. 그는 자랑스럽게 1790년대의 사건들이 오랫동안 지켜온 자신의 입장을 확인시켜줄 뿐이라고 주장했다.

프랑스혁명이 일어났을 때 빌란트는 자신이 곤란하고 미묘한 상황에 처해 있다는 것을 알았다. 『독일 메르쿠어』의 편집자로서 그는 어느 정도 권위와 책임을 지닌 지위에 있었다. 독일에서 가장 많은 발행 부수를 가진 잡지 중 하나였기 때문에, 『독일 메르쿠어』는 여론에 영향을 미칠 수밖에 없었다. 빌란트가 쓴 글은 독서 모임이나 커피숍, 대학, 정부 기관 등 어디서나 읽히고 논의되곤 했다. 따라서 그는 편집 책임을 최대한 신중하게 수행해야 했다. 만약 그가 군주제 지지자와 공화주의자의 대의명분 중 어느 한쪽을 내세우며 커져가는 정치적 갈등에 편승한다면, 그는 자신이 공공 평화에 대한 위협으로 본 당파심에 기름을 붓는 격이나 다름없었다. 더군다나 빌란트는 당국이 자신을 감시하고 있다는 것을 알고 있었다. 선동적이거나 [354]당파

적인 글은 검열을 주저하지 않는 작센 정부를 자극할 것이 확실하다.[73] 이
상황에 대한 빌란트의 대응은 가장 엄격한 중립성과 공정성을 편집 방침으로
채택하는 것이었다. 그는 프랑스의 사건들에 대해 순전히 사실에 입각한
방식으로 보고하고자 했고, 어떤 중요한 이슈에 대해서도 찬반양론을 고려하
고자 했다. 빌란트는 순수한 중립성이 불가능까지는 아니더라도 달성하기
어려운 이상이라는 것을 알고 있었다. 그러나 그는 멀리 떨어져 있는 독일인
관찰자로서 프랑스에서의 투쟁에 아무런 이해관계가 없기 때문에 적어도
그 중립성에 접근할 수 있다고 믿었다.[74]

　　이러한 편집 방침을 관철하기 위해 빌란트가 최선을 다했다는 것은
그를 대신하여 언급되어야 한다. 프랑스혁명에 관한 그의 많은 글들은 혁명의
문제에 대한 찬반양론을 논하고 있으며, 공공연히 어느 한쪽 편을 드는
것을 자제하고 있다. 일부 글에서 그는 전략적으로 대화 형식을 사용했는데,
이런 형식이 모든 관점을 제시하고 모든 의견을 방어할 수 있게 해줄 것이라는
점을 인식했다. 이런 형식에 대한 그의 능숙한 솜씨는 가장 주의 깊은 독자라
해도 어떤 화자가 빌란트의 관점을 대변하는지 판단하기 어려울 정도의
것이었다. 그럼에도 불구하고 빌란트가 그의 공정성의 이상을 달성하는
데 근접했는지는 매우 의심스럽다. 어떤 구체적인 이해관계에 걸려 있지는
않았다고 해도 그는 선입견을 가지고 있었다. 그가 자신의 초기 정치적
이상에 비추어 프랑스혁명을 판단하는 것은 실로 피할 수 없는 일이었다.
빌란트가 프랑스에서 보기를 바랐던 것은 입헌군주제, 즉 『황금 거울』에서
티판의 주장과 유사한 통치였다. 헤르더, 실러, 레베르크, 브란데스, 훔볼트와
마찬가지로 그는 프랑스가 영국 모델을 따르고 파리 센강에서 의회가 열리기

　・　・
73. 빌란트의 잡지사에 검열관이 끼친 여러 어려움에 대해서는 G. J. Goschen, *The Life and
　　Times of Georg Joachim Goschen: Publisber and Printer of Leipzig*(London, 1903), I,
　　412–415 참조.
74. Wieland, "Zusatz des Herausgebers zum Auszug aus einem Schreiben eines Reisenden
　　an den Herausgeber dieses Journals", in *Schriften*, XV, 381.

를 원했다. 프랑스인들이 이런 이상을 향해 나아가고 있는 것 같았을 때 빌란트는 그들을 변호했다. 하지만 그들이 그 이상을 포기했을 때 그는 그들을 공격했다. 그는 또한 프랑스의 파벌주의를 능가하는 것과는 거리가 멀었다. 그의 정치적 이상은 자코뱅파의 이상보다 지롱드파의 이상에 더 가까웠으며, 특히 그의 후기 저술에서 브리소^{Brissot}와 롤랑^{Roland}을 칭찬하고 로베스피에르와 당통을 비난할 때 지롱드파에 대한 그의 공감은 명백하게 나타나 있다.

공정성에 대한 그의 모든 가식에도 불구하고, 빌란트는 곧 그의 가장 이른 시기의 논문 중 두 편 「프랑스의 당시 국가혁명에 대한 공평한 고찰」과 「본 잡지 편집자에게 보낸 편지의 발췌 글에 대한 편집자의 추기」에서 자신이 프랑스혁명의 거리낌 없는 옹호자임을 밝혔다.⁷⁵ 비록 이 두 논문에서 빌란트는 프랑스혁명에 관한 글을 쓰는 데 있어 더 큰 객관성을 필요로 했지만, 이러한 항변은 사전 검토 없이 프랑스혁명을 비난했던 독일 보수주의자들에 반대하는 것으로 판명되었다. 빌란트는 비록 자신의 지침들이 국민의회에 대한 성급한 보수적인 비판을 막기 위한 것이었지만 그럼에도 프랑스의 사건들에 대한 좀 더 공평한 고려를 위한 몇몇 지침을 제시했다. 사람들은 단지 인간일 뿐이며 특히 정치의 영역에서는 더욱 그러하다는 것을 우리는 결코 잊어서는 안 된다고 그는 주장했다. 그러므로 우리는 국민의회 의원들이 [355]하룻밤 사이에 프랑스를 위한 완벽한 헌법을 만들 수 있는 그런 신에 버금가는 인간들이 되기를 기대해서는 안 된다. 국민의회 의원들은 가장 큰 난관의 작업 — 즉 2천5백만 명의 인구를 가진 나라를 위한 새로운 헌법을 만드는 일 — 에 종사하고 있었고, 그들은 가장 감당하기 어려운 장애물, 특히 국왕과 고위 성직자, 귀족들의 저항에 직면하고 있었다. 설사 그 계획이

• •

75. *Neue teutsche Merkur* 2(1790), 40–69, 144–164, reprinted in Wieland, *Schriften*, XV, 336–362; *Neue teutsche Merkur* 1(1791), 423–435, reprinted in Wieland, *Schriften*, XV, 381–388.

성공하지 못하더라도, 의원들은 자신들이 책임이 없다고 스스로를 위로할 수 있을 것이고 또한 그들은 빈사상태의 군주제를 되살리려는 그들의 영웅적인 노력에 대해 공적을 인정받을 자격이 있을 것이다. 더 나아가, 우리는 또한 프랑스혁명을 국민들의 분노의 폭발과 과잉으로 판단해서는 안 된다고 빌란트는 주장했다. 구질서의 일치된 저항에 직면하여 의원들은 자신들의 주장을 국민에게 가져가는 것이 정당했다. 그리고 그렇게 많은 압제를 당한 후에, 폭도들의 일부 예상치 못한 요소들이 복수 행위로 표출되는 것은 피할 수 없는 일이었다. 그러나 대혁명이 피를 흘리지 않는 것이 될 것이라고 기대할 수는 없다. 게다가 지금까지는 소도시 포위 공격의 경우보다 더 적은 사상자가 있었을 뿐이다. 바스티유 폭풍이 몰아친 지 10개월 만에 쓴 글에서 빌란트는 두 가지 가능한 사건의 진로를 예측할 수 있다고 말했다. 즉 반동 세력이 우세하게 되어 모든 것이 구질서로 돌아가거나, 아니면 국민의회가 국민의 지지를 유지하면서 새로운 헌법을 만들 시간을 갖게 될 것이거나 둘 중 하나이다. 빌란트는 두 번째 시나리오를 선호한다고 솔직하게 말했다. 프랑스가 다름 아닌 새 헌법을 필요로 하고 있으며, 구질서의 단편적인 개혁이 근본적인 유혈과 억압, 불의를 바꾸지는 못할 것이라고 그는 주장했다. 모든 유혈사태 그리고 무정부 상태와 내전의 위험에도 불구하고, 프랑스혁명은 "필요하고 유익한 행위였으며 국가를 구제하고 복원시키며 그것을 더 행복하게 만드는 유일한 수단"이었다. 그런 견해를 밝힌 것에 대해 신성로마제국의 치안판사들이 자신을 기름 솥에 넣어 끓이거나 구워버리기를 원한다면 그렇게 하도록 내버려두라고 빌란트는 도전적으로 선언했다. 그리고 그는 솥에 넣어지든 꼬챙이에 꿰어 구워지든 간에 자신의 생각을 계속 말하고 "그의 마음속에 프랑스혁명을 축복하겠다"고 다짐했다.

그러나 프랑스혁명에 대한 빌란트의 초기 옹호는 매우 제한된 것이었다. 그가 보수적 편견에 맞서 국민의회의 입장을 옹호했다고 하더라도, 그는 여전히 국민의회가 행한 모든 것을 찬성하는 것과는 거리가 멀었다. 이미 1789년 8월에 그는 의심을 품기 시작했다. 8월 4일 밤은 많은 의원들이 영국 노선을 따라 입헌군주제를 만들 생각이 없음을 그에게 보여주었다. 이 놀랍고 기억할 만한 밤에 의원들은 '애국적 열정의 홍수' 속에서 봉건적 특권들을 폐지하고 십일조와 교회가 부가하는 의무를 폐지하며 모든 시민들에게 군사 및 일반인의 직들을 개방하고 면세 특권을 폐지했다. 이러한 광범위하고 평등주의적인 개혁은 프랑스인들이 진정으로 '군주제의 재생'으로 나아가고 있는지에 대해 빌란트로 하여금 의문을 갖게 했다. 예를 들어, 모든 귀족정치와 교회의 특권이 폐지되어 버린다면 영국 상원과 같은 제2 의원회의에 어떤 의미가 있을 수 있겠는가? 그해 8월 국민의회에서 열린 논쟁은 많은 의원들이 민주주의를 만들기를 열망하고 있으며 왕은 단지 유명무실한 우두머리 역할을 하고 있다는 것을 그에게 더욱 확신시켰다.

[356] 이러한 문제들에 대한 우려를 표명하기 위해 빌란트는 『독일 메르쿠어』에 국민의회에 보내는 논문 「프랑스 국민의회에 보내는 세계주의적 서한」을 썼다.[76] 빌란트는 의회에 질문 공세를 퍼부었다. 의원들이 헌법을 바꿔야 할 권리는 무엇이었는가? 그들은 이것을 할 수 있는 당연한 권리를 가질 수 없었다. 만약 그런 권리가 있었다면 그들은 자신들이 원할 때마다 헌법을 바꿀 수 있었고 무정부상태를 만들 수 있었을 것이기 때문이다. 국민의회가 어떻게 전 국민을 대표한다고 주장할 수 있겠는가? 대의권이라는 원칙이 말 그대로 받아들여진다면 의원들은 국민의 명시적인 동의 없이는 어떤 것도 결정할 권리가 없을 것이다. 의회는 공화주의적 이상의 실현 가능성에 대해 생각해보았는가? 역사상 프랑스처럼 크고 이질적이며 복잡한 나라에 공화국이 있었던 적은 없었다. 의원들이 귀족제적 전제주의와 군주제적 전제주의를 공격했지만, 민주제적 전제주의의 전망 또한 고려했는가? 만약 프랑스가 입법권과 균형을 이룰 만한 강력한 행정부를 갖지 못한다면 이 민주제적 전제주의도 정말 일어날 여지가 있는 전망이었다.

이런 모든 의심에도 불구하고 빌란트는 희망을 버리지 않았다. 1789년

76. *Teutsche Merkur* 4(1789), 24–60, reprinted in Wieland, *Werke*, XXIX, 192–234.

8월에 조짐은 좋지 않았던 반면 불길한 예감은 없었다. 10개월 후 그는 센강에서 의회가 열리기를 계속 희망했다.

1791년 여름,『독일 메르쿠어』의 주의 깊은 독자들은 런던 혁명협회에서 스트라스부르에 있는 헌법 친선협회 쪽으로 보낸 서한에 대한 편집자의 흥미로운 추가 메모 하나를 읽었을 것이다.[77] 이 짧고 곤혹스러운 메모에서 빌란트는 프랑스혁명의 대의를 비난하는 것처럼 보였다. 그는 미라보의 사망과 4월 18일의 사건 이후 프랑스혁명에 대해 또 다른 말로 시간을 낭비하는 것은 공정한 관찰자에게는 혐오감을 줄 수밖에 없다고 말했다. 미라보의 죽음으로 새로운 군주제에 대한 모든 희망이 사라졌다. 그리고 4월 18일, 국왕은 성난 군중들에 의해 베르사유에서 떠나지 못하게 되었고, 따라서 군주제는 상징적인 제도로서조차 매우 불확실한 미래를 가지고 있다는 것을 암시했다. 프랑스인들은 이제 자유를 위한 준비가 아직 되어 있지 않다는 것을 보여주었다고 빌란트는 썼다. 바스티유 폭풍 이후 2년 동안 그들은 복종 없는 자유는 환상에 불과하다는 것을 배우지 못했다.

빌란트의 메모를 읽은 독자 중 한 명은 저명한 자유주의적 정치평론가인 크리스티안 슈바르트였는데, 그는 이제 독일 전역에 "『독일 메르쿠어』의 편집자가 프랑스혁명에 등을 돌렸다"는 사실을 알렸다.[78] 슈바르트의 폭로는 그의 영향력 있는 잡지 『독일 연대기』에 실려 빌란트를 곤경에 빠뜨렸다. 빌란트는 이제 더 이상 반동이라는 오명으로 더럽혀져 공정성에 대한 신망을 잃기 전에 스스로 해명해야 할 의무감을 느꼈다. 그래서 1791년 가을, 빌란트는 『독일 메르쿠어』에 그의 메모에 대한 충분한 설명을 하고 자신의 입장을 밝히는 또 다른 글 「6월호에 실린 메모에 대한 편집자의 해명」을 썼다.[79] 겉보기에 대수롭지 않은 이 글은 사실 프랑스혁명에 대한 그의 태도 변화에

77. Wieland, "Zusatz des Herausgebers", in *Schriften*, XV, 389.
78. *Chronik*, zweites Halbjahr, no. 67(August 16, 1791), p. 541.
79. *Neue teutsche Merkur* 2(1791), 113–149, in Wieland, *Schriften*, XV, 389–409.

있어 빌란트의 가장 뜻깊은 진술이다. 그가 이제 [357]프랑스혁명에 대해 등을 돌린 이유 중 하나는 프랑스인들이 영국 노선을 따라 헌법을 만들지 않을 것이 분명해졌기 때문이라고 그는 설명했다. 그들의 새 헌법은 너무 민주적이었다. 그것은 귀족을 해산시키고 국민의 손에 주권을 맡기고 국왕을 명목상의 최고위자로 전락시켰다. 더 중요한 또 다른 이유는 프랑스 국민의 행동이라고 빌란트는 설명했다. 새 헌법에 맹세를 한 지 2년이 넘도록 프랑스인들은 온갖 잔학하고 과도한 행위를 계속 저지르고 있었다. 빌란트는 거의 모든 나날들이 그가 한때 유럽에서 가장 계몽적이고 문명화된 국민으로 간주했던 프랑스인들에 대한 그의 신뢰에 또 다른 타격을 주었다고 말했다. 이제 프랑스를 구할 수 있는 유일한 방법은 프랑스인들이 국왕을 석방하고 행정부와 입법부 사이의 균형을 제공하는 새로운 헌법에 대한 작업을 시작하는 것이라고 빌란트는 마지막 절망의 몸짓으로 썼다.

비록 빌란트가 프랑스혁명의 진행 과정에 실망했지만, 그는 자신을 혁명의 반대자라고 여기지 않았다. 그는 공정하고 온건한 관점에서 그것을 계속 판단할 것이라고 주장했다. 무엇보다도 그는 다른 독일 보수주의자들과 연관되어 있다는 소문에 항의했는데, 그는 이 보수주의자들이 문제를 검토하는 일에는 신경 쓰지 않고 단순히 군주들의 편을 들었다고 믿었다. 실제로 행복주의자들과는 달리, 빌란트는 프랑스혁명의 근본적인 목표와 이상 중 일부에 동조하는 것을 견지했다. 그는 여전히 프랑스가 새로운 헌법이 필요하다는 것을 인식하고 있었고, 비록 헌법 초안의 모든 조항을 승인할 수는 없었지만 그중 많은 것을 받아들였다. 사실 몇몇 조항들은 "우리 시대의 계몽을 위한 가장 아름다운 기념비적 문서"로 여겨질 수 있다. 프랑스혁명에 대한 그의 다음 글인 「K에 있는 P. E. 씨에게 보내는 서한」에서 빌란트는 혁명의 대의에 대한 자신의 지속적인 공감을 강조하기 위해 비상한 노력을 기울였다.[80] 그는 자유와 평등에 대해 자코뱅파와 같은 급진적인 해석을

· ·

80. *Neue teutsche Merkur* 1(1792), 64–112, in Wieland, *Werke*, XXIX, 274–331.

하지는 않았더라도 그 두 이상을 인류의 신성한 권리로 간주했다고 말했다. 그는 더 나아가 프랑스인들은 외국 침략자들에 대해 스스로를 방어할 권리가 있으며 심지어 프랑스인들이 구체제의 세력과의 전투에서 성공하기를 바란다고 강조했다.

1792년 7월 그의 사위이자 철학자인 K. L. 라인홀트에게 쓴 편지보다 빌란트의 변함없는 자유주의적인 정서가 더 솔직하게 드러나 있는 곳은 어디에도 없다. 빌란트는 라인홀트에게 국왕이 공화파와 표리부동한 행동을 하고 있으며, 아마도 예전의 권위를 회복하려는 은밀한 의도가 있을 것이라고 말했다. 이런 관점에서 보면 그는 자코뱅파의 행동을 이해할 수 있었다. 그리고 나서 그는 자신의 궁극적인 충성심에 대해 놀랄 만한 고백을 했다. "자코뱅파에 대해 아무리 반대가 많더라도 나는 그들의 대의명분을 온전히 지지하지 않을 수 없다네. 왜냐하면 가장 마지막에^{in fine finali} 그들을 억압하는 것은 평등과 자유의 죽음일 것이기 때문이지. 그리고 결국 프랑스가 군주제나 공화제 중 하나여야 한다면, 나라 전체가 망하는 것보다 그중 하나가 파괴되는 것이 진정 더 나은 일이 아니겠나."[81] 따라서 [358]빌란트가 1월 초 루이 16세의 재판과 처형에 대해 들었을 때 그는 격분하지도 또 환멸을 느끼지도 않았다. 루이 16세의 처형은 그의 음모와 공화국의 이상을 감안할 때 불가피했다. 따라서 빌란트는 라인홀트에게 재판의 결과가 어떻든 간에 "팡글로스처럼 만사가 순조롭다^{Tout est bien}"[82]는 생각을 고수할 것이라고 말했다.

빌란트가 프랑스혁명의 이상 중 일부에 대해 계속 공감하고 있는 만큼이나, 그는 그 외 다른 점들을 비판하는 것도 서슴지 않았다. 1792년 이후 프랑스혁명에 관한 그의 많은 글들은 칭찬보다는 훨씬 더 많은 비판을, 그리고 공감보다는 훨씬 더 많은 적대감을 담고 있다. 프랑스혁명에 대한

• •
81. *Wieland und Reinhold: Original Mittheilungen zur Geschichte des deutschen Geisteslebens*, ed. R. Keil(Leipzig, 1885), p. 151.
82. 같은 책, p. 157.

그의 비판의 주요 동기 중 하나는 그것의 유토피아주의인데, 즉 역사적 제도나 전통과 상관없이 프랑스에 완전히 새로운 헌법을 부과하려는 시도이다. 빌란트는 마음속으로는 자유주의자였지만 본능적으로는 보수주의자였다. 버크, 뫼저, 레베르크처럼 그는 역사와 전통의 지혜에 대한 깊은 믿음과 급진적이고 갑작스러운 변화에 대한 깊은 불신을 가지고 있었다. 그는 오래된 헌법이 오래된 것이라는 이유만으로 새 헌법보다 낫고, 법을 바꾸는 것이 절대적으로 필요할 때까지 그것을 그대로 두는 것이 더 좋다고 말했다.[83] 프랑스의 최근 역사는 성취할 수 없는 행복을 갈망하기보다는 현재의 불완전한 상황을 감내하는 것이 더 낫다는 점을 보여주었다고 그는 주장했다.[84] 빌란트는 프랑스가 새로운 헌법이 필요하다고 주장했지만, 그는 국민의회 의원들이 프랑스를 거의 하룻밤 사이에 군주제에서 공화제로 바꾸려고 시도하는 데 있어 이미 도를 넘어버렸다고 생각했다. 의원들은 "국민에게 최선의 헌법은 그 당시 그들이 수용할 수 있는 헌법이다'라는 솔론의 현명한 조언에 주의를 기울이지 못했다. 의원들은 억압과 퇴폐, 폭정에 익숙해진 프랑스 국민이 공화국이 요구하는 미덕을 발휘할 수 있을 것이라고 순진하게 짐작해 왔었다. 그러나 이러한 가정은 공화국의 이름으로 저질러진 모든 과잉 행위에 대한 최근의 경험에 의해 완전히 거짓으로 판명되었다. 프랑스 국민의 자유가 판도라의 상자가 되지 않으려면, 그들은 도덕 교육을 받아야 한다. 하지만 최근 프랑스의 온갖 혼란은 그런 도덕 교육을 제공할 가능성을 붕괴시켜버렸다. 그러나 빌란트가 보기에 국민의회의 가장 큰 실수는 새로운 헌법이 정치 개혁을 위한 충분한 기초라는 신념이었다.[85] 이러한 신념이 성립될 수 없는 까닭은, 아무리 훌륭한 헌법이라도 이론과 실천, 도덕적 원칙과 사람들의 실제 행동 사이에는 간극이 있기 때문이다. 모든 진정한 개혁은

- -
83. Cf. Wieland, "Worte zur rechten Zeit", in *Werke*, XXIX, 464; *Göttergespräche*, in *Werke*, XXV, 186–187.
84. Wieland, *Werke*, XXIX, 427–428.
85. 같은 책, XXIX, 318, 458, 460–461.

개인으로부터 시작되어야 한다는 것이 혁명에 대한 자신의 모든 저술의 '영원한 후렴구'였다고 빌란트는 말했다.[86] 개인이 헌법에 따라 행동할 수 있는 욕구와 능력을 갖도록 교육을 받을 때까지는, 헌법이란 그것이 쓰여 있는 종이와 다를 바 없다.

빌란트가 프랑스혁명에 대해 비판한 또 다른 지배적인 주요 동기는 국민 주권 교설에 대한 그의 공격이다. 프랑스혁명에 대한 그의 불안의 주요 원천은 대중 통치에 대한 그의 두려움이었다. 그는 1777년에 자신이 했던 국민 주권에 대한 비판을 결코 포기하지 않았다. 그런데 [359]실로 두렵게도, 그는 이제 이 원칙이 새로운 프랑스 헌법에 정식으로 기술되어 있는 것을 보았다. 그의 해석에 따르면, 1791년의 헌법은 프랑스 국가에서 국민을 주권의 유일한 원천으로 만들었다. 국왕의 권력과 의회의 의원들은 궁극적으로 국민의 뜻에 대해 책임을 져야 했다. 국왕은 거부권을 가지고 있었지만, 그것은 의원들의 협조 및 궁극적으로 국민 스스로의 동의 없이는 효과적으로 행사될 수 없을 정도로 매우 제한을 받았다. 이제 국민 주권의 원칙이 새로운 헌법에 영감을 불어넣게 되었으므로, 빌란트는 그것을 새롭게 비판하고 싶은 동기를 느꼈다. 1789년 이후 그는, 이미 1777년에 그가 개진했던 점들에 몇 가지 주장을 추가하면서 그 원칙에 대한 공세를 계속했다. 그 원칙에 반대하는 그의 주된 무기는 자연법의 전통에 호소하는 것이었다. 국민의 뜻이 국가의 주권이라는 생각은 전적으로 잘못된 것인데 이는 권위의 원천이 법 자체의 본질에 있기 때문이라고 그는 주장했다.[87] 법의 정당성은 군주든 귀족이든 국민이든 누가 명령하느냐가 아니라 그들이 명령하는 것, 즉 그 본질적인 성격이나 합리성에 의해 결정된다. 국민의 뜻은 부당하거나 유해한 행동을 명령하는 비합리적인 것이 될 수 있기 때문에 사실상 법의 근원이 될 수 없다. 빌란트에 따르면, 국민 주권의 교설은 철학적으로 잘못된 것일

• •
86. 같은 책, XXIX, 468.
87. Wieland, "Kosmopolitische Adresse", in *Werke*, XXIX, 231–232.

뿐만 아니라 정치적으로 위험한 것이기도 하다. 국민의 뜻이 국가의 주권이 되어버리면 국민이 마음을 바꿀 때마다 법을 바꿀 권리를 갖게 되기 때문에 안정되고 항구적인 헌법을 만드는 것은 불가능할 것이다.[88] 더욱 나쁜 것은 국가가 결국 무정부 상태로 해체되어버릴 것이라는 점이다. 왜냐하면 국민 주권의 원칙은 개인이 그가 동의하게 될 법에 의해서만 구속된다고 선언하는 데 이것은 개인이 바랄 때에는 언제든 헌법에서 벗어날 권리를 주기 때문이다.[89] 빌란트의 견해로는 국민 주권의 원칙의 이면에 있는 모든 동기가 잘못되어 있다. 프랑스 급진주의자들이 그 원칙을 주창했던 주된 이유는 그것을 귀족과 왕의 폭정에 대한 억제책으로 보았기 때문이다. 그러나 그들은 군주의 폭정뿐만 아니라 국민의 폭정이 있을 수 있다는 것을 보지 못했다. 실제로 폭도들의 분노와 변덕은 그들을 가장 자의적인 군주보다 훨씬 더 무서운 폭군으로 만들었다.[90]

빌란트가 국민 주권에 대한 확고한 비판자로 남아 있었긴 했지만, 국민 자체에 대한 그의 견해는 현저한 변화를 겪기 시작했다. 그는 1777년에 국민이 스스로를 다스릴 수 없는 영원한 아이들이라고 주장했지만, 1789년 이후 그는 그들이 훨씬 더 성숙해졌다는 것을 인정했다. 프랑스 국민들은 아직 시민적 덕목을 발휘할 수 없었지만, 그들은 불과 몇 년 만에 놀라울 정도의 정치적 계몽을 이루었다. 프랑스뿐만 아니라 유럽 전역에서 프랑스혁명은 심대한 정치 교육이 되어왔다. 국민들은 이제 그들의 권리를 알고 있었고, 왜 통치자에게 복종해야 하는지 자문했으며, [360]윗사람의 모든 정책과 행동을 참작하면서 책임 있는 통치를 주장했다. 불길한 조짐을 미리 간파하고서 빌란트는 자신이 『황금 거울』에서 주창했던 가부장주의에 의문을 품기 시작했다.[91] 그는 국민이 더 이상 군주의 지도와 지혜를 따르는

· ·
88. Wieland, "Sendschreiben an Herrn P. E. in K", in *Werke*, XXIX, 312–313.
89. Wieland, "Kosmopolitische Adresse", in *Werke*, XXIX, 199–201.
90. Wieland, *Göttergespräche*, in *Werke*, XXV, 269–273, 249–253; *Gespräche unter vier Augen*, in *Werke*, XXXI, 46–55 참조.

자식들이 아닌 상황에서 군주를 국민의 아버지로 간주하는 것은 적절하지 않다는 것을 깨달았다. 국민의 성숙도가 높아지고 있다는 빌란트의 인식은 결국 낡은 '편견들'의 가치를 옹호하고 그것들을 보호하기 위해 언론의 자유를 제한하려는 독일 반동주의자들에 맞선 그의 싸움에서 주요 걸림돌 중 하나가 되었다. 『신들의 대화』와 『두 사람 간의 대화』에서 그는 이미 시작된 계몽의 과정을 막는 것은 불가능하기 때문에 언론의 자유를 박탈하려는 어떤 시도도 무의미할 것이라고 주장했다.[92] 그러한 조치들은 근본적인 문제를 해결할 수 없는 고육책에 불과할 수밖에 없었다. 국민의 정치적 의식이 높아지는 것에 대한 유일한 해결책은 통치자와 국민 모두의 권리와 의무를 명확히 명시한 헌법을 제정하는 것이었다.

국민의 성숙도가 높아지고 있다는 인식은 그들의 자치권과 궁극적으로는 민주주의에 대한 그들의 권리를 정당화하는 것처럼 보일 것이다. 그러나 이 추론에 빌란트는 완강히 저항했다. 그가 보기에 국민의 정치적 계몽은 입헌 정치의 필요성을 뜻할 뿐, 민주 정치의 필요성을 뜻하는 것은 아니다. 빌란트는 항상 대중적 대표성의 일부 척도를 가치 있는 것으로 여겼지만, 그는 그것을 영국 헌법이 제시하는 지극히 온건한 정도로 제한하기를 원했다. 그가 초기 저술에서 그처럼 가차 없이 표명했던 국민에 대한 저 불신은 프랑스혁명에 대한 그의 후기 저작에서도 계속 나타났다. 국민이 정치에 대해 더 깨어 있다고 하더라도 그들은 여전히 폭력적이고 변덕스러운 기질을 가지고 있다고 그는 생각했다. 그들은 선동가들에 의해 조종당할 뿐만 아니라 소수자에게 권세를 부리는 것을 기쁘게 여긴다.[93] 그리고 그들은 누가 관직의 직무를 맡아야 하는지에 대한 판단 능력이 없을 뿐만 아니라 그들 자신의 개인적인 이익을 위해 관직을 이용한다. 요컨대 그들은 스스로를 다스릴

• •

91. Wieland, *Göttergespräche*, in *Werke*, XXV, 249.

92. Cf. Wieland, *Werke*, XXV, 269–273, 249–253, XXXI, 46–55.

93. Wieland, *Göttergespräche*, in *Werke*, XXV, 215–216.

능력이 없다.

『두 사람 간의 대화』에서 빌란트는 민주제에 대항하여 군주제를 수호하기 위해 혼신의 노력을 기울였다.[94] 그는 포프Pope의 잘 알려진 격언 — "통치형태에 관해선 바보들이 경쟁하도록 내버려두어라. 실은 가장 잘 관리되는 통치형태가 최선인 것이다" — 을 단호히 거부했는데, 그것은 아무리 훌륭한 통치라도 헌법의 근본적인 결함을 호도할 수 있다는 이유에서였다. 비록 검은색이냐 흰색이냐의 단순한 문제는 아니더라도 우리는 서로 다른 통치형태들 사이에서 하나의 합리적인 선택을 할 수 있다고 그는 주장했다. 민주제와 군주제의 상대적 이점에 대해 여러 해 동안 생각한 끝에, 그는 이 두 통치형태에는 각기 다른 목적이 있다는 결론에 도달했다.[95] 군주제의 목적은 안전과 질서인 반면, 민주제의 목적은 자유와 평등이다. 비록 이 두 목적들은 같은 표준으로 잴 수는 없지만, 군주제는 [361]폭정으로 빠지기 전에 오랜 시간 동안 그것의 목적을 달성할 수 있는 반면, 민주제는 무정부 상태로 붕괴되기 전에 짧은 시간 동안만 그것의 목적을 달성할 수 있다. 따라서 민주제는 본질적으로 불안정한 통치형태로서, 끊임없이 당파심과 다수의 변덕에 시달린다. 그러나 민주제의 가장 큰 문제는 국민들이 현재의 그들보다 더 나아지리라고 전제하는 점이라고 빌란트는 주장했다.[96] 민주제는 그들이 공익을 위해 사익을 희생할 준비가 되어 있는 시민적 덕을 발휘할 수 있다고 가정한다. 그러나 그러한 미덕은 가장 본바탕 그대로이고 부패하지 않은 사람들 혹은 가장 교양 있고 교육받은 사람들 사이에서만 존재하는 매우 드문 것이다. 바로 여기에 민주제보다 군주제가 갖는 큰 이점이 있다고 빌란트는 생각했다. 군주제는 국민들이 교육을 받지 못해도 제 기능을 할 수 있는 반면, 민주제는 교육을 받아야만 효과를 볼 수 있다. 이러한 모든 반대는 빌란트가 프랑스혁명

· ·
94. Wieland, *Werke*, XXXI, 56–91, 92–124, 160–216.
95. 같은 책, XXXI, 205.
96. 같은 책, XXXI, 109. Cf. *Werke*, XXV, 185–186, XXIX, 316–317, 446–447.

이후에도 몽테스키외의 충실한 제자로 남아 있었음을 보여준다. 민주제에 대한 그의 비판은 본질적으로 최근의 사건들에 비추어 그의 스승의 가르침을 정당화하고 적용한 것이었다.

『두 사람 간의 대화』는 프랑스혁명에 대한 빌란트의 마지막 진술이었다. 1798년의 음울한 해에 쓰여진 이 책은 매우 비판적인 작품이었다. 빌란트는 다가오는 세기의 유럽의 장래에 대한 희망을 거의 볼 수 없었다. 프랑스의 힘은 사방에서 의기양양해 보였다. 나폴레옹은 이탈리아에서 첫 대승을 거두었다. 프랑스의 총재정부는 스위스 연방에 공화제를 강제했다. 그리고 오스트리아인들과 프로이센인들은 프랑스인들과 싸울 마음이 없거나 싸울 수 없다는 것을 보여주었다. 캄포 포르미오 조약은 합치된 협상이 불가능해 보이는 신성로마제국에게 굴욕적인 조건을 강요했고, 라인강 왼쪽 연안에 있는 제국의 모든 소유권과 토지를 양도할 수밖에 없었다. 프랑스의 온건 정치에 대한 모든 전망은 오래전부터 희미해져 있었고, 내전의 위협 속에서 무질서 상태가 계속되었다. 평화와 질서를 성취할 수 있는 유일한 수단은 나폴레옹을 독재자로 만드는 것이 될 것이라고 빌란트는 올바로 예측했다.[97] 이러한 모든 암울한 전개에 직면하면서 계몽과 진보에 대한 빌란트의 믿음은 무너지기 시작했다. 후세 사람들은 18세기의 거짓된 계몽을 비웃게 될 것이라고 그는 말했다. 그것은 제반 학문에서 큰 진전을 이루었지만, 사람들은 17세기에 비해 합리적인 사고와 행동을 할 능력이 훨씬 떨어졌다. 빌란트는 무너져가는 제국을 위한 새로운 헌법을 제정할 독일 제후들의 힘에 대해 거의 믿음을 갖지 못했으며, 그들에게 애국심과 공공 정신이 전적으로 결여되어 있는 것을 유감으로 생각했다. 그는 또한 자유와 평등의 원대한 이상에 대해 냉소적이 되었는데, 그러한 이상은 이제 프랑스인들에게도 영감을 주지 못하게 되었고 그들은 유럽의 정복과 노예화를 정당화하기 위해서만 그 이상을 인용했을 뿐이었다. 빌란트의 책에서 그나마 유일하게 낙관적인

• •
97. 같은 책, XXXI, 89.

장^후은 독일 제국을 위한 새로운 헌법의 개요를 설명하려는 그의 시도이다. 새 헌법에 대한 그의 계획은 그가 [362]『황금 거울』에서 구상했던 입헌군주제를 연상시킨다. 그러나 비관주의에 충실한 빌란트는 그 계획의 실현에 대한 희망이 거의 없는 채 자신의 계획을 내세우며, 그것을 한갓 꿈에 지나지 않는다고 일축했다. 그는 계몽적 군주제의 부활에 대한 전망이 거의 없다는 것을 너무나 잘 알고 있었다. 결국 그는 자기 나이보다 더 오래 살았다는 것을 알았다.

결론

[363]1790년대의 모든 열광적 논쟁을 돌이켜보면 이 시기가 실로 위기의 시대였다는 결론을 피하기 어렵게 된다. 1790년대는 독일에게 고통스러운 과도기였다. 사람들은 마음 둘 곳을 잃었지만 어디로 가야할지 몰랐다. 프랑스혁명은 오랜 확실성을 온통 흔들어 놓았으나 본받을 만한 모델을 제공하지 못했다. 1790년대 말에 이르러 거의 모든 사람들은 프랑스의 '위대한 실험'이 파국으로 끝났다는 것에 동의했다. 잇따라 제정된 헌법의 실패, 연이은 정부의 붕괴, 공포정치의 지배, 9월 대학살, 왕과 왕비의 처형, 끊임없는 내분, 파벌 간의 끝없는 싸움, 그리고 마침내 군사 독재자의 승리 — 이 모든 것은 혁명이 혼돈, 공포, 유혈사태 그리고 궁극적인 독재를 초래한다는 충분한 증거 이상으로 보였다. 하지만 혁명의 길을 따라 앞으로 나아갈 수 없었는가 하면 신성로마제국의 옛 시절로 돌아갈 수도 없었다. 수 세기 동안 제국은 붕괴 직전까지 갔지만, 이제는 아무것도 제국을 구할 수 없다는 것이 분명했다. 프랑스혁명은 독일 대중의 광범위한 부분들을 정치화했다. 국민들은 이제 자신의 권리에 대한 감정이 생겼고, 그들 중 일부는 통치에 더 많은 참여를 요구하기 시작했다.

국민들이 자신의 군주를 맹목적으로 믿고 그에게 의심 없이 복종했던 저 옛날로 돌아갈 수 없다는 것은 모든 사람들, 심지어 가장 완고한 보수주의자들에게조차 명백해졌다.

1790년대 독일 사상가들 대다수가 제시한 이 위기에 대한 해결책은 국민의 보다 철저한 교육, 더 많은 계몽의 필요성을 강조하는 것이었다. 혁명과 반동 사이에는 실제로 중간의 길이 있으며, 그것은 위로부터의 근본적이지만 점진적인 개혁이라고 그들은 주장했다. 그러나 그러한 개혁은 국민의 교육이 선행되어야만 성공할 수 있다. 프랑스혁명은 충분한 계몽이 선행되지 않았기 때문에 실패했다고 이 사상가들은 주장했다. 프랑스 국민들은 자유, 평등, 연대와 같은 높은 이상에 대한 준비가 되어 있지 않았다. 따라서 그들의 정치적 해방은 거칠고 파괴적인 열정의 해방만을 낳았을 뿐이다. 몽테스키외와 고전적 공화제의 학생들이었던 대부분의 독일 사상가들은 [364]'공화제의 원칙'이 개인의 사익을 희생하고 공동의 이익을 위해 통치에 참여하려는 의지인 '미덕'이라고 주장했다. 그러나 그러한 미덕은 자연적으로 부여된 것으로 간주될 수 없으며, 종교, 도덕, 국가의 제1원칙과 참된 이해관계를 국민에게 깨우침으로써 교육을 통해 만들어져야 할 것이라고 생각되었다.

하지만 1790년대의 관점에서 보더라도 이 해결책은 지푸라기라도 잡으려는 심정의 발로였음이 분명했다. 1790년대 말에 이르러서는 그런 해결책이 정치적으로 작동하지 않으리라는 것과 모든 질문을 그저 철학적으로만 하게 만들었다는 것이 명백해졌다. 정치적인 차원에서 볼 때, 그것의 성공은 군주들의 호의에 달려 있었다. 그러나 혁명적인 프랑스와의 생존을 위한 투쟁에서 프랑스의 이상에 따라 자신의 나라를 개혁할 준비가 된 군주들은 거의 없었다. 철학적인 차원에서 그 해결책은 여전히 1790년대 논쟁의 영향 하에 있었던 계몽에 대한 믿음을 전제로 했다. 계몽의 프로그램은 이성이 도덕, 종교, 국가의 제1원칙을 결정할 수 있고 이 원칙에 따라 국민이 행동할 수 있다고 가정했다. 그러나 이론·실천 논쟁과 역사주의의 부상에 의해 이미 문제시되고 있었던 것이 바로 이러한 가정들이었다.

1790년대의 주요 철학적 발전은 실로 계몽의 종언이었다. 18세기 내내 계몽은 독일에서 지배적인 지적 운동이었다. 그러나 이제 그 헤게모니는 무너지기 시작했다. 계몽의 근본 신조는 이성의 권위에 대한 믿음이었다. 그러나 1790년대에는 이러한 믿음이 도처에서 끊임없는 공격을 받았다. 칸트에 대한 신 흄Hume적인 비판자들은 이성이 실천적 믿음이나 범주들의 선험론적 연역에서 끝나는 것이 아니라 회의주의에서 끝난다고 주장했다. 역사주의의 옹호자들은 이성의 외관상 보편적이고 영원하며 자연적인 기준 이란 모든 시대에 부당하게 보편화되어 있는 자기 시대의 가치에 불과하다고 주장했다. 낭만주의자들은 이성 자체는 사람들의 행동을 자극하거나 동기를 부여할 힘이 없으며 이러한 동기 부여는 예술에서만 나온다고 주장했다. 그리고 보수주의자들은 순수이성이 도덕과 국가의 기본 원칙을 결정할 수 없으며 국민은 이 원칙에 따라 행동할 힘이 없다고 강조했다. 일반적으로 1790년대가 끝날 무렵, 많은 사람들은 계몽을 프랑스혁명과 연관시켰는데, 즉 이 혁명을 프랑스에서의 계몽의 승리라고 여겼다. 따라서 프랑스혁명의 실패는 계몽 자체를 깎아내리는 것처럼 보였다. 경건주의자들이 이성주의는 스피노자주의의 무신론과 숙명론으로 끝난다고 주장한 것처럼, 보수주의자 들은 그것이 자코뱅주의의 무정부주의와 공포정치로 끝난다고 경고했다. 단두대에서 피가 흘러내렸던 것은 모두 이성의 이름으로 한 것이라고 그들은 주장했다.

따라서 계몽의 붕괴로 인해 독일 사상가들은 그들이 직면하고 있는 중대한 정치적 문제에 대해 신빙성 있는 해결책을 조금도 제시하지 못했다. 이성의 권위가 [365]완전히 붕괴된 것까지는 아니더라도 철저하게 의문시되었 기 때문에, 그들은 회의주의이거나 독단주의, 무정부주의이거나 권위주의라 는 불안한 딜레마에 직면했다. 불확실성의 바다에서 약간의 육지terra firma를 찾는 일부 사상가들은 전통의 권위에 의지하는 것 외에는 아무것도 할 수 없었다. 따라서 1790년대 계몽에 대한 공격은 독일의 장래에 그림자를 드리우며 왕정복고에 길을 열어주었다. 무시할 수 없을 정도로 그 그림자는 남아 있다.

찾아보기

그롤만(Grolman, Adolf) 28, 573

(ㄹ)

(ㅁ)

한국어판 ⓒ 도서출판 b, 2020

• 지은이_ 프레더릭 바이저 Frederick C. Beiser, 1949–

프레더릭 바이저는 독일 관념론과 근대 독일 철학 전반에 대한 지도적인 학자 가운데 한 사람이다. 그는 찰스 테일러와 이사야 벌린의 지도 아래 옥스퍼드대학에서 박사 학위를 취득했고, 하버드와 예일, 펜실베이니아 등 여러 대학에서 가르쳤으며, 현재는 시러큐스대학의 철학 교수이다. 그의 저서로는 이『계몽, 혁명, 낭만주의: 근대 독일 정치사상의 기원 1790–1800』(1992) 외에, 『이성의 운명』(1987), 『이성의 주권: 초기 영국 계몽주의에서 이성성의 옹호』(1996), 『독일 관념론: 주관주의에 대한 투쟁 1781-1801』(2002), 『낭만주의의 명령: 초기 독일 낭만주의 연구』(2004), 『철학자 실러: 재검토』(2005), 『헤겔』(2005), 『디오티마의 아이들: 라이프니츠에서 레싱에 이르는 독일의 미학적 이성주의』(2009), 『독일 역사주의 전통』(2011), 『후기 독일 관념론: 트렌델렌부르크와 로체』(2013), 『신칸트주의의 기원, 1796–1880』(2014), 『헤겔 이후: 독일 철학 1840-1900』(2015), 『세계 고통: 독일 철학의 페시미즘』(2016) 등이 있고, 『캠브리지 안내서: 헤겔』(1996), 『독일 낭만주의의 초기 정치저술들』(1996), 『캠브리지 안내서: 헤겔과 19세기 철학』 등을 편집했다.

• 옮긴이_ 심철민

연세대학교 철학과를 졸업하고 독일 트리어대학교 등에서 수학했으며 서울대학교 대학원 미학과에서 석사·박사 학위를 받았다. 현재 서울대 강사. 옮긴 책으로는 칼 맑스·프리드리히 엥겔스의『공산당 선언』, 발터 벤야민의『기술적 복제시대의 예술작품』, 『독일 낭만주의의 예술비평 개념』, 에르빈 파노프스키의『상징형식으로서의 원근법』, 카시러의『상징형식의 철학 II: 신화적 사고』, 『상징 신화 문화』 등이 있다.

바리에테 신서 28

계몽, 혁명, 낭만주의

초판 1쇄 발행 | 2020년 11월 6일

지은이 프레더릭 바이저 | 옮긴이 심철민 | 펴낸이 조기조
펴낸곳 도서출판 b | 등록 2003년 2월 24일 제2006-000054호
주소 08772 서울특별시 관악구 난곡로 288 남진빌딩 302호 | 전화 02-6293-7070(대)
팩시밀리 02-6293-8080 | 홈페이지 b-book.co.kr / 이메일 bbooks@naver.com

ISBN 979-11-89898-37-3 93160
값 30,000원